Z 35800

Paris
1861

Goethe, Johann Wolfgang von

Ouevres complètes

Tome 9

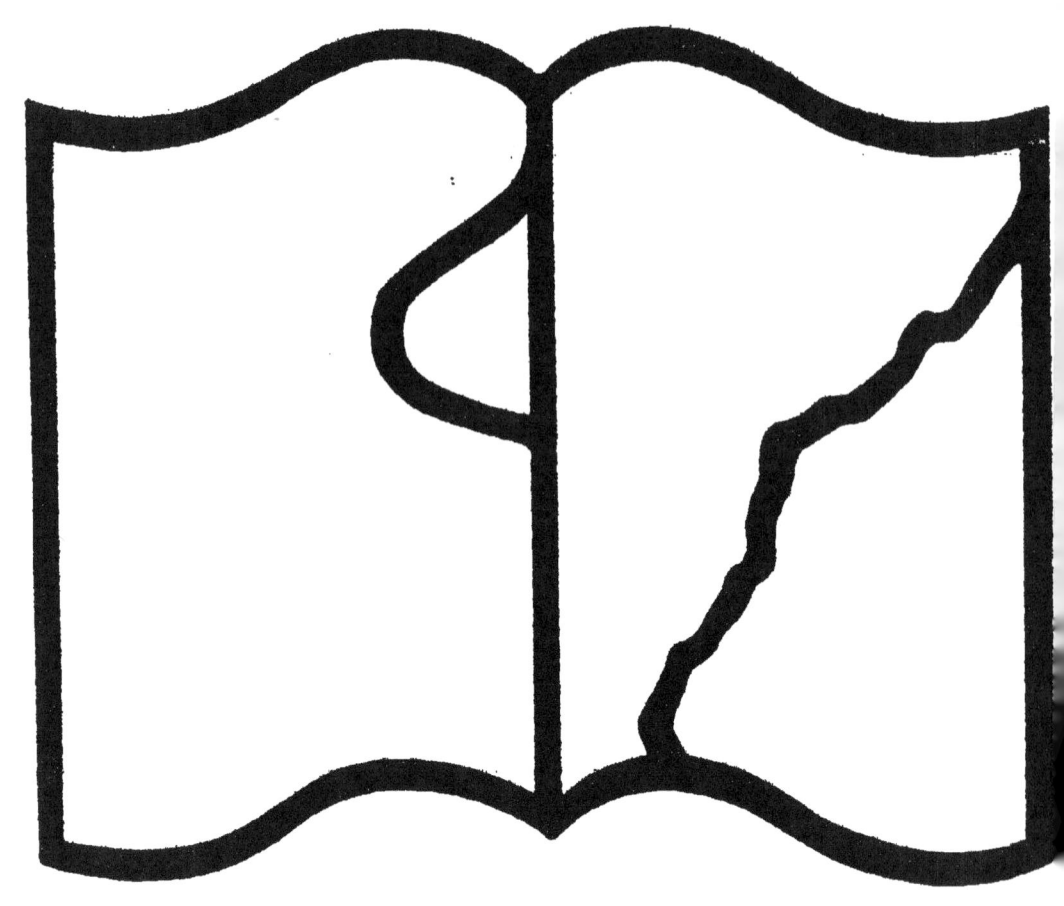

**Symbole applicable
pour tout, ou partie
des documents microfilmés**

Texte détérioré — reliure défectueuse

NF Z 43-120-11

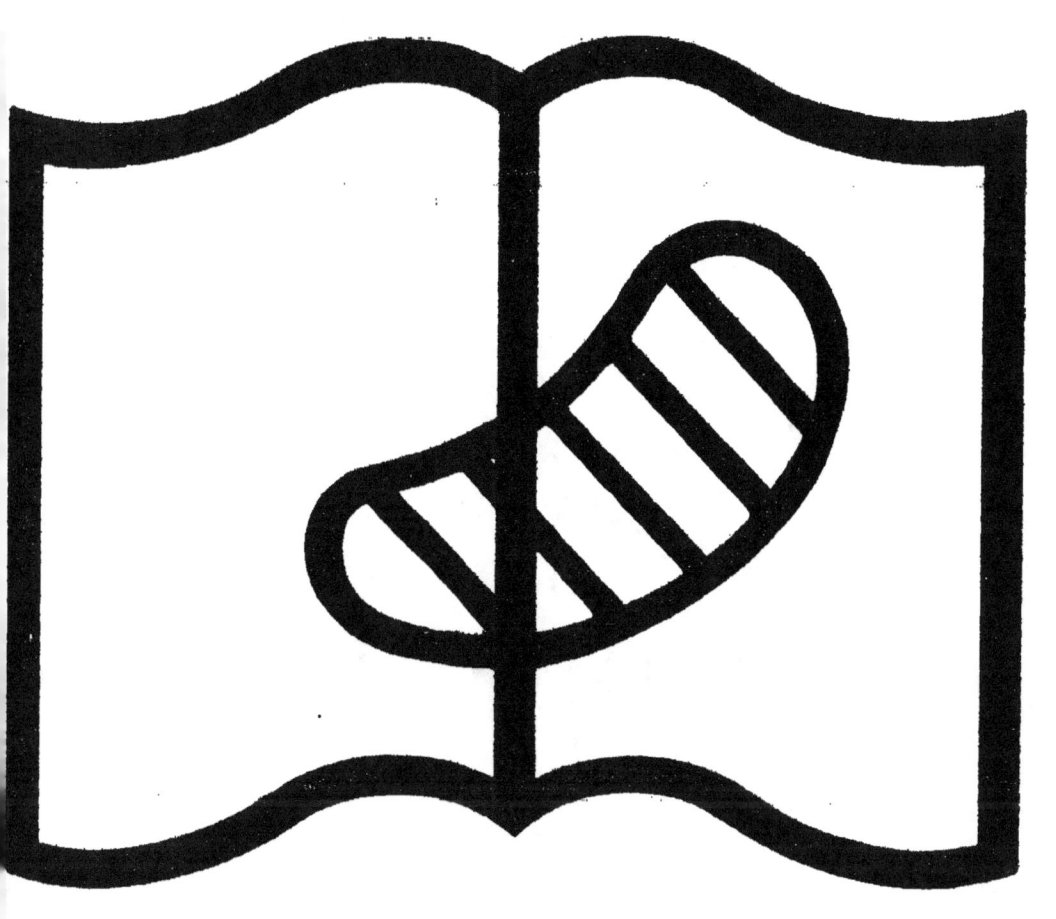

Symbole applicable
pour tout, ou partie
des documents microfilmés

Original illisible

NF Z 43-120-10

ŒUVRES

DE GOETHE

IX

PARIS. — IMPRIMERIE DE CH. LAHURE ET Cie
Rue de Fleurus, 9

VOYAGES
EN SUISSE
ET EN ITALIE

PAR GOETHE

TRADUCTION NOUVELLE

PAR JACQUES PORCHAT

PARIS
LIBRAIRIE DE L. HACHETTE ET Cie
BOULEVARD SAINT-GERMAIN, N° 77

1862

INTRODUCTION.

On peut considérer les lettres que Goethe a écrites de Suisse et d'Italie comme une suite de son autobiographie ; mais les voyages qu'il fit dans ces deux pays sont séparés par un assez long intervalle de l'époque où finissent les *Mémoires*. Un exposé succinct des faits intermédiaires était donc indispensable. C'est l'objet de cette introduction[1].

On a vu à la fin de notre huitième volume comment Goethe se rendit à l'invitation du duc et de la duchesse de Weimar, malgré les sinistres avertissements de son père et les conseils passionnés de Mlle Delf. Il arriva à Weimar le 7 novembre 1775. Il avait alors vingt-six ans.

Weimar est une petite ville, agréablement située dans la vallée de l'Ilm. Elle a plutôt l'apparence d'une bourgade attenante à un parc, que celle d'une capitale, siége d'une cour princière, sur laquelle commençait à se porter l'attention de l'Europe. La ville n'offrait alors aucune construction remarquable ; le château, qui présente aujourd'hui un aspect assez imposant, avait été consumé par le feu. Le pays était sans commerce, sans manufactures. Il avait joué un

---

[1]. J'ai suivi principalement la biographie dont M. Lewes est l'auteur. J'ai des obligations à d'autres écrivains, particulièrement à M. Julien Schmidt, qui a donné une excellente *Histoire de la littérature allemande depuis la mort de Lessing*, mais j'ai cru inutile d'indiquer en détail mes emprunts, dans un travail qui n'est qu'un simple extrait de sources bien connues. Le défaut d'espace ne me permettant pas de discuter les points controversés, je me suis borné, en général, à énoncer l'opinion qui m'a paru la plus juste et la plus vraie.

rôle important à l'époque de la réformation ; mais le souvenir en était bien effacé, quand Goethe parut dans la ville où avait prêché Luther.

Les environs de Weimar ont beaucoup gagné depuis ce temps-là : cependant la contrée avait déjà un caractère gracieux et champêtre, fait pour plaire à notre poëte. Les mœurs étaient simples et les usages rappelaient le bon vieux temps. A plusieurs égards, Goethe put continuer à la cour la vie bourgeoise à laquelle il était accoutumé. L'accueil plein de cordialité que lui firent le duc et la duchesse, ainsi que leur entourage, le mit d'abord à son aise, et, dans ce cercle bienveillant, il put se croire en famille.

Il existait cependant des préjugés nobiliaires très-tenaces et très-prononcés : mais la volonté énergique de Charles-Auguste et le mérite éclatant de Goethe en triomphèrent. On vit d'année en année s'accroître le crédit du bourgeois de Francfort, qui finit par devenir le premier ministre du prince.

En appelant Goethe auprès de sa personne, Charles-Auguste n'avait fait que suivre l'impulsion déjà donnée par sa mère, la duchesse Amélie de Brunswick. Cette princesse remarquable, nièce de Frédéric le Grand, ne partageait point son mépris pour la littérature nationale. Restée veuve dès l'année 1758, après deux ans de mariage, elle attira les gens de lettres à sa cour ; elle confia à Wieland l'éducation de son fils aîné, à Knebel celle du second. Versée dans la connaissance des langues anciennes, elle aimait la conversation des hommes instruits. Elle était bonne musicienne et se connaissait en tableaux. D'un caractère enjoué, elle aimait le mouvement et les plaisirs. Son indignation, que Goethe avait encourue en s'attaquant à son fidèle Wieland, ne tint pas contre le charme séducteur du jeune poëte. Elle se lia d'amitié avec sa mère, et entretint avec elle une correspondance sur le ton de la plus intime familiarité.

Wieland lui-même fut bientôt gagné. Non-seulement il pardonna à Goethe ses épigrammes, mais il exprima avec un naïf enthousiasme son admiration pour cette riche et brillante nature. Il en fut de même des autres hommes marquants qui vivaient à Weimar : Einsiedel, Seckendorf, Musæus, Bertuch, Knebel, individualités intéressantes à divers titres, qui entouraient notre poëte et prirent une part active au mouvement littéraire et aux ingénieux amusements de la cour.

Parmi toutes ces figures se distingue, par des traits plus sévères et plus imposants, la duchesse Louise de Darmstadt, femme de Charles-Auguste. Cette princesse, qui montra, comme Louise de Prusse, un grand caractère dans l'une et l'autre fortune, et qui souffrit patiemment les torts de son époux, inspirait à Goethe un tendre et profond respect.

Charles-Auguste, alors âgé de dix-huit ans, avait déjà le sérieux désir de rendre ses sujets heureux, et, malgré la fougue de son âge et de son tempérament, il faisait entrevoir à l'observateur attentif le prince qui se montra plus tard digne de gouverner de plus vastes États. Il aima Goethe comme un frère, et cette liaison eut pour tous deux les suites les plus importantes. Elle dura près de cinquante ans, et quelques orages, qui survinrent durant cette longue période, n'empêchèrent pas leur amitié de subsister tout entière jusqu'à la mort du prince.

Parmi les femmes qui figuraient à la cour de Weimar et qui eurent de l'influence sur notre poëte, la première place appartient à la baronne de Stein, dame d'honneur de la duchesse Amélie. Elle fut longtemps aimée de Goethe. Aucune de ses premières liaisons, dont il nous a fait l'histoire, ne peut être comparée à celle qu'il forma avec Mme de Stein. Âgée de trente-trois ans, et déjà mère de sept enfants, quand elle fit la connaissance de Goethe, cette dame était fort négligée de son mari, et ses relations avec le poëte ne pouvaient, soit par leur nature, soit par les circonstances, donner prise à la critique dans le monde où ils vivaient. Goethe oublia près de cette femme aimable, instruite, séduisante, les jeunes filles qui avaient autrefois ému ses sens et touché son cœur. Il eut avec elle une longue et vive correspondance; c'est à elle qu'il adressa la plupart des lettres qu'il écrivit de Suisse et d'Italie, et qu'il publia plus tard, mais revues et modifiées.

« Tel était, dit M. Lewes, le cercle dans lequel Goethe parut, avec tout l'éclat de la beauté, de la jeunesse et de la gloire. Est-il étonnant qu'il ait conquis tous les cœurs ? » — « Tout le monde fut charmé, dit Knebel, et particulièrement les dames. » Sous son costume à la Werther, qui fut adopté aussitôt par le duc et par son entourage, il parut l'idéal du poëte.

Dans cette cour amie du plaisir, il donna l'essor à ses goûts de jeune homme, et il fut bientôt l'âme de toutes les fêtes. Les sérénades, les mascarades, la chasse, les divertissements de tout genre se succédaient sans cesse. L'hiver étant venu, Goethe mit à la mode l'exercice du patin, qui devint une véritable fureur. L'étang des Cygnes était illuminé pendant la nuit, et il devint le théâtre de scènes pittoresques et de joyeux ébats.

Nous ne parlerons pas de certaines excentricités auxquelles les deux amis se livraient à l'envi, et qui étaient dignes de folâtres étudiants plutôt que d'un prince régnant et d'un poëte déjà célèbre. Mais, après quelques semaines passées dans le tourbillon des plaisirs, Goethe éprouva le besoin de se recueillir, et il courut à Waldeck chercher la solitude et le silence des bois. Là les souvenirs de sa vie passée se réveillèrent, et il se demanda s'il ne ferait pas mieux de retourner à Francfort ; mais le duc le gagna par de nouvelles marques de son affection.

Ce prince avait l'humeur indépendante et une volonté forte : il en donna la preuve lorsque, s'élevant au-dessus du préjugé, il nomma Goethe (11 juin 1775) conseiller de légation, avec siége et voix dans le conseil, et avec un traitement de douze cents thalers.

Cette position, qui peut nous sembler modeste, souleva contre le favori la colère et l'envie. Le duc daigna justifier son choix par une déclaration explicite, qui fait le plus grand honneur à l'esprit élevé et sérieux d'un prince de dix-neuf ans. C'est qu'il avait su voir autre chose dans Goethe qu'un aimable compagnon de plaisirs. Cependant leurs amusements, parfois un peu fous, avaient fait sensation, et le bruit s'en était répandu au dehors. Klopstock crut devoir en écrire à son jeune ami, pour lui reprocher ses écarts et ceux du prince. La remontrance fut mal reçue et une rupture s'ensuivit. Bien résolus à poursuivre leurs plans de réformes sociales et politiques, les deux amis ne souffraient pas qu'on voulût réformer leur vie privée et s'ingérer dans leurs plaisirs.

Déjà l'Allemagne parlait de la haute faveur dont Goethe jouissait à Weimar ; on disait merveilles de sa verve et de son esprit. Le vieux Gleim voulut en être témoin. Voici en quels termes il raconte sa visite à la cour : « Il n'y avait pas longtemps que Goethe avait écrit son *Werther*, quand je me rendis à Weimar. Je désirais faire sa connaissance. Je fus invité le soir chez la duchesse Amélie, où l'on m'avait dit qu'il se rendrait aussi. J'avais apporté, comme nouveauté littéraire, le dernier *Almanach des Muses* de Gœttingen. J'en lus quelques morceaux à la compagnie. Cependant un jeune homme, auquel je fis à peine attention, vint se mêler parmi les auditeurs. Sauf une paire d'yeux noirs italiens, rien ne me frappa dans sa personne : mais j'allais apprendre à le connaître. Pendant une petite pause, dont les hommes et les dames profitèrent pour exprimer leur opinion sur telle et telle pièce, cet élégant chasseur (il ne m'avait pas semblé autre chose) se leva de son siége, et, en me faisant une révérence polie, il offrit de me soulager quelquefois dans ma lecture. J'acceptai sa proposition obligeante et je lui remis le livre à l'instant. O Apollon ! ô Muses ! ô Grâces ! Quelle surprise m'était réservée !

Il commença sans bruit et sans éclat : « Les zéphyrs étaient aux « écoutes, les ruisseaux murmuraient, le soleil versait sa riante lu- « mière.... » Il lut ensuite quelques morceaux plus forts de Voss, de Léopold Stolberg, de Burger, de telle façon que nul n'aurait eu à se plaindre. Tout à coup il sembla que le démon de la témérité l'eût pris aux cheveux, et je crus voir devant moi en propre personne le chasseur sauvage. Il lut des poésies qui n'étaient pas dans l'*Almanach*; il passa par tous les tons et tous les genres : hexamètres, ïambes, rimes, tout ce qui se présentait, tout pêle-mêle; il secouait la branche et les fruits tombaient. Quelles inspirations ! quels heureux caprices! Il lui échappait souvent des traits sublimes, dont les auteurs auxquels il les attribuait auraient rendu grâce à Dieu, s'ils les avaient trouvés à leur pupitre.

« Quand la ruse fut découverte, cela répandit dans la compagnie une gaieté générale. Il trouva quelque chose à l'adresse de chacun. Il loua la bienveillance avec laquelle je me faisais le Mécène des savants, des poëtes et des artistes naissants; mais il me fit entendre par un apologue en rimes improvisées que la poule d'Inde, qui couve patiemment ses œufs et ceux d'autrui, laisse parfois glisser sous son aile un œuf de craie au lieu d'un véritable.

« C'est Goethe ou c'est le diable ! dis-je à Wieland. — C'est l'un « et l'autre, me répondit-il. Il a aujourd'hui le diable au corps, et le « voilà comme un ardent poulain qui rue des quatre pieds. On fait « bien alors de ne pas en approcher de trop près. »

Cependant Wieland sut apprécier des premiers, avec une sagacité bienveillante, tout ce qu'il y avait de « conduite et de savoir-faire » sous les airs impétueux de son jeune émule. Il signale le changement heureux qui se fit graduellement dans ses manières et son genre de vie. « Dès le moment où il se fut décidé à se vouer au duc et aux soins du gouvernement, il se conduisit, dit Wieland, avec une irréprochable σωφροσύνη et avec toute la prudence convenable. »

Goethe se vit exposé à des reproches d'un autre genre. Ses admirateurs, tout comme ses envieux, le blâmaient d'avoir sacrifié son génie aux faveurs de la cour. Mais, comme il le fait observer dans ses *Mémoires*, à cette époque, un poëte pouvait moins encore que de nos jours se borner à être poëte. Il lui fallait une position sociale, qui réclamait nécessairement une partie de son temps et de ses forces. Goethe n'aurait pas dû faire moins de sacrifices à la pratique du droit, s'il l'avait continuée à Francfort, qu'il n'en fit aux affaires de Charles-Auguste et à la vie de cour. D'un autre côté, le poëte gagnait infiniment, pour la connaissance du monde et du cœur humain, dans la nouvelle carrière où il venait de faire une entrée si brillante.

Il avait eu, dès sa jeunesse, ce qu'on appelle des goûts aristocratiques. Si disposé qu'il fût à communiquer avec tous les rangs de la société, à pénétrer dans toutes les conditions humaines, il avait laissé voir (en cela bien différent de son père) que l'air des cours ne lui faisait point de peur. Il suivit donc son inclination naturelle en se rendant à Weimar. Et qui osera dire que ses instincts l'égarèrent, qu'il aurait fourni une carrière plus belle et plus féconde, s'il fût demeuré dans la condition bourgeoise, homme de lettres dans la pure acception du mot? M. Lewes dit très-sensément que *le Tasse, Iphigénie, Hermann et Dorothée, Faust, Wilhelm Meister* et tant d'autres ouvrages parlent éloquemment pour leur auteur, et le justifient du reproche inconsidéré d'avoir dissipé ses forces et perdu son temps à Weimar.

On parle des distractions de Weimar; cependant il y trouva aussi de féconds et studieux loisirs. Le duc, empressé de satisfaire ses goûts pour le fixer auprès de sa personne, lui donna une charmante et modeste retraite, entourée de prairies que l'Ilm arrose, et qui, située aux portes de la ville, en était séparée par des ombrages touffus. Goethe fut si charmé de son Gartenhaus, qu'il y demeura sept ans, été et hiver, et lorsqu'en 1782 le prince lui donna la maison du Frauenplan, il ne put se résoudre à se défaire de son habitation champêtre; il s'y retirait encore avec le même plaisir, fermant les portes des ponts qui menaient à la ville, si bien, dit Wieland, qu'on ne pouvait pénétrer chez lui qu'avec des pinces et des crochets.

C'est là qu'il entretenait dans son âme les sentiments tendres et délicats en songeant ou en écrivant à sa chère baronne; c'est là qu'il observait la nature et qu'il préparait ces travaux scientifiques qui font tant d'honneur à sa mémoire. Le duc y passait souvent de longues heures avec son ami, à discourir sur les sciences et la philosophie, et plus d'une fois il vint à l'improviste avec la duchesse y partager le frugal repas du poëte.

Nous savons par ses *Mémoires* combien l'aspect des champs, le grand air, la vie sous le ciel étaient nécessaires à cet adorateur de la création. Il lui arriva de passer la nuit, couché dans le coin de son balcon, enveloppé dans son manteau, pour jouir des aspects du ciel chaque fois qu'il venait à se réveiller. Il prenait avec délices le plaisir du bain dans l'Ilm, et se livrait à l'exercice de la natation avec une ardeur qui fait souvenir de lord Byron.

On peut maintenant se représenter quelle était la vie de Goethe à Weimar, et l'on voit disparaître ces fantômes qui nous le figuraient peut-être comme un esclave des grandeurs et un soucieux courtisan. Merck n'est pas un témoin suspect. Il avait craint pour son ami le séjour de Weimar : il vint le voir et il fut rassuré. « Goethe vit à la cour, nous dit-il, selon ses propres habitudes. L'intimité est grande, il est vrai, entre le serviteur et le maître, mais où est le mal ? Goethe dirige tout, et chacun est content de lui, parce qu'il rend service à beaucoup de gens et ne nuit à personne. Qui peut résister au désintéressement de cet homme ? »

Dès l'année 1776, il fit appeler Herder à Weimar comme prédicateur de la cour, et il souffrit patiemment son humeur parfois atrabilaire. Mais c'est surtout aux intérêts du peuple qu'il songeait. Il fit rouvrir les mines d'Ilmenau, dès longtemps abandonnées ; il organisa les secours contre l'incendie. Sous ses inspirations, le gouvernement du prince fut véritablement paternel.

En 1774, le théâtre de Weimar avait été consumé par le feu : vif sujet de regrets pour la société, qui, suivant le goût de l'époque, avait la passion du spectacle. Berlin, Dresde, Francfort, Augsbourg, Nuremberg, Foulda avaient des troupes d'amateurs dont on vantait les mérites. Celle de Weimar les surpassa toutes. Elle eut ses poëtes, comme Goethe et Einsiedel, ses compositeurs, ses costumiers, ses peintres décorateurs. Quiconque montrait quelque talent pour le chant, la déclamation ou la danse, était mis en réquisition, comme s'il avait dû trouver dans ces exercices un gagne-pain. Les répétitions presque journalières des ballets et des opéras occupaient, amusaient les hommes et les dames, charmés d'avoir aussi quelque chose à faire. La troupe était choisie : c'étaient la duchesse Amélie, Charles-Auguste, le prince Constantin, avec Bode, Knebel, Einsiedel, Musæus, Seckendorf, Bertuch, Goethe, Amélie, sœur de Kotzeboue, la spirituelle demoiselle Gœchhausen ; enfin, la belle Corona Schrœter, actrice remarquable, que Goethe fit appeler à Weimar et qui fut la perle de ce petit théâtre.

La société dramatique se transportait souvent dans les châteaux du voisinage, à Ettersbourg, à Tiefourt, au Belvédère, même à Iena, à Ilmenau, à Dornsbourg. De grand matin, la troupe joyeuse, munie des objets et des provisions nécessaires, traversait les forêts antiques, effrayant au passage le faucon endormi sur la cime des arbres, le chevreuil qui disparaissait soudain derrière la cabane du charbonnier.

La scène était bientôt construite. A Ettersbourg, on voit encore la place où l'on jouait quand le temps était beau. Une aile du château fut aussi disposée en théâtre, mais les représentations en plein air étaient préférées. Pour les répétitions et les représentations à Ettersbourg, les acteurs, quelquefois au nombre de vingt, étaient transportés dans les voitures de la cour, et, le soir, après un joyeux banquet, animé souvent par des chants, on revenait aux flambeaux, escorté par les hussards du prince. Ainsi fut donné, avec une vérité surprenante, l'opéra des *Bohémiens* d'Einsiedel. Les arbres illuminés, les bohémiens épars dans le bois, les chants et les danses sous la voûte étoilée formaient des tableaux d'un effet magique.

Les sujets des représentations étaient aussi divers que les lieux de la scène. On donnait quelquefois des comédies françaises, quelquefois des ouvrages sérieux, souvent des pièces bouffonnes. On jouait aussi des charades, dont le plan était tracé d'avance et le dialogue laissé à l'inspiration du moment. Une allégorie mythologique, *la Naissance, la vie et les exploits de Minerve*, fut représentée à Tiefourt pour célébrer le jour de naissance de Goethe.

Mais, de toutes les pièces qu'on donna dans ce lieu champêtre, ce fut *la Pêcheuse*, par Goethe, qui laissa les plus vifs souvenirs. Le lieu de la scène était en partie sur les bords de l'Ilm, en partie sur la rivière même. Sous les grands aunes, au bord de l'eau, étaient éparses les cabanes des pêcheurs; on voyait les barques, les filets, les instruments de pêche; près du foyer, Dorothée (Corona Schrœter) attisait le feu. Au moment où les pêcheurs, appelés au secours, allumaient leurs flambeaux et se jetaient dans les nacelles, ou se répandaient sur les rives, pour chercher la jeune fille perdue, les collines qui s'abaissent jusqu'à l'Ilm parurent tout à coup illuminées, et tous les objets voisins se reflétèrent dans l'eau rayonnante, tandis que les groupes d'arbres plus éloignés étaient plongés dans l'ombre. Les spectateurs s'étaient amassés en grand nombre sur le pont de bois pour voir ces effets étranges; tout à coup le pont se brise sous la charge, et tous les curieux tombent dans l'eau. Il n'y eut personne de blessé, et ce bain forcé provoqua des rires joyeux: on le considéra comme un intermède.

Les Complices furent aussi joués. Les acteurs étaient Goethe, Bertuch, Musœus et Corona Schrœter. Quand l'étudiant de Leipzig composait cette comédie, il ne s'attendait guère à la produire un jour devant la cour de Weimar.

Cependant le principal événement dramatique dont nous ayons à parler ici est la représentation d'*Iphigénie*, qui fut donnée dans sa première forme, c'est-à-dire en prose. Les rôles étaient distribués de la manière suivante : Oreste, Goethe; Pylade, le prince Constantin; Thoas, Knebel; Arcas, Seidler; Iphigénie, Corona Schrœter. « Je n'oublierai jamais, écrivait Houfeland, l'impression que Goethe produisait dans le rôle d'Oreste. On n'avait jamais vu réunis tant de beauté et de génie. » Cependant il paraît que son jeu avait les défauts des amateurs, c'est-à-dire de l'exagération et de la froideur. Goethe déployait sa belle voix sonore, sans faire sentir toutes les nuances du sentiment. Il était beaucoup mieux dans les rôles comiques et surtout dans la farce.

Voilà comme on passait les jours : de grand matin, la chasse au sanglier; vers midi, les affaires; puis les répétitions théâtrales; le soir, les plaisirs. La muse se taisait, mais elle n'était pas oisive; elle préparait sa moisson.

Au mois de juillet 1777, Goethe reçut une funeste nouvelle : Cornélie, sa sœur bien-aimée, était morte. Quiconque a lu ses *Mémoires* peut se figurer quels durent être sa douleur et ses regrets.

C'est dans ce temps qu'il se chargea du sort d'un jeune enfant de la Suisse, Pierre Imbaumgarten, que son ami, le baron de Lindau, qui l'avait adopté, laissait sans soutien par sa mort. Goethe, qui avait d'ailleurs pour les enfants une tendresse toute particulière, prit la place de son ami.

La manie sentimentale que *Werther* avait développée au point d'effrayer et d'indigner Goethe lui-même, lui inspira plus d'une satire, et il fit souvent des efforts pour la combattre chez les jeunes hommes qui en étaient affectés. Le jeune Plessing lui avait écrit de Wernigerode une lettre où ces sentiments exaltés étaient exprimés d'une manière intéressante : Goethe alla le voir à l'improviste dans une promenade aventureuse qu'il fit sur le Harz. Il se présenta chez lui comme un peintre de paysage et sous un nom supposé; il lui donna d'excellents conseils. Plessing rencontra plus tard Goethe à Weimar, et il put lui témoigner sa reconnaissance. Il finit par surmonter sa mélancolie. Nommé professeur de philosophie à l'université de Douisbourg, il y reçut en 1792 la visite de Goethe. Il a laissé un nom estimé dans la science allemande.

Au mois de janvier 1778, Goethe, qui avait couru la veille un danger de mort à la chasse du sanglier, patinait avec Charles-Auguste lorsqu'il vit retirer de l'eau le corps de Mlle de Lassberg, qu'un désespoir amoureux avait poussée à se noyer dans l'Ilm. Et comme on trouva, dit-on, sur elle un exemplaire de *Werther*, notre poëte fut doublement ému de cette catastrophe. Sa répugnance pour le sentimentalisme en fut augmentée, et c'est alors qu'il composa *la Manie du sentiment*, satire dramatique qui a beaucoup perdu de sa verdeur et de sa vivacité dans la forme sous laquelle on la trouve parmi ses œuvres théâtrales. C'est une de celles que nous avons cru devoir supprimer dans notre traduction.

Au mois de mai 1778, Goethe fit avec le duc un voyage à Berlin. Il n'y resta que peu de jours. Il vit le roi au milieu de ses singes, ses chiens et ses perroquets. Il ne communiqua avec personne et se tint enfermé. Qu'avait-il de commun, a-t-on dit, avec un Nicolaï, un Ramler, un Engel, un Zoellner et leurs pareils? Il vit à Tegel Humboldt, qui n'était encore qu'un jeune homme de grande espérance. Frédéric ne témoigna à Goethe aucune estime. N'avait-il pas traité de dégoûtante platitude *Gœtz de Berlichingen?*

A son retour, le poëte fit quelques études d'architecture qui avaient rapport à la reconstruction du château de Weimar. Il mit la première main à la transformation du parc, qui n'avait été jusqu'alors qu'un jardin à la française, et qui devint, par ses soins, un lieu admirable par la fraîcheur, la beauté des ombrages et la gracieuse variété des promenades.

Au milieu de ces travaux, il trouvait le temps de se livrer à ses inclinations bienfaisantes. Un homme d'un caractère irritable et soupçonneux fut réduit à la misère par les circonstances et aussi par sa faute. Comme bien d'autres, il implora l'appui de Goethe et lui peignit sa situation avec l'éloquence du désespoir. Goethe lui répondit avec beaucoup de sagesse et d'humanité; il s'intéressa à son sort, et, pendant plusieurs années, il consacra la sixième partie de ses revenus à tirer cet homme de la détresse, déployant, dans l'accomplissement de cette œuvre charitable, autant de persévérance que de délicatesse et de générosité. Lewes en donne le détail, et il ajoute: « J'éprouve une émotion douloureuse à la pensée qu'un tel homme a été longtemps décrié chez nous, et même dans sa patrie, comme froid et sans entrailles. Des manières un peu réservées, un certain défaut d'enthousiasme politique dans sa vieillesse, voilà les faits sur lesquels on a voulu établir l'idée bizarre qu'à la manière d'un Jupiter Olympien, il avait trôné sur l'humanité et abaissé ses regards sur la vie sans y prendre intérêt. Comment un tel homme aurait-il pu être le premier poëte de son temps? Aurait-il pu écrire *Egmont*, *Faust*, *Wilhelm Meister*, *Hermann et Dorothée*, sans avoir connu et senti les joies et les douleurs de l'humanité? Ajoutons qu'on ne pouvait connaître Goethe sans l'aimer. Enfants, femmes, professeurs, poëtes, princes, tous le chérissaient. Herder lui-même, aigri contre tout le monde, parlait de Goethe avec un respect qui jetait Schiller dans l'étonnement. Herder lui attribue une sensibilité vraie et profonde, un cœur d'une pureté parfaite. On aurait pu le conclure de ses ouvrages, si l'opinion préconçue de sa froideur et de son indifférence n'avait pas égaré les esprits. « Il n'y a pas, dit Carlyle, une ligne dans Goethe où il parle durement d'une personne, et à peine d'une chose. » Mais une rumeur née de l'ignorance et de l'irréflexion fut propagée par la méchanceté et adoptée en dépit de toutes les preuves contraires.

Goethe venait d'entrer dans sa trentième année ; une page de son journal de cette époque annonce la ferme résolution de renoncer aux folles distractions de la jeunesse. « Dieu veuille, dit-il, me soutenir et m'éclairer, pour que, du matin au soir, je fasse ce que je dois, et que je me forme des idées claires sur les conséquences des choses. » C'est dans ce temps qu'il composa *Iphigénie*, et il ne pouvait donner une preuve plus éclatante de son progrès intellectuel et moral. Cette pièce fut d'abord écrite en prose, comme *Gœtz*, *Egmont*, *le Tasse*, comme Schiller écrivit *les Brigands*, *Fiesco*, *la Cabale et l'Amour*. C'était la mode alors, et les amis de Goethe furent très-mécontents lorsqu'il leur envoya de Rome *Iphigénie* en vers iambiques.

Le 28 août 1779, anniversaire de sa trentième année, il fut élevé par le duc à la dignité de conseiller intime, « en récompense de ses services ; » et Goethe s'étonne lui-même d'être arrivé si tôt « à la position la plus élevée à laquelle un bourgeois puisse atteindre en Allemagne. » Les cris de l'envie en redoublèrent ; le duc n'y fit aucune attention.

Le 12 septembre, il partit pour la Suisse avec Goethe et de Wedel, grand maître des eaux et forêts. On trouvera dans la deuxième partie des lettres écrites de Suisse un compte détaillé de ce voyage, entrepris et exécuté sans le moindre appareil et dans le plus strict incognito. Les voyageurs se rendirent premièrement à Francfort. Le vieux conseiller eut la joie de revoir ce fils, dont il devait être si fier, et d'héberger le prince dans sa maison bourgeoise. Mme la conseillère fut, comme on l'imagine, au comble de la joie.

De Francfort ils se rendirent à Strasbourg. Le souvenir de Frédérique entraîna Goethe à Sesenheim. Il y retrouva la bonne et simple famille telle qu'il l'avait laissée huit années auparavant. Voici en quels termes Goethe rend compte de cette visite dans sa lettre à la baronne de Stein : « J'ai été amicalement reçu. La fille cadette m'avait aimé autrefois plus que je ne le méritais et plus que d'autres auxquelles j'ai voué beaucoup d'amour. Je dus la quitter dans un moment où il faillit lui en coûter la vie. Elle a passé légèrement sur ce qui lui restait d'une maladie de ce temps-là, et, dès le premier moment où nous nous sommes rencontrés sur le seuil de la porte, elle m'a montré une cordialité parfaite. Elle n'a pas fait la moindre tentative pour éveiller dans mon cœur une ancienne flamme. Elle m'a conduit sous chaque berceau; elle m'a fait asseoir auprès d'elle: voilà tout. Le clair de lune était magnifique. Nous avons parlé de nos anciens amusements. J'ai retrouvé les chansons que j'avais composées, la voiture que j'avais peinte. Mon souvenir était là aussi vivant que si mon absence n'avait duré que six mois. Les parents m'ont fait le meilleur accueil. J'ai passé la nuit chez eux, et, au départ, le lendemain, je n'ai vu que des visages gracieux. Je puis donc penser désormais avec satisfaction à ce coin de terre, et vivre en paix avec les images de ces amis réconciliés. »

A Strasbourg, Goethe retrouva Lili mariée et mère d'un enfant de sept semaines. Le mari était absent. Lili avait sa mère auprès d'elle. « Je fus ravi, dit-il, de la voir bien établie. Son mari est, à ce qu'on m'assure, honnête et sage ; il est riche, d'une famille honorable ; il possède une belle maison; enfin elle a tout ce qu'il lui fallait. »

Quelle différence entre ces deux relations, et l'on peut dire aussi entre ces deux femmes! La noble et fidèle Frédérique ne connut jamais d'autre amour. Après le départ de Goethe, elle fut aimée et recherchée par Lenz et par d'autres encore : elle refusa toutes les propositions. « Le cœur qui a aimé Goethe, disait-elle, ne peut appartenir à aucun autre. »

De Strasbourg il se rendit à Emmendingen pour visiter le tombeau de sa sœur.

En Suisse, il vit Lavater et passa de belles heures avec lui. Ce voyage lui inspira au retour *Jéry et Bactely*, fraîche et naïve pastorale où le souffle des Alpes a passé, et que Goethe aima jusque dans sa vieillesse.

Les lettres de Suisse diront le reste. On y verra surtout un homme frappé des merveilles de la nature et qui sait se rendre compte de ce qu'il voit.

Les voyageurs étaient de retour à Weimar le 13 janvier 1780. Dès cette époque, Goethe travaille toujours plus à se rendre maître de lui ; sa passion pour Mme de Stein se calme et se modère ; il s'applique assidûment aux sciences naturelles ; il élabore le plan du *Tasse*, et commence à écrire ce drame en prose.

Le 27 mai 1782, il perdit son père, qui fut peu regretté. « Mme Goethe peut respirer désormais, » disait le duc en annonçant à Merck cette nouvelle. Le 1er juin, Goethe vint habiter à la ville sa maison du Frauenplan. La duchesse Amélie lui donna une partie du mobilier. Il ne quitta pas sa demeure champêtre sans un vif regret; elle fut toujours sa retraite favorite.

A la même époque (juin 1782), le grand-duc lui fit conférer par l'empereur le titre de baron, et il l'éleva en même temps à la dignité de président du conseil.

Nous avons dit que la liaison du prince et du poëte fut sujette à quelques orages. Les écarts de jeunesse et les façons un peu rudes de Charles-Auguste affligèrent quelquefois son ami, qui ne craignit pas de lui représenter son devoir. Il prit peu à peu avec son maître des manières plus réservées, et se ménagea ainsi les moyens d'exercer sur lui l'influence d'un conseiller fidèle. Goethe admirait avec une tendre vénération la duchesse Louise, et il se permit de reprocher plus d'une fois à l'époux les brusqueries dont elle avait à souffrir.

Il sut se soustraire lui-même par degrés aux exigences du prince, quand elles lui paraissaient excessives. Ce ne fut pas toujours sans combats, et nous pouvons croire que le président du conseil regretta plus d'une fois la vie privée. Mais ces moments orageux, dans une vie d'ailleurs si sereine et si belle, prouvent seulement que le parfait bonheur n'était pas plus à Weimar que nulle part sur la terre. L'étude, la poésie avaient bientôt rasséréné son âme, et il revenait à son cher duc avec sa tendresse accoutumée. « Je pardonne au prince ses folies, écrivait-il, parce que je me souviens des miennes. »

Vers ce temps-là, il entreprit une nouvelle édition de *Werther*, et, au bout de dix ans, il relut pour la première fois cet ouvrage de sa jeunesse. Tout ne lui plut pas, et il fit quelques changements, entre autres dans les rapports d'Albert et de Charlotte....

Au mois de février 1783, la grande-duchesse mit au monde un fils, et cet événement, qui inspira au père une joie solennelle et des pensées salutaires, fut célébré par tout Weimar avec enthousiasme. Goethe garda le silence, pour laisser le champ libre aux autres poëtes; mais, la même année, il composa pour l'anniversaire de Charles-Auguste son poëme d'*Ilmenau*, dans lequel, en retraçant, avec toute la magie de son pinceau, une scène de leurs plaisirs passés, Goethe en prend occasion d'adresser à son jeune maître les plus graves conseils.

En général, il s'appliquait alors aux affaires avec une ardeur si grande, que son humeur parut assombrie et sa santé compromise. Sa mère en fut informée, et il s'empressa de la rassurer. « Vous ne m'avez jamais vu, lui dit-il, une vaste corpulence; et qu'on devienne sérieux dans les affaires sérieuses, c'est une chose naturelle, surtout quand on est, par tempérament, disposé à la méditation, et qu'on voudrait voir régner dans le monde le bien et la justice. Recevez donc gracieusement cette année comme un don du ciel, ainsi que nous devons considérer toute notre vie; que chaque année écoulée soit pour nous un sujet de reconnaissance. Je suis bien selon ma constitution ; je puis présider à mes affaires, goûter la société de bons amis, et il me reste du temps et des forces pour quelques occupations favorites. Je ne saurais imaginer pour moi une situation meilleure, sachant ce qu'est le monde et ce qu'on voit derrière les montagnes. Vous, de votre côté, soyez heureuse que je vive. Si je devais quitter avant vous ce monde, du moins je ne vous aurai pas fait rougir; je laisserai de bons amis, une bonne renommée, et vous aurez cette consolation excellente, que je ne mourrai pas tout entier. Cependant vivez tranquille; peut-être le sort nous donnera-t-il de passer ensemble une agréable vieillesse, dont nous jouirons aussi jusqu'à la fin avec reconnaissance. »

La tendresse filiale exprime peut-être ici une sécurité plus grande que Goethe ne l'éprouvait. Le duc lui-même fut alarmé, et il engagea son ministre à faire un voyage dans le Harz. Goethe le fit en compagnie du troisième fils de son amie, le jeune Fritz de Stein, pour lequel il avait la sollicitude et la tendresse d'un père, et qui habita longtemps chez lui.

Ce voyage fut favorable à sa santé, et, dès cette année (1784), le théâtre d'amateurs ayant fait place à une troupe régulière, Goethe, moins occupé de ce côté, se voua surtout aux sciences naturelles et à l'étude de l'antiquité. Dans l'un et l'autre objet, il avait en vue le voyage qu'il se préparait secrètement à faire en Italie.

En 1785, le duc augmenta son traitement de deux cents thalers; en sorte qu'avec les dix-huit cents de son héritage paternel, il jouit dès lors d'un revenu de trois mille deux cents thalers, qui lui permit de satisfaire ses goûts studieux et son humeur bienfaisante.

Cependant son genre de vie plus calme et plus sérieux influa sur la cour : la duchesse Amélie se plaignait que tout le monde dormait; Charles-Auguste trouvait la société insipide. Goethe sut inspirer au prince des goûts plus solides et l'attira vers les sciences naturelles. Herder lui-même y prit intérêt. Jacobi, qui parut alors à Weimar, ne reçut pas de ces objets une impression aussi favorable. Goethe avait, de son côté, déclaré la guerre à la métaphysique. Ce n'était plus le temps des épanchements intimes dont il parle avec tant de

charme dans ses *Mémoires*[1]. Toutefois les choses n'en vinrent pas
à une rupture comme avec Lavater, dont Goethe ne pouvait plus
souffrir l'exaltation mystique et l'aveugle foi aux jongleries de Cagliostro et d'autres thaumaturges.

Au milieu de ses préoccupations scientifiques, Goethe n'oubliait pas
la poésie : *Wilhelm Meister* était porté jusqu'à la fin du cinquième
livre ; l'idée des *Mystères*[2] était conçue et le commencement exécuté, ainsi que les deux premiers actes d'*Elpénor* ; un grand nombre
des poésies détachées datent de cette époque, entre autres : *Connais-
tu le pays ?...* Goethe cultivait assidûment la langue italienne, et,
avec le concours de Herder et de Wieland, il revoyait soigneusement
ses ouvrages, dont il préparait une nouvelle édition.

Au mois de juillet 1786, il accompagna le grand-duc, Herder et
Mme de Stein aux eaux de Carlsbad. Il avait pris avec lui ses ouvrages, dont la révision semblait être l'unique pensée du moment;
mais, aussitôt que Herder et Mme de Stein furent repartis, il fit secrètement ses derniers préparatifs, et, le 3 septembre 1786, il s'é-
chappa furtivement de Carlsbad : il était sur la route d'Italie.

Le duc semble avoir été seul dans le secret. Goethe ne pouvait
partir sans son agrément. Mais il parait avoir caché son dessein à
Mme de Stein elle-même. Il n'aimait pas les scènes sentimentales ; il
craignait des obstacles, et peut-être les offres importunes qu'on
pourrait lui faire de partir avec lui.

Je n'insisterai pas sur les motifs qu'il avait de visiter l'Italie, sur le
penchant irrésistible qui l'entraînait vers cette belle contrée : il s'en
expliquera lui-même dans ses lettres, qui sont assurément au nombre
des écrits les plus intéressants que l'Italie ait jamais inspirés [3].

---

1. Tome VIII, page 536. — 2. Tome I, page 240.
3. Je les donne au complet, à l'exception de quelques passages dont l'équi-
valent se trouve ailleurs ou dont l'objet est étranger aux impressions de voyage
de l'illustre touriste. J'ai cru devoir omettre également quelques détails purement
scientifiques, sur la valeur desquels on trouvera tous les éclaircissements désirables dans le volume que M. Ernest Faivre a consacré à l'analyse des œuvres
scientifiques de Goethe : excellent travail, qui forme le complément nécessaire
de ma traduction.

VOYAGES
EN SUISSE

PREMIÈRE PARTIE.

Quand les lettres qui suivent nous furent communiquées en manuscrit, il y a plusieurs années, on assurait les avoir trouvées parmi les papiers de Werther, et l'on prétendait savoir qu'avant sa liaison avec Charlotte il avait été en Suisse. Nous n'avons jamais vu les originaux, et nous ne voulons d'ailleurs en aucune manière préjuger le sentiment et l'opinion du lecteur : quoi qu'il en soit, on ne pourra parcourir ces quelques pages sans intérêt[1].

Combien mes descriptions me rebutent, quand il m'arrive de les relire! Tes conseils, tes invitations, tes ordres peuvent seuls m'y résoudre. J'avais lu moi-même mille descriptions de ces objets avant de les voir : m'en offraient-elles une image ou seulement quelque idée? Vainement mon imagination travaillait pour les reproduire ; vainement mon esprit s'efforçait d'y rattacher quelques pensées. Me voilà maintenant à contempler ces merveilles, et qu'est-ce que j'éprouve? Je n'ai aucune idée, aucun sentiment, et je voudrais bien que ce spectacle éveillât chez moi le sentiment et la pensée. Cette magnifique nature me

---

1. Cet avant-propos ne fera illusion à personne : dans les lettres qu'on va lire, Goethe nous présente ses impressions personnelles. Il a fait deux voyages en Suisse : le premier, aux mois de juin et juillet 1775, avec les deux comtes de Stolberg ; le second, depuis le 12 septembre 1779 jusqu'au 13 janvier 1780, avec le duc de Weimar, qui voyageait incognito, et de Wedel, grand maître des eaux et forêts. Les lettres renfermées dans la première partie sont une œuvre d'imagination et de fantaisie : elles furent inspirées par le premier voyage ; les autres sont une relation exacte et fidèle du second.

saisit profondément, m'invite à l'activité, et que fais-je? que puis-je faire? Je m'assieds et j'écris et je décris.... Allez donc, descriptions, abusez mon ami, persuadez-lui qu'il fait quelque chose, qu'il voit et lit quelque chose!

Les Suisses seraient libres? Ils seraient libres, ces riches bourgeois dans leurs villes fermées? libres, ces pauvres diables sur leurs montagnes et leurs rochers? Que ne peut-on faire accroire aux hommes, surtout si l'on conserve de la sorte quelque vieux conte dans l'esprit-de-vin! Un jour ils se délivrèrent d'un tyran, et ils purent se croire libres un moment : mais le soleil fécond leur fit éclore du cadavre de l'oppresseur un essaim de petits tyrans par une étrange renaissance : à présent ils continuent à répéter le vieux conte; on les entend dire, à satiété, qu'ils se sont affranchis un jour, et qu'ils sont demeurés libres; et les voilà maintenant, derrière leurs murailles, esclaves de leurs lois et coutumes, de leurs commérages et de leurs préjugés bourgeois; et là-haut, sur les rochers, est-ce bien la peine aussi de parler de liberté, quand, la moitié de l'année, on est tenu prisonnier par la neige comme une marmotte?

Fi! qu'un ouvrage d'hommes, un méchant et misérable ouvrage d'hommes, une noire petite ville, un amas de bardeaux et de pierres, figure tristement au milieu de la grande et magnifique nature! De gros cailloux et d'autres pierres sur les toits, de peur que l'orage n'enlève de dessus leurs têtes ces tristes abris! et la saleté, le fumier! et les crétins ébahis!... Où que l'on retrouve les hommes, on voudrait fuir loin d'eux et de leurs pauvres ouvrages.

Qu'il y ait dans l'homme beaucoup de dispositions intellectuelles qu'il ne peut développer pendant la vie, qui présagent un meilleur avenir, une existence harmonique, c'est sur quoi nous sommes d'accord, mon ami, et je ne puis non plus renoncer à mon autre rêverie, quand même tu m'as qualifié souvent de visionnaire. Nous éprouvons aussi le pressentiment d'aptitudes corporelles, au développement desquelles nous devons renoncer dans cette vie; et assurément il en est ainsi du vol.

De même que les nuages m'invitaient auparavant à gagner avec eux les pays étrangers, quand ils passaient là-haut sur ma tête, ici, il me semble souvent qu'ils vont m'emporter d'une pointe de rocher, quand ils passent devant moi. Quel désir je sens de me précipiter dans l'espace immense de l'air, de planer sur les effroyables abîmes et de me poser sur un rocher inaccessible! Avec quelle ardeur je respire à pleine poitrine, lorsque, dans la profondeur azurée et sombre, l'aigle se balance à mes pieds sur les rochers et les bois, et, accompagné de sa femelle, décrit, dans une douce concorde, de grandes spirales autour de la cime à laquelle il a confié son aire et ses petits! Me faudra-t-il toujours grimper sur les hauteurs, ramper sur les plus hauts rochers, comme sur le sol le plus bas, et, quand j'aurai atteint péniblement mon but, m'y cramponner avec angoisse, frémir à la pensée du retour et trembler de peur de la chute?

Quelles singulières particularités nous apportons avec nous en naissant! Quelle vague impulsion se fait sentir en nous! Que l'imagination et les dispositions corporelles se livrent d'étranges combats! Voici les singularités de ma première jeunesse qui reparaissent. Lorsque j'entreprends une longue marche, et que mon bras se balance à mon côté, je ferme quelquefois la main, comme si je voulais saisir une javeline, je la lance je ne sais contre qui, je ne sais contre quoi, puis une flèche vole contre moi et me perce le cœur; je me porte la main sur la poitrine, et je sens une douceur inexprimable, et, bientôt après, je me retrouve dans mon état ordinaire. D'où me vient ce phénomène? Qu'est-ce qu'il signifie? et pourquoi est-ce qu'il se répète constamment avec les mêmes images, le même mouvement du corps, la même sensation?

On me dit encore que les hommes qui m'ont rencontré sont très-peu satisfaits de moi. Je le crois volontiers, car aucun d'eux n'a contribué non plus à ma satisfaction. Sais-je comment il arrive que le monde me pèse; que la politesse m'est incommode; que les discours qu'on me tient ne m'intéressent pas; que les choses qu'on me montre me sont indifférentes ou bien excitent en moi des sensations tout opposées? Si je vois un paysage en dessin ou en peinture, je me sens pris d'une inquiétude inexprimable. Mes orteils commencent à tressaillir dans ma chaussure, comme s'ils voulaient saisir la terre; mes doigts s'agitent convulsivement, je me mords les lèvres, et, poliment ou impoliment, je tâche de me dérober à la société; je m'établis en présence de la magnifique nature sur un siége incommode; je cherche à la saisir de mes yeux, à la pénétrer, et je barbouille en sa présence toute une petite feuille qui ne reproduit rien, et qui néanmoins garde pour moi une valeur infinie, parce qu'elle me rappelle un moment heureux, dont l'enchantement m'a valu cette grossière ébauche. Qu'est-ce donc que cette singulière aspiration de l'art à la nature, puis de la nature à l'art? Si elle annonce un artiste, pourquoi manqué-je de constance? Si c'est à la jouissance qu'elle m'invite, pourquoi ne puis-je la saisir? On nous envoya dernièrement une corbeille de fruits : j'en fus ravi comme d'un objet céleste. Quelle richesse! quelle abondance! quelle variété et quelle ressemblance! Je ne pus prendre sur moi de détacher un grain de raisin, d'ouvrir une pêche, une figue. Assurément cette jouissance de l'œil et du sens intérieur est plus relevée, plus digne de l'homme; elle est peut-être le but de la nature, tandis que les hommes affamés et altérés croient qu'elle s'est épuisée en merveilles pour leur gosier. Ferdinand survint et me trouva au milieu de mes réflexions. Il m'approuva, et dit en souriant, avec un profond soupir : « Non, nous ne sommes pas dignes de détruire ces magnifiques productions de la nature ! En vérité, ce serait dommage. Permets-moi de les envoyer à mon amie. » Qu'avec plaisir je vis emporter la corbeille! Que j'aimai Ferdinand! Que je lui sus gré du sentiment qu'il éveillait en moi, de la perspective qu'il me présentait! Oui, nous devons connaître le beau, le contempler avec ravissement et tâcher de nous élever à lui, à sa nature; et, pour en être capables, il nous faut être toujours désintéressés, ne pas nous l'approprier, mais plutôt le communiquer, le sacrifier à ceux qui nous sont chers.

Quelles leçons ne fait-on pas sans cesse à notre jeune âge? Nous devons quitter tantôt une mauvaise habitude, tantôt une autre; et pourtant les mauvaises habitudes sont presque toujours autant d'instruments utiles à l'homme dans le cours de la vie. Quelles remontrances ne fait-on pas à un enfant chez qui l'on remarque une étincelle de vanité! Quelle misérable créature l'homme n'est-il pas, quand il s'est dépouillé de toute vanité! Je veux te dire comment je suis arrivé à cette réflexion. Avant-hier nous fûmes accostés par un jeune homme qui nous déplut extrêmement à Ferdinand et à moi. Ses côtés faibles étaient évidents, sa frivolité, manifeste, son attention pour l'extérieur, frappante; nous le regardions comme nous étant très-inférieur, et il était partout mieux reçu que nous. Entre autres sottises, il portait un gilet de dessous de satin rouge, taillé autour du cou de telle sorte qu'il semblait être le ruban d'un ordre. Nous ne pûmes nous défendre de le railler sur cette sottise; il nous laissait tout dire, tirait de la chose un excellent parti, et sans doute se moquait de nous à part lui. En effet, l'hôte et l'hôtesse, le cocher, le garçon, les servantes et même quelques voyageurs se laissaient éblouir par ce faux ornement, et traitaient notre compagnon plus poliment que nous. Il était le premier servi, et, à notre grande confusion, nous vîmes que les jolies filles de la maison lui adressaient leurs plus vives œillades. A la fin, nous dûmes payer par portions égales la note que ses airs distingués avaient élevée. Maintenant, qui était dupe? Assurément ce n'était pas lui.

C'est une chose édifiante et belle que les emblèmes et les maximes qu'on trouve ici sur les poêles. Voici ce que représente une de ces images instructives, qui m'a fait une impression particulière. Un cheval, attaché à un poteau par le pied de derrière, broute l'herbe autour de lui, aussi loin que la corde le lui permet. Au-dessous est cette légende : « Laisse-moi prendre ma modeste part de nourriture. » Voilà ce que je pourrai bientôt dire à mon tour, quand je serai revenu à la maison, et que, selon votre volonté, je ferai mon devoir, comme le cheval au moulin, et que je recevrai en récompense, comme le cheval du poêle, une subsistance exactement mesurée. Oui, je reviendrai, et, vu le sort qui m'attend, il valait la peine de gravir ces montagnes, de parcourir ces vallées et de voir ce ciel bleu, de voir qu'il existe une nature, qui subsiste par une éternelle et muette nécessité; qui est inépuisable, insensible et divine, tandis que, dans les villes et les bourgs, nous devons pourvoir à nos misérables besoins, et cependant soumettre tout à un despotisme confus, que nous appelons liberté.

Oui, je suis monté à la Furca, au Saint-Gothard! Ces scènes sublimes, incomparables, de la nature seront toujours présentes à mon esprit; oui, j'ai lu l'histoire romaine, afin de sentir vivement, par la comparaison, quel pauvre hère je suis.

Je n'ai jamais vu clairement comme ces derniers jours, que je pourrais vivre heureux dans une position étroite; que je pourrais être heureux aussi bien que tout autre, si seulement je savais une profession, une profession agissante, mais qui n'eût pas à se soucier du lendemain; qui exigeât, dans le moment, de l'application et de la fixité, sans demander ni prévoyance ni retour sur le passé. Un artisan me semble l'homme le plus heureux du monde : ce qu'il doit faire est convenu; ce qu'il peut fournir est déterminé; il n'a pas à méditer sur ce qu'on exige de lui; il travaille sans réfléchir, sans effort et sans précipitation, mais avec application et avec amour, comme l'oiseau fait son nid, l'abeille, ses cellules; il n'est que d'un degré au-dessus de l'animal, et il est homme tout à fait. Oh! que j'envie le potier tournant sa roue, le menuisier derrière son établi!

L'agriculture ne me plaît pas; cette première et nécessaire occupation de l'homme m'est antipathique; on singe la nature, qui répand ses semences partout, et l'on veut produire dans ce champ-là cette sorte de grain. Mais il n'en va pas ainsi : la mauvaise herbe pousse avec vigueur; le froid et l'humide nuisent aux blés, et la grêle les ravage. Le pauvre laboureur est toute l'année dans l'attente de savoir comment les cartes tourneront là-haut sur les nues, s'il gagnera ou perdra la partie. Un état si douteux, si incertain, peut bien être assorti à la condition humaine, à des aveugles comme nous, qui ne savent d'où ils viennent, où ils vont. Et quand même on peut se trouver bien d'abandonner ses labeurs aux chances du hasard, cependant, lorsque les choses ont très-mauvaise apparence, le pasteur saisit l'occasion de mentionner ses dieux et de rattacher aux phénomènes de la nature les péchés de sa paroisse.

Je n'ai donc plus le droit de rien reprocher à Ferdinand ! Moi aussi, je devais rencontrer amoureuse aventure ! Aventure ? Pourquoi me servir de cette sotte expression ? Il n'y a rien d'aventureux dans le doux penchant qui attire un cœur vers un autre. Notre vie bourgeoise, nos fausses relations, voilà les aventures, voilà les monstres, et cependant elles nous semblent aussi familières, aussi proches, que nos oncles et nos tantes.

On nous avait introduits chez M. Tadou, et nous nous trouvions très-heureux dans cette famille. Ce sont des personnes riches, cordiales, bonnes et vives, qui jouissent décemment et paisiblement, avec leur jeune famille, de la prospérité présente, de leur opulence, de leur magnifique situation. Nous ne fûmes pas forcés, nous jeunes hommes, ainsi qu'il arrive dans tant de maisons cérémonieuses, de nous immoler au caprice des vieilles gens autour d'une table de jeu. C'étaient, au contraire, les vieux, le père, la mère et la tante, qui se joignaient à nous, quand nous mettions en train de petits jeux, dans lesquels agissent tour à tour le hasard, l'esprit et la gaieté. Éléonore (il faut bien la nommer enfin !), la deuxième des filles (sa figure me sera toujours présente !), une taille élancée, élégante, des formes pures, un regard serein, une pâleur, qui, chez les jeunes filles de cet âge, est presque un attrait de plus, parce qu'il annonce un mal qui peut se guérir, enfin une personne infiniment agréable. Elle semblait joyeuse et vive, et l'on était heureux près d'elle. Bientôt, je puis même dire tout de suite, dès le premier soir, elle se rapprocha de moi, prit place à mon côté, et, quand le jeu nous séparait, elle savait bien me retrouver. J'étais joyeux et de bonne humeur : le voyage, le beau temps, la contrée, tout m'avait disposé à une gaieté sans réserve, et qui avait, je puis dire, déployé toutes ses voiles ; je la recevais de chacun et la communiquais à chacun. Ferdinand lui-même parut oublier un moment sa belle. Nous nous étions épuisés à passer d'un jeu à l'autre, lorsqu'enfin nous en vînmes au mariage, qui est, comme jeu, assez amusant. On jette dans deux chapeaux les noms des hommes et des femmes, et l'on tire les couples au sort. Sur chaque mariage qui se produit, quelqu'un, à tour de rôle, doit composer des vers. Toutes les personnes de la société, le père, la mère, les tantes, passèrent dans le chapeau, ainsi que toutes les personnes marquantes que nous savions de leur connaissance ; et, pour augmenter le nombre des candidats, nous y ajoutâmes les personnes les plus connues du monde politique et littéraire. Nous commençâmes, et quelques couples remarquables furent tirés d'abord. Chacun ne pouvait pas les célébrer aussitôt en vers. Éléonore, Ferdinand et moi et une des tantes, qui fait de très-jolis vers français, nous nous partageâmes bientôt l'office de secrétaires. Les saillies étaient heureuses pour la plupart et les vers passables. Ceux d'Éléonore surtout avaient un naturel qui les distinguait de tous les autres, un tour agréable, sans être précisément fort spirituels ; du badinage sans moquerie et de la bienveillance pour chacun. Le papa riait de bon cœur et rayonnait de joie, quand on déclarait les vers de sa fille les meilleurs avec les nôtres. Nos applaudissements sans mesure le ravissaient ; nos louanges étaient celles qu'on donne à l'imprévu ; nos suffrages, ceux qu'on adresse à l'auteur qui nous a séduits. Enfin mon tour arriva. Le ciel m'avait pourvu glorieusement : ce n'était rien moins que l'impératrice de Russie qui m'était échue pour compagne de ma vie. On rit de bon cœur ; Éléonore déclara que des noces si augustes devaient être célébrées par la société tout entière. Chacun se mit à l'œuvre ; on mordit quelques plumes. Elle eut fini la première, mais elle ne voulut lire qu'après tous les autres ; la mère et l'une des tantes ne vinrent à bout de rien ; et quoique le père eût été un peu franc, Ferdinand, malin, et la tante, réservée, on pouvait discerner à travers l'ensemble leur amitié et leur bienveillance. Enfin ce fut le tour d'Éléonore ; elle respira du fond de sa poitrine ; sa gaieté, son aisance, l'abandonnèrent ; elle ne lut pas, elle chuchota ses vers, et les posa devant moi avec les autres. Je fus surpris, effrayé ; ainsi s'épanouit la fleur naissante de l'amour, dans toute sa beauté et sa modestie. Il me sembla que tout un printemps secouait sur moi ses fleurs. Chacun gardait le silence. Ferdinand ne perdit pas sa présence d'esprit ; il s'écria : « Admirable ! admirable ! Il mérite ce poëme aussi peu qu'un empire. — Si seulement nous avions entendu, » dit le père. On demanda que je lusse les vers encore une fois. Mes yeux étaient restés jusque-là fixés sur le délicieux écrit; un frisson me courait des pieds à la tête : Ferdinand vit mon embarras; il me prit la feuille des mains et fit la lecture. A peine Éléonore lui laissa-t-elle le temps d'achever, et elle tira au sort un nouveau couple. Le jeu ne dura plus longtemps, et le souper fut servi.

Dois-je parler ou me taire? Est-il bon que je dissimule un jour avec toi, à qui je dis tant de choses, à qui je dis tout? Dois-je te cacher ce qui a de l'importance, tandis que je t'occupe de mille bagatelles, que personne assurément ne voudrait lire excepté toi seul, qui t'es pris d'une si grande et si merveilleuse prédilection pour moi? Ou dois-je taire une chose, parce qu'elle pourrait te donner une fausse, une fâcheuse idée de moi? Non, tu connais mieux ton ami qu'il ne se connaît lui-même, et ce dont tu ne me crois pas capable, tu en jugeras, si je venais à le faire; si je suis à blâmer, tu ne m'épargneras point; tu me guideras, tu me conduiras, si mes singularités m'écartaient du droit chemin.

La joie, le ravissement, que me causent les œuvres d'art, quand elles sont vraies, quand elles sont l'expression immédiate et ingénieuse de la nature, font à chaque possesseur, à chaque amateur, le plus grand plaisir. Ceux qui se disent connaisseurs ne sont pas toujours de mon avis; mais peu m'importe leur science, quand je suis heureux. La nature vivante ne fait-elle pas sur le sens de la vue une vive impression? ses images ne demeurent-elles pas fixées dans mon cerveau? ne s'embellissent-elles pas, et ne se plaisent-elles pas à venir au-devant des images de l'art, embellies par le génie de l'homme? Voici, je te l'avoue, sur quoi reposait jusqu'à présent mon amour de la nature, ma passion de l'art : je trouvais la nature si belle, si belle, si magnifique et si ravissante, que l'imitation, l'imitation imparfaite de l'artiste, m'entraînait presque comme un modèle accompli. Ce sont les œuvres senties, ingénieuses, qui me ravissent. Ce genre froid, qui se renferme dans le cercle borné de je ne sais quelle manière mesquine, quelle misérable application, m'est tout à fait insupportable. Tu vois donc que mon plaisir, mon goût, ne pouvaient jusqu'à ce jour avoir pour objet que les œuvres d'art dont les modèles naturels m'étaient connus et que je pouvais comparer avec mon expérience. Les paysages, avec ce qui les décore et les anime, les fleurs et les fruits, les églises gothiques, un portrait d'après nature : voilà ce que je pouvais reconnaître, sentir et juger peut-être jusqu'à un certain point. L'excellent M. s'amusait de mes idées, et se riait de moi, sans qu'il me fût possible de le prendre en mauvaise part : il m'est trop supérieur en ces choses et j'aime bien mieux des railleries qui m'instruisent que des éloges infructueux. Il avait remarqué ce qui me frappait d'abord, et ne me cacha point, quand nous eûmes fait quelque connaissance, qu'il y avait peut-être dans les choses qui me charmaient bien des mérites encore que le temps seul me découvrirait. Je veux bien le croire, et je dois, quelques détours que prenne ma plume, en venir au fait que je te confie, mais non sans quelque répugnance. Je te vois, dans ta chambre, dans ton pavillon, où, en fumant une pipe, tu ouvriras et liras cette lettre. Tes pensées peuvent-elles me suivre dans le monde libre et divers ? Ton imagination verra-t-elle assez clairement les rapports et les circonstances ? Auras-tu toujours pour ton ami absent la même indulgence que je t'ai souvent trouvée quand j'étais avec toi ?

Quand mon artiste me connut mieux, quand il me jugea digne de voir successivement de meilleurs ouvrages, il apporta, non sans mystère, une caisse, qu'il ouvrit, et qui offrit à mes yeux une Danaé, de grandeur naturelle, recevant dans son sein la pluie d'or. J'admirai la beauté des formes, la grâce de la pose et de l'attitude, l'exquise délicatesse et l'idéal, dans l'objet le plus sensuel : et cependant il me laissa dans la contemplation. Il n'excita point chez moi le ravissement, la joie, enfin un inexprimable plaisir. Mon ami, qui ne tarissait pas sur les mérites de ce tableau, ne fit, dans son extase, nulle attention à ma froideur, et se plaisait à me signaler dans cet ouvrage excellent les avantages de l'école italienne. La vue de cette peinture ne m'avait pas rendu content, mais inquiet. « Eh quoi ! me disais-je à moi-même, dans quelle singulière situation ne sommes-nous pas, nous autres, emprisonnés dans la vie bourgeoise ! Une roche moussue, une cascade, tient mon regard si longtemps enchaîné! je la sais par cœur; son élévation, sa profondeur, ses lumières et ses ombres, ses teintes, ses demi-teintes et ses reflets, tout se peint dans mon esprit aussi souvent que je veux; à l'aide d'une heureuse imitation, tout se représente à moi avec la même vivacité, et le chef-d'œuvre de la nature, le corps humain, son ensemble, l'harmonie de ses membres, je n'en ai qu'une idée générale, qui n'est proprement pas une idée. Mon imagination ne m'offre point vivement cette admirable structure, et, quand l'artiste me la présente, je ne suis pas en état de rien sentir ni de juger la figure. Non, je ne veux pas rester plus longtemps dans cette confusion; je veux imprimer dans mon esprit la forme humaine, comme la forme des pêches et des raisins. »

J'engageai Ferdinand à se baigner dans le lac. Que mon jeune ami est admirablement bien fait! Quelle juste proportion dans tous ses membres! Quelle richesse de formes! Quel éclat de jeunesse! Et pour moi quel avantage, d'avoir enrichi mon imagination de ce parfait modèle de la nature humaine! — Maintenant je peuple les bois, les prairies et les montagnes de figures aussi belles; je le vois, comme un Adonis, poursuivre le sanglier, comme un Narcisse, se mirer dans la fontaine.

Mais, hélas! il lui manque toujours une Vénus, qui le retienne, une Vénus, qui pleure sa mort, une belle Écho, qui jette encore sur le jeune homme, glacé par le trépas, un dernier regard avant de se perdre dans l'air[1]....

---

[1]. Nous ne traduisons pas les trois pages qui terminent la première partie des *Lettres écrites de Suisse*. Werther se rend à Genève, et il s'y donne la satisfaction de compléter ses études. Il a voulu sans doute se procurer une jouissance purement esthétique, mais le récit et le tableau qu'il en fait sont de nature à égarer les sens plutôt qu'à former le goût.

DEUXIÈME PARTIE.

Moutier [1], 3 octobre 1779, samedi soir.

Vous recevrez de Bâle un paquet qui renferme le récit de notre voyage jusqu'ici. Nous allons poursuivre tout de bon notre course à travers la Suisse. Pour nous rendre à Bienne, nous avons remonté la belle vallée de la Birse, et nous sommes enfin arrivés à l'étroit défilé qui conduit ici.

La Birse, rivière peu considérable, se fraya jadis un passage à travers une haute et large chaîne de montagnes. Ensuite l'homme, poussé par le besoin, rampa sans doute péniblement le long de ses gorges profondes; les Romains élargirent la route, et maintenant elle est très-commodément tracée. Le chemin et la rivière, qui gronde à travers les rochers, se côtoient, et occupent le plus souvent toute la largeur du passage, fermé de part et d'autre par des rochers que l'œil mesure sans peine. Par derrière s'élèvent en pente douce des montagnes dont les sommets étaient voilés pour nous de nuages.

Ici s'élèvent sans interruption des parois verticales; là des couches puissantes s'avancent obliquement vers la rivière et le chemin; de larges masses sont assises les unes sur les autres, et, tout auprès, se dressent isolément des roches abruptes; de grandes crevasses s'ouvrent du bas en haut, et de larges plateaux se sont séparés du reste de la masse; des blocs détachés ont roulé au bas de la montagne; d'autres sont encore suspendus, et font craindre par leur situation qu'ils ne tombent un jour également.

1. En allemand Munster, dans le Jura bernois.

Les crêtes des rochers sont tour à tour arrondies, aiguës, dégarnies, boisées; souvent une tête chauve, isolée, regarde encore fièrement par-dessus; le long des pentes et dans les profondeurs, s'ouvrent des crevasses de roches délitées.

Le passage à travers ce défilé m'a fait une grande et paisible impression. Le sublime procure à l'âme un calme heureux; elle en est parfaitement remplie; elle se sent aussi grande qu'elle peut l'être. Qu'un sentiment si pur a de charmes, lorsqu'il s'élève jusqu'au bord, sans se répandre par-dessus! Mon œil et mon esprit pouvaient saisir les objets, et, comme j'étais pur, cette impression n'était nulle part contrariée, et les objets produisaient l'effet qu'ils devaient produire. Si l'on compare un pareil sentiment avec celui qui nous anime lorsqu'un petit objet nous occupe laborieusement, que nous mettons tout en œuvre pour lui prêter, lui ajouter tout ce que nous pouvons, et que nous préparons à notre esprit, dans sa propre création, une jouissance et un aliment, alors on peut voir combien c'est là une misérable ressource.

Un jeune homme, qui s'était joint à nous depuis Bâle, disait qu'il n'était pas à beaucoup près aussi frappé que la première fois, et il en faisait honneur à la nouveauté. Pour moi, voici ce que je dirais : Quand nous contemplons un pareil spectacle pour la première fois, à cette vue inaccoutumée, l'esprit se dilate au premier moment, et cela lui cause un douloureux plaisir, un transport qui l'ébranle, et qui nous arrache de délicieuses larmes. Ainsi l'âme s'agrandit sans le savoir, et, cette première impression, elle n'en est plus capable. L'homme croit avoir perdu, mais il a gagné. Ce qu'il perd en plaisir, il le gagne en développement intérieur. Si la destinée m'avait appelé à vivre dans une grande contrée, j'aurais voulu chaque jour me nourrir par elle de grandeur, comme je me nourris dans une gracieuse vallée de patience et de paix.

Parvenu à l'extrémité de la gorge, je mis pied à terre, et je retournai seul en arrière à quelque distance. Je démêlai encore chez moi un sentiment profond, qui augmente considérablement le plaisir pour l'esprit attentif. On se représente confusément la naissance et la vie de ces formes étranges. De quelque manière et en quelque temps que cela soit arrivé, ces masses ont formé leurs simples et grandes combinaisons selon la pesanteur et la convenance de leurs parties. Quelques révolutions qui les aient plus tard agitées, désunies, déchirées, ce ne furent néanmoins que des ébranlements isolés, et la pensée même d'un si formidable mouvement donne un profond sentiment d'éternelle solidité. Le temps, associé aux lois éternelles, a lui-même agi sur ces masses, tantôt plus, tantôt moins.

Elles paraissent être à l'intérieur de couleur jaunâtre : mais l'action de l'air et de la température change la surface en bleu grisâtre ; c'est seulement çà et là, dans les déchirures et les crevasses récentes, que la première couleur est visible. La roche elle-même s'oblitère peu à peu et s'arrondit aux angles ; les parties les plus molles sont rongées ; ainsi se forment des grottes et des cavités évidées avec une remarquable élégance, et qui, lorsqu'elles se rencontrent avec des arêtes et des pointes aiguës, produisent un effet pittoresque. La végétation maintient ses droits ; dans chaque saillie, plateau et crevasse, pénètrent les racines des pins ; la mousse et les herbes bordent les rochers. On sent profondément qu'il n'est rien là d'arbitraire ; qu'une loi éternelle, qui imprime à tout une marche lente, y développe son action, et que la main de l'homme se montre uniquement dans la route commode par laquelle on se glisse à travers ces étranges contrées.

Genève, 27 octobre 1779.

La grande chaîne de montagnes qui, de Bâle à Genève, sépare la Suisse et la France, porte, comme vous le savez, le nom de Jura. Les cimes les plus élevées s'étendent au-dessus de Lausanne jusqu'au-dessus de Rolle, de Nyon et de ses alentours[1]. Derrière cette chaîne, qui est la plus haute, la nature, je pourrais dire les flots, ont creusé un remarquable vallon (car sur toutes ces hauteurs calcaires les effets des anciennes eaux sont visibles) : c'est la vallée de Joux, en allemand Bergthal, puisque, dans le

---

1. Au-dessus de Lausanne est proprement le Jorat, bien moins élevé que le Jura. Du reste Goethe fait bien de s'exprimer d'une manière approximative, car le Crédoz et le Reculet, les points les plus élevés du Jura, sont plus à l'ouest, dans le Jura français, qui aboutit au fort de l'Écluse.

langage du pays, *joux* désigne un rocher, une montagne. Avant de poursuivre la description de notre voyage, je veux présenter en peu de mots la situation de cette vallée. Elle s'étend, comme la montagne, à peu près du sud au nord[1] : au sud, elle est fermée par les Septmoncels; au nord, par la Dent de Vaulion, qui est, après la Dôle, la plus haute cime du Jura. La vallée a, dit-on, neuf petites lieues, qui en font six à peu près des nôtres. La montagne qui la limite, dans sa longueur, au levant, et qui se voit aussi de la plaine, s'appelle le Noirmont; au couchant, s'étend le Risou, qui se perd insensiblement dans la Franche-Comté. La France et Berne se partagent cette vallée d'une manière assez égale : la France a la partie supérieure, qui est moins fertile, et Berne possède l'autre, qui est meilleure, et qui est proprement nommée la Vallée du lac de Joux. A l'extrémité supérieure, vers le pied des Septmoncels, s'étend le lac des Rousses, qui n'a point d'origine visible particulière, et se forme des sources qui naissent au fond et de celles qui s'échappent de toutes parts. De ce lac coule l'Orbe, qui traverse toute la partie française et une grande étendue de la partie bernoise, jusqu'à ce qu'elle forme plus bas, non loin de la Dent de Vaulion, le lac de Joux, qui se verse dans un petit lac, d'où l'eau se perd enfin sous la terre. La largeur de la vallée varie : dans la partie supérieure, vers le lac des Rousses, elle est d'environ une demi-lieue; ensuite elle se rétrécit. Dans le bas, elle s'ouvre encore, et, là, sa plus grande largeur est d'une lieue et demie. Voilà qui peut suffire pour l'intelligence de la suite, mais je vous prie de jeter un coup d'œil sur la carte, quoique, pour ce qui regarde cette contrée, je les aie trouvées toutes inexactes.

Le 24 octobre, en compagnie d'un capitaine et du maître des eaux et forêts de ce bailliage, nous montâmes à cheval et nous traversâmes d'abord le petit village de Mont[2] dispersé et qu'on

---

1. Il faudrait dire : à peu près du sud-ouest au nord-est. Au reste nous ne croyons pas devoir noter minutieusement les inexactitudes qui peuvent se rencontrer çà et là dans ces descriptions, d'ailleurs si intéressantes.

2. Goethe part de Rolle évidemment. Ce petit village de Mont se qualifie pourtant de *Mont-le-Grand* ; mais nous convenons, avec la modestie qui convient quand on parle de son berceau, qu'il est moins grand que dispersé. Il est au centre du vignoble de la Côte. Le signal de Bougy, dans le voisinage, offre une des plus belles vues du monde.

pourrait dire une chaîne d'habitations champêtres et de maisons de vignerons. Le temps était fort clair. En nous retournant, nous avions la vue du lac de Genève, des montagnes de la Savoie et du Valais; nous pouvions distinguer Lausanne et, à travers un léger brouillard, le côté de Genève. Le Mont-Blanc, qui domine toutes les Alpes du Faucigny, paraissait toujours davantage. Le soleil se coucha dans un ciel pur : c'était un si grand spectacle que l'œil de l'homme n'y suffit pas. La lune, presque en son plein, se leva et nous montions toujours. Nous gravîmes le Jura à travers des bois de sapins, et nous voyions dans la vapeur le lac, où la lune se reflétait. La clarté augmentait toujours. Le chemin est une chaussée bien faite, établie uniquement pour amener avec plus de facilité le bois de la montagne dans la plaine. Nous avions monté environ trois heures, quand nous commençâmes à redescendre doucement de l'autre côté. Nous croyions voir sous nos pieds un grand lac, et c'était un épais brouillard, remplissant toute la vallée, sur lequel pouvait se promener notre vue. Nous en approchâmes enfin, et nous vîmes un pâle arc-en-ciel, que la lune y formait, puis nous fûmes bientôt complétement enveloppés par le brouillard. La société du capitaine nous valut d'être logés dans une maison où l'on n'héberge pas d'ordinaire les étrangers. Dans sa construction intérieure elle ne se distinguait en rien des maisons ordinaires, si ce n'est que la grande pièce du milieu est à la fois cuisine, salle de compagnie et vestibule, et que l'on passe de là dans les chambres de plain-pied et par un escalier. D'un côté, le feu était allumé par terre sur des dalles de pierre; une vaste cheminée, solidement et proprement lambrissée de planches, recevait la fumée. Dans l'angle étaient les bouches des fours. Tout le sol était d'ailleurs planchéié, à l'exception d'un petit coin carrelé, vers la fenêtre, autour de l'évier. Au reste, dans le pourtour et jusqu'aux poutres du lambris, étaient rangés dans un bel ordre une foule de meubles et d'ustensiles, le tout assez proprement tenu.

Le 25 au matin, le temps était clair et froid, les prairies étaient blanches de frimas; çà et là passaient de légers brouillards; nous pouvions voir assez bien la partie inférieure de la vallée; notre maison était auprès du Noirmont, situé à l'est. Sur les huit heures, nous partîmes à cheval, et, pour jouir d'abord du soleil, nous cheminâmes à l'ouest. La partie de la vallée vers laquelle se dirigeait notre course consiste en prairies divisées, qui, dans le voisinage du lac, deviennent un peu plus marécageuses. L'Orbe les traverse. Une partie des habitants se sont établis sur les bords, dans des maisons isolées; les autres se sont groupés dans des villages qui portent des noms simples, tirés de leur situation. Le premier que nous traversâmes était le Sentier. Nous voyions de loin la Dent de Vaulion par-dessus un brouillard qui s'étendait sur le lac. La vallée s'élargissait; derrière une arête rocheuse, qui nous masquait le lac, nous traversâmes un autre village, nommé le Lieu; les brouillards montaient et descendaient tour à tour devant le soleil. Près de là est un petit lac sans affluent et sans décharge visibles. Le temps s'éclaircit tout à fait, et nous arrivâmes vers le pied de la Dent de Vaulion, où nous atteignîmes l'extrémité septentrionale du grand lac, qui, en tournant vers l'ouest, se verse, par-dessous un pont, dans le petit lac[1], dont il est séparé par une digue. Le village qui se trouve au delà s'appelle le Pont. La situation du petit lac, qu'on trouve à part dans une étroite vallée, est ce qu'on peut appeler jolie. A l'extrémité occidentale, est un remarquable moulin[2], établi dans une crevasse de rocher, que le petit lac remplissait autrefois; maintenant une digue le contient, et le moulin est bâti dans le fond. L'eau tombe par des écluses sur les roues, se précipite de là dans des fentes de rochers, où elle s'engloutit pour ne ressortir qu'à une lieue à Vallorbe, où elle reprend son nom. Ces décharges, appelées les *entonnoirs*, doivent être maintenues libres, sans cela l'eau monterait, elle remplirait la crevasse et s'élèverait au-dessus du moulin, comme cela s'est vu plus d'une fois. On était alors très-occupé soit à enlever la roche calcaire ramollie, soit à la consolider. Nous revînmes sur nos pas et, traversant le pont, nous gagnâmes le village qui en a reçu son nom : là nous prîmes un guide pour nous conduire à la Dent. En montant, nous avions derrière nous le grand lac. Au levant, le Noirmont est sa limite; derrière lui, s'élève le chauve sommet de la Dôle; au

---

1. Le lac Brenet. — 2. Le moulin de Bonport.

couchant, le lac est resserré par la croupe de rochers, qui, du côté de l'eau, est tout à fait nue. Le soleil était chaud ; il était entre onze heures et midi. Peu à peu nous avons dominé toute la vallée ; nous pouvions reconnaître dans le lointain le lac des Rousses, et, de là jusqu'à nos pieds, le pays par lequel nous étions venus et le chemin qui nous restait à faire. En montant, nous parlâmes de ces vastes contrées et des États qu'on pouvait distinguer de ces hauts lieux, et, occupés de ces pensées, nous arrivâmes au sommet. Mais un autre spectacle nous était préparé. Les hautes chaînes de montagnes étaient seules visibles sous un ciel pur et serein ; toutes les contrées inférieures étaient couvertes d'une mer de vapeurs blanches, qui s'étendait depuis Genève jusqu'au nord à l'horizon et brillait au soleil. De cette mer s'élevait à l'orient, nettement dessinée, toute la chaîne des montagnes blanches et des glaciers, sans distinction du nom des peuples et des princes qui croient les posséder, sous l'empire d'un Seigneur unique et grand et sous le regard du soleil qui les colorait d'une belle teinte rose. Le Mont-Blanc, en face de nous, paraissait le plus haut ; les glaciers du Valais et de l'Oberland lui succédaient, et les basses montagnes du canton de Berne terminaient la perspective. Au couchant, il y avait un espace où la mer de vapeurs était sans limites ; à gauche, dans le dernier lointain, se montraient les montagnes de Soleure ; plus près, celles de Neuchâtel ; immédiatement devant nous, quelques cimes basses du Jura ; sous nos pieds, quelques maisons de Vaulion, village auquel appartient la montagne et qui lui a donné son nom. A l'occident, la Franche-Comté termine tout l'horizon avec ses montagnes boisées qui s'abaissent en plaines : on n'en distinguait qu'une seule dans le lointain vers le nord-ouest. Mais devant nous s'offrait un beau spectacle. Voici la pointe qui a fait nommer *dent* cette sommité. Elle descend à pic, et même elle surplombe un peu ; dans la profondeur, elle touche à un petit vallon planté de sapins [1], avec de belles places gazonnées ; au delà s'étend la vallée de Valorbe, où l'on voit l'Orbe sortir du rocher, et, en reportant sa vue vers le petit lac, on peut suivre par la pensée la course souterraine de la rivière.

1. Nous avons rendu plus d'une fois, dans ces lettres, *Fichte* par *Sapin*, parce que c'est l'espèce qui domine dans toutes ces montagnes.

La petite ville de Valorbe se trouve aussi dans ce vallon. Nous partîmes à regret. Quelques heures d'attente (le nuage se dissipant d'habitude vers ce temps-là) nous auraient permis de découvrir le bas pays et le lac[1]. Mais, pour que la jouissance fût parfaite, il nous fallut avoir encore quelque chose à désirer. A la descente, nous voyions devant nous, parfaitement éclairée, notre vallée[2] tout entière; nous reprîmes nos chevaux au Pont; nous remontâmes le lac par la rive orientale; nous traversâmes l'abbaye de Joux, qui est maintenant un village, mais qui était jadis un couvent de religieux, auxquels toute la vallée appartenait. Vers quatre heures nous arrivâmes à notre auberge, et nous trouvâmes un dîner qui avait été bon à midi, nous assura l'hôtesse, mais que nous trouvâmes encore excellent.

J'ajouterai quelques détails, comme on me les a rapportés. Ainsi que je viens de le dire, la Vallée doit avoir appartenu autrefois à des moines, qui la revendirent ensuite en détail, et qui, au temps de la réformation, furent chassés avec les autres. Aujourd'hui elle appartient au canton de Berne, et les montagnes d'alentour sont les bûchers du pays de Vaud. La plupart des forêts sont des propriétés particulières; elles sont exploitées sous surveillance, et les bois transportés dans le pays. C'est encore ici que sont fabriqués les tonneaux de sapin, les seilles[3], les brentes[4] et toute sorte de vaisseaux de bois. Les gens sont instruits et de bonnes mœurs. Ils font le commerce du bois, et ils élèvent du bétail. Ce bétail est petit Ils font de bons fromages. Ils sont laborieux; une motte de terre est pour eux d'un grand prix. Nous trouvâmes un homme occupé à transporter, avec chevaux et charrette, dans certains enfoncements de la prairie quelques glèbes extraites d'un petit fossé. Ils enlèvent soigneusement les pierres et les rassemblent en petits monceaux. Il se trouve ici beaucoup de lapidaires, qui travaillent pour les marchands de Genève et d'autres lieux. Cette industrie occupe aussi les femmes et les

1. Le Léman. — 2. Celle du lac de Joux.
3. Ce vieux mot est celui par lequel on désigne dans le pays le vaisseau dont il est ici question.
4. Autre ustensile du pays, qui est surtout à l'usage des tonneliers et des vignerons. Il se porte sur le dos comme une hotte, et sert de mesure de capacité pour les liquides.

enfants. Les maisons sont solidement et proprement bâties ; la forme et l'arrangement sont appropriés aux besoins du pays et des habitants. Devant chaque maison coule une fontaine. On voit partout régner le travail, l'activité et l'aisance. Mais il faut louer surtout les belles routes, dont l'État de Berne prend soin, dans ces lieux écartés, comme dans tout le reste du canton. Une chaussée fait le tour de toute la vallée. Elle n'est pas d'une largeur démesurée, mais elle est bien entretenue, en sorte que les habitants exercent leur industrie avec la plus grande facilité, et peuvent cheminer avec de petits chevaux et de légères voitures. L'air est très-pur et très-sain.

Le 26, on délibéra en déjeunant sur le chemin par lequel on devait se retirer. Ayant appris que la Dole, la plus haute cime du Jura[1], confinait à l'extrémité supérieure de la vallée, comme le temps prenait la plus belle apparence, et que nous pouvions espérer de la bonne fortune l'avantage qui nous avait manqué la veille, nous résolûmes de nous y rendre. Nous chargeâmes un messager de nous porter du fromage, du beurre, du pain et du vin, et nous montâmes à cheval vers les huit heures. Nous longeâmes la partie supérieure de la vallée à l'ombre du Noirmont. Il faisait très-froid ; le pays était couvert de frimas et de glace. Nous avions à cheminer encore une lieue dans le canton de Berne, où s'arrêtera la chaussée, qu'on est justement occupé à terminer. Après avoir traversé un petit bois de sapins, nous entrâmes dans le territoire français. Là le spectacle change beaucoup. Ce qui fixa d'abord notre attention, ce furent les mauvais chemins. Le terrain est fort pierreux ; partout s'élèvent de grands monceaux de cailloux ; du reste, une partie du sol est aussi très-marécageuse et abonde en sources ; les forêts d'alentour sont très-ruinées ; les maisons et les habitants annoncent, je ne dirai pas l'indigence, mais une étroite pauvreté. Ils appartiennent, à peu près comme serfs, aux chanoines de Saint-Claude ; ils sont attachés à la glèbe, et

---

[1]. Elle est assurément la plus remarquable par sa belle croupe arrondie, qui se détache avec majesté du reste de la chaîne ; elle justifie le proverbe du pays, où l'on dit, en parlant de toute chose ambitieuse à laquelle on veut opposer l'idée de la véritable grandeur : « Ce n'est pas la Dole. » Cependant elle n'a que 1681 mètres de hauteur, tandis que le Reculet en a 1720 et le Crédoz 1789.

chargés d'impôts (sujets à la mainmorte et au droit de suite[1]). Je vous en dirai davantage de bouche, tout comme de l'édit par lequel le roi vient d'abolir le droit de suite, et invite les possesseurs et propriétaires à renoncer au droit de mainmorte contre une certaine somme d'argent. Cependant cette partie de la vallée est aussi très-bien cultivée. Les habitants se procurent péniblement le nécessaire, et néanmoins ils aiment beaucoup leur patrie; ils volent dans l'occasion du bois aux Bernois, et viennent le vendre dans le pays. Le premier district est le Bois d'Amont, par lequel nous arrivâmes dans la paroisse des Rousses, où nous vîmes le petit lac de ce nom et les Septmoncels, savoir sept petites collines enchaînées et de forme diverse, limite méridionale de la vallée. Nous joignîmes bientôt la nouvelle route qui mène du pays de Vaud à Paris; nous la descendîmes quelque temps, et nous prîmes congé de notre vallée. Le chauve sommet de la Dôle s'élevait devant nous. Nous quittâmes nos chevaux, qui allèrent par la grand'route nous attendre à Saint-Cergue, et nous gravîmes la Dole. Il était près de midi; le soleil paraissait chaud, mais il soufflait par intervalles un vent frais du sud. Lorsque, pour nous reposer, nous tournions la tête, nous avions derrière nous les Septmoncels; nous voyions encore une partie du lac des Rousses, et, alentour, les maisons éparpillées de la paroisse; le Noirmont nous cachait tout le reste de la vallée; plus haut, nous eûmes à peu près la même vue que la veille sur la Franche-Comté, et, plus près de nous, vers le sud, les dernières montagnes et vallées du Jura. Nous évitions avec soin d'observer par un pli des collines la contrée qui était proprement l'objet de notre ascension. Le brouillard me donnait un peu d'inquiétude : cependant l'apparence du ciel sur nos têtes me fit concevoir quelques bons présages. Nous atteignîmes enfin le sommet, et nous goûtâmes avec le plus grand plaisir la jouissance qui nous avait été refusée la veille. Tout le pays de Vaud et celui de Gex s'étalaient sous nos pieds comme une carte; toutes les propriétés, coupées de haies vertes, comme les planches d'un parterre. Nous

---

1. Droit en vertu duquel le seigneur pouvait réclamer partout son vassal. Cette parenthèse est en français dans l'original, où l'on a imprimé mal à propos *droit de la suite* pour *droit de suite*.

étions si haut que les collines et les vallons du premier plan ne paraissaient point. Les villages, les petites villes, les maisons de campagne, les vignobles, et, plus haut, à la naissance des bois et des Alpes, les chalets, la plupart blancs et clairs, reluisaient au soleil. Le brouillard avait déjà laissé à découvert le Léman; nous voyions parfaitement la partie la plus proche de la rive citérieure; nous embrassions tout l'ensemble de ce qu'on appelle le Petit-Lac, depuis l'endroit où le grand se resserre jusqu'à Genève, qui était devant nous, et, vis-à-vis, s'éclairait le pays qui l'environne. Mais la vue des glaciers et des montagnes blanches appelait toujours l'attention avant tout le reste. Nous cherchâmes derrière des rochers un abri contre la fraîcheur de l'air; nous nous exposâmes aux rayons du soleil, tout en mangeant et en buvant avec délices. Nous observions le brouillard, qui se dissipait insensiblement; chacun découvrait ou croyait découvrir quelque chose. Peu à peu nous vîmes très-distinctement Lausanne, avec toutes les maisons de plaisance qui l'environnent[1], Vevey et le château de Chillon, les montagnes qui nous cachaient, jusqu'au lac, l'entrée du Valais; de là, sur la côte de Savoie, Evian, Ripaille, Thonon, de petits villages et de petites maisons dans les intervalles; à droite, Genève sortit enfin du brouillard, mais, plus loin au sud, vers le Crédoz et le Vouache[2], entre lesquels se trouve le fort de l'Écluse, le brouillard ne se leva point. Nous regardâmes de nouveau vers la gauche, et nous vîmes tout le pays, de Lausanne à Soleure, dans une légère vapeur; les montagnes et les hauteurs plus voisines et les lieux où se trouvaient des maisons blanches, nous pouvions tout distinguer. On nous montra la masse brillante du château de Champvent, situé sur la rive

---

[1]. Qui vous aurait dit alors, illustre Goethe, que, quatre-vingts ans plus tard, dans une de ces maisons champêtres, un habitant du pays traduirait vos immortels ouvrages et passerait avec vous plusieurs années de vie studieuse et solitaire ! Et lui-même ne s'attendait pas à remplir un jour ce ministère dans la république des lettres, lorsqu'à l'âge de dix-neuf ans, quarante ans après vous, et quarante ans avant le moment où il écrit ces lignes, il contemplait sur la Dole le même spectacle avec le même enchantement.

Florency, 20 juin 1859.

[2]. Le Crédoz, une des dernières et des plus hautes sommités du Jura. Le Vouache, qui commence la chaîne des Alpes, touche à la rive gauche du Rhône, en face du fort de l'Écluse.

gauche du lac de Neuchâtel, et qui nous permit de deviner la position du lac, dont une vapeur bleuâtre nous dérobait la vue. Il n'y a point de termes pour exprimer la grandeur et la beauté de ce spectacle; c'est à peine si l'on a d'abord le sentiment de ce qu'on voit : seulement on se rappelle avec plaisir les noms et les formes des villes et des villages, et l'on s'émerveille de reconnaître que ce sont les mêmes points blancs qu'on a devant soi.

Cependant la chaîne des glaciers étincelants rappelait toujours les yeux et l'âme. Le soleil déclinait toujours plus vers l'occident, et faisait reluire leurs plus grands plateaux. Du sein des neiges, que de rochers noirs, de dents, de tours et de murailles s'élèvent devant eux, diversement rangés, et forment de sauvages, énormes, impénétrables portiques! Lorsque ensuite, avec leur diversité, ils se montrent nettement et purement dans l'espace, on abandonne aisément toute prétention à l'infini, puisque le fini lui-même est suffisant pour lasser la vue et la pensée.

Nous voyions devant nous une terre habitée et fertile; le sol que nos pieds foulaient, haute montagne pelée, porte encore du gazon, nourriture du bétail, dont l'homme fait son profit. Voilà ce que peut encore s'approprier le présomptueux roi de la terre; mais ces hautes Alpes sont comme une sainte armée de vierges, que, sous nos yeux, en des régions inaccessibles, l'Esprit du ciel se réserve pour lui seul dans une éternelle pureté. Nous passâmes encore quelque temps à nous provoquer l'un l'autre, pour découvrir, tantôt à l'œil nu, tantôt avec le télescope, les villes, les montagnes et les pays, et nous ne descendîmes pas avant que le soleil, à son déclin, laissât la brume répandre sur le lac son voile crépusculaire.

Nous atteignîmes au coucher du soleil les ruines du fort de Saint-Cergue. Plus près de la vallée, nos yeux ne cessaient pas encore de se diriger vers les glaciers. Les derniers à gauche, ceux de l'Oberland, semblaient s'évanouir dans une légère vapeur de flamme; les plus proches se présentaient encore à nous vivement colorés en quelques parties; peu à peu ils devinrent blancs, verts, grisâtres : objet presque funèbre. Comme, dans un corps robuste, la mort s'avance des extrémités vers le cœur, toutes les cimes pâlirent par degrés plus près du Mont-Blanc, dont le vaste sein, vermeil encore, brillait sur leurs têtes, et il nous parut même conserver à la fin une teinte rosée, comme on se refuse à reconnaître d'abord la mort de la personne aimée, et à marquer l'instant où le pouls cesse de battre[1]. Et même alors nous partîmes à regret. Nous trouvâmes nos chevaux à Saint-Cergue, et, pour que notre plaisir fût complet, la lune se leva et nous éclaira jusqu'à Nyon, tandis que, sur la route, nos esprits, exaltés, recommencèrent à se déployer agréablement, à se récréer, pour être en état de contempler avec un plaisir nouveau, des fenêtres de l'hôtel, le large sillon de lumière flottante que la lune traçait sur le lac tranquille.

Çà et là, dans tout le cours du voyage, on avait beaucoup célébré les merveilles des glaciers de Savoie, et, quand nous arrivâmes à Genève, nous apprîmes que c'était de plus en plus la mode de les visiter; en sorte que le comte[2] fut pris d'une singulière envie de diriger notre voyage de ce côté, d'aller de Genève, par Cluse et Sallenche, à Chamouni, d'en admirer les merveilles, puis de prendre par Valorsine et Trient, pour tomber à Martigny en Valais. Cette route, que suivent la plupart des voyageurs, semblait un peu dangereuse à cause de la saison. Nous allâmes voir à ce sujet M. de Saussure à sa maison de campagne, et nous lui demandâmes conseil. Il assura qu'on pouvait faire le voyage sans difficulté. Il n'y avait point de neige encore sur les montagnes de hauteur moyenne, et, si nous voulions ensuite avoir égard à la température et aux bons avis des gens du pays, qui ne sont jamais en défaut, nous pouvions entreprendre ce voyage en toute sûreté.

Voici la copie d'un journal écrit à la précipitée.

Cluse en Savoie, le 3 novembre 1779.

Aujourd'hui, au sortir de Genève, la société s'est partagée : le comte et moi, accompagnés d'un chasseur, nous sommes partis

---

1. Il est certain qu'après avoir perdu l'éclat que lui donnent les derniers rayons du soleil, le Mont-Blanc présente, quelques moments plus tard, une légère teinte rosée. Les savants expliquent ce phénomène par la réfraction de la lumière que reflètent les couches supérieures de l'atmosphère. L'observation de Gœthe est donc aussi exacte qu'elle est poétiquement exprimée.

2. C'est-à-dire le duc Charles-Auguste, qui voyageait sous un nom supposé.

pour la Savoie; notre vieil ami W.[1] a pris, avec nos montures, la route du pays de Vaud pour se rendre dans le Valais; et nous, montés dans un cabriolet à quatre roues, nous sommes allés d'abord visiter dans sa maison de campagne Huber[2], cet homme à qui l'esprit, l'imagination, la passion d'imiter, sortent par tous les pores, et qui est du petit nombre des hommes complets que nous ayons rencontrés. Il nous mit sur la route et nous poursuivîmes notre chemin, ayant devant les yeux les hautes montagnes blanches auxquelles nous voulions courir. Du lac de Genève, les premières chaînes de montagnes courent l'une à l'autre, jusqu'à l'endroit où Bonneville est située, entre le Môle, montagne remarquable, et la rivière de l'Arve. C'est là que nous dînâmes. Derrière la ville commence la vallée, mais assez large encore. L'Arve la parcourt doucement. Le côté du midi est fort bien cultivé, et le sol parfaitement utilisé. Dès le matin, nous avions craint un peu de pluie, du moins pour la nuit; mais les nuages se détachèrent peu à peu des montagnes et se pommelèrent, ce qui déjà souvent nous avait paru un bon signe. L'air était aussi chaud qu'au commencement de septembre, et la contrée fort belle; beaucoup d'arbres étaient encore verts, la plupart jaune brun, bien peu tout à fait dépouillés, les blés d'un beau vert; les montagnes, dans le pourpre du soir, étaient d'un rose violacé, et ces couleurs se jouaient sur les grandes lignes d'un paysage gracieux et beau. Nous avons dit en jasant beaucoup de bonnes choses. Vers cinq heures nous arrivâmes à Cluse, où la vallée se ferme et ne laisse qu'une seule issue, par où l'Arve arrive des Alpes et par où nous entrâmes le lendemain. Nous gravîmes une haute montagne et nous vîmes à nos pieds la ville, en partie appuyée contre un rocher qui nous faisait face, en partie construite dans la plaine du vallon que nos regards se plaisaient à parcourir. Assis sur des blocs de granit écroulés, nous attendîmes l'arrivée de la nuit, dans une conversation variée et tranquille. Vers sept heures, nous descendîmes; il ne faisait pas encore plus frais qu'en été à neuf

---

1. De Wedel.
2. Jean Huber, né à Genève en 1724, mort en 1790. Peintre et naturaliste. Il apprit à peindre sans maître. Il étudia le vol des oiseaux, et s'occupa de la manière de diriger les ballons.

heures dans les années ordinaires. Nous logeons dans une mauvaise auberge, chez de joyeuses et bonnes gens, dont le patois nous amuse, et demain, avant le point du jour, nous porterons plus loin notre bâton de voyageur.

(Dix heures du soir.)

Salenche, 4 novembre 1779, midi.

En attendant qu'un mauvais dîner nous soit préparé par des mains très-officieuses, j'essayerai de noter ce que nous avons vu de plus remarquable dès ce matin. Au point du jour nous sommes partis à pied de Cluse et nous avons pris le chemin de Balme. La vallée était d'une agréable fraîcheur; la lune, à son dernier quartier, brillait en avance du soleil, et nous charmait, parce qu'on est peu accoutumé à la voir dans cette phase. Des vapeurs légères, détachées, s'élevaient des fentes de rochers, comme si la brise matinale éveillait de jeunes esprits, qui sentiraient le désir de présenter leur sein au devant du soleil et de le dorer à ses regards. Le haut du ciel était parfaitement pur. Quelques traînées de nuages diaphanes le traversaient. Balme est un misérable village, non loin de la route, au détour d'un ravin. Nous demandâmes aux gens de nous conduire à la grotte qui fait la renommée de ce lieu. Ils se regardèrent les uns les autres et se dirent : « Prends l'échelle, je prendrai la corde : venez, Messieurs. » Cette singulière invitation ne nous détourna pas de les suivre. Le sentier montait d'abord à travers des quartiers de roches calcaires écroulés, que le temps a façonnés en marches d'escalier devant la paroi verticale du rocher, et que revêtent des touffes de hêtres et de noisetiers. On arrive enfin à la plateforme du rocher, où il faut grimper avec peine et fatigue par l'échelle et les saillies du roc, avec le secours des branches d'un noyer qui surplombent et des cordes qu'on y attache. Alors on se trouve réellement sous un portail, que le temps a creusé dans le rocher; on voit la vallée et le village à ses pieds. Nous nous disposâmes à pénétrer dans la grotte. On alluma des lumières et nous chargeâmes un pistolet, dont nous voulions entendre la détonation. La grotte est une longue galerie dont le sol est le plus souvent uni, sur une même couche, large, ici pour une seule personne, là pour deux, plus haute quelquefois que la stature humaine, puis obligeant ensuite à se baisser et même à ramper. Vers le milieu, la cavité s'agrandit par en haut et forme un dôme élancé. Dans un coin, une crevasse s'ouvre par en bas, et nous avons toujours compté lentement jusqu'à dix sept ou dix-neuf, avant qu'une pierre, qui tombait et bondissait avec des retentissements divers, fût enfin parvenue jusqu'au fond. Aux parois pendent des stalactites, mais la grotte n'est humide qu'en très-peu d'endroits, et il ne s'y forme pas à beaucoup près d'aussi riches et merveilleuses figures que dans la grotte de Baumann[1]. Nous pénétrâmes aussi loin que les eaux nous le permirent. En revenant, nous déchargeâmes le pistolet : la grotte en fut ébranlée avec un sourd et profond retentissement, et nous entendîmes autour de nous comme le bourdonnement d'une cloche. Nous fûmes un grand quart d'heure à revenir ; nous redescendîmes les rochers, et, après avoir rejoint la voiture nous poursuivîmes notre voyage. Nous avons vu une jolie cascade[2], dans le genre du Staubbach. Elle ne nous a paru ni très-haute, ni très-riche, mais elle est très-intéressante, en ce que les rochers forment autour d'elle comme une niche circulaire où elle se précipite, et que les masses calcaires qui l'environnent, s'incrustant elles-mêmes, prennent des formes nouvelles et singulières. Nous sommes arrivés ici vers le milieu du jour, sans avoir assez faim pour trouver bon le dîner, qui se compose d'un poisson réchauffé, d'un morceau de vache et de pain dur. De Salenche, il n'y a plus, en avançant dans la montagne, de route carrossable pour une voiture de voyage aussi imposante que la nôtre; elle retourne à Genève, et je prends congé de vous pour continuer notre course. Un mulet nous suivra, chargé de notre bagage.

Chamouni, 4 novembre 1779, à neuf heures du soir.

Si je prends la plume, c'est uniquement pour que cette feuille me rapproche de vous : autrement je ferais mieux de laisser reposer mes esprits. Nous avons laissé Salenche derrière nous dans une belle vallée ouverte. Pendant notre repos de midi, le ciel s'était couvert de petits moutons blancs, sur lesquels je dois

---

1. Dans le Harz, non loin d'Elbingerode. — 2. Le nant (cascade) d'Arpenas.

faire ici une observation particulière. Par un jour serein, nous les avons vus monter aussi beaux et plus beaux encore des glaciers bernois : ici nous avons observé la même chose, comme si le soleil attirait à lui les plus légères vapeurs des plus hauts glaciers, et que ces exhalaisons éthérées fussent cardées dans l'atmosphère par un vent léger, comme une laine écumeuse. Je ne me souviens pas d'avoir jamais vu chez nous, dans les plus longs jours d'été, où l'on observe aussi de pareils phénomènes, quelque chose d'aussi transparent, d'aussi pénétré de lumière. Nous voyions déjà devant nous les montagnes neigeuses d'où s'élevaient ces nuages; la vallée commençait à se fermer; l'Arve s'élançait d'une crevasse de rocher; nous avions à escalader une hauteur et nous grimpâmes : les glaciers étaient devant nous à droite et toujours plus élevés. Diverses montagnes, d'antiques forêts de sapins, se montraient à droite, les unes dans la profondeur, les autres aussi élevées que nous. A gauche, sur nos têtes, les cimes étaient chauves et dentelées. Nous sentions que nous approchions toujours davantage d'un massif de montagnes plus fort et plus puissant. Nous franchîmes à sec un large lit de graviers et de cailloux, que les torrents creusent sur la pente de la montagne et qu'ensuite ils remplissent; de là on arrive dans une vallée très-agréable, tout unie et fermée en rond, où se trouve le petit village de Servoz. De là le chemin contourne des rochers de forme très-variée, puis se rapproche de l'Arve. Au delà, on gravit une côte; les masses deviennent toujours plus grandes; d'une main discrète, la nature a commencé à préparer ici le gigantesque. Le jour baissait, nous approchions de la vallée de Chamouni, et enfin nous y entrâmes. Les grandes masses nous étaient seules visibles. Les étoiles se montraient l'une après l'autre, et nous remarquâmes au-dessus du sommet des montagnes, à droite devant nous, une lumière que nous ne pouvions nous expliquer. Claire, sans rayonnement, comme la voie lactée, mais plus dense, à peu près comme les pléiades, seulement plus étendue; elle occupa longtemps notre attention, jusqu'à ce qu'enfin, quand nous eûmes changé de point de vue, comme une pyramide pénétrée d'une mystérieuse lumière intérieure, qui ne saurait être mieux comparée qu'à la phosphorescence d'un ver luisant, elle parut dominer les cimes de toutes les montagnes, et nous rendit certains que c'était le sommet du Mont-Blanc. La beauté de ce spectacle était tout à fait extraordinaire ; en effet, comme la montagne brillait avec les étoiles qui l'entouraient, non pas, il est vrai, d'une lumière aussi vive, mais dans une masse plus vaste et plus cohérente, elle semblait, à l'œil, faire partie d'une plus haute sphère, et l'on avait de la peine à rattacher par la pensée ses racines à la terre. Devant elle nous voyions une suite de cimes blanches luire sur les croupes de noires montagnes revêtues de sapins, et d'énormes glaciers descendre dans la vallée entre les bois sombres.

Ma description commence à devenir extraordinaire et tourmentée : aussi faudrait-il proprement toujours deux hommes, l'un pour voir, l'autre pour décrire.

Nous sommes ici dans le village central de la vallée, nommé le Prieuré, dans une maison qu'une veuve fit bâtir, il y a quelques années, en l'honneur des nombreux étrangers. Nous sommes assis au coin du feu, et nous nous régalons du vin muscat de la vallée d'Aoste mieux que des mets de carême qui nous sont servis.

5 novembre 1779, au soir.

Il me faut toujours faire un effort, comme pour me jeter dans l'eau froide, avant que je parvienne à prendre la plume. J'aurais vraiment envie aujourd'hui de vous renvoyer à la description que Bourrit, ce grimpeur passionné, a faite des glaciers de Savoie.

Restauré par quelques verres de bon vin et par la pensée que ces feuilles vous parviendront avant les voyageurs et le livre de Bourrit, je veux faire tout mon possible. La vallée de Chamouni, où nous sommes, est très-élevée dans les montagnes ; elle a six ou sept lieues de longueur et se dirige à peu près du sud au nord. Le caractère qui me paraît la distinguer des autres, c'est que le milieu est presque sans plaine, et que des bords de l'Arve le sol s'élève immédiatement, comme une huche, contre les plus hautes montagnes. Le Mont-Blanc et les croupes qui en descendent, les amas de glaces qui remplissent ces énormes ravins, forment le versant oriental, duquel, dans toute la longueur de la vallée, descendent sept glaciers de diverse grandeur. Les guides que nous avions arrêtés pour visiter la Mer de glace sont arrivés à point : l'un est un gaillard jeune et robuste, l'autre un homme déjà mûr et qui fait le capable, qui s'est trouvé en contact avec tous les savants étrangers, qui connaît fort bien la structure des glaciers, enfin un très-habile homme. Selon sa déclaration, depuis vingt-huit ans qu'il conduit les étrangers sur les montagnes, c'est la première fois qu'il y mène quelqu'un à une époque si tardive, après la Toussaint. Et cependant nous devons tout voir, aussi bien qu'au mois d'août. Munis de vivres et de vin, nous avons gravi le Montanvert, où devait nous surprendre le spectacle de la Mer de glace. Pour m'exprimer sans emphase, je la nommerais proprement la vallée ou le fleuve de glace. En effet les masses énormes de glaces s'avancent d'une vallée profonde, à la voir d'en haut, dans une assez grande plaine. Dans le fond se termine en pointe une montagne, des deux côtés de laquelle les flots de glace réunissent dans le courant principal leurs masses enchaînées. Pas un flocon de neige ne couvrait encore la surface anguleuse, et les crevasses bleues jetaient le plus bel éclat. Peu à peu le temps se couvrit ; je voyais flotter des nuages gris, qui semblaient annoncer la neige, et comme je n'en avais jamais vu. A la place où nous étions se trouve la petite hutte en pierres construite pour le besoin des voyageurs, et qu'on appelle, par plaisanterie, le château du Montanvert. M. Blair, Anglais, qui demeure à Genève, en a fait bâtir, un peu au-dessus, une plus spacieuse, dans un endroit plus commode. Assis au coin du feu, on peut, de la fenêtre, contempler toute la vallée de glace. Les cimes des rochers, vis-à-vis et, plus bas aussi, vers le fond de la vallée, sont dentelées en pointes très-aiguës : c'est qu'elles sont formées d'une sorte de pierres dont les couches descendent presque verticalement vers le centre de la terre. Si quelqu'une vient à se décomposer, la suivante reste debout dans l'air. Ces pointes sont nommées aiguilles, et l'aiguille de Dru, une de ces hautes et remarquables cimes, est vis-à-vis du Montanvert. Nous voulûmes aussi marcher sur la Mer de glace, et observer ces masses énormes en les foulant sous nos pieds. Nous descendîmes la montagne, et nous fîmes quelques centaines de pas sur ces flots de cristal. Le coup d'œil est admirable, lorsque, debout sur la glace même, on regarde les masses qui se pressent d'en haut, séparées par d'étonnantes crevasses. Mais nous ne jugeâmes pas à propos de rester davantage sur ce sol glissant : nous n'étions pourvus ni de crampons ni de souliers ferrés; la longue marche avait même poli et arrondi les talons de nos chaussures. Nous remontâmes donc aux cabanes, et, après quelque repos, nous nous disposâmes au départ. Ayant descendu la montagne, nous arrivâmes à l'endroit où le fleuve de glace pénètre par degrés au bas de la vallée, et nous entrâmes dans la grotte où il répand ses eaux. Elle est large, profonde, du plus bel azur, et l'on est plus en sûreté dans le fond qu'à l'ouverture, où de grands blocs de glace se détachent sans cesse par la fusion. Nous prîmes le chemin de notre auberge, en passant devant la demeure de deux blondins, enfants de douze à quatorze ans, qui ont la peau très-blanche, les cheveux blancs, mais roides, les yeux roses et mobiles, comme les lapins. La profonde nuit qui règne dans la vallée m'invite de bonne heure au sommeil, et j'ai à peine assez d'entrain pour vous dire que nous avons vu un jeune chamois apprivoisé, qui se comporte parmi les chèvres comme le fils naturel d'un grand seigneur, dont l'éducation se fait dans le paisible intérieur d'une famille bourgeoise. Il n'est pas à propos que je vous fasse part de nos entretiens : les granits, les gneiss, les mélèzes et les pins ne vous intéressent guère : cependant il faudra que vous voyiez prochainement des fruits remarquables de nos herborisations.. Il me semble que je suis accablé de sommeil, et je ne puis écrire une ligne de plus.

Chamouni, 6 novembre 1779, le matin.

Satisfaits de ce que la saison nous a permis de voir, nous sommes prêts à partir pour passer aujourd'hui même dans le Valais. Toute la vallée est couverte de brouillards jusqu'à la moitié de la hauteur, et nous devons attendre ce que le soleil et le vent voudront faire en notre faveur. Notre guide nous propose de passer le col de Balme, haute montagne, au nord de la vallée, du côté du Valais. De ce point élevé nous pouvons encore, si nous sommes heureux, contempler d'un coup d'œil la vallée de Chamouni avec la plupart de ses merveilles. Tandis que j'écris ces lignes, il se passe dans le ciel un magnifique phénomène : les brouillards, qui cheminent et qui se déchirent çà et là, laissent voir, comme par des soupiraux, le ciel bleu et en même temps les sommets des montagnes, qui, là-haut, par-dessus notre voile de vapeurs, sont éclairées par le soleil matinal. Sans parler de l'espérance d'une belle journée, un tel spectacle est pour les yeux une véritable fête. Nous avons enfin quelque terme de comparaison pour juger de la hauteur des montagnes. D'abord, du fond de la vallée, les brouillards s'élèvent assez haut sur les pentes ; de là, des nuages supérieurs montent encore, et l'on voit, par-dessus, reluire dans le ciel radieux les sommets des montagnes. Voici le moment ! Je prends congé à la fois de cette chère vallée et de vous.

Martigny en Valais, 6 novembre 1779, au soir.

Nous sommes arrivés ici heureusement. Encore une aventure menée à bonne fin. La joie de notre bon succès tiendra ma plume éveillée encore une demi-heure.

Après avoir chargé un mulet de notre bagage, nous sommes partis ce matin, vers neuf heures, du Prieuré. Les nuages, en mouvement, tantôt laissaient paraître et tantôt cachaient les crêtes des montagnes ; parfois le soleil pouvait pénétrer obliquement dans la vallée, parfois la contrée était replongée dans l'ombre. Nous montâmes en côtoyant l'écoulement de la Vallée de glace et, plus loin, le glacier d'Argentière, le plus élevé de tous, mais dont le plus haut sommet nous était caché par les nuages. Nous tînmes conseil sur les lieux, pour savoir si nous prendrions par le col de Balme et si nous laisserions le chemin de Valorsine. L'apparence n'était pas très-favorable : mais, comme nous n'avions rien à perdre et que nous avions beaucoup à gagner, nous prîmes hardiment notre chemin vers la sombre région des brouillards et des nuages. Quand nous arrivâmes vers le glacier du Tour, les nuages se déchirèrent, et nous vîmes encore ce beau glacier en pleine lumière. Nous fîmes une halte ; nous bûmes une bouteille de vin, et nous prîmes quelque nourriture. Nous poursuivîmes ensuite notre marche vers les sources de l'Arve, sur de sauvages pelouses et de misérables gazons, et nous approchâmes toujours plus de la zone des nuages, qui finit par nous envelopper tout à fait. Nous

montâmes quelque temps avec patience, et tout à coup, dans
notre marche ascendante, le ciel commença à s'éclaircir sur nos
têtes. Peu de temps après, nous sortîmes des nuages, nous les
vîmes à nos pieds peser de tout leur poids sur la vallée, et nous
pûmes voir, signaler et nommer par leurs noms les montagnes
qui la ferment à droite et à gauche, à l'exception de la cime du
Mont-Blanc qui était couverte de nuages. Nous voyions quelques
glaciers descendre de leurs sommets jusque dans les masses
de nuages; des autres, nous ne voyions que l'emplacement,
parce que les masses glacées étaient masquées par les arêtes
des montagnes. Par-dessus toute la plaine de nuages, nous
découvrions, par delà l'extrémité méridionale de la vallée, des
cimes lointaines éclairées par le soleil. Que sert-il de vous
énumérer les noms des sommets, des crêtes, des aiguilles, des
masses de neige et de glace, qui n'offriraient à votre esprit aucune image ni de l'ensemble ni des détails? Il est plus intéressant de vous dire comme les esprits de l'air semblaient se
faire la guerre sous nos pieds. A peine étions-nous arrêtés depuis quelques moments, pour jouir de ce grand spectacle,
qu'une fermentation ennemie parut se développer dans le
brouillard, qui tout à coup se traîna vers les hauteurs et me-
naça de nous envelopper encore. Nous hâtâmes le pas, pour
lui échapper de nouveau, mais il nous devança et nous couvrit.
Nous montâmes toujours avec plus d'ardeur, et bientôt un vent
contraire vint de la montagne même à notre secours: il soufflait par le col entre deux sommets, et repoussa le brouillard
dans la vallée. Ce merveilleux combat se renouvela souvent.
Nous parvînmes enfin heureusement au col de Balme. L'aspect
avait un caractère étrange. Le haut du ciel, par-dessus les crêtes
des montagnes, était nuageux; à nos pieds, nous voyions, à
travers le brouillard, qui se déchirait quelquefois, la vallée entière de Chamouni, et, entre ces deux couches de nuages, les
sommets des montagnes étaient tous visibles. A l'orient, nous
étions enfermés par des monts escarpés; au couchant, notre
vue plongeait dans de sauvages vallées, où se montraient pourtant dans quelques pâturages des habitations humaines. Devant nous s'étendait le Valais, où l'on pouvait voir d'un coup
d'œil, jusqu'à Martigny et plus loin encore, un labyrinthe de

montagnes qui s'élevaient les unes au-dessus des autres. Entourés de toutes parts de sommités qui semblaient se multiplier et s'élever toujours davantage à l'horizon, nous étions aux limites de la Savoie et du Valais. Quelques contrebandiers gravissaient le passage avec leurs mulets, et ils eurent peur de nous, car ils ne s'attendaient pas à trouver alors du monde en ce lieu. Ils tirèrent un coup de fusil, comme pour nous dire : « Vous voyez qu'ils sont chargés, » et l'un d'entre eux s'avança à la découverte. Lorsqu'il eut reconnu notre guide et observé nos innocentes figures, les autres s'avancèrent à leur tour, et nous passâmes de part et d'autre, en nous souhaitant un bon voyage. Le vent était fort, et il commençait à tomber un peu de neige. Nous descendîmes par un très-sauvage et très-rude sentier, à travers une antique forêt de sapins, qui avait pris racine dans un plateau de gneiss. Renversées par le vent les unes sur les autres, les tiges pourrissaient sur place avec leurs racines, et les roches, rompues en même temps, gisaient pêle-mêle en blocs sauvages. Nous parvînmes enfin dans la vallée où le Trient s'élance d'un glacier; nous laissâmes, tout près de nous, le petit village de Trient à notre droite[1], et nous longeâmes la vallée par un chemin assez incommode : enfin, vers six heures, nous sommes arrivés dans la plaine du Valais, à Martigny, où nous voulons prendre du repos pour de nouvelles entreprises.

Martigny, 6 novembre 1779, au soir.

Comme notre voyage se continue sans interruption, les feuilles de ma correspondance avec vous se succèdent sans intervalle; à peine ai-je plié et mis à part la fin de notre tournée en Savoie, que je prends une autre feuille pour vous faire part de nos nouveaux projets.

Nous sommes arrivés de nuit dans un pays qui depuis longtemps excite notre curiosité. Nous n'avons encore vu, à la lueur du crépuscule, que les sommets des montagnes qui ferment la vallée des deux côtés. Blottis dans notre auberge, nous regardons par la fenêtre passer les nuages, et nous éprouvons autant de joie et de bien-être à nous sentir sous un toit que des enfants

---

1 Il est probable qu'on doit lire « à notre gauche. »

qui se bâtissent auprès d'un poêle une cabane avec des chaises, des tables et des tapis, et, sous cet abri, se persuadent qu'il pleut et qu'il neige dehors, pour exciter par ces imaginations dans leurs petites âmes un délicieux frissonnement. Telles sont nos dispositions durant cette nuit d'automne, dans un pays étranger, inconnu. Nous savons par la carte que nous nous trouvons au sommet d'un angle, d'où la plus petite partie du Valais s'avance à peu près du sud au nord, en suivant le cours du Rhône, jusqu'au lac de Genève, tandis que l'autre partie, la plus longue, s'étend de l'ouest à l'est, en remontant le Rhône jusqu'à son origine dans la montagne de la Furca. Parcourir le Valais nous offre une agréable perspective; la question de savoir comment nous en sortirons par le haut nous cause seule quelque souci. D'abord il est résolu que nous irons demain, pour voir le Bas-Valais, jusqu'à Saint-Maurice, où nous trouverons notre ami, qui est arrivé par le pays de Vaud avec nos montures. Nous pensons être de retour ici demain soir, et après-demain nous remonterons la vallée. Si nous pouvons suivre les avis de M. de Saussure, nous ferons à pied le chemin jusqu'à la Furca; ensuite nous reviendrons à Brieg, et nous franchirons le Simplon, où se trouve en toute saison un bon passage pour se rendre à Domo d'Ossola, au lac Majeur, puis à Bellinzone, et de là monter le Saint-Gothard. Le chemin doit être bon et parfaitement praticable pour les chevaux. Ce qui nous plairait le mieux serait de gagner le Saint-Gothard par la Furca, afin d'abréger, et parce que ce détour par les provinces italiennes n'était pas d'abord dans notre plan; mais que faire de nos chevaux, qui ne peuvent gravir la Furca, où le chemin est peut-être déjà fermé par les neiges aux piétons eux-mêmes? Là-dessus nous sommes parfaitement tranquilles, et, comme jusqu'ici, nous espérons prendre de moments en moments conseil des circonstances. Nous remarquons dans cette auberge une servante, qui, avec une grande stupidité, a toutes les manières d'une sentimentale demoiselle allemande. Ce furent de gros rires lorsqu'elle nous vit, sur le conseil de notre guide, baigner dans du vin rouge mêlé de son nos pieds fatigués, et que nous les fîmes essuyer par cette agréable personne.

Au sortir de table.

Le souper ne nous a pas fort bien restaurés et nous espérons nous régaler mieux de sommeil.

Saint-Maurice, 7 novembre 1779, vers midi.

En voyage, ma manière de jouir des beaux paysages est d'évoquer tour à tour mes amis absents, et de m'entretenir avec eux de ces magnifiques objets. Si j'arrive dans une auberge, me reposer, me ressouvenir et vous écrire sont une seule et même chose, bien que parfois mon âme, trop exaltée, aimât mieux se recueillir en elle-même et se récréer dans un demi-sommeil.

Nous sommes partis ce matin de Martigny à l'aube naissante, un vent frais du nord s'est levé avec le jour; nous avons passé devant un vieux château[1], qui s'élève au point où les deux bras du Valais forment un Y. La vallée est étroite et fermée de part et d'autre par des montagnes de formes variées, qui sont, dans l'ensemble, d'un caractère particulier, à la fois gracieux et sublime. Nous arrivâmes à l'endroit où le Trient pénètre dans la vallée, en tournant une gorge étroite de roches verticales, au point que l'on doute s'il ne sort pas de dessous la montagne. Tout auprès, se trouve l'ancien pont, rompu l'an passé par la rivière; non loin de là, des roches énormes, tombées récemment de la montagne, ont obstrué la route. Ce groupe, dans son ensemble, ferait un admirable tableau. Non loin de là on vient de construire un pont de bois, et l'on a tracé un nouveau rayon de route. Nous savions que nous allions voir la célèbre cascade de Pissevache; nous désirions un rayon de soleil, et le mouvement des nuages nous permettait de l'espérer. Le long du chemin, nous observâmes en grand nombre des fragments de granit et de gneiss, qui, malgré leur diversité, semblaient être d'une même origine. Enfin nous arrivâmes devant la cascade, qui mérite plus que beaucoup d'autres sa renommée. Assez élevée, elle lance d'une crevasse de rocher une masse d'eau fumante dans un bassin, où elle se brise et se disperse

---

1. Le château de la Bathie, construit vers 1260 par Pierre de Savoie. En ruine.

au vent en écume et en poussière. Le soleil parut et rendit le spectacle doublement animé. En bas, dans la poussière humide, on observe çà et là un arc-en-ciel, à mesure qu'on marche, tout près devant soi. Si l'on s'élève davantage, on jouit encore d'un plus beau phénomène : quand les flots rapides, écumants, du jet supérieur, touchent, dans leur passage tumultueux, les lignes où l'arc-en-ciel se forme pour notre œil, ils s'embrasent et se colorent, sans que l'on voie paraître la figure continue d'un arc, et, à cette place, brille une flamme changeante, qui passe et revient sans cesse. Nous grimpâmes tout auprès, nous nous assîmes à côté, et nous désirâmes de pouvoir passer à cette place des heures et des jours. Cette fois encore, comme bien souvent dans ce voyage, nous comprîmes qu'on ne peut sentir et goûter les grandes choses en passant. Nous gagnâmes un village où se trouvaient de joyeux soldats, et nous y bûmes du vin nouveau, comme on nous en avait déjà servi la veille. On dirait, à le voir, de l'eau de savon, mais je le bois plus volontiers que leur vin acide d'un an et de deux ans. Quand on a soif, on se trouve bien de tout. Nous vîmes de loin Saint-Maurice, occupant juste la place où la vallée se resserre en un défilé. A gauche, au-dessus de la ville, nous avons aperçu, adossée à une paroi de rochers, une petite église avec un ermitage, où nous avons le projet de monter. Nous avons trouvé ici à l'auberge un billet de notre ami, qui est resté à Bex, à trois quarts de lieue de Saint-Maurice. Nous lui avons expédié un messager. Le comte est allé se promener, pour voir le pays plus avant. Je vais manger un morceau, et j'irai voir le pont et le passage renommés.

A une heure passée.

Je suis revenu de la bourgade, où l'on pourrait rester assis des jours entiers, dessiner, se promener, et, sans en être las, s'entretenir avec soi-même. Si j'avais à conseiller quelqu'un sur la manière de se rendre en Valais, je lui dirais de prendre par le lac de Genève en remontant le Rhône. Je me suis avancé sur la route de Bex, en traversant le grand pont, après lequel on entre d'abord dans le territoire de Berne. Le Rhône coule là-bas, et, du côté du lac, la vallée s'élargit sensiblement. En me retournant, j'ai vu les rochers se resserrer à Saint-Maurice, et, sur le Rhône, qui passe dessous en mugissant, un pont étroit, léger, d'une seule arche, jeté hardiment; à l'autre bout, s'élèvent, joignant le pont, les murailles et les tours pittoresques d'un château fort, et une seule porte ferme l'entrée du Valais. Je suis revenu par le pont à Saint-Maurice, après avoir cherché un point de vue, dont j'avais remarqué le dessin chez Huber, et que j'ai à peu près retrouvé.

Le comte est revenu. Il était allé à la rencontre des chevaux, et il a pris les devants sur son cheval brun. Le pont est si beau, dit-il, et d'une construction si légère, qu'il donne l'idée d'un cheval franchissant un fossé. Notre ami arrive à son tour, content de son voyage. Il a parcouru en peu de jours le chemin qui longe le lac de Genève, et s'est avancé jusqu'à Bex. Tout le monde est charmé de se revoir.

Martigny, sur les neuf heures.

Nous sommes revenus de nuit à cheval, et le chemin nous a paru plus long au retour qu'à la venue, où nous étions attirés d'un objet à l'autre. Et puis je me sens tout à fait rassasié pour aujourd'hui de réflexions et de descriptions: cependant en voici deux belles, que je veux encore fixer bien vite dans le souvenir. Nous avons repassé devant Pissevache, le crépuscule étant déjà très-avancé. Les montagnes, la vallée et même le ciel étaient obscurs et sombres. La cascade grisâtre, tombant avec un sourd murmure, se distinguait de tous les autres objets; on n'apercevait presque aucun mouvement. L'obscurité était devenue toujours plus grande; tout à coup nous vîmes la crête d'une très-haute montagne embrasée comme le bronze fondu dans le fourneau, et une rouge vapeur qui s'en exhalait. Ce phénomène étrange était produit par le soleil du soir éclairant la neige et le brouillard qui s'élevait de sa surface.

Sion, 8 novembre 1779, après trois heures.

Nous avons fait ce matin un faux pas, et nous nous sommes attardés au moins de trois heures. Nous sommes partis à cheval de Martigny avant le jour, pour arriver de bonne heure à Sion. Le temps était d'une beauté extraordinaire, seulement, le soleil passant trop bas, les montagnes l'empêchaient d'éclairer notre chemin. L'aspect de cette vallée merveilleusement belle éveillait de bonnes et joyeuses pensées. Nous avions déjà fait trois lieues, ayant le Rhône à main gauche; nous voyions Sion devant nous, songeant avec plaisir au dîner, que nous allions bientôt commander, quand nous trouvâmes rompu le pont que nous avions à passer. Au dire des gens qui travaillaient à le réparer, il ne nous restait qu'à prendre un petit sentier qui passait le long des rochers, ou à rebrousser d'une lieue et à passer le Rhône par quelques autres ponts. Nous choisîmes le dernier parti, et ne nous laissâmes point aller à la mauvaise humeur : au contraire, nous fîmes honneur de l'accident au bon génie qui voulait nous promener, par le plus beau jour, dans une contrée si intéressante. Le Rhône fait de fâcheux dégâts dans ce pays étroit. Pour arriver aux autres ponts, nous dûmes chevaucher plus d'une lieue et demie à travers des grèves sablonneuses que le fleuve déplace très-souvent par les inondations, et qui ne sont bonnes qu'à produire des aunes et des saules. Enfin nous atteignîmes les ponts, qui sont très-mauvais, longs, branlants, et composés de rondins mal assurés. Nous dûmes y faire passer un par un nos chevaux, non sans inquiétude. Ensuite nous continuâmes notre marche sur Sion par le côté gauche de la vallée. Le chemin était le plus souvent mauvais et pierreux, mais chaque pas nous offrait un paysage digne du pinceau. Il nous conduisit entre autres à un château élevé, d'où l'on avait sous les yeux une des plus belles vues que j'aie rencontrées dans tout mon voyage. Les montagnes les plus proches s'enfonçaient des deux parts dans la terre avec leurs assises, et, par leurs formes, réduisaient en quelque sorte la perspective du paysage. La largeur entière du Valais, de montagne à montagne, s'étalait sous nos yeux, et le regard l'embrassait commodément; le Rhône, avec ses courbures diverses et ses buissons, passait devant les villages, les prairies et les collines cultivées; on voyait dans l'éloignement le château de Sion et les diverses collines qui commençaient à s'élever derrière; le dernier plan était fermé, comme un amphithéâtre, par une chaîne de montagnes blanches, illuminées, comme tout le reste du tableau, par le soleil de midi. Autant la route que nous devions suivre était pierreuse et désagréable, autant nous trouvions charmantes les treilles, encore assez vertes, qui la couvraient. Les habitants, pour qui chaque petit coin de terre est précieux, plantent leurs ceps tout contre les murs qui séparent du chemin leurs propriétés ; les ceps parviennent à une grosseur extraordinaire, et sont amenés au-dessus du chemin au moyen de pieux et de lattes, en sorte qu'ils présentent l'apparence d'une treille continue. Le bas de la vallée consistait principalement en herbages ; mais, en avançant vers Sion, nous trouvâmes aussi quelque agriculture. Aux approches de cette ville, une suite de collines donne au paysage une variété extraordinaire, et l'on souhaite de pouvoir s'arrêter pour en jouir plus longtemps. Mais la laideur des villes et de la population trouble extrêmement les impressions agréables que le paysage éveille. Les horribles goîtres m'ont choqué au dernier point. Nous ne pouvons plus rien demander à nos chevaux aujourd'hui, et notre projet est de nous rendre à pied à Sierre. A Sion, l'auberge est détestable, et la ville est laide et noire.

Sierre, 8 novembre 1779, de nuit.

Nous ne sommes partis de Sion qu'à l'approche du soir et nous sommes arrivés ici de nuit par un beau ciel étoilé. Nous avons perdu, j'en suis sûr, quelques beaux points de vue. Nous avions surtout désiré de monter au château de Tourbillon, qui touche à la ville, et d'où la vue doit être extraordinairement belle. Un guide, que nous avons pris, nous a conduits heureusement à travers quelques mauvaises places, où l'eau avait débordé. Nous avons atteint promptement la hauteur, ayant toujours le Rhône à droite au-dessous de nous. Nous avons abrégé le chemin en parlant astronomie, et nous sommes descendus chez de bonnes gens, qui feront de leur mieux pour nous héberger. Quand on revient sur ce qui s'est passé, une journée comme celle-là semble, par la variété des objets, comme une semaine entière. Je commence à être vivement peiné de n'avoir ni le temps ni le talent nécessaires pour esquisser, même par un simple trait, les sites les plus remarquables : cela vaut toujours mieux pour les absents que toutes les descriptions.

Sierre, 9 novembre 1779.

Je puis encore vous souhaiter le bonjour avant notre départ. Le comte et moi, nous allons prendre à gauche dans la montagne et monter aux bains de Louëche; notre ami attendra ici les chevaux et nous rejoindra demain.

Bains de Louëche, 9 novembre 1779, au pied de la Gemmi.

Dans une petite maison de planches, où nous avons été reçus de la manière la plus amicale par de très-braves gens, nous occupons une chambre étroite et basse, et je veux voir ce qu'il me sera possible de vous dire de la course très-intéressante que nous avons faite aujourd'hui. De Sierre nous avons gravi pendant trois heures une montagne, après avoir observé en chemin les grands ravages des eaux. Un torrent pareil, formé subitement, entraîne tout sur un espace de plusieurs lieues, couvre de pierres et de gravier les champs, les prés et les jardins, que les gens rétablissent ensuite peu à peu, à force de peine, si toutefois la chose est possible, et qui peut-être, après une ou deux générations, sont de nouveau ensevelis. Le temps était gris, avec des intervalles de soleil. On ne saurait décrire l'aspect varié que présente encore ici le Valais. A chaque instant, le paysage se replie et change. Tout paraît très-rassemblé et très-proche, et l'on est pourtant séparé par des ravins et des montagnes considérables. Jusqu'alors nous avions eu presque toujours à notre droite la vallée ouverte, quand une belle perspective sur les montagnes s'offrit tout à coup à nos yeux.

Pour rendre plus clair ce que j'ai à décrire, il me faut donner quelques explications sur la situation géographique de la contrée où nous sommes. Nous avions déjà gravi pendant trois heures les énormes montagnes qui séparent le Valais du canton de Berne. C'est la même chaîne qui s'étend du lac de Genève jusqu'au Saint-Gothard et dans laquelle se sont établis, sur le territoire bernois, les immenses glaciers. Ici *le haut* et *le bas* sont des termes relatifs. Je dis : « Là-bas dans une plaine est un village, » et cette plaine est peut-être au bord d'un abîme, beaucoup plus profond que la différence des hauteurs où nous sommes elle et moi.

Arrivés à un coude et nous reposant auprès d'une croix, nous vîmes sous nos pieds, au bout d'un vert et beau pâturage, qui s'avançait vers une gorge immense de rochers, le village d'Inden, avec une église blanche, adossée au rocher au milieu du paysage. Au-dessus de la gorge, s'élevaient encore des pâturages et des bois de sapins; derrière le village, se dressait une grande paroi de granit; à gauche, les montagnes descendaient jusqu'à nous; celles du côté droit prolongeaient aussi leurs arêtes au loin, en sorte que le petit village, avec son église blanche, était là comme le foyer de toutes ces masses et ces ravins convergents. Le chemin qui mène à Inden est taillé dans la paroi de rochers qui ferme cet amphithéâtre à gauche en arrivant. Ce chemin n'est point dangereux, mais il est d'un aspect effrayant. Il descend sur les asisses d'une roche ardue, séparée, à droite, de l'abîme par une mauvaise planche. Un homme qui descendait en même temps que nous avec un mulet, prenait, lorsqu'il arrivait aux endroits dangereux, sa bête par la queue, pour lui prêter secours, quand elle trouvait devant elle la descente trop roide dans les rochers. Enfin nous arrivâmes à Inden, et, comme notre guide était bien connu, nous obtînmes aisément d'une femme obligeante un bon verre de vin rouge et du pain, car, dans ce pays, ils n'ont proprement point d'auberges. Ensuite nous gravîmes, derrière Inden, le haut ravin, où nous voyions devant nous cette Gemmi, dont on fait des descriptions si terribles, et, à ses pieds, les bains de Louëche, placés, comme dans le creux de la main, au milieu d'autres montagnes, hautes, inaccessibles et couvertes de neige. Il était environ trois heures quand nous arrivâmes. Notre guide nous eut bientôt procuré un logement. Il n'y a point d'auberge, mais toutes les maisons sont assez bien pourvues, à cause des nombreux baigneurs qui fréquentent ce lieu. Notre hôtesse est accouchée d'hier, et son mari, avec le secours d'une vieille mère et de la servante, fait très-bien les honneurs de la maison. Nous demandâmes qu'on nous préparât quelque nourriture, et nous allâmes voir les sources thermales, qui sortent de terre avec abondance en divers endroits, et sont proprement recueillies dans des bassins. Hors du village, du côté de la montagne, il doit se trouver encore quelques sources plus fortes. Cette eau n'a pas la moindre odeur sulfureuse. Aux lieux où elle jaillit, où elle passe, elle ne dépose pas la moindre parcelle d'ocre, aucun métal, aucune terre; comme une eau pure ordinaire, elle ne laisse derrière elle aucune trace. En sortant de terre, elle est très-chaude; elle est renommée pour ses vertus. Nous avons eu le temps de faire encore une promenade vers le pied de la Gemmi, qui nous semblait tout près. Je dois répéter ici l'observation qu'on a faite si souvent, que, si l'on est environné de montagnes, tous les objets paraissent extraordinairement rapprochés. Nous avions à monter une forte lieue, à travers des roches écroulées et le gravier répandu dans les intervalles, avant de nous trouver au pied de l'immense Gemmi, où le chemin continue le long de parois escarpées. C'est là le passage qui mène dans le territoire de Berne, et par lequel tous les malades doivent se faire descendre en litière. Si la saison ne nous pressait pas tant, nous ferions probablement demain la tentative de gravir cette remarquable montagne : pour cette fois, il faut nous contenter de la vue. Comme nous revenions, nous avons observé les habitudes des nuages, qui, en cette saison, sont extrêmement intéressantes dans cette contrée. Jusqu'à présent le beau temps nous a fait complétement oublier que nous sommes au mois de novembre. Au reste, comme on nous l'avait annoncé dans le canton de Berne, l'automne est ici fort agréable. Cependant les soirées hâtives et les nuages qui annoncent la neige nous rappellent quelquefois que la saison est avancée. Ce soir les merveilleux mouvements qu'ils se donnaient étaient d'une beauté extraordinaire. Comme nous revenions du pied de la Gemmi, nous avons vu de légers brouillards s'élever, avec une grande rapidité, de la gorge d'Inden. Ils reculaient, ils avançaient tour à tour, et, en montant, ils parvinrent enfin si près de Louëche, que nous vîmes bien la nécessité où nous étions de doubler le pas, pour éviter de nous voir, à la nuit tombante, enveloppés dans les nuages. Enfin nous sommes arrivés heureusement à la maison, et, tandis que j'écris ces lignes, les nuages se résolvent effectivement en neige fine et jolie. C'est la première que nous voyons tomber, et, quand nous pensons à notre chaud voyage d'hier, de Martigny à Sion, aux treilles encore assez bien feuillées, nous trouvons le changement fort soudain. Je suis allé à la porte de la maison; j'ai observé quelque temps le manége des nuages, qui est d'une beauté indescriptible. A proprement parler, il ne fait pas encore nuit, mais ils couvrent le ciel par intervalles, et produisent l'obscurité. Ils montent des abîmes jusqu'aux plus hautes crêtes des monts; attirés par elles, ils semblent s'épaissir, et, condensés par le froid, tomber sous forme de neige. On éprouve dans ces hauts lieux une solitude inexprimable, de se trouver encore, à une telle élévation, comme dans un puits, où l'on ne soupçonne de sortie que par un sentier devant soi, à travers les abîmes. Les nuages, qui s'entassent dans ce sac, et tantôt couvrent les énormes rochers et les enveloppent d'une silencieuse et impénétrable obscurité, tantôt en laissent voir quelques parties, comme des fantômes, donnent à ces lieux une vie triste. On est saisi de pressentiments devant ces opérations de la nature. Les nuages, phénomènes atmosphériques si remarquables pour l'homme dès son enfance, nous sommes accoutumés, dans la plaine, à les considérer comme une chose purement étrangère et céleste; on les regarde seulement comme des voyageurs, des oiseaux de passage, qui, nés sous un autre ciel, venus de telle ou telle contrée, ne font chez nous qu'une apparition momentanée; ce sont des tapis magnifiques, avec lesquels les dieux cachent leur gloire à notre vue. Mais ici on s'en trouve enveloppé à l'instant qu'ils se forment, et nous sentons la force secrète, éternelle, de la nature courir mystérieusement dans toutes nos fibres. Les brouillards, qui produisent dans la plaine les mêmes effets, on y fait peu d'attention; d'ailleurs, comme ils sont moins condensés devant nos yeux, leurs allures sont plus difficiles à observer. Mais, en présence de tous ces objets, on désire pouvoir s'arrêter plus longtemps et passer plusieurs jours dans ces lieux. Même, si l'on se plaît à faire des observations de ce genre, le désir devient toujours plus vif, à la pensée que chaque saison de l'année, chaque heure du jour, chaque état de l'atmosphère, doit produire de nouveaux phénomènes, tout à fait inattendus. Et comme il reste à tous les hommes, même aux hommes vulgaires, des souvenirs marquants, s'ils ont assisté une fois peut-être à de grands événements, à des scènes extraordinaires; comme, par ce seul endroit, ils se sentent en quelque sorte plus grands, en le racontant encore et encore, sans se lasser jamais, et comme ils ont ainsi gagné un trésor pour toute leur vie : il en est de même de l'homme qui a vu ces grands objets de la nature, et qui s'est familiarisé avec eux. Lorsqu'il sait conserver ces impressions, les associer avec d'autres sensations et d'autres pensées qui lui viennent, il possède une provision d'assaisonnements, dont il peut relever la partie insipide de la vie, et donner à toute la durée de son existence une agréable saveur.

J'observe que, dans mes lettres, je dis peu de chose des hommes : c'est qu'au milieu de ces grandes scènes de la nature, ils sont moins remarquables, surtout pour un passant. Mais, je n'en doute point, si je faisais dans le pays un plus long séjour, je trouverais des gens très-intéressants et très-bons. J'ai fait une seule observation, et je la crois générale : à mesure qu'on s'éloigne de la grand'route et des centres de mouvement ; que les hommes sont plus renfermés, isolés dans les montagnes, et réduits plus étroitement aux premiers besoins de la vie ; qu'ils pourvoient à leur entretien par une industrie simple, lente, invariable, je les ai trouvés meilleurs, plus obligeants, plus affectueux, plus désintéressés, plus hospitaliers dans leur indigence.

Bains de Louèche, 10 novembre 1779.

Nous nous levons à la lumière, pour redescendre au point du jour. J'ai passé une nuit assez agitée. A peine étais-je couché, qu'il m'a semblé que j'étais pris par tout le corps de la fièvre urticaire, mais j'ai bientôt reconnu que c'était une grande armée d'insectes sauteurs, qui, altérés de sang, se jetaient sur le nouveau venu. Cette vermine se multiplie énormément dans les maisons de bois. J'ai trouvé la nuit fort longue, et j'ai été charmé ce matin quand on nous a apporté la lumière.

Louèche, vers dix heures.

Nous n'avons pas beaucoup de temps ; mais, avant de partir, je veux vous mander la remarquable séparation de notre société qui vient de s'effectuer ici, et ce qui l'a occasionnée. Au point du jour, nous sommes descendus des bains de Louèche ; nous avions à faire sur la neige nouvelle une marche glissante à travers les pâturages. Bientôt nous arrivâmes à Inden où nous laissâmes à droite sur nos têtes le chemin escarpé par lequel nous étions descendus la veille, et nous gagnâmes par le pâturage le ravin, qui se trouvait maintenant à notre gauche. Il est sauvage et boisé, mais on le descend par un chemin tout à fait passable. C'est par cette crevasse que l'eau qui vient des bains de Louëche s'écoule dans la vallée. Nous vîmes sur la hauteur, à côté du rocher par lequel nous étions descendus la veille, un aqueduc artistement taillé, qui amène une source, d'abord en ce lieu, puis, par une grotte de la montagne, au prochain village. Alors nous dûmes remonter une colline, et nous vîmes bientôt le Valais à découvert et la laide ville de Louëche sous nos pieds. Ces petites villes sont le plus souvent appliquées contre la montagne; les toits sont négligemment couverts de bardeaux grossiers, déchirés, que les saisons noircissent, pourrissent et couvrent de mousse. Dès l'entrée on est saisi de dégoût, car tout est malpropre; l'indigence et les chétives ressources de ces hommes libres et privilégiés sont partout manifestes. Nous trouvâmes notre ami, qui nous apportait la fâcheuse nouvelle qu'il commençait à devenir très-difficile d'aller plus loin avec les chevaux. Les écuries sont plus petites et plus étroites, parce qu'elles ne sont construites que pour les mulets et les bêtes de somme; l'avoine commence à devenir aussi très-rare : on dit même que, plus avant dans les montagnes, on n'en trouve plus du tout. Notre résolution fut bientôt prise : notre ami redescendrait le Valais avec les chevaux, et, prenant par Bex, Vevey, Lausanne, Fribourg et Berne, il se rendrait à Lucerne; le comte et moi, nous voulûmes poursuivre notre voyage et remonter le Valais, pour essayer d'atteindre le Saint-Gothard : puis, traversant le canton d'Ouri et le lac des Quatre-Cantons, nous arriverions aussi à Lucerne. On trouve partout dans ces contrées des mulets, qui, pour ces routes, valent mieux que les chevaux, et enfin aller à pied est toujours le plus agréable. Nous avons séparé nos effets; notre ami est parti; notre portemanteau est chargé sur un mulet que nous avons loué : c'est dans cet équipage que nous voulons nous mettre en route et gagner à pied la ville de Brieg. Le ciel se brouille un peu, mais la bonne fortune, qui nous a suivis jusqu'à présent et entraînés si loin, ne nous abandonnera pas au moment où elle nous est le plus nécessaire.

Brieg, 10 novembre 1779, au soir.

J'ai peu de chose à vous conter sur notre course d'aujourd'hui, à moins que vous ne consentiez à vous amuser d'une longue histoire de pluie et de beau temps. Nous sommes partis vers onze heures de Louëche en compagnie d'un garçon boucher souabe, qui, s'étant égaré dans ce pays, avait trouvé de l'occupation à Louëche et y faisait un peu le paillasse; notre bagage était sur un mulet, que son maître poussait devant lui. Derrière nous, aussi loin que notre vue pouvait s'étendre dans la vallée du Rhône, le ciel était couvert d'épais nuages de neige, qui venaient à nous en remontant le pays. C'était vraiment un coup d'œil sombre, et, quoique le soleil fût aussi clair devant nous que dans le pays de Gosen, j'avais une crainte secrète de voir les nuages nous atteindre bientôt, et nous peut-être, dans le fond du Valais, enfermés entre deux chaînes de montagnes, couverts de nuages et, en une seule nuit, ensevelis dans les neiges. Ainsi murmurait le souci, qui le plus souvent s'empare d'une oreille. D'un autre côté, le bon courage parlait d'une voix beaucoup plus rassurante; il me reprochait mon incrédulité, me représentait le passé, et fixait aussi mon attention sur l'état présent de l'atmosphère. Nous ne cessions de marcher à la rencontre du beau temps; dans le cours supérieur du fleuve, on voyait tout le ciel serein, et le vent d'ouest avait beau pousser derrière nous les nuages, ils ne pouvaient nous atteindre. En voici la raison : à la vallée du Rhône aboutissent, comme je l'ai déjà dit souvent, de nombreuses gorges des chaînes voisines; elles y débouchent, comme des ruisseaux se versent dans le courant principal, et en effet toutes leurs eaux se jettent dans le Rhône. De chaque gorge descend un courant d'air, qui prend naissance dans les vallées et les sinuosités intérieures : lors donc que la masse principale des nuages, remontant la vallée, arrive à une de ces gorges, le courant d'air ne laisse point passer les nues, mais il lutte contre elles et contre le vent qui les porte; il les arrête, et leur dispute souvent le passage durant des heures. Nous avons été plusieurs fois témoins de ce combat ; et, quand nous pensions nous voir couverts par les nuages, nous trouvions de nouveau un obstacle de ce genre, et nous avions fait une lieue de chemin, que les nuages avaient à peine encore quitté la place. Vers le couchant[1], le ciel était d'une beauté extraordinaire. Comme nous approchions de Brieg, les nuages arrivèrent presque en même temps que nous, mais, quand le soleil fut couché, un fort vent d'est étant venu à leur rencontre, ils s'arrêtèrent, et formèrent, d'une montagne à l'autre, une grande demi-lune sur la vallée. L'air froid les avait condensés, et, dans les places où leur bord se dessinait sur le ciel bleu, ils avaient des formes gracieuses, légères et belles. On voyait qu'ils renfermaient de la neige, mais la fraîcheur de l'air semble nous promettre qu'il n'en tombera pas beaucoup cette nuit. Nous sommes logés dans une auberge fort jolie, et, ce qui nous fait grand plaisir, nous avons trouvé dans une chambre spacieuse une cheminée. Assis au coin du feu, nous délibérons sur la suite de notre voyage. C'est de Brieg que l'on passe d'ordinaire en Italie par le Simplon : si donc nous voulions renoncer à notre idée de gagner le Saint-Gothard en franchissant la Furca, nous irions, avec des chevaux et des mulets de louage, à Domo-d'Ossola, Margozzo, nous remonterions le lac Majeur, de là à Bellinzone, pour gagner le Saint-Gothard par Airolo et l'hospice des Capucins. Ce chemin est pratiqué tout l'hiver et se fait commodément à cheval ; mais il ne nous sourit pas, parce qu'il n'était pas dans notre plan et qu'il nous rendrait à Lucerne cinq jours plus tard que notre ami. Notre désir est de voir plutôt le Valais jusqu'à son extrémité supérieure ; nous y arriverons demain soir, et, si la fortune nous favorise, après-demain, à l'heure où j'écris, nous serons à Réalp dans la vallée d'Ursern, située sur le Gothard, non loin de son plus haut sommet. Si nous ne pouvons franchir la Furca, le chemin nous est toujours ouvert de ce côté, et nous le prendrons alors par nécessité, ce qu'il ne nous plaît pas de faire par choix. Vous pensez bien que j'ai de nouveau consulté les gens, pour savoir s'ils croient que le passage de la Furca soit ouvert, car c'est la pensée avec laquelle je me lève et me couche et dont je suis occupé tout le jour. Notre

---

1. Ne faut-il pas lire *le levant?*

voyage a pu se comparer jusqu'ici à une marche contre l'ennemi, et voici, pour ainsi dire, le moment où nous approchons de la place dans laquelle il s'est retranché et où nous devons en venir aux mains avec lui. Outre notre mulet, nous avons commandé deux chevaux pour demain matin.

Munster, 11 novembre 1779, six heures du soir.

Encore une agréable et belle journée ! Ce matin, comme nous partions de Brieg à cheval, par un beau temps, l'hôte nous a dit au dernier moment, que, si la montagne (c'est ainsi que ces gens appellent la Furca) était trop méchante, nous pourrions toujours revenir sur nos pas et chercher un autre chemin. Avec nos deux chevaux et un mulet, nous traversâmes bientôt d'agréables prairies, où la vallée est si étroite, qu'il y a d'un côté à l'autre à peine quelques portées de fusil. On y trouve un beau pâturage, où s'élèvent de grands arbres et des roches éparses, qui se sont détachées des hauteurs voisines. La vallée devient toujours plus étroite ; on est forcé de s'élever sur le flanc des montagnes, et désormais on a toujours le Rhône sous les pieds, à main droite, dans une gorge escarpée. Mais, dans les hauteurs, la vallée redevient plus large et très-belle ; sur des collines aux courbures diverses se déploient de gras pâturages, s'élèvent de jolis villages, qui, avec leurs brunes maisons de bois, ressortent singulièrement parmi la neige. Nous sommes allés beaucoup à pied, et nous l'avons fait tous deux pour nous complaire l'un à l'autre : en effet, bien que l'on soit en sûreté à cheval, nous croyons toujours en danger la personne que nous voyons chevaucher devant nous dans un sentier si étroit, portée par une si faible monture, au bord d'un abîme escarpé. Comme il ne peut se trouver maintenant aucun bétail au pâturage, toute la population étant retirée dans les maisons, la contrée a un aspect solitaire, et la pensée qu'on est enfermé toujours plus étroitement, entre d'énormes montagnes, éveille dans l'esprit d'importunes et tristes images, qui pourraient aisément jeter à bas le voyageur, s'il n'était pas ferme en selle. L'homme n'est jamais entièrement maître de lui. Comme il ne sait pas l'avenir, que même le moment le plus proche lui est caché, souvent, lorsqu'il en reprend quelque chose d'extraordinaire, il doit lutter avec des impressions, des pressentiments involontaires, des rêveries, dont on peut bien rire plus tard, mais qui, au moment critique, sont extrêmement pénibles. A notre halte de midi, il nous est arrivé quelque chose d'agréable. Nous sommes entrés chez une femme dont la maison avait très-bonne apparence. La chambre était lambrissée à la manière du pays, les lits, ornés de sculptures; les armoires, les tables et tout ce qu'il y avait de petites tablettes assujetties contre les cloisons et dans les angles était enrichi de jolies moulures et ciselures. Aux portraits qui figuraient dans la chambre, on pouvait bientôt reconnaître que plusieurs membres de cette famille s'étaient voués à l'Église. Nous avons aussi remarqué, au-dessus de la porte, une collection de livres bien reliés, que nous avons supposée une fondation de quelqu'un de ces messieurs. Nous avons pris les légendes des saints, et nous en avons lu quelques endroits tandis qu'on apprêtait notre dîner. L'hôtesse nous demanda une fois, comme elle entrait dans la chambre, si nous avions lu l'*Histoire de saint Alexis*. Nous répondîmes que non, et, sans nous en occuper davantage, nous continuâmes à lire chacun notre chapitre. Quand nous fûmes à table, elle se plaça près de nous, et nous parla sur nouveaux frais de saint Alexis. Nous lui demandâmes si c'était son patron ou celui de sa maison peut-être; elle dit que non, mais elle assura que ce saint homme avait tant souffert par amour pour Dieu, que son histoire lui semblait plus pitoyable que beaucoup d'autres. Voyant que nous ne la connaissions pas du tout, elle se mit à nous la conter :

« Saint Alexis était de Rome; il était fils de parents nobles, riches et pieux, qui faisaient beaucoup, beaucoup de bien aux pauvres, et il les imitait avec joie dans la pratique des bonnes œuvres; mais cela ne lui avait point suffi, et, en secret, il s'était consacré entièrement à Dieu; il avait fait à Jésus le vœu d'une éternelle chasteté. Dans la suite, ses parents ayant voulu le marier avec une excellente et belle jeune fille, il n'avait pas résisté à leur volonté, et le mariage avait été célébré. Mais, au lieu de se rendre dans la chambre de son épouse, il s'était embarqué sur un navire qu'il avait trouvé prêt et il avait passé en Asie. Là il s'était habillé en misérable mendiant, et il en était devenu tellement méconnaissable, que les serviteurs de son père, envoyés à sa recherche, ne l'avaient pas reconnu. Il se tenait d'ordinaire à la porte de la cathédrale, assistait au service divin, et se nourrissait des chétives aumônes des fidèles. Trois ou quatre ans après, divers miracles s'étaient accomplis, qui annonçaient une faveur particulière de la Divinité. L'évêque avait entendu dans l'église une voix qui lui disait d'appeler dans le temple l'homme le plus pieux, dont la prière était la plus agréable au Seigneur, pour célébrer le service à ses côtés. Comme l'évêque ne savait pas quel homme était désigné, la voix lui avait indiqué le mendiant, qu'il avait fait appeler, à la grande surprise du peuple. Saint Alexis, consterné de voir que l'attention se fût portée sur lui, s'était esquivé sans bruit et s'était embarqué, avec l'intention de passer plus loin dans les pays étrangers. Mais une tempête et d'autres circonstances l'avaient forcé d'aborder en Italie. Le saint homme avait vu dans cet événement le doigt de Dieu, et s'était applaudi de trouver une occasion qui lui permettrait de montrer, au plus haut degré, le renoncement à lui-même. Il s'était donc acheminé droit à sa ville natale; il s'était présenté comme un pauvre mendiant à la porte de la maison paternelle; ses parents, le tenant pour tel, l'avaient bien reçu, selon leur pieuse bienfaisance, et avaient chargé un serviteur de lui fournir dans le château un logement et la nourriture nécessaire. Le serviteur, ennuyé de cette corvée et blâmant la bienfaisance de ses maîtres, avait logé le prétendu mendiant dans un mauvais trou sous l'escalier, et lui avait jeté, comme à un chien, une chétive et maigre nourriture. Le saint homme, au lieu d'en être déconcerté, en avait loué Dieu dans son cœur, et non-seulement il avait souffert, d'un esprit tranquille, cet accueil, qu'il aurait pu aisément changer, mais il avait supporté avec une fermeté incroyable et surhumaine la tristesse que ses parents et sa femme ne cessaient pas de ressentir pour leur cher Alexis. Car il entendait cent fois le jour ses parents bien-aimés et sa belle épouse l'appeler par son nom, soupirer après lui, et se consumer de chagrin à cause de son absence. » Ici l'hôtesse ne put retenir ses larmes plus longtemps, et ses deux filles qui, pendant son récit, s'étaient pendues à sa robe, regardaient fixement leur mère. « Je ne puis, disait-elle, me figurer une situation plus pitoyable et aucun martyre plus grand que celui que ce saint homme endura chez les siens et par sa libre volonté. Mais Dieu l'a récompensé pour sa constance de la manière la plus magnifique, et lui a donné, dans sa mort, les plus grands signes de faveur aux yeux des fidèles. En effet, ce saint homme, après avoir vécu dans cet état quelques années, ayant assisté journellement, avec la plus grande ferveur, au service divin, finit par tomber malade, sans que personne fit beaucoup d'attention à lui. Et un jour que le pape, en présence de l'empereur et de toute la noblesse, célébrait la grand'messe lui-même, toutes les cloches de la ville de Rome se mirent à sonner soudain un glas funèbre solennel. Comme chacun s'en étonnait, le pape fut averti par une révélation que ce miracle annonçait la mort du plus saint homme de la ville entière, qui venait d'expirer dans la maison du patricien***. Le père d'Alexis devina par les questions qu'il fit que c'était le mendiant. Il se rendit chez lui, et le trouva effectivement mort sous l'escalier. Le saint tenait dans ses mains jointes un papier, que le vieillard essaya, mais en vain, de lui reprendre. Il revint à l'église porter cette nouvelle à l'empereur et au pape, qui se mirent en chemin avec la cour et le clergé, pour visiter eux-mêmes le corps du saint. Quand ils furent arrivés, le pape tira sans difficulté le papier des mains du défunt, le présenta à l'empereur, qui chargea aussitôt son chancelier d'en donner lecture. Ce papier renfermait l'histoire du saint. Alors il aurait fallu voir l'extrême douleur des parents et de la femme, qui avaient eu si près d'eux leur cher fils et mari et n'avaient pu lui faire aucun bien, et qui n'apprenaient qu'alors comme on l'avait maltraité. Ils se jetèrent sur le corps et firent des plaintes si douloureuses que pas un seul des assistants ne put retenir ses larmes. Il se trouva aussi dans la foule du peuple, amassée peu à peu, beaucoup de malades que l'on amena vers le corps du saint et que l'attouchement guérit. » L'historienne assura de nouveau, en s'essuyant les yeux, qu'elle n'avait jamais ouï d'histoire plus pitoyable, et il me prit à moi-même une si grande envie de pleurer, que j'eus beaucoup de peine à la dissimuler et à la réprimer. Après dîner, je cherchai la légende dans le P. Cochem, et je trouvai que la bonne femme avait conservé toute la suite purement humaine de l'histoire et oublié parfaitement toutes les insipides applications de cet écrivain.

Nous allons souvent à la fenêtre et nous observons le temps qu'il fait, car nous sommes à présent fort disposés à invoquer les vents et les nuages. Les premières heures de la nuit et le silence universel sont les éléments dans lesquels l'œuvre de l'écrivain réussit le mieux, et je suis persuadé que, si je pouvais et devais séjourner quelques mois seulement dans un lieu tel que celui-ci, tous mes drames commencés seraient forcément achevés l'un après l'autre. Nous avons déjà consulté plusieurs de ces gens, et nous les avons questionnés sur le passage de la Furca, mais ici même nous ne pouvons rien savoir de positif, bien que la montagne ne soit qu'à deux lieues. Il faut donc nous tranquilliser, et demain, au point du jour, faire nous-mêmes une reconnaissance, pour voir comment notre sort se décidera. Si calme que je sois d'ailleurs, ce serait, je l'avoue, un extrême chagrin pour moi, si nous étions repoussés. Si nous sommes heureux, nous serons demain soir à Réalp sur le Gothard, et après-demain, à midi, au sommet de la montagne, chez les capucins; si nous échouons, nous n'avons pour la retraite que deux chemins ouverts, dont l'un ne vaut guère mieux que l'autre : redescendre tout le Valais et prendre par Berne la route connue, pour aller à Lucerne, ou bien retourner à Brieg et ne revenir au Gothard que par un grand détour. Je crois vous avoir dit dans ce peu de pages déjà trois fois la chose. Il est vrai qu'elle est pour nous de la plus grande importance. L'événement décidera qui avait raison, ou notre courage et notre confiance dans le succès, ou la prudence de quelques personnes, qui veulent fortement nous déconseiller ce chemin. Une chose certaine, c'est que la prudence et le courage doivent l'un et l'autre reconnaître que la fortune les domine. Après avoir examiné le temps encore une fois, observé que l'air est froid, le ciel, serein et sans disposition à la neige, nous allons nous coucher tranquillement.

Munster, 12 novembre 1779, six heures du matin.

Nous sommes déjà prêts, et nous avons plié bagage pour nous mettre en chemin au point du jour. Nous avons deux lieues de marche jusqu'à Oberwald, et, de là, on compte six lieues jusqu'à Réalp. Notre mule nous suivra avec les effets aussi loin que nous pourrons la mener.

Réalp, 12 novembre 1779, le soir.

Nous sommes arrivés ici à la nuit tombante. L'obstacle est surmonté, et nous avons tranché le nœud qui embarrassait notre voyage. Avant que je vous dise où nous sommes gîtés, avant que je vous fasse connaître le caractère de nos hôtes, laissez-moi le plaisir de refaire par la pensée le chemin que nous voyions avec souci s'étendre devant nous, et que nous avons parcouru heureusement, mais non sans fatigue. Nous sommes partis de Munster vers les sept heures. Nous voyions devant nous, comme une barrière, l'amphithéâtre neigeux des hautes montagnes, et nous prenions pour la Furca celle qui s'élève en travers par derrière : mais c'était une erreur, comme nous l'avons appris plus tard. La Furca était cachée par des montagnes à notre gauche et par des nuages élevés. Le vent d'est soufflait avec force et luttait avec quelques nuages de neige; il en chassait par intervalles de légers flocons sur la pente des monts et dans la vallée. Les tourbillons se démenaient sur le sol avec violence et nous faisaien quelquefois manquer la route : cependant nous étions enfermés de part et d'autre par les montagnes et nous devions trouver Oberwald au terme du chemin. Nous arrivâmes après neuf heures, et nous entrâmes dans une auberge, où les gens furent bien surpris de voir paraître de tels hôtes en cette saison. Nous demandâmes si le passage de la Furca était encore praticable. Ils répondirent que leurs gens le fréquentaient la plus grande partie de l'hiver, mais qu'ils ne savaient pas si nous pourrions le franchir. Nous fîmes aussitôt appeler de ces guides. Nous vîmes paraître un homme de taille ramassée, robuste, dont la stature inspirait la confiance, et nous lui fîmes notre proposition. S'il jugeait le chemin praticable pour nous, il devait nous le dire, prendre encore un ou plusieurs camarades et venir avec nous. Après quelque réflexion, il consentit, et se retira pour se préparer et amener un second. En attendant, nous payâmes notre muletier, ne pouvant l'employer plus loin avec sa bête; nous mangeâmes un morceau de pain et de fromage; nous bûmes un verre de vin rouge, et nous étions très-joyeux et bien disposés, quand notre guide revint, amenant sur ses pas un homme plus grand et plus robuste encore, qui semblait avoir la force et le courage d'un cheval. L'un d'eux chargea le portemanteau sur ses épaules, et, au nombre de cinq, nous sortîmes du village. En peu de temps nous atteignîmes le pied de la montagne qui était à notre gauche, et peu à peu nous commençâmes à monter. Nous avions encore un sentier frayé, qui descendait d'une Alpe voisine, mais il se perdit bientôt, et nous dûmes gravir la montagne dans la neige. Nos guides tournaient habilement à travers les rochers, autour desquels serpente le sentier connu, et cependant la neige couvrait tout uniformément. Nous passâmes encore à travers un bois de pins; nous avions le Rhône à nos pieds dans une étroite et stérile vallée. Bientôt nous dûmes y descendre nous-mêmes; nous franchîmes une petite passerelle, et nous vîmes alors devant nous le glacier du Rhône. C'est le plus vaste que nous ayons embrassé tout entier d'un coup d'œil. Il occupe, sur une très-grande largeur, la croupe d'une montagne, et s'abaisse sans interruption jusqu'au fond de la vallée, où le Rhône sort de ses glaces. A la place où elles s'écoulent, les gens du pays assurent qu'elles ont diminué depuis quelques années, mais, auprès de la masse énorme qui subsiste, la chose est insignifiante. Quoique tout fût couvert de neige, les parois de glace, où le vent ne permet pas si aisément à la neige de se fixer, étaient visibles avec leurs crevasses d'un bleu de vitriol; et l'on pouvait voir distinctement où le glacier finit, où commence le rocher couvert de neige. Nous côtoyâmes le glacier, qui s'étendait à main gauche. Bientôt nous trouvâmes encore une légère passerelle sur un petit torrent de montagne, qui descendait au Rhône par un vallon creux et stérile. Mais, du glacier, à droite, à gauche et en avant, on ne voit plus aucun arbre; tout est désert et sauvage. Point de rochers abrupts et qui surplombent, mais de longues vallées, des montagnes aux pentes douces, qui nous présentaient, sous un tapis de neige où tout s'égalise, des plaines uniformes et continues. Alors nous montâmes à gauche, et nous nous enfonçâmes dans la neige profonde. Un de nos guides dut marcher devant nous, et nous frayer d'un pas intrépide le chemin où nous le suivions. Il y avait de quoi s'étonner, lorsqu'on reportait un moment son attention de la route sur soi-même et sur la troupe. Dans la contrée la plus solitaire du globe, dans un immense désert de montagnes, couvert d'une neige uniforme, où l'on ne connaît, en avant et en arrière, à trois lieues de distance, aucune âme vivante; où l'on a de part et d'autre les vastes abîmes de montagnes entrelacées, voir des hommes à la file, l'un posant le pied dans les vestiges de l'autre; et rien qui frappe les yeux dans cette vaste plaine à surface polie, excepté le sillon qu'on a tracé. Les profondeurs d'où l'on arrive s'étendent à perte de vue dans la brume grisâtre. Les nuages passent par intervalles sur le soleil pâle; la neige tombe à larges flocons dans la profondeur, et répand sur l'ensemble un crêpe incessamment mobile. Je suis persuadé qu'un homme qui, dans ce trajet, laisserait son imagination prendre sur lui quelque empire, devrait, sans danger apparent, mourir d'angoisse et de peur. A proprement parler, on ne court ici aucun risque de chute; les avalanches, lorsque la neige est plus épaisse que maintenant, et qu'elle commence à rouler par son poids, sont seules dangereuses. Cependant nos guides nous disaient qu'ils font ce trajet tout l'hiver, pour porter du Valais au Saint-Gothard des peaux de chèvres, dont il se fait un grand commerce. Alors, pour éviter les avalanches, ils ne suivent pas le même chemin que nous avons pris et ne gravissent pas insensiblement la montagne; ils suivent quelque temps en bas la vallée ouverte, puis ils escaladent directement la montagne escarpée. Cette route est plus sûre, mais beaucoup plus incommode. Après trois heures et demie de marche, nous atteignîmes la croupe de la Furca, auprès de la croix où se trouve la limite d'Ouri et du Valais. A cette place encore, le double sommet qui a fait donner à la montagne son nom fut invisible pour nous. Nous espérions trouver une descente plus commode, mais nos guides nous annoncèrent une neige plus profonde encore, et, en effet, nous la trouvâmes bientôt. Nous allions toujours à la file : celui qui marchait le premier et qui ouvrait la voie, enfonçait souvent jusqu'au-dessus de la ceinture. L'adresse de ces hommes et l'insouciance avec laquelle ils traitaient la chose soutenaient notre courage, et, je dois le dire, pour ce qui me regarde, j'ai eu le bonheur de soutenir cette marche sans grande fatigue. Je ne voudrais pas dire cependant que ce fût une promenade. Le chasseur Hermann assurait qu'il avait eu dans la forêt de Thuringe des neiges aussi profondes, mais il ne put s'empêcher à la fin, de qualifier la Furca en termes énergiques. Un lammergeier[1] passa sur nos têtes avec une incroyable vitesse : c'est le seul être vivant que nous ayons rencontré dans ces solitudes. Nous vîmes briller au soleil, dans le lointain, les montagnes de la vallée d'Urseren. Nos guides voulaient entrer dans un chalet de pierre abandonné, rempli de neige, et prendre quelque nourriture; mais nous les entraînâmes, afin de ne pas nous arrêter dans l'air froid. Ici serpentent de nouveau d'autres vallées, et nous vîmes bientôt à découvert celle d'Urseren. Nous pressâmes le pas et, après avoir marché trois heures et demie depuis la croix, nous vîmes les toits épars de Réalp. Nous avions questionné plusieurs fois nos guides sur l'auberge, et particulièrement sur le vin que nous pouvions trouver à Réalp. L'espérance qu'ils nous donnaient n'était pas fort brillante, cependant ils nous assurèrent que les capucins du lieu, sans tenir un hospice comme ceux du Saint-Gothard, avaient coutume d'héberger quelquefois les voyageurs : nous trouverions chez eux de bon vin rouge et une meilleure table qu'à l'auberge. Nous envoyâmes en avant un de nos guides, afin de disposer les pères en notre faveur et de nous assurer un gîte. Nous ne tardâmes pas à le suivre et nous arrivâmes bientôt après lui. Un père de haute taille et d'un extérieur remarquable nous reçut à la porte. Il nous fit entrer avec une grande civilité, et, sur le seuil même, il nous pria de vouloir bien les excuser, attendu qu'ils n'étaient pas arrangés, et surtout dans cette saison, pour héberger des hôtes tels que nous. Il nous mena aussitôt dans une chambre chauffée, et s'empressa de nous servir pendant que nous ôtions nos bottes et que nous changions de linge. Il nous pria à diverses reprises de faire absolument comme si nous étions chez nous. Pour la cuisine, disait-il, il faudrait nous résigner, attendu qu'ils étaient au milieu de leur long jeûne, qui dure jusqu'à Noël. Nous lui assurâmes que, dans notre situation, une chambre chaude, un morceau de pain

---

1. Vautour des agneaux, gypaëte.

et un verre de vin combleraient nos désirs. Il nous donna ce que nous demandions, et nous fûmes à peine un peu reposés, qu'il se mit à nous exposer leur situation et leur vie dans ce lieu solitaire. « Nous n'avons pas, disait-il, un hospice comme les pères du Saint-Gothard; nous sommes les pasteurs du lieu et nous sommes trois. Je suis chargé de la prédication, le deuxième père tient l'école, et le frère gouverne le ménage. » Il poursuivit et nous conta combien c'était une tâche pénible de résider à l'extrémité d'une vallée solitaire, séparée du monde entier, et de faire beaucoup d'ouvrage pour de très-chétifs revenus. Autrefois ce poste, comme les autres du même genre, avait été desservi par un prêtre séculier, mais, un jour, qu'une avalanche ensevelit une partie du village, il s'était enfui avec le saint sacrement. On l'avait déposé et, comme on leur croyait plus de résignation, on les avait mis à sa place. Pour écrire ces détails, je suis monté dans une chambre au-dessus, qui se chauffe d'en bas par un trou. On m'apporte la nouvelle que le repas est servi, et, quoique nous ayons déjà pris quelque avance, il est le très-bienvenu.

Après neuf heures.

Les pères, les messieurs, les serviteurs et les guides ont pris place tous ensemble à une même table; mais le frère, qui gouvernait la cuisine, ne s'est montré qu'à la fin du repas. Il avait apprêté, avec des œufs, du lait et de la farine, des mets très-variés, qui, les uns après les autres, ont été fort bien accueillis. Les guides, qui avaient un grand plaisir à parler de notre expédition heureusement terminée, nous célébraient comme des marcheurs d'une force peu commune, et ils assuraient qu'ils ne voudraient pas entreprendre cette course avec tout le monde. Ils nous avouèrent que, ce matin, quand on les avait appelés, l'un d'eux était venu d'abord nous reconnaître, pour voir si nous avions la mine de pouvoir les suivre. Ils se gardaient bien d'accompagner dans cette saison des gens faibles ou vieux, car, lorsqu'ils avaient promis à quelque personne de lui faire franchir le passage, c'était leur devoir, si elle se trouvait fatiguée ou malade, de la porter et même, si elle mourait, de ne pas l'abandonner, à moins qu'ils ne fussent eux-mêmes en danger manifeste de perdre la vie. Cette confidence leva les écluses aux narrations, et ils se mirent à conter l'un après l'autre des histoires de courses pénibles ou malheureuses dans les montagnes : en quoi ces gens se trouvent comme dans leur élément, de sorte qu'ils racontent avec la plus grande tranquillité des catastrophes auxquelles ils sont exposés eux-mêmes tous les jours. L'un d'eux nous rapporta comme quoi, se trouvant sur le Kandersteg, pour passer la Gemmi avec un camarade (que l'on désigne toujours par le prénom et le surnom), ils avaient trouvé dans la neige profonde une pauvre famille, la mère mourante, l'enfant demi-mort et le père dans un état d'indifférence qui ressemblait à la folie. Il avait pris la femme sur ses épaules, son camarade, le petit garçon, et ils avaient poussé devant eux le père, qui ne voulait pas bouger de la place. A la descente de la Gemmi, la femme lui était morte sur le dos, et il l'avait néanmoins portée jusqu'aux bains de Louëche. Comme nous demandâmes quelles gens c'étaient, et comment ils avaient pu se trouver dans cette saison sur les montagnes, le guide répondit que c'étaient de pauvres gens du canton de Berne, qui, poussés par l'indigence, s'étaient mis en chemin dans cette mauvaise saison pour joindre des parents dans le Valais ou les provinces italiennes, et que l'orage avait surpris. Les guides contèrent ensuite des aventures qui leur étaient arrivées en traversant la Furca pendant l'hiver, avec leurs peaux de chèvres, expéditions qu'ils faisaient d'ailleurs toujours en troupe. Cependant le père nous faisait beaucoup d'excuses sur le souper qu'il nous offrait : nous lui assurâmes de nouveau que nous n'en souhaitions pas davantage, et, comme il dirigea la conversation sur lui-même et sur sa position, nous apprîmes qu'il ne desservait pas ce poste depuis longtemps. Il se mit à parler de la prédication et du talent que devait posséder un prédicateur. Il le comparait à un marchand qui doit prôner sa marchandise et la rendre agréable aux gens par des paroles engageantes. Il poursuivit l'entretien après souper, et, lorsque, s'étant levé, la main gauche appuyée sur la table, accompagnant de la droite ses paroles, il parla lui-même éloquemment de l'éloquence, il nous parut dans ce moment vouloir nous persuader qu'il était lui-même ce marchand bien avisé. Nous l'applaudîmes et il passa de l'exposition à la chose même. Il fit l'éloge de la religion catholique. « Il faut à l'homme une règle de croyance, disait-il, et qu'elle soit aussi ferme et invariable que possible : c'est son plus grand avantage. Nous avons pour fondement de notre foi l'Écriture, mais elle n'est pas suffisante. Nous ne croyons pas devoir la mettre dans les mains du commun peuple : car, si elle est sainte et porte sur toutes ses pages l'empreinte de l'esprit divin, l'homme qui a des inclinations terrestres ne peut le comprendre ; au contraire, il rencontre partout des sujets de trouble et de scandale. Quel fruit un laïque peut-il retirer des histoires obscènes qui s'y rencontrent, et que le Saint-Esprit a cependant tracées pour fortifier la foi des enfants de Dieu éprouvés et instruits ? De quel avantage sont-elles pour l'homme du commun, qui ne considère pas les choses dans leur ensemble ? Comment se démêlera-t-il dans les contradictions apparentes qui se trouvent çà et là, dans le désordre des livres, les divers styles, puisque la chose est si difficile pour les savants eux-mêmes, et que, sur tant de points, les fidèles doivent tenir leur raison captive ? Que nous faut-il donc enseigner ? Une règle fondée sur l'Écriture, démontrée par la meilleure interprétation de l'Écriture. Et qui doit l'interpréter ? Qui doit fixer cette règle ? Moi peut-être ou tel autre individu ? Nullement. Chacun se compose un système différent, se fait de la chose une idée particulière : de là, autant de personnes, autant on verrait de doctrines, et il en résulterait une indicible confusion, comme cela s'est déjà vu. Non, il n'appartient qu'à la très-sainte Église d'interpréter l'Écriture et de fixer la règle à laquelle nous devons accommoder la conduite de notre âme. Et qui forme cette Église ? Ce n'est point tel ou tel chef, tel ou tel membre : non, ce sont les hommes les plus saints, les plus savants, les plus sages de tous les temps, qui se sont réunis pour construire peu à peu, avec l'aide du Saint-Esprit, ce vaste édifice, harmonieux et universel ; qui, dans les grandes assemblées, se sont communiqué leurs pensées, se sont édifiés mutuellement, ont banni les erreurs et ont donné à notre très-sainte religion une sûreté, une certitude, dont aucune autre ne peut se glorifier ; lui ont creusé un fondement, lui ont élevé un rempart que l'enfer lui-même ne peut détruire. Il en est de même pour le texte des Saintes Écritures. Nous avons la Vulgate, nous avons une traduction approuvée de la Vulgate, et, pour chaque maxime, une interprétation approuvée par l'Église. De là cette concordance, qui doit faire l'étonnement de chacun. Que vous m'entendiez parler ici, dans ce coin reculé du monde, ou dans la plus grande capitale du pays le plus éloigné; que vous entendiez le plus inhabile ou le plus savant : tous parleront un seul et même langage; un catholique romain entendra toujours la même chose; partout il sera instruit, édifié de la même façon; et c'est ce qui fait la certitude de notre foi; ce qui nous donne le doux contentement, la douce assurance dans laquelle nous vivons, fermement unis l'un avec l'autre, et nous pouvons nous séparer les uns des autres avec l'assurance de nous retrouver plus heureux. » Il avait débité successivement toutes ces réflexions comme dans un discours, plutôt avec le sentiment agréable de se montrer à nous par un côté avantageux, qu'avec le ton d'un catéchiste bigot. Ses mains changeaient tour à tour de position; il les cachait quelquefois ensemble dans les manches de son froc; et les laissait reposer sur son ventre; parfois il tirait décemment sa tabatière de son capuchon, et l'y rejetait suivant l'usage. Nous l'écoutions attentivement, et il paraissait fort satisfait de notre manière d'accueillir sa doctrine. Quel n'eût pas été son étonnement, si un esprit lui avait révélé soudain qu'il adressait sa harangue à un descendant de Frédéric le Sage !

Le 13 novembre 1779, au sommet du Saint-Gothard,
chez les Capucins. Dix heures du matin.

Nous sommes enfin heureusement parvenus au point culminant de notre voyage. Nous voulons, c'est résolu, nous arrêter ici, et tourner nos pas vers la patrie. J'éprouve de singulières impressions dans ces hauts lieux, où je passai quelques jours, il y a quatre ans, dans une autre saison, avec des préoccupations, des sentiments, des espérances et des projets tout différents, lorsque, sans prévoir le sort qui m'attendait, poussé par je ne sais quel mobile, je tournai le dos à l'Italie, et marchai, sans le savoir, au-devant de ma destinée actuelle. Je ne reconnus pas la maison. Quelque temps auparavant, une avalanche l'avait fort endommagée : les pères ont saisi cette occasion et fait une collecte dans le pays, pour agrandir leur habitation et la rendre plus commode. Les deux pères qui demeurent ici se trouvent absents, mais, à ce que j'apprends, ce sont toujours les mêmes que j'y trouvai il y a quatre ans. Le P. Séraphin, qui occupe ce poste depuis treize années, se trouve à Milan; l'autre doit revenir d'Airolo aujourd'hui même. Le temps est serein et le froid très-rigoureux. Aussitôt que nous aurons dîné, je continuerai ma lettre, car je vois bien que nous ne mettrons guère les pieds dehors.

Après dîner.

Il fait toujours plus froid; on ne peut s'éloigner du poêle; la plus grande jouissance est même de s'asseoir dessus, ce qui est très-faisable dans ces contrées, où les poêles sont construits de pierres plates. Disons d'abord comment nous sommes partis de Réalp et venus jusqu'ici.

Hier au soir, avant de nous mettre au lit, nous suivîmes le père dans sa chambre à coucher, où tout se trouvait rassemblé dans un très-petit espace. Son lit, qui se composait d'un sac de paille et d'une couverture de laine, ne nous sembla pas avoir rien de méritoire, accoutumés comme nous l'étions à une couche toute pareille. Il nous montrait tout avec un grand plaisir et une satisfaction secrète, son armoire à livres et d'autres choses encore. Nous fîmes l'éloge de tout, et nous nous séparâmes fort contents les uns des autres, pour aller dormir. Dans l'arrangement de la chambre, pour dresser deux lits contre une paroi, on les avait faits tous deux plus courts que de raison. Cette incommodité m'empêcha de dormir, jusqu'à ce que j'eusse porté remède à la chose en rapprochant des chaises. Ce matin, quand nous nous sommes réveillés, il était déjà grand jour. Nous sommes descendus, et nous avons trouvé des visages tout à fait gracieux et contents. Nos guides, sur le point de refaire l'agréable chemin de la veille, semblaient juger notre course mémorable; c'était une histoire dont ils se feraient honneur dans la suite auprès d'autres étrangers; et, comme ils furent bien payés, la chose leur parut prendre toutes les proportions d'une aventure. Nous fîmes un bon déjeuner et nous partîmes. Notre chemin longeait la vallée d'Urseren, qui est remarquable en ce que, à une si grande élévation, elle a de beaux pâturages et de beau bétail. On fait ici des fromages que je trouve d'une qualité supérieure. La vallée ne produit pas d'arbres; seulement des bouquets de saule encadrent la rivière et, sur les pentes des montagnes, s'entrelacent des buissons. C'est, de toutes les contrées que je connais, celle que je trouve la plus aimable et la plus intéressante, soit que d'anciens souvenirs me la rendent chère, soit que tant de merveilles de la nature, enchaînées ensemble, éveillent chez moi un secret et ineffable sentiment de plaisir. Je fais d'abord observer que toute la contrée où je vous promène est couverte de neige; rochers et prairies sont tout blancs. Pas un nuage au ciel, dont l'azur est beaucoup plus sombre qu'on ne le voit d'ordinaire dans le plat pays. Les croupes des montagnes blanches qui s'en détachent sont, les unes étincelantes aux rayons du soleil, les autres bleuâtres dans l'ombre. Après une heure et demie de marche, nous arrivâmes à l'Hôpital, petit village, encore situé dans la vallée d'Urseren, sur le chemin du Saint-Gothard. C'est là que j'ai foulé pour la première fois la trace de mon précédent voyage. Nous entrâmes, et, après avoir commandé notre dîner pour le lendemain, nous gravîmes la montagne. Une longue file de mulets animait de ses clochettes toute la contrée. C'est un bruit qui éveille tous les souvenirs de montagnes. La plus grande partie nous avaient devancés et avaient passablement rompu la route glissante avec leurs fers tranchants. Nous trouvâmes aussi plusieurs cantonniers, chargés de couvrir de terre le verglas, afin de maintenir la route praticable. Le vœu que j'avais fait autrefois de voir un jour cette contrée dans la neige est désormais accompli. La route côtoie la Reuss, qui se précipite de rochers en rochers, et les cascades présentent les plus belles formes. Nous fûmes longtemps captivés par la beauté de l'une d'elles, qui, dans une assez grande largeur, tombait par-dessus des rochers noirs. Çà et là, dans les crevasses et sur les plates-formes, s'étaient fixés des blocs de glace, et l'eau semblait courir sur du marbre moucheté de noir et de blanc. La glace brillait au soleil comme des veines de cristal et des traits de flamme, et l'eau courait et tombait au travers, vive et limpide. Dans les montagnes, il n'est point de compagnons de voyage plus fatigants que les mulets. Leur marche est inégale : en effet, par un singulier instinct, au bas d'un endroit rapide, ils commencent par s'arrêter, puis ils le franchissent rapidement, et se reposent encore au-dessus. Ils s'arrêtent quelquefois aussi dans les places unies, que l'on rencontre çà et là, jusqu'à ce qu'ils soient poussés en avant par le muletier ou par les mulets qui suivent. De là il arrive qu'en cheminant d'un pas égal, on passe avec peine à côté d'eux sur l'étroit chemin et l'on gagne les devants sur des files entières. Si l'on s'arrête pour observer quelque chose, ils dépassent à leur tour le voyageur, et l'on est importuné par le tintement assourdissant de leurs clochettes et par le fardeau étalé sur leurs flancs. C'est ainsi que nous atteignîmes enfin le sommet de la montagne, qu'il faut vous représenter comme une tête chauve, ceinte d'une couronne. On se trouve dans une plaine que des sommets environnent encore; auprès et au loin, la vue est bornée par des rochers nus et par d'autres rochers, en plus grand nombre, couverts de neige.

On a beaucoup de peine à se chauffer, d'autant plus qu'on ne brûle que des branchages; encore doit-on les ménager, parce qu'il faut les monter péniblement de trois lieues à peu près et qu'au-dessus, comme nous l'avons dit, il ne croît presque point de bois. Le père est remonté d'Airolo, tellement saisi par le froid, qu'en arrivant il ne pouvait articuler une parole. Bien qu'ils aient ici la permission de se traiter plus commodément que les autres membres de l'ordre, néanmoins leur vêtement n'est pas fait pour ce climat. Il était monté d'Airolo par une route très-glissante, ayant le vent contraire. Sa barbe était gelée, et il se passa du temps avant qu'il pût se remettre. La conversation roula sur l'incommodité de ce séjour. Le père nous conta comment ils passaient l'année; il nous dit leurs fatigues et leur ménage. Il ne parlait que l'italien, et nous trouvâmes l'occasion de mettre en pratique ce que nos exercices nous en avaient appris au printemps. Vers le soir, nous sortîmes un moment devant la porte, afin de nous faire montrer par le père le sommet qui passe pour le plus élevé du Saint-Gothard; mais à peine nous fut-il possible d'y tenir quelques minutes, tant le froid saisit et pénètre. Aussi, pour cette fois, restons-nous enfermés dans la maison, d'où nous partirons demain, et nous avons du temps en suffisance pour promener nos pensées sur les merveilles du pays.

Une petite description géographique vous fera voir combien est remarquable le point où nous sommes maintenant. A la vérité, le Gothard n'est pas la plus haute montagne de la Suisse, et, en Savoie, le Mont-Blanc est de beaucoup plus élevé : cependant le Gothard n'en est pas moins le roi des montagnes, parce que les plus grandes chaînes y viennent se grouper et s'appuyer. Même, si je ne me trompe, M. Wyttenbach de Berne, qui a vu, du plus haut sommet, les pointes des autres montagnes, m'a conté qu'elles semblent toutes s'incliner vers le Gothard. Les montagnes de Schwitz et d'Ounterwald, enchaînées à celles d'Ouri, s'avancent du nord; de l'est, les montagnes des Grisons; du sud, celles des bailliages italiens, et, de l'ouest, se presse contre ce massif, par la Furca, la double chaîne qui enferme le Valais. Non loin de la maison, se trouvent ici deux petits lacs, dont l'un verse, à travers les ravins et les vallons, le Tessin en Italie, et l'autre, pareillement, la Reuss dans le lac des Quatre-Cantons. A peu de distance, le Rhin prend sa source, et court à l'orient; et, si l'on ajoute le Rhône, qui jaillit au pied de la Furca et court à l'occident le long du Valais, on se trouve ici dans un lieu central d'où les montagnes et les fleuves courent aux quatre points cardinaux.

FIN DES VOYAGES EN SUISSE.

VOYAGE

EN ITALIE

Et in Arcadia ego !

DE CARLSBAD AU BRENNER.

>Ratisbonne, 4 septembre 1786.

Je me suis dérobé de Carlsbad à trois heures du matin : autrement on ne m'aurait pas laissé partir. La société qui avait bien voulu célébrer, le 28 août, mon jour de naissance de la manière la plus amicale, s'était bien acquis par là le droit de me retenir, mais je ne pouvais différer plus longtemps. Muni d'une simple valise et d'un portemanteau, je me suis jeté tout seul dans une chaise de poste, et, à sept heures et demie, j'arrivais à Zwoda par une matinée brumeuse, mais belle et tranquille. Les nuages supérieurs étaient striés et laineux; les inférieurs, pesants. Ils me semblèrent de bon augure. J'espérai, après un été déplorable, jouir d'un bel automne. Vers midi, à Éger, par un ardent soleil. Je me rappelai que ce lieu est à la même latitude que ma ville natale, et je fus heureux de dîner encore une fois, par un ciel serein, sous le cinquantième degré.

A l'entrée de la Bavière, on trouve d'abord le couvent de Waldsassen, riche propriété de cette classe d'hommes qui furent éclairés avant les autres. Il est situé au fond de belles prairies, encaissées en forme d'assiette ou de bassin, entourées de fertiles collines à pente douce. Ce couvent possède encore d'autres terres bien loin à la ronde. Le sol est un schiste argileux désagrégé. Le quartz, qui se trouve dans ce genre de montagnes et ne tombe pas en efflorescence, rend la terre meuble et très-fertile. Le sol s'élève encore jusque vers Tirschenreuth; les eaux viennent au-devant du voyageur, pour se verser dans l'Éger et l'Elbe. De Tirschenreuth, la pente incline au sud, et les eaux courent vers le Danube. Je me forme très-vite une idée de chaque pays, en m'informant du cours des plus petits ruisseaux, et de la région fluviale à laquelle ils appartiennent. La pensée saisit alors, même dans les pays qu'on ne peut embrasser du regard, l'enchaînement des montagnes et des vallées. Avant Tirschenreuth commence l'excellente chaussée de sable granitique. On ne peut en imaginer de meilleure. Comme le granit pulvérisé se compose de silex et d'argile, cela forme à la fois une base solide et un excellent ciment, pour rendre la route aussi unie qu'une aire à battre le blé. L'aspect de la vallée qu'elle traverse est triste à proportion : c'est une plaine, aussi composée de sable granitique, marécageuse, qui donne à la belle route un nouveau prix. D'ailleurs la pente du terrain fait qu'on avance avec une incroyable rapidité, qui contraste avec la marche de limace des postes de Bohême. Le lendemain, à dix heures, j'étais à Ratisbonne, et j'avais donc fait vingt-quatre milles et demi en trente-neuf heures : au point du jour, je me trouvais entre Schwandorf et Regenstauf, et je vis des campagnes mieux cultivées. Le sol n'était plus un détritus de montagnes, mais un terrain d'alluvion et mélangé. Dans les temps primitifs, le flux et le reflux avaient agi de la vallée du Danube, en remontant le cours du Regen, dans toutes ces vallées, qui maintenant y versent leurs eaux : ainsi se sont formés ces polders naturels, base actuelle de l'agriculture. Cette observation s'applique au voisinage de toutes les rivières, grandes et petites, et, avec cette indication, l'observateur peut se faire promptement une idée de chaque terrain propre à la culture.

La situation de Ratisbonne est fort belle. La contrée appelait une ville. Le clergé ne s'est pas non plus oublié. Toutes les terres des environs lui appartiennent. Dans la ville même, les églises et les cloîtres se touchent. Le Danube me rappelle le vieux Mein. A Francfort, le pont et la rivière offrent un plus bel aspect; mais Stadt-am-Hof, situé vis-à-vis de Ratisbonne, présente un charmant coup d'œil. Je me suis rendu sur-le-champ au collège des jésuites, où les écoliers donnaient la représentation dramatique d'usage chaque année. J'ai vu la fin de l'opéra et le commencement de la tragédie. Ils ne s'en sont pas mal tirés pour une troupe d'amateurs débutants. Les costumes étaient beaux et presque trop magnifiques. Cette représentation publique m'a fait de nouveau reconnaître la sagesse des jésuites. Ils ne dédaignaient rien de ce qui peut produire quelque effet, et ils savaient le traiter avec attention et avec amour. Ce n'est pas là de l'habileté comme on se la figure *in abstracto* : il y a là dedans un plaisir pris à la chose, une jouissance sentie et partagée, telle que la produit la pratique de la vie. Comme cette grande société a sous ses ordres des facteurs d'orgues, des sculpteurs et des doreurs, elle a aussi quelques hommes qui s'occupent du théâtre avec intelligence et avec amour, et, tout comme les églises de ces pères se distinguent par une agréable magnificence, ils savent s'emparer habilement d'un monde ami des plaisirs au moyen d'un théâtre bienséant.

Je vous écris aujourd'hui sous le 49ᵉ degré. Il s'annonce bien. La matinée était fraîche. On se plaint aussi dans ce pays de l'été humide et froid, mais la journée s'est annoncée tiède et magnifique. La douce brise qu'un grand fleuve amène est quelque chose de tout particulier. Le fruit n'est pas très-remarquable. J'ai mangé de bonnes poires, mais je soupire après les figues et les raisins.

La façon d'agir des jésuites m'arrête et me donne à réfléchir : leurs églises, leurs clochers, leurs bâtiments, ont, dans le dessin, quelque chose de grand et de complet, qui inspire à tous les hommes un secret respect. L'or, l'argent, les métaux, les marbres polis, sont employés avec une richesse et une magnificence qui doivent éblouir les mendiants de toutes les classes. Çà et là se montre aussi le mauvais goût, afin de satisfaire et d'attirer la foule. C'est là en général le génie du culte catholique dans ses actes extérieurs ; mais je n'ai jamais vu la chose mise en pratique avec autant d'intelligence, d'habileté et d'enchaînement que par les jésuites. Tous leurs efforts concourent, non pas à perpétuer, comme d'autres ordres ecclésiastiques, une dévotion usée et vieillie, mais à la parer de luxe et d'éclat pour complaire à l'esprit du temps.

On emploie ici pour la bâtisse une pierre remarquable, qui semble être une espèce de grès, mais ancien, primitif et même porphyrique. Il est verdâtre, mêlé de quartz, poreux, et il s'y trouve de grandes taches du jaspe le plus dur, dans lesquelles on en voit de petites, rondes, de la nature de la brèche. Un de ces morceaux était bien instructif et appétissant, mais la pierre était trop lourde, et puis j'ai juré de ne pas me charger de pierres dans ce voyage.

Munich, 6 septembre 1786.

Je suis parti de Ratisbonne le 5 septembre à midi et demi. Depuis Abach, où le Danube se brise contre des rochers calcaires, le pays est beau jusque vers Saal. Le calcaire est compacte, mais généralement poreux, comme à Osteroda, dans le Harz. A six heures du matin, j'étais à Munich. Après m'être promené pendant douze heures, je vais faire un petit nombre d'observations. Je me suis trouvé dépaysé dans la galerie de peinture. Il faut que mes yeux reprennent l'habitude de voir des tableaux. Il y a des choses excellentes. Les esquisses de Rubens, de la galerie du Luxembourg, m'ont fait un grand plaisir. Ici se trouve un précieux joujou, le modèle de la colonne Trajane. Le fond est en lapis-lazuli, les figures sont dorées. C'est, à tout prendre, un beau travail, et l'on s'y arrête volontiers. J'ai pu remarquer dans la salle des antiques que mes yeux ne sont pas exercés à ces objets. Aussi n'ai-je pas voulu m'y arrêter et perdre mon temps. Bien des choses ne me plaisaient point, sans que je puisse dire pourquoi. Un Drusus a fixé mon attention ; deux Antonins m'ont plu, avec quelques autres choses encore. En somme, les objets ne sont pas heureusement placés, quoiqu'on ait voulu en faire montre, et la salle, ou plutôt la voûte, offrirait un bel aspect, si elle était plus propre et mieux entretenue. J'ai trouvé dans le cabinet d'histoire naturelle de belles choses du Tyrol, que je connaissais déjà, que je possède même en petits échantillons.

Une femme m'a offert des figues, que j'ai trouvées excellentes, comme étant les premières. Mais, pour le quarante-huitième degré, le fruit n'est pas trop bon. On se plaint beaucoup ici de l'humidité et du froid. Un brouillard, qu'on pourrait appeler une pluie, m'a accueilli ce matin avant Munich. Tout le jour il a soufflé un vent très-froid des montagnes du Tyrol. En les regardant de la tour, je les ai vues couvertes comme tout le ciel. Maintenant le soleil couchant brille sur la haute tour, qui est vis-à-vis de ma fenêtre. Pardon, si je m'occupe beaucoup du vent et du temps! Qui voyage sur terre dépend de l'un et de l'autre presque autant que le navigateur. Ce serait une désolation, si je ne trouvais pas l'automne plus favorable en pays étranger que l'été chez moi.

Je vais aller droit à Inspruck. Que ne laissé-je pas à droite et à gauche, pour mettre à exécution un dessein qui peut-être a trop vieilli dans mon cœur!

Mittenwald, 7 septembre 1786, au soir.

Il semble que mon ange gardien dise amen à mon credo, et je le remercie de m'avoir amené ici par un si beau jour. Le dernier postillon s'est écrié joyeusement que c'était le premier de tout l'été. Ma superstition se flatte en secret que cela continuera. Que mes amis veuillent m'excuser, si je parle encore du vent et des nuages!

Comme je partais de Munich à cinq heures, le ciel s'était éclairci. Les nuages étaient fixés en grandes masses sur les montagnes du Tyrol. Les traînées des régions inférieures étaient aussi immobiles. La route suit les hauteurs, d'où l'on voit sous ses pieds couler l'Isar; on franchit les collines de cailloux amassés par les eaux. C'est là que nous pouvons comprendre le travail des courants de l'antique mer. J'ai retrouvé dans plusieurs galets de granit les frères et les parents des pièces de mon cabinet que je dois à Knebel.

Les brouillards de la rivière et des prairies luttèrent quelque temps, mais enfin ils furent dissipés à leur tour. Entre les collines de gravier, qui ont plusieurs lieues d'étendue, on voit les terres les plus belles et les plus fertiles, comme dans la vallée du Regen. Mais je reviens à l'Isar, et je vois une tranchée et une pente de collines graveleuses, qui peuvent avoir cent cinquante pieds de haut. Je suis arrivé à Wolfrathshausen, et j'ai atteint le quarante-huitième degré. Le soleil était brûlant : personne ne se fiait au beau temps. On se lamente sur la mauvaise année; on gémit de ce que le grand Dieu ne veut pas y remédier.

Un nouveau monde s'ouvrait pour moi ; j'approchais des montagnes, qui se développaient insensiblement. Benedictbeuern est dans une situation admirable, et il étonne dès le premier coup d'œil. Dans une plaine fertile, un édifice blanc, long et large, et, derrière, un large et haut rocher. On monte ensuite à Kochelsée et, plus haut encore dans la montagne, à Walchensée. Là je saluai les premières cimes blanches, et, comme j'exprimais mon étonnement d'en être déjà si près, on me dit qu'il avait fait hier des éclairs et des tonnerres dans la contrée, et qu'il avait neigé sur les montagnes. On espérait que ces météores amèneraient le beau temps, et que cette première neige changerait l'état de l'atmosphère. Les roches qui m'entourent sont toutes du calcaire le plus ancien, qui ne renferme encore aucune pétrification. Ces montagnes calcaires s'étendent en chaînes immenses et continues, depuis la Dalmatie jusqu'au Saint-Gothard et au delà. Haquet a parcouru une grande partie de la chaîne. Elles s'appuient aux montagnes primitives de quartz et d'argile.

A De Walchensée, j'arrivai à quatre heures et demie. A une lieue d'Inspruck, il m'est arrivé une jolie aventure. Un joueur de harpe, avec sa fille, enfant de onze ans, cheminait devant moi et me pria de prendre l'enfant dans ma voiture. Je la fis asseoir à côté de moi. Elle plaça soigneusement à ses pieds une grande boîte neuve. C'était une gentille enfant, qui avait de la culture, et qui s'était déjà passablement formée dans le monde. Elle avait fait à pied avec sa mère le pèlerinage de Notre-Dame d'Einsiedlen, et elles se proposaient d'entreprendre le voyage, plus grand, de Saint-Jacques de Compostelle, quand la mère fut empêchée par la mort d'accomplir son vœu. On ne pouvait jamais en faire trop, disait-elle, pour honorer la mère de Dieu. Après un grand incendie, elle avait vu elle-même une maison entièrement consumée, et, à travers la porte, derrière un verre, l'image de la sainte Vierge, l'image et le verre sans aucun mal, ce qui était un miracle évident. Elle avait fait tous ses voyages à pied ; elle venait de jouer à Munich devant l'électeur, et s'était déjà fait entendre de vingt et un princes. Elle m'amusa fort. De beaux grands yeux bruns, un front obstiné, qui se plissait quelquefois de bas en haut. Quand elle parlait, elle était agréable et naturelle, surtout dans ses éclats de rire enfantins. En revanche, quand elle gardait le silence, elle semblait vouloir se donner un air important, et sa lèvre supérieure prenait une expression désagréable. Nous causâmes beaucoup; elle se trouvait partout sur son terrain, et observait fort bien les choses. Elle me demanda, par exemple, une fois quel arbre était cela. C'était un bel et grand érable, le premier que j'eusse rencontré dans tout mon voyage. Elle l'avait remarqué d'abord, et, comme il s'en présenta successivement quelques-uns, elle se félicita de pouvoir aussi distinguer cet arbre. Elle allait, disait-elle, à Botzen pour la foire, où sans doute je me rendais aussi. Si elle m'y rencontrait, il me faudrait lui acheter un cadeau de foire. Je le lui promis. A Botzen, elle se proposait aussi de mettre sa coiffe neuve, qu'elle s'était fait faire à Munich avec l'argent qu'elle avait gagné. Elle voulait, dit-elle, me la montrer d'avance. Elle ouvrit la boîte, et je dus admirer avec elle la parure richement brodée et enrubannée. Une autre perspective nous réjouit tous deux : elle m'assura que nous aurions le beau temps. Ils portaient avec eux leur baromètre. Quand le diapason montait, c'était signe de beau temps, et aujourd'hui il avait monté. J'accueillis le présage et nous nous séparâmes de très-bonne humeur, dans l'espérance de nous revoir bientôt.

Sur le Brenner, 8 septembre 1786, au soir.

Je suis enfin arrivé ici, comme malgré moi, à un point de repos, dans un lieu tranquille, tel que j'aurais pu le désirer. La journée a été de celles qu'on se rappelle longtemps avec plaisir. J'ai quitté Mittenwald à six heures. Un vent rigoureux a nettoyé et éclairci le ciel complétement. Le froid était de ceux qu'on ne permet qu'au mois de février. Et maintenant, à la clarté du soleil levant, les premiers plans, sombres, couverts de sapins, les roches grises qui s'y entremêlent, et, derrière, les plus hauts sommets couverts de neige, sur cet azur profond, offraient d'admirables tableaux qui changeaient sans cesse.

Près de Scharnitz on entre dans le Tyrol. La frontière est fermée par un rempart, qui barre la vallée et s'appuie aux montagnes. Il est d'un bel effet. D'un côté, le rocher est fortifié; de l'autre, il s'élève à pic. De Séefeld, la route devient toujours plus intéressante : si, jusque-là, elle n'a cessé de monter depuis Benedictbeuern, et si toutes les eaux cherchaient le bassin de l'Isar, maintenant le regard se porte, par-dessus une croupe, dans la vallée de l'Inn, et Inzingen se trouve devant nous. Le soleil était haut et brûlant. J'ai dû alléger mon vêtement, que les variations de l'atmosphère m'obligent de changer à toute heure.

Près de Zirl on descend dans la vallée de l'Inn. La situation est d'une beauté inexprimable, et une vapeur chaude la rendait magnifique. Le postillon pressait les chevaux plus que je n'aurais voulu. Il n'avait point encore entendu de messe, et il lui tardait d'arriver à Inspruck pour faire ses dévotions. C'était justement la fête de Marie. Nous descendions à grand fracas le long de l'Inn, en côtoyant les rochers de Martin, paroi calcaire, escarpée, immense. A la place où s'égara, dit-on, à la montée, l'empereur Maximilien, je me flatterais bien d'aller et de venir sans le secours des anges, mais ce serait toujours une entreprise téméraire. Inspruck est admirablement situé dans une large et riche vallée, entre des rochers et des montagnes. Je voulais d'abord m'y arrêter, mais je n'ai pu rester en repos. Je me suis amusé un moment du fils de l'hôte, un Soeller[1] gros et gras. C'est ainsi que je rencontre peu à peu mes personnages. Tout le monde est paré pour célébrer la naissance de Marie. Tous, gaillards et charitables, ils allaient par troupes en pèlerinage à Wilten, lieu consacré, à un quart d'heure de la ville, du côté de la montagne. A deux heures, quand ma chaise roulante partagea cette foule riante, bigarrée, la joyeuse procession était en marche.

Après Inspruck, on monte encore, et le pays est toujours plus beau. Il défie la description. Par une route commode, on gravit une gorge qui envoie ses eaux dans l'Inn. Cette gorge offre aux yeux des changements de scène innombrables. Tandis que la route côtoie un rocher escarpé, dans lequel elle est même taillée, on voit le côté opposé former une pente douce, qui permet les plus belles cultures. Villages, maisons, maisonnettes, cabanes, toutes blanches, s'élèvent parmi les champs et les haies, sur la haute et large plaine penchante. Bientôt tout change : les terres qu'on peut utiliser deviennent des prairies, qui finissent à leur tour par se perdre en pentes abruptes.

---

1. Personnage des *Complices*. Tome I, p. 29.

J'ai fait plusieurs découvertes pour ma cosmogonie, mais rien qui soit tout à fait nouveau et inattendu. J'ai aussi beaucoup rêvé au type dont je parle depuis si longtemps, par lequel j'aimerais tant à rendre visible ce qui roule dans mon esprit, et que je ne puis produire aux yeux de chacun dans la nature.

Le jour devenait plus sombre; les détails se perdaient; les masses paraissaient toujours plus grandes et plus imposantes; enfin tout passait devant moi comme un tableau plein d'un profond mystère, quand tout à coup je revois, éclairées par la lune, les hautes cimes neigeuses, et j'attends que le matin verse le jour dans cette gorge de rochers, que j'ai gravie à la limite du midi et du nord.

J'ajoute encore quelques réflexions sur la température, qui peut-être m'est si favorable parce que je lui voue une grande attention. Dans la plaine, on reçoit le temps, bon ou mauvais, déjà tout fait; dans les montagnes, on le voit naître. Cela m'est souvent arrivé dans mes voyages, dans mes promenades, à la chasse, quand je passais des nuits et des jours dans les bois de montagnes, entre les rochers : alors m'est venue à l'esprit une rêverie, que je ne veux pas donner pour autre chose, mais dont je ne puis me défaire, car il n'est rien dont on se défasse moins que d'une rêverie. Je la vois partout, comme si elle était une vérité. Je vais donc l'exposer : c'est d'ailleurs mon habitude de mettre souvent à l'épreuve l'indulgence de mes amis.

Quand nous observons les montagnes de près ou de loin, et que nous voyons leurs sommets, tantôt illuminés par le soleil, tantôt enveloppés de vapeurs, assiégés de nues orageuses, fouettés par des averses, couverts de neige, nous attribuons tout cela à l'atmosphère, parce que nous pouvons très-bien voir de nos yeux et saisir ses mouvements et ses changements. Les montagnes, au contraire, s'offrent à nos yeux immobiles et dans leur forme accoutumée. Nous les tenons pour mortes, parce qu'elles sont rigides; nous les croyons inactives, parce qu'elles sont en repos. Pour moi, depuis longtemps je ne puis m'empêcher d'attribuer en grande partie les changements qui se manifestent dans l'atmosphère à une action intérieure et secrète des montagnes. Je vois en effet qu'en général la masse de la terre et, conséquemment, ses bases saillantes n'exercent pas une force d'attraction continue, toujours égale, mais que cette force d'attraction se manifeste avec une certaine pulsation, de sorte qu'elle augmente ou diminue par des causes intérieures et nécessaires, peut-être aussi extérieures et accidentelles. Si les autres tentatives pour manifester cette oscillation sont trop bornées et trop grossières, l'atmosphère est assez délicate et assez étendue pour nous instruire de ces mystérieux effets. Que la force d'attraction diminue le moins du monde, aussitôt la pesanteur de l'air diminue, son élasticité réduite annonce cet effet. L'atmosphère ne peut plus retenir l'humidité qui s'y trouvait répandue d'une manière chimique ou mécanique : les nuages s'abaissent, les pluies se précipitent, et les averses fondent sur la terre. Mais, si la gravitation des montagnes augmente, l'élasticité de l'air est aussitôt rétablie, et il se produit deux phénomènes importants : les montagnes assemblent autour d'elles des masses énormes de nuages, les arrêtent et les fixent au-dessus d'elles comme un deuxième sommet, jusqu'à ce que, déterminés par la lutte intérieure des forces électriques, ils tombent sous forme d'orages, de brouillards ou de pluie ; ensuite l'air élastique agit sur le reste, étant de nouveau capable de contenir, de dissoudre et d'élaborer une quantité d'eau plus grande. J'ai vu très-distinctement un nuage se consumer ainsi. Il était suspendu autour de la cime la plus escarpée ; les derniers feux du jour l'éclairaient ; ses extrémités se séparèrent lentement ; quelques flocons furent détachés et enlevés ; ils disparurent : toute la masse disparut aussi peu à peu, et fut véritablement filée devant mes yeux, comme une quenouille, par une main invisible.

Si l'observateur ambulant et ses singulières théories ont fait sourire ses amis, peut-être leur donnera-t-il sujet de rire par quelques observations nouvelles. Car, je dois l'avouer, mon voyage étant proprement une fuite, pour me dérober à tous les ennuis que j'ai endurés sous le cinquante et unième degré, j'avais l'espoir d'entrer, sous le quarante-huitième, dans une véritable terre de Gosen ; mais je me trouvai déçu, et j'aurais dû m'y attendre : en effet, ce n'est pas seulement la hauteur du pôle qui fait le climat et la température, ce sont les chaînes de montagnes, surtout celles qui coupent les pays de l'est à l'ouest. Là se produisent toujours de grands changements, et les pays situés du côté du nord ont le plus à souffrir. C'est ainsi que pour tout le Nord, la température semble avoir été déterminée pendant l'été où nous sommes par la grande chaîne des Alpes, au milieu de laquelle j'écris ces lignes. Ici, il a plu continuellement pendant ces derniers mois; les vents du sud-est et du sud-ouest n'ont cessé d'amener la pluie au nord. En Italie, on doit avoir eu le beau temps et même trop de sécheresse.

Disons maintenant quelques mots du règne végétal, sur lequel le climat, l'élévation du sol, l'humidité, ont l'influence la plus diverse. A cet égard aussi, je n'ai pas observé un changement bien remarquable; j'ai vu pourtant quelques progrès. Les pommes et les poires se montrent déjà en abondance dans la vallée d'Inspruck; mais les pêches et les raisins sont apportés d'Italie ou plutôt du Tyrol méridional. Autour d'Inspruck, on cultive beaucoup de maïs et de blé noir. En montant le Brenner, j'ai vu les premiers mélèzes, et près de Schemberg le premier cembre. La joueuse de harpe ne m'aurait-elle pas aussi demandé quel arbre c'était?

Pour les plantes, je me sens encore bien écolier. Jusqu'à Munich, j'ai cru réellement ne voir que les plantes ordinaires. Il est vrai que ma course rapide, de jour et de nuit, n'était pas favorable à ces observations délicates. Maintenant, j'ai avec moi mon Linné, et je me suis bien gravé sa terminologie dans la mémoire; mais où trouver le temps et le loisir d'analyser, ce qui d'ailleurs, si je me connais bien, ne sera jamais mon fort? C'est pourquoi j'exerce mes yeux à saisir l'ensemble, et, quand je vis la première gentiane au bord du lac de Walchen, il me vint à l'esprit que jusqu'ici c'est auprès de l'eau que j'ai d'abord trouvé les plantes nouvelles.

Ce qui a fixé plus encore mon attention, c'est l'influence que la hauteur des montagnes paraît avoir sur les plantes. Non-seulement j'en ai trouvé là de nouvelles, mais la croissance des anciennes était changée. Tandis que, dans les vallées, les tiges et les branches étaient plus grosses et plus fortes, les yeux plus rapprochés les uns des autres et les feuilles larges, plus haut dans la montagne, les tiges et les branches étaient plus délicates, les yeux plus écartés, en sorte qu'il y avait de bourgeon à bourgeon un plus grand intervalle, et les feuilles affectaient une forme plus lancéolée. Je le remarquai sur un saule et sur une gentiane, et je reconnus que ce n'étaient pas des espèces différentes. J'observai aussi au bord du lac de Walchen des bouleaux plus élancés et plus sveltes que dans la plaine.

Les Alpes calcaires, que j'ai traversées jusqu'ici, ont une couleur grise et des formes belles, bizarres, irrégulières, quoique la roche se partage en couches et en bancs. Mais, comme il se rencontre aussi des couches tourmentées, et qu'en général la roche s'effleurit d'une manière inégale, les parois et les cimes ont un aspect étrange.

Voici les observations que j'ai pu faire sur l'aspect de la population. Elle est en général vive et franche; les formes varient peu : chez les femmes, des yeux bruns, bien ouverts, et des sourcils très-bien dessinés ; chez les hommes, au contraire, de larges sourcils blonds. Leurs chapeaux verts, au milieu de ces rochers gris, produisent un effet agréable. Ils les portent ornés de rubans ou de larges bandes de taffetas à franges, très-joliment fixées avec des épingles. Chacun porte d'ailleurs une fleur ou une plume à son chapeau. En revanche, les femmes se défigurent avec de larges bonnets de coton blanc, velus, comme seraient d'informes bonnets de nuit pour hommes. Cela leur donne un air des plus étranges, tandis que, hors du pays, elles portent les chapeaux verts des hommes, qui leur vont très-bien. J'ai eu l'occasion d'observer quelle valeur les gens du commun attachent aux plumes de paon, et combien ils estiment toute plume bigarrée. Qui voudrait parcourir ces montagnes devrait s'en pourvoir. Une de ces plumes, donnée à propos, tiendrait lieu du pourboire le plus agréable.

Pendant que je suis occupé à séparer, à réunir, à coudre et à mettre en ordre ces feuilles, pour qu'elles puissent bientôt donner à mes amis quelque idée de mes premières aventures et pour chasser en même temps de mon esprit ce que j'ai éprouvé et pensé jusqu'à ce moment, j'observe avec un certain effroi plusieurs paquets, sur lesquels il faut que je fasse franchement ma confession. Ne sont-ils pas mes compagnons de voyage? N'auront-ils pas une grande influence sur les jours où je vais entrer? J'avais apporté à Carlsbad tous mes écrits, pour mettre en ordre et terminer l'édition que Goeschen prépare. Je devais depuis longtemps à la main habile du secrétaire Vogel de belles copies de mes œuvres inédites. Cet homme laborieux m'avait accompagné cette fois encore pour mettre ses talents à mon service. Par là je m'étais vu en état, grâce à la fidèle coopération de Herder, d'expédier à l'éditeur les quatre premiers volumes, et j'étais sur le point d'en faire autant des quatre derniers. Ils se composaient en partie d'ébauches, et même de fragments, car ma mauvaise habitude de commencer beaucoup de choses et de les abandonner quand je cessais d'y prendre le même intérêt, avait augmenté insensiblement avec les années, les occupations et les distractions. Et comme j'avais pris avec moi ce bagage, je me rendis volontiers aux désirs de la spituelle société de Carlsbad; je lui lus tout ce qui était resté inconnu jusqu'alors, et chaque fois c'étaient des plaintes amères de ce que des choses auxquelles on aurait volontiers pris plaisir plus longtemps n'étaient pas achevées.

La fête de mon jour de naissance fut surtout marquée par l'envoi qu'on me fit de plusieurs poésies au nom de mes ouvrages entrepris, mais négligés; chacun se plaignait à sa manière de ma conduite. Dans le nombre se distinguait une poésie au nom des oiseaux; une députation de ces gentilles créatures, envoyée à leur ami fidèle, le suppliait de fonder et d'établir enfin l'empire qui leur était promis. On ne s'exprimait pas avec moins de finesse et de grâce sur mes autres fragments, en sorte qu'ils reprirent tout à coup pour moi une nouvelle vie, et que je me fis un plaisir d'exposer à mes amis mes projets et mes plans. Cela provoqua des demandes et des vœux pressants; Herder m'eut bientôt persuadé d'emporter ces papiers et surtout de donner encore quelque attention à *Iphigénie*. Dans son état actuel, la pièce est plutôt une ébauche qu'un ouvrage terminé. Elle est écrite en prose poétique, qui se perd quelquefois dans un rhythme ïambique, et se rapproche aussi d'autres mesures. Cela nuit assurément beaucoup à l'effet, si on ne lit pas l'ouvrage très-bien, et si l'on ne sait pas dissimuler les défauts par certains artifices. Herder me recommanda vivement la chose, et, comme je lui avais caché, ainsi qu'aux autres, mon grand projet de voyage, il croyait qu'il ne s'agissait encore que d'une course de montagnes, et, se raillant toujours de la minéralogie et de la géologie, il me conseilla de ne plus marteler de lourdes pierres et d'appliquer mes outils à ce travail. J'ai obéi à ces instances amicales; mais jusqu'ici il m'a été impossible de fixer mon attention sur ces objets. Maintenant je tire du paquet *Iphigénie*, et je la prends pour compagne de voyage dans la belle et chaude contrée. Le jour est long, la méditation tranquille, et les magnifiques tableaux qui m'environnent n'étouffent nullement le sentiment poétique; avec le mouvement et le grand air, ils lui donnent au contraire une vivacité nouvelle.

DU BRENNER A VÉRONE.

Trente, 11 septembre 1786, le matin.

Après cinquante heures de vie et d'occupation continuelles, je suis arrivé ici hier au soir à huit heures; je me suis couché bientôt après, et maintenant je me retrouve en état de poursuivre mon récit. A neuf heures du soir, lorsque j'eus achevé le premier article de mon journal, je voulus encore dessiner l'auberge, la maison de poste du Brenner; mais je ne réussis pas à en saisir le caractère, et je rentrai un peu chagrin au logis. Le maître de poste me demanda si je ne voulais point partir, puisqu'il faisait clair de lune et que la route était belle. Je savais bien qu'il avait besoin de ses chevaux le lendemain matin pour rentrer le regain; qu'il serait charmé de les voir de retour pour ce moment, et qu'ainsi son conseil était intéressé : cependant je le suivis, parce qu'il était d'accord avec mon inclination. Le soleil se remontra, l'air était assez doux; je fis mon paquet, et je partis vers sept heures. L'atmosphère s'était dégagée de nuages et la soirée était des plus belles.

Le postillon s'endormit, et les chevaux descendirent au grand trot la route connue : arrivaient-ils en plaine, ils allaient plus lentement, le postillon s'éveillait et les pressait de nouveau. Et c'est ainsi que j'arrivai très-vite, à travers de hauts rochers, au bord de l'impétueux Adige[1]. La lune se leva pour éclairer

---

1. Non pas l'Adige, mais l'Eisach.

des objets étranges. Quelques moulins, entourés de pins antiques, sur le fleuve écumant, étaient de véritables Everdingen. Quand j'arrivai à Sterzing, sur les neuf heures, on me fit aussi entendre qu'on serait charmé de me voir poursuivre ma route sur-le-champ. A Mittenwald, au coup de minuit, je trouvai tout dans un profond sommeil, excepté le postillon, et il en fut ainsi jusqu'à Brixen, où l'on m'expédia de même, en sorte que j'arrivai avec le jour à Collmann. Les postillons couraient à m'ôter la vue et l'ouïe, et je regrettais de traverser comme au vol et de nuit, avec une effroyable vitesse, ces magnifiques contrées ; toutefois j'étais charmé au fond du cœur d'être poussé par un bon vent vers le terme de mes vœux. Au point du jour, je vis les premiers coteaux plantés de vignes. Une femme vint m'offrir des poires et des pêches. Puis nous courûmes sur Deutschen, où j'arrivai à sept heures, pour être aussitôt envoyé plus loin. Alors enfin, le soleil étant déjà haut, après avoir couru encore quelque temps vers le nord, je pus contempler la vallée où Botzen est situé. Entourée de montagnes escarpées, cultivées jusqu'à une certaine hauteur, elle est ouverte au sud et fermée au nord par les montagnes du Tyrol. Un air doux et tiède remplissait la contrée. Ici l'Adige tourne de nouveau vers le sud. Au pied des monts, les collines sont plantées de vignes. Les souches s'étendent sur de longues perches basses ; les raisins bleus y sont gracieusement suspendus et mûrissent à la chaleur du sol voisin. Jusque dans la plaine de la vallée, où l'on ne voit d'ailleurs que des prairies, la vigne est ainsi plantée en files serrées les unes contre les autres, et, entre deux, le blé de Turquie, qui pousse des tiges toujours plus hautes. Je l'ai vu souvent atteindre jusqu'à dix pieds. La fleur mâle, filandreuse, n'est pas coupée encore, comme on le fait quelque temps après la fécondation.

J'arrivai à Botzen par un beau soleil. J'eus du plaisir à voir toutes ces figures de marchands. Elles exprimaient vivement la joie et l'activité. Sur la place étaient établies des fruitières, avec des corbeilles plates et rondes, qui avaient plus de quatre pieds de diamètre, et où les pêches étaient posées les unes à côté des autres, de manière à n'être pas pressées. Et ainsi des poires.

Alors je me rappelai ce que j'avais vu écrit à Ratisbonne, contre la fenêtre de l'auberge :

> Comme les pêches et les melons
> Sont pour la bouche d'un baron,
> Ainsi les verges et les bâtons
> Sont pour les fous, dit Salomon [1].

Il est évident que cela fut écrit par un baron du Nord, et il est aussi naturel de croire que ses idées changeraient dans ce pays.

A la foire de Botzen, il se fait un grand commerce de soie; on y apporte aussi des tissus et tous les cuirs fabriqués dans les montagnes. Mais beaucoup de marchands viennent surtout pour encaisser des fonds, pour recevoir des commandes et faire de nouveaux crédits. J'avais grande envie de passer en revue tous ces produits qui se trouvaient là rassemblés; mais la presse, l'inquiétude, qui me talonnent, ne me laissent pas de relâche, et je me hâte de repartir. D'ailleurs, ce qui me rassure, c'est que, dans notre âge statistique, tout cela est sans doute déjà imprimé, et qu'on peut s'en instruire à son aise dans les livres. Je ne cherche maintenant que des impressions sensibles, qu'aucun livre, aucun dessin, ne procure. Il s'agit de reprendre intérêt au monde extérieur, d'essayer et d'éprouver mon esprit d'observation; de constater jusqu'où s'étendent mon savoir et mes connaissances, si mon œil est clairvoyant, pur et vif, le nombre d'objets que je puis saisir à la volée, et si les plis qui se sont formés et imprimés dans mon esprit se peuvent encore effacer. A présent, que je me sers moi-même, que je dois être toujours attentif, toujours alerte, ce peu de jours m'ont déjà donné une tout autre élasticité d'esprit; il faut que je m'informe du cours de l'argent, il me faut changer, compter, noter, écrire, tandis qu'auparavant je me bornais à penser, à vouloir, à réfléchir, à commander et à dicter.

Il y a neuf milles de Botzen à Trente, dans une vallée de plus en plus fertile. Tout ce qui essaye de végéter sur les hautes montagnes a déjà ici plus de force et de vie. Le soleil est brûlant, et l'on recommence à croire en Dieu. Une pauvre femme

---

[1]. Ces rimes sont en français dans l'original.

m'a appelé pour me prier de prendre son enfant dans ma voiture, « parce que la chaleur du sol lui brûle les pieds. » J'ai accompli cet acte d'humanité en l'honneur de la puissante lumière du ciel. L'enfant était vêtu et paré d'une étrange façon, mais je n'ai pu en tirer un seul mot en aucune langue.

Le cours de l'Adige devient plus doux, et forme en beaucoup d'endroits de larges bancs de gravier. A terre, près du fleuve, et sur la pente des collines, tout est planté si serré, si entremêlé, qu'il semble qu'une chose doive étouffer l'autre; treilles de vignes, maïs, mûriers, pommes, poires, coings et noix; l'hièble s'élance vivement sur les murs; le lierre s'élève en fortes tiges contre les rochers, et les couvre sur une grande étendue; le lézard se glisse dans les intervalles; tout ce qui passe de çà et de là rappelle les plus charmants tableaux; les tresses des femmes, les poitrines nues et les légères jaquettes des hommes, les bœufs magnifiques qu'ils ramènent du marché, les ânes chargés, tout représente un Henri Roos animé et vivant. Et quand vient le soir, que, par une douce brise, quelques nuages reposent sur les montagnes, s'arrêtent dans le ciel plutôt qu'ils ne passent, et qu'aussitôt après le coucher du soleil, le froufrou des sauterelles commence à devenir bruyant, on se sent chez soi dans le monde et non comme étranger ou exilé. Je me plais ici comme si j'y étais né, que j'y eusse été élevé et que je revinsse d'une expédition au Groenland ou de la pêche de la baleine. Je salue jusqu'à la poussière natale, qui tourbillonne quelquefois autour de la voiture, et qui m'avait été si longtemps étrangère. Le carillon des sauterelles me charme; il est pénétrant et n'est point désagréable. C'est amusant d'entendre de joyeux bambins rivaliser par leurs sifflements avec une armée de ces chanteuses. On se figure une joute réelle. La soirée même est douce comme le jour.

Si quelque personne qui habiterait le Midi ou qui reviendrait du Midi, apprenait mon ravissement, elle me trouverait bien enfant. Ah! ce que j'exprime ici, je l'ai connu longtemps, aussi longtemps que j'ai souffert sous un ciel inclément. Et maintenant j'aime à sentir, comme exception, cette joie, que l'on devrait goûter sans cesse, comme une éternelle nécessité de la nature.

Trente, 10 septembre 1786, le soir.

J'ai parcouru la ville ; elle est fort vieille, mais, dans quelques rues, elle a des maisons neuves, bien bâties. On voit dans l'église un tableau représentant le concile assemblé qui entend un sermon du général des jésuites. Je voudrais bien savoir ce qu'il leur a donné à garder. L'église de ces pères se signale d'abord par les pilastres en marbre rouge de sa façade ; un pesant rideau couvre la porte pour arrêter la poussière. Je l'ai levé et je suis entré dans un petit porche : l'église elle-même est fermée par une grille en fer, mais de telle sorte qu'on peut la voir tout entière. Tout était mort et silencieux, car on n'y célèbre plus le service divin. Si la première porte était ouverte, c'est que, le soir, toutes les églises doivent l'être.

Comme j'étais là à méditer sur l'architecture, que je trouvais semblable aux autres églises de l'ordre, entra un vieillard, qui ôta aussitôt sa cape noire. Son vieil habit noir grisonnant annonçait un pauvre ecclésiastique. Il s'agenouille devant la grille, et, après une courte prière, il se relève. En se retournant, il se dit à demi-voix : « Fort bien, ils ont chassé les jésuites : ils auraient dû leur payer aussi ce que l'église leur a coûté. Je le sais moi, ce qu'elle leur a coûté et le séminaire. Que de milliers d'écus ! » Cependant il était sorti, et derrière lui était tombé le rideau, que je soulevai un peu, puis je demeurai immobile. L'homme s'était arrêté au-dessus des degrés et il dit : « Ce n'est pas l'empereur qui a fait cela : c'est le pape. » Le visage tourné vers la rue, et sans prendre garde à moi, il poursuivit : « D'abord les Espagnols, puis nous, puis les Français. Le sang d'Abel crie contre son frère Caïn ! » Après cela, il descendit l'escalier, en continuant de se parler à lui-même. C'est probablement un homme que les jésuites soutenaient, à qui la chute prodigieuse de l'ordre a fait perdre la raison, et qui vient tous les jours chercher dans l'église vide ses anciens habitants, et, après une courte prière, maudire leurs ennemis.

Un jeune homme, que j'interrogeai sur les curiosités de la ville, me montra une maison, qu'on appelle la *maison du diable*, et que le malin esprit, d'ailleurs si prompt à détruire, doit avoir bâtie en une nuit, de pierres diligemment apportées. Mais le bon garçon ne remarquait pas ce qui était proprement digne de remarque, c'est que cette maison était la seule de Trente qui fût de bon goût ; construite sans doute dans le vieux temps par un bon maître italien. Je suis parti à cinq heures du soir. Même spectacle que la veille, et les sauterelles, qui recommencent à grésillonner dès le coucher du soleil. On roule environ un mille entre des murs sur lesquels des treilles se font voir. D'autres murs, qui ne sont pas assez hauts, ont été relevés, comme on a pu, avec des pierres, des épines et d'autres choses, pour rendre aux passants le vol des raisins plus difficile. Beaucoup de propriétaires aspergent de chaux les premiers ceps, ce qui rend les raisins immangeables, sans nuire au vin, parce que la fermentation rejette tout dehors.

Roveredo, 11 septembre 1786, au soir.

Me voici à Roveredo, où le langage prend une forme décidée : plus haut, il flotte encore entre l'allemand et l'italien. Ici, pour la première fois, j'ai eu un postillon pur Italien ; l'hôte ne parle pas l'allemand, et je dois essayer mes talents de linguiste. Quel plaisir de trouver vivante, de trouver usuelle, la langue que j'aime !

Torbole, 12 septembre 1786, après dîner.

Que je voudrais voir un moment mes amis à mes côtés, pour jouir de la vue qui se déploie devant moi ! J'aurais pu être ce soir à Vérone, mais il se trouvait auprès de moi une œuvre admirable de la nature, un merveilleux spectacle, le lac de Garde. Je n'ai pas voulu négliger de le voir, et je suis magnifiquement récompensé de ce détour. Je suis parti de Roveredo après cinq heures, et j'ai remonté une vallée latérale, qui verse encore ses eaux dans l'Adige. Quand on arrive au haut, il se présente dans le fond un immense banc de rochers, qu'il faut franchir encore pour descendre au lac. Là se montraient les plus belles études de rochers calcaires. Arrivé en bas, on trouve un petit endroit, à l'extrémité septentrionale du lac, avec un petit port ou plutôt un abord. On l'appelle Torbole. Les figuiers m'avaient accompagné en chemin, et, quand je descendis dans l'amphithéâtre de rochers, je trouvai les premiers oliviers, couverts d'olives. C'est là aussi que je vis pour la première fois, comme fruit commun, les petites figues blanches que la comtesse Lanthieri m'avait promises.

De la chambre où je suis assis, une porte s'ouvre sur la cour: j'ai avancé ma petite table, et dessiné en quelques traits la perspective. On voit le lac, peu s'en faut, dans toute sa longueur; l'extrémité se dérobe seule au regard vers la gauche. Le rivage, encadré des deux côtés de collines et de montagnes, brille d'innombrables petits villages. Après minuit, le vent souffle du nord au sud. Qui veut descendre le lac doit s'embarquer à cette heure, car la brise tourne quelques heures avant le lever du soleil, et passe au sud. Maintenant, après midi, elle souffle avec force contre moi, et tempère délicieusement l'ardeur du soleil. En même temps Volkmann m'apprend que ce lac s'appelait autrefois Benacus, et il cite un vers de Virgile qui en fait mention :

Fluctibus et fremitu resonans, Benace, marino.

C'est le premier vers latin dont l'objet est vivant devant moi, et qui, dans ce moment, où le vent souffle toujours plus fort, et où le lac pousse contre l'abord des vagues toujours plus hautes, est aussi vrai qu'il l'était il y a dix-huit siècles. Bien des choses ont changé, mais le vent gronde toujours sur le lac, dont l'aspect est encore ennobli par un vers de Virgile.

Écrit sous le quarante-cinquième degré et cinquante minutes........

Je suis allé me promener pendant la fraîcheur du soir, et c'est à présent que je me trouve réellement dans un pays nouveau, dans une contrée tout à fait étrangère. Les hommes mènent une vie d'indolence et de fainéantise. D'abord les portes n'ont point de serrures; mais mon hôte m'a assuré que je pouvais être tout à fait tranquille, quand tout ce que j'avais d'effets seraient des diamants; deuxièmement, les fenêtres sont munies de papier huilé en guise de vitres ; troisièmement, une dépendance des plus nécessaires fait défaut, en sorte qu'on se trouve assez voisin de l'état de nature. A une certaine question, que j'adressai à un valet, il me désigne la cour. *Qui abbasso può servirsi.* Je lui demandai *Dove? — Da per tutto, dove vuol*, répondit-il gracieusement. On remarque en tout la plus grande insouciance, mais assez de vie et d'activité. Les voisines bavardent, crient tout le jour, et, en même temps, elles ont toutes quelque chose à faire. Je n'ai vu encore aucune femme oisive.

L'hôte m'annonça, avec une emphase italienne, qu'il se trouvait heureux de pouvoir me servir la truite la plus exquise. On les prend près de Torbole, à l'endroit où le ruisseau descend de la montagne, et où les poissons cherchent à remonter. On paye dix mille florins cette ferme à l'empereur. Ce ne sont pas de véritables truites; elles sont grandes, pèsent quelquefois jusqu'à cinquante livres, et sont tachetées sur tout le corps jusqu'à la tête; le goût en est délicieux, et tient de la truite et du saumon. Mais mon véritable régal, ce sont les fruits, les figues et aussi les poires, qui doivent, cela s'entend, être exquises dans un lieu où les citrons mûrissent.

Malsesine, 13 septembre 1786, le soir.

Je suis parti ce matin à trois heures de Torbole avec deux rameurs. Le vent a été d'abord favorable, et nous avons pu déployer la voile. La matinée était magnifique, nuageuse, il est vrai, mais calme au point du jour. Nous avons passé devant Limona, dont les jardins montueux, disposés en terrasses et plantés de citronniers, ont un air d'ordre et de richesse. Tout le jardin est garni de piliers blancs et carrés, rangés en files, placés à une certaine distance les uns des autres, et qui s'élèvent par degrés contre la montagne. Sur ces piliers sont posées de fortes perches, afin de couvrir pendant l'hiver les arbres plantés dans les intervalles. Comme nous avancions lentement, je pus observer et contempler à mon aise ces objets agréables. Nous avions dépassé Malsesine, quand le vent changea complétement de direction, prit son cours ordinaire pendant le jour et souffla vers le nord. Les rames étaient de peu de secours contre cette force supérieure, et nous dûmes aborder dans le port de Malsesine. C'est la première place vénitienne sur la rive orientale du lac. Quand on a affaire avec l'eau, on ne peut pas dire : « Aujourd'hui, je serai là. » J'emploierai cette halte de mon mieux, et surtout à dessiner le château, qui est au bord du lac et qui offre un bel aspect. J'en ai déjà pris l'esquisse en passant devant.

Vérone, 14 septembre 1786.

Le vent contraire, qui me poussa hier dans le port de Malsesine, me préparait une dangereuse aventure, que j'ai affrontée gaîment et dont le souvenir me semble drôle. Comme je me l'étais proposé, je me rendis le matin, de bonne heure, au vieux château, qui, n'ayant ni porte ni garde, est ouvert à tout le monde. Je me plaçai dans la cour, vis-à-vis de la vieille tour, bâtie sur le rocher et dans le rocher. J'avais trouvé là une petite place très-commode pour dessiner, à côté d'une porte fermée, élevée de trois ou quatre marches, un petit siége de pierre orné dans le pied-droit de la porte, comme on en voit encore chez nous dans de vieux édifices. Je fus à peine établi, que diverses personnes entrèrent dans la cour. Elles m'observent, elles vont et viennent; la foule augmente, puis elle demeure et finit par m'entourer. Je voyais bien que mon travail avait éveillé leur attention, mais je ne me laissai pas troubler, et je continuai tranquillement. Enfin un homme d'assez mauvaise mine s'avance vers moi et me demande ce que je fais là. Je lui réponds que je dessine la vieille tour, pour conserver un souvenir de Malsesine. Là-dessus, il me dit que cela n'est pas permis et que je dois cesser. Comme il me disait cela dans la langue populaire de Venise, que j'entendais à peine, je lui répondis que je ne le comprenais pas. Sur quoi, avec un véritable flegme italien, il prit ma feuille et la déchira, en la laissant toutefois sur le carton. Je pus remarquer aussitôt parmi les assistants un murmure de mécontentement; une vieille femme dit que ce n'était pas bien, qu'il fallait appeler le podestat, qui savait juger ces sortes de choses. J'étais debout sur mes degrés, le dos appuyé contre la porte, et je dominais la foule, qui augmentait sans cesse. Ces regards curieux et fixes, l'air de bonhomie de la plupart des figures, et tout ce qui peut caractériser une multitude étrangère, me faisaient l'impression la plus gaie. Je croyais voir devant moi le chœur des oiseaux [1] que j'avais souvent mystifié familièrement sur le théâtre d'Ettersbourg.

---

1. Allusion à une petite pièce que Goethe avait donnée pour l'amusement de Weimar.

Cela me mit de l'humeur la plus joviale ; aussi quand le podestat survint avec son greffier, je le saluai cordialement, et, lorsqu'il m'eut demandé pourquoi je dessinais leur forteresse, je lui répondis d'un ton modeste que je ne pouvais prendre ces murailles pour une forteresse. Je lui fis observer, ainsi qu'au peuple, la décadence des tours et des murs, l'absence de portes, le manque de tout moyen de défense, et je lui assurai que je n'avais cru voir et dessiner là qu'une ruine.

On me répliqua : « Si ce n'était qu'une ruine, que pouvait-elle offrir de remarquable? » Comme je désirais gagner du temps et de la faveur, je répondis avec beaucoup de détail qu'ils devaient savoir combien de voyageurs se rendaient en Italie uniquement pour les ruines; Rome, la capitale du monde, ravagée par les barbares, était remplie de ruines qu'on avait dessinées cent et cent fois ; tous les monuments de l'antiquité n'étaient pas aussi bien conservés que l'amphithéâtre de Vérone, que j'espérais aussi voir bientôt.

Le podestat, qui était debout devant moi, mais plus bas, était un homme d'une taille allongée sans être fort maigre. Il pouvait avoir trente ans. Les traits émoussés de son visage sans expression répondaient tout à fait à la manière lente et confuse avec laquelle il m'interrogeait. Le greffier, moins grand et plus habile, parut néanmoins, au premier moment, aussi embarrassé d'un cas si nouveau et si étrange. Je dis encore bien des choses dans le même sens. On paraissait m'écouter avec plaisir, et, m'étant tourné vers quelques visages de femmes bienveillants, je crus y découvrir l'assentiment et l'approbation. Mais, quand je mentionnai l'amphithéâtre de Vérone, connu sous le nom d'*Arène* dans le pays, le greffier, qui avait eu le temps de se recueillir, dit que c'était fort bien, parce que c'était un édifice romain, célèbre dans tout le monde, mais que ces tours n'avaient rien de remarquable, si ce n'est qu'elles indiquaient la limite entre le territoire de Venise et l'empire d'Autriche. Je répondis avec détail qu'après les antiquités grecques et romaines, celles du moyen âge méritaient aussi l'attention. Je ne pouvais faire un reproche aux habitants de Malsesine, accoutumés dès l'enfance à cet édifice, de ne savoir pas y découvrir autant que moi de beautés pittoresques.

Le soleil levant vint très à propos éclairer de la plus belle lumière la tour, les rochers et les murailles, et je me mis à leur décrire ce tableau avec enthousiasme. Mais, comme mon public avait à dos ces objets vantés, et qu'il ne voulait pas s'éloigner de moi, toutes les têtes se tournèrent soudain, comme font ces oiseaux qu'on nomme torcols, afin de contempler de leurs yeux ce que l'on vantait à leurs oreilles; le podestat lui-même se tourna, quoique avec plus de dignité, vers l'objet décrit. Cette scène nous parut tellement risible, que ma bonne humeur s'en accrut, et que je ne leur fis grâce de rien, et surtout du lierre qui, depuis des siècles, avait eu le temps de couvrir le rocher et les murs de la plus riche décoration.

Le greffier répliqua que cela était bel et bon, mais que l'empereur Joseph était un prince remuant, qui avait sans doute encore quelques mauvais desseins contre la république de Venise, et que je pourrais bien être son sujet, un émissaire chargé d'observer les frontières. « Bien loin d'appartenir à l'empereur, m'écriai-je, je puis me vanter aussi bien que vous d'être citoyen d'une république, qui, sans pouvoir être comparée, pour la puissance et la grandeur, à l'illustre État de Venise, se gouverne pourtant elle-même, et ne le cède en Allemagne à aucune ville pour l'activité commerciale, pour la richesse et pour la sagesse de ses magistrats. Je suis en effet de Francfort-sur-le-Mein, et sans doute le nom et la renommée de cette ville sont parvenus jusqu'à vous. — De Francfort-sur-le-Mein! s'écria une jeune et jolie femme. Monsieur le podestat, vous pourrez savoir d'abord quel est cet étranger, que je tiens, quant à moi, pour un honnête homme. Faites appeler Gregorio, qui a été longtemps en service dans cette ville : il décidera la question mieux que personne. »

Déjà les visages bienveillants m'entouraient en plus grand nombre; mon premier adversaire avait disparu, et, lorsque Gregorio arriva, l'affaire tourna entièrement à mon avantage. Gregorio pouvait avoir cinquante ans; c'était une bonne figure italienne. Il parla et se comporta en homme pour qui l'étranger n'est pas étrange; il me conta d'abord qu'il avait été domestique chez M. Bolongaro, et qu'il serait charmé d'avoir par moi des nouvelles de cette famille et de la ville, dont il avait conservé un agréable souvenir. Heureusement son séjour à Francfort répondait à mes années d'enfance, et j'eus le double avantage de pouvoir lui dire ce qu'était la ville de son temps et ce qu'elle était devenue depuis. Je lui parlai de toutes les familles italiennes, dont aucune ne m'avait été étrangère. Il fut très-heureux d'apprendre certains détails, par exemple, que M. Alessina avait célébré ses noces d'or en 1774, et qu'on avait frappé, à cette occasion, une médaille que je possède encore. Il se rappela fort bien que la femme de ce riche négociant était née Brentano. Je pus lui parler aussi des fils et des petits-fils de ces familles, comme ils avaient grandi, s'étaient établis, mariés et multipliés.

Lorsque je l'eus ponctuellement satisfait sur presque tous les détails qu'il m'avait demandés, je vis sa figure prendre tour à tour une expression grave et sereine. Il était joyeux, mais ému. Le peuple se rassura de plus en plus; il ne pouvait se rassasier de notre dialogue, dont il fallait du reste lui traduire une partie en son dialecte. Gregorio dit enfin : « Monsieur le podestat, je suis convaincu que Monsieur est un brave homme, ami des arts, bien élevé, qui voyage pour s'instruire. Laissons-le nous quitter en ami, afin qu'il dise du bien de nous à ses compatriotes, et qu'il les engage à visiter Malsesine, dont la belle situation est bien digne d'être admirée par les étrangers. » Je fortifiai ces paroles amicales en faisant l'éloge de la contrée, de la situation et des habitants, sans oublier les magistrats, dont je vantai la prudence et la sagesse.

Tout cela fut jugé satisfaisant, et j'eus la permission de visiter à mon gré avec maître Gregorio la ville et les environs. L'hôte chez qui j'avais logé se joignit à nous, et se réjouissait déjà, à la pensée des étrangers qui afflueraient chez lui, quand les avantages de Malsesine auraient été mis dans un beau jour. Il observait avec une vive curiosité mon habillement, mais il m'enviait surtout les petits pistolets qu'on pouvait si commodément cacher dans sa poche. Il estimait heureux ceux qui osaient porter de si belles armes, ce qui était défendu chez eux sous les peines les plus sévères. J'interrompais quelquefois ces amicales importunités pour exprimer ma reconnaissance à mon libérateur. « Ne me remerciez-pas, répondit le brave homme, vous ne m'avez aucune obligation. Si le podestat savait son métier, et si le greffier n'était pas l'homme du monde le plus intéressé, vous n'en seriez pas sorti comme cela. Mais le premier était plus embarrassé que vous, et l'autre n'aurait pas reçu même un denier pour votre arrestation, pour ses écritures et pour votre transport à Vérone. C'est la réflexion qu'il a faite du premier coup, et vous étiez déjà délivré avant que nous eussions fini notre conversation. »

Vers le soir, le bon homme me conduisit dans sa vigne, qui était fort bien située sur le penchant du rivage. Son fils, âgé de quinze ans, nous accompagnait, et le père le faisait grimper sur les arbres pour me cueillir les meilleurs fruits, tandis que Gregorio lui-même choisissait les raisins les plus mûrs. Entre ces deux hommes bienveillants, étrangers au monde, complétement isolé dans la retraite profonde de ce coin de la terre, je sentais pourtant de la manière la plus vive, en réfléchissant aux aventures de ce jour, que l'homme est une créature bien étrange : les choses dont il pourrait jouir à son aise et sans risque en bonne compagnie, il se les rend incommodes et dangereuses, uniquement par la fantaisie de s'approprier d'une façon particulière l'univers et ce qu'il renferme. Vers minuit, mon hôte m'accompagna à la barque, portant la petite corbeille de fruits dont Gregorio m'avait fait présent, et je quittai avec un bon vent le rivage qui avait failli devenir pour moi un pays de Lestrygons.

Parlons maintenant de ma navigation. Elle fut heureuse, et je mis pied à terre, enchanté de la magnificence de ce miroir liquide et du rivage lombard. Au couchant, où la montagne cesse d'être escarpée, et où les campagnes s'abaissent plus doucement vers le lac, on voit à la file, sur une longueur d'une lieue et demie environ, Garignano, Boiaco, Cecina, Toscolan, Maderno, Verdom, Salo, la plupart étalés eux-mêmes le long de la rive. Il n'y a point de termes pour exprimer la grâce de cette contrée riche et populeuse. J'abordai à Bartolino à dix heures du matin; je fis charger mon bagage sur un mulet, et je montai sur un autre. La route franchit une croupe qui sépare de la vallée du lac celle de l'Adige. Les eaux primitives semblent avoir lutté des deux parts l'une contre l'autre en courants énormes, et avoir élevé cette colossale digue de cailloux. A une époque plus tranquille, de la terre fertile fut déposée par-dessus, mais l'agriculteur ne cesse pas d'être tourmenté par les galets, qui reviennent toujours. On cherche à s'en débarrasser autant que possible ; on les entasse par couches et l'on forme ainsi le long du chemin comme des murs très-épais. Les mûriers ne prospèrent pas sur ces hauteurs, faute d'humidité. Des sources, il ne faut pas y penser. De temps en temps on rencontre des flaques, où l'on a recueilli l'eau de pluie, et où les mulets et même leurs guides se désaltèrent. En bas, le long du fleuve, on a établi des roues à puiser, pour arroser à volonté les plantations inférieures.

La magnificence du pays qu'on voit en descendant est inexprimable. C'est un jardin long et large de plusieurs milles, formant une plaine tout unie, parfaitement cultivée, au pied de hautes montagnes et de rochers escarpés. C'est ainsi que j'arrivai le 14 septembre, vers une heure, à Vérone, où je commence par écrire ces lignes, et je termine le second cahier de mon journal, en me promettant pour ce soir le plaisir de visiter l'amphithéâtre.

Voici les nouvelles de la température de ces derniers jours. La nuit du neuf au dix fut tour à tour sereine et couverte ; la lune resta toujours entourée d'un cercle de vapeurs. Le matin, vers cinq heures, tout le ciel se couvrit de légers nuages gris, qui disparurent avec le progrès du jour. Plus je descendais, plus le temps était beau. Enfin, à Botzen, quand j'eus laissé au nord la grande chaîne de montagnes, l'air prit un caractère tout nouveau : on voyait dans les divers enfoncements de la contrée, qui se distinguaient agréablement les uns des autres par un bleu plus ou moins foncé, que l'atmosphère était remplie de vapeurs, également distribuées, qu'elle suffisait à porter, et qui, par conséquent, ne tombaient pas en rosée ou en pluie, et ne se rassemblaient pas non plus en nuages. Quand j'arrivai plus bas, je pus observer clairement que toutes les vapeurs qui montent de la vallée de Botzen, toutes les traînées de nuages qui s'élèvent des montagnes du sud, s'acheminaient au nord, vers les contrées supérieures, ne les couvraient pas, mais les enveloppaient dans une sorte de brouillard sec. Dans le dernier lointain, par-dessus les montagnes, je pus remarquer un bout d'arc-en-ciel. De Botzen, en tirant vers le sud, on a eu tout l'été un temps superbe, seulement, de temps à autre, un peu d'eau (ils disent *acqua*, pour exprimer la pluie douce), et puis, de nouveau, le soleil. Hier encore, il est tombé par moments quelques gouttes de pluie, et le soleil reparaissait toujours après. Il y a longtemps qu'ils n'ont eu une si bonne année ; tout réussit · ils nous ont envoyé le mauvais.

Je ne dirai qu'un mot des montagnes et des sortes de pierres, car le voyage en Italie de Ferber et celui de Hacquet à travers les Alpes nous ont assez fait connaître cette route. A un quart de lieue du Brenner, est une carrière de marbre, près de laquelle j'ai passé dans le crépuscule. Elle doit, comme celle qui se trouve de l'autre côté, reposer sur le schiste micacé. J'ai trouvé celle-ci près de Collmann, à la naissance du jour. Plus loin et plus bas, se montrèrent les porphyres ; les roches étaient si magnifiques, et les amas si convenablement brisés au bord de la chaussée, qu'on aurait pu d'abord en faire et en empaqueter de petits cabinets à la manière de Voigt. Je puis aussi, sans fatigue, emporter un morceau de chaque espèce, si je sais accoutumer mes yeux et mes désirs à une petite mesure. Je trouvai bientôt au-dessous de Collmann un porphyre qui se sépare en plaques régulières, et entre Brandzoll et Neumarkt un porphyre pareil, mais dont les plaques se divisent à leur tour en colonnes. Ferber les tenait pour des produits volcaniques ; mais il y a de cela quatorze ans, alors que les têtes ne voyaient qu'embrasement dans l'univers entier. Hacquet s'égaye déjà sur cette folie.

J'ai peu d'observations à faire sur la population, et peu d'observations favorables. Aussitôt que je vis le jour, à ma descente du Brenner, je remarquai dans les figures un changement décidé ; je fus particulièrement choqué du teint pâle et brun des femmes. Leurs traits annonçaient la misère, les enfants étaient aussi misérables à voir, les hommes étaient un peu mieux. Je crois trouver la cause de cet état maladif dans l'usage fréquent du maïs et du blé noir. On les moud, on cuit la farine à l'eau, jusqu'à ce qu'elle soit réduite en une bouillie épaisse, et on la mange ainsi. Les Allemands de l'autre versant divisent de nouveau cette pâte, et la fricassent dans le beurre ; le Tyrolien italien la mange telle quelle ; quelquefois il y râpe du fromage ; de toute l'année, point de viande. Cela doit nécessairement obstruer les premières voies, surtout chez les enfants et les femmes, et leur teint cachectique est l'indice de ce dépérissement. Ils mangent aussi des fruits et des haricots verts bouillis à l'eau et assaisonnés d'ail et d'huile.

Je demandai s'il n'y avait pas aussi des paysans riches. « Oui, sans doute. — Ne se traitent-ils pas mieux ? Ne prennent-ils pas une meilleure nourriture ? — Non, ils sont accoutumés à celle-là. — Et que font-ils de leur argent ? Quelle dépense font-ils ? — Oh ! ils ont leurs seigneurs, qui le leur prennent. » Telle fut la somme de ma conversation avec la fille de mon hôte à Botzen. J'appris en outre d'elle que les vignerons, qui semblent le plus à leur aise, sont les plus malheureux, car ils sont dans les mains des marchands des villes, qui leur avancent de quoi s'entretenir dans les mauvaises années, et, dans les bonnes, prennent le vin à vil prix. Mais il en est partout de même.

Ce qui confirme mon opinion sur la nourriture, c'est que les femmes des villes se présentent de plus en plus avec avantage. De jeunes visages, jolis et potelés, le corps un peu trop petit pour sa force et pour la grandeur de la tête ; mais çà et là des figures bien avenantes. Nous connaissons les hommes par les Tyroliens voyageurs. Dans le pays, ils ont l'air moins vifs que les femmes, probablement parce qu'elles ont à faire plus de travaux corporels, à prendre plus de mouvement. Les hommes, en revanche, comme marchands et comme artisans, sont assis. Au bord du lac de Garde, j'ai trouvé la population très-brune, sans le moindre vermillon sur les joues, non pas malsaine pourtant, mais offrant, au contraire, toutes les apparences de la vigueur et du bien-être. C'est sans doute un effet des rayons ardents du soleil, auxquels ils sont exposés au pied de leurs rochers.

DE VÉRONE A VENISE.

Vérone, 16 septembre 1786.

L'amphithéâtre est donc le premier grand monument de l'antiquité que je devais voir, et si bien conservé! Lorsque j'y entrai, et, plus encore, lorsque j'en fis le tour par le bord supérieur, je trouvai étrange de voir quelque chose de grand et pourtant, à vrai dire, de ne rien voir. Aussi n'est-ce pas vide qu'il faut le voir, mais plein de monde, comme on prit soin qu'il le fût en l'honneur de Joseph Ier et de Pie VI. L'empereur, dont les yeux étaient pourtant accoutumés à voir des masses d'hommes, en fut, dit-on, étonné. Mais c'est seulement dans les temps anciens que ce spectacle produisait tout son effet, quand le peuple était peuple encore, plus qu'il ne l'est maintenant; car un pareil amphithéâtre est fait proprement pour que le peuple s'en impose à lui-même, pour que le peuple se moque de lui-même.

Quand il se passe en plaine une chose digne d'être vue, et que les gens affluent, les derniers cherchent par tous les moyens possibles à s'élever au-dessus des premiers; on monte sur des bancs, on roule des tonneaux, on approche en voiture, on pose des planches deçà et delà, on occupe un tertre voisin : ainsi se forme à la hâte un cratère. Si le spectacle se présente souvent à la même place, on bâtit de légers échafaudages pour ceux qui peuvent payer, et le reste de la multitude s'arrange comme il peut. Satisfaire à ce besoin général est ici la tâche de l'architecte. Il prépare le cratère avec art, mais aussi simple que possible, afin que le peuple en soit lui-même l'ornement. Quand il se voyait ainsi rassemblé, il devait s'étonner de lui-même : car, n'étant d'ailleurs accoutumé qu'à se voir courir pêle-mêle, à se trouver dans une cohue, sans ordre et sans discipline, l'animal aux mille têtes, aux mille pensées, errant et flottant çà et là, se voit formant un noble corps, une imposante unité, réuni en une masse compacte, comme une seule figure, animée d'un seul esprit. La simplicité de l'ovale est, de la manière la plus agréable, sensible à tous les yeux, et chaque tête sert à former la masse, si vaste que soit l'ensemble. A présent, lorsqu'on voit l'amphithéâtre vide, on n'a aucune mesure ; on ne sait pas s'il est grand ou s'il est petit.

Il faut savoir gré aux Véronais des soins qu'ils prennent pour conserver cet ouvrage. Il est construit d'un marbre rougeâtre, attaquable aux influences atmosphériques : aussi remplace-t-on au fur et à mesure les gradins rongés, et ils semblent presque tous entièrement neufs. Une inscription rappelle le souvenir d'un Hieronymus Maurigenus et des soins extraordinaires qu'il a pris de ce monument. Il n'existe qu'une partie du mur extérieur, et je doute qu'il ait jamais été achevé. Les voûtes inférieures, qui donnent sur la grande place, nommée *il Bra*, sont louées à des artisans, et l'on aime à voir ces cavités reprendre vie.

La plus belle porte de la ville, mais qui est toujours fermée, s'appelle *Porta Stupa* ou *del Pallio*. Comme porte, et à la grande distance à laquelle on peut déjà la voir, elle n'est pas bien conçue, car c'est seulement de près qu'on reconnaît le mérite de cette construction. J'ai dit qu'elle est fermée, et l'on en donne diverses raisons. Voici ce que j'imagine. L'intention de l'artiste était manifestement de procurer, au moyen de cette porte, un nouvel établissement pour le *Corso*, car elle ne répond nullement à la rue actuelle : le côté gauche n'a que des baraques, et l'axe de la porte répond à un couvent de nonnes qu'il aurait fallu abattre nécessairement. On le comprit bien, et, d'un autre côté, il est probable que les grands et les riches ne se soucièrent pas de bâtir dans ce quartier reculé. L'architecte mourut peut-être, et l'on ferma la porte, ce qui mit fin à la chose tout d'un coup.

Le portail du théâtre, formé de six grandes colonnes ioniques, est d'un effet assez imposant. On trouve d'autant plus mesquin, au-dessus de la porte, devant une niche peinte, qui est portée par deux colonnes corinthiennes, le buste, de grandeur naturelle, du marquis de Maffei, coiffé d'une grande perruque. La place est honorable ; mais, pour soutenir un peu la comparaison avec la grandeur et la beauté des colonnes, le buste aurait dû être colossal. Maintenant il paraît petit sur sa petite console et sans harmonie avec l'ensemble.

La galerie qui encadre le vestibule est aussi mesquine, et

ces nains doriques, cannelés, sont misérables à côté de ces géants ioniques tout unis. Mais nous serons indulgents, en considération du bel établissement que nous trouvons sous cette colonnade. On y a rassemblé les antiquités que les fouilles ont découvertes, la plupart, à Vérone et alentour. Quelques objets ont même été trouvés dans l'amphithéâtre. Il y en a d'étrusques, de grecs, de romains, jusqu'aux siècles de décadence, et aussi de modernes. Les bas-reliefs sont incrustés dans les murs et pourvus de numéros, que Maffei leur assigna, lorsqu'il les décrivit dans sa *Verona illustrata*. Il y a des autels, des fragments de colonnes et d'autres restes pareils, un excellent trépied de marbre blanc, avec des génies qui s'occupent des attributs des dieux. Raphaël en a imité et glorifié de pareils dans les coins de la Farnesina [1].

Le vent qui souffle des tombeaux des anciens arrive, chargé de parfums, par-dessus une colline de roses. Les tombeaux sont aimables et touchants, et reproduisent toujours la vie. Voilà un mari et sa femme qui regardent d'une niche, comme s'ils étaient à la fenêtre. Voilà un père et une mère, et leur fils entre eux, qui se regardent avec un naturel inexprimable. Ici, deux époux se tendent la main. Ici, un père, assis sur son lit de repos, semble s'entretenir avec sa famille. A la vue de ces pierres, je fus vivement ému. Elles sont d'une époque récente, mais simples, naturelles et généralement touchantes. Là, point de guerrier à genoux, en attendant une heureuse résurrection. Avec plus ou moins de talent, l'artiste a simplement reproduit l'état présent des hommes, et, par là, continué, maintenu leur existence. Ils ne joignent pas les mains, ils ne lèvent pas les yeux au ciel, mais ils sont ici-bas ce qu'ils étaient et ce qu'ils sont. Ils sont ensemble, ils s'intéressent les uns aux autres, ils s'aiment. Et cela est exprimé d'une manière toute charmante dans ces pierres, même avec une certaine imperfection de travail. Un pilastre de marbre, orné très-richement, m'a donné encore de nouvelles idées.

Si digne d'éloges que soit cet établissement, on voit pourtant que le noble esprit de conservation qui l'a fondé ne l'anime

---

[1]. Casino Farnèse.

plus aujourd'hui. Le précieux trépied est menacé d'une destruction prochaine, parce qu'il est en plein air, exposé aux orages de l'ouest. Une garniture en bois préserverait aisément ce trésor.

Si le palais du provéditeur était achevé, ce serait un beau morceau d'architecture. Au reste, les nobles bâtissent encore beaucoup : malheureusement, c'est toujours à la place où se trouvait leur ancienne demeure et, par suite, souvent dans des rues étroites. C'est ainsi que l'on décore maintenant d'une façade magnifique un séminaire dans une ruelle du faubourg le plus reculé.

Comme je passais avec le guide que j'avais pris au hasard devant la porte grande et sévère d'un édifice étrange, il me demanda bonnement si je ne voulais pas entrer un moment dans la cour. C'était le palais de justice. La hauteur du bâtiment donnait à la cour l'air d'un vaste puits. « C'est là, me dit-il, qu'on garde tous les criminels et les suspects. » Je parcourus du regard tout l'espace, et je vis, à chaque étage, répondant à de nombreuses portes, des corridors ouverts, garnis de balustrades en fer. Le prisonnier, en sortant de sa prison pour être conduit devant les juges, se trouvait au grand air, mais il était exposé aux regards de tout le monde. Et comme il y avait alors plusieurs salles d'audience, c'était, à tous les étages, tantôt dans un corridor, tantôt dans un autre, un cliquetis de chaînes. Affreux spectacle ! J'avoue que la bonne humeur avec laquelle j'avais expédié mes oiseaux[1] aurait eu là un combat difficile à soutenir.

Je suis monté sur le bord de l'amphithéâtre au coucher du soleil, et j'ai joui d'une vue admirable sur la ville et la campagne. J'étais seul. Sur les larges pavés du Bra se promenaient des hommes de toutes conditions, des femmes de la classe moyenne. Avec leurs pardessus de couleur noire, elles ont, à vol d'oiseau, l'air de véritables momies. Le *zendale* et la *veste* qui, dans cette classe, tiennent lieu de tout ajustement, sont du reste une mise fort bien imaginée pour un peuple qui ne se soucie pas toujours de propreté, et qui veut toujours paraître en

---

1. Allusion à l'aventure de Malsésine, voyez page 92.

public, tantôt à l'église tantôt à la promenade. La *veste* est un jupon de taffetas noir qu'on jette par-dessus les autres vêtements. Si celui de dessous est propre et blanc, une dame sait fort bien relever d'un côté le jupon noir. Celui-ci est fixé à la ceinture de manière à marquer la taille et à couvrir les bords du corset, qui peut être de la couleur qu'on veut. Le *zendale* est un grand capuchon à longues barbes; le capuchon même est relevé au-dessus de la tête par un échafaudage en fil d'archal; les barbes sont fixées autour du corps comme une écharpe, de façon que ses extrémités tombent derrière le dos.

Comme je revenais aujourd'hui de l'arène, j'ai vu, à quelques milliers de pas de là, un spectacle public moderne. Quatre nobles Véronais jouaient à la balle contre quatre Vicentins. Ils se livrent d'ailleurs entre eux à cet exercice toute l'année, environ deux heures avant la nuit. Cette fois, la présence des adversaires étrangers avait attiré un concours incroyable de peuple. Il y avait bien quatre ou cinq mille spectateurs. Je n'ai point vu de femmes d'aucune condition. Plus haut, en parlant du besoin de la foule dans une occasion pareille, j'ai décrit l'amphithéâtre naturel fortuit : c'est ainsi que j'ai vu là le peuple entassé. J'entendis déjà de loin un vif battement de mains. Tous les coups marquants en étaient accompagnés. Cependant le jeu suit son cours. A une distance convenable l'un de l'autre, sont établis deux planchers doucement inclinés. Le joueur qui lance la balle se tient au haut, la main droite armée d'une large raquette en bois. Tandis qu'un autre homme de son parti lui lance la balle, il descend, il court au-devant, et, par là, augmente la force du coup dont il sait l'accueillir. Les adversaires cherchent à la rejeter, et cela continue de part et d'autre, jusqu'à ce qu'enfin la balle reste par terre. Cela produit les plus belles attitudes, qui seraient dignes du marbre. Comme on ne voit là que de jeunes hommes bien faits et robustes, en vêtement blanc, court et serré, les partis ne se distinguent que par un insigne de couleur. Je trouve particulièrement belle la position que prend celui qui lance la balle, lorsqu'il descend à la course du plancher incliné, et qu'il lève le bras pour frapper la balle. Il rappelle le gladiateur de la villa Borghèse. Il me parut étrange que les joueurs se livrassent à cet exercice auprès d'un vieux mur d'enceinte, sans la moindre commodité pour les spectateurs. Pourquoi ne pas jouer dans l'amphithéâtre, où la place serait si belle ?

Vérone, 17 septembre 1786.

Je ne dirai que peu de mots des tableaux que j'ai vus, et j'ajouterai quelques réflexions. Je ne fais pas ce merveilleux voyage pour m'abuser moi-même, mais pour apprendre à me connaître au moyen des objets ; et je me dis très-sincèrement que j'entends peu de chose à l'art et au métier du peintre. Mon attention, mes réflexions, ne peuvent, en général, porter que sur le côté pratique, sur le sujet et la tractation générale.

San Giorgio est une galerie de belles peintures, tous tableaux d'autel, sinon d'égale valeur, du moins tous remarquables. Mais, ces malheureux artistes, qu'avaient-ils à peindre ? et pour qui travaillaient-ils ? Une pluie de manne de trente pieds de largeur sur vingt de hauteur, et, comme pendant, le miracle des cinq pains ! Qu'avaient-ils là à peindre ? Des gens affamés, qui se jettent sur de petits grains de manne ; d'autres, sans nombre, auxquels on présente du pain. Les artistes se sont mis à la torture pour rendre intéressantes de telles pauvretés. Et cependant l'aiguillon de la nécessité a fait produire au génie de belles choses. Un artiste, qui avait à représenter sainte Ursule avec les onze mille vierges, s'en est tiré avec beaucoup d'esprit. La sainte est au premier plan, comme ayant pris possession du pays par sa victoire ; elle a l'air très-noble ; c'est une jeune amazone, qui n'a rien de séduisant. Dans le lointain, qui diminue tous les objets, on voit sa troupe débarquer et s'avancer en procession. La cathédrale possède une Assomption du Titien, mais très-noircie. La pensée en est louable : la nouvelle divinité ne regarde pas au ciel mais en terre, vers ses amis.

Dans la galerie Gherardini, j'ai trouvé de très-belles choses d'Orbetto, et j'appris tout à coup à connaître cet estimable artiste. Dans l'éloignement, on n'entend parler que des plus éminents, et souvent on se contente de leurs noms ; mais, quand on s'approche de ce ciel étoilé, et que les étoiles de deuxième et de troisième grandeur commencent aussi à étinceler, que chacune se montre et tient sa place dans la constellation, alors l'univers s'étend et l'art s'enrichit. Je dois louer ici l'idée d'un tableau. Ce sont seulement deux demi-figures. Samson est endormi sur les genoux de Dalila ; elle avance doucement le bras, par-dessus lui, vers des ciseaux posés sur une table près de la lampe. L'exécution est d'un grand mérite. Dans le palais Canossa, j'ai vu une Danaë remarquable. Le palais Verilaqua renferme des choses infiniment précieuses. Un tableau appelé le Paradis du Tintoret, qui est proprement le couronnement de Marie comme reine du ciel, en présence de tous les patriarches, les prophètes, les apôtres, les saints, les anges, etc., a fourni au peintre l'occasion de déployer toute la richesse du plus heureux génie. Pour admirer, pour apprécier la légèreté du pinceau, l'esprit, la variété de l'expression, il faudrait posséder le tableau et l'avoir toute sa vie devant les yeux. Le travail est infini ; les dernières têtes d'anges, qui se perdent dans la gloire, ont encore du caractère. Les plus grandes figures ont environ un pied de haut. Marie et Jésus, qui lui pose la couronne sur la tête, ont environ quatre pouces. Ève est pourtant la plus jolie petite femme du tableau, et, comme toujours, elle incline un peu à la convoitise. Quelques portraits de Paul Véronèse ont augmenté mon admiration pour cet artiste. La collection des antiques est superbe ; un fils de Niobé couché à terre est excellent, et les bustes, en dépit de leurs nez restaurés, sont fort intéressants : un Auguste portant la couronne civique, un Caligula et d'autres. Il est dans ma nature de vénérer avec plaisir, avec joie, le grand et le beau ; cultiver jour par jour, heure par heure, cette disposition en présence de si magnifiques objets, est le sentiment le plus délicieux qu'on puisse éprouver.

Dans un pays où l'on jouit du jour, mais particulièrement du soir, le moment où la nuit tombe est d'une grande importance. Alors cesse le travail, alors on revient de la promenade ; le père veut revoir sa fille à la maison ; le jour a une fin ; mais, ce que c'est que le jour, nous le savons à peine, nous autres Cimmériens. Dans nos brouillards éternels, sous notre ciel nébuleux, qu'il soit jour ou nuit, la chose nous est fort égale ; car, combien de temps pouvons-nous réellement nous promener et nous ébattre au grand air ? Ici, quand la nuit commence, le jour est décidément passé, ce jour qui s'est composé d'un soir et d'un matin; vingt-quatre heures sont écoulées, un nouveau calcul commence, les cloches sonnent, on récite le bréviaire, la servante entre dans la chambre en tenant la lampe allumée et vous dit : *Felicissima notte!* Ce moment change avec chaque saison, et l'homme, qui vit d'une vie véritable, n'est point déconcerté, parce que chacune de ses jouissances se rapporte, non pas à l'heure, mais au moment du jour. Si l'on imposait à ce peuple notre cadran, on le mettrait dans le plus grand embarras, car le sien est identifié avec sa manière d'être. Une heure ou une heure et demie avant la nuit, la noblesse commence à sortir en voiture. On traverse le Bra, en parcourant la longue et large rue, pour gagner la Porte-Neuve; on passe la porte, on côtoie la ville; dès qu'on entend sonner la cloche du soir, tout le monde revient. Les uns se rendent dans les églises pour réciter l'*Ave Maria della sera*, les autres s'arrêtent sur le Bra; les cavaliers s'approchent des voitures, s'entretiennent avec les dames et cela dure assez longtemps. Je n'ai jamais attendu la fin. Les piétons restent bien avant dans la nuit. Aujourd'hui, il est tombé tout juste assez de pluie pour abattre la poussière; c'était, en vérité, une scène agréable et vive.

Pour me familiariser sur un point important avec la coutume du pays, j'ai imaginé un moyen de me faire plus aisément à leur manière de compter les heures. La figure suivante en peut donner une idée. Le cercle intérieur indique nos vingt-quatre heures, de minuit à minuit, partagées en deux fois douze heures, comme nous les comptons, et comme les indiquent nos horloges. Le cercle intermédiaire fait connaître comment les cloches sonnent dans la saison actuelle, savoir deux fois aussi jusqu'à douze en vingt-quatre heures, mais de telle sorte qu'il sonne ici une heure quand il sonnerait huit heures chez nous, et ainsi de suite jusqu'à douze. Le matin, à huit heures, selon notre cadran, il sonne ici derechef une heure, et ainsi de suite. Le cercle extérieur montre enfin comment on compte dans la vie jusqu'à vingt-quatre. J'entends, par exemple, sonner sept heures dans la nuit, et je sais qu'il est minuit à cinq heures, je soustrais ce nombre de sept, et j'ai deux heures après minuit. J'entends sonner sept heures pendant le jour et je sais qu'il est aussi midi à cinq heures : je procède de même et j'ai deux heures après midi. Que si je veux désigner les heures à la manière italienne, je dois savoir que midi est dix-sept heures, j'en ajoute encore deux, et je dis dix-neuf heures. Lorsqu'on entend la chose et qu'on y pense pour la première fois, on la trouve très-embrouillée et d'une application difficile, mais on y est bientôt accoutumé, et l'on trouve cette occupation amusante, de même que le peuple s'amuse aussi à compter et recompter sans cesse, et les enfants à surmonter de légères difficultés. Ce peuple a d'ailleurs toujours les doigts en l'air : ils comptent tout de tête, et se plaisent à combiner les nombres. Ajoutez que, pour les nationaux, la chose est beaucoup plus facile encore, parce qu'ils ne s'inquiètent proprement ni de midi, ni de minuit, et n'ont pas, comme l'étranger qui visite ce pays, deux cadrans à comparer. Ils comptent dès le soir les heures comme elles sonnent, et, le matin, ils ajoutent ce nombre au nombre variable de midi, qui leur est connu. Les observations ajoutées à la figure expliqueront le reste.

CERCLE COMPARATIF

DES HEURES ITALIENNES ET COMMUNES, AVEC LE CADRAN ITALIEN
POUR LA SECONDE MOITIÉ DE SEPTEMBRE.

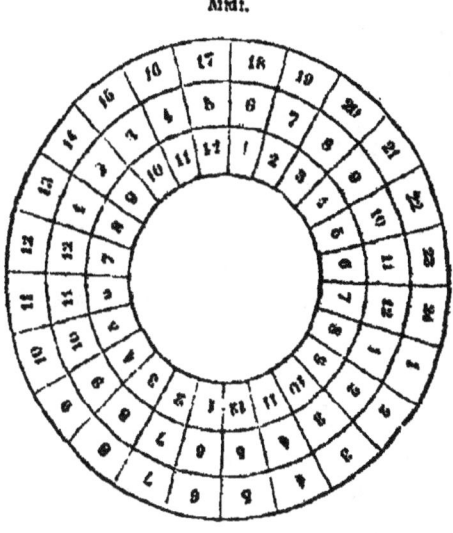

A chaque demi-mois, la nuit croît d'une demi-heure.				A chaque demi-mois, le jour croît d'une demi-heure.			
Mois.	Jours.	Nuit, d'après notre cadran.	Minuit.	Mois.	Jours.	Nuit, d'après notre cadran.	Minuit.
Août......	1	8 ½	3 ½	Février....	1	3 ½	6 ½
—	15	8	4	—	15	6	6
Septembre.	1	7 ½	4 ½	Mars......	1	6 ½	5 ½
—	15	7	5	—	15	7	5
Octobre...	1	6 ½	5 ½	Avril......	1	7 ½	4 ½
—	15	6	6	—	15	8	4
Novembre.	1	5 ½	6 ½	Mai.......	1	8 ½	3 ½
—	15	5	7	—	15	9	3

Dès ce moment, le temps reste invariable.			Dès ce moment, le temps reste invariable.		
	Nuit.	Minuit.		Nuit.	Minuit.
Décembre.. Janvier.... }	5	7	Juin....... Juillet..... }	9	3

A Vérone, le mouvement de la population est très-animé ; quelques rues, dans lesquelles les boutiques et les ateliers se touchent, offrent surtout un coup d'œil fort gai. Point de porte devant la boutique ou la chambre de travail ; non, la maison est ouverte dans toute sa largeur ; on voit jusqu'au fond et tout ce qui s'y passe. Les tailleurs cousent, les cordonniers tirent le fil et frappent, tous, à moitié dans la rue ; les boutiques font même partie de la rue. Le soir, aux lumières, le spectacle est des plus vivants. Les jours de marché, les places sont combles : des montagnes de légumes et de fruits ; l'ail et l'oignon à cœur joie. Du reste on crie, on folâtre, on chante tout le jour ; on se pousse, on se chamaille, on huche et l'on rit sans cesse. La douceur de l'air, le bas prix des subsistances, rendent la vie facile. Tous ceux qui le peuvent sont en plein air. La nuit, les chants et le vacarme redoublent. J'entends chanter Malbrough dans toutes les rues ; puis, c'est un tympanon, un violon. On s'exerce à imiter en sifflant tous les oiseaux. Les sons les plus étranges éclatent de toutes parts. Cette surabondance de vie, un doux climat la communique même à la pauvreté, et l'ombre du peuple semble même encore digne de respect.

De là viennent aussi ces habitations malpropres et peu commodes dont nous sommes si choqués. Ils sont toujours dehors, et, dans leur insouciance, ils ne songent à rien. Pour ce peuple, tout est bel et bon ; l'homme de moyenne condition vit de même au jour le jour ; le riche, le noble, s'enferme dans sa demeure, qui n'est pas non plus aussi logeable que dans le Nord. Leurs assemblées se tiennent dans des lieux publics. Les vestibules et les colonnades sont tous souillés d'ordures, et c'est tout naturel. Le peuple se sent toujours : le riche peut être riche, bâtir des palais ; le noble peut gouverner, mais, s'il construit une colonnade, un vestibule, le peuple s'en sert pour ses besoins, et il n'en a point de plus pressant que de se soulager aussi promptement que possible de ce qu'il a pris aussi abondamment que possible. Si quelqu'un ne le veut pas souffrir, il ne doit pas se donner les airs d'un grand seigneur, c'est-à-dire agir comme si une partie de sa demeure appartenait au public ; il ferme sa porte et tout est dit. Mais le peuple ne se laisse pas ravir son droit sur les édifices publics, et c'est ce dont les étrangers se plaignent par toute l'Italie.

J'observais aujourd'hui dans différentes rues l'équipage et les manières de la classe moyenne, qui se montre fort empressée et agissante : tous brandillent les bras en marchant. Les gens d'une condition plus relevée, qui, dans certaines occasions, portent l'épée, ne balancent qu'un bras, parce qu'ils sont accoutumés à tenir fixe le gauche.

Quoique le peuple s'occupe très-négligemment de ses affaires et de ses besoins, il a toujours l'œil ouvert sur les étrangers. Je pus observer, par exemple, les premiers jours, que chacun remarquait mes bottes, car on n'en porte pas ici, même en hiver, à cause de leur prix élevé. Depuis que je porte des souliers, personne ne me regarde plus. Mais je fus surpris ce matin, de ce qu'au milieu des allants et venants, qui portaient tous des fleurs, des légumes, des oignons et cent autres produits du marché, on n'a pas manqué d'observer la branche de cyprès que je portais à la main. Quelques cônes verts y adhéraient encore, et je tenais aussi quelques tiges de câpres fleuries. Tous, grands et petits, regardaient mon bouquet, et semblaient se faire de singulières idées. J'apportais ces rameaux du jardin Giusti. Ce jardin est admirablement situé et possède des cyprès énormes, qui dressent tous dans l'air leurs cimes aiguës. Probablement les ifs qu'on taille en pointe dans les jardins du Nord sont des imitations de ce superbe produit de la nature. Un arbre dont toutes les branches, de la base au sommet, les plus vieilles comme les plus nouvelles, s'élancent vers le ciel, un arbre qui dure ses trois cents ans est bien digne de vénération. Vu l'époque où le jardin fut établi, les arbres doivent avoir atteint cet âge.

Vicence, 19 septembre 1786.

La route de Vérone jusqu'ici est très-agréable. On va au nord-est, en côtoyant les montagnes, dont on a toujours à gauche les contre-forts. Ils se composent de sable, de chaux, d'argile, de marne. Sur les collines qu'ils forment sont des villages, des châteaux, des maisons. A droite, s'étend la vaste plaine que l'on parcourt. La route, large, droite, bien entretenue, traverse de fertiles campagnes. Le regard pénètre dans de profondes rangées d'arbres auxquels sont suspendus les pampres, qui retombent comme des rameaux aériens. C'est ici qu'on peut se faire une idée des festons. Les raisins sont mûrs, et les longues branches pendantes se courbent sous le poids. La route est pleine de gens de toute sorte, livrés à tous les genres d'occupation. J'aimais surtout les voitures aux roues basses, en forme d'assiettes, qui, attelées de quatre bœufs, traînaient çà et là de grandes cuves, dans lesquelles on emporte de la vigne et l'on foule les raisins. Les conducteurs se tenaient debout dans les cuves, quand elles étaient vides. On eût dit un triomphe bachique. Entre les rangées de ceps, on cultive toutes sortes de graminées, surtout le blé de Turquie et le sorgho. Dans le voisinage de Vicence, les collines s'élèvent de nouveau du nord au sud. Elles sont, dit-on, volcaniques. Elles ferment la plaine. Vicence est au pied et, si l'on veut, dans une gorge qu'elles forment.

Je suis arrivé depuis quelques heures. J'ai déjà parcouru la ville; j'ai vu le Théâtre olympique et les édifices de Palladio. On a publié, pour la commodité des étrangers, un livret fort joli avec des figures et un texte qui dénote la connaissance des arts. C'est lorsqu'on est en présence de ces ouvrages, qu'on en reconnaît enfin la grande valeur. Il faut que l'œil en embrasse la grandeur et la masse réelles; il ne suffit pas que l'esprit soit satisfait par la belle harmonie de leurs dimensions dans des élévations abstraites, mais avec les saillies et les retraites en perspective. Et je le dis, Palladio fut vraiment un grand homme, un génie créateur. La plus grande difficulté qu'il eut à combattre, comme tous les architectes modernes, est l'emploi convenable des colonnades dans l'architecture bourgeoise ; car associer des colonnes et des murs sera toujours une contradiction. Mais quelles heureuses combinaisons! Comme il impose par ses ouvrages, et nous force d'oublier qu'il ne fait que nous séduire! Il y a dans ses plans quelque chose de divin, absolument comme serait la forme chez le grand poëte, qui, de la vérité et du mensonge, forme une troisième chose, dont l'existence empruntée nous enchante.

Le Théâtre olympique est un théâtre antique réalisé en petit, et d'une beauté inexprimable; mais, comparé aux nôtres, il me semble un enfant noble, riche, bien élevé, à côté d'un habile homme du monde, qui, sans être aussi noble, aussi riche, aussi bien élevé, sait mieux ce qu'il peut accomplir avec ses moyens.

Si l'on observe sur les lieux mêmes les magnifiques édifices que l'illustre Palladio a élevés, et si l'on considère combien ils sont déjà défigurés par les étroits et vulgaires besoins des hommes ; combien les plans dépassaient le plus souvent les forces des fondateurs ; combien ces précieux monuments d'un grand génie conviennent peu à la vie usuelle, on reconnaît qu'après tout il en est de même dans tout le reste : car les hommes savent peu de gré à quiconque veut leur donner des besoins plus relevés, leur inspirer une haute idée d'eux-mêmes, les amener à sentir la beauté d'une existence vraiment noble. Mais, si on trompe les oiseaux[1], si on leur fait des contes, en les aidant à vivre au jour le jour, si on les corrompt, on est leur homme, et c'est pourquoi on se plaît aujourd'hui à tant de choses insipides. Je ne dis pas cela pour rabaisser mes amis, je me borne à dire qu'ils sont ainsi faits, et qu'on ne doit pas être surpris si tout est comme il est.

On ne saurait exprimer l'effet que produit la basilique de Palladio à côté d'un vieil édifice, une sorte de château, parsemé de fenêtres inégales, duquel l'architecte a sans doute fait abstraction ainsi que de la tour, et il faut déjà que je me tienne

---

1. Allusion à la petite pièce de Goethe dont il a été question page 92.

singulièrement sur mes gardes, car je trouve encore ici et, par malheur, à côté l'un de l'autre, ce que je fuis et ce que je cherche.

Vicence, 20 septembre 1786.

J'allai hier à l'Opéra. Le spectacle a duré jusqu'à minuit, et je sentais le besoin du repos. La pièce est faite de lambeaux cousus assez maladroitement, des *Trois sultanes* et de l'*Enlèvement du sérail*. On écoute la musique avec plaisir, mais elle est probablement d'un amateur: point d'idée nouvelle, qui m'ait frappé. En revanche, le ballet est délicieux. Le couple principal a dansé une allemande, la plus charmante qui se puisse voir. Le théâtre est neuf, gracieux et beau, d'une magnificence modeste, uniforme, et parfaitement convenable pour une ville de province. Toutes les loges sont tendues d'une tapisserie de même couleur: celle du capitaine ne se distingue que par une draperie un peu plus longue. La première chanteuse, très-aimée du public, est accueillie, à son entrée en scène, par des applaudissements extraordinaires, et les oiseaux font éclater des transports de joie, quand elle a bien rendu quelque chose, ce qui arrive très-souvent. C'est une personne naturelle, jolie, une belle voix, un visage agréable et un maintien très-honnête. Les mouvements de ses bras pourraient être plus gracieux. Cependant je n'y retournerai pas : je sens que je ne vaux plus rien pour être un oiseau.

Vicence, 21 septembre 1786.

Aujourd'hui j'ai fait visite au docteur Tura. Durant cinq années, il s'est occupé avec passion de botanique: il a formé un herbier de la flore italienne; il a établi, sous le dernier évêque, un jardin botanique. Mais tout cela est abandonné; la pratique médicale a pris la place de l'histoire naturelle; l'herbier est mangé des vers; l'évêque est mort, et, comme de raison, le jardin botanique est planté d'oignons et de choux. Le docteur Tura est un homme plein de bonté et de finesse. Il m'a conté son histoire avec franchise, avec candeur et modestie. Il s'est exprimé en général d'une manière fort précise et fort obligeante, mais il ne s'est pas soucié d'ouvrir ses armoires, qui peut-être n'étaient pas dans un état présentable. La conversation n'a pas tardé à languir.

Le soir.

Je suis allé voir le vieux architecte Scamozzi, qui a publié les *Édifices de Palladio* et qui est un artiste habile et passionné. Charmé de ma sympathie, il m'a donné quelques directions. Parmi les bâtiments de Palladio, il en est un pour lequel j'eus toujours une prédilection particulière : ce fut, dit-on, sa propre demeure. Mais elle dit beaucoup plus dans la réalité que dans l'estampe. Je voudrais en avoir le dessin, enluminé des couleurs que les matériaux et la vétusté lui ont données. Mais il ne faut pas se figurer que l'architecte se soit bâti un palais. C'est la maison la plus modeste du monde. Elle n'a que deux fenêtres, séparées par un large trumeau, qui en comporterait une troisième. Si l'on voulait en faire un tableau, en y joignant les maisons voisines, la manière dont elle s'y trouve intercalée produirait un heureux effet. C'était un sujet digne de Canaletto.

Vicence, 22 septembre 1786.

Aujourd'hui j'ai été voir la Rotonde, édifice magnifique, sur une agréable colline à une demi-lieue de la ville. C'est un bâtiment carré, qui renferme une salle ronde éclairée d'en haut. On y monte des quatre côtés par un large escalier, et l'on arrive chaque fois dans un porche, formé de six colonnes corinthiennes. L'architecture n'a peut-être jamais porté son luxe plus loin. L'espace occupé par les escaliers et les porches est beaucoup plus grand que celui de la maison même : car chaque côté formerait à un temple une belle façade. L'intérieur est habitable, mais non pas confortable. La salle est dans les plus belles proportions, les chambres aussi : mais elles suffiraient à peine aux besoins d'une résidence d'été pour une noble famille. En revanche, l'édifice se présente de tous côtés admirablement dans la contrée entière. Sa masse principale, avec les colonnes saillantes, offre des mouvements très-variés aux regards des promeneurs. Le propriétaire, qui a voulu laisser un grand fidéicommis et en même temps un monument de sa richesse, a parfaitement atteint son but. Et de même que l'édifice se voit, dans sa magnificence, de tous les points de la contrée, la vue qu'on a de la Rotonde est aussi infiniment agréable. On voit couler le Bacchiglione, emmenant les barques vers la Brenta; on domine d'ailleurs les vastes possessions que le marquis Capra voulait conserver indivisibles dans sa famille. Les inscriptions des quatre frontispices, qui forment ensemble un tout, méritent d'être conservées.

MARCUS CAPRA GABRIELIS FILIUS
QUI ÆDES HAS
ARCTISSIMO PRIMOGENITURÆ GRADUI SUBJECIT
UNA CUM OMNIBUS
CENSIBUS AGRIS VALLIBUS ET COLLIBUS
CITRA VIAM MAGNAM
MEMORIÆ PERPETUÆ MANDANS HÆC
DUM SUSTINET AC ABSTINET.

La conclusion surtout est assez bizarre : un homme qui a pu disposer de tant de biens selon son caprice sent encore qu'il doit souffrir et s'abstenir. C'est une chose qu'on peut apprendre à moins de frais.

Ce soir, j'ai assisté à une séance de l'académie des Olympiens. C'est un amusement, mais fort bon : il entretient dans la société un peu de sel et de vie. Une grande salle, à côté du théâtre de Palladio, décemment éclairée ; le capitaine et une partie de la noblesse ; du reste, un public d'élite, beaucoup d'ecclésiastiques, en tout, environ cinq cents personnes. Voici la question proposée par le président pour cette séance : « Laquelle, de l'invention ou de l'imitation, a été le plus utile aux beaux-arts ? » L'idée était assez heureuse, car, à la faveur de l'alternative qui se trouve dans la question, on peut parler cent ans dans un sens et dans l'autre. Aussi messieurs les académiciens ont-ils profité largement de l'occasion ; ils ont produit, en prose et en vers, mille choses, et, dans le nombre, beaucoup de bonnes. D'ailleurs ce public est plein de vie. On criait bravo, on applaudissait, on riait. Que ne pouvons-nous aussi nous produire de la sorte devant nos compatriotes, et les amuser par notre action personnelle ! Nous donnons, noir sur blanc, ce qu'il y a de mieux en nous ; chaque lecteur se blottit dans un coin avec le livre et le grignote comme il peut.

On devine que Palladio, cette fois encore, a figuré partout, à propos de l'invention comme de l'imitation. A la fin, où l'on veut toujours être amusé, un des académiciens a eu l'heureuse idée de dire que les premiers orateurs lui avaient dérobé Palladio, et qu'il se proposait, en revanche, de préconiser Franceschini, le grand fabricant de soieries. Puis il se mit à exposer les avantages que l'imitation des étoffes de Lyon et de Florence avait valus à cet habile industriel et, par lui, à la ville de Vicence, d'où il fallait conclure que l'imitation était bien supérieure à l'invention. Et ces choses furent dites si gaiement qu'elles provoquèrent des rires interminables. En général, ceux qui parlaient pour l'imitation étaient plus applaudis, parce qu'ils disaient des choses dont la foule avait ou pouvait avoir l'idée. Le public accueillit une fois avec de grands battements de mains un grossier sophisme, tandis qu'il n'avait pas senti beaucoup de bonnes et même d'excellentes choses en l'honneur de l'invention. Je m'applaudis d'avoir assisté à cette séance, et puis on est heureux de voir, après un si long temps, Palladio encore vénéré comme une étoile polaire et un modèle par ses concitoyens.

Vicence, 23 septembre 1786.

J'ai été ce matin à Tiene, qui se trouve au nord, vers les montagnes. On y construit un bâtiment neuf d'après un ancien plan, sur quoi il y aurait peu de chose à dire. On honore ici tout ce qui est du bon temps, et l'on est assez intelligent pour exécuter une construction neuve d'après un plan hérité. Le château est fort bien situé, dans une grande plaine, ayant derrière lui, sans chaîne interposée, les Alpes calcaires. De la maison coule, des deux côtés d'une chaussée tirée au cordeau, une eau vive, qui vient au-devant du visiteur et arrose les vastes rizières qu'on traverse.

Je n'ai vu encore que deux villes italiennes, et j'ai parlé à peu de gens, mais je connais déjà bien mes Italiens. Ils sont tels que les courtisans, qui se regardent comme les premières gens du monde, et qui, pour certains avantages, qu'on ne saurait leur dénier, peuvent se bercer à leur aise de cette flatteuse idée. Les Italiens me paraissent un très-bon peuple. Il suffit d'observer les enfants et les gens du commun, comme je les vois et puis les voir, leur étant livré sans cesse et voulant l'être. Et quelles figures! quelles physionomies!

Je dois rendre cette justice aux Vicentins, qu'on jouit chez eux des avantages d'une grande ville : quoi qu'il vous plaise de faire, vous n'êtes pas observé. Cependant, si l'on s'adresse à eux, ils sont affables et courtois. Les femmes me plaisent particulièrement. Je ne veux pas critiquer les Véronaises : elles sont bien faites et ont le profil bien dessiné ; mais, en général, elles sont pâles, et le zendal leur fait tort, parce que, sous un bel ajustement, on cherche aussi quelque chose de ravissant. Ici je vois de très-jolies femmes, et surtout de brunes chevelures bouclées, auxquelles je trouve un charme particulier. Il y en a aussi de blondes, mais elles me plaisent moins.

Padoue, 26 septembre, au soir.

Je suis arrivé ici de Vicence en quatre heures, emballé, avec tout mon bagage, dans une petite chaise à une seule place, qu'on nomme une *sediola*. On peut arriver aisément en trois heures et demie ; mais, comme j'étais charmé de passer sous le ciel cette belle journée, je trouvai fort bon que le voiturier se trouvât en retard. On va toujours au sud-est, à travers la plaine la plus fertile, entre des haies et des arbres, sans autre perspective : enfin on voit à main droite les belles montagnes qui s'étendent de l'est vers le sud. On ne saurait décrire l'abondance des plantes et des fruits qui pendent aux arbres, par-dessus les haies et les murs. Les citrouilles pèsent sur les toits, et les plus étranges concombres pendent aux treillages et aux espaliers.

J'ai pu saisir parfaitement de l'observatoire la magnifique situation de la ville. Au nord, les montagnes du Tyrol, couvertes de neige, à demi voilées de nuages, et liées, vers le nord-ouest, à celles du Vicentin ; enfin, au couchant, les montagnes d'Este, plus rapprochées, dont on peut voir distinctement les formes et les profondeurs ; vers le sud-est, une mer de verdure, sans aucune trace de collines ; les arbres, les buissons, les plantations se touchent ; de blanches maisons sans nombre ; des villas, des églises, sortant du feuillage. A l'horizon, j'ai vu distinctement la tour de Saint-Marc de Venise et d'autres tours moins considérables.

Padoue, 27 septembre 1786.

Je possède enfin les ouvrages de Palladio : non pas l'édition originale, que j'ai vue à Vicence, et dont les estampes sont gravées sur bois, mais une copie exacte, un véritable *fac-simile* sur cuivre, que nous devons aux soins d'un excellent homme, M. Smith, de son vivant consul anglais à Venise. Il faut reconnaître que, depuis longtemps, les Anglais ont su apprécier le beau, et qu'ils ont une manière grandiose de le propager. A l'occasion de cette emplette, j'ai visité une librairie. Ces établissements ont en Italie une physionomie toute particulière. Tous les livres sont brochés[1] et rangés dans le pourtour. On trouve là, tout le jour, bonne société. Ce qu'il y a d'ecclésiastiques, de nobles et d'artistes un peu versés dans la littérature, vont et viennent dans la salle. On demande un livre, on le feuillette, on le lit, et l'on converse à l'aventure. Je trouvai, par exemple, cinq ou six personnes groupées, qui toutes jetèrent les yeux sur moi, quand je demandai les ouvrages de Palladio. Tandis que le libraire les cherchait, ils en firent l'éloge, et ils me donnèrent des renseignements sur l'original et la copie. Ils connaissaient fort bien l'ouvrage et le mérite de l'auteur. Me prenant pour un architecte, ils m'approuvèrent de vouloir étudier ce maître avant tous les autres. Il fournit, disaient-ils, pour l'usage et l'application, plus que Vitruve lui-même; car il avait étudié à fond les anciens et l'antiquité, et il s'était efforcé de l'approprier à nos besoins. Je m'entretins longtemps avec ces personnes obligeantes; je leur demandai encore quelques informations sur les curiosités de la ville et je pris congé.

Puisqu'on a tant fait que de bâtir les églises pour les saints, il s'y trouvera bien aussi quelque place où l'on puisse ériger un monument aux hommes raisonnables. Le buste du cardinal Bembo est entouré de colonnes ioniques. C'est une belle figure, qui se replie, si je puis ainsi dire, avec effort sur elle-même. Elle porte une barbe touffue. Voici l'inscription : *Petri Bembi Card. imaginem Hier. Guerinus Ismeni f. in publico ponendam*

---

1. En Allemagne, au temps de Goethe, les ouvrages étaient laissés et vendus en feuilles.

capacit ut cujus ingenii monumenta æterna sint, ejus corporis quoque memoria ne a posteritate desideretur.

Avec toute sa dignité, le bâtiment de l'université m'a fait peur. Je me félicite de n'avoir pas eu à y suivre des leçons. On n'a pas l'idée de salles si étroites, quoi que l'on ait eu à souffrir sur les bancs, comme étudiant des universités allemandes. L'amphithéâtre d'anatomie est surtout un modèle de la manière d'entasser des élèves. Les auditeurs sont empilés les uns sur les autres dans un profond entonnoir pointu. Ils regardent droit en bas dans un petit espace où se trouve la table, sur laquelle il ne tombe aucune lumière. Aussi le professeur doit-il démontrer à la clarté de la lampe. En revanche, le jardin botanique est charmant et gai. Beaucoup de plantes peuvent passer l'hiver en pleine terre, pourvu qu'elles soient placées contre les murs ou à peu de distance. On abrite tout vers la fin d'octobre, et l'on ne chauffe que peu de mois. Il est charmant et instructif de se promener au milieu d'une végétation étrangère. En présence des plantes accoutumées, comme des autres objets dès longtemps connus, nous finissons par ne penser à rien. Et qu'est-ce que regarder sans penser? Ici, en présence de cette variété, nouvelle pour mes yeux, je suis toujours plus saisi de la pensée qu'on pourrait faire dériver toutes les plantes d'une seule. C'est par là seulement qu'il deviendrait possible de déterminer véritablement les genres et les espèces, ce qui s'est fait, à ce qu'il me semble, d'une manière très-arbitraire jusqu'à présent. C'est à ce point que je me suis arrêté dans ma philosophie botanique, et je ne vois pas encore comment je pourrai m'en démêler. La profondeur et l'étendue de ce sujet me semblent parfaitement égales.

La grande place nommée *Prato della valle* est un vaste terrain, où se tient la foire au mois de juin. Des baraques, qui en occupent le centre, ne lui donnent pas une apparence fort avantageuse; mais les Padouans nous assurent qu'on y verra bientôt une *fiera* en pierre comme à Vérone. On peut en concevoir l'espérance fondée, à voir les entours de la place, qui offrent un bel et imposant coup d'œil. Un immense ovale règne alentour, décoré de statues représentant tous les hommes célèbres qui ont professé ou étudié à Padoue. Il est permis à toute personne du pays ou de l'étranger d'ériger ici à un compatriote ou à un parent une statue d'une grandeur déterminée, aussitôt qu'on a démontré le mérite de l'homme et son séjour à l'université de Padoue.

Autour de l'ovale règne un fossé plein d'eau. On le passe par quatre ponts, sur lesquels sont des statues colossales de papes et de doges; les autres, plus petites, ont été érigées par des corporations, de simples citoyens ou des étrangers. Le roi de Suède y a fait placer Gustave-Adolphe, parce qu'on rapporte qu'il entendit une leçon à Padoue. L'archiduc Léopold a consacré le souvenir de Pétrarque et de Galilée. Les statues sont bien exécutées, à la manière moderne; un petit nombre maniérées, quelques-unes fort naturelles, toutes dans le costume de leur temps et de leur dignité. Les inscriptions sont aussi dignes d'éloges : point de mauvais goût, ni de petitesse. Ce serait là, dans toute université, une pensée très-heureuse. Elle l'est surtout dans celle-ci; car on est charmé de voir un passé tout entier rappelé à la vie. Cette place sera fort belle quand la *fiera* de bois aura disparu et qu'on en aura bâti une de pierre, selon le plan arrêté.

Dans la salle de réunion d'une confrérie vouée à saint Antoine sont de vieux tableaux qui rappellent l'ancienne école allemande, et, en outre, quelques ouvrages du Titien, où l'on peut déjà remarquer le grand progrès que personne n'a fait par soi-même au delà des Alpes. Aussitôt après, j'ai vu quelques travaux des peintres les plus modernes. Ces artistes, ne pouvant plus atteindre à la noble gravité, se sont montrés humoristes avec beaucoup de succès. La décollation de Jean-Baptiste par Piazetta est, dans ce sens (la manière du maître admise), un tableau très-intéressant. Saint Jean est à genoux, les mains jointes, le genou droit contre une pierre; il regarde au ciel; un soldat, qui le tient enchaîné par derrière, se penche de côté et le regarde au visage, comme surpris de sa tranquillité; plus haut se trouve celui qui doit trancher la tête, mais il n'a pas le glaive : il fait seulement, avec les mains, le geste d'un homme qui veut essayer d'avance de porter le coup; un troisième, placé plus bas, tire le glaive du fourreau. L'idée est heureuse, si elle n'est pas grande; la composition est frappante et du meilleur effet.

J'ai vu dans l'église des Ermites des tableaux de Mantegna, un des anciens peintres, devant lequel je suis saisi d'étonnement. Quelle réalité vive et sûre dans ces tableaux! Cette réalité vraie et non pas apparente, jouant l'effet, ne parlant qu'à l'imagination, mais vigoureuse, pure, claire, développée, consciencieuse, délicate, précise, qui avait en même temps quelque chose d'austère, de soigné, de laborieux, a été le point de départ des peintres qui suivirent, comme je l'ai remarqué dans les tableaux du Titien, et c'est ainsi que la vivacité de leur génie, l'énergie de leur nature, éclairée par l'esprit de leurs devanciers, soutenue par leur force, a pu grandir de plus en plus, s'élever au-dessus de la terre et produire des figures divines mais vraies. C'est ainsi que l'art s'est développé après les temps de barbarie.

La salle d'audience de l'hôtel de ville, qui mérite bien l'augmentatif *il salone*, est si vaste qu'on ne peut se la représenter, pas même se la rappeler, en eût-on le plus récent souvenir. Trois cents pieds de long, cent pieds de large, et cent pieds de haut jusqu'à la voûte qui la couvre dans toute sa longueur. Ces hommes sont tellement accoutumés à vivre en plein air, que les architectes ont imaginé de voûter une place de marché. Et il n'est pas douteux que l'énorme espace voûté ne produise une sensation toute particulière. C'est un infini fermé, plus en harmonie avec l'homme que le ciel étoilé : celui-ci nous ravit hors de nous-mêmes, celui-là nous y ramène doucement.

C'est pourquoi je m'arrête aussi volontiers dans l'église de Sainte-Justine. Elle est longue de quatre cent quatre-vingt-cinq pieds, haute et large à proportion, grandement et simplement bâtie. Ce soir, je m'y suis placé dans un coin, livré à une méditation tranquille. Je me sentais dans une solitude parfaite ; car personne au monde, qui eût pensé à moi dans ce moment, ne m'aurait cherché là.

Et maintenant je plie bagage ; demain matin je naviguerai sur la Brenta. Il a plu aujourd'hui, mais le temps s'est éclairci : j'espère voir par un beau jour les lagunes et la reine fiancée à l'Adriatique. C'est de son sein que je saluerai mes amis.

Venise, 28 septembre, au soir.

Il était donc écrit, à ma page, dans le livre du destin, que l'an 1786, le 28 septembre au soir, à cinq heures, selon nos horloges, je verrais Venise pour la première fois, en débouchant de la Brenta dans les lagunes, et que, bientôt après, je poserais le pied dans cette merveilleuse ville insulaire, dans cette république de castors! Ainsi donc, Dieu soit loué! Venise n'est plus pour moi un simple mot, un vain nom, qui m'a tourmenté souvent, moi, l'ennemi mortel des paroles vides.

Quand la première gondole s'est approchée du coche (elles viennent recevoir les passagers qui désirent arriver plus vite à Venise), je me suis rappelé un jouet de mon enfance, auquel je n'avais pas songé peut-être depuis vingt ans. Mon père possédait un joli modèle de gondole, qu'il avait rapporté d'Italie; il y attachait beaucoup de prix, et il crut me faire une grande faveur, quand il me permit de m'en amuser. Les premiers éperons de tôle brillante, les cages noires des gondoles, tout m'a salué comme une vieille connaissance : j'ai senti une aimable impression d'enfance, qui m'avait fui longtemps.

Je suis bien logé à la *Reine d'Angleterre*, non loin de la place Saint-Marc, et c'est le plus grand avantage de ce logement. Mes fenêtres donnent sur un étroit canal entre de hautes maisons; sous mes yeux je vois un pont d'une seule arche, et, vis-à-vis, une étroite et vivante ruelle. Voilà mon établissement, et c'est ainsi que je passerai quelque temps, jusqu'à ce que j'aie achevé mon paquet pour l'Allemagne, et que je me sois rassasié de l'aspect de cette ville. La solitude, après laquelle j'ai soupiré souvent avec tant d'ardeur, je puis en jouir maintenant à souhait; car nulle part on ne se sent plus seul que dans la foule à travers laquelle on se presse, absolument inconnu de chacun. Je ne suis peut-être connu à Venise que d'un seul homme, et il ne me rencontrera pas de sitôt.

Quelques mots sur mon trajet de Padoue jusqu'ici. J'ai descendu la Brenta par le coche, en bonne société, car les Italiens s'observent en présence les uns des autres, et j'ai trouvé des mœurs décentes et agréables. Les rives sont ornées de jardins et de maisons de plaisance ; de petits villages descendent jusqu'à la rivière, que la grand'route, qui est très-animée, longe quelquefois. Comme on descend la rivière au moyen d'écluses, vous éprouvez souvent de petites haltes, mais vous pouvez les mettre à profit pour descendre à terre, et vous régaler des fruits qu'on vous offre en abondance. Puis on se rembarque, et l'on se meut à travers un monde mobile, plein de vie et de fertilité. A tant de figures et de tableaux changeants, se joignit une apparition venue d'Allemagne, et qui pourtant se trouvait ici parfaitement à sa place : c'étaient deux pèlerins, les premiers que j'aie vus de près. Ils ont le droit de passage gratuit dans ces véhicules publics ; toutefois, comme le reste de la compagnie craint leur voisinage, ils ne prennent pas place dans l'espace couvert, mais à l'arrière, auprès du pilote. Comme apparition rare de nos jours, ils excitaient l'étonnement, et on leur témoignait peu d'égards, parce que plus d'un mauvais sujet avait couru le pays sous ce costume. Informé qu'ils étaient Allemands, et qu'ils ne savaient aucune langue étrangère, je m'approchai d'eux et j'appris qu'ils étaient de Paderborn. Tous deux avaient passé la cinquantaine. Ils avaient l'air sombre, mais bienveillant. Après avoir d'abord visité à Cologne le tombeau des Trois Rois, ils avaient traversé l'Allemagne, et maintenant ils se rendaient ensemble à Rome, d'où ils reviendraient dans la haute Italie ; après quoi, l'un d'eux retournerait en Westphalie, tandis que l'autre se proposait encore d'aller rendre hommage à saint Jacques de Compostelle.

Ils portaient l'habillement connu ; mais, comme ils le portaient retroussé, ils étaient beaucoup mieux que nous n'avons coutume de les représenter dans nos redoutes en longs habits de taffetas. Le grand collet, le chapeau rond, le bâton et la coquille, comme étant le vase à boire le plus primitif, tout avait sa signification, son utilité immédiate ; l'étui de fer-blanc contenait leurs passe-ports. Mais l'objet le plus remarquable c'étaient leurs petits portefeuilles de maroquin rouge, qui renfermaient les petits intruments propres aux usages les plus simples. Ils les avaient mis en évidence, parce qu'ils jugeaient nécessaire de réparer quelque chose à leurs habits.

Le pilote, charmé d'avoir trouvé un interprète, me demanda

de leur adresser diverses questions. J'eus ainsi quelques détails sur leurs projets et particulièrement sur leur voyage. Ils se plaignaient amèrement de leurs coreligionnaires, même des prêtres séculiers et réguliers. Il fallait, disaient-ils, que la piété fût une chose bien rare, puisqu'on ne voulait nulle part croire à la leur, et qu'ils avaient beau produire la feuille de route où leurs supérieurs avaient tracé leur marche, ils avaient beau montrer les passe-ports des évêques, on les traitait presque partout, en pays catholique, comme des vagabonds. Ils racontaient, au contraire, avec émotion, le bon accueil qu'ils avaient reçu des protestants, particulièrement, en Souabe, d'un pasteur de campagne et surtout de sa femme, qui avait engagé son mari, un peu récalcitrant, à leur accorder de généreux secours, dont ils avaient grand besoin. A leur départ, elle leur avait même donné un écu de convention, ressource bien précieuse, aussitôt qu'ils s'étaient retrouvés en pays catholique. Là-dessus l'un d'eux s'écria, avec toute l'exaltation dont il était capable : « Aussi faisons-nous chaque jour à cette femme une place dans nos prières, et demandons-nous au Seigneur de lui ouvrir les yeux, comme il a ouvert pour nous son cœur, afin qu'il veuille la recevoir, quoique tard, dans le sein de l'Église, hors de laquelle il n'est point de salut. Et nous avons l'espérance de la rencontrer un jour en paradis. »

Assis sur la passerelle qui mène au tillac, je communiquai, de tout cela, ce qui était à propos au pilote et à quelques personnes, sorties de la cabane pour se presser dans cet étroit espace. Les pèlerins recueillirent quelques aumônes chétives, car l'Italien n'aime pas à donner. Là-dessus ils produisirent de petites feuilles bénites, où l'on voyait l'image des Trois Rois, avec des prières latines, qu'on leur adressait. Ces bonnes gens me prièrent d'en faire hommage à la petite société, et de lui en expliquer la grande valeur. Cela me réussit fort bien : car, ces deux hommes paraissant très-embarrassés sur le moyen de trouver dans la grande Venise le couvent destiné à recevoir les pèlerins, le pilote, touché, promit qu'à leur arrivée il donnerait un sou à un jeune garçon pour les conduire dans ce quartier reculé. Mais, ajouta-t-il confidentiellement, ils y trouveront peu de secours. L'institution, établie sur une large base, pour recevoir je ne sais combien de pèlerins, est maintenant assez réduite, et les revenus ont reçu un autre emploi.

Pendant ces entretiens, nous avions descendu la Brenta, laissant derrière nous des jardins, des palais magnifiques, jetant un coup d'œil rapide sur des villages riches et populeux qui bordaient la rive. Quand nous entrâmes dans les lagunes, les gondoles tourbillonnèrent soudain autour de la barque. Un Lombard, bien connu à Venise, me proposa de me joindre à lui pour arriver plus vite et échapper aux ennuis de la douane. Il sut, au moyen d'un petit pourboire, écarter quelques hommes qui voulaient nous retenir, et, par un beau soleil couchant, nous voguâmes promptement vers notre but.

Venise, 29 septembre 1786, jour de Saint-Michel, le soir.

On a déjà conté et publié beaucoup de choses sur Venise, et je ne m'attacherai pas à la décrire en détail. Je dirai seulement mes impressions personnelles. Mais ce qui me frappe avant tout le reste, c'est encore le peuple, c'est cette masse d'êtres vivants rassemblés par la nécessité et la contrainte. Ce n'est pas pour son plaisir que cette race s'est réfugiée dans ces îles ; ce ne fut point le caprice qui poussa ceux qui la suivirent à se réunir avec elle : la nécessité les instruisit à chercher leur sûreté dans la situation qui offrait le moins d'avantages et qui en présenta de si grands dans la suite et les civilisa, quand le Nord tout entier était encore plongé dans les ténèbres. La conséquence nécessaire fut qu'ils se multiplièrent et s'enrichirent. Alors les habitations surgirent et se pressèrent de plus en plus ; le sable et le marais firent place aux rochers ; les maisons cherchaient l'air : comme les arbres qui sont enfermés, elles s'efforçaient de gagner en hauteur ce qui leur manquait en largeur. Avares de chaque pouce de terrain, et, dès l'origine, resserrés dans un étroit espace, ils ne laissèrent pas pour les rues plus de place qu'il n'était nécessaire pour séparer une rangée de maisons de celles de vis-à-vis et pour ménager aux habitants d'étroits passages. Du reste, l'eau leur tenait lieu de rues, de places et de promenades. Le Vénitien dut devenir un être d'une nouvelle espèce, tout comme Venise ne se peut non plus comparer qu'à elle-même. Le Grand Canal, qui serpente à travers, ne le cède à aucune rue du monde ; on ne peut rien mettre en parallèle avec l'espace qui s'étend devant la place Saint-Marc : je veux parler de ce grand miroir liquide, qui est enveloppé de ce côté, en forme de croissant, par la véritable Venise. Sur cette plaine on voit à gauche l'île de Saint-Georges-Majeur; un peu plus loin, à droite, la Giudecca et son canal ; encore plus loin, à droite, la douane et l'entrée du Grand Canal, où je voyais briller deux vastes temples de marbre. Voilà l'esquisse abrégée des principaux objets qui frappent les yeux, quand on avance entre les deux colonnes de la place Saint-Marc. Toutes ces perspectives ont été gravées si souvent que les amateurs peuvent aisément se les représenter.

Après dîner je me hâtai d'abord de me former une idée de l'ensemble, et, après m'être orienté, je me jetai sans guide dans le labyrinthe de la ville, qui, toute coupée qu'elle est par les canaux, grands et petits, est reliée par des ponts et des passerelles. On ne se figure pas l'étroitesse et l'entassement de l'ensemble, à moins de l'avoir vu. D'ordinaire on peut mesurer entièrement ou à peu près la largeur des rues en étendant les bras; dans les plus étroites, on touche déjà les côtés avec les coudes si l'on s'appuie les mains sur les hanches. Il y a cependant des rues plus larges, et même çà et là une petite place, mais, proportion gardée, tout est fort étroit.

Je trouvai sans peine le Grand Canal et le Rialto : il consiste en une seule arche de marbre blanc. De ce point élevé, la vue est grande; le canal, semé, peuplé de bateaux, qui apportent de la terre ferme toutes les choses nécessaires, abordent et se déchargent surtout à cette place; parmi les bateaux, les gondoles fourmillent. Aujourd'hui surtout, fête de saint Michel, le coup d'œil était merveilleusement animé; mais, pour en donner quelque idée, je dois reprendre les choses d'un peu plus haut.

Les deux parties principales de Venise, que le Grand Canal sépare, ne sont liées ensemble que par le pont du Rialto ; mais on a multiplié les communications au moyen de barques publiques qui traversent à des points déterminés. C'était un charmant coup d'œil aujourd'hui de voir les femmes, bien mises, mais couvertes d'un voile noir, se faire passer en troupes nombreuses pour se rendre à l'église de l'archange fêté. Je quittai le pont, et je gagnai un de ces points de passage pour observer de près les personnes débarquées : j'ai vu dans le nombre des figures et des tailles très-belles.

Quand je me suis senti fatigué, j'ai pris place dans une gondole et j'ai quitté les rues étroites; et, pour me procurer le spectacle opposé, prenant à travers la partie septentrionale du Grand Canal, autour de l'île de Sainte-Claire, j'ai gagné les lagunes, le canal de la Giudecca, le voisinage de la place Saint-Marc, et je me suis vu soudain coseigneur de la mer Adriatique, comme tout Vénitien croit l'être, quand il est couché dans sa gondole. Alors j'ai pensé à mon bon et respectable père, qui se plaisait tant à discourir de ces choses. N'en sera-t-il pas ainsi de moi? Tout ce qui m'environne est imposant : c'est le grand et vénérable ouvrage des hommes unissant leurs forces, le magnifique monument, non pas d'un maître, mais d'un peuple. Et quoique ses lagunes insensiblement se remplissent, que des vapeurs malsaines flottent sur les marais, que son commerce diminue, que sa puissance se soit évanouie, tout l'établissement de la république et son caractère n'en sont pas un moment moins vénérables pour l'observateur. Elle succombe sous l'effort du temps, comme tout ce qui arrive à l'existence.

Venise, 30 septembre.

Vers le soir, je me suis encore perdu, sans guide, dans les quartiers les plus reculés de la ville. Ici les ponts sont tous pourvus d'escaliers, afin que les gondoles et aussi les bateaux plus grands passent commodément sous les arches. J'ai cherché à me démêler dans ce labyrinthe sans questionner personne, et toujours sans autre direction que les points cardinaux. On finit par s'en tirer, mais c'est un incroyable fouillis, et ma méthode, de m'en convaincre par mes yeux, est la meilleure. J'ai aussi observé, jusque dans la dernière petite retraite habitée, la vie, les habitudes, les mœurs et les manières de ce peuple : elles diffèrent dans chaque quartier. Bon Dieu, que l'homme est une pauvre et bonne bête!

Un très-grand nombre de maisonnettes donnent immédiatement sur les canaux, mais il se trouve çà et là des digues de pierres bien dallées, sur lesquelles on se promène très-agréablement entre l'eau, les églises et les palais. La longue digue de pierre du côté septentrional est gaie et récréative. On voit de là les îles, et surtout Murano, qui est un Venise en petit. Dans l'intervalle, les lagunes sont animées par une foule de gondoles.

Le soir.

Aujourd'hui, pour me faire une idée plus complète de Venise, je m'en suis procuré le plan. Après l'avoir un peu étudié, je suis monté à la tour de Saint-Marc, où se présente à l'œil un spectacle unique. Il était midi, et le soleil brillait si vivement que j'ai pu reconnaître sans lunette d'approche les objets voisins ou éloignés. La marée couvrait les lagunes, et quand j'ai porté mon regard vers le Lido, étroite langue de terre qui ferme les lagunes, j'ai vu pour la première fois la mer et quelques voiles. Il y a dans les lagunes mêmes des galères et des frégates, destinées à rejoindre le chevalier Emo, qui fait la guerre aux Algériens; mais elles sont retenues par les vents contraires. Les montagnes du Padouan et du Vicentin, ainsi que la chaîne du Tyrol, entre le nord et l'ouest, terminent admirablement le tableau.

Venise, 1er octobre 1786.

J'ai parcouru la ville et j'ai fait diverses observations, et, comme c'était dimanche, j'ai été frappé de la grande malpropreté des rues, sur lesquelles je voulais porter mon attention. Il y a bien à cet égard une sorte de police: les gens poussent les balayures dans les coins, et je vois passer et repasser de grands bateaux, qui s'arrêtent çà et là pour enlever les immondices. Ce sont des gens des îles voisines, qui ont besoin de fumier. Mais il n'y a dans ces mesures ni suite ni rigueur, et la malpropreté de la ville est d'autant plus impardonnable, qu'elle a été parfaitement disposée pour la propreté, aussi bien que toute ville de Hollande.

Toutes les rues sont dallées, et les quartiers les plus éloignés, pavés du moins avec des briques posées de champ, un peu élevées dans le milieu, quand il est nécessaire, enfoncées dans les côtés, pour recevoir l'eau et la mener dans des canaux couverts. D'autres précautions architecturales de l'établissement primitif, très-bien entendu, attestent que d'excellents architectes ont voulu faire de Venise la plus propre des villes, comme elle en est la plus singulière. Je n'ai pu m'empêcher de projeter en me promenant une ordonnance, et de prendre les devants, par la pensée, sur un chef de police qui aurait la chose à cœur. C'est ainsi qu'on est toujours porté et disposé à balayer devant la porte d'autrui.

Venise, 2 octobre 1786.

Avant tout, j'ai couru à la Charité. J'avais lu dans les ouvrages de Palladio qu'il avait fondé là un cloître, dans lequel il se proposait de reproduire l'habitation particulière des anciens, riches et hospitaliers. Le plan, excellemment tracé dans l'ensemble comme dans les détails, m'avait fait un plaisir infini, et j'espérais de trouver un merveilleux ouvrage. Hélas! c'est à peine si la dixième partie en est exécutée : mais elle est digne de son divin génie; c'est, dans le plan, une perfection, dans le travail, une exactitude, que je ne connaissais pas encore. Il me semble n'avoir jamais rien vu de plus grand et de plus parfait, et je crois ne pas me tromper. Qu'on se représente aussi l'excellent artiste, né avec le sentiment du grand et du beau, qui, avec une application incroyable, se forme d'abord sur les anciens, pour les faire ensuite revivre par ses propres travaux : il trouve l'occasion d'exécuter une pensée favorite, de construire, dans la forme d'une maison particulière antique, un couvent destiné à être la demeure de nombreux cénobites, l'asile de nombreux étrangers.

De l'église, qui existait déjà, on passe dans un atrium de colonnes corinthiennes. On est ravi et l'on oublie soudain toute la moinerie. D'un côté, on trouve la sacristie, de l'autre, une salle de chapitre, et, auprès, un escalier tournant, le plus beau du monde, au noyau large et ouvert, aux marches de pierre maçonnées dans la muraille et disposées de manière à se porter les unes les autres; on ne se lasse pas de les monter et de les descendre. Que l'escalier soit un bel ouvrage, on peut le croire, puisque Palladio lui-même le déclare bien réussi. Du vestibule on passe dans la grande cour intérieure. Malheureusement, de l'édifice qui devait l'entourer, le côté gauche est seul exécuté: trois ordres de colonnes superposés; au rez-de-chaussée, des salles; au premier étage, des arcades devant les cellules; à l'étage supérieur, un mur percé de fenêtres. Mais cette description veut être aidée par la vue des dessins. A présent, un mot de l'exécution.

Les chapiteaux et les pieds des colonnes et les clefs des arcs sont de pierre de taille; tout le reste, je ne dois pas dire de brique, mais d'argile brûlée. Je ne connais pas de briques pareilles. Les frises et les corniches en sont aussi faites, les arêtes des arcs également; tout cela brûlé à part, et l'édifice enfin enduit seulement d'un peu de chaux. Il est comme d'un seul jet. S'il était achevé, et si on le voyait peint et poli proprement, le coup d'œil en serait divin. Mais le plan était trop vaste, comme pour tant de bâtiments modernes. L'artiste avait supposé qu'on abattrait le couvent actuel, et même qu'on achèterait aussi les maisons attenantes : l'argent et le zèle auront fait défaut. O destinée, qui as favorisé et immortalisé tant de sottises, pourquoi n'as-tu pas laissé achever cet ouvrage?

Venise, 3 octobre 1786.

L'église du Rédempteur est un grand et bel ouvrage de Palladio; la façade mérite plus d'éloges que celle de Saint-Georges. Il faudrait avoir sous ses yeux ces ouvrages, souvent gravés, pour s'expliquer ce que j'en dis. Quelques mots seulement. Palladio était pénétré de la vie des anciens, et il sentait la petitesse et l'étroitesse de son temps, comme un grand homme, qui ne veut pas se résigner, mais, autant que possible, tout transformer autour de lui, selon ses nobles idées. Il était mécontent, comme je le conclus d'une expression adoucie de son livre, que l'on continuât de bâtir les églises chrétiennes sur le plan des anciennes basiliques : il chercha donc à rapprocher ses édifices sacrés de la forme des temples antiques. Il en résulta certaines inconvenances, qui me semblent heureusement écartées dans le Rédempteur, mais qui choquent dans Saint-Georges. Volkmann en dit quelque chose, sans frapper pourtant sur la tête du clou. L'intérieur du Rédempteur est également précieux; tout, jusqu'au dessin des autels, est de Palladio : par malheur, les niches, qui devaient être garnies de statues, nous étalent, pour tout ornement, de plates figures en planches peintes.

Les capucins de Saint-Pierre avaient superbement décoré un autel latéral en l'honneur de saint François : on ne voyait aucun objet de pierre que les chapiteaux corinthiens ; tout le reste paraissait couvert d'une magnifique broderie du meilleur goût, à la manière des arabesques, et cela était aussi joli qu'on pouvait le désirer. J'admirais surtout les larges rameaux et les feuillages brodés d'or ; je m'approchai, et je trouvai une attrape des plus jolies : tout ce que j'avais pris pour de l'or était de la paille aplatie, collée en beaux dessins sur du papier ; le fond était enluminé de couleurs vives, et cela avec tant de goût et de diversité, que ce badinage, où la matière première n'était d'aucune valeur, et qui probablement avait été exécuté dans le couvent même, aurait coûté des milliers d'écus, s'il avait été véritable. C'est une chose qu'on pourrait fort bien imiter dans l'occasion.

Sur une digue du rivage, à la vue de la mer, j'ai déjà remarqué quelquefois un pauvre diable, qui raconte en dialecte vénitien des histoires à des auditeurs plus ou moins nombreux. Par malheur, je n'en puis rien comprendre. On ne rit point : seulement, de temps à autre, on sourit. L'auditoire est presque entièrement composé de la dernière classe du peuple. D'ailleurs cet homme n'a rien d'étrange ni de comique dans ses manières ; il a plutôt quelque chose de posé, et, en même temps, dans ses gestes une variété et une précision admirables, qui semblent annoncer l'artiste et le penseur.

Mon plan à la main, j'ai tâché de parvenir, à travers le plus étrange labyrinthe, jusqu'à l'église des Mendiants. C'est là que se trouve le conservatoire qui est maintenant le plus goûté. Les femmes ont chanté un oratorio derrière la grille. L'église était pleine d'auditeurs, la musique très-belle et les voix magnifiques. Un alto chantait le rôle du roi Saül, le héros du poëme. Je n'avais aucune idée d'une voix pareille. Quelques passages de la musique étaient d'une beauté infinie, le texte, parfaitement chantant, d'un latin si italien, qu'il fait rire en quelques endroits. Mais la musique y trouve un vaste champ.

Ma jouissance eût été grande, si le maudit chef d'orchestre n'avait battu la mesure avec un rouleau contre la grille, en faisant un tapage aussi impudent que s'il avait eu affaire à des novices, auxquelles il aurait donné leçon ; or les chanteuses avaient répété souvent le morceau. Son battement était absolument inutile, et gâtait tout l'effet, comme si quelqu'un, pour nous faire comprendre une belle statue, collait sur les jointures de petits morceaux d'écarlate. Le bruit étranger détruit toute harmonie. Et cet homme est musicien, et il n'entend pas cela, ou plutôt il veut qu'on soit contraint par cette incongruité de remarquer sa présence, tandis qu'il ferait mieux de laisser deviner son mérite à l'excellence de l'exécution! Je sais que les Français ont cette habitude. Je ne l'aurais pas supposée chez les Italiens, et le public y semble accoutumé. Ce n'est pas la seule occasion où il se figure que la jouissance est favorisée précisément par ce qui la détruit.

Je suis allé hier à l'Opéra de Saint-Moïse (car les théâtres empruntent leur nom à l'église la plus proche). Je n'ai pas été fort satisfait. Il manque au plan, à la musique, aux chanteurs, l'intime énergie, qui seule peut élever ce spectacle au plus haut point. On ne pourrait dire d'aucune partie qu'elle est mauvaise; mais les deux femmes faisaient seules des efforts, beaucoup moins cependant pour bien jouer que pour se produire et pour plaire. Après tout, c'est toujours quelque chose : ce sont deux jolies figures, de belles voix, de petites personnes, gentilles, éveillées, avenantes. Quant aux hommes, nulle trace chez eux de force intérieure et du désir de produire sur le public aucune illusion; d'ailleurs, aucune voix brillante.

En somme, le ballet, d'invention misérable, a été sifflé ; cependant on a fort applaudi quelques habiles sauteurs et sauteuses. Celles-ci se faisaient un devoir de produire aux yeux des spectateurs leurs formes les plus belles.

Aujourd'hui j'ai vu une autre comédie, qui m'a bien plus amusé. J'ai entendu plaider une cause dans le palais ducal. Elle était importante, et le bonheur a voulu qu'elle se présentât pendant les vacances. L'un des avocats était tout ce que devrait être un bouffon exagéré. Une figure épaisse, courte et pourtant mobile, un profil d'une saillie extraordinaire, une voix d'airain, et une véhémence telle qu'on eût dit que ses paroles sortaient du plus profond de son cœur. J'appelle cela une comédie, parce que, vraisemblablement, tout est déjà fini quand cette représentation publique commence : les juges savent ce qu'ils doivent décider, les parties savent à quoi elles doivent s'attendre Cependant cette forme me plaît beaucoup mieux que notre torpeur de greffes et de bureaux, et je veux essayer de donner une idée des circonstances et de toute cette procédure ingénieuse, simple, naturelle.

Dans une vaste salle du palais, les juges étaient assis d'un côté en demi-cercle; vis-à-vis, dans une tribune qui pouvait contenir plusieurs personnes à côté les unes des autres, les avocats des deux parties; immédiatement devant la tribune, sur un banc, le demandeur et le défendeur en propres personnes. L'avocat du demandeur était descendu de la tribune, car la séance du jour n'était pas destinée aux débats. Il s'agissait de lire tous les documents pour et contre, quoiqu'ils fussent déjà imprimés. Un maigre secrétaire, en habit noir de pauvre apparence, un épais cahier à la main, se préparait à remplir l'office de lecteur. Les spectateurs et les auditeurs faisaient foule. La question et les personnes qu'elle intéressait devaient sembler d'une extrême importance aux Vénitiens.

Les fidéicommis jouissent dans cet État de la faveur la plus décidée. Une propriété, à laquelle ce caractère a été une fois imprimé, le conserve à perpétuité; que, par un revirement, une circonstance quelconque, il se trouve aliéné depuis des siècles, qu'il ait passé par bien des mains, si la chose est portée devant la justice, les héritiers de la première famille obtiennent gain de cause, et les biens doivent être restitués. Cette fois la contestation était d'une haute importance, car la demande était élevée contre le doge lui-même ou plutôt contre sa femme, qui se trouvait, en personne, assise sur le petit banc, tout près du demandeur, enveloppée dans son zendal. C'était une dame d'un certain âge, qui avait la tournure noble, la figure régulière, et laissait voir une expression sérieuse, ou, si l'on veut, chagrine. Les Vénitiens étaient bien glorieux de voir la princesse obligée de paraître devant la justice et devant eux dans son propre palais.

Le secrétaire commença la lecture, et je compris alors ce que signifiait devant les juges, non loin de la tribune des avocats et derrière une petite table, un petit homme assis sur une basse escabelle, et particulièrement le sablier qu'il avait placé devant lui. Tant que le scribe fait la lecture, le temps ne court pas : mais, si l'avocat veut parler, on lui mesure le temps. Le scribe lit, le sablier reste couché; le petit homme tient la main auprès : l'avocat ouvre-t-il la bouche, l'horloge se dresse aussitôt, pour se coucher dès qu'il fait silence. Le grand art est ici de jeter quelques paroles dans le flot de la lecture, de faire des observations rapides, d'attirer et de provoquer l'attention. Cela met le petit Saturne dans le plus grand embarras. Il est obligé de changer à tout moment la position horizontale ou verticale du sablier. Il se trouve dans le cas des malins esprits au théâtre des marionnettes, lorsque, troublés par les rapides breliques-breloques du malicieux Arlequin, ils ne savent plus quand ils doivent venir ou s'en aller.

Si l'on a entendu collationner dans les bureaux, on peut se faire une idée de cette lecture, rapide, monotone, mais pourtant articulée et assez distincte. L'ingénieux avocat sait faire trêve à l'ennui par des plaisanteries, et le public se divertit de ses bons mots avec des éclats de rire immodérés. Je rapporterai un des badinages les plus marquants que j'aie compris. Le secrétaire lisait un document par lequel un de ces possesseurs, estimés illégitimes, disposait des biens en litige. L'avocat lui commanda de lire plus lentement, et, lorsqu'il prononça distinctement les mots : *je donne, je lègue*, l'avocat s'élança vers lui et s'écria : « Que veux-tu donner, que veux-tu léguer, pauvre diable famélique? Tu n'as rien à toi dans ce monde! Mais, poursuivit-il, en paraissant se raviser, cet illustre possesseur était précisément dans le même cas : il voulait donner, il voulait léguer ce qui ne lui appartenait pas plus qu'à toi. » Ces mots provoquèrent de longs éclats de rire, mais le sablier reprit aussitôt la position horizontale. Le lecteur continua sa lecture bourdonnante, en faisant à l'avocat la grimace; mais tout cela est joué.

Venise, 4 octobre 1786, après minuit.

Je suis allé hier à la comédie, au théâtre Saint-Luc; j'ai eu beaucoup de plaisir. J'ai vu jouer en masque, avec beaucoup de naturel, d'énergie et de bravoure, une pièce improvisée. Tous les acteurs ne sont pas d'égal mérite : Pantalon fait très-bien; une femme, forte et bien tournée, sans être une comédienne extraordinaire, parle à merveille et sait être en scène. Le sujet était fou. Il a diverti le public, avec une incroyable variété, pendant plus de trois heures. Mais ici encore le peuple est la base sur laquelle tout repose. Les spectateurs jouent leur rôle, et la foule s'identifie avec le spectacle. Durant le jour, dans la place et sur le rivage, dans les gondoles et les palais, le vendeur et l'acheteur, le mendiant, le marin, la voisine, l'avocat et son adversaire, vivent, se démènent, se trémoussent, parlent, protestent, crient, chantent, jouent, maudissent et font vacarme. Et, le soir, ils vont au spectacle, et voient et entendent leur vie du jour artistement combinée, enjolivée, entremêlée de contes, éloignée de la réalité par le masque, tandis qu'elle en est rapprochée par les mœurs. Ils s'en amusent comme des enfants, et, sur nouveaux frais, ils crient, ils applaudissent, ils font vacarme. Du matin au soir, ou plutôt de minuit à minuit, c'est toujours de même. Mais il est difficile de voir un jeu plus naturel que celui de ces masques, et l'on ne peut arriver là qu'avec des dispositions remarquablement heureuses et un long exercice. Pendant que j'écris ces lignes, j'entends sous ma fenêtre un grand tapage sur le canal, et il est passé minuit. Querelle ou plaisir, ils ont toujours quelque chose à démêler ensemble.

Le soir.

Cette fois j'ai entendu des orateurs populaires : d'abord trois gaillards, sur la place et le quai, racontant des histoires, chacun à sa manière, puis deux avocats, deux prédicateurs, les comédiens enfin, parmi lesquels je dois surtout distinguer Pantalon. Ils ont tous quelque chose de commun entre eux, soit parce qu'ils appartiennent au même peuple, qui, vivant toujours en public, est sans cesse engagé dans des conversations passionnées, soit parce qu'ils s'imitent les uns les autres. Ajoutez à cela une pantomime prononcée, dont ils accompagnent l'expression de leurs idées, leurs sentiments et leurs sensations.

C'est aujourd'hui la fête de saint François. J'ai été à son église, *alle Vigne*. La voix retentissante du capucin était accompagnée par les cris des vendeurs devant le temple, comme par une antiphonie. J'étais placé entre deux, à la porte de l'église, et cela produisait sur mon oreille un effet assez bizarre.

Venise, 5 octobre 1786.

J'ai visité ce matin l'arsenal, toujours assez intéressant pour moi, qui ne connais rien encore à la marine, et j'étais ici à la basse école : car, à vrai dire, on croit voir ici une ancienne famille, qui subsiste encore, mais qui a vu passer le plus beau temps des fleurs et des fruits. Comme j'aime aussi à observer les artisans, j'ai vu bien des choses remarquables, et je suis monté sur la carcasse, achevée, d'un vaisseau de quatre-vingt-quatre canons. J'ai vu mettre en œuvre les plus beaux chênes d'Istrie, et mes réflexions se sont portées sur la croissance de cet arbre précieux. Je ne puis assez dire combien la connaissance que j'ai péniblement acquise des produits naturels que l'homme emploie comme matériaux, et qu'il applique à son usage, m'est utile en toute occasion pour m'expliquer les procédés des artistes et des artisans. C'est ainsi que ma connaissance des montagnes et des pierres qu'on en tire m'a fort avancé dans la connaissance de l'art.

Pour tout dire en un mot sur *le Bucentaure*, je l'appellerai une galère de parade. L'ancien, dont nous avons toujours des images, justifie encore mieux cette dénomination que celui-ci, qui, par sa magnificence, nous aveugle sur son origine. J'en reviens toujours à mon thème : qu'on donne à l'artiste un beau sujet, et il pourra faire quelque chose de beau. On lui avait commandé cette fois de construire une galère qui fût digne de porter les chefs de la république dans le jour solennel où elle consacre son antique domination sur la mer, et cette tâche est parfaitement remplie. Le vaisseau est tout ornement : aussi ne peut-on pas dire qu'il soit surchargé d'ornements; c'est une ciselure toute dorée, mais sans aucun usage, un véritable ostensoir, pour montrer au peuple ses chefs dans toute leur magnificence. Nous savons comme le peuple aime à décorer son chapeau, à voir aussi ses oreilles bien parées. Ce vaisseau de parade est une véritable pièce d'inventaire, où l'on peut voir ce qu'étaient les Vénitiens et ce qu'ils se flattaient d'être.

Pendant la nuit.

Je reviens de la tragédie et je ris encore. Il faut que je vous conte sans retard cette bouffonnerie. La pièce n'était pas mauvaise : l'auteur a cousu ensemble tous les « matadors » tragiques, et les acteurs ont bien joué. La plupart des situations étaient connues, quelques-unes nouvelles, et tout à fait heureuses. Deux pères qui se haïssent, et, de ces familles divisées, des fils et des filles qui s'aiment de part et d'autre avec passion, et même un couple marié secrètement. Les horreurs et les cruautés se succèdent; enfin l'unique ressource pour faire le bonheur des jeunes gens est que les deux pères se tuent l'un l'autre, sur quoi le rideau tombe, au milieu de vifs applaudissements. Ils redoublent, on crie *fuora*, jusqu'à ce que les deux couples se soient décidés à sortir de derrière le rideau, à faire leur révérence et à se retirer de l'autre côté. Le public n'était pas encore satisfait; il battait des mains et criait : *I morti!* Point de cesse, avant que les deux morts se fussent aussi montrés et eussent fait la révérence. Sur quoi, quelques voix crièrent : *Bravi i morti!* Ils furent longtemps retenus par les battements de mains; enfin on leur permit aussi de se retirer. Cette bouffonnerie gagne infiniment pour le témoin oculaire et auriculaire qui a, comme moi, dans les oreilles le *bravo! bravi!* que les Italiens ont toujours à la bouche, et qui entend tout à coup saluer même les morts de ce compliment.

« Bonne nuit! » C'est là ce que nous pouvons nous dire à toute heure, nous autres gens du Nord, quand nous nous quittons dans l'obscurité. L'Italien ne dit qu'une fois *felicissima notte*, et cela, quand on apporte la lumière dans la chambre, au moment où le jour et la nuit se séparent, et cela signifie tout autre chose. C'est ainsi que les idiotismes de chaque langue sont intraduisibles, car, depuis le terme le plus élevé jusqu'au plus bas, tout se rapporte aux particularités de la nation, qu'elles résident dans le caractère, les sentiments ou la situation.

Venise, 6 octobre 1786.

La tragédie d'hier m'a appris plusieurs choses. D'abord j'ai entendu comment les Italiens traitent et déclament leurs iambes endécasyllabes; ensuite j'ai compris combien Gozzi a eu raison d'unir les masques avec les figures tragiques. C'est le vrai spectacle qui convient à ce peuple, car il veut être ému d'une façon cruelle; il ne prend aucun intérêt intime et tendre aux malheureux; son plaisir est d'entendre les héros parler bien : car il s'attache beaucoup aux discours; après quoi, il veut rire ou entendre quelque sottise.

Il ne s'intéresse au spectacle que comme à une réalité. Le tyran avait présenté son épée à son fils, et lui avait demandé de tuer son épouse, qui était devant lui : le peuple exprima à grand bruit son mécontentement de cette invitation, et il s'en fallut peu que la pièce ne fût interrompue. Il demandait que le père reprît son épée, ce qui aurait anéanti les autres situations de la pièce. Enfin le fils, embarrassé, prit sa résolution : il s'avança, et pria humblement le public de vouloir bien prendre patience un moment. L'affaire s'arrangerait à souhait. Au reste, au point de vue de l'art, cette situation était, vu les circonstances, absurde et contre nature, et j'ai trouvé le sentiment du peuple digne d'éloge.

Je comprends mieux à cette heure les longs discours et les nombreuses dissertations des tragédies grecques. Les Athéniens aimaient encore plus à entendre parler et ils s'y connaissaient mieux encore que les Italiens; ils se formaient déjà devant les tribunaux, où ils passaient tout le jour.

Je trouve, aux ouvrages que Palladio a pu achever, surtout aux églises, des choses répréhensibles à côté des plus admirables. Et quand je me demande à quel point j'ai tort ou raison à l'égard d'un homme si extraordinaire, il me semble qu'il est à mes côtés et qu'il me dit : «J'ai fait ceci et cela contre ma volonté; cependant je l'ai fait, parce que, dans les circonstances données, je n'avais pas d'autres moyens de m'approcher, le plus possible, de ma plus haute idée.» Il me semble qu'en mesurant les dimensions d'une église déjà bâtie, d'une vieille maison, pour lesquelles il devait construire des façades, il se disait à lui-même : « Comment donneras-tu à ces constructions la forme la plus grande? Tu seras obligé de souffrir dans le détail un peu de désordre et de bousillage; çà et là apparaîtront quelques incongruités ; mais n'importe ; l'ensemble sera d'un grand style et tu travailleras avec plaisir. » C'est ainsi qu'il a produit l'idée sublime qu'il portait en lui où elle ne convenait pas entièrement, où il était contraint de la froisser et de la morceler en détail. En revanche, l'aile du couvent de la Charité est pour nous du plus haut prix, parce que l'artiste avait la main libre, et qu'il pouvait suivre absolument son génie. Si le couvent eût été achevé, peut-être n'y aurait-il pas dans le monde entier une œuvre architecturale plus parfaite. Je comprends toujours mieux son génie et son travail, à mesure que je lis ses ouvrages et que je considère comment il traite les anciens. Il est sobre de paroles, mais elles sont toutes de poids. Le quatrième livre, qui expose les temples antiques, est une excellente introduction pour apprendre à contempler avec intelligence les ruines antiques.

7 octobre 1786.

Hier au soir, j'ai vu, traduite s'entend, l'*Électre* de Crébillon au théâtre Saint-Chrysostome. Je ne puis dire combien j'ai trouvé la pièce absurde, et l'horrible ennui qu'elle m'a causé. Du reste les acteurs sont bons et ils savent repaître le public avec quelques passages. Pour sa part, Oreste, dans une seule scène, a trois récits différents tout chamarrés de poésie. Électre, jolie femme, ni trop grande ni trop forte, d'une vivacité presque française, avec beaucoup de bienséance, dit fort bien les vers ; mais, du commencement à la fin, elle se comporte follement, comme, par malheur, le rôle le demande. Cependant j'ai encore appris quelque chose : l'iambe italien, toujours de onze syllabes, a pour la déclamation un grand désavantage, parce que la dernière syllabe en est toujours brève, et qu'elle monte à l'aigu, contre la volonté du déclamateur.

J'ai été ce matin à la grand'messe, à laquelle le doge doit assister ce jour-là, chaque année, dans l'église de Sainte-Justine, en souvenir d'une victoire remportée autrefois sur les Turcs. Quand les barques dorées abordent à la petite place, amenant le prince et une partie de la noblesse ; quand les bateliers, bizarrement vêtus, agitent leurs rames peintes en rouge ; que le clergé et les confréries attendent sur la rive en masse flottante, tenant des cierges allumés sur des perches et des chandeliers d'argent portatifs; qu'on pose, depuis les barques jusqu'à terre, des ponts couverts de tapis; que d'abord les longues robes violettes des jurisconsultes, les longues robes rouges des sénateurs, se déploient sur le pavé; qu'enfin le vieillard, paré de la mitre d'or phrygienne, en longue robe d'or traînante, avec le manteau d'hermine, descend de la barque; que trois serviteurs s'emparent de la queue du vêtement; tout cela, dans une petite place, en face du porche d'une église, devant les portes de laquelle sont arborés les étendards ottomans : on croit voir tout à coup une ancienne tapisserie, mais d'un dessin et d'un coloris excellents. Pour moi, fugitif du Nord, j'ai trouvé un grand plaisir à cette cérémonie. Chez nous, où toutes les solennités se célèbrent en habit court, où la plus grande qu'on puisse imaginer se passe avec le fusil sur l'épaule, quelque chose de pareil serait peut-être déplacé. C'est ici que figurent convenablement ces robes traînantes, ces paisibles cérémonies.

Le doge est un homme de grande et belle taille. Il est, dit-on, malade; mais, en faveur de la dignité, il se tient assez droit sous son pesant costume. Au reste, on le dirait le grand-papa de toute la famille, il est tout affable et gracieux, le vêtement lui sied très-bien; son petit bonnet ne fait point mal sous la mitre, parce qu'il est très-fin et transparent, et repose sur la chevelure la plus blanche et la plus brillante du monde. Il était accompagné d'environ cinquante nobles, en longues robes traînantes, d'un rouge foncé. La plupart étaient de beaux hommes; pas une tournure disgracieuse, plusieurs de grande taille, avec de grandes têtes, auxquelles allaient fort bien les blondes perruques à boucles; des traits saillants, une carnation blanche, délicate, mais qui ne paraît point molle et désagréable; des hommes à l'air sage sans effort, paisibles, sûrs d'eux-mêmes, portant légèrement la vie et tous animés d'une certaine gaieté.

Quand tout le monde se fut rangé dans l'église et que la messe eut commencé, les confréries entrèrent par la grande porte et sortirent par celle de droite, après avoir, deux à deux, reçu l'eau bénite et salué d'une inclination de tête le maître autel, le doge et la noblesse.

Je m'étais commandé pour ce soir le fameux chant des gondoliers, qui chantent, sur des mélodies particulières, le Tasse et l'Arioste. Car, ces chants, il faut les commander; on ne les entend pas communément; ils appartiennent aux traditions du passé à demi évanouies. Je me suis embarqué dans une gondole, au clair de lune, ayant un chanteur en avant de moi, l'autre en arrière. Ils ont entonné leur mélodie, en alternant vers par vers. Cette mélodie, que Rousseau nous a fait connaître, est un milieu entre le plain-chant et le récitatif; elle observe toujours la même marche, sans avoir de mesure; la modulation est aussi la même : seulement, selon le sens du vers, on change, avec une sorte de déclamation, aussi bien le ton que la mesure; mais l'esprit, mais la vie, ce que je vais dire les fera saisir. Comment cette mélodie s'est formée, je ne veux pas le rechercher, mais elle convient parfaitement pour un homme oisif, qui prélude à part lui, et qui fait passer dans ce chant des vers qu'il sait par cœur.

Avec une voix perçante (le peuple estime la force avant tout), assis sur le bord d'une île, d'un canal, dans une barque, il fait retentir sa chanson aussi loin qu'il peut. Elle s'étend sur le miroir tranquille. Un autre l'entend dans le lointain : il sait la mélodie, il comprend les paroles, et il répond par le vers suivant; le premier réplique, et l'un est toujours l'écho de l'autre. Le chant se prolonge des nuits entières et les amuse sans les fatiguer. Plus donc ils sont éloignés l'un de l'autre, plus la musique peut produire un effet ravissant. La bonne place pour celui qui écoute est entre les deux chanteurs.

Pour m'en faire juger, ils débarquèrent sur la rive de la Giudecca; ils se séparèrent le long du canal; j'allais et je venais entre eux, en m'éloignant toujours de celui qui allait commencer à chanter, et me rapprochant de celui qui avait cessé. Ainsi me fut révélé le sens de cette mélodie. Comme voix lointaine, elle est d'un effet étrange : c'est comme une plainte sans tristesse; elle a quelque chose d'indéfinissable, qui émeut jusqu'aux larmes. Je l'attribuais aux dispositions où j'étais; mais mon vieillard me dit : *E singolare come quel canto intenerisce, e molto più quando è più ben cantato.* Il me souhaitait d'entendre les femmes du Lido et surtout celles de Malamocco et de Palestrine, qui chantent aussi le Tasse sur des mélodies pareilles ou semblables. Il ajouta : « Elles ont l'habitude, quand leurs maris sont en mer à la pêche, de s'asseoir sur le rivage et d'entonner ces chants, le soir, d'une voix retentissante, jusqu'à ce qu'elles entendent aussi de loin les voix de leurs maris, et qu'elles s'entretiennent de la sorte avec eux. » Cela n'est-il pas charmant? Et pourtant on imagine aisément qu'il serait peu agréable d'entendre de près ces voix qui luttent avec les vagues de la mer. Mais elle devient humaine et vraie, l'idée de ce chant; elle devient vivante, la mélodie, dont la lettre morte fut autrefois pour nous un grimoire. C'est le chant d'une personne solitaire, écartée, qui chante pour qu'une autre, animée des mêmes sentiments, l'entende et lui réponde.

Venise, 8 octobre 1786.

J'ai visité le palais Pisani-Moretta, pour voir un précieux tableau de Paul Véronèse. C'est la famille de Darius, à genoux devant Alexandre et Éphestion. La mère, qui est en avant, prend celui-ci pour le roi. Il refuse cet honneur et indique Alexandre. On raconte que cet artiste, ayant reçu pendant longtemps une hospitalité honorable dans ce palais, avait peint ce tableau secrètement pour l'offrir en cadeau, qu'il l'avait roulé et glissé sous le lit. Certes, il mérite bien d'avoir une origine particulière, car il révèle tout le mérite du maître; on y voit à merveille (le tableau étant parfaitement conservé et frais comme d'hier) son grand talent de produire la plus admirable harmonie, sans répandre sur toute la toile un ton général, en distribuant avec art les lumières et les ombres, et, avec la même habileté, les diverses teintes locales. Or, il faut le dire, aussitôt qu'un tableau de ce genre a souffert, notre jouissance est troublée sans qu'on sache pourquoi.

Qui voudrait chicaner le peintre sur le costume n'aurait qu'à se figurer qu'on avait à peindre une histoire du seizième siècle, et tout serait dit. La gradation de la mère à la femme et à la fille est aussi heureuse que vraie. La jeune princesse, toute prosternée, est un joli minois; elle est gentille, obstinée, hautaine : sa situation ne paraît pas du tout lui plaire.

Le don que j'ai depuis longtemps de voir le monde avec les yeux du peintre dont les tableaux viennent de faire impression sur moi m'a conduit à une réflexion particulière. Il est manifeste que l'œil se forme d'après les objets qu'il voit dès l'enfance : aussi le peintre vénitien doit-il tout voir plus lumineux et plus serein que les autres hommes. Nous, qui vivons sur une terre tantôt fangeuse, tantôt poudreuse, décolorée, qui assombrit tous les reflets, et peut-être même enfermés dans d'étroits appartements, nous ne pouvons développer chez nous ce joyeux regard. Comme je voguais un jour à travers les lagunes en plein soleil, et que j'observais sur leurs bancs les gondoliers, aux vêtements bigarrés, ramant et passant d'une course légère, et se dessinant dans l'air bleu sur la plaine verte : j'avais la plus vive et la plus fidèle image de l'école vénitienne. La lumière du soleil relevait d'une manière éblouissante les couleurs locales, et les parties ombrées étaient si claires que, proportion gardée, elles auraient pu servir à leur tour de lumières. Il en était de même des reflets de l'eau verte ; tout était clair et peint en clair, en sorte que les flots écumants et leurs flammes étincelantes étaient nécessaires pour mettre les points sur les *i*. Le Titien et Paul Véronèse avaient cet éclat au plus haut degré, et, quand on ne le trouve pas dans leurs toiles, c'est qu'elles ont perdu ou qu'on les a repeintes.

Les coupoles et les voûtes de l'église de Saint-Marc, avec leurs faces latérales, tout est couvert d'images, partout des figures bigarrées, sur un fond d'or; partout des mosaïques : quelques-unes sont très-bonnes, d'autres médiocres, selon le talent des maîtres qui ont fourni les cartons. J'ai été frappé de l'idée que tout dépend de la première invention, et que c'est elle qui a la juste mesure, le véritable esprit; car, avec de petits cubes de verre, on peut imiter le bon aussi bien que le mauvais, encore ne l'a-t-on pas fait ici avec la plus grande délicatesse. L'art qui donnait aux anciens leurs parquets, qui voûtait pour le chrétien les cieux de ses églises, s'émiette maintenant sur les bracelets et les tabatières. Nos temps sont plus mauvais qu'on ne pense.

Dans le palais Farsetti se trouve une précieuse collection de plâtres des meilleurs antiques. Je ne dis rien de ceux que je connaissais déjà depuis Manheim ou autrement, et je mentionnerai seulement quelques nouvelles connaissances : une Cléopâtre de grandeur colossale, ayant l'aspic enroulé autour du bras et s'endormant du sommeil de la mort ; Niobé, couvrant de son manteau sa plus jeune fille contre les flèches d'Apollon ; quelques gladiateurs, un génie endormi dans ses ailes, des philosophes assis ou debout. Ce sont des ouvrages qui pourront être pendant des milliers d'années les délices et les modèles du monde, sans que la réflexion épuise jamais le mérite de l'artiste.

Beaucoup de bustes remarquables m'ont transporté dans ces beaux temps antiques. Seulement je sens avec regret combien je suis arriéré dans ces connaissances. Mais je ferai des progrès ; je sais du moins le chemin : Palladio me l'a aussi ouvert, comme pour tous les arts et la vie. Ces paroles sembleront peut-être un peu étranges, cependant elles sont moins paradoxales que ce qu'on rapporte de Jacques Bœhme, qu'à la vue d'un plat d'étain, il fut éclairé sur l'univers par l'illumination de Jupiter. On voit aussi dans cette collection un morceau de l'entablement du temple d'Antonin et Faustine à Rome. Ce magnifique modèle d'architecture m'a rappelé le chapiteau du Panthéon que j'avais vu à Manheim. C'est autre chose que nos saints grimaçants, empilés par étages sur de petites consoles ; autre chose que nos enjolivements gothiques, nos colonnes en tuyaux de pipe, nos tourelles pointues et nos saillies fleuronnées ; tout cela, j'en suis, Dieu merci, délivré pour jamais.

Je mentionnerai encore quelques ouvrages de statuaire, que j'ai vus ces derniers jours, à la dérobée seulement, mais avec étonnement et admiration : deux énormes lions de marbre blanc devant la porte de l'arsenal. L'un est assis et se dresse, appuyé sur les pattes de devant ; l'autre est couché ; magnifique contraste, d'une variété vivante. Ils sont si grands, qu'ils rendent tout petit autour d'eux, et qu'on serait anéanti soi-même, si les objets sublimes ne nous élevaient pas avec eux. Ces lions doivent être des meilleurs temps de l'art grec, et ils furent amenés ici du Pirée dans les beaux jours de la république. C'est aussi d'Athènes que vient une couple de bas-reliefs enchâssés dans l'église de Sainte-Justine, victorieuse des Turcs : malheureusement ils sont mis un peu dans l'ombre par des stalles. Le sacristain me les fit remarquer, parce que, selon la tradition, le Titien peignit d'après ces modèles les anges, d'une admirable beauté, qu'on voit dans son Martyre de saint Pierre. Ce sont des génies qui se traînent avec les attributs des dieux. Ils sont en effet d'une beauté qui surpasse toute idée.

Ensuite j'ai observé avec un sentiment tout particulier, dans la cour d'un palais, la statue colossale et nue de Marcus Agrippa. Un dauphin, qui se dresse à son côté, annonce un illustre marin. Quand il est représenté avec ce caractère héroïque, l'homme est semblable aux dieux.

J'ai vu de près les chevaux de l'église de Saint-Marc. De bas en haut, on remarque aisément qu'ils sont tachetés, qu'ils sont en partie d'une belle couleur jaune, d'un éclat métallique, en partie vert de cuivre. De près, on voit et l'on apprend qu'ils étaient complétement dorés; on voit qu'ils sont partout couverts de raies, parce que les barbares ne voulurent pas enlever l'or avec la lime mais avec le couteau. Passe pour cela : la forme du moins est restée. Quel magnifique attelage ! Je voudrais entendre sur cette œuvre un bon connaisseur en chevaux. Ce qui me semble étrange, c'est que, de près, ils paraissent lourds, et, de la place, légers comme des cerfs.

Ce matin, mon ange gardien m'a mené au Lido, langue de terre qui ferme les lagunes et les sépare de la mer. Nous avons débarqué, et nous avons traversé cette barrière. J'entendais un grand bruit : c'était la mer, et je la vis bientôt. Elle s'élançait contre le rivage en même temps qu'elle se retirait : c'était le milieu du reflux. J'ai donc vu la mer de mes yeux, et je l'ai suivie sur la belle plage qu'elle abandonne en se retirant. J'aurais bien voulu avoir les enfants à mes côtés, à cause des coquillages. Moi-même, comme un enfant, j'en ai ramassé une provision. Cependant j'ai mon dessein : je voudrais sécher un peu de la liqueur du calmar, qui s'écoule ici en si grande abondance.

Sur le Lido, non loin de la mer, est le cimetière des Anglais, et, plus loin, celui des juifs, ni les uns ni les autres ne pouvant reposer en terre bénite. J'ai trouvé le tombeau du noble consul Smith et celui de sa première femme. C'est à lui que je dois mon Palladio, et je lui en ai rendu grâce sur sa tombe profane. Et non-seulement elle est profane, mais elle est à moitié ensevelie. Le Lido n'est qu'une simple dune; le sable y est amené par la mer, poussé çà et là, entassé, amoncelé par le vent. Dans peu de temps, on aura de la peine à retrouver ce monument, qui est pourtant assez élevé.

La mer est un grand spectacle. Je veux y faire une promenade en canot. Les gondoles ne s'y hasardent pas.

J'ai trouvé aussi au bord de la mer diverses plantes dont le caractère semblable m'a fait mieux connaître les qualités : elles sont à la fois vigoureuses et rudes, succulentes et tenaces. Il est manifeste que l'ancienne salure du sol et, plus encore, l'atmosphère saline leur donnent ces qualités. Elles sont pleines de suc, comme les plantes aquatiques ; elles sont grasses et tenaces, comme les plantes de montagnes ; quand les extrémités de leurs feuilles ont de la tendance à se former en épines, comme les chardons, elles sont extrêmement fortes et pointues. J'ai trouvé un de ces bouquets de feuilles. Il me semblait voir notre innocent tussilage, mais pourvu d'armes aiguës, la feuille comme du cuir, les capsules même, les pédoncules, tout, vigoureux et gras. J'emporte des graines et des feuilles (*eryngium maritimum*).

Le marché au poisson, avec ses innombrables produits maritimes, m'intéresse beaucoup. J'y passe souvent, et j'observe les malheureux habitants de la mer qui se sont laissé prendre.

Venise, 9 octobre 1786.

Excellente journée, du matin au soir ! J'ai passé jusqu'à Palestrine vis-à-vis de Chiozza, où sont les grandes constructions nommées *murazzi*, que la république fait élever contre la mer. Elles sont de pierre taillée, et doivent proprement protéger contre ce sauvage élément la longue pointe du Lido, qui sépare les lagunes de la mer. Les lagunes sont un antique ouvrage de la nature. Le flux et le reflux luttant avec la terre, puis l'abaissement successif des eaux primitives ont eu pour effet, qu'à l'extrémité supérieure de l'Adriatique, il se trouve une étendue considérable de marais qui, visités par le flux, sont abandonnés en partie par le reflux. L'art s'est emparé des points les plus élevés, et c'est ainsi que s'est formée Venise, de cent îles groupées ensemble et entourées de cent et cent autres. En même temps, avec des efforts et des dépenses incroyables, on a creusé dans le marais de profonds canaux, afin de pouvoir, même quand la marée est basse, aborder aux points principaux avec des bâtiments de guerre. Ce que le génie et le travail de l'homme ont inventé et accompli jadis, le travail et la prudence doivent le maintenir. On ne peut entrer par le Lido qu'à deux endroits, savoir près du château et, à l'extrémité opposée, près de Chiozza. Le flux entre deux fois par jour, et le reflux retire deux fois les eaux, toujours par le même chemin et dans les mêmes directions. Le flux couvre les parties intérieures, marécageuses, et laisse, sinon à sec, du moins visibles, les plus élevées.

Il en serait tout autrement, si la mer se cherchait de nouveaux chemins, attaquait la langue de terre, et si les marées entraient et sortaient au hasard. Non-seulement les petites villes établies sur le Lido, Palestrine, Saint-Pierre et d'autres devraient périr, mais les canaux de communication seraient comblés, et, l'eau confondant tout, le Lido serait changé en îles, et les îles qui maintenant sont derrière deviendraient des langues de terre. Pour obvier à cela, les Vénitiens doivent défendre le Lido de tout leur pouvoir, afin que l'aveugle élément ne puisse attaquer et bouleverser ce que les hommes ont pris en leur possession, à quoi ils ont donné une direction et une forme pour un but déterminé.

C'est surtout dans les cas extraordinaires, quand la mer s'élève outre mesure, qu'il est bon qu'elle ne puisse entrer que par deux endroits et que le reste demeure fermé, car elle ne peut pénétrer avec une très-grande violence, et, en quelques heures, elle doit se soumettre à la loi du reflux et diminuer sa fureur. Du reste Venise n'a rien à craindre : la lenteur avec laquelle la mer se retire garantit à la ville des milliers d'années, et, par un sage entretien des canaux, elle saura se maintenir en possession.

Si l'on tenait seulement la ville plus propre, ce qui est aussi nécessaire que facile, et réellement de très-grande conséquence dans la suite des siècles ! Il est défendu, il est vrai, sous des peines sévères, de rien verser dans les canaux ni d'y jeter les balayures; mais il n'est pas interdit à une averse subite de remuer toutes les immondices poussées dans les coins et de les entraîner dans les canaux, et, ce qui est pire encore, dans les égouts réservés à l'écoulement de l'eau, et de les obstruer tellement que les places principales sont menacées de se trouver sous l'eau. J'ai vu même obstrués et pleins d'eau quelques égouts de la petite place Saint-Marc, qui sont très-soigneusement établis, comme ceux de la grande. Quand il survient un jour de pluie, c'est une boue insupportable; tout le monde jure et tempête; on salit, en montant et descendant les ponts, les manteaux et les *tabarri*, que l'on traîne ici toute l'année; et, comme tout le monde court en bas et en souliers, on s'éclabousse et l'on est furieux, car ce n'est pas d'une boue ordinaire, mais corrosive, qu'on est sali. Le temps redevient beau, et nul ne songe à la propreté. On a raison de le dire : le public se plaint toujours d'être mal servi, et il ne sait pas entreprendre de se faire mieux servir. Ici, que le souverain le veuille, et tout sera bientôt fait.

Je suis monté ce soir à la tour de Saint-Marc, parce que, ayant vu d'en haut dernièrement les lagunes dans leur magnificence à la marée montante, j'ai voulu les voir dans leur abaissement pendant le reflux, et il est nécessaire d'unir ces deux images pour se faire une juste idée. On trouve étrange de voir la terre paraître de tous côtés, là où s'étendait auparavant une plaine liquide. Les îles ne sont plus des îles, mais seulement les places plus hautes et cultivées d'un grand marais verdâtre, coupé par de beaux canaux. La partie marécageuse est couverte de plantes aquatiques, ce qui doit aussi l'élever peu à peu, quoique le flux et le reflux tiraillent et ravagent sans cesse, et ne laissent à la végétation aucun repos.

J'en reviens à la mer. J'y ai vu aujourd'hui le manége des doris, des patelles, des crabes, et j'y ai pris beaucoup de plaisir. Qu'un être vivant est une chose précieuse et magnifique! comme il est approprié à son état! comme il est vrai! comme il existe! Combien ne me sont pas utiles mes petites études d'histoire naturelle! Quel plaisir je goûte à les continuer! Mais, ces choses pouvant se communiquer, je ne veux pas agacer mes amis avec de simples exclamations. Les constructions élevées pour arrêter la mer consistent d'abord en quelques marches rapides; puis vient un espace uni, qui s'élève doucement, puis une marche encore, et, de nouveau, un espace pareil au premier, enfin un mur dont le couronnement surplombe. La marée monte ces degrés et ces espaces, et, dans les cas extraordinaires, elle se brise en haut contre le mur et la saillie. La mer est suivie de ses habitants, de petits coquillages comestibles, de patelles univalves, de tout ce qui peut se mouvoir, et principalement les crabes. Mais à peine ces animaux ont-ils pris possession des murailles polies, que la mer se retire, cédant et regonflant, comme elle est venue. La fourmilière ne sait pas d'abord où elle en est; elle espère toujours que le flot salé reviendra; mais il fait défaut, le soleil pique et sèche promptement : alors la retraite commence. A cette occasion, les crabes cherchent leur proie. On ne peut rien voir de plus comique et de plus bizarre que les gestes de ces créatures, composées d'un corps rond et de deux longues pinces, car leurs autres pieds d'araignée ne sont pas remarquables. Ils s'avancent gravement comme sur des bras en forme d'échasses, et aussitôt qu'une patelle, sous son bouclier, bouge de sa place, ils lui courent sus, pour glisser leur pince dans l'étroit espace entre la valve et le sol, renverser le toit et dévorer le mollusque. La patelle chemine doucement; mais, aussitôt qu'elle aperçoit l'approche de l'ennemi, elle se colle ferme à la pierre. Le crabe se démène autour du petit toit avec une adresse et une malice amusante, mais la force lui manque pour vaincre le muscle puissant du mollusque : il renonce à cette proie, il court à une autre, qui chemine, et la première poursuit sa marche doucement. Je n'ai jamais vu un crabe parvenir à son but, quoique j'aie observé durant des heures la retraite de cette fourmilière, se glissant en bas des deux esplanades et les marches qui les séparent.

Venise, 10 octobre 1786.

Je puis dire enfin que j'ai vu une comédie! On jouait aujourd'hui au théâtre Saint-Luc le *Baruffe Chiozzotte*, c'est-à-dire les *Chamaillis de Chiozza*. Les personnages sont tous des marins, habitants de l'endroit, leurs femmes, leurs sœurs et leurs filles. Les criailleries ordinaires de ces gens, dans la joie ou la colère, leurs querelles, leurs vivacités, leur bonhomie, les platitudes, l'esprit, la gaieté, les libres manières, tout est rendu parfaitement. La pièce est encore de Goldoni : et comme j'avais été la veille dans cet endroit, que les manières et le langage des marins et des gens du port étaient encore présents à mes yeux et à mes oreilles, cette imitation m'a fait un très-grand plaisir. Mainte allusion m'a sans doute échappé, mais j'ai fort bien suivi l'ensemble.

Voici le plan de la pièce. Les femmes de Chiozza sont assises devant leurs maisons, occupées à filer, à tricoter, à coudre, à tourner le fuseau comme à l'ordinaire. Un jeune homme passe, et il salue une d'entre elles plus gracieusement que les autres. Aussitôt commencent les coups de langue. On ne garde point de mesure, on s'anime, on va jusqu'à la moquerie, puis aux reproches; une grossièreté surpasse l'autre; une voisine d'humeur vive proclame la vérité. Alors les injures, les outrages, les cris, sont déchaînés; les offenses positives ne manquent pas, en sorte que la justice est contrainte d'intervenir. Au second acte, on se trouve dans la salle de justice. Le greffier, en l'absence du podestat, qui, étant noble, ne pouvait figurer sur la scène, fait citer les femmes une à une. La chose est délicate, parce qu'il est lui-même amoureux de la première; et, très-heureux de pouvoir l'entretenir tête à tête, au lieu de l'interroger, il lui fait une déclaration d'amour. Une autre, qui est amoureuse du secrétaire, entre précipitamment, poussée par la jalousie; l'amant de la première accourt aussi, la tête échauffée; les autres le suivent; on s'accable de nouveaux reproches et le diable est déchaîné dans la salle de justice, comme auparavant sur la place du port. Au troisième acte, le badinage est plus vif encore, et tout finit, que bien que mal, par une conclusion précipite.

Cependant la plus heureuse pensée est exprimée dans un caractère que je vais esquisser. Un vieux marin, dont les membres, et particulièrement l'organe de la parole, se sont engourdis par la vie dure qu'il a menée dès sa jeunesse, figure, comme en contraste, avec cette population mobile, bavarde et criailleuse: il débute toujours par un mouvement des lèvres, et en s'aidant des mains et des bras, jusqu'à ce qu'enfin il parvienne à balbutier sa pensée. Mais, comme ce ne peut jamais être qu'en phrases courtes, il s'est accoutumé à un sérieux laconique, en sorte que tout ce qu'il dit paraît proverbial et sentencieux, et tient à merveille en équilibre les emportements et les passions des autres personnages.

Je n'ai jamais vu de joie pareille à celle que le peuple a fait éclater, quand il s'est vu représenté si naturellement. Les rires et les transports de joie n'ont pas cessé du commencement à la fin. Il faut convenir aussi que les acteurs faisaient merveilles. Selon la nature des caractères, ils s'étaient partagé les différentes intonations ordinaires parmi le peuple. L'actrice principale était charmante, beaucoup mieux que l'autre jour avec son costume et sa passion héroïques. Toutes les femmes, et particulièrement celle-ci, imitaient à ravir la voix, les gestes et les manières du peuple. L'auteur mérite de grands éloges pour avoir su faire de rien le plus agréable passe-temps. Mais cela n'est possible qu'à l'écrivain national s'adressant à un public de joyeuse humeur. Cette pièce est d'ailleurs écrite par une plume exercée.

De la troupe Sacchi, pour laquelle Gozzi travaillait, et qui d'ailleurs est dispersée, j'ai vu la Smeraldina, épaisse, petite figure, pleine de vie, de finesse et de bonne humeur. Avec elle, j'ai vu Brighetta. C'est un homme maigre, bien tourné, excellent comédien, surtout pour l'expression du visage et le geste. Ces masques, qui nous semblent presque des momies, parce qu'ils n'ont pour nous aucune vie, aucune signification, font ici merveilles, comme productions indigènes. Les âges, les caractères et les états remarquables se sont incorporés dans des habits étranges, et, quand on va et vient soi-même la plus grande partie de l'année avec un masque, on trouve fort naturel de voir paraître sur la scène des visages noirs.

Venise, 11 octobre 1786.

Et comme enfin la solitude n'est guère possible au milieu d'une si grande masse d'hommes, j'ai rencontré un vieux Français qui ne sait pas un mot d'italien, qui se sent trahi et vendu, et qui, avec toutes ses lettres de recommandation, ne sait trop où il en est. C'est un homme de condition, de très-bonnes manières, mais incapable de sortir de lui-même. Il doit approcher de la soixantaine et il a laissé à la maison un fils de sept ans, dont il attend des nouvelles avec anxiété. Je lui ai rendu quelques services. Il parcourut l'Italie à son aise, mais vite, pour l'avoir vue, et il n'est pas fâché de s'instruire, en passant, autant que possible. Je lui ai donné divers renseignements. Comme je lui parlais de Venise, il m'a demandé depuis combien de temps j'étais ici. Lorsqu'il a su que j'y étais depuis quinze jours seulement et pour la première fois : « Il paraît, m'a-t-il dit, que vous n'avez pas perdu votre temps. » C'est le premier témoignage de bonne conduite que je peux produire. Il est ici depuis une semaine et il part demain. C'est pour moi une heureuse circonstance d'avoir vu en pays étranger un Versaillais incarné. Et voilà un voyageur! J'observais avec étonnement comme on peut voyager sans rien apercevoir hors de soi. Et c'est, dans son genre, un brave homme, qui a de l'instruction et du mérite.

Venise, 12 octobre 1786.

On a donné hier à Saint-Luc une pièce nouvelle, *l'Inglicismo in Italia*. Comme il y a beaucoup d'Anglais en Italie, il est naturel qu'on observe leurs mœurs, et j'espérais apprendre comment les Italiens jugent ces hôtes riches et bienvenus ; mais j'ai été déçu dans mon attente. Quelques bonnes scènes folles, comme toujours, et tout le reste trop grave et trop sérieux, sans offrir d'ailleurs aucune trace du caractère anglais ; les moralités italiennes accoutumées, et encore, appliquées aux choses les plus communes. Aussi la pièce n'a-t-elle pas été goûtée ; elle a failli même être sifflée. Les acteurs ne se sentaient pas dans leur élément ; ils n'étaient pas sur la place de Chiozza. Comme c'est la dernière pièce que je verrai ici, il semble que mon enthousiasme pour la représentation nationale d'avant-hier devait être encore augmenté par le contraste.

Après avoir, pour conclure, parcouru mon journal, et inséré les petites observations consignées dans mes tablettes, je dois enregistrer les actes, et les expédier à mes amis pour qu'ils les jugent. Je trouve déjà dans ces pages plus d'une chose que je pourrais mieux déterminer, étendre, corriger, mais il vaut mieux qu'elles subsistent comme témoignage de la première impression, qui, ne fût-elle pas toujours vraie, nous reste toujours précieuse et chère. Si je pouvais seulement faire passer à mes amis un souffle de cette facile existence! Oui, *l'Oltramontano* se présente à l'Italien comme une image obscure ; et moi aussi, je vois maintenant dans un jour sombre ce qui est au delà des

Alpes; mais des figures amies me sourient toujours du sein de ces brouillards. C'est pour le climat seulement que je serais tenté de préférer ces contrées aux nôtres, car la naissance et l'habitude sont de puissantes chaînes. Je ne voudrais pas vivre ici, non plus qu'en aucun lieu où je serais inoccupé. Maintenant la nouveauté me donne beaucoup à faire. L'architecture sort du tombeau, comme un génie antique : elle m'ordonne d'étudier ses leçons, comme les règles d'une langue morte, non pour les appliquer ou pour y goûter une joie vivante, mais seulement pour honorer, dans le secret de mon cœur, l'existence vénérable et pour jamais éteinte des âges passés. Comme Palladio rapporte tout à Vitruve, je me suis aussi procuré l'édition de Galiani : mais cet in-folio pèse dans mon bagage comme l'étude que j'en fais pèse dans mon cerveau. Par ses discours et ses ouvrages, par sa manière de penser et de produire, Palladio m'a déjà fait sentir et m'a interprété Vitruve mieux que la traduction italienne ne peut le faire. Vitruve n'est pas d'une lecture facile; le livre, en soi, est d'un style obscur, et il exige une étude critique. Néanmoins je le parcours rapidement, et il me laisse de nobles impressions. Pour mieux dire, je le lis comme un bréviaire, par dévotion plus que pour mon instruction. Les nuits sont déjà plus hâtives, et donnent du loisir pour lire et pour écrire.

Dieu soit loué! Combien je retrouve de charmes à tout ce que j'aimai dès ma jeunesse! Combien je me félicite d'oser revenir aux écrivains de l'antiquité! Car, j'ose le dire maintenant, j'ose avouer ma maladie et ma folie : depuis quelques années, je ne pouvais plus jeter les yeux sur aucun auteur latin, considérer aucune chose qui me rappelât l'Italie. Si cela m'arrivais par hasard, j'en souffrais cruellement. Herder me reprochait souvent, avec raillerie, d'apprendre tout mon latin dans Spinosa. Il avait observé que je ne lisais pas d'autre livre latin. Mais il ne savait pas à quel point je devais me garder des anciens, et que ces généralités abstruses n'étaient qu'un refuge pour mon angoisse. Naguère encore, la traduction des *Satires* par Wieland m'a rendu extrêmement malheureux : j'en avais à peine lu deux que j'étais hors de moi. Si je n'avais pris la résolution que j'exécute maintenant, j'étais un homme perdu; tant le désir de voir ces choses de mes yeux était arrivé dans mon cœur à sa maturité. La connaissance historique m'est inutile: les choses n'étaient qu'à deux pas de moi, mais j'en étais séparé par un mur impénétrable. Aussi ne me semble-t-il pas que je vois les choses pour la première fois, mais que je les revois. Je suis depuis bien peu de temps à Venise, et je me suis suffisamment identifié avec la vie vénitienne, et, si l'idée que j'en emporte est incomplète, je sais qu'elle est parfaitement claire et fidèle.

Venise, 14 octobre 1786, deux heures après minuit.

Dans les derniers moments de mon séjour en cette ville, car je vais m'embarquer sur le coche pour Ferrare. Je quitte Venise volontiers : car, pour demeurer avec plaisir et profit, je devrais faire d'autres courses, qui sont hors de mon plan. D'ailleurs chacun quitte Venise maintenant, et va chercher ses jardins et ses possessions en terre ferme. Cependant j'ai fait un bon chargement, et j'emporte avec moi la riche et merveilleuse et unique image.

DE FERRARE JUSQU'A ROME.

16 octobre 1786, le matin, sur le vaissau.

Mes compagnons de voyage, hommes et femmes, gens tout à fait acceptables et naturels, dorment tous encore dans la cabine. Pour moi, enveloppé dans mon manteau, j'ai passé ces deux nuits sur le pont. On ne sent la fraîcheur que vers le matin. Je suis véritablement entré dans le quarante-cinquième degré de latitude, et je répète mon vieux refrain : Je laisserais tout aux habitants de ce pays, si je pouvais seulement, comme Didon, embrasser avec des courroies autant de leur climat qu'il en faudrait pour en ceindre nos demeures. Car c'est une autre existence. Le trajet, par un temps superbe, a été très-agréable; les perspectives, les aspects, sont fort simples, mais gracieux. Le Pô, fleuve amical, coule ici à travers de grandes plaines; on ne voit que ses rives buissonneuses et boisées, aucuns lointains. Ici, comme sur l'Adige, j'ai vu des constructions absurdes, qui sont puériles et nuisibles, comme celles qu'on voit sur la Saale.

Ferrrare, 16 octobre 1786, de nuit.

Arrivé ce matin à sept heures, de notre cadran, je me prépare à partir demain. Pour la première fois, je suis surpris d'une sorte de déplaisir, dans cette ville grande et belle, plate, dépeuplée. Autrefois une cour brillante animait ces rues ; ici demeurèrent, l'Arioste, mécontent, le Tasse, malheureux. Et nous croyons nous édifier en visitant ce séjour! Le tombeau de l'Arioste contient beaucoup de marbre mal distribué. Au lieu de la prison du Tasse, on montre un bûcher, une charbonnière, où assurément il ne fut jamais enfermé. Dans la maison même, à peine quelqu'un sait-il encore ce qu'on veut. Ils finissent par se raviser en faveur du pourboire. Cela me fait souvenir de la tache d'encre du Dr Luther, que le châtelain renouvelle de temps en temps. La plupart des voyageurs tiennent du compagnon, et s'enquièrent volontiers de ces signes caractéristiques. J'étais devenu tout chagrin, en sorte que j'ai pris peu d'intérêt à un bel institut académique, fondé et enrichi par un cardinal originaire de Ferrare. Cependant je me suis arrêté avec plaisir dans la cour devant quelques monuments antiques. Ensuite j'ai été égayé par une bonne idée d'un peintre. Jean-Baptiste est en présence d'Hérode et d'Hérodias. Le prophète, dans son costume sauvage, désigne la dame d'un geste violent. Elle regarde avec un calme parfait le prince assis auprès d'elle, et le prince regarde l'enthousiaste d'un air sage et tranquille. Devant le roi est un chien blanc, de grandeur moyenne ; sous la robe d'Hérodias, se montre un petit bichon : tous deux aboient le prophète. Voilà qui me semble heureusement imaginé.

Cento, 17 octobre, au soir.

J'écris de la ville natale du Guerchin dans de meilleures dispositions qu'hier. Mais aussi la situation est bien différente. Une gracieuse petite ville, de cinq mille habitants environ, bien bâtie, industrieuse, vivante, propre, dans une plaine immense et fertile. Suivant mon habitude, je suis monté d'abord au clocher. Une mer de peupliers, entre lesquels on aperçoit, dans le voisinage, de petites fermes, chacune entourée de son champ. Un sol riche, un doux climat. C'était une soirée d'automne comme notre été nous en accorde rarement. Le ciel, couvert tout le jour, s'est éclairci ; les nuages se sont jetés au nord et au sud contre les montagnes, et j'espère que demain sera beau.

C'est ici que j'ai vu pour la première fois les Apennins, dont je m'approche. L'hiver ne règne ici qu'en décembre et janvier ; un avril pluvieux ; du reste, selon la saison, un beau temps ; jamais de pluies persistantes. Cependant, cette année, le mois de septembre a été plus beau et plus chaud que le mois d'août. J'ai salué amicalement les Apennins vers le sud, car j'en aurai bientôt assez des plaines. Demain j'écrirai du pied de ces montagnes.

Le Guerchin aimait sa ville natale. En général, les Italiens nourrissent et cultivent ce patriotisme local, et c'est ce beau sentiment qui a produit un si grand nombre d'établissements précieux, et même cette multitude de saints particuliers. Sous la direction de ce maître, il s'est formé ici une académie de peinture. Il a laissé plusieurs tableaux, qui font encore les délices des habitants et qui le méritent. Le nom du Guerchin est sacré ; il est dans la bouche des enfants, comme des vieillards.

J'aime beaucoup le tableau qui représente le Christ ressuscité apparaissant à sa mère. A genoux devant lui, elle le regarde avec une inexprimable tendresse. De sa main gauche, elle touche le corps de Jésus, droit au-dessous de la fatale blessure, qui gâte tout le tableau. Il a posé sa main gauche autour du cou de sa mère, et, pour la regarder plus commodément, il se penche un peu en arrière. Cela donne à la figure quelque chose, je ne dirai pas de forcé, mais d'étrange. Cependant elle n'en reste pas moins infiniment agréable. Le calme et triste regard avec lequel il la considère est unique ; on dirait que le souvenir de ses propres douleurs et de celles de sa mère, que la résurrection n'a pas d'abord guéries, flotte encore devant sa grande âme. Strange a gravé ce tableau : je voudrais que mes amis vissent du moins cette copie.

Ensuite une Madone m'a charmé. L'enfant demande le sein ; elle hésite avec pudeur à se découvrir la gorge. Cela est naturel, noble et beau. Je citerai encore une Marie qui conduit le bras de l'enfant, placé devant elle et tourné vers les spectateurs, afin qu'avec ses doigts levés il leur donne la bénédiction :

pensée très-heureuse et souvent répétée, qui est dans l'esprit de la mythologie catholique.

Le Guerchin est un peintre profond et vigoureux sans rudesse. Au contraire, ses productions ont une grâce morale et tendre, une liberté et une grandeur tranquilles : avec cela, quelque chose de particulier, tellement que nous ne méconnaîtrons pas ses ouvrages, une fois que notre œil y sera fait. La légèreté, la pureté et la perfection de son pinceau sont étonnantes. Il emploie pour ses draperies des teintes singulièrement belles, qui tirent sur le brun rouge ; elles s'harmonisent très-bien avec le bleu, qu'il aime aussi à employer. Les sujets des autres tableaux sont plus ou moins malheureux. Le bon Guerchin s'est donné le martyre, et n'en a pas moins dépensé en pure perte son invention et ses pinceaux, son génie et son travail. Mais je suis heureux et je me félicite d'avoir vu aussi ce beau domaine de l'art, quoiqu'un passage si rapide procure peu d'instruction et de jouissances.

Bologne, 18 octobre 1786, de nuit.

Je suis parti de Cento ce matin avant jour, et je suis arrivé ici d'assez bonne heure. Un cicerone alerte et bien instruit, dès qu'il eut appris que je ne voulais pas m'arrêter longtemps, m'a lancé dans toutes les rues, dans tant d'églises et de palais, que je pouvais à peine noter dans mon Volkmann où j'avais été. Et qui sait si je me reconnaîtrai plus tard dans les indications de tous ces objets ! Je vais signaler quelques points lumineux, devant lesquels j'ai senti un véritable soulagement.

Commençons par la sainte Cécile de Raphaël ! Ce que je savais déjà, je le vois maintenant de mes yeux : Raphaël a toujours fait ce que les autres peintres désiraient faire, et je pourrais maintenant me borner à dire que l'ouvrage est de lui. Cinq bienheureux groupés, qui nous sont étrangers, mais dont l'existence est si accomplie, qu'on souhaite à ce tableau une éternelle durée, tout en se résignant à être soi-même anéanti. Toutefois, pour bien connaître Raphaël, pour le bien apprécier, et ne pas l'exalter non plus tout à fait comme un dieu, qui, à la manière de Melchisédec, aurait apparu sans père ni mère, il faut considérer ses prédécesseurs, ses maîtres. Ces hommes se sont appuyés sur le terrain solide de la vérité ; ils ont posé ces larges fondements avec un travail assidu et même anxieux, et rivalisé ensemble pour élever par degrés la pyramide, jusqu'à ce qu'enfin, aidé de tous ces avantages, éclairé par son divin génie, il a posé la dernière pierre du sommet, au-dessus et à côté de laquelle il n'y a de place pour aucune autre. L'intérêt historique s'accroît encore, si l'on étudie les ouvrages des anciens maîtres. Francesco Francia est un artiste fort respectable; Pierre de Pérouse, un si brave homme, qu'on le dirait un loyal Allemand. Pourquoi la fortune n'a-t-elle pas conduit Albert Durer plus avant en Italie! J'ai vu de lui à Munich des choses d'une incroyable grandeur. Le pauvre homme! Comme il se mécompte à Venise, et conclut avec la prêtraille un accord qui lui fait perdre des semaines et des mois! Et dans son voyage aux Pays-Bas, il échange contre des perroquets ses magnifiques ouvrages, avec lesquels il espérait faire fortune, et, pour épargner les pourboires, fait le portrait des domestiques qui lui apportent une assiette de fruits! Ce pauvre fou d'artiste me touche infiniment, parce qu'au fond son sort est aussi le mien. Seulement, je sais un tant soit peu mieux me tirer d'affaire.

Vers le soir, je me suis enfin sauvé de cette vieille, respectable et docte ville, de cette foule, qui, sous les treilles en berceaux, qu'on voit se déployer dans presque toutes les rues, garantie du soleil et du mauvais temps, peut aller et venir, badauder, acheter et vaquer à ses affaires. Je suis monté à la tour, et j'ai joui du grand air. La vue est magnifique. Au nord, on voit les montagnes du Padouan, puis les Alpes de la Suisse, du Tyrol et du Frioul, en un mot toute la chaîne, mais, cette fois, dans le brouillard; à l'ouest, un horizon sans bornes, où ressortent seulement les clochers de Modène; à l'est, une plaine tout unie, jusqu'à la mer Adriatique, qu'on aperçoit au lever du soleil; au sud, les premières collines des Apennins, couvertes jusqu'à leur sommet de cultures et de végétation, peuplées d'églises, de palais et de villas comme les collines de Vicence. Le ciel était parfaitement pur, pas un nuage; à l'horizon seulement une sorte de brouillard sec. Le gardien assurait que, depuis six ans, ce brouillard ne cessait pas de couvrir le lointain; qu'autrefois il avait pu très-bien découvrir avec la lunette d'approche les montagnes de Vicence, ses maisons et ses chapelles, et que maintenant c'était très-rare, même dans les jours les plus sereins; que ce brouillard se portait donc de préférence sur la chaîne septentrionale, et faisait de notre chère patrie un véritable séjour de Cimmériens. Cet homme me fit observer aussi l'air et la situation salubres de la ville; que les toits paraissaient comme neufs; que les tuiles n'étaient nullement attaquées par la mousse et l'humidité. Il faut convenir que les toits sont tous beaux et propres, mais la qualité de la tuile y peut être pour quelque chose : du moins on en cuisait jadis d'excellente dans ce pays.

La tour penchée est un affreux spectacle, et pourtant il est très-vraisemblable qu'on l'a bâtie comme cela avec intention. Voici comment je m'explique cette folie. Dans les temps des troubles civils, tout grand édifice devenait une forteresse, dans laquelle chaque famille puissante élevait une tour. Peu à peu on se fit de ces constructions un plaisir et un honneur; chacun voulait faire parade d'une tour, et, lorsqu'enfin les tours verticales furent trop communes, on en bâtit une penchée. Les architectes et les propriétaires ont atteint leur but : on donne un coup d'œil aux cent tours droites, élancées, et l'on cherche la tour qui penche. J'y suis monté ensuite. Les couches des briques sont horizontales. Avec de bon ciment et des ancres de fer, on peut aisément faire des ouvrages fous.

Bologne, 19 octobre 1786, au soir.

J'ai employé ma journée de mon mieux pour voir et revoir; mais il en est de l'art comme de la vie, plus on avance plus il s'étend. Dans ce ciel se lèvent des astres nouveaux, que je ne puis compter et qui m'éblouissent : les Carraches, le Guide, le Dominiquin, apparus dans une époque de l'art plus tardive et plus heureuse. Mais, pour les goûter véritablement, il faut une science et un discernement qui me manquent et qu'on ne peut acquérir que par degrés. Un grand obstacle à l'observation pure et à l'étude directe, ce sont les sujets le plus souvent absurdes des tableaux : on s'en indigne, quand on voudrait les vénérer et les aimer. C'est comme quand les fils de Dieu se mariaient avec les filles des hommes : il en naissait toute espèce de monstres. Tandis que vous êtes attiré par le divin génie du Guide et par son pinceau, qui n'aurait dû peindre que ce qu'on peut voir de plus parfait, vous voudriez détourner les yeux des sujets, affreusement stupides, et que toutes les injures du monde ne pourraient assez ravaler. Et c'est toujours ainsi : on est toujours dans la salle d'anatomie, sur l'échafaud, dans la voirie ; toujours les souffrances du héros, jamais l'action, jamais un intérêt présent, toujours l'attente fantastique de quelque chose d'extérieur ; des malfaiteurs ou des extatiques, des criminels ou des fous ; le peintre, pour se sauver, amène un jeune gaillard nu, une jolie spectatrice ; il traite ses héros spirituels comme des mannequins, et les drape de superbes manteaux à larges plis. Il n'y a rien là qui pût donner une idée humaine. Sur dix sujets, il n'y en a pas un qu'on eût dû peindre, et, cet unique, l'artiste n'a pas été libre de le prendre du bon côté.

Le grand tableau du Guide, dans l'église des Mendiants, est le dernier effort de la peinture, mais aussi tout ce qu'on peut demander et commander de plus absurde à l'artiste. C'est un tableau votif. Je crois que le sénat tout entier l'a voué et aussi inventé. Les deux anges, qui seraient dignes de consoler une Psyché dans son infortune, sont ici obligés de....

Le saint Proclus est une belle figure, mais les autres, les évêques et les moines !.... En bas sont des enfants célestes, qui jouent avec les attributs. Le peintre, à qui on tenait le couteau sur la gorge, s'en tirait comme il pouvait. Il s'évertuait, pour montrer seulement qu'il n'était pas le barbare. Deux figures nues du Guide, un saint Jean dans le désert, un saint Sébastien, sont admirablement peintes. Et que disent-ils ? L'un se tient là, bouche béante, l'autre se courbe. Si, dans ma mauvaise humeur, je consulte l'histoire, je suis tenté de dire : la foi a ressuscité les arts, mais la superstition s'en est emparée et les a tués de nouveau.

En sortant de table, animé de dispositions plus douces et moins ambitieuses que ce matin, j'ai noté ce qui suit dans mes tablettes. Dans le palais Tanari est un célèbre tableau du Guide, représentant la Vierge allaitant Jésus. Elle est de grandeur colossale ; la tête semble l'ouvrage d'un dieu. On ne peut rendre l'expression avec laquelle elle regarde l'enfant attaché à son sein. On dirait une tranquille et profonde résignation ; ce n'est pas l'enfant de l'amour et de la joie, c'est un enfant divin, substitué furtivement, qu'elle laisse puiser la nourriture dans son sein, parce que la chose est comme cela, et que, dans sa profonde humilité, elle ne comprend pas du tout comment elle est arrivée là. Le reste du tableau est rempli par une immense draperie, dont les connaisseurs font une grande estime. Je ne sais trop ce que j'en dois penser. Les couleurs se sont rembrunies, la chambre et le jour n'étaient pas des plus clairs.

Malgré la confusion dans laquelle je me trouve, je sens déjà que l'exercice, l'expérience et l'inclination viennent à mon aide dans ces labyrinthes. Ainsi, j'ai été vivement touché d'une Circoncision du Guerchin, parce que je connais l'homme et que je l'aime. J'ai pardonné le sujet intolérable et j'ai joui de l'exécution. Peinture au-dessus de laquelle on ne peut rien imaginer ; tout, admirable, accompli. On croit voir de l'émail. Me voilà donc comme Balaam, le prophète confus, qui bénissait quand il croyait maudire, et cela m'arriverait encore plus d'une fois, si je m'arrêtais plus long-temps.

Mais, se retrouve-t-on devant un ouvrage de Raphaël, ou qui du moins lui peut être attribué avec quelque vraisemblance, on est aussitôt complètement remis et satisfait. J'ai trouvé une sainte Agathe, précieuse toile, quoiqu'elle ne soit pas très-bien conservée. L'artiste lui a donné une saine et tranquille pudeur virginale, mais sans froideur ni rudesse. J'ai gravé cette figure dans ma mémoire. Je lui lirai en esprit mon *Iphigénie*, et je ne ferai rien dire à mon héroïne que cette sainte ne voulût dire elle-même.

Puisque ma pensée retourne à ce doux fardeau que j'emporte dans mon pèlerinage, je ne puis dissimuler qu'à côté des grands objets de l'art et de la nature, à travers lesquels je dois me frayer un passage, un merveilleux cortége de figures poétiques s'avance encore pour troubler mon repos. Depuis mon départ de Cento, j'ai voulu continuer de travailler à *Iphigénie*; mais qu'est-il arrivé ? Un génie présentait à ma pensée le sujet d'*Iphigénie à Delphes*, et j'ai dû le tracer. Je vais l'indiquer aussi brièvement que possible.

Electre, dans la ferme espérance qu'Oreste apportera à Delphes la statue de Diane de Tauride, paraît dans le temple d'Apollon, et voue au dieu, comme suprême offrande expiatoire, la hache cruelle qui a causé tant de maux dans la maison de Pélops. Par malheur, un des Grecs survient, et lui raconte comme il a accompagné Oreste et Pylade en Tauride, comme il a vu conduire à la mort les deux amis et s'est sauvé heureusement. L'impétueuse Électre ne se connaît plus, et ne sait si elle doit tourner sa fureur contre les dieux ou les hommes. Cependant Iphigénie, Oreste et Pylade, sont aussi arrivés à Delphes. La sainte tranquillité d'Iphigénie contraste merveilleusement avec la passion terrestre d'Électre, quand les deux personnages se rencontrent sans se connaître. Le Grec échappé voit Iphigénie; il reconnaît la prêtresse qui a sacrifié les deux amis et dénonce le crime à Électre. Celle-ci est sur le point d'immoler Iphigénie, avec la même hache qu'elle ressaisit sur l'autel, quand un heureux événement détourne de la famille cette dernière catastrophe. Si cette scène réussit, on n'aura peut-être jamais rien vu au théâtre de plus pathétique et de plus grand. Mais où prendre des mains et du temps, quand même l'esprit serait bien disposé ?

Tandis que je me sens accablé par une surabondance de choses désirables et belles, il faut que je conte à mes amis un rêve que je fis, il y a justement une année, et qui me parut assez significatif. Monté sur un grand canot, j'abordais dans une île fertile, couverte d'une riche végétation, et que je savais peuplée de faisans magnifiques. Sans tarder un moment, je traite avec les habitants pour qu'ils me vendent de ces oiseaux. Ils en tuent d'abord un grand nombre et me les apportent. C'étaient bien des faisans; mais, comme les songes transforment tout, on voyait de longues queues colorées, ayant des yeux comme celles des paons et des oiseaux de paradis. On me les apporta en masse dans le canot, on les y plaça la tête en dedans, entassés si joliment, que les longues queues bigarrées, qui pendaient en dehors, produisaient, aux rayons du soleil, la masse la plus magnifique qu'on puisse imaginer, et tellement riche, qu'il restait à peine une petite place à l'avant et à l'arrière pour les rameurs et le pilote. Nous voguâmes ainsi sur une mer tranquille, et cependant je me nommais les amis auxquels je voulais faire part de mes brillants trésors. Enfin, étant abordé dans un grand port, je me perdis au milieu d'immenses vaisseaux qui dressaient leurs mâtures; là je passai de pont en pont, cherchant pour mon petit canot un sûr abord. Nous nous plaisons à ces vaines images, parce qu'émanant de nous-mêmes, elles doivent avoir de l'analogie avec toute notre vie et notre destinée.

J'ai visité le célèbre établissement scientifique qu'on nomme l'Institut ou les Études. Ce grand édifice, et particulièrement la cour intérieure, a un aspect assez sévère, quoiqu'il ne soit pas de la meilleure architecture. Les ornements en stuc et les peintures à fresque ne manquent pas dans les escaliers et les corridors; tout est noble et bienséant, et l'on s'étonne justement de toutes les choses belles et intéressantes qui ont été là rassemblées; mais un Allemand ne s'y sent pas à son aise, parce qu'il est accoutumé à des études plus libres.

Une observation que j'ai faite autrefois m'est revenue ici à la pensée: c'est que, dans le cours du temps, qui change tout, l'homme renonce difficilement à ce qu'une chose a été une fois, lors même que, dans la suite, la destination en est changée. Les églises chrétiennes gardent toujours la forme de la basilique, quoique celle du temple fût peut-être préférable pour le culte. Les établissements scientifiques ont encore l'aspect claustral, parce que c'est dans ces pieuses retraites que les études ont trouvé d'abord de l'espace et du repos. Les salles de justice des Italiens sont aussi vastes et aussi hautes que le permet la richesse d'une commune : on croit être en plein air, sur la place publique, où la justice était rendue autrefois. Et ne bâtissons-nous pas les plus grands théâtres avec toutes leurs dépendances sous un même toit, comme si c'était tout bonnement une de ces boutiques de foire que l'on fabriquait de planches pour peu de temps? A l'époque de la réformation, l'énorme affluence des personnes avides de science fit refluer les écoliers dans les maisons bourgeoises; mais combien n'avons-nous pas laissé écouler de temps avant d'ouvrir nos maisons d'orphelins, et de procurer aux enfants pauvres cette éducation du monde, qui est si nécessaire?

Bologne, 20 octobre, au soir.

J'ai passé toute cette belle journée en plein air. Je m'approche à peine des montagnes, et déjà je suis attiré de nouveau par les pierres. Il me semble que je suis comme Antée, qui se sent toujours fortifié à mesure qu'on le met plus en contact avec la terre, sa mère. Je suis allé à cheval à Paderno, où l'on trouve le spath pesant de Bologne, avec lequel on prépare ces petits gâteaux, qui, étant calcinés, éclairent dans l'obscurité, si on les a auparavant exposés à la lumière : on les nomme ici tout uniment *fosfori*.

La nuit.

Que j'aurais de choses à dire encore, si je voulais avouer tout ce qui m'a passé par la tête dans ce beau jour! Mais mon désir est plus fort que mes pensées. Je me sens entraîné en avant par une force irrésistible. Ce n'est qu'avec peine que je me recueille dans le présent. Et il semble que le ciel m'exauce. On m'annonce un voiturin qui va droit à Rome. Ainsi donc j'en prendrai la route après-demain, c'est résolu. Il faut par conséquent qu'aujourd'hui et demain, je mette un peu d'ordre dans mes affaires.

Logano, dans les Apennins, 21 octobre au soir.

Si je me suis arraché de Bologne aujourd'hui ou si j'en ai été chassé, c'est ce que je ne saurais dire. Bref, j'ai saisi avec ardeur une occasion de partir. Me voici dans une misérable auberge, en compagnie d'un officier du pape, qui se rend à Pérouse, sa ville natale. Quand je me plaçai auprès de lui dans la voiture à deux roues, je lui dis, par forme de conversation, qu'en ma qualité d'Allemand, j'étais accoutumé à la société des militaires et que j'étais charmé d'avoir un officier du pape pour compagnon de voyage. « Ne trouvez pas mauvais que je vous le dise, me répondit-il, vous pouvez fort bien avoir du goût pour l'état de soldat, car j'entends dire qu'en Allemagne tout est militaire. Pour moi, quoique notre service soit très-facile, et que je puisse vivre fort commodément à Bologne, où je suis en garnison, cependant je voudrais être délivré de cet habit et administrer le petit bien de mon père. Mais je suis le cadet, et il faut que je me résigne. »

Giredo, 22 octobre, au soir.

Voici encore un petit nid dans les Apennins. Je m'y trouve très-heureux, cheminant où mes désirs m'appellent. Aujourd'hui se sont joints à nous un monsieur et une dame à cheval.

C'est un Anglais et sa sœur, à ce qu'il dit. Ils ont de beaux chevaux, mais ils voyagent sans domestiques, et le monsieur fait, à ce qu'il paraît, à la fois l'office de palefrenier et de valet de chambre. Ils trouvent partout à se plaindre. On croit lire quelques pages d'Archenholtz.

Je trouve les Apennins une création remarquable. Après la grande plaine du Pô, vient une chaîne de montagnes qui s'élève des terrres basses pour terminer vers le sud le continent entre deux mers. Si les montagnes étaient moins escarpées, moins élevées au-dessus du niveau de la mer, moins singulièrement entrelacées; que, dans les temps primitifs, le flux et le reflux eussent pu exercer une action plus forte et plus prolongée, former et inonder de plus grandes plaines, ce serait une des plus belles contrées, dans le plus admirable climat, un peu plus élevée que le reste du pays. Telle qu'elle est, c'est une contexture étrange de croupes montueuses qui se heurtent. Souvent, on ne voit pas du tout où l'eau trouvera son écoulement. Si les vallées étaient mieux remplies, les plaines plus unies et mieux arrosées, on pourrait comparer ce pays à la Bohême : seulement les montagnes ont à tous égards un autre caractère. Cependant il ne faut pas se figurer un désert; mais, au contraire, une contrée généralement cultivée, quoique montagneuse. Les châtaigniers y deviennent très-beaux; le froment est excellent, et les blés sont déjà d'un beau vert. Les routes sont bordées de chênes verts aux petites feuilles; les églises et les chapelles sont entourées de sveltes cyprès.

Hier au soir le temps était nébuleux, aujourd'hui il est redevenu clair et beau.

Foligno, 25 octobre, au soir.

J'ai passé deux soirs sans écrire : les auberges étaient si mauvaises qu'on ne pouvait songer à sortir une feuille de papier. D'ailleurs je commence à être un tant soit peu embarrassé; car, depuis mon départ de Venise, la quenouille du voyage ne se file plus aussi bien, aussi nettement. Le 22, vers dix heures (à nos horloges), nous sortîmes des Apennins, et nous vîmes Florence dans une large vallée d'une incroyable fertilité et semée de villas et de maisons innombrables. J'ai parcouru la ville à la hâte, vu la cathédrale, le baptistère. Ici s'ouvre derechef un monde tout nouveau, qui m'est inconnu, auquel je ne veux pas m'arrêter. La situation du jardin Boboli est admirable. Je suis parti aussi précipitamment que j'étais entré.

On voit, à la ville, la richesse du peuple qui l'a bâtie. On reconnaît qu'elle a joui d'une suite de bons gouvernements. En général, on est surpris en Toscane de l'aspect imposant et beau des ouvrages publics, des routes et des ponts. Tout est propre et solide en même temps ; on cherche à la fois l'utile et l'agréable. Partout on remarque des soins vivifiants. L'État de l'Église, au contraire, ne semble se conserver que parce que la terre ne veut pas l'engloutir.

Quand je disais naguère ce que les Apennins pourraient être, je devinais la Toscane. Comme elle était beaucoup plus basse, l'antique mer a fait son devoir à merveille, et entassé une terre argileuse profonde. Elle est jaune clair et facile à travailler. Les paysans labourent profondément, mais d'une manière encore toute primitive : leur charrue n'a point de roues, et le soc n'est pas mobile. Le laboureur la pousse, courbé derrière ses bœufs, et fouille la terre. On fait jusqu'à cinq labours. On répand avec les mains un peu de fumier très-léger ; enfin on sème le froment, puis on élève d'étroites buttes ; entre deux se forment de profonds sillons, par où l'eau de pluie doit s'écouler. Le blé croît sur les buttes. On va et vient dans les sillons pour le sarcler. Ce procédé se comprend là où l'humidité est à craindre, mais je ne puis concevoir pourquoi on l'emploie dans les plus belles campagnes. Je fis cette réflexion près d'Arezzo, où s'ouvre une plaine magnifique. On ne peut voir des champs d'une plus grande propreté ; pas même une glèbe ; tout semble passé au crible. Le froment réussit à souhait, et paraît trouver ici toutes les conditions qui conviennent à sa nature. La seconde année, on sème des fèves pour les chevaux, auxquels on ne donne ici point d'avoine. On sème aussi des lupins. Ils sont déjà d'un vert magnifique et donneront leur récolte au mois de mars. Le lin aussi est déjà levé, il passe l'hiver en terre et acquiert par la gelée plus de consistance.

L'olivier est une plante singulière ; il ressemble au saule ; il perd aussi le cœur de la tige, et l'écorce s'éclate : néanmoins, il a un air plus robuste. On reconnaît, à l'apparence du bois, qu'il croît lentement, et que sa structure est d'une extrême finesse. Le feuillage est celui du saule, mais les rameaux ont peu de feuilles. Autour de Florence, sur le penchant des monts, tout est planté d'oliviers et de vignes. Les intervalles sont consacrés aux céréales. Près d'Arezzo et plus loin, on laisse les champs plus libres. Je trouve qu'on n'extirpe pas assez le lierre, qui est nuisible aux oliviers et aux autres arbres, et qu'il serait si aisé de détruire. On ne voit aucune prairie. On dit que le blé de turquie épuise la terre; que, depuis qu'on l'a introduit, l'agriculture a perdu sous d'autres rapports. Je le crois volontiers, vu le peu d'engrais qu'on emploie.

J'ai pris congé ce soir de mon capitaine, avec l'assurance, avec la promesse, de l'aller voir quand je repasserais à Bologne. C'est le véritable représentant d'un grand nombre de ses compatriotes. Quelques mots le feront connaître. Comme j'étais souvent silencieux et rêveur, il me dit une fois : *Che pensa? Non deve mai pensar l'uomo, pensando s'invecchia.* C'est-à-dire : « À quoi pensez-vous ? L'homme ne doit jamais penser : penser fait vieillir. » Et après un moment de conversation : *Non deve fermarsi l'uomo in una sola cosa, perchè allora divien matto : bisogna aver mille cose, una confusione, nella testa.* C'est-à-dire : « L'homme ne doit pas s'arrêter à une seule chose, car alors il devient fou ; il faut avoir mille choses, une confusion, dans la tête. » Le bon homme ne pouvait savoir que j'étais silencieux et rêveur précisément parce qu'une confusion de choses anciennes et nouvelles me troublaient le cerveau. Voici quelques détails qui feront mieux connaître encore la culture d'un Italien tel que celui-là.

Comme il voyait bien que j'étais protestant, il me demanda, après quelques détours, la permission de me faire certaines questions, car il avait ouï dire mille choses étranges de nous autres protestants, sur lesquelles il désirait être enfin éclairci. « Pouvez-vous, me dit-il, vivre sur un bon pied avec une jolie fillette sans être précisément marié avec elle ? Vos prêtres vous souffrent-ils cela ? — Nos prêtres sont des gens sages, lui répondis-je, qui ne s'informent pas de ces bagatelles. Mais, à dire le vrai, si nous voulions les consulter là-dessus, ils ne nous accorderaient pas la permission. — Vous n'êtes donc pas obligés de les consulter? s'écria-t-il. Oh! les gens heureux que vous êtes! Et comme vous ne vous confessez pas à eux, ils n'en savent rien!» Là-dessus, il se répandit en invectives contre sa prêtraille, et en éloges de notre heureuse liberté. « Pour ce qui regarde la confession, reprit-il, que dois-je croire? On nous raconte que tous les hommes, ceux même qui ne sont pas chrétiens, doivent pourtant se confesser : mais que, ne pouvant, dans leur endurcissement, trouver ce qui est bon, ils se confessent à un vieux arbre : ce qui est assurément assez ridicule et assez impie, mais qui démontre que vous reconnaissez la nécessité de la confession. » Je lui expliquai nos idées sur la confession, et comment les choses se passent. Cela lui parut très-commode, mais il me fit observer que c'était à peu près aussi bien que si l'on se confessait à un arbre.

Après quelque hésitation, il me pria très-sérieusement de lui répondre sincèrement sur un autre point. Il tenait, dit-il, de la bouche d'un de ses prêtres, qui était un homme véridique, que nous pouvions épouser nos sœurs, ce qui était pourtant bien fort. Je niai la chose, et je voulus lui donner quelques idées humaines de notre doctrine, mais il y fit peu d'attention: cela lui semblait trop ordinaire, et il en vint à une nouvelle question. « On nous assure, dit-il, que Frédéric le Grand, qui a remporté tant de victoires, même sur les croyants, et qui a rempli le monde de sa gloire; que cet homme, généralement tenu pour un hérétique, est un vrai catholique, et qu'il a du pape la permission de le dissimuler. En effet il n'entre jamais, comme on sait, dans aucune de vos églises, mais il accomplit ses dévotions dans une chapelle souterraine, le cœur froissé de n'oser pas professer ouvertement la sainte religion; car, s'il le faisait, ses Prussiens, qui sont un peuple brutal et de furieux hérétiques, le mettraient à mort sur-le-champ, ce qui ne ferait aucun bien à la cause. C'est pourquoi le saint-père lui a donné cette permission. En échange, le roi propage et favorise en secret, de tout son pouvoir, la seule religion par laquelle on puisse être sauvé. » Je le laissai dire, et me bornai à lui faire observer que l'affaire étant fort secrète, personne n'en pouvait rendre témoignage. Telle fut notre conversation presque tout entière, et j'admirai ce clergé habile, qui sait écarter et défigurer tout ce qui pourrait faire invasion et porter le désordre dans la sphère ténébreuse de sa doctrine héréditaire.

J'ai quitté Pérouse par une matinée superbe et goûté le délice de me retrouver seul. La situation de la ville est belle, la vue du lac, extrêmement agréable. J'ai bien gravé ces images dans mon souvenir. La route commence par descendre, puis elle continue dans une gracieuse vallée, encadrée de part et d'autre de collines lointaines. Enfin j'aperçus Assise. Je savais, par Palladio et Volkmann, qu'il s'y trouve encore un beau temple de Minerve du temps d'Auguste, fort bien conservé. Je quittai à Madonna del Angelo mon voiturin, qui poursuivit sa route pour Foligno, et, par un gros vent, je montai à Assise; car il me tardait de faire une marche à pied dans un pays pour moi si solitaire. Je laissai à ma gauche, avec dégoût, les substructions énormes et l'architecture babylonienne des églises, entassées l'une sur l'autre, sous lesquelles saint François repose, car c'est là, me disais-je, qu'on forge les têtes comme celle de mon capitaine. Ensuite je demandai à un joli jeune garçon *Santa Maria della Minerva*. Il m'accompagna au haut de la ville, qui est bâtie sur le penchant d'un mont. Nous arrivâmes enfin dans la véritable ville antique, et tout à coup je vis devant moi l'excellent ouvrage, le premier monument complet de l'antiquité qui se soit offert à mes yeux. Un temple modeste, comme il convenait pour une si petite ville, et pourtant si parfait, si bien conçu, qu'il serait partout admiré. Un mot, avant tout, de sa situation! Depuis que j'ai lu dans Vitruve et dans Palladio comment on doit bâtir les villes, placer les temples et les édifices publics, j'ai un grand respect pour ces choses. Ici encore, les anciens étaient naturels avec grandeur. Le temple s'élève avantageusement à mi-côte, à l'endroit où deux collines aboutissent, sur la Place : c'est le nom qu'elle porte encore. Cette place s'élève elle-même en pente douce, et quatre rues s'y rencontrent, qui forment une croix de Saint-André très-marquée; deux vont de bas en haut, deux de haut en bas. Probablement les maisons aujourd'hui bâties vis-à-vis du temple, et qui masquent la vue, n'existaient pas jadis. Qu'on les suppose enlevées, on découvrirait au sud la plus riche contrée, et en même temps le sanctuaire de Minerve se verrait de tous côtés. La disposition des rues est peut-être antique, car elles suivent la figure et la pente de la montagne. Le temple n'est pas au milieu de la place, mais il est situé de telle sorte qu'il présente un beau raccourci au voyageur qui vient de Rome. Il ne faudrait pas dessiner l'édifice seulement, mais aussi son heureuse situation.

Je ne pouvais non plus assez admirer dans la façade l'ingénieuse combinaison du travail de l'artiste. L'ordre est le corinthien ; les entre-colonnes sont d'un peu plus de deux modules. Le pied des colonnes et les plinthes semblent reposer sur des piédestaux ; mais ce n'est qu'une apparence, car le socle est coupé cinq fois. et, chaque fois, s'élèvent entre les colonnes cinq degrés, par où l'on arrive à une plate-forme sur laquelle proprement les colonnes reposent, et d'où l'on entre dans le temple. Couper le socle était ici une témérité parfaitement à sa place ; car, le temple étant bâti contre la montagne, l'escalier aurait dû être porté beaucoup trop en avant, et il aurait resserré la place. Combien de marches avaient encore été posées au-dessous, c'est ce qu'on ne peut déterminer ; elles sont, à l'exception d'un petit nombre, enfouies sous le pavé. Je me suis arraché à regret à cette contemplation, et je me suis promis d'appeler l'attention des architectes sur cet édifice, afin qu'on nous en donne un plan exact, car j'ai pu remarquer ici une fois de plus combien la tradition est une chose mauvaise : Palladio, qui avait toute ma confiance, donne, il est vrai, le dessin de ce temple, mais il ne peut l'avoir vu lui-même : il pose de véritables piédestaux sur la plate-forme, ce qui donne aux colonnes une élévation démesurée, et produit une masse énorme, choquante, palmyrienne, tandis qu'en réalité on trouve un objet paisible, gracieux, qui satisfait l'œil et la pensée. Ce qui s'est développé en moi par la contemplation de cet ouvrage est inexprimable et produira des fruits permanents.

Par une admirable soirée, je descendais la voie romaine, dans le calme d'esprit le plus heureux, lorsque j'entendis derrière moi des voix rudes, violentes, de gens qui disputaient entre eux. Je soupçonnai que ce pouvait être les sbirres que j'avais déjà remarqués dans la ville. Je poursuivis tranquillement mon chemin, et je prêtai l'oreille. Je compris bientôt que c'était à moi qu'on en voulait. Quatre de ces gens, deux armés de fusils, passèrent à côté de moi d'un air rébarbatif, marmottèrent, revinrent bientôt sur leurs pas et m'entourèrent. Ils me demandent qui je suis et ce que je fais là. Je réponds que je suis un étranger, que j'ai pris à pied par Assise, tandis que le voiturin va à Foligno. Il ne leur parut pas vraisemblable qu'on payât une voiture et qu'on allât à pied. Ils me demandent si j'ai été au grand couvent. « Non, leur dis-je, l'édifice m'est connu depuis longtemps; mais, comme je suis architecte, je me suis arrêté cette fois à considérer Sainte-Marie de Minerve, qui est, comme vous savez, un modèle d'architecture. » Ils en convinrent, mais ils trouvèrent très-mauvais que je n'eusse pas présenté mes hommages à Saint-François, et me firent connaître leur soupçon, que mon métier pourrait bien être de faire la contrebande. Je leur montrai combien il était ridicule de prendre pour un contrebandier un homme qui allait son chemin seul, sans valise et les poches vides. Là-dessus, j'offris de retourner avec eux à la ville et de me rendre chez le podestat, de lui montrer mes papiers, qui lui feraient connaître que j'étais un étranger honorable. Sur cela, ils grommelèrent et dirent que ce n'était pas nécessaire, et comme je continuais à me montrer sérieux et résolu, ils finirent par s'éloigner et s'en retourner à la ville. Je les suivis des yeux. Je voyais ces drôles au premier plan, et, derrière eux, l'aimable Minerve, qui me jetait encore un regard amical et consolant; ensuite mes yeux se portèrent à gauche sur la triste coupole de Saint-François, et j'allais poursuivre mon chemin, quand un de ceux qui étaient sans armes se sépara de la troupe et courut à moi d'un air tout gracieux. Il me salua et me dit : « Seigneur étranger, il serait juste de me donner un pourboire, car je vous assure que je vous ai pris tout de suite pour un brave homme, et que je l'ai déclaré tout haut à mes camarades. Mais ce sont des têtes chaudes, des emportés, qui n'ont aucune connaissance du monde. Vous aurez aussi remarqué que j'ai, le premier, approuvé et appuyé vos paroles. »

Je lui en ai témoigné ma satisfaction et lui ai recommandé de protéger les étrangers honorables qui viendraient à Assise pour l'amour de la religion ou de l'art, et surtout les architectes qui voudraient mesurer et copier le temple de Minerve, qu'on n'avait pas encore bien dessiné et gravé sur cuivre. Il ferait bien de les seconder, car sans doute ils se montreraient reconnaissants. En parlant ainsi, je lui glissai dans la main quelques pièces d'argent, qui lui causèrent une joyeuse surprise. Il me pria de revenir, et surtout de ne pas manquer la fête du saint, où je pourrais m'édifier et me réjouir en toute sûreté. Si même, comme joli cavalier, j'avais affaire d'une jolie dame, il pouvait m'assurer qu'à sa recommandation, je serais bien reçu de la plus belle et la plus honorable femme de toute la ville d'Assise. Puis il s'éloigna en me protestant que, ce soir même, il penserait à moi auprès du tombeau du saint et prierait pour le succès de mon voyage. C'est ainsi que nous nous séparâmes et je fus charmé de me retrouver seul avec la nature et avec moi-même. La route jusqu'à Foligno m'offrit une promenade des plus belles et des plus agréables que j'eusse jamais faites : quatre heures de marche le long d'une montagne, d'où je voyais à droite une vallée richement cultivée.

Avec les voiturins, on voyage assez mal commodément. Ce qui m'en plaît, c'est qu'on peut les suivre aisément à pied. Je me suis fait traîner comme cela depuis Ferrare. Cette Italie, si favorisée de la nature, est restée infiniment en arrière des autres pays pour tout ce qui est mécanique et technique, sur quoi est cependant basée une façon de vivre plus commode et plus animée. L'équipage des voiturins, qu'on appelle encore *sedia*, « un siége, » est né assurément des anciennes litières, dans lesquelles les femmes, les hommes âgés et les grands personnages se faisaient porter par des mulets. Au lieu du mulet de derrière, qu'on a attelé devant, à côté des brancards, on a mis deux roues dessous, et l'on n'a songé à aucun autre perfectionnement. On est balancé comme on l'était il y a des siècles. Il en est de même des habitations et de tout le reste.

Si l'on veut voir encore réalisée l'idée primitive, poétique, que les hommes passaient presque toute leur vie en plein air, et, en cas de besoin, se retiraient quelquefois dans des cavernes, il faut entrer dans les maisons de ce pays, surtout dans celles de la campagne. Elles sont tout à fait dans le genre et le goût des cavernes. Ils s'abandonnent à cette incroyable insouciance de peur que la réflexion ne les fasse vieillir. Ils négligent avec une légèreté inouïe de se prémunir contre l'hiver, contre les longues nuits, et, pendant une grande partie de l'année, ils souffrent comme les chiens. Ici, à Foligno, dans un ménage parfaitement homérique, où tout le monde se rassemble, crie et fait vacarme autour d'un feu qui brûle à terre dans une grande pièce, où l'on mange à une longue table, comme le peintre nous représente les noces de Cana, je saisis l'occasion d'écrire ces lignes, quelqu'un ayant fait chercher un encrier, à quoi je n'aurais pas songé dans de pareilles circonstances. Mais on reconnaît aussi à cette feuille que ma table à écrire est froide et incommode.

Je sens bien maintenant qu'il est téméraire de s'engager dans ce pays sans être préparé et accompagné : la diversité des monnaies, les voiturins, les prix des objets, les mauvaises auberges, causent des embarras journaliers, en sorte qu'une personne qui, comme moi, voyage seule pour la première fois, et qui espérait et cherchait des jouissances continuelles, doit se trouver fort mal à son aise. Je n'ai rien voulu voir que le pays même, quoi qu'il en pût coûter, et, dût-on me traîner jusqu'à Rome sur la roue d'Ixion, je ne me plaindrai pas.

Terni, 27 octobre, au soir.

Me voilà de nouveau assis dans une caverne. Celle-ci a souffert, il y a une année, d'un tremblement de terre. Cette petite ville est située dans une admirable contrée, que j'ai contemplée avec bonheur en faisant le tour de la place dans un chemin de ronde. Elle se trouve à la naissance d'une belle plaine entre des montagnes qui sont encore toutes calcaires. De même que Bologne est bâtie au delà, Terni l'est en deçà et au pied des Apennins.

Depuis que le soldat du pape m'a quitté, j'ai un prêtre pour compagnon de voyage. Celui-ci paraît un peu plus content de son état. Il sait déjà que je suis un hérétique, et il répond très-volontiers à mes questions sur le rite et les autres choses qui s'y rapportent. A me trouver toujours en contact avec de nouveaux personnages, j'atteins mon but parfaitement. Il suffit d'entendre les gens du peuple parler entre eux pour avoir un tableau vivant du pays entier. Il règne entre eux tous un merveilleux antagonisme; ils sont singulièrement prévenus en faveur de leur province et de leur ville, et ne peuvent se souffrir les uns les autres; les états sont en lutte perpétuelle, et, tout cela, avec une passion profonde, vive, sans cesse éveillée, au point de vous donner tout le jour la comédie : ils se montrent à nu, cependant ils s'arrêtent à propos, et ils s'aperçoivent du point où l'étranger ne peut se démêler dans leurs affaires.

Je suis monté à Spolète, et j'ai été sur l'aqueduc, qui est en même temps un pont jeté d'une montagne à une autre. Les dix arches en briques, qui s'étendent sur la vallée, portent tranquillement le poids des siècles, et l'eau continue de jaillir à Spolète de toutes parts. C'est le troisième ouvrage des anciens que je vois, et toujours le même grand caractère. Une seconde nature agissant pour les usages civils, voilà leur architecture : tel est l'amphithéâtre, le temple, l'aqueduc. C'est maintenant que je sens combien j'avais raison de haïr tout ce qui est arbitraire, comme, par exemple, le Winterkasten sur le Weissenstein[1], un néant pour néant, un énorme fruit monté, et ainsi de mille autres choses. Tout cela est mort-né, car ce qui n'a pas en soi une véritable raison d'être est sans vie et ne peut être grand ni grandir. Que ne dois-je pas déjà de plaisirs et de connaissances aux huit semaines qui viennent de s'écouler! Mais il m'en a coûté assez de fatigue. Je tiens les yeux toujours ouverts, et j'imprime les objets dans ma mémoire. Je voudrais m'abstenir tout à fait de juger, si seulement c'était possible.

Saint-Crucifix, bizarre chapelle au bord du chemin, ne me paraît pas le reste d'un temple : on a trouvé là des colonnes, des pilastres, des entablements, et on les a rajustés d'une façon, non pas absurde, mais folle. Cela ne peut se décrire; la gravure s'en trouve sans doute quelque part. Et l'on éprouve de la sorte une singulière impression, tandis qu'on travaille à se faire une idée de l'antiquité, de se voir sans cesse en présence des ruines au moyen desquelles il faudrait reconstruire à grand'peine les choses dont on n'a encore aucune idée.

1. Près de Cassel.

Mais pour ce qu'on nomme la terre classique, il en est autrement. Bien que l'on ne s'abandonne pas à son imagination, et qu'on prenne le pays tel qu'il se présente, il n'en est pas moins le théâtre décisif, le cadre nécessaire des plus grandes actions. Aussi l'ai-je toujours observé jusqu'à présent en géologue et en paysagiste, pour étouffer l'imagination et le sentiment, et garder une idée libre et claire de la localité. Alors l'histoire s'y rattache merveilleusement, d'une manière vivante, sans qu'on se rende compte de ce qu'on éprouve, et je sens le plus vif désir de lire Tacite à Rome.

Je ne puis non plus laisser tout à fait de côté la température. Lorsque, parti de Bologne, je gagnais les Apennins, les nuages couraient toujours au nord; plus tard ils changèrent de direction et se dirigèrent vers le lac Trasimène. Là, ils s'arrêtèrent ou s'avancèrent aussi vers le midi. Et tandis que, durant l'été, la grande plaine du Pô envoie tous les nuages dans les montagnes du Tyrol, elle en envoie maintenant une partie dans les Apennins. De là peut venir ce temps de pluie.

On commence à récolter les olives. On les cueille ici avec la main. Ailleurs on les abat à coups de gaules. Si l'hiver est précoce, on laisse aux arbres le reste de la récolte jusqu'en février. J'ai vu aujourd'hui sur un sol très-pierreux des arbres d'une grandeur et d'une vieillesse remarquables.

La faveur des muses, comme celle des démons, ne nous visite pas toujours au moment convenable. Elles m'ont sollicité aujourd'hui de composer quelque chose qui ne vient pas du tout à propos. Au moment où je m'approche du centre du catholicisme, entouré que je suis de catholiques, emballé dans une soie avec un prêtre, tandis que je m'efforce d'observer et de saisir, avec le sentiment le plus pur, la nature dans sa vérité et l'art dans sa noblesse, j'ai été vivement frappé de l'idée que toute trace du christianisme primitif est effacée; même, si je me le représentais dans sa pureté, tel que nous le voyons dans l'histoire des apôtres, je me sentais frémir à la vue de l'informe et baroque paganisme qui pèse sur ces naïfs commencements. Alors ma pensée s'est reportée sur le Juif errant, qui a été le témoin de tous ces développements étranges, et qui a vu un état de choses si bizarre, que Jésus lui-même, quand il reviendra pour s'enquérir des fruits de sa doctrine, court le risque d'être crucifié une seconde fois. La légende *venio iterum crucifigi* devait me servir de matière pour cette catastrophe. Ces rêves m'occupent encore ; car, dans mon impatience d'aller plus loin, je me couche tout habillé, et je ne sais rien de plus charmant que d'être éveillé avant le jour, de me jeter dans la voiture, d'aller au-devant du jour entre le sommeil et la veille, et de laisser le champ libre à tous les rêves de mon imagination.

Citta Castellana, 28 octobre 1786.

Je ne veux pas laisser échapper le dernier soir. Il n'est pas encore huit heures et déjà tout le monde est couché. Je puis donc, pour la bonne bouche, songer au passé et me réjouir à la pensée de ce qui m'attend. La journée a été sereine et magnifique, la matinée très-froide, le jour clair et chaud, la soirée venteuse mais très-belle. Nous sommes partis de Terni de grand matin. Nous sommes arrivés à Narni avant le jour, et je n'ai pas vu le pont. Vallées et profondeurs, voisinage et lointains, délicieuses contrées, tout est roche calcaire ; pas une trace d'autre chose. Otricoli repose sur une de ces collines de gravier que les courants antiques ont amoncelées. La ville est bâtie de laves amenées de l'autre bord de la rivière.

Aussitôt qu'on a passé le pont, on se trouve sur le terrain volcanique, soit véritable lave, soit roches antérieurement fondues et calcinées. On monte une montagne qu'on pourrait prendre pour une lave grise. Elle contient beaucoup de cristaux blancs en forme de grenats. La chaussée qui va de la hauteur à Citta-Castellana, très-belle et très-unie, est de cette même pierre ; la ville est bâtie sur un tuf volcanique, dans lequel j'ai cru découvrir de la cendre, de la pierre ponce et des morceaux de lave. Du château la vue est très-belle ; le Soracte se présente isolé, d'une manière très-pittoresque ; c'est vraisemblablement une montagne calcaire appartenant aux Apennins. Les espaces de nature volcanique sont beaucoup plus bas que les Apennins, et les eaux qui les déchirent en ont seules formé des rochers et des montagnes ; car les beautés pittoresques, les cimes qui surplombent et les autres accidents de paysage sont formés de la sorte.

Ainsi donc, demain soir à Rome ! Je le crois encore à peine, et, quand ce souhait sera comblé, que pourrai-je souhaiter encore ? Pas autre chose que d'aborder heureusement chez moi avec mon canot et sa cargaison de faisans, et de retrouver mes amis en bonne santé, joyeux et bienveillants.

ROME.

Rome, 1er novembre 1786.

Enfin je puis parler et saluer mes amis d'un cœur joyeux ! Qu'ils me pardonnent ce mystère, et le voyage, en quelque sorte souterrain, que j'ai fait jusqu'ici ! A peine osais-je me dire à moi-même où j'allais. Même en chemin, je craignais encore, et c'est seulement sous la porte *del Popolo* que j'ai été certain de tenir la ville de Rome. Et laissez-moi dire aussi que je pense mille fois, que je pense continuellement à vous, en présence des objets que je ne croyais jamais visiter seul. Ce n'est qu'au moment où j'ai vu chacun enchaîné de corps et d'âme dans le Nord, où j'ai vu toute aspiration vers ces contrées évanouie, que j'ai pu me résoudre à entreprendre un long voyage solitaire, et à chercher le centre vers lequel m'attirait une force irrésistible. Dans ces dernières années, cela était même devenu une sorte de maladie que la vue et la présence des objets pouvaient seules guérir. Je l'avoue maintenant, j'avais fini par n'oser plus regarder aucun livre latin, aucun dessin d'une contrée italienne. Mon désir de voir ce pays était mûr depuis trop longtemps. A présent qu'il est satisfait, je retrouve au fond de mon cœur, pour mes amis et ma patrie, l'affection la plus tendre, et le retour me sera doux, il le sera d'autant plus que je n'emporterai pas, je le sens bien, tous ces trésors pour les posséder seul, pour en user seul, mais qu'ils seront pour d'autres et pour moi, durant toute la vie, des guides et des encouragements.

Oui, je suis enfin arrivé dans cette capitale du monde ! Je m'estimerais heureux, si je l'avais vue il y a quinze ans, bien accompagné, conduit par un homme éclairé. Mais, puisque je devais la voir seul et de mes propres yeux, il était bon que cette jouissance me fût accordée si tard.

J'ai franchi au vol, pour ainsi dire, les Alpes du Tyrol. J'ai bien vu Vérone, Vicence, Padoue, Venise; j'ai vu en courant Ferrare, Cento, Bologne; j'ai vu à peine Florence. Tel était mon désir d'arriver à Rome, il augmentait si fort à chaque moment, que je ne pouvais plus m'arrêter, et je ne suis demeuré que trois heures à Florence. Me voilà maintenant à Rome et tranquille, et, à ce qu'il semble, tranquillisé pour toute ma vie.

C'est en effet commencer une vie nouvelle, que de voir de ses yeux l'ensemble que l'on connaît en détail intérieurement et extérieurement. Tous les rêves de ma jeunesse, je les vois vivants aujourd'hui; les premières estampes dont je me souvienne (mon père avait placé les vues de Rome dans un vestibule), je les vois maintenant en réalité, et tout ce que je connaissais depuis longtemps en tableaux et en dessins, en gravures sur cuivre et sur bois, en plâtre et en liége, est réuni devant moi; où que j'aille, je trouve une connaissance dans un monde étranger; tout est comme je me le figurais et tout est nouveau. J'en puis dire autant de mes observations, de mes idées : je n'ai point eu de pensées toutes nouvelles, je n'ai rien trouvé tout à fait étranger, mais les anciennes sont devenues si précises, si vivantes, si enchaînées, qu'elles peuvent passer pour nouvelles.

Quand Pygmalion eut formé Élise au gré de ses vœux, quand il lui eut donné autant de vérité et de vie que l'artiste pouvait le faire, et qu'enfin Élise vint à lui et lui dit : « C'est moi ! » que l'être vivant était différent de la pierre sculptée !

Combien aussi il est moralement salutaire pour moi de vivre au milieu d'un peuple tout sensuel, sur lequel on a tant discouru et tant écrit, et que chaque étranger juge à la mesure qu'il apporte avec lui ! Je pardonne à ceux qui blâment et condamnent ce peuple : il est trop loin de nous, et il en coûte trop de fatigue et de frais d'avoir commerce avec lui comme étranger.

Rome, 3 novembre 1786.

Un des principaux motifs pour lesquels je croyais devoir me hâter d'arriver à Rome était la fête de la Toussaint; car je me disais : « Puisqu'on fait tant d'honneur à un saint tout seul, que ne fera-t-on pas pour tous ? » Mais combien je me trompais ! L'Église romaine n'avait point voulu de fête générale d'un grand effet ; chaque ordre était libre de célébrer en particulier sans bruit la mémoire de son patron : le nom de fête, ainsi que le jour solennel qui lui est consacré, est proprement celui où chaque saint paraît dans sa gloire. Mais hier, jour des Morts, j'ai été plus heureux. Le Pape célèbre leur mémoire dans sa chapelle particulière sur le Quirinal. L'entrée est libre. Je courus avec Tischbein au Monte Cavallo. La place devant le palais a quelque chose de tout particulier : elle est à la fois irrégulière, grandiose et charmante. J'ai vu les deux colosses cette fois ! Ni les yeux ni la pensée ne suffisent pour les saisir. Nous nous hâtâmes, avec la foule, de traverser la cour superbe et spacieuse et de monter l'immense escalier. Dans ces vestibules, vis-à-vis de la chapelle, en vue de la file des appartements, on éprouve un singulier sentiment, à se trouver sous le même toit que le vicaire de Jésus-Christ.

La cérémonie était commencée ; le Pape et les cardinaux étaient déjà dans l'église : le saint-père, la figure d'homme la plus belle et la plus vénérable ; les cardinaux, de statures et d'âges divers. Je fus pris d'un singulier désir que le chef de l'Église ouvrît sa bouche d'or, et, parlant de l'inexprimable félicité des âmes bienheureuses, nous jetât dans le ravissement. Mais quand je le vis tout uniment se remuer çà et là devant l'autel, et se tournant tantôt d'un côté tantôt de l'autre, en gesticulant et marmottant comme un simple curé, alors le péché héréditaire du protestant se réveilla, et le sacrifice de la messe, connu, accoutumé, ne me fit là aucun plaisir. Jésus, dès son enfance, expliqua pourtant de vive voix les saintes Écritures, et, dans sa jeunesse, il n'est certainement pas resté bouche muette pour enseigner et pour agir, car il parlait volontiers, il parlait bien et avec esprit, comme nous le savons par les Évangiles. « Que dirait-il, pensai-je, s'il entrait, et voyait son image sur la terre marmottant et pirouettant ? » Le *Venio iterum crucifigi* me revint à la pensée, et je tirai par la manche mon compagnon, pour passer avec lui dans les vastes salles voûtées et décorées de peintures.

Nous y trouvâmes une foule de personnes, qui étudiaient ces précieux tableaux, car cette fête des Morts est en même temps à

Rome celle des artistes. Ainsi que la chapelle, le palais tout entier, avec toutes les salles, est accessible et ouvert à chacun ce jour-là pour plusieurs heures; point de pourboire à donner, et l'on n'est pas pressé par le concierge.

Je m'attachai aux fresques et j'appris à connaître d'excellents artistes, dont je savais à peine les noms; j'appris, par exemple, à connaître et à aimer le gracieux Carlo Maratti. Mais je fus surtout charmé de voir les chefs-d'œuvre des artistes à la manière desquels je m'étais déjà formé. Je vis avec admiration la Sainte Pétronille du Guerchin, qui se trouvait auparavant à Saint-Pierre, où elle est remplacée par une copie en mosaïque. Le corps de la sainte est tiré du sépulcre, et la même Pétronille, ressuscitée, est reçue dans les cieux par un divin adolescent. Quoi que l'on puisse dire contre cette double action, le tableau est inestimable. Une toile du Titien m'a frappé plus encore. Elle efface toutes celles que j'ai vues. Mon goût est-il déjà plus exercé, ou ce tableau est-il véritablement le meilleur, c'est ce que je ne saurais décider. Une vaste chasuble, toute rigide de broderies et de figures d'or ciselées, enveloppe un évêque d'une belle prestance. La crosse massive dans la main gauche, il lève les yeux avec ravissement; il tient de la main droite un livre, où il vient de puiser apparemment une émotion divine. Derrière lui, une belle jeune fille, une palme à la main, regarde avec un aimable intérêt le livre ouvert. A droite, un vieillard grave, tout près du livre, semble ne pas y prendre garde : les clefs à la main, il peut se flatter de s'ouvrir lui-même l'entrée. Vis-à-vis de ce groupe, un beau jeune homme nu, enchaîné, percé de flèches, regarde fixement devant lui avec une résignation modeste. Dans l'intervalle, deux moines, portant le lis et la croix, se tournent avec dévotion vers les habitants du ciel, car la salle voûtée qui renferme tous ces personnages est ouverte par le haut. Là, dans la gloire suprême, plane une mère, qui abaisse sur cette scène un regard compatissant; l'enfant vif et joyeux qu'elle tient dans ses bras présente avec grâce une couronne, qu'il semble même jeter au martyr. De part et d'autre volent des anges qui tiennent des couronnes en réserve. Au-dessus de tous et d'une triple couronne rayonnante, plane la céleste colombe, comme centre et clef de voûte en même temps. Nous nous disons que le fonds de ce sujet est sans doute une antique et sainte tradition, qui a permis d'assembler avec tant d'art et d'intérêt ces personnages divers, hétérogènes. Nous ne demandons ni comment ni pourquoi, satisfaits d'admirer une œuvre d'art inestimable.

Une fresque de la chapelle du Guide est moins incompréhensible et cependant mystérieuse. La vierge la plus naïvement aimable et pieuse est assise tranquille, rêveuse, occupée à coudre; deux anges, à ses côtés, attendent chacun de ses signes pour la servir. Ce délicieux tableau nous dit que la jeune innocence et l'application sont honorées et gardées par les puissances célestes. Il n'est besoin là ni de légende ni d'explication.

Voici, pour tempérer ces études sérieuses, une aventure amusante. Je remarquais que plusieurs artistes allemands s'approchaient de Tischbein avec un air de connaissance, m'observaient, et puis allaient et venaient. Tischbein, qui m'avait quitté quelques moments, revint à moi et me dit : « Voici une drôle de chose. Le bruit s'était déjà répandu que vous étiez ici, et les artistes ont fixé leur attention sur le seul étranger qu'ils ne connaissaient pas. Un des nôtres affirme depuis longtemps qu'il a vécu dans votre société, et même qu'il a eu avec vous des relations d'amitié, ce que nous avions quelque peine à croire. On l'a invité à vous observer et à lever le doute. Il a soutenu, sans hésiter, que vous n'êtes pas Goethe, et que vous n'avez ni la figure ni l'air de l'étranger. » Ainsi mon incognito est, pour le moment, bien gardé et nous avons de quoi rire.

Je me mêlai donc plus librement parmi les artistes, et je demandai les noms des auteurs de divers tableaux dont la manière m'était encore inconnue. Enfin je fus attiré par un Saint Georges, vainqueur du dragon et libérateur de la jeune fille. Personne ne pouvait me dire le nom du maître. Un petit homme modeste, jusque-là silencieux, s'avança et m'apprit que ce tableau était de Pordenone de Venise; que c'était un de ses meilleurs ouvrages, où l'on reconnaissait tout son mérite. Alors je pus m'expliquer l'attrait que j'avais senti : le tableau m'avait charmé, parce que je connaissais déjà mieux l'école vénitienne et savais mieux apprécier les mérites de ses maîtres. L'artiste qui m'avait mis au fait est Henri Meyer. Il est Suisse, et il étudie à Rome depuis quelques années avec un ami nommé

Koella; il copie parfaitement à la sépia les bustes antiques, et il est versé dans l'histoire de l'art.

Rome, 7 novembre.

Je suis ici depuis sept jours, et je me fais peu à peu une idée générale de la ville. Nous la parcourons souvent. Je me familiarise avec les plans de Rome ancienne et de Rome moderne; j'observe les ruines, les édifices, je visite une villa puis une autre; je ne m'occupe que fort lentement des plus grandes merveilles; je me contente d'ouvrir les yeux; je regarde, je vais et je viens, car c'est à Rome seulement qu'on peut se préparer à étudier Rome. Mais avouons que c'est un pénible et triste travail de déterrer la Rome antique de dessous la moderne, et pourtant il faut le faire, et l'on finit par y goûter une satisfaction inestimable. On trouve les vestiges d'une magnificence et d'une destruction qui vont l'une et l'autre au delà de notre imagination. Ce que les barbares ont laissé debout, les architectes de Rome moderne l'ont dévasté.

Quand on considère une existence qui remonte à plus de deux mille ans, qui a subi par les vicissitudes des temps des changements si divers et si profonds, et pourtant toujours le même sol, les mêmes collines, souvent les mêmes colonnes et les mêmes murailles, et, dans le peuple, quelques traces encore de l'ancien caractère, on se trouve initié aux grands arrêts de la destinée, et l'observateur a d'abord de la peine à démêler comment Rome succède à Rome, et non-seulement la ville moderne à la ville ancienne, mais, les unes aux autres, les diverses époques de l'ancienne et de la nouvelle. Je me borne premièrement à tâcher de trouver moi-même les points à demi couverts; c'est seulement alors qu'on peut utiliser parfaitement les beaux travaux préparatoires; car, depuis le quinzième siècle jusqu'à nos jours, des artistes et des savants de grand mérite ont consacré leur vie entière à ces recherches.

Et cette merveille agit sur nous tout doucement, à mesure que nous parcourons la ville à la hâte pour arriver aux objets les plus grands. En d'autres lieux, il faut chercher ce qui est remarquable : ici il nous surcharge et nous accable. Qu'on chemine ou qu'on s'arrête, il s'offre aux regards des paysages de toute sorte, palais et ruines, jardins et déserts, lointains et ruelles, maisonnettes, étables, arcs de triomphe et colonnes, souvent tout ensemble et si près, qu'on pourrait mettre le tout sur la même feuille. Il faudrait écrire avec mille burins : que peut faire ici une plume? Et puis, le soir, on est épuisé et lassé de voir et d'admirer.

Excusez-moi, mes amis, si vous me trouvez à l'avenir avare de paroles. Pendant qu'on chemine, on saisit au passage ce qu'on peut; chaque jour amène quelque chose de nouveau, et l'on se hâte aussi d'y penser et de juger; mais ici on arrive dans une grande école, où un jour dit tant de choses, qu'on n'ose rien dire du jour. Oui, l'on ferait bien, séjournant ici des années, d'observer un silence pythagoricien.

Je suis très-bien. Le temps est *brutto*, à ce que disent les Romains; il souffle un vent du midi, le *sirocco*, qui amène tous les jours plus ou moins de pluie; mais je ne puis trouver ce temps désagréable, car il est chaud comme ne le sont pas chez nous en été les jours de pluie.

J'apprends sans cesse à mieux connaître et apprécier les talents de Tischbein, comme ses projets et ses vues sur l'art. Il m'a montré ses dessins et ses esquisses, qui donnent et qui promettent beaucoup. Son séjour chez Bodmer a porté ses pensées sur les premiers temps de la race humaine, où elle se trouva placée sur la terre et dut résoudre le problème de se rendre maîtresse du monde. Comme ingénieuse introduction à l'ensemble, il s'est efforcé de se représenter sensiblement le monde primitif : des montagnes couvertes de riches forêts, des ravins déchirés par les eaux, des volcans éteints, laissant échapper encore un reste de fumée. Au premier plan, le tronc puissant d'un chêne antique, couché sur la terre avec ses racines à demi découvertes, sur lesquelles un cerf essaye la force de son bois : la pensée est aussi heureuse que l'exécution est agréable.

Ensuite, dans un dessin extrêmement remarquable, il a représenté l'homme à la fois comme dompteur du cheval et comme supérieur à tous les animaux de la terre, de l'air et de l'eau, sinon par la force, du moins par la ruse. La composition est d'une beauté extraordinaire; exécutée à l'huile, elle serait d'un grand effet. Il nous en faut absolument un dessin à Weimar. Après cela, il songe à une galerie des anciens sages, dans laquelle il saisira l'occasion de produire des figures véritables. Mais il esquisse avec le plus grand enthousiasme une bataille, où deux corps de cavalerie s'attaquent avec une fureur égale, et particulièrement une place où s'ouvre une énorme crevasse de rocher, que le cheval ne peut franchir qu'avec un effort extraordinaire. Il ne s'agit pas de se défendre : une attaque hardie, une résolution furieuse, le succès ou la chute dans l'abîme! Ce tableau lui fournira l'occasion de développer d'une manière très-remarquable la connaissance qu'il a du cheval, de sa structure et de ses mouvements.

Ces tableaux et d'autres, qui les suivent ou s'y intercalent, il voudrait les voir liés par un poëme, qui servirait à expliquer les scènes représentées, et auquel il prêterait à son tour un corps et de l'attrait par le secours des figures. L'idée est belle, mais il faudrait passer ensemble plusieurs années pour exécuter un tel ouvrage.

Je n'ai vu jusqu'à présent qu'une seule fois les loges de Raphaël et les grands tableaux de l'école d'Athènes, etc., et c'est comme si l'on devait étudier Homère dans un manuscrit en partie effacé et altéré. Le plaisir de la première impression est incomplet ; c'est seulement quand on a peu à peu parcouru, étudié l'ensemble, que la jouissance devient entière. Ce qu'il y a de mieux conservé, ce sont les plafonds des loges, qui représentent des histoires de la Bible, aussi fraîches que si elles étaient peintes d'hier. La plupart, il est vrai, ne sont pas proprement de la main de Raphaël, mais elles sont parfaitement exécutées sur ses dessins et sous sa direction. Ma fantaisie, mon plus vif désir, en d'autres temps, avait été quelquefois de me voir conduit en Italie par un homme savant, un Anglais, versé dans les arts et dans l'histoire, et tout cela s'est accompli mieux que je ne pouvais l'imaginer. Mon excellent ami Tischbein vivait ici depuis longtemps ; il vivait avec le désir de me montrer Rome ; il y a longtemps que nous étions en correspondance : notre connaissance personnelle est nouvelle encore. Où donc aurais-je pu trouver un guide plus excellent? Quoique la durée de mon séjour soit très-bornée, je jouirai et j'apprendrai tout ce qu'il est possible, et cependant, je le prévois, quand je partirai je souhaiterai d'arriver.

Rome, 8 novembre 1786.

Mon demi-incognito, qui n'est peut-être qu'une bizarre fantaisie, me procure des avantages auxquels je ne pouvais penser. Comme chacun se croit obligé d'ignorer qui je suis, et que personne n'ose me parler de moi, il ne reste plus aux gens qu'à parler d'eux-mêmes ou des choses qui les intéressent : par là j'apprends en détail de quoi chacun s'occupe ou ce qui arrive et se produit de remarquable. Le conseiller Reiffenstein s'est prêté aussi à cette fantaisie ; mais, comme il ne pouvait, par une raison particulière, souffrir le nom que je me suis donné, il m'a tout de suite qualifié de baron ; et me voilà maintenant Monsieur le baron d'en face Rondanini. Cela suffit pour me désigner, d'autant plus que les Italiens n'appellent les gens que par leur prénom ou par un sobriquet. Bref, j'ai ce que je voulais, et j'échappe à la gêne infinie d'avoir à rendre compte de ma personne et de mes travaux.

Rome, 9 novembre 1786.

Quelquefois je fais halte un moment, et je passe en revue les plus remarquables de mes acquisitions nouvelles. Je retourne très-volontiers à Venise, à cette grande création, sortie du sein de la mer comme Pallas du cerveau de Jupiter. Ici la Rotonde, à l'extérieur comme à l'intérieur, m'a inspiré une joyeuse vénération de sa grandeur. J'ai appris à comprendre dans Saint-Pierre que l'art, aussi bien que la nature, peut rendre inutile toute échelle de comparaison, et, à son tour, l'Apollon du Belvédère m'a fait franchir les bornes de la réalité. Car, de même que les dessins les plus exacts ne donnent aucune idée de ces édifices, l'original de marbre est tout autre chose que les plâtres ; j'en avais vu cependant de très-beaux.

Rome, 10 novembre 1786.

Ici ma vie se passe dans un calme, une sérénité, que je n'avais pas sentis depuis longtemps. Mon application à voir et à recueillir les choses comme elles sont, ma constance à me laisser instruire par mes yeux, mon éloignement absolu de toute prétention, me servent de nouveau à merveille, et me font goûter en silence une grande félicité. Tous les jours un nouvel objet digne de remarque, tous les jours des images vives, grandes, singulières, et un ensemble auquel on pense et l'on rêve longtemps, sans que jamais l'imagination puisse l'atteindre.

Aujourd'hui je suis allé à la pyramide de Cestius, et, le soir, sur le Palatin, parmi les ruines du palais des Césars, qui sont là comme des parois de rochers. Ces choses-là, on ne peut rien en communiquer. En vérité, il n'y a rien ici de petit, quoique l'on trouve çà et là des choses blâmables et de mauvais goût; mais ces choses même ont part à la grandeur de l'ensemble.

Que si je rentre en moi-même, comme on le fait si volontiers en toute occasion, je me découvre un sentiment dont j'éprouve une joie infinie, et que j'oserai même exprimer. A Rome, celui qui porte autour de lui un regard sérieux et qui a des yeux pour voir, doit devenir « solide: » il doit se faire une idée de « solidité » plus vivante en lui qu'elle ne le fut jamais. L'esprit reçoit une empreinte vigoureuse ; il arrive à la gravité sans sécheresse, au calme et à la joie. Pour moi, du moins, il me semble que je n'ai jamais apprécié aussi justement les choses de ce monde. Je m'applaudis des suites heureuses qui en résulteront pour toute ma vie. Laissez-moi donc butiner comme je pourrai! L'ordre s'établira plus tard. Je ne suis pas ici pour jouir à ma façon ; je veux m'attacher aux grands objets, m'instruire et me cultiver avant que j'aie quarante ans.

Rome, 11 novembre 1786.

Aujourd'hui j'ai été rendre visite à la nymphe Égérie, puis j'ai vu le cirque de Caracalla, les ruines des sépultures le long de la voie Appienne et le tombeau de Cécilia Métella, qui donne enfin l'idée d'une solide maçonnerie. Ces hommes travaillaient pour l'éternité. On avait tout prévu, excepté la démence des ravageurs, à laquelle tout doit céder. Je t'ai vivement regretté. Les restes du grand aqueduc commandent le respect. Quel grand dessein que celui d'abreuver un peuple au moyen d'une construction si colossale!

Le soir, nous sommes allés au Colisée, comme le crépuscule répandait déjà son ombre. Quand on voit ce monument, tout le reste semble rapetissé. Il est si grand, que l'esprit ne peut en garder l'image ; on se le rappelle plus petit, et, quand on y retourne, on le retrouve plus grand.

Frascati, 15 novembre 1786.

Mes amis sont couchés, et j'écris encore, avec l'encre de Chine qui nous a servi à dessiner. Nous avons eu deux ou trois beaux jours sans pluie, un soleil chaud et caressant, qui nous ôte le regret de l'été. La contrée est très-agréable ; Frascati est situé sur une colline, ou plutôt sur le penchant d'une montagne, et chaque pas offre au dessinateur des objets magnifiques. La perspective est sans bornes ; on voit Rome dans la plaine, et, plus loin, la mer ; à droite, les montagnes de Tivoli. Dans cette « plaisante » contrée, les maisons de campagne sont réellement des maisons de plaisance, et, comme les anciens Romains avaient ici leurs villas, il y a cent ans et plus que de riches et orgueilleux Romains ont aussi établi leurs maisons de campagne dans les plus beaux endroits. Voici deux jours que nous parcourons la contrée, et nous trouvons toujours quelque chose de nouveau et de ravissant.

Et cependant je ne sais si les soirées ne sont pas plus agréables encore que le jour. Aussitôt que l'hôtesse, à la belle prestance, a posé sur la grande table ronde la lampe de laiton à trois bras, et nous a dit *felicissima notte*, on forme le cercle, on produit les feuilles qu'on a esquissées et dessinées pendant le jour. Puis on se demande si l'objet n'aurait pas dû être pris d'un autre point de vue plus favorable, si le caractère en est bien saisi ; enfin toutes ces premières conditions générales dont on peut se rendre compte sur la première ébauche. Le conseiller Reiffenstein sait organiser et diriger ces séances par ses lumières et son autorité : mais cette louable fondation est due proprement à Philippe Hackert, qui savait dessiner et peindre d'après nature avec un goût infini. Artistes et amateurs, hommes et femmes, jeunes et vieux, il ne laissait personne en repos ; il encourageait tout le monde à s'essayer selon ses talents et ses forces, et il donnait l'exemple. Après le départ de cet ami, le conseiller Reiffenstein a continué fidèlement cette habitude de rassembler et d'amuser une société, et nous éprouvons combien c'est une bonne chose d'éveiller l'active participation de chacun. Le naturel et le caractère des divers membres de la société se montrent d'une manière intéressante. Tischbein, par exemple, comme peintre d'histoire, voit le paysage tout autrement que le paysagiste. Il trouve des groupes intéressants, et d'autres objets attrayants, expressifs, là où d'autres ne remarqueraient rien, et il réussit à saisir plus d'un trait naïf de la nature humaine, chez les enfants, les villageois, les mendiants et d'autres personnes sans culture, ou même chez les animaux, qu'il sait rendre fort heureusement en quelques traits caractéristiques, fournissant de la sorte à la conversation un aliment toujours agréable et nouveau. Si elle paraît languir, on lit (et c'est encore un conseil légué par Hackert) la *Théorie* de Soulzer. Et bien qu'on ne puisse, en partant d'un point de vue élevé, être entièrement satisfait de cet ouvrage, on observe pourtant avec plaisir sa bonne influence sur les personnes d'une culture moyenne.

Rome, 17 novembre 1786.

Nous sommes de retour. Cette nuit nous avons eu une averse effroyable avec des éclairs et des tonnerres. Maintenant il continue de pleuvoir, et cependant il fait toujours chaud. Je ne puis que noter en peu de mots mon bonheur de ce jour : j'ai vu les fresques du Dominiquin à *Andrea della Valle* et la galerie Farnèse des Carrache. Ce serait trop pour des mois, jugez donc pour un jour !

Rome, 18 novembre.

Le beau temps est revenu. Le jour est brillant, agréable et chaud.

J'ai vu dans la *Farnesina* l'histoire de Psyché, dont les copies en couleur égayent mon appartement depuis tant d'années, puis, à Saint-Pierre *in Montorio*, la Transfiguration de Raphaël, toutes vieilles connaissances, comme des amis qu'on s'est faits de loin par la correspondance et qu'on voit maintenant. C'est autre chose pourtant de vivre avec les personnes ! Toutes les convenances et les disconvenances réelles se manifestent sur-le-champ.

Il se trouve aussi de tous côtés des choses admirables, dont on ne parle pas tant, qui n'ont pas été si souvent répandues dans le monde par la gravure et les copies. J'en rapporte plusieurs, dessinées par de jeunes artistes de talent.

Les excellents rapports dans lesquels je suis depuis longtemps avec Tischbein, grâce à notre correspondance, le vœu que je lui ai tant de fois exprimé, même sans espérance, de visiter l'Italie, ont rendu sur-le-champ notre rencontre utile et agréable. Il avait toujours pensé à moi, et s'était donné de la peine pour moi. Il connaît aussi parfaitement les pierres avec lesquelles les anciens et les modernes ont bâti; il les a étudiées à fond : en quoi son coup d'œil et son goût d'artiste pour les objets sensibles l'ont servi parfaitement. Il a dernièrement expédié pour moi à Weimar une collection choisie d'échantillons, qui me fera un bon accueil à mon retour. Cependant il s'est trouvé un supplément considérable. Un ecclésiastique, qui demeure actuellement en France, et qui songeait à écrire un ouvrage sur les genres de pierres antiques, a reçu, par la faveur de la Propagande, de remarquables fragments de marbre de Paros. On les a taillés ici en échantillons, et douze morceaux différents ont été mis à part pour moi, depuis le grain le plus fin jusqu'au plus grossier, de la plus grande pureté, et aussi plus ou moins mêlés de mica, propres, les premiers, à la sculpture, les autres, à l'architecture. On voit assez clairement combien une exacte connaissance des matériaux, sur lesquels les arts ont travaillé, aide à les apprécier.

Il se trouve ici assez d'occasions de ramasser de ces choses. Nous avons parcouru les ruines du palais de Néron à travers des champs d'artichauts récemment buttés, et nous n'avons pu nous empêcher de remplir nos poches de granit, de porphyre, de tablettes de marbre, semées à milliers, et, de nos jours encore, témoins inépuisables de l'antique magnificence des murailles qui en étaient revêtues.

Mais il faut que je parle encore d'un tableau étrange et problématique, qui est toujours bon à voir après ces choses excellentes. Il y a plusieurs années qu'il se trouvait ici un Français, connu comme amateur des arts et collectionneur. Il acheta, on ne sait de qui, une fresque « antique ». Il la fit restaurer par Mengs, et la plaça dans sa collection comme un ouvrage de prix. Winckelmann en parle quelque part avec enthousiasme. C'est un Ganymède présentant une coupe de vin à Jupiter, qui lui donne un baiser. Le Français meurt, et lègue l'ouvrage, comme antique, à son hôtesse. Mengs, à son tour, au lit de mort, déclare que l'ouvrage n'est pas antique, que c'est lui qui l'a fait. Grands débats. L'un affirme que Mengs a bâclé ce tableau en se jouant; l'autre, qu'il n'a jamais pu faire quelque chose de pareil; que l'ouvrage serait presque trop beau pour Raphaël lui-même. Je l'ai vu hier, et, je dois le dire, je ne connais rien de plus beau que la figure, la tête et le dos de Ganymède : le reste a été beaucoup restauré.

Cependant le tableau est discrédité, et personne ne veut acheter à la pauvre femme son trésor.

Rome, 20 novembre 1786.

Comme nous savons assez par expérience qu'on demande pour les poésies des dessins et des gravures de toute espèce; que le peintre lui-même consacre ses œuvres les plus considérables à un passage de quelque poëte, Tischbein a bien raison de vouloir que le poëte et le peintre travaillent ensemble, pour donner dès l'origine à leur œuvre l'unité. La difficulté serait bien moins grande sans doute, s'il s'agissait de petits poëmes, qu'on pourrait saisir et improviser sans peine. Tischbein a en outre là-dessus des idées pleines de grâce et de fraîcheur, et, chose remarquable, les sujets qu'il désire qu'on traite de cette manière sont tels que ni la poésie ni la peinture ne suffiraient chacune à part pour les exposer. Il m'en a entretenu dans nos promenades pour m'inspirer l'envie d'entreprendre l'affaire. Le frontispice de notre ouvrage commun est déjà trouvé. Si je ne craignais pas de m'engager dans un nouveau travail, je pourrais bien me laisser séduire.

Rome, 22 novembre, fête de Sainte-Cécile.

Quelques lignes, pour consacrer le souvenir de cette heureuse journée, et vous faire du moins le récit de nos jouissances! Le temps était parfaitement beau et tranquille, le ciel pur et serein, le soleil chaud. Je suis allé avec Tischbein à la place de Saint-Pierre, où nous nous sommes promenés en mangeant du raisin que nous avions acheté dans le voisinage, allant et venant au soleil, et, quand nous l'avons trouvé trop chaud, à l'abri du grand obélisque dont l'ombre est assez large pour deux. Puis nous sommes allés à la chapelle Sixtine, que nous avons aussi trouvée pleine de lumière, et les tableaux bien éclairés. Le Jugement dernier et les divers tableaux du plafond, par Michel-Ange, se sont partagé notre admiration : je n'ai pu que regarder et m'étonner.

La sûreté et la vigueur du maître, sa grandeur, vont au delà de toute expression. Après avoir tout vu et revu, nous avons quitté ce sanctuaire et nous nous sommes rendus à l'église de Saint-Pierre, qui recevait du ciel serein la plus belle lumière, et paraissait claire et brillante dans toutes ses parties. Nous avons admiré, en gens qui veulent jouir, cette pompe et cette grandeur, sans nous laisser troubler cette fois par un goût trop dédaigneux et trop savant, et nous avons étouffé tout jugement trop sévère. Nous nous sommes délectés à contempler le délectable.

Enfin nous sommes montés sur le toit de l'église, où l'on trouve en petit l'image d'une ville bien bâtie : des maisons et des magasins, des fontaines, qui semblent jaillir, des églises et un grand temple, le tout en l'air et entremêlé de belles promenades. Nous sommes montés sur la coupole, et nous avons contemplé la contrée des Apennins brillante de lumière, le Soracte, les collines volcaniques de Tivoli, Frascati, Castel Gandolfo et la plaine, et plus loin, la mer ; à nos pieds, la ville de Rome, dans toute son étendue, avec ses palais sur les collines, ses coupoles, etc. Pas un souffle de vent, et, dans la lanterne de cuivre, il faisait chaud comme dans une serre. Après avoir bien observé tout cela, nous sommes descendus : on nous a ouvert les portes des entablements de la coupole, du tambour et de la nef; on peut en faire le tour et observer d'en haut ces parties et l'église. Comme nous étions sur la corniche du tambour, nous avons vu passer là-bas le Pape, qui allait faire ses dévotions de l'après-midi. C'était avoir vu au complet l'église de Saint-Pierre. Nous sommes redescendus tout de bon ; nous avons pris un joyeux et frugal repas dans une auberge voisine, puis nous sommes allés à Sainte-Cécile.

L'église était pleine de monde. Il serait trop long de décrire la décoration magnifique. On ne voyait plus une seule pierre. Les colonnes étaient couvertes de velours rouge et entourées de tresses d'or; les chapiteaux, de velours brodé qui en imitait à peu près la forme; toutes les corniches et tous les pilastres étaient de même couverts de tapisseries; tous les intervalles des murs habillés de vives peintures; enfin l'église entière semblait une mosaïque. Plus de deux cents cierges brûlaient autour et aux côtés du maître autel, en sorte que toute une muraille était garnie de bougies et la nef parfaitement éclairée. Les nefs latérales et leurs autels étaient pareillement ornés et éclairés. Vis-à-vis du maître autel, sous l'orgue, deux échafaudages, aussi tendus de velours, sur l'un desquels étaient les chanteurs, sur l'autre, l'orchestre, qui ne cessait pas de faire de la musique. L'église était comble. L'exécution musicale m'a frappé par son beau caractère. Comme on a des concertos de violon ou d'autres instruments, on exécute ici des concertos avec les voix; une voix, par exemple, le soprano, est dominante et chante le solo; le chœur entre de temps en temps et l'accompagne, mais toujours avec tout l'orchestre. Cela produit un bon effet.

Il faut que je finisse comme il nous a fallu finir le jour. Le soir, nous sommes arrivés devant l'Opéra. On jouait les *Litiganti*; mais c'était assez de belles jouissances, et nous avons passé notre chemin.

Rome, 23 novembre 1786.

Afin qu'il n'en soit pas de moi, avec l'incognito qu'il me plaît de garder, comme de l'autruche, qui se croit cachée quand elle cache sa tête, je fais quelques concessions tout en soutenant ma première thèse. Je me suis fait un plaisir de rendre une visite au prince Lichtenstein, le frère de ma digne comtesse de Harrach, et j'ai dîné quelquefois chez lui. Mais j'ai pu bientôt reconnaître que cette concession m'entraînerait plus loin, et c'est ce qui est arrivé. On m'avait parlé de l'abbé Monti, de son *Aristodème*, tragédie qui devait être bientôt représentée. L'auteur, me disait-on, désirait me la lire et savoir mon opinion. Je laissais tomber la chose, sans refuser. Enfin j'ai trouvé chez le prince le poëte et un de ses amis, et on a lu la pièce.

Le héros est, comme on sait, un roi de Sparte, que divers

scrupules de conscience portent à s'ôter la vie. On m'a fait entendre poliment que l'auteur de *Werther* ne trouverait sans doute pas mauvais qu'on eût mis à profit dans cette pièce quelques endroits de son excellent ouvrage. Ainsi donc je n'ai pu échapper, même dans les murs de Sparte, aux mânes irrités de l'infortuné jeune homme.

La marche de la pièce est calme et simple; les sentiments, comme le style, sont en harmonie avec le sujet, c'est-à-dire énergiques et tendres. Cet ouvrage annonce un très-beau talent. Je n'ai pas manqué de relever, à ma manière, mais non, il est vrai, à la manière italienne, tous les mérites de la pièce. On s'est montré assez satisfait; toutefois l'impatience méridionale demandait quelque chose de plus. Surtout on me demandait de prédire ce qu'on pouvait espérer de l'effet sur le public. Je m'en suis excusé sur mon ignorance du pays, de la mise en scène et du goût; mais j'ai été assez franc pour ajouter que je ne voyais pas bien comment les Romains, avec leurs molles habitudes, accoutumés à voir une comédie en trois actes et, comme seconde pièce, un opéra en deux actes, ou bien un grand opéra, avec des ballets, tout à fait étrangers, comme intermède, pourraient se plaire à la marche noble et tranquille d'une tragédie, qui cheminerait, d'un bout à l'autre, sans interruption. J'ajoutai que le suicide me semblait d'ailleurs un sujet tout à fait en dehors du cercle des idées italiennes; j'avais entendu parler presque journellement de gens qui en tuaient d'autres, mais qu'on s'ôtât la vie à soi-même, que seulement on crût la chose possible, je ne m'en étais pas encore aperçu. Après cela je me laissai instruire volontiers avec détail de ce qu'on pouvait répondre à mon incrédulité, et je me rendis sans difficulté aux arguments plausibles; j'assurai que mon plus vif désir était de voir jouer la pièce, et de lui payer le plus sincère et le plus éclatant tribut d'applaudissements avec une société d'amis. Cette déclaration fut très-gracieusement accueillie, et j'eus tout sujet cette fois d'être satisfait de ma condescendance; car le prince de Lichtenstein est la complaisance même, et il m'a procuré l'occasion de voir avec lui bien des chefs-d'œuvre, pour lesquels est nécessaire la permission particulière des possesseurs, et, par conséquent, une haute influence. En revanche, ma bonne humeur s'est trouvée en défaut, quand la fille du prétendant a aussi demandé à voir la marmotte étrangère. J'ai refusé, et je me suis replongé tout de bon dans l'incognito. Et pourtant ce n'est pas ce qu'on peut faire de mieux : je sens ici très-vivement ce que j'ai déjà pu remarquer dans le monde, c'est que l'homme qui veut le bien doit se montrer, à l'égard des autres, aussi alerte, aussi actif, que l'égoïste, le mesquin et le méchant. On voit bien la chose, mais il est difficile d'agir dans cet esprit.

Rome, 24 novembre 1786.

Je ne saurais dire autre chose du peuple de Rome, sinon que, malgré la pompe et la majesté de la religion et des arts qui l'environnent, il n'est pas, de l'épaisseur d'un cheveu, autrement que s'il vivait dans les bois et les cavernes. Ce qui étonne tous les étrangers, et ce qui aujourd'hui fait parler de nouveau, mais parler seulement, toute la ville, ce sont les assassinats, chose tout ordinaire. Quatre personnes ont été assassinées dans notre quartier depuis trois semaines. Aujourd'hui un digne artiste, un Suisse, nommé Schwendimann, médailleur, le dernier élève de Hedlinger, a été assailli absolument comme Winckelmann. Le meurtrier, avec lequel il s'est colleté, lui a porté jusqu'à vingt coups de poignard, et, comme la garde est accourue, le scélérat s'est poignardé lui-même. Au reste, ce n'est pas la mode ici : le meurtrier se sauve dans une église et tout est dit.

Il fallait donc que, pour mettre aussi de l'ombre dans mes tableaux, j'eusse à faire quelque mention de crimes et de malheurs, de tremblements de terre et d'inondations. L'éruption actuelle du Vésuve met ici en mouvement la plupart des étrangers, et il faut se faire violence pour n'être pas entraîné avec eux. Ce phénomène a réellement quelque chose de la nature du crotale, et il attire les hommes avec une force irrésistible. On dirait dans ce moment que tous les chefs-d'œuvre de Rome soient anéantis; tous les étrangers interrompent leurs observations et courent à Naples. Pour moi, je veux persister, dans l'espérance que la montagne réservera encore quelque chose pour moi.

Rome, 1er décembre 1786.

Moritz est ici, Moritz, qui s'est fait connaître avantageusement par *Antoine le Voyageur* et par les *Voyages en Angleterre*. C'est un cœur pur, un excellent homme, dont la présence nous cause une grande joie.

A Rome, où l'on voit tant d'étrangers, qui ne visitent pas tous cette capitale du monde pour l'amour des arts les plus relevés, mais qui veulent aussi être amusés d'une autre manière, on est préparé à toutes sortes de choses. Il y a certains arts secondaires, qui demandent l'adresse de la main et le goût du métier, qu'on a portés ici très-loin, et auxquels on cherche à intéresser les étrangers. De ce nombre est la peinture encaustique, laquelle par ses préparations et ses préliminaires, puis enfin par la peinture même et tout ce qui s'y rapporte, peut occuper mécaniquement toute personne qui s'est un peu adonnée à l'aquarelle, et relever par la nouveauté de l'entreprise un talent souvent médiocre. Il y a des artistes habiles qui en donnent ici des leçons, et, sous le prétexte de diriger, font souvent le meilleur de l'ouvrage, de sorte qu'enfin, quand le tableau, brillant, relevé par la cire, paraît dans un cadre d'or, la belle écolière se trouve toute surprise du talent qu'elle ne se connaissait pas. C'est encore une agréable occupation d'empreindre sur une fine argile des pierres gravées et aussi des médailles, dont les deux faces sont moulées à la fois. Les empreintes sur verre exigent encore plus d'habileté, d'attention et de soin. Le conseiller Reiffenstein a chez lui, ou du moins chez ses familiers, les instruments et les matériaux nécessaires pour tous ces amusements.

Rome, 2 décembre 1786.

J'ai trouvé ici par hasard l'*Italie* d'Archenholtz. Combien un pareil écrit se racornit sur les lieux mêmes, absolument comme si l'on mettait le petit livre sur les charbons, qu'il devînt peu à peu brun et noir, que l'on vît les feuillets se recoquiller et s'en aller en fumée! Il a vu les choses sans doute, mais, pour faire accepter ses manières hautaines et méprisantes, il possède trop peu de connaissances, et il bronche soit quand il loue soit quand il blâme.

Cette belle et chaude et calme température, interrompue seulement par quelques jours de pluie, est, à la fin de novembre, une chose toute nouvelle pour moi. Nous mettons à profit les beaux jours en plein air, les mauvais, à la maison. Il se trouve partout quelque sujet de jouissance, d'étude et d'occupation. Le 28 novembre, nous sommes retournés à la chapelle Sixtine : nous nous sommes fait ouvrir la galerie, d'où l'on peut voir le plafond de plus près. Comme elle est très-étroite, on se pousse en avant, avec quelque fatigue et avec un danger apparent, le long des barreaux de fer : aussi les personnes sujettes au vertige ne s'y hasardent-elles pas. Mais la vue du plus admirable chef-d'œuvre dédommage de tout. Et je suis à cette heure tellement ravi de Michel-Ange que je trouve après lui la nature même insipide, parce que je ne puis la voir avec d'aussi grands yeux que lui. Si l'on avait seulement un moyen de bien fixer de telles images dans son âme! J'emporterai du moins tout ce que je puis amasser de gravures et de dessins de ses ouvrages. De là nous passâmes aux Loges de Raphaël, et j'ose à peine dire qu'on ne pouvait y arrêter ses regards. L'œil s'était accoutumé à des proportions si vastes, avec ces grandes formes et cette admirable perfection de toutes les parties, qu'il ne pouvait plus regarder les jeux spirituels des arabesques, et que les histoires bibliques, si belles qu'elles soient, ne soutenaient pas la comparaison avec les premières. Voir souvent ces ouvrages en face les uns des autres, les comparer avec plus de loisir et sans préjugé, doit procurer de grandes jouissances : car, au commencement, toute admiration est partiale.

De là nous montâmes, par un soleil presque trop chaud, à la Villa Pamfili, dont les jardins offrent de grandes beautés, et nous y restâmes jusqu'au soir. Une grande pelouse, entourée de hauts pins et de chênes verts, était toute semée de pâquerettes, qui tournaient toutes leurs petites têtes vers le soleil. Alors s'éveillèrent mes spéculations botaniques, auxquelles je me livrai de nouveau, le jour suivant, dans une promenade au Monte Mario, à la villa Melini et à la villa Madama. Il est très-intéressant d'observer comment procède une végétation vivement continuée, et qui n'est pas interrompue par un froid rigoureux. Il n'y a point ici de bourgeons, et l'on arrive enfin à comprendre ce que c'est qu'un bourgeon. L'arbousier (*arbutus unedo*) refleurit maintenant, tandis que ses derniers fruits mûrissent; l'oranger se montre en fleurs, avec des fruits mûrs et demi-mûrs. Mais on couvre l'oranger, lorsqu'il n'est pas environné de bâtiments. Le cyprès, cet arbre vénérable, quand il est vieux et d'une belle croissance, donne beaucoup à penser. Je visiterai prochainement le jardin botanique, et j'espère y apprendre bien des choses.

En général, on ne peut rien comparer avec la nouvelle vie que procure à un homme qui pense l'observation d'un pays nouveau. Bien que je sois toujours le même, il me semble que je suis changé jusqu'à la moelle des os. Cette fois, je finis, et je remplirai ma prochaine lettre de désastres, de meurtres, de tremblements de terre et de catastrophes, afin que les ombres ne manquent pas à mes tableaux.

Rome, 3 décembre 1786.

Jusqu'ici la température a varié d'ordinaire de six en six jours; deux jours superbes, un nébuleux, deux ou trois jours de pluie, et derechef le beau temps. Je cherche à utiliser pour le mieux chacun de ces jours selon sa nature. Cependant ces objets magnifiques sont encore pour moi comme de nouvelles connaissances. On n'a pas vécu avec eux, on ne s'est pas pénétré de leur individualité. Quelques-uns nous attirent avec tant de force, qu'on en devient quelque temps indifférent et même injuste envers les autres : ainsi, par exemple, le Panthéon, l'Apollon du Belvédère, quelques têtes colossales, et, dernièrement, la chapelle Sixtine, se sont tellement emparés de mon esprit, que je ne voyais presque pas autre chose. Mais comment veut-on, petit comme on est, et accoutumé aux petites choses, s'égaler à cette noblesse, cette immensité, cette perfection? Et quand cela pourrait réussir jusqu'à un certain point, une foule énorme se presse de tous côtés, se présente à vous à chaque pas, et chacun réclame pour soi le tribut de votre attention. Comment se tirer de là? Le seul moyen est de laisser patiemment l'effet se produire et se développer, et d'étudier avec soin les travaux que d'autres ont faits pour notre avantage.

L'histoire de l'art de Winckelmann, traduite par Féa, est un fort bon livre, que je me suis procuré d'abord, et je le trouve ici très-utile, au milieu d'une instructive société qui me l'interprète.

Je commence à goûter aussi les antiquités romaines. L'histoire, les inscriptions, les monnaies, dont je ne voulais pas entendre parler, tout cela m'assiége maintenant. Il m'arrive ici ce qui m'est arrivé pour l'histoire naturelle. A ce lieu se rattache toute l'histoire du monde, et je compte un second jour de naissance, une véritable renaissance, du jour où je suis arrivé à Rome.

Rome, 5 décembre 1786.

Pendant le petit nombre de semaines que j'ai passées ici, j'ai déjà vu bien des étrangers arriver et partir, et je me suis étonné de la légèreté avec laquelle tant de gens traitent ces objets vénérables. Dieu soit loué, aucun de ces oiseaux de passage ne m'imposera plus à l'avenir, lorsqu'il me parlera de Rome dans le Nord; aucun n'excitera plus mon impatience, car j'ai vu Rome aussi, et je sais à peu près où j'en suis.

Rome, 8 décembre.

Nous avons de temps en temps des jours superbes. La pluie, qui tombe quelquefois, verdit les gazons et les plantes potagères. On voit aussi çà et là des arbres toujours verts, en sorte qu'on regrette à peine le feuillage des autres. On voit dans les jardins, croissant en pleine terre et non couverts, les orangers chargés de fruits.

Je me proposais de vous raconter en détail une très-agréable promenade à la mer et une pêche que nous y avons faite; mais, le soir, en rentrant à cheval, le bon Moritz s'est cassé le bras, sa monture ayant glissé sur le pavé poli. Cela a troublé toute notre joie; c'est un chagrin domestique dans notre petite société.

Rome, 13 décembre.

Combien je me félicite que vous ayez pris mon évasion comme je le désirais! Faites maintenant que je trouve grâce devant tous les cœurs qui auraient pu en être blessés! Je n'ai voulu offenser personne, et je ne puis non plus rien dire pour me justifier. Le ciel me préserve d'affliger jamais un ami en lui exposant les motifs de cette résolution!

Je me remets ici peu à peu de mon *salto mortale*, et j'étudie plus que je ne jouis. Rome est un monde. Il faut des années pour s'y reconnaître seulement. Que je trouve heureux les voyageurs qui voient et qui passent!

Ce matin, les *Lettres* que Winckelmann écrivait d'Italie me sont tombées dans les mains. Avec quelle émotion j'en ai commencé la lecture! Il y a trente et un ans que, dans la même saison, il arriva ici, encore plus ignorant que moi; il avait la même ardeur germanique pour l'étude sérieuse et solide de l'antiquité et de l'art. Comme il surmonta courageusement les difficultés! Et que la mémoire de cet homme m'est précieuse à la place où je suis! Après les objets de la nature, qui est vraie et conséquente dans toutes ses parties, rien ne parle aussi haut que la trace d'un homme intelligent et bon, et que l'art véritable, qui est aussi conséquent que la nature. C'est à Rome qu'on peut bien le sentir, à Rome, où tant de fois l'arbitraire déploya ses fureurs, où tant de folies furent perpétuées par la puissance et la richesse.

Un passage d'une lettre de Winckelmann à Frank m'a fait un plaisir particulier. « Il faut chercher tout à Rome avec un certain flegme, autrement on sera pris pour un Français. Rome est, selon moi, la grande école pour le monde entier, et, moi aussi, je suis éclairé et éprouvé. » Ces paroles s'accordent exactement avec ma manière d'observer ici, et certainement on n'a hors de Rome aucune idée de l'enseignement qu'on y reçoit. Il faut, pour ainsi dire, naître de nouveau, et l'on reporte ses regards sur ses anciennes idées comme sur ses souliers d'enfant. L'homme le plus ordinaire devient ici quelque chose; il acquiert du moins une idée extraordinaire, lors même que les choses ne peuvent s'identifier avec lui.

Cette lettre vous arrivera pour la nouvelle année. Recevez mes vœux pour son début. Nous nous reverrons avant qu'elle soit finie, et ce ne sera pas un petit plaisir. Celle qui vient de s'écouler a été la plus importante de ma vie. Que je meure ou que je dure encore quelque temps, tout a bien tourné pour moi.

Maintenant, un mot aux enfants! Vous leur lirez ou vous

leur conterez ceci. On ne remarque pas l'hiver; les jardins sont plantés d'arbres toujours verts; le soleil luit, clair et chaud. On ne voit de neige que vers le nord, sur les montagnes les plus éloignées; on couvre peu à peu de roseaux les citronniers, qui sont plantés dans les jardins contre les murs; mais les orangers restent découverts; plusieurs centaines de ces beaux fruits pendent à chacun de ces arbres, qui ne sont pas, comme chez nous, taillés et plantés dans une caisse, mais heureux et libres en pleine terre, rangés en file avec leurs frères. On ne peut rien imaginer de plus gai qu'un pareil coup d'œil. En payant un petit pourboire, on mange de ces fruits autant qu'on veut. Ils sont déjà très-bons à présent; ils seront encore meilleurs au mois de mars. Nous sommes allés dernièrement à la mer. Nous avons fait jeter le filet, et nous avons vu paraître les plus étranges créatures, en poissons, écrevisses et monstres bizarres; nous avons vu aussi le poisson qui frappe d'une décharge électrique la personne qui le touche.

Rome, 20 décembre.

Et cependant tout cela donne plus de peine et de souci que de jouissances. La seconde naissance, qui me transforme du dedans au dehors, continue son œuvre. Je pensais bien apprendre ici quelque chose de vrai; mais que je dusse reprendre mes études de si loin, qu'il me fallût tout désapprendre, et même apprendre tout autrement, c'est à quoi je ne pensais pas : maintenant, je suis convaincu, et je me suis entièrement résigné; et plus je dois me démentir moi-même, plus je suis content. Je suis comme un architecte qui avait voulu bâtir une tour et qui avait posé de mauvais fondements : il s'en aperçoit encore à temps, et il arrête avec empressement les travaux qu'il a déjà élevés hors de terre; il cherche à étendre son plan, à le perfectionner, à s'assurer mieux de sa base, et il jouit par avance de la solidité plus certaine du futur édifice. Veuille le ciel qu'à mon retour on puisse également sentir chez moi les conséquences morales de cette vie passée dans un monde plus vaste! Oui, comme le sentiment artiste, le sentiment moral éprouve une grande rénovation.

Le docteur Munter est ici, de retour de son voyage en Sicile. C'est un homme ardent, énergique. Je ne connais pas ses desseins. Il sera chez vous au mois de mai, et il aura bien des choses à vous raconter. Il a voyagé deux ans en Italie. Il est mécontent des Italiens, qui n'ont pas eu assez d'égards pour les importantes lettres de recommandation qu'il avait apportées, et qui devaient lui ouvrir maintes archives, maintes bibliothèques secrètes ; en sorte qu'il n'a pas réussi complétement au gré de ses désirs. Il a recueilli de belles monnaies, et il possède, à ce qu'il m'a dit, un manuscrit qui ramène la numismatique à des caractères tranchés, comme ceux de Linné. Herder demandera sans doute des informations plus détaillées. Peut-être sera-t-il permis de prendre une copie. Il est possible de faire quelque chose de pareil. Je souhaite qu'on y parvienne. Et nous aussi, nous devrons tôt ou tard entrer tout de bon dans ce domaine.

Rome, 25 décembre 1786.

Je commence déjà à voir pour la seconde fois les meilleures choses, et au premier étonnement succèdent la familiarité et le sentiment plus pur du mérite de l'œuvre. Pour s'élever à la plus haute idée de ce que les hommes ont produit, il faut d'abord que l'âme soit arrivée à une complète liberté.

Le marbre est une matière d'un effet singulier. De là vient le charme infini de l'Apollon du Belvédère dans l'original. Le souffle sublime de la vie, de la jeune liberté, de la jeunesse éternelle, disparaît dans la meilleure copie en plâtre. Vis-à-vis de chez nous, dans le palais Rondanini, se trouve un masque de Méduse, où, sur un beau et noble visage, de grandeur colossale, est exprimée excellemment la rigidité angoissée de la mort. J'en possède une bonne copie, mais le prestige du marbre est perdu. Le noble caractère, la demi-transparence de la pierre jaunâtre, imitant la couleur de la chair, a disparu. Le plâtre, au contraire, paraît toujours crayeux et mort. Et c'est pourtant un grand plaisir d'entrer chez un mouleur, où l'on voit les beaux membres des statues sortir un à un du moule, si bien qu'on découvre dans les formes des aspects nouveaux. D'ailleurs on voit groupé ce qui est dispersé dans Rome, avantage inestimable pour la comparaison. Je n'ai pu résister à la tentation d'acheter une tête colossale de Jupiter. Je l'ai placée vis-à-vis de mon lit, dans un beau jour, afin de pouvoir lui adresser d'abord ma dévotion matinale. Mais, avec toute sa grandeur et sa majesté, ce buste a donné lieu à une scène fort gaie.

Quand notre vieille hôtesse entre pour faire mon lit, elle est ordinairement suivie de son chat favori. J'étais dans le salon, et j'entendais la femme faire son ouvrage dans ma chambre. Tout à coup, empressée, émue, contre sa coutume, elle ouvre la porte et me crie d'accourir pour voir un miracle. Je lui demande ce que c'est : elle me répond que le chat adore Dieu le Père. Elle avait bien remarqué depuis longtemps que cette bête avait de l'esprit comme un chrétien, mais ceci était pourtant un grand miracle. Je courus, pour le voir de mes yeux, et je vis en effet une chose assez singulière. Le buste est posé sur un socle élevé, et le corps est coupé bien au-dessous de la poitrine, en sorte que la tête est assez haute. Or, le chat avait sauté sur la table, il avait posé ses pieds de devant sur la poitrine du Dieu, et, en étendant ses membres de tout son pouvoir, il atteignait, avec son museau, juste à la barbe sainte, qu'il léchait le plus joliment du monde, sans se laisser troubler en aucune façon par l'exclamation de l'hôtesse et par ma présence. Je laissai à la bonne femme son admiration, et je m'expliquai la cause de cette dévotion singulière : l'animal, doué d'un odorat très-fin, pouvait bien avoir senti la graisse qui était tombée du moule dans les enfoncements de la barbe et qui s'y trouvait encore.

Rome, 29 décembre 1786.

J'ai beaucoup de choses à dire encore à la louange de Tischbein, et comme il s'est formé par lui-même, avec une originalité tout allemande ; je dois dire ensuite avec reconnaissance qu'il s'est occupé de moi de la manière la plus amicale durant son second séjour à Rome, en faisant exécuter pour moi une suite de copies des meilleurs maîtres, quelques-unes au crayon noir, d'autres à la sépia et à l'aquarelle, qui prendront de la valeur en Allemagne, où l'on est éloigné des originaux, et qui me rappelleront les plus belles choses. Dans sa carrière d'artiste, comme il s'était voué d'abord au portrait, Tischbein entra en rapport avec des hommes marquants, particulièrement à Zurich, et il leur dut un goût plus solide avec des idées plus étendues.

J'ai apporté ici la seconde partie des *Feuilles détachées*. Elles ont été très-bien reçues. Il faudrait que, pour sa récompense, Herder pût savoir avec détail le bon effet que produit ce petit livre, même à une nouvelle lecture. Tischbein ne comprenait pas qu'on eût pu écrire de telles choses sans avoir été en Italie.

On vit dans ce monde artiste comme dans une chambre ornée de glaces, où, même contre sa volonté, on voit répétés et soi-même et les autres. Je voyais bien que Tischbein me regardait souvent avec attention, et je découvre maintenant qu'il songe à faire mon portrait. Son esquisse est faite; il a déjà tendu la toile. Je serai représenté de grandeur naturelle, en voyageur, enveloppé d'un manteau blanc, en plein air, assis sur un obélisque renversé, et contemplant les ruines de la Campagne de Rome, qui s'enfonceront dans le lointain. Cela fera une belle toile, mais trop grande pour nos appartements du Nord. Je pourrai bien m'y glisser encore, mais le portrait ne trouvera point de place.

Que l'on fasse d'ailleurs mille tentatives pour me tirer de mon obscurité; que les poëtes me lisent ou me fassent lire leurs vers, et qu'il ne tienne qu'à moi de jouer un rôle : cela ne me fourvoie pas et ne laisse pas que de m'amuser, car j'ai déjà deviné où l'on veut en venir ici : les mille petits cercles que je vois aux pieds de la reine du monde tiennent un peu çà et là de la petite ville. Oui, c'est ici comme partout, et ce qu'on ferait de moi et par moi m'ennuie déjà par avance. Il faut s'attacher à un parti, soutenir des passions et des cabales, vanter les artistes et les amateurs, rabaisser les rivaux, souffrir tout des grands et des riches. Toute cette litanie, qui ferait fuir à mille lieues, je la réciterais ici avec les autres, et cela sans aucun but? Non, je n'irai pas plus avant qu'il ne sera nécessaire pour connaître aussi ces choses, et, à cet égard encore, vivre ensuite chez moi satisfait, et m'ôter, comme aux autres, toute envie de courir le monde. Je veux voir Rome, la Rome éternelle, et non celle qui passe tous les dix ans. Si j'avais du temps, je voudrais le mieux employer. J'observe en particulier qu'on lit tout autrement l'histoire à Rome que dans le reste du monde. Ailleurs on la lit du dehors au dedans; ici on croit la lire du dedans au dehors : tout se pose autour de nous, et prend de nous son point de départ. Et cela est vrai, non-seulement de l'histoire romaine, mais de l'histoire universelle. D'ici je puis accompagner les conquérants jusqu'au Véser et jusqu'à l'Euphrate, ou, s'il me plaît d'être un badaud, je puis attendre dans la Voie Sacrée le retour des triomphateurs : cependant je me suis nourri de blé et d'argent distribués, et je prends à mon aise ma part de toute cette magnificence.

Rome, 2 janvier 1787.

Qu'on dise ce qu'on voudra en faveur de la tradition écrite et orale, il est rare qu'elle soit suffisante, car elle ne peut transmettre le caractère propre de l'objet, même quand il s'agit des choses intellectuelles. Mais, a-t-on d'abord bien vu de ses yeux, alors on peut écouter et lire avec intérêt, parce que l'exposé se rattache à une impression vivante; alors on peut apprécier et juger.

Vous vous êtes souvent raillés de moi, vous avez voulu m'arrêter, quand je considérais avec un intérêt particulier, et sous certains points de vue déterminés, des pierres, des plantes et des animaux; maintenant je dirige mon attention sur l'architecte, le sculpteur et le peintre, et j'apprendrai aussi à m'y retrouver.

Rome, 4 janvier 1787.

Après tout cela, il faut que je parle encore de l'irrésolution qui me prend au sujet de mon séjour en Italie. Dans ma dernière lettre, je faisais connaître ma volonté de quitter Rome aussitôt après Pâques, et de regagner ma patrie. Jusque-là j'aurai bu quelques tasses encore du grand Océan, et ma soif la plus pressante sera apaisée. Je suis guéri d'une passion et d'une maladie violentes; je sais encore jouir de la vie, jouir de l'histoire, de la poésie, de l'antiquité; et j'ai, pour des années, des matériaux à polir et à compléter. Mais des voix amies me représentent maintenant que je ne dois pas me hâter, que je dois retourner chez moi avec des richesses plus complètes. Le duc m'a écrit une lettre bienveillante et sympathique, qui me dispense de mes devoirs pour un temps indéfini et me tranquillise sur mon absence. Mon esprit se tourne vers le champ immense que je devrai laisser sans y mettre le pied.

Ainsi, par exemple, je n'ai pu du tout m'occuper jusqu'à présent des monnaies ni des pierres gravées. J'ai commencé à lire l'*Histoire de l'Art* de Winckelmann, et n'ai encore achevé que l'Égypte, et je sens bien qu'il faut que je revoie tout dès l'origine. Je l'ai déjà fait pour l'Égypte. Plus on remonte, plus l'art paraît immense, et qui veut aller d'une marche sûre doit aller lentement.

J'attendrai ici le carnaval, et je partirai pour Naples vers le Mercredi des Cendres. Je prendrai Tischbein avec moi, parce que je lui fais plaisir, et que, dans sa société, je vis trois fois. Je serai de retour avant Pâques, pour les solennités de la semaine sainte. Mais je vois encore là-bas la Sicile. Un voyage dans cette île ne devrait se faire qu'en automne et devrait être mieux préparé. Et il ne s'agirait pas seulement de la traverser et d'en faire le tour, ce qui est bientôt fait, afin de pouvoir dire ensuite, pour sa peine et son argent : « Je l'ai vue ! » Il faudrait s'établir à Palerme, puis à Catane, pour faire des excursions utiles et sûres, après avoir étudié préalablement Riedesel et les autres. Si donc je passais l'été à Rome, livré à l'étude et me préparant pour la Sicile, où je ne pourrais aller qu'au mois de septembre, et où je devrais passer novembre et décembre, je ne pourrais être de retour chez nous qu'au mois de février 1788. Il y aurait encore un terme moyen : ce serait de laisser la Sicile, de passer à Rome une partie de l'été, puis de me rendre à Florence et, vers l'automne, à la maison.

Mais toutes ces perspectives sont assombries pour moi par l'accident du duc. Depuis que j'ai reçu la nouvelle de cet événement, je n'ai point de repos, et j'aimerais mieux retourner tout de suite après Pâques avec les débris de mes conquêtes, parcourir rapidement l'Italie supérieure, et me retrouver à Weimar au mois de juin. Je suis trop isolé pour me résoudre, et, si j'expose toute la situation avec tant de détails, c'est pour vous prier de vouloir bien, dans un conseil de ceux qui m'aiment et qui savent mieux ce qui se passe chez nous, décider de mon sort, en partant de l'idée très-positive que j'incline à retourner plus qu'à demeurer. Le plus fort lien qui me retienne en Italie, c'est Tischbein. Jamais, quand je serais destiné à revoir ce beau pays, je ne pourrais autant apprendre en aussi peu de temps que dans la compagnie de cet homme instruit, expérimenté, d'un goût juste et délicat, et qui m'est entièrement dévoué. Je ne puis dire comme les écailles me tombent des yeux. Celui qui tâtonne dans la nuit prend déjà le crépuscule pour le jour et un jour nébuleux pour un jour clair : que dira-t-il quand le soleil se lève?

Au reste, je me suis absolument écarté jusqu'à présent de la société, qui essaye peu à peu de s'emparer de moi, et sur laquelle je jetais assez volontiers un regard au passage. J'ai mandé à Fritz, sur un ton badin, ma réception dans l'Arcadie; on ne peut en effet qu'en rire, car l'Institut est devenu une véritable pauvreté.

On jouera de lundi en huit la tragédie de l'abbé Monti. Il est fort inquiet et il a raison : le public est indomptable; il veut qu'on l'amuse sans cesse, et la pièce n'a rien de brillant. Il m'a prié d'y assister dans sa loge, pour lui servir de confesseur dans ce moment critique. Un autre traduira mon *Iphigénie*, un autre fera Dieu sait quoi en mon honneur. Ils sont mal les uns avec les autres, et chacun voudrait fortifier son parti. Il n'y a non plus parmi mes compatriotes qu'une voix sur mon compte. Si je les laissais faire, et si je me mettais un peu avec eux à l'unisson, ils feraient encore cent folies à mon sujet, et finiraient par me couronner au Capitole, comme il en a été sérieusement question, quelque folie qu'il y eût à prendre un étranger, un protestant, pour premier acteur d'une pareille comédie. Comment tout cela s'enchaîne, et comme quoi il faudrait que je fusse un grand fou de croire que tout cela se fait pour l'amour de moi, je vous le dirai un jour à Weimar.

Rome, 8 janvier 1787.

Je viens de chez Moritz : son bras est guéri; on a levé aujourd'hui l'appareil. Il est bien, il va bien. Ce que j'ai appris auprès du patient, pendant ces quarante jours, comme garde-malade, confesseur et confident, comme ministre des finances et secrétaire intime, pourra nous profiter dans la suite. Les souffrances les plus cruelles et les plus nobles jouissances ont marché tout ce temps côte à côte. Je me suis donné hier le plaisir de faire placer dans notre salon un plâtre de la tête colossale de Junon, dont l'original se trouve dans la villa Ludovisi. Elle a été mon premier amour à Rome, et maintenant je la possède. Il n'est point de paroles qui puissent en donner l'idée. C'est un chant d'Homère. Mais j'ai bien mérité pour l'avenir une si bonne compagnie, car je puis vous annoncer maintenant qu'*Iphigénie* est enfin terminée. En voilà sur ma table deux copies assez pareilles, dont une va bientôt se présenter à vous. Accueillez-la avec bienveillance. Ce n'est point là ce que j'aurais dû faire, mais on pourra deviner ce que j'ai voulu.

Vous vous êtes plaints quelquefois de trouver dans mes lettres des endroits obscurs, où je faisais allusion à une certaine angoisse que je sentais au milieu des spectacles les plus magnifiques. Cette belle Grecque, ma compagne de voyage, n'y avait pas une petite part, en me forçant au travail quand j'aurais voulu contempler. Je me souviens de cet excellent ami qui s'était préparé pour un long voyage, qu'on aurait bien pu appeler un voyage de découvertes. Après avoir étudié et économisé dans ce but pendant plusieurs années, il eut à la fin aussi l'idée de séduire une fille de bonne maison, parce qu'il pensa que ce serait faire d'une pierre deux coups. Je résolus aussi étourdiment d'emmener *Iphigénie* à Carlsbad. Je vais dire en peu de mots en quel lieu je me suis surtout occupé d'elle. Quand j'eus passé le Brenner, je la tirai de ma valise et la plaçai à mon côté. Au bord du lac de Garde, où le vent violent du sud poussait les flots contre le rivage, où j'étais pour le moins aussi seul que mon héroïne sur le rivage de Tauride, je traçai les premières lignes du remaniement, que je continuai à Vérone, à Vicence, à Padoue, et surtout à Venise. Ensuite l'ouvrage fut suspendu quelque temps ; je fus même conduit à une idée nouvelle, savoir d'écrire *Iphigénie à Delphes ;* et je l'aurais fait sur-le-champ, si la distraction et le sentiment de mon devoir envers la première pièce ne m'avaient pas retenu. À Rome, je continuai mon travail avec assez de constance. Le soir, avant de me coucher, je préparais ma tâche pour le lendemain, et je me mettais à l'ouvrage dès mon réveil. Mon procédé était fort simple : je transcrivais la pièce tranquillement en l'assujettissant au rhythme régulier, ligne après ligne, période après période. Vous jugerez du résultat. En cela, j'ai plus appris que je n'ai fait. J'ajouterai quelques réflexions sur la pièce.

Rome, 9 janvier 1787.

Parlons encore un peu des cérémonies du culte. Pendant la nuit de Noël, nous avons couru la ville et visité les églises où l'on célébrait un office. Il en est une qu'on visite surtout. L'orgue et la musique sont arrangés de manière à faire entendre tous les sons d'une musique pastorale ; rien n'y manque, ni les chalumeaux des bergers, ni le gazouillement des oiseaux, ni le bêlement des moutons.

Le jour de Noël, j'ai vu le pape et tout le clergé à Saint-Pierre. Le pape a célébré la grand'messe, en partie de son trône, en partie d'en-bas. C'est un spectacle unique en son genre, magnifique et auguste : mais je suis tellement envieilli dans mon diogénisme protestant, que cette magnificence m'ôte plus qu'elle ne me donne. Je dirais volontiers, comme mon pieux devancier, à ces sacrés conquérants du monde : « Ne me cachez pas le soleil de l'art sublime et de l'humanité pure. »

Aujourd'hui, fête de l'Épiphanie, j'ai vu et entendu la messe d'après le rit grec. Les cérémonies me semblent plus imposantes, plus graves, plus réfléchies et pourtant plus populaires que celles du rit latin. Mais, là encore, j'ai senti que je suis trop vieux pour tout, excepté pour la vérité. Leurs cérémonies et leurs opéras, leurs processions et leurs ballets, tout coule et glisse sur moi comme l'eau sur un manteau de toile cirée, tandis qu'un effet de la nature, comme le coucher du soleil, vu de la villa Madame, un ouvrage d'art, comme cette Junon vénérée, me font une impression profonde et vivifiante.

Leurs théâtres me font frémir d'avance. La semaine prochaine, sept théâtres seront ouverts. Anfossi est arrivé ; on donnera *Alexandre aux Indes* ; on donne aussi un *Cyrus*, et la *Prise de Troie* en ballet. Voilà qui amuserait les enfants.

Rome, 10 janvier 1787.

Voilà donc l'enfant de la douleur! *Iphigénie* mérite cette qualification dans plus d'un sens. Une lecture que j'en ai faite à nos artistes m'a conduit à souligner quelques vers. J'en ai corrigé quelques-uns selon mon idée, je laisse subsister les

autres. Si Herder voulait y consacrer quelques traits de plume!
Pour moi je suis blasé sur ce travail.

Si, depuis quelques années, j'ai préféré écrire en prose, c'est que notre prosodie flotte dans la plus grande incertitude; car mes habiles et doctes amis, mes collaborateurs, abandonnent au sentiment, au goût, la solution de questions nombreuses, en sorte qu'on manquerait de toute règle. Je n'aurais jamais osé traduire *Iphigénie* en vers ïambiques, si je n'avais trouvé dans la *Prosodie* de Moritz une étoile polaire. Mes entretiens avec l'auteur, surtout pendant la durée de son traitement, ont été pour moi une nouvelle source de lumière, et je prie mes amis de porter là-dessus leurs réflexions bienveillantes. Il n'y a évidemment dans notre langue que peu de syllabes décidément brèves ou longues. On procède avec les autres selon son goût ou son caprice. Moritz a su trouver qu'il existe entre les syllabes une certaine hiérarchie, et que celle qui a plus d'importance pour le sens est longue par rapport à celle qui en a moins, et la rend brève, mais qu'elle peut aussi devenir brève à son tour, quand elle est rapprochée d'une syllabe dont le sens est plus fort. C'est là du moins un point d'appui, et lors même que, par là, toutes les difficultés ne seraient pas résolues, on a pourtant un fil directeur, auquel on peut s'attacher. Je me suis souvent aidé de ce principe, et je l'ai trouvé d'accord avec mon sentiment.

J'ai parlé de la lecture d'*Iphigénie*, et je dois dire en deux mots comment les choses se sont passées. Ces jeunes hommes, accoutumés à mes premières pièces, pleines de passion et de mouvement, attendaient quelque chose comme *Goetz de Berlichingen*, et ils furent déconcertés par cette marche paisible : cependant les passages d'un caractère noble et pur ne manquèrent pas leur effet. Tischbein, qui avait aussi de la peine à concevoir cette absence presque totale de passion, présenta une comparaison ou un symbole charmant. Il compara cette poésie à un sacrifice dont la fumée, refoulée par une légère pression de l'air, se traîne sur la terre, tandis que la flamme cherche à s'élever plus librement vers le ciel. Il a fait de cela un dessin très-joli et très-expressif. Je vous l'envoie dans cette lettre.

Ainsi ce travail, dont j'espérais venir bientôt à bout, m'a retenu et entretenu, m'a occupé et mis au supplice trois mois entiers. Ce n'est pas la première fois que je fais du principal l'accessoire. N'allons pas subtiliser et disputer là-dessus.

Je vous envoie aussi une jolie pierre gravée, qui représente un lion. Un taon bourdonne autour de son museau. Les anciens aimaient ce sujet, et ils l'ont souvent répété. Veuillez vous en servir pour cacheter vos lettres, afin qu'au moyen de cette bagatelle un écho des arts retentisse de vous jusqu'à moi.

Rome, 13 janvier 1787.

Que de choses j'aurais à vous dire chaque jour, si la fatigue et la distraction ne m'empêchaient pas d'écrire un peu raisonnablement ! Ajoutez qu'il fait froid et qu'on est mieux partout ailleurs que dans les chambres, sans poêle et sans cheminée, où l'on ne se retire que pour dormir ou se trouver mal à son aise. Je ne puis cependant passer sous silence quelques incidents de la semaine dernière.

On voit dans le palais Giustiniani une Minerve, objet d'une profonde vénération. Winckelmann en fait à peine mention, du moins il n'en parle pas au bon endroit, et je ne me sens pas digne d'en parler. Tandis que nous considérions la statue, qui nous tenait longtemps arrêtés, la femme du concierge nous conta que c'était autrefois une image sainte, et que les Anglais, qui étaient de cette religion, avaient coutume encore de l'adorer en lui baisant la main, qui est en effet toute blanche, tandis que le reste de la statue est brunâtre. Elle ajouta que dernièrement une dame de cette religion s'était prosternée aux genoux de la statue et l'avait adorée. Pour elle, bonne chrétienne, elle n'avait pu voir sans rire une action si bizarre ; elle s'était sauvée de la salle pour ne pas éclater. Comme je ne pouvais pas non plus me résoudre à quitter Minerve, elle me demanda si j'avais peut-être une maîtresse qui ressemblât à ce marbre, puisqu'il avait tant d'attrait pour moi. La bonne femme ne connaissait que la dévotion et l'amour, et ne pouvait avoir aucune idée de la pure admiration pour un noble ouvrage, du respect fraternel pour le génie de l'homme. Nous fûmes charmés de la dame anglaise, et nous nous retirâmes avec le désir de revenir, et certainement je retournerai bientôt. Si mes amis veulent quelque chose de plus précis, ils devront lire ce que

Winckelmann dit du style sublime des Grecs. Malheureusement il ne cite pas là cette Minerve, et pourtant, si je ne me trompe, elle est de ce sublime et sévère style qui passe dans le beau ; c'est le bouton qui s'épanouit, et voilà une Minerve au caractère de laquelle cette transition convient parfaitement.

Passons à un spectacle d'un autre genre. Le jour des Rois, fête du salut annoncé aux Gentils, nous sommes allés à la Propagande. Là, en présence de trois cardinaux et d'un nombreux auditoire, nous avons d'abord entendu un discours sur la question de savoir en quel lieu la vierge Marie a reçu les Mages, si ce fut dans l'étable ou ailleurs. Ensuite on a lu quelques poésies latines sur le même sujet ; puis une trentaine de séminaristes ont paru à la file et ont lu de petits poëmes, chacun dans l'idiome de son pays : malabare, épirote, turc, moldave, hellénique, persan, colchique, hébraïque, arabe, syrien, cophte, sarrasin, arménien, hibernois, madécasse, islandais, boien, égyptien, grec, isaurien, éthiopien, et bien d'autres que je n'entendais pas. Ces poésies paraissaient la plupart composées selon la prosodie et récitées avec la déclamation nationale : car il se produisait des rhythmes et des sons barbares. Le grec parut comme une étoile dans la nuit. L'auditoire riait immodérément de ces voix étranges, et cette exhibition tourna de la sorte à la farce.

Encore une historiette, qui montre comme on traite avec licence dans la sainte Rome les choses saintes. Le défunt cardinal Albani assistait un jour à cette cérémonie. Un des élèves, se tournant vers les cardinaux, se mit à dire en sa langue : *Gnaia! gnaia!* ce qui sonnait à peu près comme *canaglia! canaglia!* Le cardinal se pencha vers un de ses confrères et lui dit : « Celui-là nous connaît ! »

Rome, 15 janvier 1787.

Winckelmann a beaucoup fait et il nous a laissé beaucoup à désirer. S'il se hâta de bâtir avec les matériaux qu'il s'était appropriés, c'était pour se mettre à couvert. S'il vivait encore (et il pourrait être encore vivant et bien portant), il serait le premier à nous donner un remaniement de son travail. Que n'aurait-il pas encore observé, rectifié ; que n'aurait-il pas mis à profit de ce que d'autres ont fait et observé selon ses principes, et nouvellement déterré et découvert! Et puis serait mort le cardinal Albani, en l'honneur duquel il a écrit et peut-être dissimulé tant de choses!

Enfin on a joué *Aristodème*, et avec beaucoup de succès et de grands applaudissements. L'abbé Monti appartient à la maison des neveux du pape, et il est très-estimé dans la haute société, si bien qu'on pouvait concevoir les meilleures espérances. Aussi les loges n'ont-elles pas épargné les applaudissements. Le parterre a été tout d'abord gagné par la belle diction du poëte et l'excellente récitation des acteurs; et l'on ne laissait échapper aucune occasion de témoigner son contentement. Le banc des artistes allemands s'est signalé, et, cette fois, c'était à propos, car du reste ces messieurs sont un peu tranchants. L'auteur était resté chez lui, fort inquiet de la réussite de son ouvrage. D'acte en acte, il a reçu des messages favorables, qui ont changé peu à peu son inquiétude en une vive joie. On ne manquera pas de rejouer la pièce, et tout marche pour le mieux. C'est ainsi que, par les œuvres les plus opposées, pourvu que chacune ait un mérite prononcé, on peut obtenir les suffrages de la foule aussi bien que des connaisseurs. Mais la représentation mérite aussi beaucoup d'éloges. L'acteur principal, qui remplit toute la pièce, parlait et jouait excellemment. On croyait voir paraître un des anciens empereurs. Les acteurs avaient très-heureusement transporté sur le théâtre le costume que nous trouvons si imposant dans les statues, et l'on voyait que le comédien avait étudié l'antique.

Rome, 16 janvier 1787.

Les arts sont menacés à Rome d'une grande perte : le roi de Naples fait transporter l'Hercule Farnèse dans sa capitale. C'est un deuil général chez les artistes. Cependant nous verrons, à cette occasion, quelque chose que nos devanciers n'ont pas connu. Cette statue, à savoir de la tête aux genoux, puis les pieds et le socle sur lequel ils reposent, furent trouvés dans la villa Farnèse; mais les jambes, du genou à la cheville, manquaient, et furent remplacées par Guillaume de La Porte. C'est sur elles que l'Hercule est porté jusqu'à ce jour. Cependant les véritables jambes antiques avaient été trouvées à leur tour dans la villa Borghèse, et on les y voyait encore exposées.

Maintenant le prince se décide à faire hommage de ces restes précieux au roi de Naples. On enlève les jambes que de La Porte avait substituées, on les remplace par les véritables, et, quoiqu'on eût été jusqu'à présent très-satisfait des autres, on se promet un spectacle tout nouveau et une jouissance plus harmonique.

Rome, 18 janvier.

Hier nous nous sommes bien divertis. C'était la fête de saint Antoine. Il faisait le plus beau temps du monde. Il avait gelé pendant la nuit, et le jour était chaud et serein. On sait que toutes les religions qui étendent leur culte ou leurs spéculations finissent par associer en quelque mesure les animaux aux grâces ecclésiastiques. Saint Antoine, l'abbé ou l'évêque, est le patron des quadrupèdes : sa fête est un jour de saturnales pour les bêtes de somme, comme pour leurs gardiens et leurs conducteurs. Tous les seigneurs doivent rester chez eux ce jour-là ou sortir à pied. On ne manque pas de conter des histoires alarmantes, et comme quoi des seigneurs incrédules, qui ont voulu forcer leurs cochers de mener la voiture ce jour-là, en ont été punis par de graves accidents.

La place qui s'étend devant l'église est si vaste, qu'elle pourrait passer pour déserte; mais aujourd'hui elle était animée de la façon la plus gaie. Les chevaux et les mulets, ayant la crinière et la queue élégamment et même magnifiquement tressées de rubans, sont amenés devant la petite chapelle, située à quelque distance de l'église. Là, un prêtre, armé d'un grand goupillon, sans ménager l'eau bénite placée devant lui dans des baquets et des cuves, asperge vigoureusement les joyeuses bêtes, quelquefois même avec malice pour les exciter. Les cochers pieux apportent des cierges, grands et petits; les seigneurs envoient des aumônes et des présents, afin que les utiles et précieux animaux soient, durant une année, préservés de tout accident. Les ânes et les bêtes à cornes, non moins utiles et précieux à leurs maîtres, prennent leur part modeste de cette bénédiction.

Nous nous sommes donné ensuite le plaisir d'une grande promenade sous un si beau ciel, au milieu des objets les plus intéressants, auxquels nous avons fait pourtant peu d'attention cette fois, nous abandonnant sans mesure au rire et au badinage.

Rome, 19 janvier 1787.

Ainsi donc le grand roi [1], dont la gloire remplissait le monde, que ses exploits rendaient même digne du paradis catholique, a dit adieu aux choses temporelles pour s'entretenir avec les héros ses pareils dans le royaume des ombres! Comme on se tient tranquille volontiers, quand on a porté un tel homme au champ du repos!

Aujourd'hui nous nous sommes donné du bon temps : nous avons visité une partie du Capitole que j'avais négligée jusqu'à présent, puis nous avons passé le Tibre, et nous avons bu du vin d'Espagne dans une barque nouvellement abordée. C'est dans ce lieu que furent trouvés, dit-on, Romulus et Rémus : en sorte qu'on peut, dans une double et triple Pentecôte, s'enivrer à la fois du saint esprit des arts, de la plus suave atmosphère, d'antiques souvenirs et de vin doux.

Rome, 20 janvier 1787.

Ce qui procurait, au commencement, une agréable jouissance, quand on l'observait superficiellement, nous oppresse par la suite quand nous voyons que, sans des connaissances solides, il n'y a pas de véritable jouissance. Je suis assez bien préparé pour l'anatomie, et j'ai acquis, non sans peine et jusqu'à un certain point, la connaissance du corps humain. Ici l'on y est ramené incessamment, mais d'une manière plus élevée, par l'observation continuelle des statues. Dans notre anatomie médico-chirurgicale, il s'agit uniquement de connaître l'organe, et le plus pauvre muscle y peut suffire. A Rome, les organes ne signifient rien, s'ils n'offrent pas en même temps une belle forme. On a préparé en faveur des artistes, dans le grand lazaret du Saint-Esprit, un très-bel écorché, si beau, qu'il provoque l'admiration : on dirait un demi-dieu, un Marsyas, dépouillé de sa peau. C'est ainsi qu'à la suite des anciens, on a coutume d'étudier le squelette, non pas comme un masque osseux agencé habilement, mais avec les ligaments, qui lui donnent déjà le mouvement et la vie.

---

1. Frédéric II, de Prusse.

Si je dis encore que, le soir, nous étudions la perspective, cela prouve bien que nous ne sommes pas oisifs. Et néanmoins on espère toujours faire plus qu'on ne fait réellement.

Rome, 22 janvier 1787.

Du sentiment artiste allemand et de la vie artiste qu'on mène à Rome, voici ce qu'on peut dire : on entend des sons, mais pas d'harmonie. Quand je songe à présent aux choses magnifiques qui sont dans notre voisinage, et combien j'en profite peu, je pourrais me désespérer; et puis je reviens à penser avec joie au retour, si je puis espérer de connaître enfin ces chefs-d'œuvre, dont je n'avais auparavant que des notions confuses.

Cependant on s'est trop peu occupé à Rome des personnes qui veulent sérieusement faire une étude générale. Il leur faut tout glaner brin à brin au milieu de ruines infinies, quoique d'une extrême richesse. Il est vrai que peu d'étrangers se proposent sérieusement un progrès et une instruction solides. Ils suivent leurs fantaisies, leurs caprices, et c'est ce que remarquent bien tous ceux qui ont affaire avec les étrangers. Chaque cicerone a ses vues, chacun veut recommander un marchand, favoriser un artiste. Et pourquoi ne le ferait-il pas? L'ignorant ne rejette-t-il pas les choses les plus excellentes qui lui sont offertes?

On aurait fait une chose extraordinairement avantageuse pour l'étude, et l'on aurait créé un musée unique, si le gouvernement, sans la permission duquel on ne peut exporter aucun objet antique, avait exigé qu'un plâtre en fût livré chaque fois. Mais, si un pape avait eu cette pensée, tout le monde aurait fait opposition, car, en peu d'années, on eût été effrayé de la valeur et du mérite des objets emportés du pays, licence qu'on sait se faire accorder secrètement et par toutes sortes de moyens dans les cas particuliers.

Le patriotisme de nos artistes allemands a éprouvé un nouveau réveil depuis la représentation d'*Aristodème*. Ils ne cessaient pas de vanter mon *Iphigénie*; on m'en demanda certaines parties, et je me vis enfin obligé de relire toute la pièce. J'en trouvai aussi quelques endroits plus coulants à la lecture qu'ils ne le semblaient sur le papier. Véritablement, la poésie n'est pas faite pour l'œil. Cette bonne renommée a retenti jusqu'aux oreilles de Reiffenstein et d'Angélique[1], et j'ai dû produire de nouveau mon travail. J'ai demandé un délai, mais j'ai exposé d'abord avec quelque développement la fable et la marche de la pièce. Cette exposition a été accueillie plus favorablement que je n'aurais cru. M. Zucchi, duquel je l'aurais le moins attendu, y a pris un intérêt sincère et bien senti. Cela s'explique par la circonstance que la pièce se rapproche de la forme à laquelle on est dès longtemps accoutumé dans les littératures grecque, italienne et française; forme toujours la plus agréable aux personnes qui ne sont pas accoutumées aux hardiesses du théâtre anglais.

Rome, 25 janvier 1787.

Il me devient toujours plus difficile de rendre compte de mon séjour à Rome : on trouve la mer toujours plus profonde à mesure qu'on s'y avance, et c'est aussi ce que j'éprouve en observant cette ville.

On ne peut se rendre compte du présent sans étudier le passé, et la comparaison de l'un avec l'autre exige plus de temps et de loisir. La situation de cette capitale du monde nous reporte déjà à sa fondation. Nous voyons bientôt que ce ne fut pas un peuple nomade, nombreux et bien conduit, qui s'établit dans ce lieu, et y fixa sagement le centre d'un empire; un prince puissant ne l'a point choisi comme emplacement convenable à l'établissement d'une colonie: non, des bergers et des brigands s'en firent d'abord une retraite; deux robustes jeunes gens jetèrent les fondements du palais des maîtres du monde sur la colline au pied de laquelle le caprice du fondateur les établit un jour entre des marais et des roseaux. Ainsi les sept collines de Rome ne sont pas des hauteurs tournées contre le pays qui s'étend derrière elles ; elles sont tournées contre le Tibre et contre son ancien lit, qui devint le Champ-de-Mars. Si le printemps me permet de plus grandes excursions, je retracerai plus amplement cette situation malheureuse. Dès à présent je prends la part la plus sincère à la douleur et aux

---

1. Angélique Kauffmann.

cris lamentables des femmes d'Albe, qui voient détruire leur ville et qui doivent délaisser sa belle position, choisie par un chef habile, pour se plonger à leur tour dans les brouillards du Tibre, habiter la misérable colline du Cœlius, et, de là, reporter les yeux sur leur paradis perdu. Je connais peu encore la contrée, mais je suis persuadé qu'aucune ville de ces anciennes peuplades n'était aussi mal située que Rome, et lorsque enfin les Romains eurent tout englouti, ils surent se répandre au dehors avec leurs maisons de plaisance, et s'avancer jusqu'aux emplacements des villes détruites, pour vivre et jouir de la vie.

On éprouve un sentiment paisible à observer combien de gens mènent ici une vie retirée, et comme chacun s'occupe à sa manière. Nous avons vu chez un ecclésiastique, qui, sans grands talents naturels, a voué sa vie aux arts, de très-intéressantes copies de tableaux excellents, qu'il a imités en miniature. Le meilleur est la Cène de Léonard de Vinci. Le moment est celui où Jésus, assis à table familièrement avec les disciples, leur dit : « Et pourtant il en est un parmi vous qui me trahit ! » On espère avoir une gravure d'après cette copie ou d'après d'autres, dont on s'occupe. Ce sera un beau présent fait au public qu'une reproduction fidèle de ce chef-d'œuvre.

J'ai fait visite, il y a quelques jours, à un moine franciscain, le P. Jacquier, qui demeure à la Trinité-des-Monts. Il est Français de naissance, et connu par ses ouvrages de mathématiques. C'est un vieillard très-agréable et très-sage. Il a connu les hommes les plus distingués de son temps, et même il a passé quelques mois chez Voltaire, qui l'avait pris en grande affection.

J'ai fait ici la connaissance de bien d'autres hommes d'un mérite solide, dont il se trouve à Rome un nombre infini, qu'une défiance de prêtres éloigne les uns des autres. La librairie n'amène aucune liaison, et les nouvelles littéraires sont rarement abondantes. Et puis il convient au solitaire de rechercher les ermites : car, depuis la représentation d'*Aristodème*, en faveur duquel nous avons déployé une véritable activité, on m'a induit une seconde fois en tentation ; mais il était trop évident qu'il ne s'agissait pas de moi : on voulait fortifier son parti, m'employer comme instrument, et, si j'avais voulu paraître et me déclarer, j'aurais aussi joué, comme fantôme, un rôle très-court. Mais, comme les gens voient désormais qu'il n'y a rien à faire avec moi, on me laisse en liberté, et je vais mon chemin tranquillement. Oui, mon existence s'est chargée d'un lest qui lui donne le poids nécessaire; je ne m'effraye plus des fantômes qui, si souvent, se sont joués de moi. Ayez bon courage! vous me soutiendrez à flot et vous me ramènerez à vous.

Rome, 28 janvier 1787.

Je ne veux pas manquer de noter deux réflexions, qui s'appliquent à tout, auxquelles on est sans cesse appelé à se soumettre, et qui sont devenues pour moi d'une parfaite évidence. En premier lieu, la richesse immense et pourtant fragmentaire de cette ville fait que, pour chaque objet d'art, on est conduit à s'enquérir du temps où il a pris naissance. Winckelmann nous recommande vivement de distinguer les époques, d'observer les différents styles dans lesquels les peuples ont travaillé, qu'ils ont développés peu à peu dans la suite des siècles, et qu'ils ont fini par corrompre. Il n'est point de véritable ami des arts qui ne s'en soit convaincu. Faisons reconnaître toute la justesse et l'importance de ce conseil.

Mais comment parvenir à cette connaissance? On n'a pas fait beaucoup de travaux préparatoires; on a exposé l'idée parfaitement, admirablement, mais les détails sont restés dans le vague et l'obscurité. Il est nécessaire que l'œil soit exercé sérieusement durant de longues années, et il faut commencer par apprendre pour être en état d'interroger. L'hésitation, l'indécision, ne servent de rien : l'attention est désormais éveillée sur ce point important, et quiconque prend à la chose un véritable intérêt, voit bien que, dans ce domaine aussi, aucun jugement n'est possible, si l'on n'est pas en état de le développer historiquement.

La seconde considération a trait exclusivement à l'art grec, et cherche à découvrir comment ont procédé ces artistes incomparables, pour déduire de la figure humaine le cycle de la création divine, qui est complétement achevé, et dans lequel aucun caractère fondamental ne manque, non plus que les transitions et les intermédiaires. Je soupçonne qu'ils ont procédé selon les mêmes lois d'après lesquelles la nature procède et sur la trace desquelles je suis. Mais il s'y joint quelque chose encore que je ne saurais exprimer.

Rome, 2 février 1787.

Il faut s'être promené dans Rome au clair de la lune, pour concevoir la beauté d'un pareil spectacle. Tous les détails sont effacés par les grandes masses d'ombre et de lumière; l'ensemble et les plus grands objets se présentent seuls aux regards. Depuis trois jours, nous avons bien et complètement joui des nuits les plus claires et les plus magnifiques. Le Colisée présente surtout un beau coup d'œil. On le ferme la nuit; un ermite y demeure auprès d'une petite chapelle, et des mendiants se nichent dans les voûtes ruinées. Ils avaient allumé un feu par terre, et un vent léger poussait d'abord la fumée dans l'arène, si bien que la partie inférieure des ruines était couverte, et que les énormes murailles dressaient au-dessus leur masse sombre. Nous nous arrêtâmes devant la grille, à contempler ce phénomène. La lune était haute et brillante. Peu à peu la fumée s'échappa à travers les murs, les crevasses et les ouvertures; la lune l'éclairait comme un brouillard. Le spectacle était merveilleux. C'est comme cela qu'il faut voir éclairés le Panthéon, le Capitole, le péristyle de Saint-Pierre, les grandes rues et les places. Ainsi le soleil et la lune, tout comme l'esprit humain, ont ici une fonction toute différente de celle qu'ils ont en d'autres lieux, ici où leurs regards rencontrent des masses énormes et pourtant régulières.

Rome, 13 février 1787.

Je dois vous mander un heureux incident, quoiqu'il soit peu considérable. Un bonheur, grand ou petit, est toujours de même sorte et toujours charmant. On creuse la terre à la Trinité-des-Monts, pour établir les fondements d'un nouvel obélisque. Toutes ces terres amoncelées appartiennent aux ruines des jardins de Lucullus, qui furent plus tard ceux des empereurs. Mon coiffeur y passe de grand matin et trouve dans les décombres une pièce plate de terre cuite, avec quelques figures; il la lave et nous la montre. Je me l'approprie sur-le-champ. Elle n'est pas grande comme la main, et paraît être le bord d'un grand plat. Elle offre deux griffons auprès d'une table de sacrifice. Ils sont du plus beau travail et me charment infiniment. S'ils étaient sur une pierre gravée, on en ferait un délicieux cachet. J'ai recueilli beaucoup d'autres choses, et rien d'inutile ou de frivole (ici ce serait impossible) : ce sont toutes choses instructives et intéressantes. Mais ce qui m'est le plus cher, c'est ce que je recueille dans mon âme et qui, s'accroissant toujours, peut toujours se multiplier.

Rome, 15 février 1787.

Je n'ai pu échapper avant mon départ pour Naples à une nouvelle lecture de mon *Iphigénie*. Madame Angélique et le conseiller Reiffenstein étaient mes auditeurs, et M. Zucchi lui-même avait voulu en être, parce que c'était le désir de sa femme. Il travaillait cependant à un grand dessin d'architecture, où il réussit fort bien dans le genre de la décoration. Il a été avec Clérisseau en Dalmatie ; il s'était associé avec lui ; il dessinait les figures pour les édifices et les ruines que Clérisseau publiait. Par là il a si bien appris la perspective et l'effet, qu'il peut, dans ses vieux jours, se faire de ce travail un noble amusement.

L'âme tendre d'Angélique a été vivement touchée par cette pièce. Elle m'a promis d'en faire un dessin, qu'elle veut me laisser en souvenir. Et c'est justement quand je me dispose à quitter Rome qu'une douce liaison m'enchaîne à ces personnes bienveillantes. Il m'est à la fois agréable et douloureux de penser qu'on me voit partir à regret.

Rome, 16 février 1787.

L'heureuse arrivée d'*Iphigénie* m'a été annoncée d'une manière agréable et surprenante. Comme je me rendais à l'Opéra, on m'a apporté la lettre d'une main bien connue, et doublement bienvenue cette fois, scellée du petit lion, comme signe précurseur de l'heureuse arrivée du paquet. Je pénétrai dans la salle de spectacle et je cherchai, au milieu de la foule étrangère, une place sous le grand lustre. Là, je me sentis si rapproché des miens, que j'aurais voulu m'élancer et les serrer dans mes bras. Je vous remercie très-affectueusement de m'avoir annoncé la simple arrivée. Puisse votre prochaine lettre m'apporter aussi quelques mots d'approbation!

La note ci-jointe indique la manière dont je désire qu'on distribue à mes amis les exemplaires que Goeschen m'a promis. Si l'opinion du public sur ce travail m'est tout à fait indifférente, je désire du moins qu'il fasse quelque plaisir à mes amis.

On entreprend trop de choses. Quand je pense à mes quatre derniers volumes en bloc, cela me donne presque le vertige. Je veux les prendre un à un : comme cela j'en viendrai à bout. N'aurais-je pas mieux fait de suivre ma première résolution, de lancer dans le monde ces choses par fragments et d'entreprendre, avec une ardeur et des forces vives, de nouveaux sujets, qui ont pour moi un intérêt palpitant? Ne ferais-je pas mieux d'écrire *Iphigénie à Delphes*, que de me débattre avec les rêveries du *Tasse*. Et pourtant j'ai déjà trop mis de moi-même dans cette œuvre pour la laisser stérile. Je me suis établi dans le vestibule auprès de la cheminée, et, cette fois, la chaleur d'un feu bien nourri me donne le courage de prendre une nouvelle feuille; car c'est une trop belle chose de pouvoir envoyer si loin ses plus fraîches pensées et répliquer là-bas à ses plus intimes amis. Le temps est superbe, les jours grandissent sensiblement; les lauriers et les buis fleurissent, ainsi que les amandiers. J'ai été surpris ce matin par un singulier spectacle : je voyais au loin de grands arbres en forme de perches, entièrement vêtus du plus beau violet : une observation plus attentive m'a fait reconnaître l'arbre, connu dans nos serres sous le nom d'arbre de Judée, le *cercis siliquastrum* des botanistes. Ses fleurs papillonacées naissent immédiatement sur la tige. Les perches que je voyais devant moi avaient été émondées pendant l'hiver, et de l'écorce sortaient par milliers les belles fleurs colorées. Les pâquerettes sortent de terre comme des fourmis; le crocus et l'adonis sont plus rares, mais ils forment aussi une plus riche parure.

Quels plaisirs, quelles lumières ne me donneront pas les pays plus méridionaux! Quels nouveaux résultats ne dois-je pas en attendre! Il en est des objets naturels comme de l'art : on a beaucoup écrit sur eux, et quiconque les voit peut les combiner d'une manière nouvelle. Lorsqu'on pense à Naples ou même à la Sicile, on s'imagine, soit par les récits soit par les peintures, que, dans ces paradis du monde, l'enfer volcanique s'ouvre d'abord avec violence, et, depuis des milliers d'années, effraye et trouble les habitants et les touristes. Mais j'écarte avec soin de ma pensée l'espérance que j'ai de voir ces imposants spectacles, afin de bien mettre à profit avant mon départ mon séjour dans la vieille capitale du monde. Depuis quinze jours, je suis en mouvement du matin au soir. Ce que je n'ai pas vu encore, je le cherche. J'observe pour la seconde et la troisième fois ce qu'il y a de plus excellent; et maintenant tout s'arrange un peu : car, les objets principaux occupant leur véritable place, il se trouve assez d'espace entre eux pour un grand nombre de moindre importance. Mes préférences s'épurent et se décident, et mon âme peut enfin s'élever, avec une admiration tranquille, à ce qu'il y a de plus grand et de plus vrai. Cependant on trouve l'artiste digne d'envie, de pouvoir, en les copiant et les imitant de toutes manières, s'approcher plus de ces grandes conceptions et les mieux comprendre que l'homme qui ne fait que les contempler et les méditer. Mais enfin chacun doit faire ce qu'il peut, et je déploie toutes les voiles de mon esprit pour faire le tour de ces rivages.

La cheminée est, cette fois, réchauffée tout de bon, et voilà de magnifiques charbons amoncelés, ce qui est rare chez nous, parce qu'on n'a guère le temps et l'envie de donner au feu de la cheminée quelques heures d'attention. Je veux donc utiliser cette belle température, pour sauver de ma table à écrire quelques observations déjà effacées à demi. Le 2 février, nous sommes allés à la chapelle Sixtine voir bénir les cierges. Je m'y suis trouvé d'abord très-mal à mon aise et je suis bientôt ressorti avec mes amis. Car, me disais-je, ce sont justement ces cierges qui, depuis trois cents ans, noircissent ces magnifiques tableaux, et c'est ce même encens qui, avec une sainte effronterie, enveloppe de vapeurs l'unique soleil des arts, le rend plus sombre d'année en année et finira par le plonger dans les ténèbres. Là-dessus, nous avons cherché le grand air, et, après une longue promenade, nous sommes arrivés à Saint-Onuphre, où le Tasse est enseveli dans un coin. On voit son buste dans la bibliothèque du couvent. Le visage est en cire, et je suis disposé à croire qu'il a été moulé sur le cadavre. Il est un peu mou et a subi quelques altérations ; mais, à tout prendre, il annonce mieux qu'aucun des portraits du Tasse un homme plein de génie, tendre, délicat et renfermé en lui-même.

Je m'arrête pour consulter l'excellent Volkmann et chercher dans sa seconde partie, qui renferme Rome, ce que j'ai encore à voir. Avant de partir pour Naples, il faut du moins que j'aie fauché ma moisson. Plus tard, j'aurai le loisir de lier mes gerbes.

Rome, 17 février 1787.

Le temps est d'une incroyable beauté. Depuis le 1ᵉʳ février, à peine quatre jours de pluie ; un ciel clair et pur ; vers midi, on a presque trop chaud. On cherche le plein air, et, si l'on ne s'est occupé jusqu'à présent que des dieux et des héros, la campagne rentre tout à coup dans ses droits, et l'on s'attache aux environs, qui sont animés par la plus magnifique lumière. Je me rappelle parfois comme l'artiste cherche dans le Nord à tirer quelque parti des toits de chaume et des châteaux en ruine, comme on rôde le long des ruisseaux, des buissons et des roches brisées, pour saisir un effet pittoresque, et je suis pour moi-même un sujet d'étonnement, d'autant qu'après une si longue habitude, ces choses ne se détachent plus de nous. Mais, depuis quinze jours, j'ai pris courage ; je parcours avec un petit portefeuille les hauteurs et les enfoncements des villas, et, sans beaucoup réfléchir, j'ai esquissé de petits sujets, frappants, vraiment méridionaux et romains, et je cherche au hasard à y répandre la lumière et les ombres. C'est bien étrange qu'on puisse voir et savoir clairement ce qui est bien et ce qui est mieux, et que, si l'on veut se l'approprier, cela échappe en quelque sorte sous les doigts ; que l'on saisisse, non pas ce qui est bien, mais ce qu'on est accoutumé à saisir. C'est seulement par un exercice réglé qu'on pourrait faire des progrès ; mais où trouverais-je le temps et le recueillement nécessaires ? Je sens toutefois que ces quinze jours de vive application m'ont fait beaucoup de bien.

Les artistes m'enseignent volontiers, parce que je comprends vite. Mais, ce que j'ai compris, je ne l'exécute pas sitôt. Saisir promptement est une qualité de l'esprit : pour exécuter convenablement, il faut une pratique de toute la vie. Et pourtant l'amateur, si faibles que soient ses tentatives, ne doit pas perdre courage. Les quelques lignes que je trace sur le papier, souvent à la précipitée, rarement comme il faudrait, me facilitent la conception des objets sensibles ; on s'élève plus facilement à l'universel, si l'on considère les objets d'une manière plus exacte et plus vive. Seulement, il ne faut pas se comparer à l'artiste, il faut agir selon sa manière propre : car la nature a pris soin de tous ses enfants ; le plus chétif n'est pas gêné dans son existence par l'existence du plus excellent. Un petit homme est aussi un homme, et nous prendrons la chose comme elle est.

J'ai vu deux fois la mer, d'abord l'Adriatique et puis la Méditerranée : ce n'était que par forme de visite. A Naples, nous ferons plus ample connaissance. Tout surgit chez moi en même temps. Pourquoi pas plus tôt ? pourquoi pas à moins de frais ? Combien de mille choses, et plusieurs entièrement nouvelles, n'aurai-je pas à communiquer !

Rome, 18 février au soir, après le dernier retentissement des folies du carnaval.

Je regrette de laisser à mon départ Moritz dans la solitude. Il est dans une bonne voie, mais, aussitôt qu'il chemine seul, il cherche ses recoins favoris. Je l'ai pressé d'écrire à Herder : la lettre est prête. Je souhaite une réponse qui dise quelque chose d'obligeant et de secourable. C'est un homme singulièrement bon. Il serait allé beaucoup plus loin, s'il avait trouvé de temps en temps des personnes capables, assez bienveillantes pour l'éclairer sur son état. Actuellement, si Herder veut bien qu'il lui écrive quelquefois, ce serait pour Moritz la relation la plus salutaire. Il s'occupe d'antiquités d'une manière digne d'éloges, et qui mérite d'être encouragée. L'ami Herder ne pourra guère employer mieux ses bons offices, ni semer la bonne doctrine dans un sol plus fertile.

Le grand portrait que Tischbein a entrepris de faire de moi sort déjà de la toile. L'artiste a fait exécuter par un sculpteur habile un petit modèle en terre, joliment drapé d'un manteau. Il travaille diligemment d'après ce modèle, car il faudrait que l'ouvrage fût amené à un certain point avant notre départ pour Naples, et il faut du temps seulement pour couvrir de couleur une si grande toile.

Rome, 19 février 1787.

Le temps est toujours d'une beauté inexprimable. J'ai passé bien à regret cette journée au milieu des fous. A la tombée de la nuit, je me suis récréé dans la villa Médicis. Nous sortons de la nouvelle lune : à côté du mince croissant, je pouvais distinguer presque à l'œil nu tout le disque sombre; je le pouvais parfaitement avec la lunette. Sur la terre flotte une vapeur du jour, qu'on ne connaît que par les tableaux et les dessins de Claude Lorrain; mais il est difficile de voir dans la nature le phénomène aussi beau qu'on le voit ici. Je vois maintenant sortir de terre et s'épanouir sur les arbres des fleurs que je ne connais pas encore. Les amandiers fleurissent, nouvelle apparition aérienne, parmi les sombres chênes verts. Le ciel est comme un taffetas bleu clair, illuminé par le soleil: que sera-ce à Naples! Nous voyons déjà verte presque toute la campagne. Tout cela stimule mes fantaisies botaniques ; je suis en voie de découvrir de nouveaux et admirables rapports : c'est à savoir comment la nature, ce prodige qui ne ressemble à rien, développe du simple la plus grande diversité.

Le Vésuve jette des pierres et de la cendre, et, la nuit, on voit son sommet enflammé. Que la nature agissante veuille nous donner un fleuve de lave! A présent je puis à peine attendre le moment de prendre ma part de ces grands objets.

Rome, 21 février 1787.

Enfin nous sommes au bout des extravagances! Les innombrables lumières d'hier au soir étaient encore un spectacle fou. Il faut avoir vu le carnaval à Rome pour être délivré complétement du désir de le revoir. Il n'y a rien là qu'on puisse écrire. Un récit de vive voix amuserait peut-être. On souffre, à sentir que la véritable joie est absente, et que l'argent manque pour donner l'essor au peu de gaieté que ces gens peuvent avoir encore. Les grands sont économes et se tiennent en arrière; la classe moyenne est pauvre, le peuple, indolent. Les derniers jours, c'était un vacarme incroyable, mais point de véritable allégresse. Le ciel immense, le ciel pur et beau, jetait sur ces folies un regard auguste et saint.

Et comme on ne peut reproduire de pareils tableaux, voici, pour amuser les enfants, des masques de carnaval et des costumes romains, d'abord dessinés, puis enluminés de couleurs. Ils pourront ainsi tenir lieu, pour nos chers petits, d'un chapitre qui manque dans l'*Orbis pictus*.

Je profite des moments, tout en faisant nos malles, pour réparer quelques omissions. Nous partons demain pour Naples. Je souris à la nouveauté, qui doit être d'une beauté inexprimable, et je me flatte de retrouver dans cet autre paradis une liberté nouvelle, un désir nouveau de revenir étudier les arts dans cette grande cité.

Je fais mes paquets sans peine; je les fais d'un cœur plus léger qu'il y a six mois, quand je me séparais de tout ce qui m'était cher et précieux. Oui, il y a déjà six mois, et, des quatre que j'ai passés à Rome, je n'ai pas perdu un moment. C'est beaucoup dire et ce n'est pas dire trop.

Je sais qu'*Iphigénie* est arrivée. Puissé-je apprendre au pied du Vésuve qu'elle a reçu un favorable accueil!

C'est un immense avantage pour moi de voyager avec Tischbein, qui sait voir avec autant de génie la nature que les arts. Mais, comme de véritables Allemands, nous ne pouvons renoncer aux projets de travail. Nous avons acheté le plus beau papier, et nous nous proposons de dessiner, quoique le nombre, la beauté et l'éclat des objets doivent mettre probablement des bornes à notre bonne volonté. J'ai su me modérer, et, de mes travaux poétiques, je n'emporte que *le Tasse*, sur lequel je fonde les meilleures espérances. Si je savais maintenant ce que vous dites d'*Iphigénie*, cela servirait à me diriger, car c'est un travail du même genre. Le sujet est peut-être encore plus limité, et il exige plus de soins dans les détails; mais je ne sais pas encore ce qu'il en adviendra. Ce qui existe, je dois le détruire entièrement : cela a dormi trop longtemps; ni les personnes, ni le plan, ni le ton n'ont la moindre affinité avec mes vues actuelles.

En rassemblant mes effets, je trouve quelques-unes de vos chères lettres, et, en les parcourant, je vois que vous me reprochez de me contredire dans les miennes. Je ne puis, il est vrai, m'en assurer, car, ce que j'ai écrit, je l'expédie aussitôt ; mais la chose me paraît très-vraisemblable, car je suis ballotté par des forces prodigieuses, et il est naturel que je ne sache pas toujours où j'en suis. On raconte qu'un marin, surpris en mer par une nuit orageuse, gouvernait pour gagner le port. Son jeune fils, appuyé contre lui dans les ténèbres, lui dit : « Mon père, quelle est là-bas cette folle lumière, que je vois tantôt au-dessus, tantôt au-dessous de nous? » Le père lui promit l'explication pour un autre jour. Et il se trouva que c'était la flamme du fanal, qui paraissait tour à tour haute et basse à un œil balancé par les vagues furieuses. Moi aussi, je cingle vers le port sur une mer violemment émue, et je tiens mon œil fixé sur la flamme du fanal, et, quoiqu'elle me paraisse changer de place, je finirai par toucher heureusement le bord.

Au moment du départ, on songe involontairement à tous les départs antérieurs et aussi au départ futur, qui sera le dernier, et je suis en outre plus frappé que jamais de cette réflexion, que nous faisons trop, beaucoup trop de préparatifs pour vivre. Car, Tischbein et moi, nous tournons aussi le dos à des magnificences sans nombre et même à notre musée bien pourvu. Voici trois Junons placées l'une auprès de l'autre pour la comparaison, et nous les quittons comme s'il n'y en avait pas une !

NAPLES.

Velletri, 22 février 1787.

Nous sommes arrivés ici de bonne heure. Avant-hier le temps fut déjà plus sombre ; les beaux jours nous en avaient amené de nébuleux, mais quelques signes atmosphériques annonçaient que le temps allait redevenir serein, ce qui est arrivé en effet. Les nuages s'écartèrent peu à peu, le ciel bleu se montrait çà et là, et le soleil éclaira enfin notre carrière. Nous traversâmes Albano, après nous être arrêtés devant Genzano à l'entrée d'un parc, que son maître, le prince Chigi, tient (je ne dis pas entretient) d'une singulière façon. Aussi ne veut-il pas que personne y promène ses regards. C'est un véritable fouillis. Les arbres et les buissons, les herbes et les branches, croissent comme il leur plaît, sèchent, tombent, pourrissent. Tout cela est bien et même pour le mieux. La place devant l'entrée est d'une beauté inexprimable. Un haut mur ferme la vallée ; une porte grillée laisse pénétrer le regard, puis la colline s'élève, sur laquelle est située le château. Cela offrirait un tableau du plus grand caractère sous le pinceau d'un bon peintre.

Mais faisons trêve aux descriptions. Encore un mot seulement : au moment où nous contemplâmes de la hauteur les montagnes de Sezza, les marais pontins, la mer et les îles, une forte averse passa par-dessus les marais, en se dirigeant vers la mer ; la lumière et les ombres, changeantes et mobiles, animèrent de la façon la plus variée cette plaine déserte. Quelques colonnes de fumée, éclairées par le soleil, et qui s'élevaient de cabanes éparses, à peine visibles, concouraient à produire un très-bel effet.

Velletri est dans une situation très-agréable, sur une colline volcanique, qui ne se lie aux autres que vers le nord, et qui offre des trois autres côtés la plus libre perspective.

Nous avons visité le cabinet du chevalier Borgia, qui, à la faveur de son alliance avec le cardinal et avec la Propagande, a pu rassembler ici des antiquités de grand prix et d'autres objets remarquables, des idoles égyptiennes de la pierre la plus dure, des figurines en métal de diverses époques, trouvées dans les environs, des bas-reliefs en terre cuite, sur lesquels on se fonde pour attribuer aux anciens Volsques un style particulier. Ce musée possède d'autres raretés de tout genre. J'ai remarqué deux cassettes chinoises pour peindre au lavis : sur les faces de l'une est représentée toute l'éducation des vers à soie, sur l'autre, la culture du riz, l'une et l'autre rendues avec une grande naïveté, et d'un travail infini. Les cassettes et leurs étuis sont d'une ravissante beauté, et peuvent être vus à côté du livre que j'ai admiré dans la bibliothèque de la Propagande. On serait impardonnable de ne pas visiter plus souvent ce trésor placé si près de Rome ; mais la difficulté de toute excursion dans ces contrées et le lien magique dont Rome nous enchaîne peuvent servir d'excuse.

Comme nous nous rendions à l'auberge, quelques femmes, assises devant les portes de leurs maisons, nous crièrent : « Ne vous plairait-il pas aussi d'acheter des antiquités? » Et comme nous nous y montrâmes bien disposés, elles nous apportèrent de vieux chaudrons, des pincettes et d'autres mauvais ustensiles, en riant à gorge déployée de nous avoir attrapés. Nous étions furieux, mais notre guide nous calma en nous assurant que c'était là une plaisanterie coutumière, et que tous les étrangers devaient payer ce tribut. J'écris ces lignes dans une méchante auberge, et je ne me sens ni la force ni le courage de continuer. Ainsi donc, mes chers amis, bonsoir !

Fondi, 23 février 1787.

Nous étions en route à trois heures du matin. Au point du jour nous nous sommes trouvés dans les marais pontins, qui ne sont point aussi tristes à voir qu'on les représente d'ordinaire à Rome. On ne peut juger en passant une aussi grande et aussi longue entreprise que celle du desséchement projeté ; mais il me semble que les travaux ordonnés par le pape atteindront, du moins en grande partie, le but désiré. Qu'on se représente une large vallée, qui s'étend du nord au sud avec une faible pente, trop profonde à l'est du côté des montagnes, mais trop élevée à l'ouest du côté de la mer. Sur toute la longueur, en ligne droite, est l'antique Voie Appienne restaurée : à sa droite est creusé le canal principal par où l'eau s'écoule doucement. Par ce moyen, les terres situées à droite, du côté de la mer, sont desséchées et livrées à l'agriculture. Aussi loin que la vue peut s'étendre, la terre est cultivée ou pourrait l'être, à l'exception de quelques endroits trop bas, s'il se trouvait des fermiers. Le côté gauche, qui confine aux montagnes, offre de plus grandes difficultés. Des canaux de traverse donnent, par-dessous la chaussée, dans le grand canal ; mais la pente du sol incline vers les montagnes, et ce moyen ne peut suffire à le délivrer de l'eau. On veut, dit-on, ouvrir un second canal le long des montagnes. De grands espaces, surtout vers Terracine, sont parsemés de saules et de peupliers.

Une maison de poste n'est autre chose qu'une longue chaumière. Tischbein l'a dessinée, et il a eu pour récompense un plaisir dont lui seul sait jouir complétement. Un cheval blanc s'était échappé sur le terrain desséché, et, profitant de sa liberté, courait çà et là comme un rayon de lumière sur la terre brune : c'était réellement un beau spectacle, que l'enchantement de Tischbein rendait tout à fait intéressant.

Sur l'emplacement de l'antique Méza, le pape a fait construire un grand et bel édifice qui marque le centre de la plaine. L'aspect de ce bâtiment augmente l'espoir et la confiance pour toute l'entreprise. Nous avancions toujours, livrés à une conversation animée, n'oubliant pas qu'on nous avait recommandé de ne pas nous endormir dans ce trajet; et, véritablement, la vapeur bleuâtre qui, dès cette saison, flotte sur le sol à une certaine hauteur, était pour nous l'indice d'une couche d'air dangereuse. La vue de Terracine sur son rocher nous en fut d'autant plus agréable. A peine avions-nous admiré ce tableau, que nous aperçûmes la mer devant les murs. Bientôt après l'autre côté de la montagne-ville nous offrit le spectacle d'une végétation nouvelle. Les figuiers des Indes poussaient leurs grandes feuilles épaisses entre les humbles myrtes au feuillage grisâtre, sous les grenadiers vert-doré et les oliviers à la verdure cendrée. Le long du chemin nous voyions des fleurs et des buissons que nos yeux n'avaient jamais vus. Les narcisses et les anémones tapissaient les prairies. La mer se laisse voir quelque temps à droite, mais les rochers calcaires restent à gauche dans le voisinage. C'est la prolongation des Apennins, qui, partant de Tivoli, s'approchent de la mer, dont ils sont séparés d'abord par la Campagne de Rome, puis par les volcans de Frascati, d'Albano, de Velletri, et enfin par les marais pontins. Le mont Circello, vis-à-vis du promontoire de Terracine, où finissent les marais pontins, doit se composer pareillement d'une suite de rochers calcaires.

Nous quittâmes la mer et nous arrivâmes bientôt dans la ravissante plaine de Fondi. Ce petit espace de terre fertile et cultivée, enfermé par des montagnes pas trop sauvages, doit sourire à tous les voyageurs. La plupart des oranges sont encore pendues aux arbres, les blés sont verts; partout, dans les champs, le froment et les oliviers, la petite ville dans le fond. Un palmier se montre et nous le saluons. En voilà bien assez pour ce soir ! Excusez ma plume galopante. J'écris sans penser, j'écris pour écrire. Les objets sont trop multipliés, la halte est trop mauvaise, et toutefois mon désir trop grand de confier quelque chose au papier. Nous sommes arrivés à la nuit tombante, et il est temps de chercher le repos.

Sainte-Agathe, 24 février 1787.

Il faut que je vous rende compte d'une belle journée dans une chambre froide. Nous avons quitté Fondi au point du jour, et nous fûmes aussitôt salués par les oranges qui pendaient par-dessus les murs des deux côtés du chemin. Les arbres sont aussi chargés qu'on peut l'imaginer. Par en haut le jeune feuillage est jaunâtre, par en bas et au milieu il est du vert le plus riche. Mignon avait bien raison de regretter ce pays. Ensuite nous avons traversé des champs de blé bien cultivés, plantés d'oliviers dans les endroits convenables. Le vent les agitait et montrait au jour la face argentée du feuillage; les rameaux se pliaient avec une gracieuse souplesse. La matinée était nébuleuse; un fort vent du nord promettait de dissiper tous les nuages. Ensuite la route passe dans la vallée entre des champs pierreux, mais bien labourés : les blés sont du plus beau vert. Çà et là on voit de grandes places rondes, pavées, entourées de petits murs bas : c'est là qu'on bat le grain dès qu'il est moissonné, sans le transporter en gerbes à la maison. La vallée devenait plus étroite, le chemin montait; de part et d'autre s'élevaient des roches calcaires. L'orage était plus fort derrière nous. Il tombait du grésil, qui fondait très-lentement. Nous fûmes surpris de voir les murs de quelques édifices antiques bâtis en maçonnerie réticulaire. Sur la hauteur, les esplanades sont rocheuses et pourtant plantées d'oliviers, chaque fois qu'un tant soit peu de terre a pu les recevoir. On traverse ensuite une plaine couverte d'oliviers, puis une petite ville. Nous avons trouvé des autels, des tombeaux antiques, des fragments de toute espèce, maçonnés dans les clôtures des jardins, puis des rez-de-chaussée d'anciennes villas, très-bien construits, mais aujourd'hui remplis de terre, et couverts de bosquets d'oliviers. Puis nous aperçûmes le Vésuve, surmonté d'une colonne de fumée.

A Gaëte, nous avons été de nouveau accueillis par de superbes orangers. Nous nous sommes arrêtés quelques heures. Le golfe devant la ville présente une vue des plus belles. La mer ondoyait à nos pieds. En suivant de l'œil le rivage à droite, jusqu'à la pointe de la demi-lune, on voit sur un rocher la citadelle de Gaëte à une distance moyenne. La pointe gauche s'étend beaucoup plus loin. On voit d'abord une chaîne de montagnes, puis le Vésuve et les îles. Ischia est presque en face du milieu.

J'ai trouvé là sur le rivage les premières étoiles de mer et les oursins mis à découvert, une belle feuille verte, comme le plus fin vélin, puis des galets remarquables, le plus souvent le calcaire commun, mais aussi du serpentin, du jaspe, du quartz, de la brèche siliceuse, du granit, du porphyre, différents marbres, du verre de couleur verte ou bleue. Il est difficile de croire que ces derniers minéraux se soient formés dans le pays : ce sont probablement des débris d'anciens édifices, et nous voyons comme le flot se joue devant nos yeux des magnificences du monde antique. Nous avons fait cette halte avec plaisir, et nous avons trouvé récréatif d'observer les habitants qui avaient presque l'air de sauvages. En s'éloignant de Gaëte, on a toujours une belle vue, quoique la mer disparaisse. Elle nous a présenté pour dernier aspect un golfe charmant, que nous avons dessiné. Puis viennent des champs fertiles, fermés de haies d'aloès. Nous avons observé un aqueduc, qui allait de la montagne à des ruines présentant une masse confuse. Plus loin, on passe le Garigliano ; après, on s'élève sur une montagne à travers un pays assez fertile. Rien de frappant. Enfin on arrive à la première colline de cendres volcaniques : là commence une grande et magnifique région de montagnes et de vallées, au-dessus desquelles s'élèvent enfin des cimes neigeuses. Sur la hauteur voisine, une longue villa d'un aspect agréable. Sainte-Agathe est dans la vallée. Une auberge de belle apparence, où nous voyons un feu brillant dans une cheminée disposée comme un cabinet. Cependant notre chambre est froide. Point de fenêtres, des volets seulement, et je me hâte de fermer.

Naples, 25 février 1787.

Nous sommes enfin arrivés heureusement et avec de bons présages. Nous avons quitté Sainte-Agathe au lever du soleil ;

le vent nous soufflait à dos avec violence, et ce nord-est a tenu tout le jour. Ce n'est qu'après midi qu'il a eu raison des nuages. Le froid nous incommodait. Nous avons de nouveau cheminé à travers et sur des collines volcaniques, où j'ai cru remarquer encore quelques roches calcaires. Nous avons fini par atteindre la plaine de Capoue, et, bientôt après, Capoue elle-même, où nous avons fait la halte de midi. Après midi s'est ouverte une belle plaine. Une large chaussée traverse des champs de blé verts; le blé est comme un tapis et haut d'un empan. Des rangs de peupliers sont plantés dans les champs, ébranchés haut, et la vigne y grimpe. Cela dure jusqu'à Naples. La terre est admirablement pure et meuble, et bien cultivée; les ceps sont d'une hauteur et d'une force extraordinaires; les pampres flottent comme un réseau de peuplier à peuplier.

Nous avons toujours à main droite le Vésuve, jetant une épaisse fumée. Je me félicitais en moi-même de voir enfin de mes yeux cet objet remarquable. Le soleil devenait toujours plus clair, et ses brûlants rayons finirent par briller dans notre étroite habitation roulante. L'atmosphère était presque tout éclaircie quand nous approchâmes de Naples, et nous nous trouvâmes alors réellement dans un autre pays. Les maisons à toits plats annoncent un autre climat. A l'intérieur elles peuvent n'être pas très-confortables. Tout le monde est dans la rue, assis au soleil, aussi longtemps qu'il veut luire. Le Napolitain croit être en possession du paradis, et il a des pays du Nord une idée fort triste. *Sempre neve, case di legno, gran ignoranza, ma denari assai.* Voilà l'idée qu'ils se font de notre condition. Pour l'édification de toutes les peuplades germaniques, cela signifie : « Toujours de la neige, maisons de bois, grande ignorance, mais de l'argent beaucoup ! » Naples même s'annonce joyeux, libre et vivant; une foule innombrable court pêle-mêle, le roi est à la chasse, la reine est en espérance, ainsi tout va pour le mieux.

Naples, lundi 26 février 1787.

Alla locanda del Sgr Moriconi al Largo del Castello. Telle est l'adresse aussi riante que sonore où nous trouveraient désormais les lettres des quatre parties du monde. Dans le quartier du grand château, situé près de la mer, se déploie un grand espace qui n'est pas nommé *place*, mais *largo*, quoiqu'il soit entouré de maisons des quatre côtés : c'est vraisemblablement depuis les anciens temps, où cet espace était encore un champ sans limites. Sur un des côtés de cette place se trouve une grande maison renfoncée, qui fait le coin. Nous nous établîmes dans une grande salle de l'angle, qui offre une vue libre et gaie sur la place toujours animée. Un balcon de fer règne devant plusieurs fenêtres et même autour de l'angle. On ne s'en irait pas de là, si le vent âpre se faisait moins vivement sentir.

La salle est agréablement décorée, et surtout le plafond, dont les arabesques en cent compartiments annoncent déjà le voisinage d'Herculanum et de Pompéi. Tout cela serait bel et bon, mais on n'aperçoit ni foyer ni cheminée, et pourtant février fait aussi valoir ses droits à Naples. J'attendais avec impatience quelque moyen de chauffage. On m'apporta un trépied d'une hauteur convenable pour qu'on puisse tenir les mains dessus commodément. Sur le trépied est fixé un bassin évasé, qui contient de fine braise allumée, soigneusement recouverte de cendre. Il s'agit d'être ménager, comme nous l'avons déjà appris à Rome. De temps en temps, avec l'anneau d'une clef, on écarte doucement le dessus de la cendre, afin que les charbons paraissent un peu à découvert. Que si l'on voulait fouiller le brasier avec impatience, on sentirait un moment une plus grande chaleur, mais bientôt toute la braise serait consumée, et il faudrait payer un certain prix pour faire de nouveau remplir le bassin.

Je ne me trouvais pas fort bien, et j'aurais désiré un peu plus de confort. Une natte de jonc me protégeait contre l'influence du pavé de marbre. Les pelisses ne sont pas communes, et je pris le parti d'endosser un surtout de marin, que nous avions apporté pour rire, et qui me rendit de bons services, particulièrement quand je l'eus fixé autour de ma taille avec une corde de nos malles. Je dus me trouver alors fort comique, et une sorte de juste milieu entre le matelot et le capucin. Tischbein, qui revenait de faire quelques visites, ne put s'empêcher de rire.

Naples, 27 février 1787.

Hier je me suis tenu en repos pour laisser passer une légère indisposition. Aujourd'hui nous nous sommes livrés au plaisir et nous avons passé le temps à contempler les objets les plus magnifiques. On aura beau dire, raconter et peindre : ceci est au-dessus de tout! Les rivages, la baie, le golfe, le Vésuve, la ville, les faubourgs, les châteaux, les promenades!...

Nous sommes allés ce soir à la grotte du Pausilippe, au moment où les rayons du soleil couchant y pénétraient par l'autre extrémité. J'excuse tous ceux que la vue de Naples met hors de sens, et je me suis souvenu avec attendrissement de mon père, qui avait conservé surtout une impression ineffaçable des objets que j'ai vus aujourd'hui pour la première fois. Et comme on dit que celui à qui un fantôme est apparu ne peut plus jamais être gai, on aurait dit de lui au contraire qu'il ne pouvait jamais être tout à fait malheureux, parce que sa pensée le ramenait toujours à Naples. Pour moi, je suis maintenant tout à fait calme, selon mon humeur, et il faut des choses extraordinaires pour me faire ouvrir de grands yeux.

Naples, 28 février.

Aujourd'hui nous avons été voir Philippe Hackert, le célèbre paysagiste, que le roi et la reine honorent d'une confiance particulière et d'une insigne faveur. On lui a concédé une aile du palais Francavilla, qu'il a fait meubler avec le goût d'un artiste, et qu'il habite avec délices. C'est un homme très-décidé et très-sage, qui, en travaillant sans relâche, s'entend à jouir de la vie. Ensuite nous sommes allés à la mer, et nous avons vu tirer des flots toute sorte de poissons et de formes étranges. Le jour était superbe et la tramontane supportable.

Naples, 1 mars 1787.

A Rome, on avait déjà apprivoisé plus que que je ne l'aurais voulu ma fantasque humeur de solitaire. Il semble en effet que ce soit une singulière entreprise d'aller dans le monde, afin de rester seul. Aussi n'ai-je pu résister au prince de Waldeck, qui m'a invité de la manière la plus aimable, et qui, par son rang et son influence, m'a fait jouir de maintes belles choses. A peine étions-nous arrivés à Naples, où il séjourne depuis quelque temps, qu'il nous a invités à faire avec lui une promenade à Pouzzoles et aux environs. Je pensais dès aujourd'hui au Vésuve, mais Tischbein m'oblige à faire l'autre promenade, agréable en elle-même par un temps si beau, et qui nous promet beaucoup de plaisirs et d'avantages dans la société d'un prince savant et accompli. Nous avions déjà rencontré à Rome une belle dame avec son mari, qui est inséparable du prince. Cette dame sera aussi de la partie, et l'on ne se promet que plaisirs. Je suis plus particulièrement connu de cette noble société par un premier entretien. En effet le prince me demanda dans notre première entrevue à quoi je m'occupais alors, et mon *Iphigénie* m'était si présente, que je pus un soir lui en donner connaissance avec assez de détails. On voulut bien m'écouter, mais je crus pourtant m'apercevoir qu'on avait attendu de moi quelque chose de plus vif et plus impétueux.

Le soir.

Il serait difficile de rendre compte de cette journée. Qui n'a pas éprouvé que la lecture rapide d'un livre qui nous entraînait irrésistiblement a exercé sur notre vie entière la plus grande influence, et a produit, du premier coup, un effet auquel une nouvelle lecture et une étude sérieuse ont à peine ajouté quelque chose dans la suite? C'est ce qui m'est arrivé un jour avec Sacountala : et la même chose ne nous arrive-t-elle pas avec les hommes marquants? Une traversée jusqu'à Pouzzoles, de faciles promenades en voiture, de joyeuses promenades à pied, à travers la contrée la plus étrange du monde ; sous le ciel le plus pur, la terre la plus instable ; les ruines maudites, affreuses, d'une inconcevable opulence; des eaux bouillantes, des grottes exhalant le soufre, des montagnes de scories s'opposant à la vie des plantes, des espaces nus et tristes, puis enfin une végétation sans cesse luxuriante, qui pénètre partout où elle peut, s'élève sur tout ce qui est mort, autour des lacs et des ruisseaux, et maintient même une magnifique forêt de chênes sur les parois d'un ancien cratère.

C'est ainsi qu'on est ballotté entre les événements de la nature et de l'histoire. On voudrait réfléchir et l'on s'en trouve incapable. Cependant le vivant s'abandonne à la joie, et nous n'y avons pas manqué. Des personnes cultivées, qui appartiennent au monde et à son mouvement, mais qui entendent aussi la voix d'une sérieuse destinée, et qui sont disposées à la méditation ; un regard qui se promène sur la terre et la mer et le ciel sans bornes, et que rappelle la présence d'une aimable et jeune dame, qui a l'habitude et le goût de recevoir des hommages.... Cependant, au milieu de cette ivresse, je n'ai pas manqué de faire quelques observations. La carte dont je me suis servi sur les lieux et une rapide ébauche de Tischbein me serviront fort bien quand je reviendrai sur ce sujet : aujourd'hui je suis incapable d'ajouter un seul mot.

Naples, 2 mars 1787.

Si aucun Napolitain ne veut quitter Naples, si ses poëtes chantent avec les plus vives hyperboles sa délicieuse situation, il faudrait le leur pardonner, quand même deux ou trois Vésuves de plus se trouveraient dans le voisinage. Ici on ne peut du tout se souvenir de Rome : auprès de la libre position de Naples, la capitale du monde paraît, dans la vallée du Tibre, comme un vieux cloître mal placé. La mer et la navigation amènent aussi un état de choses tout nouveau. La frégate pour Palerme est partie hier avec une forte et sereine tramontane. Cette fois elle n'aura pas mis plus de trente-six heures à faire la traversée. Avec quelle impatience je suivais du regard les voiles enflées, quand le navire a passé entre Capri et le cap Minerve et a fini par disparaître ! Si l'on voyait partir ainsi une personne aimée, il faudrait mourir de langueur. Aujourd'hui souffle le sirocco ; s'il se renforce, les vagues offriront un joli spectacle autour du môle.

Aujourd'hui vendredi, c'était la grande promenade de la noblesse, où chacun produit ses équipages, surtout ses chevaux. On ne peut rien voir de plus élégant que ces animaux : c'est la première fois de ma vie que je sens à leur vue mon cœur s'épanouir.

Naples, 3 mars 1787.

Je suis monté hier sur le Vésuve, quoique le temps fût nébuleux et la cime enveloppée de nuages. Je suis allé jusqu'à Résina en voiture, puis, prenant à travers les vignes, j'ai gravi la montagne d'abord à dos de mulet, enfin à pied sur la lave de 1771, qui avait déjà produit une mousse fine mais consistante. Plus haut on côtoie la lave. J'ai laissé à gauche sur la hauteur la cabane de l'ermite. Plus avant, il faut gravir la montagne de cendres, ce qui est un rude travail. Les deux tiers de ce sommet étaient couverts de nuages. Enfin nous avons atteint l'ancien cratère, aujourd'hui comblé. Nous avons trouvé les nouvelles laves, qui ont deux mois et demi, et même une faible, qui, au bout de cinq jours, est déjà refroidie. Nous l'avons franchie en côtoyant une colline volcanique récemment formée. Elle fumait de toutes parts. La fumée s'éloignait de nous, et je voulais monter au cratère. Nous avons fait environ cinquante pas dans la vapeur, mais elle est devenue si épaisse que je pouvais à peine voir mes souliers. Il ne sert à rien de tenir sous le nez son mouchoir de poche. Je ne voyais même plus mon guide. Le pied n'est pas ferme sur les débris de lave rejetés par le volcan. Il m'a paru convenable de revenir sur mes pas, et de réserver pour un jour serein, et où la fumée serait moins forte, le spectacle souhaité. En attendant, j'ai du moins appris combien il est difficile de respirer dans une pareille atmosphère.

Au reste la montagne était tout à fait tranquille; ni flamme, ni mugissement; elle ne lançait plus de pierres comme elle a fait tous ces derniers temps. A présent, je l'ai reconnue pour en faire le siége en forme aussitôt que le temps voudra bien s'arranger. Les laves que j'ai trouvées étaient pour moi la plupart des objets connus. Mais j'ai découvert un phénomène qui m'a paru très-remarquable, que je veux étudier de plus près, et sur lequel je me propose de consulter les experts et les collectionneurs. C'est un revêtement stalactiforme d'une cheminée volcanique, qui était autrefois fermée en voûte, mais qui est maintenant ouverte, et qui surgit de l'ancien cratère, aujourd'hui comblé. Cette pierre dure, grisâtre, stalactiforme, me paraît s'être formée, sans le secours de l'humidité et sans fusion, par la sublimation des exhalaisons volcaniques les plus subtiles. C'est un sujet à méditer.

Aujourd'hui, 3 mars, le ciel est couvert et le sirocco souffle; c'est un bon temps pour le jour de la poste.

Au reste j'ai déjà vu ici en abondance des hommes de toute espèce, de beaux chevaux et de merveilleux poissons. Pour la situation de la ville et ses magnificences, qu'on a si souvent décrites et célébrées, je n'en dirai pas un mot : *Vedi Napoli e poi muori!* disent-ils ici. « Vois Naples et puis meurs! »

Je vous adresse quelques lignes bien brèves pour vous annoncer ma bienvenue, et même, avec elles, une enveloppe de votre dernière lettre, enfumée dans le coin, comme témoignage qu'elle m'a accompagné au Vésuve. Mais je ne dois ni dans le songe, ni dans la veille, vous apparaître environné de dangers; soyez certains que là où je vais il n'y a pas plus de dangers que sur la chaussée du Belvédère. Partout la terre appartient au Seigneur! peut-on dire à cette occasion. Je ne cherche les aventures ni par trop de curiosité, ni par bizarrerie, mais je puis faire et hasarder plus qu'un autre, parce qu'en général j'y vois clair et que je saisis promptement dans chaque objet ce qu'il a de particulier. Le passage en Sicile n'est rien moins que dangereux. Il y a quelques jours que la frégate est partie pour Palerme par un bon vent du nord-est ; elle a laissé Capri à droite et a certainement fait le trajet en trente-six heures.

En Sicile même, le danger est réellement bien moindre qu'on ne veut se le figurer de loin. On n'aperçoit maintenant dans l'Italie inférieure aucun symptôme de tremblement de terre ; dans la supérieure, Rimini et les environs ont souffert dernièrement. Chose singulière! on parle ici de cela comme du vent et du temps qu'il fait et comme on parle en Thuringe des incendies.

Je suis charmé que votre goût se familiarise avec mon *Iphigénie* sous sa nouvelle forme. J'aimerais mieux encore que la différence vous eût paru plus sensible.

Je sais ce que j'y ai mis et je puis en parler, parce que j'aurais pu pousser la chose plus loin encore. Si c'est un plaisir de goûter ce qui est bien, c'en est un plus grand de sentir ce qui est mieux, et, dans l'art, c'est l'excellent qui est assez bon.

Naples, 5 mars 1787.

Nous avons consacré le second dimanche du carême à visiter les églises. A Rome tout est grave au plus haut point, ici tout est joyeux et gai. C'est à Naples seulement qu'on peut comprendre l'école de peinture napolitaine. On voit ici avec étonnement toute la façade d'une église peinte du haut en bas. Sur la porte, le Christ, chassant du temple les vendeurs et les acheteurs, qui, effrayés, culbutent de part et d'autre sur les degrés de la façon la plus drôle et la plus jolie. Dans une autre église, l'espace au-dessus de l'entrée est richement décoré d'une fresque représentant l'expulsion d'Héliodore. Lucas Giordano devait assurément faire diligence pour remplir de telles surfaces. La chaire même n'est pas toujours, comme ailleurs, un siége pour une seule personne, mais une galerie, où j'ai vu un capucin se promener et, tantôt d'un bout tantôt de l'autre, représenter au peuple sa vie pécheresse. Que n'aurais-je pas à conter là-dessus !

Mais on ne peut ni conter ni décrire la magnificence d'un clair de lune comme celui dont nous avons joui en nous promenant dans les rues, dans les places, sur la Chiaja, l'immense promenade, puis au bord de la mer. On y est véritablement saisi par le sentiment de l'immensité. Il vaut la peine de rêver ainsi.

Je dois dire quelques mots d'un excellent homme, dont j'ai fait la connaissance ces derniers jours : c'est le chevalier Filangieri, connu par ses ouvrages sur la législation. Il est du nombre des honorables jeunes hommes qui veulent le bonheur de l'espèce humaine et une honnête liberté. A ses manières, on reconnaît le soldat, le chevalier et l'homme du monde. Mais, chez lui, la dignité est tempérée par l'expression d'un sentiment moral délicat, qui, répandu sur toute sa personne, brille d'un éclat très-agréable dans ses discours et sa manière d'être. Il est attaché de cœur à son roi et à la monarchie, bien qu'il n'approuve pas tout ce qui se fait. Mais il est aussi de ceux qui redoutent Joseph II. L'image d'un despote, ne fût-elle qu'un rêve, est effroyable pour les hommes d'un noble cœur. M. Filangieri m'a dit ouvertement ce que Naples avait à craindre de l'empereur. Il parle volontiers de Montesquieu, de Beccaria et aussi de ses propres ouvrages, toujours dans ce même esprit de bienveillance et d'un désir sincère et juvénile de faire le bien. Il ne doit pas avoir encore atteint la quarantaine.

Il n'a pas tardé à me faire connaître un ancien écrivain, dont les nouveaux juristes italiens estiment et honorent infiniment l'insondable profondeur, c'est Jean-Baptiste Vico. Ils le préférent à Montesquieu. Un rapide coup d'œil jeté sur son livre, qu'ils m'ont prêté comme une précieuse relique, m'a fait soupçonner qu'il se trouve là des pressentiments sibyllins du juste et du bon, qui doit ou qui devrait se réaliser un jour, fondés sur la sérieuse méditation de l'histoire et de la vie.

Il est beau de voir une nation posséder un tel patriarche. Les ouvrages de Hamann seront un jour un code pareil pour les Allemands.

Naples, 6 mars.

Tischbein a surmonté sa répugnance pour me tenir fidèle compagnie, et il est monté aujourd'hui avec moi sur le Vésuve.

Un artiste comme lui, qui s'occupe toujours et uniquement des formes les plus belles, chez les hommes et les animaux, qui même humanise par le sentiment et par le goût les objets informes, les rochers, les paysages, doit trouver abominable un informe, horrible entassement, qui se dévore lui-même sans cesse et déclare la guerre à tout sentiment du beau.

Nous sommes partis dans deux calèches, ne nous sentant pas en état de nous démêler au milieu du tumulte de la ville, si nous conduisions nous-mêmes les chevaux. Le cocher ne cesse de crier place ! place ! afin que les ânes qui portent du bois ou des balayures, les calèches roulantes, les hommes qui se traînent sous un fardeau ou qui se promènent, les enfants, les vieillards, se tiennent sur leurs gardes, se rangent de côté, et qu'on puisse sans obstacle continuer le grand trot.

Le chemin à travers les derniers faubourgs et les jardins avait déjà quelque chose de plutonien. Comme il n'a pas plu depuis longtemps, les feuilles, toujours vertes par nature, étaient couvertes d'une épaisse poussière cendrée ; les toits, les corniches, tout ce qui présentait une surface plane avait de même passé au gris, si bien que le ciel, d'un bleu magnifique, et le soleil, qui nous dardait sa puissante lumière, témoignaient seuls que l'on cheminait encore parmi les vivants. Nous fûmes reçus au pied de la pente escarpée par deux guides, l'un d'âge mûr, l'autre jeune, tous deux robustes.

Le premier me traîna, le second traîna Tischbein en haut de la montagne. Je dis qu'ils nous traînaient ; en effet le guide se passe autour de la ceinture une courroie, que le voyageur saisit, et, tiré en amont, il gravit la pente, avec bien plus de facilité, en s'aidant d'un bâton. C'est ainsi que nous avons atteint le plateau sur lequel le cône s'élève. Au nord sont les ruines de la Somma.

Un regard jeté au couchant sur la contrée fit bientôt, comme un bain salutaire, disparaître toute la peine et la fatigue, et nous fîmes le tour du cône toujours fumant et vomissant de la cendre et des pierres. Aussi longtemps que l'espace nous permit de rester à une distance convenable, nous trouvâmes ce spectacle grand et sublime. D'abord un puissant tonnerre, qui retentissait du fond de l'abîme, puis des pierres, grandes et petites, lancées dans l'air par milliers, enveloppées de cendre. La plus grande partie retombait dans l'abîme; les autres fragments, lancés de côté, tombaient sur la partie extérieure du cône et faisaient un vacarme étrange. D'abord les plus pesantes tombaient lourdement et sautaient avec un bruit sourd jusqu'au bas du cône; les plus petites crépitaient par derrière, enfin la cendre pleuvait. Tout cela se succédait à intervalles réguliers, que nous pouvions très-bien mesurer en comptant tranquillement. Mais, entre la Somma et le cône, l'espace devint assez étroit; déjà les pierres tombaient en nombre autour de nous et rendaient inquiétante la marche autour du cône. Tischbein se sentait encore plus mal à l'aise sur la montagne, depuis que le monstre, non content d'être horrible, voulait encore être dangereux.

Mais comme un danger actuel a quelque chose de séduisant et excite l'homme à le braver par esprit de contradiction, je réfléchis qu'on devait pouvoir, dans l'intervalle de deux éruptions, gravir le cône, arriver au cratère et revenir. Je délibérai là-dessus avec nos guides sous un rocher surplombant de la Somma, où, campés en sûreté, nous réparions nos forces avec les provisions que nous avions apportées. Le plus jeune se fit fort d'affronter avec moi l'aventure. Nous rembourrâmes nos chapeaux avec des mouchoirs de toile et de soie; nous nous tînmes prêts, le bâton à la main, et moi saisissant la courroie. Les petites pierres craquetaient encore autour de nous, la cendre ruisselait encore, quand le robuste jeune homme m'enleva au-dessus de l'éboulis brûlant. Nous étions au bord de la gueule énorme dont la fumée était écartée de nous par un vent léger, mais en même temps nous voilait l'intérieur du gouffre, qui fumait alentour par mille gerçures. Pendant un intervalle, la vapeur laissa apercevoir çà et là des parois de rochers crevassées. Le spectacle n'était ni instructif ni agréable, mais, par cela même qu'on ne voyait rien, on attendait, pour voir sortir quelque chose. Nous avions négligé de compter tranquillement, nous étions au bord de l'abîme : soudain le tonnerre retentit, l'effroyable décharge part devant nous; nous baissons la tête involontairement, comme si cela nous eût sauvés des masses tombantes; déjà les petites pierres craquetaient, et, sans réfléchir que nous avions de nouveau un intervalle devant nous, joyeux d'avoir affronté le danger, nous arrivâmes au pied du cône avec la cendre pleuvant encore ; nos chapeaux et nos épaules en étaient suffisamment poudrés.

Accueilli et grondé par Tischbein de la manière la plus amicale, restauré enfin, je pus donner aux laves, anciennes et nouvelles, une attention particulière. Le vieux guide savait indiquer les années exactement. Les plus anciennes étaient déjà couvertes de cendres et égalisées; les nouvelles, surtout celles qui avaient coulé lentement, présentaient un singulier aspect : comme, en poursuivant leur marche traînante, elles charrient quelque temps avec elles les masses durcies à leur surface, il doit arriver que celles-ci de temps en temps résistent; mais, entraînées encore par les courants de feu, poussées les unes sur les autres, elles demeurent fixées avec des formes anguleuses plus bizarres, plus étranges qu'on ne le voit en pareil cas dans les glaçons poussés les uns sur les autres. Parmi cet amas confus de matières fondues se trouvaient aussi de grands blocs, dont la cassure a toute l'apparence d'une espèce de roche primitive. Les guides assurèrent que c'étaient d'anciennes laves provenant des dernières profondeurs, et que la montagne vomit de temps en temps.

En revenant à Naples, j'ai remarqué des maisonnettes à un seul étage, singulièrement bâties, sans fenêtres, dont les chambres ne sont éclairées que par la porte, qui donne sur la rue. Les habitants sont assis devant dès le matin jusqu'à la nuit, qu'ils se retirent enfin dans leurs cavernes.

En voyant le caractère particulier que prend dans la soirée le tumulte de la ville, je formai le vœu de pouvoir séjourner ici quelque temps, pour essayer de rendre selon mes forces ce mobile tableau. Je ne serai pas si heureux.

Naples, 7 mars 1787.

Durant cette semaine, Tischbein m'a montré et expliqué en conscience une grande partie des chefs-d'œuvre de Naples. Excellent connaisseur et peintre d'animaux, il m'avait déjà fait remarquer une tête de cheval en bronze dans le palais Colombrano : nous y sommes allés aujourd'hui. Ce précieux débris est placé, vis-à-vis de la porte cochère, dans la cour, où il occupe une niche au-dessus d'une fontaine. Ce fragment est une chose étonnante. Quel effet cette tête devait-elle produire, unie avec les autres membres! Le cheval était beaucoup plus grand que ceux de Saint-Marc. Comme on voit cette tête de plus près et isolément, on peut mieux en étudier et en admirer le caractère et la force. Le bel os frontal, les naseaux fumants, les oreilles attentives, la crinière hérissée.... quel puissant animal! que de feu, que de force!

Nous nous retournâmes, pour observer une statue de femme placée dans une niche au-dessus de la porte cochère. Winckelmann y voyait l'image d'une danseuse ; car ces artistes, dans leurs mouvements animés, représentent de la manière la plus variée ce que les arts plastiques nous ont conservé comme nymphes et comme déesses dans une pose arrêtée. Elle est très-légère et très-belle ; la tête était cassée, mais elle a été replacée habilement. Du reste elle n'a subi aucune altération et elle mériterait une meilleure place.

Naples, 9 mars 1787.

Je reçois aujourd'hui vos chères lettres du 16 février. Continuez toujours d'écrire. J'ai bien organisé mes bureaux de poste intermédiaires, et je le ferai encore, si je dois aller plus loin. Il me paraît bien étrange de lire, à une si grande distance, que les amis ne se réunissent pas, et pourtant rien de plus naturel que de ne pas se réunir quand on est si près les uns des autres.

Le temps s'est assombri ; il change ; le printemps approche et nous aurons des jours de pluie. Le sommet du Vésuve ne s'est pas découvert depuis que j'y suis monté. Ces dernières nuits, on l'a vu quelquefois jeter des flammes. Maintenant il est redevenu tranquille; on s'attend à une éruption plus forte. Les orages de ces jours-ci nous ont montré une mer magnifique. On pouvait étudier les flots dans leurs allures et leurs formes imposantes. La nature est le seul livre dont chaque page présente un grand sens. En revanche, le théâtre ne me fait plus aucun plaisir. On joue ici pendant le carême des opéras spirituels, qui ne se distinguent des opéras mondains que par l'absence de ballets dans les entr'actes. Au reste, ils sont aussi extravagants que possible. On joue au théâtre Saint-Charles la *Destruction de Jérusalem par Nabuchodonosor*. C'est pour moi une grande lanterne magique : il semble que j'ai perdu le goût de ces choses.

Nous avons été aujourd'hui avec le prince de Waldeck à *Capo di Monte*, où se trouve une grande collection de tableaux, de monnaies et d'autres objets. L'ordre n'est pas satisfaisant, mais il y a des choses de prix. Toutes ces idées traditionnelles prennent désormais chez moi une forme plus précise et plus arrêtée. Ce qui nous arrive isolément dans le Nord, de monnaies, de gemmes, de vases, comme les citronniers tondus, produit en masse un tout autre effet dans ce pays, où ces trésors sont indigènes. En effet dans les lieux où les ouvrages d'art sont rares, la rareté leur donne aussi de la valeur : ici on apprend à n'estimer que ce qui mérite l'estime.

On paye aujourd'hui fort cher les vases étrusques, et certainement il s'y trouve de belles et excellentes choses. Point de voyageur qui ne voulût en posséder quelqu'une. On n'évalue pas son argent aussi haut que chez soi; je crains même de me laisser encore séduire.

Naples, vendredi 9 mars 1787.

Ce qu'il y a d'agréable en voyage, c'est que, par la nouveauté et la surprise, une chose commune prend l'air d'une aventure. A mon retour de Capo di Monte, j'ai fait une visite aux Filangieri, et j'ai vu, assise sur le canapé, à côté de la maîtresse de la maison, une dame dont l'extérieur ne me semblait pas s'accorder avec les allures familières auxquelles elle s'abandonnait sans contrainte. Avec sa robe de soie légère, rayée, sa coiffure bizarre, cette jolie petite personne ressemblait à une marchande de modes, qui, occupée de la parure des autres, fait peu d'attention à son propre ajustement. Elles sont si accoutumées à voir payer leur travail, qu'elles ne comprennent pas comment elles feraient quelque chose gratis pour elles-mêmes. Mon entrée ne troubla nullement son babil, et elle débita une foule d'histoires bouffonnes, qui lui étaient arrivées ces derniers jours, ou plutôt qu'elle s'était attirées par ses étourderies.

La dame de la maison, voulant m'aider à placer quelques mots, parla de la belle position de Capo di Monte et de ses trésors. La vive petite dame se leva soudain, et parut, sur ses pieds, plus gentille encore qu'auparavant. Elle prit congé, courut à la porte, et me dit en passant : « Les Filangieri dîneront chez moi un de ces jours : j'espère vous voir avec eux. » Elle était sortie avant que j'eusse promis. Ils m'apprirent alors que c'était la princesse ***, leur proche parente. Les Filangieri ne sont pas riches et vivent dans une décente médiocrité : je me figurai qu'il en était de même de la petite princesse, d'autant plus qu'à Naples ces grands titres ne sont point rares. Je notai le nom, le jour et l'heure, bien résolu de me rendre ponctuellement à cette invitation.

Naples, samedi 11 mars 1787.

Comme mon séjour à Naples ne doit pas être long, je m'attache d'abord aux points les plus éloignés : les plus proches se présentent d'eux-mêmes. Je suis allé avec Tischbein à Pompéi. Nous avons vu s'étaler à droite et à gauche les magnifiques paysages que mille dessins nous avaient bien fait connaître, mais qui s'offraient maintenant aux yeux dans leur brillant ensemble. Pompéi étonne tous les voyageurs par ses proportions exiguës. Des rues étroites, mais pourtant bien alignées, et pourvues de trottoirs, de petites maisons sans fenêtres, des chambres donnant sur des cours et des galeries ouvertes, et éclairées par la porte seulement; même les ouvrages publics, le banc à l'entrée de la ville, le temple, et une villa dans le voisinage, semblent plutôt des modèles et des armoires de poupées que des édifices. Mais ces chambres, ces galeries et ces corridors sont ornés de riantes peintures ; les murs, tout unis, ont au milieu un tableau détaillé, aujourd'hui, le plus souvent endommagé; les extrémités et les angles sont décorés de légères et gracieuses arabesques, d'où se dégagent aussi de mignonnes figures d'enfants et de nymphes, tandis qu'à une autre place, on voit sortir de riches guirlandes fleuries des animaux apprivoisés et sauvages. C'est ainsi que, dans sa dévastation actuelle, une ville, couverte d'abord par la pluie de pierres et de cendres, ensuite fouillée et pillée, annonce chez tout un peuple un goût pour les arts et la peinture dont l'amateur le plus passionné n'a pas aujourd'hui l'idée, non plus que le sentiment et le besoin.

Si l'on considère la distance où cette ville se trouve du Vésuve, on jugera que la masse volcanique dont elle est couverte ne peut avoir été lancée jusque-là par la force explosive ou par un coup de vent; on doit plutôt se figurer que ces pierres et cette cendre ont flotté quelque temps dans l'air comme des nuages, et se sont enfin abattues sur cette malheureuse cité. Si l'on veut se faire une idée plus sensible encore de cet événement, qu'on se représente un village de montagne qui serait enseveli dans la neige. Les espaces entre les maisons et les maisons elles-mêmes, écrasées sous le poids, furent comblés.

Toutefois la maçonnerie ressortait peut-être encore çà et là, quand la colline fut tôt ou tard plantée en vignes et en jardins. Aussi plus d'un propriétaire, en fouillant son terrain, a-t-il fait sans doute une première moisson considérable. On a trouvé plusieurs chambres vides et, dans le coin de l'une, un monceau de cendres qui recouvrait quelques petits ustensiles et des objets d'art.

L'impression singulière et presque pénible que nous a faite cette ville momifiée s'est dissipée lorsque, nous étant assis sous la treille, au bord de la mer, dans une chétive auberge, nous avons fait de bon appétit un frugal repas, en nous délectant du ciel azuré, de la mer lumineuse et brillante, dans l'espérance qu'au temps où ce petit bourg sera ombragé de pampres verts, nous pourrons nous y revoir et nous réjouir ensemble.

Plus près de a ville, je remarquai de nouveau ces maisonnettes, véritables copies de celles de Pompeï. Nous demandâmes la permission d'entrer dans une, et nous la trouvâmes très-proprement arrangée : des chaises de canne élégamment tressées, une commode toute dorée, avec des fleurs peintes de couleurs diverses. En sorte qu'après tant de siècles, après d'innombrables changements, cette contrée inspire à ses habitants des mœurs et des coutumes, des inclinations et des goûts pareils.

Naples, lundi 12 mars 1787.

J'ai parcouru la ville aujourd'hui, faisant mes observations, et j'ai pris beaucoup de notes, qui me serviront un jour à la décrire, mais dont je regrette de ne pouvoir rien vous communiquer à présent. Tout annonce qu'une heureuse terre, qui fournit abondamment de quoi satisfaire les premiers besoins, produit aussi des hommes d'un heureux naturel, qui peuvent attendre sans inquiétude que le lendemain leur apporte ce que le jour qui luit leur a apporté, et, par conséquent, mènent une vie insoucieuse. Satisfaction du moment, jouissance modérée, joyeuse patience de maux passagers! En voici un exemple. La matinée était froide et humide, il avait un peu plu. J'arrive à une place dont les larges dalles paraissaient proprement balayées. Je suis surpris de voir sur ce pavé, parfaitement uni, une troupe de petits déguenillés, accroupis en rond, les mains tournées vers le sol, comme s'ils se chauffaient. J'ai pris d'abord cela pour un badinage, mais quand j'ai vu leurs mines parfaitement sérieuses et tranquilles, comme de gens qui ont trouvé ce qui était nécessaire à leurs besoins, je me suis creusé l'esprit sans pouvoir deviner cette énigme. Il m'a fallu demander ce qui engageait ces petits magots à prendre cette position bizarre, et pourquoi ils se rassemblaient ainsi en cercle régulier. J'appris qu'un forgeron voisin avait chauffé à cette place un bandage de roue, ce qui se fait de la manière suivante. Le cercle de fer est posé par terre, et, dessus, on entasse en rond autant de copeaux de chêne qu'il est nécessaire pour amollir le fer au point convenable. Le bois se consume, le cercle est posé autour de la roue, et la cendre soigneusement balayée. Aussitôt les petits lurons mettent à profit la chaleur communiquée au pavé, et ils ne bougent pas de la place avant d'avoir épuisé le dernier vestige de calorique. On trouve ici d'innombrables exemples de cette tempérance et de cette attention à utiliser ce qui, autrement, serait perdu. Je trouve chez ce peuple la plus vive et la plus ingénieuse industrie, non pour s'enrichir, mais pour vivre sans souci.

Le soir.

Pour arriver à l'heure chez la singulière petite princesse et ne pas manquer la maison, j'ai pris un valet de place. Il m'a conduit devant la porte cochère d'un grand palais, et, comme je ne croyais pas que cette dame pût avoir une si somptueuse demeure, j'articulai encore une fois son nom à mon guide aussi nettement que possible. Il m'assura que j'étais au bon endroit. Je trouvai une cour spacieuse, solitaire et tranquille, propre et vide, entourée d'un corps de logis principal et de constructions latérales. C'était la riante architecture napolitaine, avec sa teinte accoutumée. En face, un grand portail, puis un large et doux escalier. Des deux côtés, du bas en haut, une file de domestiques en riche livrée, qui me firent, à mon passage, un profond salut. Il me semblait être le sultan des contes de fées de Wieland, et, à son exemple, je pris courage. Je fus reçu ensuite par les domestiques d'un ordre plus élevé, jusqu'à ce qu'enfin le plus apparent m'ouvrit la porte d'une grande salle, et je vis s'étendre devant moi un nouvel espace, aussi riant, mais aussi désert que le reste. En allant et venant, j'aperçus dans une galerie latérale une table disposée pour une quarantaine de personnes, et dont la magnificence répondait à tout l'ensemble. Un prêtre séculier entra. Sans me demander qui j'étais, d'où je venais, il me traita en personne connue et m'entretint de banalités.

Une porte à deux battants s'ouvrit et se referma aussitôt derrière un vieux seigneur qui s'avança. L'ecclésiastique courut à lui et j'en fis autant. Nous lui adressâmes quelques mots de politesse, auxquels il répondit par une sorte d'aboiement saccadé. Je ne pus comprendre une syllabe de ce dialecte hottentot. Le seigneur s'étant placé auprès de la cheminée, l'ecclésiastique se tira à l'écart et je le suivis. Un beau bénédictin entra, accompagné d'un plus jeune frère. Le bénédictin salua l'hôte à son tour, et à son tour il en fut aboyé, après quoi, il se retira auprès de nous vers la fenêtre. Les ecclésiastiques réguliers, surtout les ordres élégamment vêtus, ont dans la société de grands avantages. Leur costume annonce l'humilité et le renoncement, et leur prête en même temps une dignité marquée. Dans leur conduite, ils peuvent, sans s'avilir, se montrer humbles, et puis, quand ils se redressent, on aime assez à leur voir une certaine assurance, qu'on ne passerait pas aux autres conditions. Tel était ce bénédictin. Je le questionnai sur le Mont-Cassin : il m'invita à m'y rendre et me promit le meilleur accueil. Cependant la salle s'était peuplée; on y voyait des officiers, des gens de cour, des prêtres séculiers, et même quelques capucins.

Je cherchais inutilement une dame, et pourtant nous ne devions pas en manquer. Deux fois la porte à deux battants s'ouvrit et se referma. Une vieille dame entra, plus vieille encore que le monsieur, et, cette fois, la présence de la maîtresse du logis me donna la pleine assurance que j'étais dans un palais étranger et complétement inconnu à ses habitants. Déjà on servait le dîner; je me tenais dans le voisinage de messieurs les ecclésiastiques, pour me glisser avec eux dans le paradis de la salle à manger, quand tout à coup Filangieri entra avec sa femme, en s'excusant de s'être attardé. Bientôt après, la petite princesse s'élança aussi dans le salon, et, passant devant tous les convives avec des saluts, des révérences, des signes de tête, elle courut droit à moi.

« C'est fort bien à vous de nous tenir parole, me dit-elle. Vous vous placerez à côté de moi : je veux vous servir les meilleurs morceaux. Attendez un peu! Il faut que je voie d'abord où je dois me placer. Après cela, mettez-vous à côté de moi. » Sur cette invitation, je la suivis dans ses diverses évolutions, et nous arrivâmes enfin à nos places, vis-à-vis des bénédictins. J'avais Filangieri à mon autre côté.

« La chère est excellente, dit-elle; tout est maigre mais choisi. Je vous indiquerai le meilleur. Mais il faut d'abord que je tourmente les moines. Je ne puis souffrir ces drôles. Ils attrapent journellement quelque chose de chez nous. Ce que nous avons, nous devrions le manger nous-mêmes avec des amis. » On servit la soupe. Le bénédictin mangeait d'un air modeste.

« Je vous prie de ne pas vous gêner, mon révérend père, lui dit-elle. La cuiller est peut-être trop petite? Je vous en ferai donner une plus grande. Nos révérends sont accoutumés à en prendre à pleine bouche. » Le père répliqua qu'un ordre parfait régnant dans la maison de la princesse, des convives tout autres que lui y trouveraient tout à souhait. On servit les petits pâtés : le père n'en prit qu'un. Elle lui cria d'en prendre une demi-douzaine. Il savait bien que la pâte feuilletée se digère facilement. Le sage père prit encore un petit pâté en remerciant la princesse de son attention bienveillante, comme s'il n'avait pas compris l'impie badinage. La grosse pâtisserie fournit encore à la dame une occasion de donner l'essor à sa malice, car, le père en ayant piqué un morceau et l'ayant tiré sur son assiette, un deuxième y roula. « Un troisième, mon père! lui dit-elle vivement. Vous paraissez en humeur d'établir un bon fondement. — Quand on fournit de si bons matériaux, l'architecte a fort peu de peine, » répliqua le bénédictin. Et cela continua de la sorte, sans que la princesse y fît d'autre pause que pour me faire servir consciencieusement les meilleurs morceaux.

Cependant je discourais avec mon voisin sur les sujets les plus sérieux. Je n'ai pas entendu Filangieri prononcer une parole insignifiante. En cela, comme en plusieurs autres choses, il ressemble à notre ami Georges Schlosser : seulement Filangieri, comme Napolitain et homme du monde, est d'un caractère plus doux, d'un commerce plus facile.

Dans l'intervalle, ma malicieuse voisine n'avait laissé aucun repos aux bons pères. Les poissons, auxquels on avait donné, à l'occasion du carême, la forme d'autres viandes, lui fournirent surtout une matière inépuisable de plaisanteries impies et scabreuses, particulièrement une occasion de relever et de recommander le goût de la chair. On pouvait du moins s'amuser à la forme, quand même la réalité était défendue. J'ai entendu encore bien des traits du même genre, que je n'ai pas le courage de rapporter. Ces choses peuvent se souffrir dans la conversation, et quand elles partent d'une jolie bouche : mais, noir sur blanc, elles ne me plaisent plus à moi-même. Et la témérité a cela de particulier qu'elle réjouit dans l'acte même, parce qu'elle étonne, mais elle offense et répugne dans le récit.

On servit le dessert, et je craignais de voir ces folies continuer ; mais soudain ma voisine se tourna vers moi, toute calmée, et me dit : « Laissons ces moines lamper le syracuse en paix. Je ne réussis pas à en tourmenter un jusqu'à la mort, pas même jusqu'à lui ôter l'appétit. Parlons un peu raison, car enfin quelle conversation aviez-vous encore avec Filangieri ? Le bon homme ! Il se donne bien des embarras. Je le lui ai dit souvent : « Si vous faites des lois nouvelles, nous devrons nous « donner une nouvelle peine pour trouver le moyen de les violer « aussi bientôt. Pour les anciennes, c'est déjà une chose faite. « Voyez donc comme Naples est beau ! Les hommes y vivent de- « puis des siècles insouciants et joyeux, et, pourvu qu'on pende « quelqu'un de temps en temps, tout le reste chemine à mer- « veille. » Là-dessus elle me proposa d'aller à Sorrente, où elle avait un grand domaine. Son intendant me ferait manger les meilleurs poissons et la délicieuse *mungana* (veau de lait). L'air de la montagne et la vue admirable me guériraient de toute philosophie. Elle y viendrait ensuite elle-même, et il ne resterait plus vestige des rides que je laissais trop tôt faire leurs traces. Nous mènerions ensemble joyeuse vie.

Naples, 13 mars 1787.

J'écris encore aujourd'hui quelques mots, afin qu'une lettre chasse l'autre. Tout va bien pour moi, mais je vois moins de choses que je ne devrais. Ce lieu inspire la négligence et la paresse ; cependant je me fais peu à peu une idée plus complète de la ville. Dimanche nous allâmes à Pompéi. Il est arrivé bien des malheurs dans le monde, mais peu qui aient procuré autant de plaisir à la postérité. Je ne sais guère de chose plus intéressante. Les maisons sont étroites et petites, mais toutes sont ornées à l'intérieur de charmantes peintures. La porte de la ville est remarquable, avec les tombeaux qui y touchent. Le tombeau d'une prêtresse est en forme de banc semi-circulaire, avec un dossier de pierre, où se trouve l'inscription en grandes lettres. Par-dessus le dossier, on voit la mer et le soleil couchant. Place admirable, digne d'une si belle pensée !

Nous avons trouvé à Pompéi une bonne et joyeuse société napolitaine. Ces gens sont tout naturels et d'humeur légère. Nous avons dîné à *Torre dell' Annunziata*, attablés tout près de la mer.

La journée était ravissante; la perspective sur Castellamare et Sorrente est rapprochée et délicieuse. La société se trouvait comme chez elle. Quelques-uns soutenaient qu'on ne peut vivre sans voir la mer. Il me suffit de porter en moi son image, et je suis tout disposé à retourner désormais dans le pays des montagnes. Heureusement il se trouve ici un paysagiste fidèle, qui sait exprimer le sentiment de cette riche et libre nature. Il a déjà fait pour moi quelques travaux.

J'ai aussi étudié avec soin les produits du Vésuve. C'est tout autre chose de les voir dans l'ensemble. Je devrais proprement consacrer à l'observation le reste de ma vie. Je ferais quelques découvertes, qui étendraient les connaissances humaines. Veuillez, je vous prie, mander à Herder que j'acquiers en botanique des lumières toujours plus grandes. C'est toujours le même principe, mais il faudrait une vie pour le suivre dans toutes ses conséquences. Peut-être serai-je encore en état de tracer les lignes principales.

A présent je me fais une fête de voir le musée de Portici. D'ordinaire, c'est par où l'on commence : c'est par là que nous finirons. Je ne sais pas encore ce que je vais devenir. Tous nos amis veulent que je sois de retour à Rome pour le temps de Pâques.

Angélique a entrepris un tableau tiré de mon *Iphigénie*. L'idée en est très-heureuse et elle la rendra parfaitement. C'est le moment où Oreste reprend sa connaissance auprès de sa sœur et de son ami. Ce que les trois personnages disent l'un après l'autre, elle l'a rendu simultanément dans le groupe en substituant le geste à la parole. On voit encore par là combien elle a le sentiment délicat, comme elle sait s'approprier ce qui est de son domaine. Et c'est véritablement l'axe de la pièce.

Adieu donc! et aimez-moi! Ici je trouve tout le monde bienveillant, et pourtant je ne leur suis bon à rien. Tischbein les satisfait mieux; il leur dessine, le soir, quelques têtes de grandeur naturelle, devant lesquelles ils se démènent comme les habitants de la Nouvelle-Zélande à la vue d'un vaisseau de guerre.

Cela produisit, l'autre soir, une scène assez drôle. Tischbein a en effet le grand talent d'esquisser à la plume des figures de dieux et de héros de grandeur naturelle ou colossale. Il y jette quelques hachures, après quoi, avec un large pinceau, il met les ombres vigoureusement, si bien que la tête présente un beau relief. Les assistants admirèrent la facilité de ce travail et y prirent un grand plaisir. Tout à coup les doigts leur démangent; ils veulent peindre aussi comme cela; ils prennent les pinceaux et se peignent des barbes l'un à l'autre et se barbouillent le visage. N'y a-t-il pas là quelque chose des mœurs primitives? Et c'était une société cultivée, c'était chez un homme qui sait lui-même dessiner et peindre avec talent! Il faut avoir vu ce peuple pour s'en faire une idée.

Caserte, mercredi 14 mars.

Chez Hackert, dans sa délicieuse demeure, qui lui est assignée dans le vieux château. Le nouveau est un immense palais, un Escurial, bâti en carré, avec plusieurs cours, enfin assez royal. Situation d'une beauté extraordinaire, dans la plaine la plus fertile du monde. Cependant les jardins s'étendent jusqu'aux montagnes. Un aqueduc y amène toute une rivière pour arroser le château et les environs, et toute cette masse d'eau peut être jetée sur des rochers artistement disposés et former une cascade magnifique. Les jardins sont beaux et s'harmonisent très-bien avec une contrée qui est tout entière un jardin. Le château, véritablement royal, m'a paru trop peu animé; nous ne pouvons, nous autres, nous trouver à notre aise dans ces immenses espaces vides. Le roi paraît sentir quelque chose de pareil, car il s'est arrangé dans la montagne un établissement où les murs serrent les hôtes de plus près, et qui est disposé pour la chasse et les plaisirs.

Caserte, jeudi 15 mars 1787.

L'appartement de Hackert dans le vieux château est très-confortable. Il est assez spacieux pour lui et pour ses hôtes. Hackert s'occupe sans cesse à dessiner ou à peindre; néanmoins il est resté sociable, et il sait attirer les hommes à lui en faisant de chacun son écolier. Il a su me gagner comme les autres par la patience qu'il montre pour ma faiblesse; il recommande avant tout la fermeté du dessin, ensuite une distribution nette et précise de la lumière et des ombres. Quand il peint au lavis, trois teintes sont toujours prêtes, et, comme il part du fond pour arriver au premier plan, et qu'il emploie ces teintes l'une après l'autre, un tableau se trouve achevé on ne sait comment. Si l'exécution était aussi aisée qu'elle paraît l'être! Il m'a dit avec sa franchise accoutumée : « Vous avez des dispositions, mais vous ne savez rien faire. Restez un an et demi chez moi, et vous parviendrez à produire quelque chose qui fera plaisir à vous et à vos amis. » N'est-ce pas là le texte sur lequel il faudrait prêcher sans fin tous les amateurs? Nous verrons comment j'en profiterai.

Ce qui prouve la confiance dont la reine honore notre artiste, c'est non-seulement qu'il donne des leçons aux princesses, mais surtout qu'il est souvent appelé, le soir, à des conversations instructives sur l'art et sur ce qui y touche. Il prend pour base le dictionnaire de Soulzer, et il y choisit tel ou tel article, selon qu'il le juge à propos. J'ai dû approuver la chose, et puis rire de moi-même. Quelle différence entre l'homme qui veut tirer du dedans sa culture, et celui qui veut agir sur le monde et lui donner une instruction usuelle! La *Théorie* de Soulzer m'a toujours été odieuse, à cause de la fausseté de sa maxime fondamentale, et puis j'ai vu que cet ouvrage renferme encore beaucoup plus de choses que les gens n'ont besoin d'en savoir. Les nombreuses connaissances que ce livre communique, la façon de penser à laquelle s'arrêtait un homme du mérite de Soulzer, n'étaient-elles pas suffisantes pour les gens du monde?

Nous avons passé bien des heures intéressantes chez le restaurateur Andres, qui, appelé de Rome, demeure aussi dans le vieux château, où il poursuit assidûment ses travaux, auxquels le roi s'intéresse. Je n'ose entreprendre de décrire son habileté à restaurer les anciens ouvrages, parce qu'il faudrait en même temps développer la tâche difficile et l'heureuse solution que se propose cette industrie particulière.

Caserte, 16 mars 1787.

Je reçois aujourd'hui vos chères lettres du 19 février, et je dois répondre un mot sur-le-champ. Qu'il m'est doux de me recueillir en songeant à mes amis!

Naples est un paradis; chacun vit dans une sorte d'ivresse et d'oubli de soi-même. C'est aussi ce que j'éprouve; je me reconnais à peine, et il me semble que je suis un autre homme. Je me disais hier : « Ou bien tu as été fou jusqu'à ce jour, ou bien tu l'es maintenant. »

J'ai été d'ici visiter les restes de l'ancienne Capoue et tout ce qui s'y rapporte.

Il faut venir dans ce pays pour apprendre ce que c'est que la végétation et pourquoi on laboure un champ! Le lin est déjà près de fleurir, et le blé haut d'un empan et demi. Autour de Caserte, tout est plaine ; les champs sont aussi unis, aussi soigneusement cultivés que les carreaux d'un jardin. Tout est planté de peupliers auxquels la vigne s'enlace, et, malgré cet ombrage, le sol produit encore les plus belles moissons. Que sera-ce quand une fois le printemps aura commencé tout de bon? Jusqu'à présent nous avons eu avec un beau soleil des vents très-froids. Cela tient à la neige qui couvre les montagnes.

Dans quinze jours il se décidera si je vais en Sicile. Jamais résolution à prendre ne m'a trouvé aussi chancelant. Aujourd'hui survient quelque chose qui me conseille le voyage, demain une circonstance qui me le déconseille. Deux génies se disputent ma personne.

Voici une confidence pour mes amies seulement ; mes amis n'en doivent rien savoir! Je vois bien qu'on a fait à mon *Iphigénie* un singulier accueil. On était accoutumé à la première forme, on connaissait les expressions, qu'on s'était appropriées pour les avoir lues et entendues souvent. Maintenant tout cela sonne autrement, et je vois bien qu'au fond personne ne me sait gré de la peine infinie que je me suis donnée. Un pareil travail n'est proprement jamais achevé ; on doit le déclarer achevé quand on a fait tout ce qu'on pouvait faire, eu égard au temps et aux circonstances. Toutefois cela ne doit pas me détourner de faire sur le *Tasse* une opération semblable. Sans cela j'aimerais mieux le jeter au feu. Mais je veux persister dans ma résolution, et, puisque enfin la chose n'est pas autrement, nous allons faire de cette pièce un singulier ouvrage. Il m'est donc tout à fait agréable que l'impression de mes œuvres avance lentement. Et pourtant il est bon de se voir menacé à quelque distance par le compositeur. Chose étrange que, pour l'action la plus libre, on attende et même on demande quelque contrainte!

Si à Rome on étudie volontiers, ici on ne veut que vivre; on oublie et le monde et soi-même, et c'est pour moi une singulière sensation de ne vivre qu'avec des hommes occupés à jouir. Le chevalier Hamilton, qui est toujours ici ambassadeur d'Angleterre, après s'être occupé si longtemps des arts en amateur, après avoir étudié si longtemps la nature, a trouvé le comble des plaisirs de la nature et de l'art dans une belle jeune fille. Il l'a recueillie chez lui. C'est une Anglaise de vingt ans. Elle est très-belle et bien faite. Il lui a fait faire un costume grec qui lui sied à merveille. Elle laisse flotter ses cheveux, prend deux châles, et varie tellement ses attitudes, ses gestes, son expression, qu'à la fin on croit rêver tout de bon. Ce que mille artistes seraient heureux de produire, on le voit ici accompli, en mouvement, avec une diversité surprenante. A genoux, debout, assise, couchée, sérieuse, triste, lutine, exaltée, pénitente, attrayante, menaçante, inquiète : une expression succède à l'autre et en découle. Elle sait ajuster à chaque expression les plis du voile, les changer, et se faire cent coiffures diverses avec les mêmes tissus. Cependant le vieux chevalier lui tient la chandelle, et il s'est donné à cet objet de toute son âme. Il trouve en elle tous les antiques, tous les beaux profils des monnaies siciliennes, et jusqu'à l'Apollon du Belvédère. Pour tout dire, cet amusement est unique. Nous l'avons eu déjà deux soirs. Ce matin, Tischbein fait le portrait de la belle Anglaise.

Ce que j'ai appris et démêlé sur la cour et ce qui s'y passe, il faut d'abord que je m'en assure et m'en rende compte. Aujourd'hui le roi est à la chasse du loup. On espère en tuer cinq pour le moins.

Naples, 17 mars 1787.

Quand ma plume veut tracer des mots, toujours paraissent devant mes yeux les images du pays fertile, de la mer ouverte, des îles vaporeuses, de la montagne fumante, et les organes me manquent pour exprimer tout cela. C'est ici que l'on comprend enfin comment l'homme a pu concevoir l'idée de cultiver la terre, ici, où les champs produisent tout, et où l'on peut espérer de trois à cinq récoltes par an. On prétend que, dans les meilleures années, on a cultivé jusqu'à trois fois le maïs dans le même champ.

J'ai beaucoup vu et médité plus encore; le monde s'ouvre de plus en plus, et même, tout ce que je sais depuis longtemps, ce n'est qu'à présent que je me l'approprie. L'homme sait bientôt, mais il pratique bien tard! Je regrette seulement de ne pouvoir à chaque instant faire part à quelqu'un de mes observations. J'ai Tischbein, il est vrai; mais, chez lui, l'homme et l'artiste sont agités de mille pensées, réclamés par cent personnes; sa position est particulière, elle est étrange; il ne peut prendre une libre part à l'existence d'un autre, parce qu'il sent gênée sa propre tendance. Et pourtant le monde n'est qu'une simple roue, pareille à elle-même dans tout son contour : si elle nous semble étrange, c'est que nous tournons nous-mêmes avec elle.

Ce que j'ai toujours dit est arrivé : c'est dans ce pays seulement que je parviens à comprendre et à développer maint phénomène de la nature et maint désordre des opinions. Je recueille de toutes parts, et je rapporterai beaucoup de choses et aussi, je puis le dire, beaucoup d'amour de la patrie et de joie à vivre avec quelques amis.

Quant à mon voyage de Sicile, la balance est encore dans la main des dieux; la languette oscille à droite et à gauche.

Quel peut être cet ami qu'on m'annonce si mystérieusement? Pourvu que je n'aille pas le manquer, pendant mes courses vagabondes et mon voyage dans l'île!

La frégate de Palerme est revenue; elle repartira dans huit jours. Je ne sais si elle m'emmènera, si je retournerai à Rome pour la semaine sainte. Je ne fus jamais aussi irrésolu : un moment, une bagatelle, décideront. Les gens me donnent déjà moins d'embarras. Seulement il faut se contenter de les peser avec le poids marchand et non avec le trébuchet, comme, hélas! ont souvent coutume de faire entre eux les amis par une humeur fantasque et une bizarre exigence. Ici les gens ne s'inquiètent nullement des gens; ils remarquent à peine qu'ils courent çà et là les uns à côté des autres; ils vont et viennent tout le jour dans un paradis, sans trop regarder autour d'eux, et, si le gouffre infernal, leur voisin, entre en fureur, on a recours au sang de saint Janvier, comme tout le reste du monde recourt, ou voudrait recourir au sang.... contre la mort et le diable. C'est une chose bien remarquable et bien salutaire de cheminer à travers cette foule sans nombre et sans repos. Les flots du torrent se confondent, et pourtant chacun trouve son chemin et arrive à son but.

Au milieu d'un monde et d'un mouvement si grands, je me sens pour la première fois vraiment calme et solitaire; plus les rues font vacarme, plus je deviens tranquille. Je pense quelquefois à Rousseau et à ses lamentations hypocondres, et je comprends toutefois comment une si belle organisation pouvait se troubler. Si je me sentais moins de sympathie pour ce qui est naturel, et si je ne voyais pas que, dans le désordre apparent, mille observations peuvent être comparées et classées, comme l'arpenteur vérifie à l'aide d'une seule ligne transversale beaucoup de mesures particulières, bien souvent je croirais moi-même extravaguer.

Naples, 18 mars 1787.

Nous ne pouvions tarder plus longtemps de visiter Herculanum et de voir à Portici la collection tirée des fouilles. Herculanum, cette ville antique, située au pied du Vésuve, fut complétement couverte par la lave, qui s'est élevée par les éruptions suivantes, au point que les édifices sont maintenant à soixante pieds sous terre. On les découvrit en creusant un puits, au fond duquel on rencontra un pavé de marbre. Il est déplorable que les fouilles n'aient pas été faites d'après un plan régulier par des mineurs allemands, car, dans ces fouilles que le brigandage a faites au hasard, que de nobles reliques dissipées! On descend par soixante marches dans un gouffre, où l'on admire, à la clarté des flambeaux, le théâtre, qui s'élevait jadis à la face du ciel, et l'on se fait raconter tout ce qu'on a trouvé là et tiré de la profondeur.

Nous sommes allés ensuite au musée. Nous étions bien recommandés et nous avons été bien reçus : mais on ne nous a pas permis plus qu'à d'autres de rien dessiner. Peut-être en avons-nous été d'autant plus attentifs et nous sommes-nous reportés plus vivement dans les temps écoulés, où toutes ces choses entouraient leurs possesseurs pour les usages et les jouissances de la vie. Les maisons et les chambres, si petites, que j'avais vues à Pompeï, me parurent alors plus étroites et plus spacieuses : plus étroites, parce que je me les représentais comblées de tous ces précieux objets ; plus spacieuses, parce que ces mêmes objets ne répondent pas seulement à la nécessité, mais, décorés et animés de la manière la plus ingénieuse et la plus charmante par les arts plastiques, réjouissent et élèvent la pensée mieux que la maison la plus spacieuse ne pourrait le faire.

On voit, par exemple, un seau d'une forme admirable, dont le bord supérieur est d'une rare élégance ; observé de près, ce bord s'élève de part et d'autre ; les deux demi-cercles unis servent d'anse, et l'on porte le vase de la manière la plus commode. Les lampes sont ornées, selon le nombre de leurs mèches, de masques et de rameaux, en sorte que chaque flamme éclaire un ouvrage d'art. De hauts supports en bronze, d'une forme élancée, sont destinés à porter les lampes ; en revanche, à celles qui doivent être suspendues, sont attachées des figures de tout genre, ingénieusement imaginées, qui font mieux encore que d'amuser et de plaire, aussitôt qu'elles se remuent et se balancent. Dans l'espoir de revenir, nous avons suivi le gardien de chambre en chambre, et, autant que le moment le permettait, nous avons saisi de notre mieux au passage l'instruction et le plaisir.

Naples, lundi 19 mars 1787.

J'ai formé ces derniers jours une nouvelle relation. Tischbein m'a tenu bonne et fidèle compagnie, pendant ces quatre semaines, parmi les œuvres de l'art et de la nature, et hier encore à Portici ; mais nos réflexions mutuelles nous ont fait reconnaître que son avenir d'artiste et les affaires qu'il est obligé de suivre à la cour et dans la ville, en vue d'un établissement futur à Naples, ne peuvent s'accorder avec mes projets, mes désirs et mes fantaisies. Toujours occupé de moi, il m'a donc proposé, pour m'accompagner partout, un jeune homme que j'ai vu souvent ici dès les premiers jours non sans intérêt et sans plaisir. C'est Kniep, qui a séjourné quelque temps à Rome et qui s'était ensuite rendu à Naples, véritable élément du paysagiste. Je l'avais déjà entendu vanter à Rome comme un dessinateur habile. On parlait moins favorablement de son activité. Je le connais assez maintenant, et le défaut qu'on lui reproche me semble être plutôt de l'irrésolution. Il la surmontera sans doute, si nous restons ensemble quelque temps. Un heureux commencement confirme mon espérance, et, si je réussis, nous serons longtemps bons camarades.

Il suffit de courir les rues et d'avoir des yeux pour voir des tableaux inimitables. Au Môle, un des lieux les plus bruyants de la ville, j'ai vu hier un Polichinelle, qui se battait sur un tréteau avec un petit singe, et, en arrière, un balcon où une fort jolie fillette attendait la fortune. A côté du tréteau, un marchand d'orviétan, qui présentait à la foule crédule ses secrets contre tous les maux. Gérard Dow aurait fait de cela un tableau digne de charmer les contemporains et la postérité.

C'était d'ailleurs aujourd'hui la fête de saint Joseph; il est le patron de tous les *fritturajoli* (marchands de fritures, mais des plus grossières, s'entend). Or, comme il s'élève sans cesse de vives flammes sous l'huile noire et bouillante, tous les tourments du feu sont de leur domaine; aussi, hier au soir, avaient-ils pour le mieux décoré de tableaux le devant des maisons; les âmes en purgatoire, le jugement dernier, flamboyaient de toutes parts. Devant les portes étaient de grandes poêles posées sur des foyers légèrement construits. Un ouvrier faisait la pâte, un autre lui donnait la forme, l'étirait et la jetait dans l'huile bouillante. Auprès de la poêle, un troisième, une petite broche à la main, retirait les beignets à mesure qu'ils étaient cuits, les passait à un quatrième sur une autre brochette, et celui-ci les offrait aux assistants. Les deux derniers étaient de jeunes garçons en perruque blonde bouclée: c'est ici l'attribut des anges. Quelques autres figurants complétaient le groupe, offraient du vin aux travailleurs, buvaient eux-mêmes et criaient la marchandise. Les anges, de leur côté, les cuisiniers, tous criaient. La presse était grande, parce que toutes les fritures se vendent, ce soir-là, beaucoup meilleur marché. Une partie de la recette est même réservée aux pauvres. On aurait mille choses de ce genre à raconter, et l'on voit chaque jour quelque chose de nouveau et de plus fou. Parlons seulement de la variété des costumes qu'on rencontre dans les rues, de la foule qui se presse dans la seule rue de Tolède!

On trouve ainsi maintes récréations originales, quand on vit avec le peuple. Il est si naturel, qu'on pourrait devenir naturel avec lui. Tel est, par exemple, Polichinelle, le véritable masque national; tel est l'Arlequin de Bergame, le Hanswourst du Tyrol. Polichinelle est un valet véritablement flegmatique, tranquille, indifférent jusqu'à un certain point, presque paresseux, et pourtant humoristique; et l'on trouve partout des garçons d'auberge et des valets pareils. Le nôtre m'a diverti aujourd'hui, et il ne s'agissait d'autre chose que de l'envoyer quérir du papier et des plumes. Un peu de malentendu, de lenteur, de bonne volonté et de malice a provoqué la plus agréable scène, qu'on pourrait produire sur tout théâtre avec succès.

Naples, mardi 20 mars 1787.

La nouvelle qu'un torrent de lave, invisible pour Naples, venait de faire éruption et coulait vers Ottajano, m'a décidé à visiter le Vésuve pour la troisième fois. A peine arrivé au pied de la montagne, avec ma voiture à deux roues, à un cheval, comme je sautais à terre, j'ai vu paraître nos deux guides. Je n'ai voulu me passer d'aucun : j'ai pris l'un par habitude et par reconnaissance, l'autre par confiance, tous deux pour faire la course plus à mon aise. Quand nous fûmes en haut, le vieux resta en place avec les manteaux et les vivres; le jeune me suivit, et nous montâmes hardiment au-devant d'une vapeur prodigieuse qui s'élançait de la montagne, au-dessous du cratère; puis nous la côtoyâmes et nous descendîmes doucement jusqu'à ce qu'enfin nous vîmes, sous un ciel clair, la lave ruisseler hors de l'affreux nuage de vapeur.

On a beau avoir entendu mille fois parler d'une chose, c'est la vue immédiate qui nous en révèle le caractère propre. Le courant de lave avait au plus dix pieds de large, mais la manière dont il coulait sur une pente douce, assez unie, était fort surprenante : car, en se refroidissant sur les côtés et à la surface, tandis qu'elle coule, elle forme un canal qui s'élève sans cesse parce que la matière fondue se durcit pareillement sous le courant de feu, qui jette uniformément à droite et à gauche les scories nageant à la surface. Cela élève insensiblement une digue sur laquelle la matière embrasée continue de couler doucement comme le ruisseau d'un moulin. Nous avons côtoyé la digue, considérablement élevée, du haut de laquelle les scories roulaient régulièrement sur les côtés jusqu'à nos pieds. Nous pouvions voir d'en bas le courant de feu à travers quelques ouvertures du canal, et, comme il continuait sa course plus bas, nous pouvions aussi l'observer d'en haut.

La vive clarté du soleil semblait rembrunir le brasier ; il ne montait dans l'air pur qu'un peu de fumée. Je désirais approcher du point où la lave jaillit de la montagne. Mon guide assurait qu'elle s'y formait tout de suite une voûte et un toit sur lequel il s'était tenu souvent. Pour voir et pour éprouver aussi la chose, nous remontâmes la montagne, afin d'arriver à ce point par derrière. Heureusement nous trouvâmes la place nettoyée par un vif courant d'air. Toutefois elle ne l'était pas tout à fait, car la vapeur fumait autour de nous par mille crevasses; et nous arrivâmes enfin sur la voûte dure, roulée comme de la bouillie, mais elle s'étendait si loin en avant, qu'elle nous empêchait de voir sortir la lave. Nous essayâmes de faire encore une vingtaine de pas, mais le sol devenait toujours plus brûlant; une vapeur insupportable, étouffante, qui obscurcissait le soleil, tourbillonnait; le guide, qui me précédait, se retourna bientôt, me saisit, et nous nous arrachâmes à ce bouillonnement infernal.

Après que la belle vue eut réjoui nos yeux, et un coup de vin notre gosier, nous parcourûmes la montagne pour observer d'autres particularités de ce sommet de l'enfer, qui se dresse au milieu du paradis. J'ai observé de nouveau avec attention quelques ouvertures, véritables cheminées du volcan, qui ne donnent point de fumée, mais qui exhalent sans cesse avec violence un air brûlant. Je les ai vues entièrement tapissées d'une matière stalactiforme, qui revêt, en figures de cônes et de mamelons, le canal jusqu'à l'orifice. L'irrégularité des cheminées nous a permis d'atteindre à plusieurs de ces produits de la vapeur qui pendaient en bas, en sorte que nous avons pu nous en saisir aisément au moyen de nos bâtons et d'instruments armés de crocs.

J'ai déjà trouvé chez le marchand, sous le nom de lave, des exemplaires pareils, et j'ai eu la satisfaction de découvrir que c'est une suie volcanique déposée par les vapeurs brûlantes, et qui manifeste les parties minérales volatiles qu'elle renferme. Le plus magnifique coucher de soleil, une soirée divine, m'ont récréé au retour. Cependant j'ai pu sentir combien un prodigieux contraste est propre à troubler les sens. Le passage de l'effroyable au beau, du beau à l'effroyable, les annule tous deux et produit l'indifférence. Le Napolitain serait certainement un autre homme qu'il n'est, s'il ne se sentait pressé entre Dieu et Satan.

Naples, 22 mars 1787.

Si le caractère allemand, si mon désir, ne me portaient pas à l'étude et à l'action plus qu'à la jouissance, je devrais passer quelque temps encore dans cette école de la vie facile et joyeuse, et chercher à profiter davantage. Ce séjour serait délicieux, si l'on pouvait seulement un peu s'arranger. La position de la ville, la douceur du climat, ne peuvent être assez célébrées : mais c'est là à peu près tout le partage des étrangers.

Assurément, si l'on prend son temps, si l'on a du savoir-faire et de la fortune, on peut se former ici un bon et large établissement. C'est comme cela que M. Hamilton s'est fait ici une belle existence et qu'il en jouit au soir de sa vie. L'appartement qu'il s'est arrangé dans le goût anglais est délicieux, et la vue de la salle du coin est peut-être unique. A nos pieds, la mer; en face, Capri; à droite, le Pausilippe; plus près, la promenade de Villareale; à gauche un vieux bâtiment de jésuites; plus loin, la côte de Sorrente jusqu'au cap Minerve. On trouverait difficilement en Europe quelque chose de pareil, du moins au centre d'une grande et populeuse cité. M. Hamilton est un homme d'un goût universel, et, après avoir parcouru tous les règnes de la création, il est arrivé à une belle femme, le chef-d'œuvre du grand artiste.

Et, après tout cela, après mille jouissances, les sirènes m'appellent sur l'autre bord, et, si le vent est bon, je partirai en même temps que cette lettre, elle pour le Nord, moi pour le Sud. L'esprit de l'homme est indomptable; à moi surtout, il me faut le large. Actuellement mon objet doit être moins la persistance qu'une observation rapide. Que je saisisse seulement le bout du doigt, il me suffira d'écouter et de méditer pour m'assurer bientôt de la main tout entière.

Chose étrange, un ami me rappelle en ce temps *Wilhelm Meister* et m'en demande la continuation. Elle me serait impossible sous ce ciel, mais peut-être l'influence de ce climat se fera-t-elle sentir dans les derniers livres. Puisse mon existence acquérir pour cela le développement nécessaire, la tige grandir, les fleurs s'épanouir plus riches et plus belles ! Certes il vaudrait mieux ne pas retourner dans mon pays, si je ne devais pas y revenir un homme nouveau.

Nous avons vu aujourd'hui un tableau du Corrége qui est à vendre. Il n'est pas parfaitement conservé, mais le temps n'a pas effacé l'heureuse empreinte de la grâce. Cette toile représente la Vierge et l'enfant Jésus, au moment où il hésite entre le sein maternel et quelques poires que lui présente un petit ange. Ainsi donc c'est un sevrage du Christ. L'idée me semble d'une extrême délicatesse, la composition, animée, heureuse, et naturelle, l'exécution, charmante. Cela rappelle d'abord les fiançailles de sainte Catherine, et l'on y reconnaît, à n'en pas douter, la main du Corrége.

Naples, vendredi 23 mars 1787.

Mes rapports avec Kniep sont maintenant réglés et fixés d'une manière toute pratique. Nous avons été ensemble à Paestum, où il s'est montré, comme dans l'aller et le retour, un dessinateur plein d'activité. Nous avons rapporté des esquisses magnifiques. Il prend goût à cette vie animée et laborieuse, qui réveille chez lui un talent qu'il se connaissait à peine. Ce travail exige de la décision, et c'est justement en cela que se montre sa pratique nette et précise. Il ne manque jamais d'entourer d'un carré rectangulaire le papier sur lequel il doit dessiner ; il trouve à tailler et retailler toujours les meilleurs crayons anglais presque autant de plaisir qu'à dessiner : aussi ses contours ne laissent-ils rien à désirer. Voici nos conventions : dès aujourd'hui nous vivons et nous voyageons ensemble, sans qu'il ait d'autre souci à prendre que de dessiner comme il a fait ces jours-ci. Toutes les esquisses m'appartiendront, mais, pour qu'il y trouve de quoi s'occuper après notre retour, il exécutera pour moi un nombre de sujets choisis, jusqu'à la concurrence d'une somme déterminée. Son habileté, l'importance des vues à recueillir arrangeront tout le reste. Cette convention me cause une grande joie, et je puis maintenant rendre compte de notre course.

Placés dans notre légère voiture à deux roues, et tenant les rênes tour à tour, accompagnés d'un bon jeune garçon, assez sauvage, debout derrière nous, nous avons roulé à travers une contrée admirable, que Kniep saluait de son regard de peintre. Puis nous avons atteint la gorge de montagnes qu'on traverse à la volée sur une chaussée parfaitement unie, en côtoyant des rochers et des bois du plus bel aspect. A la fin, dans les environs d'*Alla Cava*, Kniep ne put se tenir de jeter sur le papier l'esquisse nette et caractéristique d'une superbe montagne qui se dessinait vivement sur le ciel en face de nous, sans omettre les côtés et le pied de cette hauteur. Nous y prîmes plaisir tous deux, comme au début de notre association. Une esquisse du même genre fut prise le soir, des fenêtres de Salerne. Elle me dispensera de décrire une contrée unique par sa grâce et sa fertilité. Qui n'aurait pas aimé à étudier dans cette ville, à l'époque où florissait son université?

De grand matin, nous roulâmes sur des chemins non frayés, souvent marécageux, jusqu'à deux montagnes de belle forme; nous traversâmes des ruisseaux et des marécages, où des buffles, qui avaient l'air d'hippopotames, nous regardaient fixement de leurs yeux sauvages, rouges comme du sang. La contrée était toujours plus unie et plus déserte, la rareté des habitations annonçait une chétive agriculture. Enfin, ne sachant trop si nous traversions des rochers ou des ruines, nous pûmes reconnaître dans quelques grandes masses, allongées, quadrangulaires, que nous avions déjà remarquées de loin, les temples et les monuments qui restaient d'une ville jadis florissante. Kniep, qui avait déjà esquissé en chemin les deux pittoresques montagnes calcaires, chercha vite un point de vue d'où il pût saisir et rendre le caractère propre de cette contrée, qui n'a rien absolument de pittoresque.

Pendant ce temps je me fis promener par un homme du pays dans ces constructions. La première impression ne pouvait exciter que l'étonnement. Je me trouvais dans un monde tout à fait étranger: car, de même que les siècles se développent et passant du sévère au gracieux, ils développent l'homme avec eux, et même ils le produisent de la sorte. Maintenant nos yeux et, par eux, tous nos instincts sont portés vers une architecture plus svelte; ils y sont façonnés, en sorte que ces colonnes massives, tronquées, coniques, pressées les unes contre les autres, nous sont odieuses et même formidables. Mais je me remis bientôt, je me rappelai l'histoire de l'art, je songeai à l'époque dont l'esprit trouvait cette architecture convenable, je me représentai le style sévère de la plastique, et en moins d'une heure je me sentis familiarisé; je rendis grâce au génie d'avoir permis que je visse de mes yeux ces restes si bien conservés, puisqu'une figure ne peut en donner l'idée. Car, dans un plan architectural, ils paraissent plus élégants, et, présentés en perspective, plus lourds qu'ils ne sont. C'est seulement quand on circule alentour et au travers qu'on leur communique une véritable vie; on sent cette vie ressortir de leur masse, selon le dessein et l'œuvre de l'architecte. C'est ainsi que j'ai passé tout le jour, tandis que Kniep travaillait sans relâche à nous fournir les plus fidèles esquisses. Que je fus heureux d'être délivré à cet égard de tout souci et de posséder pour la mémoire des secours si sûrs! Par malheur, il n'y avait aucun moyen de passer la nuit dans ce lieu : nous retournâmes à Salerne, et, le lendemain, nous partîmes de bonne heure pour Naples. Le Vésuve, vu par derrière, dans la plus fertile contrée, des peupliers, pyramides colossales, bordant la chaussée au premier plan, offraient un agréable tableau, dont nous jouîmes en faisant une courte halte. Nous atteignîmes ensuite une hauteur, et le plus grand spectacle s'offrit à nos regards. Naples, dans sa magnificence, les maisons étalées, dans l'espace de plusieurs milles, sur la plage unie du golfe, les promontoires, les langues de terre, les parois de rochers, puis les îles, et, derrière, la mer, offraient un tableau ravissant. Un chant sauvage, ou plutôt un cri, un hurlement de joie, que poussa notre jeune garçon, me saisit et me troubla. Je le tançai vivement. Il n'avait encore entendu de nous aucunes paroles dures, car c'était un fort bon jeune homme. Il resta un moment sans branler, puis il me frappa doucement sur l'épaule, étendit entre nous son bras droit, en élevant son index, et me dit : *Signor, per-*

donnate! questa è la mia patria! c'est-à-dire : « Monsieur, pardonnez-moi, c'est ma patrie ! » Et ce fut pour moi une seconde surprise, et le pauvre enfant du Nord sentit dans ses yeux quelque chose comme des larmes.

Naples, 23 mars 1787.

Je voyais que Kniep était fort content de m'accompagner en Sicile, cependant je pouvais remarquer qu'il laissait à regret quelque chose derrière lui. Sa franchise ne me laissa pas ignorer longtemps qu'il avait une tendre et fidèle amie. La manière dont ils avaient fait connaissance est une histoire assez agréable; et, jusqu'à ce jour, la conduite de la jeune fille prévenait en sa faveur. Mais il voulut aussi me faire voir comme elle était jolie. Il prit ses mesures pour cela, et de manière à me faire jouir en même temps d'une des plus belles vues de Naples. Il me conduisit sur la terrasse d'une maison d'où l'on pouvait voir surtout la partie inférieure de la ville, jusqu'au Môle, le golfe, la côte de Sorrente; tout ce qui était au delà à droite se déplaçait de la façon la plus singulière, comme on ne le verra guère que de ce point-là. Naples est partout beau et magnifique.

Tandis que nous admirions cette vue, une très-jolie tête parut d'en bas à l'improviste, quoiqu'elle fût attendue : car une ouverture formant un carré long, et qui peut être fermée par une trappe, est la seule entrée de ces plates-formes. Et quand le petit ange se fut montré tout entier, je me rappelai que d'anciens artistes représentent ainsi l'Annonciation, et que l'ange monte aussi par une trappe. Celui-ci avait réellement une très-jolie tournure, un joli visage et des manières aimables et naturelles. Je fus charmé de voir sous ce ciel admirable, en présence de cette incomparable contrée, mon nouvel ami si heureux. Il m'avoua, quand elle se fut retirée, qu'il avait souffert jusqu'alors une pauvreté volontaire, parce qu'il avait en même temps joui de l'amour de cette jeune fille et appris à connaître ses goûts modérés. Maintenant ses perspectives plus avantageuses et une situation plus large avaient surtout du prix à ses yeux, parce qu'elles lui permettraient de préparer aussi à sa bien-aimée des jours meilleurs.

Après cette agréable aventure, je me suis promené au bord de la mer. J'étais paisible et joyeux, et il m'est venu sur la botanique une bonne inspiration. Je vous prie de dire à Herder que je viendrai bientôt à bout de la plante primitive. Je crains seulement que personne ne veuille y reconnaître le reste du règne végétal. Ma fameuse doctrine des cotylédons est tellement sublimée, qu'il sera difficile qu'on aille jamais plus loin.

Naples, 26 mars 1787.

Cette lettre partira demain. Jeudi 29, je m'embarquerai enfin pour Palerme sur la corvette que, dans mon ignorance de la marine, j'avais élevée au rang de frégate. L'incertitude de ce départ a troublé une partie de mon séjour ici. Maintenant que ma résolution est prise, je suis plus tranquille. Ce voyage est bon et même nécessaire à ma manière de sentir. La Sicile me signale l'Asie et l'Afrique, et ce n'est pas peu de chose de se trouver dans le centre merveilleux vers lequel sont dirigés tant de rayons de l'histoire du monde. J'ai traité Naples à sa manière ; je n'ai été rien moins que laborieux : cependant j'ai beaucoup vu, et je me suis fait une idée générale du pays, des habitants et des choses. Au retour, je recueillerai encore quelques observations, mais quelques-unes seulement, car il faut que je sois revenu à Rome avant le 29 juin. Si je laisse passer la semaine sainte, je veux du moins célébrer à Rome la fête de saint Pierre. Il ne faut pas que mon voyage en Sicile me détourne trop de mon premier dessein.

Avant-hier nous eûmes un violent orage, accompagné d'éclairs, de tonnerres et de fortes averses. Aujourd'hui le temps s'est éclairci. Il souffle une admirable tramontane. Si elle persiste, notre passage sera des plus rapides. J'allai hier avec mon compagnon de voyage visiter notre vaisseau et la petite chambre qui doit nous recevoir. Il me manquait de savoir ce que c'est qu'un voyage sur mer. Cette petite traversée, peut-être une navigation autour des côtes, aideront mon imagination et agrandiront pour moi le monde. Le capitaine est un joyeux jeune homme, le vaisseau est fort propre et fort joli. Il a été construit en Amérique. C'est un bon voilier.

Ici tout commence à verdir. En Sicile, je trouverai la campagne encore plus avancée. Quand vous recevrez cette lettre, j'en serai au retour et j'aurai quitté la Trinacrie. Voilà l'homme !

Ses pensées se portent toujours en avant ou en arrière : je n'ai pas encore été là-bas et déjà je suis de retour auprès de vous. Ne m'imputez pas le désordre de cette lettre : je suis interrompu à tout moment, et je voudrais pourtant remplir cette feuille jusqu'au bout. Je viens d'avoir la visite du marquis Berio, jeune homme qui paraît fort instruit. Il voulait connaître l'auteur de *Werther*. En général on montre ici beaucoup d'empressement et de goût pour l'étude et le savoir. Mais ils sont trop heureux pour suivre le bon chemin. Si j'avais plus de temps, je leur en donnerais volontiers davantage. Ces quatre semaines.... que sont-elles en présence de cet immense tourbillon ! Et maintenant adieu ! Dans ce voyage, j'apprends à voyager. Est-ce que j'apprends à vivre ? Je l'ignore. Les hommes qui paraissent le savoir sont trop différents de moi dans leur conduite pour que je puisse prétendre à ce talent. Adieu ! aimez-moi, comme je pense à vous de cœur.

Naples, 28 mars 1787.

Je passe tous ces jours à faire mes paquets et mes adieux, à m'arranger, à compter, à compléter, à préparer. Ce sont des jours absolument perdus. Le prince de Waldeck, quand j'ai pris congé de lui, m'a donné un nouveau sujet d'inquiétude. Il ne parlait de rien moins que de m'arranger à mon retour pour l'accompagner en Grèce et en Dalmatie. Lorsqu'une fois on se lance dans le monde et qu'on s'y engage, on doit prendre garde de se laisser entraîner ou même égarer. Je suis incapable d'ajouter un mot.

Naples, 29 mars.

Depuis quelques jours le temps était devenu incertain. Nous voilà au jour fixé pour notre départ, et le temps est aussi beau que possible. La plus belle tramontane, un ciel pur et brillant, sous lequel on est impatient de courir le monde. J'adresse encore un fidèle adieu à tous les amis de Weimar et de Gotha ! Que votre amour m'accompagne ! J'en aurai toujours besoin. Cette nuit, je me revoyais en songe au milieu de mes occupations habituelles. Il paraît que ma barque de faisans ne pourra aborder que chez vous. Puisse-t-elle revenir avec une riche cargaison !

SICILE.

En mer, jeudi 29 mars 1787.

Nous n'avons pas eu, comme au dernier départ du paquebot, un bon vent frais du nord-est, mais au contraire un vent tiède de sud-est le plus défavorable qu'il soit possible d'avoir, et nous avons appris comme le navigateur dépend des caprices du temps et du vent. Nous avons passé avec impatience toute la matinée soit sur le rivage soit au café; enfin nous nous sommes embarqués à midi, et le beau temps nous a permis de jouir du plus admirable coup d'œil. La corvette était à l'ancre non loin du Môle, avec un soleil clair, une atmosphère vaporeuse. Les rochers ombrés de Sorrente, du plus beau bleu, Naples vivant et resplendissant, brillant de toutes les couleurs. C'est seulement au coucher du soleil que le bâtiment s'est mis en marche, et il n'avançait que lentement. Le vent contraire nous a poussés vers le Pausilippe et au delà du cap. Le vaisseau a cheminé doucement toute la nuit. Il est pourvu de jolies chambrettes et de lits séparés. La société est décente et gaie. Ce sont des chanteurs et des danseurs engagés pour Palerme.

En mer, vendredi 30 mars.

Au point du jour, nous nous sommes trouvés entre Ischia et Capri, à un mille environ de celle-ci. Le soleil se levait avec magnificence derrière les montagnes de Capri et le cap Minerve. Kniep a dessiné diligemment les contours des côtes et des îles, et leurs différents aspects. La lenteur de notre marche favorisait son travail. Nous avons continué notre route par un vent faible. Nous avons perdu de vue le Vésuve vers quatre heures; on voyait encore Ischia et le cap Minerve. A leur tour, ils ont disparu vers le soir. Le soleil s'est couché dans la mer, enveloppé de nuages et d'une longue couche vaporeuse, qui avait plusieurs milles d'étendue. On ne voyait que lumières pourprées. Kniep a aussi esquissé ce phénomène. Toute terre avait disparu; l'horizon était un cercle d'eau; une nuit brillante, un clair de lune admirable.

Mais je n'ai pu jouir de ces magnificences que quelques instants : le mal de mer m'a bientôt pris. Je me suis retiré dans ma chambre; j'ai pris la position horizontale; je me suis réduit, pour toute nourriture, au pain blanc et au vin rouge, et je me suis trouvé tout à fait à mon aise. Séparé du monde extérieur, j'ai laissé agir l'intérieur, et, comme je devais m'attendre à une lente traversée, je me suis donné un fort pensum pour me distraire. Je n'avais emporté sur mer, de tous mes papiers, que les deux premiers actes du *Tasse* écrits en prose poétique. Ces deux actes, à peu près semblables pour le plan et la marche à la forme actuelle, mais écrits il y a dix ans, avaient quelque chose de mou et de nébuleux, qui a bientôt disparu, lorsque, suivant des idées nouvelles, j'ai introduit le rhythme et donné à la forme la prééminence.

En mer, dimanche 31 mars 1787.

Le soleil est sorti brillant de la mer. A sept heures nous avons atteint un vaisseau français qui était parti deux jours avant nous. Le nôtre était donc bien meilleur voilier, et pourtant nous n'apercevions pas encore le terme de notre course. Nous avons été un peu réjouis de voir l'île d'Ustique, mais à gauche malheureusement, tandis que nous aurions dû la laisser à droite comme Capri. Vers midi le vent nous est devenu tout à fait contraire, et nous ne bougions pas de la place. La mer commençait à devenir plus grosse, et, sur le vaisseau, presque tout le monde était malade. J'ai gardé ma position accoutumée. J'ai remanié ma pièce tout entière. Les heures se seraient écoulées sans me faire observer leur passage, si mon fripon de Kniep, sur l'appétit duquel les flots n'avaient aucune influence, et qui m'apportait de temps en temps du pain et du vin, ne m'avait vanté avec une maligne joie l'excellent dîner, la gaieté et la grâce du jeune et habile capitaine, et son regret que je ne fusse pas en état de prendre ma part du dîner. Le passage de la gaieté et du badinage au malaise et au mal de mer, et la manière dont la transition s'opérait chez les divers membres de la société, lui fournissaient une riche matière à de malicieuses peintures.

A quatre heures après midi, le capitaine a donné au navire une autre direction. On a déployé les grandes voiles et nous avons mis le cap sur l'île d'Ustique, derrière laquelle, à notre grande joie, nous apercevions les montagnes de Sicile. Le vent est devenu plus favorable; nous avons vogué plus vite vers notre but. Nous avons aperçu encore quelques îles. Le coucher du soleil a été nébuleux, et la lumière du ciel enveloppée de brouillards. Pendant toute la soirée, un vent assez favorable. Vers minuit la mer était très-agitée.

En mer, dimanche 1 avril 1787.

Vers trois heures du matin, violente tempête. J'ai poursuivi dans le sommeil et la rêverie mes plans dramatiques, tandis qu'il se faisait un grand mouvement sur le pont. Il a fallu serrer les voiles; le roulis était très-fort. Au point du jour, la tempête s'est calmée et l'atmosphère s'est éclaircie. Nous avions alors Ustique tout à fait à notre gauche. On nous a montré une grande tortue qui nageait dans l'éloignement, et qu'à l'aide de nos lunettes d'approche nous avons bien distinguée comme un point vivant. Vers midi nous avons pu reconnaître distinctement les côtes de Sicile avec leurs promontoires; mais nous étions jetés fort au-dessous du vent; nous avons couru des bordées; vers midi nous étions plus près du rivage. La côte occidentale, depuis le cap Lilibée jusqu'au cap Gallo, était parfaitement en vue par un temps serein et un soleil éclatant. Une troupe de dauphins escortait le vaisseau des deux côtés de la proue et s'élançait toujours en avant. C'était amusant de les voir tantôt nager, couverts par les flots lumineux et transparents, tantôt bondir au-dessus de l'eau avec leurs piquants, leurs nageoires et leurs flancs qui jouaient le vert et l'or.

Comme nous étions de beaucoup au-dessous du vent, le capitaine a mis le cap sur une anse, derrière le promontoire Gallo. Kniep n'a pas négligé cette belle occasion de dessiner avec assez de détail les aspects les plus divers. Au coucher du soleil, le capitaine a gouverné de nouveau vers la haute mer, dans la direction du nord-est, pour atteindre la hauteur de Palerme. Je me suis hasardé quelquefois sur le pont, mais toujours occupé de mon travail poétique, et je me suis rendu assez bien maître de toute la pièce. Brillant clair de lune avec un ciel nébuleux, reflet sur la mer d'une extrême beauté.

Les peintres, pour produire de l'effet, nous font souvent croire que le reflet des flambeaux célestes dans l'eau a sa largeur la plus grande près du spectateur, où il a sa plus grande énergie. Mais ici on le voyait plus large à l'horizon, et il se terminait vers le vaisseau dans les vagues étincelantes comme une pyramide effilée. Le capitaine a changé quelquefois encore la manœuvre pendant la nuit.

En mer, lundi 2 avril.

Ce matin à huit heures nous étions vis-à-vis de Palerme. Voici pour moi un heureux jour. Le plan de mon drame a fait assez de progrès ces derniers jours dans le ventre de la baleine. Je me trouvais bien, et j'ai pu observer attentivement de dessus le pont les côtes de la Sicile. Kniep dessinait assidûment, et, grâce à son habile exactitude, quelques bandes de papier sont devenues un précieux souvenir de ce tardif abord.

Palerme.

Enfin, avec peine et travail, nous sommes entrés à trois heures après midi dans le port, où un admirable spectacle s'est offert à nos yeux. Complétement rétabli comme je l'étais, j'ai goûté le plus grand plaisir. La ville, tournée au nord, est située au pied de hautes montagnes. Par-dessus la ville, à l'heure où nous étions, le soleil dardait ses rayons de notre côté, et nous avions devant nous les faces des maisons dans une ombre légère, éclairées par le reflet. Le mont Pellegrino à droite, ses formes élégantes en pleine lumière, à gauche une longue étendue de côtes avec des anses, des langues de terre et des promontoires. Ce qui produisait de loin le plus charmant effet, c'était la jeune verdure d'arbres élégants, dont les sommets, éclairés par derrière, se balançaient devant les édifices sombres, comme de grandes masses de vers luisants du règne végétal. Une vapeur claire azurait toutes les ombres.

Au lieu de courir impatiemment au rivage, nous sommes restés sur le pont jusqu'à ce qu'on nous ait chassés. Où pouvions-nous retrouver un pareil point de vue, un aussi heureux moment? On nous a conduits dans la ville par une porte admirable, composée de deux énormes piliers, et qui ne doit pas être fermée par-dessus, afin que, dans la célèbre fête de Sainte-Rosalie, son char, haut comme une tour, puisse la franchir; et d'abord, prenant à gauche, on nous a menés dans une grande auberge. L'hôte, joyeux vieillard, dès longtemps accoutumé à voir des étrangers de toutes les nations, nous a fait entrer dans une grande chambre munie d'un balcon, d'où nous voyions la mer et la rade, la montagne de Sainte-Rosalie et le rivage; nous avons aussi aperçu notre vaisseau et pu juger notre premier point de vue. Très-satisfaits de la position de notre chambre, nous avions à peine remarqué que, dans le fond, était cachée par des rideaux une alcôve exhaussée, où se déployait un lit d'une largeur imposante, surmonté d'un baldaquin de soie magnifique, et parfaitement assorti avec le reste du vieux et imposant mobilier. Un appartement si somptueux nous mit un peu dans l'embarras : selon notre habitude, nous demandâmes de régler les conditions. Le vieillard nous répondit que cela n'était point nécessaire; il souhaitait que nous fussions bien chez lui. Nous dûmes nous servir aussi du vestibule, qui, frais et aéré, égayé par plusieurs balcons, était contigu à notre chambre. Nous avons admiré la vue, d'une variété infinie, et nous avons cherché à la reproduire en détail avec le crayon et le pinceau, car il se présentait ici aux regards de l'artiste une immense moisson. Le soir, le clair de lune nous a de nouveau attirés sur la rade et, après que nous fûmes rentrés, il nous a retenus longtemps encore sur le balcon. L'illumination était merveilleuse; le repos et le charme étaient grands.

Palerme, mardi 3 avril.

Nous avons commencé par observer avec soin la ville, qu'il est facile de voir en gros et difficile de connaître : facile, parce qu'une rue immense la coupe depuis la porte d'en bas jusqu'à celle d'en haut, depuis la mer jusqu'à la montagne, et que cette rue est coupée à son tour par une autre, à peu près vers son milieu. Ce qui est sur ces lignes est facile à trouver; l'intérieur de la ville, au contraire, égare l'étranger, et il ne peut, sans guide, sortir de ce labyrinthe. Vers le soir, notre attention s'est portée sur la file des voitures de la noblesse, qui allait faire, suivant l'usage, sa promenade hors de la ville, au bord de la rade, pour respirer la fraîcheur, se livrer à la conversation et courtiser les dames.

La lune s'était levée deux heures avant la nuit, et donnait à la soirée une splendeur inexprimable. La situation de Palerme, qui est tournée au nord, fait que la ville et la côte se trouvent dans une relation singulière avec les grands flambeaux célestes, dont le reflet ne se voit jamais dans les flots. Aussi avons-nous trouvé aujourd'hui, par le temps le plus serein, la mer d'un sombre azur, sévère et envahissante, tandis qu'à Naples, depuis midi, elle brille toujours plus gaie, plus vaporeuse et plus lointaine. Kniep m'a laissé faire dès aujourd'hui maintes promenades et maintes observations solitaires, pour prendre une esquisse exacte du mont Pellegrino, le plus beau promontoire du monde.

Je vais ajouter ici quelques réflexions supplémentaires et familières. Nous partîmes de Naples le jeudi 29 mars au coucher du soleil, et nous n'avons abordé dans le port de Palerme qu'au bout de quatre jours, à trois heures. Un petit journal, qui accompagne cette lettre, retrace en gros nos aventures. Je n'ai jamais fait de voyage aussi tranquille, jamais goûté plus de loisir, que dans cette traversée très-prolongée par la continuité du vent contraire, même sur mon lit, dans mon étroite chambrette, où j'ai dû me tenir les premiers jours, parce que j'ai été pris violemment du mal de mer. Maintenant ma pensée traverse les flots pour aller à vous paisiblement, et je suis tranquille, car, s'il y avait pour moi quelque chose de décisif, c'était ce voyage.

Qui ne s'est pas vu environné de la mer n'a pas l'idée du monde et de ses rapports avec le monde : cette grande et simple ligne m'a donné, comme dessinateur de paysages, des idées toutes nouvelles.

Comme on le voit par le journal, nous avons éprouvé dans cette traversée bien des vicissitudes, et, en petit, on pourrait dire, les aventures des marins. Au reste, on ne peut donner assez d'éloges à la sûreté et au confort du paquebot. Le capitaine est un admirable et galant homme. La société, qui formait toute une troupe dramatique, était de bonnes mœurs, acceptable et agréable. Mon artiste est gai, fidèle et bon ; il dessine avec le plus grand soin ; il a esquissé toutes les îles et les côtes, comme elles se présentaient. Si j'emporte tout cela, vous y trouverez un grand plaisir. Au reste, pour abréger les longues heures de la traversée, il m'a mis par écrit la pratique de l'aquarelle, qu'on a portée très-loin en Italie : je veux parler de l'emploi de certaines couleurs pour produire certains tons, qu'on ne parviendrait jamais à produire, si l'on ne savait pas le secret. J'en avais appris quelque chose à Rome, mais sans aucun enchaînement. Dans un pays tel que l'Italie, les artistes ont étudié à fond la chose comme elle est. Il n'y a point de termes pour exprimer la lumière vaporeuse qui flottait autour des côtes, lorsque, par une après-midi magnifique, nous sommes arrivés devant Palerme. La pureté des contours, la douceur de l'ensemble, la dégradation des tons, l'harmonie du ciel, de la mer et de la terre.... Qui a vu ces choses les a toute sa vie devant les yeux. Cette fois, je comprends Claude Lorrain, et quelque jour, dans le Nord, j'espère trouver aussi au fond de mon âme et produire des images de cet heureux séjour. Que ne puis-je seulement me délivrer de toutes les petitesses aussi complétement que la petitesse des toits de chaume est bannie de mes idées sur le dessin! Nous verrons ce que cette reine des îles pourra faire.

La réception qu'elle nous a faite ne saurait se décrire; c'étaient les mûriers à la fraîche verdure, les lauriers-roses au feuillage toujours vert, les haies de citronniers.... Dans un jardin public, on voit de larges planches de renoncules et d'anémones. L'air est doux, chaud et parfumé; le vent est tiède. La lune se levait derrière un promontoire et se reflétait dans la mer. Et cette jouissance, après avoir été quatre jours et quatre nuits ballotté par les flots! Excusez-moi de vous griffonner ces lignes avec une plume émoussée, trempée dans de l'encre de Chine, dont mon compagnon se sert pour ses esquisses. C'est du moins comme un chuchotement qui va jusqu'à vous, tandis que je prépare à tous ceux qui m'aiment un autre monument de mes heures fortunées. Que sera-ce? Je ne le dis pas : je ne puis dire non plus quand vous le recevrez.

Cette feuille, mes bien-aimés, devait vous associer, autant que possible, à la plus belle jouissance; elle devait vous offrir la description de ce vaste et incomparable golfe : de l'est, où un promontoire plus bas s'avance bien loin dans la mer, jusqu'aux rochers nombreux, abrupts, bien dessinés, boisés, aux demeures de pêcheurs des faubourgs, puis à la ville même, dont les maisons extérieures, comme la nôtre, regardent toutes sur le port; jusqu'à la porte enfin par où nous sommes entrés. De là on avance vers l'ouest, au mouillage ordinaire des petits bâtiments, jusqu'au port proprement dit, près du Môle, station des grands vaisseaux. Là s'élève, à l'ouest, pour protéger tous les navires, le mont Pellegrino, avec ses belles formes, après qu'il a laissé entre lui et la véritable terre ferme une gracieuse et fertile vallée, qui s'étend jusqu'à la mer de l'autre côté. Kniep dessinait, j'esquissais, nous travaillions tous deux avec une grande jouissance, et, quand nous rentrons joyeux à la maison, nous n'avons plus ni la force ni le courage de recopier et d'exécuter. Ainsi donc nos croquis resteront en réserve pour les temps futurs, et cette feuille ne pourra vous offrir que le témoignage de notre impuissance à bien saisir ces objets, ou plutôt de notre prétention à vouloir nous en rendre maîtres en si peu de temps.

Palerme, mercredi 4 avril 1787.

Nous avons visité cette après-midi l'agréable et fertile vallée qui, des montagnes du Sud, s'abaisse auprès de Palerme, et dans laquelle serpente la rivière d'Oreto. Ici encore il faut l'œil d'un peintre et une main exercée pour trouver un tableau, et pourtant Kniep a saisi un point de vue; l'eau, arrêtée, tombe d'une digue à demi ruinée, ombragée par un joli groupe d'arbres; derrière, en remontant la vallée, une libre perspective et quelques maisons champêtres.

Une magnifique journée de printemps et une exubérante fertilité répandaient sur toute la vallée le sentiment d'une paix vivifiante, que mon guide maladroit me troubla par sa science, en me racontant avec détail comme quoi Annibal avait livré jadis en ce lieu une bataille, et quels prodigieux exploits s'y étaient accomplis. Je lui reprochai durement cette fatale évocation de fantômes trépassés. « Il est assez triste, lui dis-je, que les moissons soient de temps en temps écrasées, si ce n'est toujours par les éléphants, du moins par les chevaux et les hommes, et l'on ne devrait pas troubler l'imagination et l'arracher à ses rêves paisibles en rappelant de pareilles horreurs. »

Il s'étonna beaucoup que je dédaignasse ce souvenir classique, et je ne pus sans doute lui faire comprendre l'effet que produisait sur moi un pareil mélange du présent et du passé.

Je lui parus plus bizarre encore quand il me vit chercher de petits cailloux dans tous les bas-fonds que la rivière laissait à sec en grand nombre, et en recueillir les différentes espèces; et je ne réussis pas non plus à lui faire comprendre qu'on ne peut se faire plus promptement l'idée d'une contrée montagneuse qu'en recueillant les pierres roulées dans les ruisseaux, et qu'il s'agissait là encore de se faire par des ruines une idée de ces hauteurs éternellement classiques de l'antiquité terrestre.

Le butin que j'emportai de la rivière était assez riche; j'avais recueilli une quarantaine d'échantillons, mais qui se réduisaient à un petit nombre d'espèces. La plupart pouvaient se rapporter au jaspe, à l'agate et au schiste argileux.

On nourrit les chevaux avec de l'orge, de la paille hachée et du son. Au printemps, on leur donne de l'orge en vert, pour les rafraichir, *per rinfrescar*, comme ils disent. N'ayant point de prairies, ils n'ont pas de foin. Il y a quelques pâturages sur les montagnes et dans les champs, dont on laisse un tiers en jachère. Les moutons sont en petit nombre. C'est une race venue de Barbarie. On se sert de mulets plus que de chevaux, parce que les mulets s'accommodent mieux de la nourriture sèche.

La plaine sur laquelle Palerme s'élève, et, hors de la ville, l'espace nommé *ai Colli*, ainsi qu'une partie de la Baggaria, a pour base le calcaire coquillier, dont la ville est bâtie, et l'on en voit de grandes carrières ouvertes dans ces endroits. Dans le voisinage du mont Pellegrino, elles ont jusqu'à cinquante pieds de profondeur. Les couches inférieures sont plus blanches. On y trouve pétrifiés des coraux, des crustacés et surtout des pétoncles. La couche supérieure est mêlée d'argile rouge et renferme peu ou point de coquillages. A la surface est l'argile rouge, mais la couche en est peu épaisse.

Palerme, jeudi 5 avril 1787.

Nous avons parcouru la ville en détail. L'architecture ressemble en général à celle de Naples; mais les monuments publics, par exemple les fontaines, sont encore plus éloignés du bon goût. A Rome, c'est le génie de l'art qui préside au travail ; ici, l'existence et la forme de la construction dépendent de circonstances accidentelles. Il est probable qu'une fontaine, admirée de l'île entière, n'existerait pas, s'il n'y avait pas en Sicile de beau marbre bigarré, et si un artiste habile à sculpter les animaux n'avait pas été alors en faveur. Il est difficile de décrire cette fontaine. Dans une place de moyenne étendue se voit un monument de forme ronde, qui n'a pas la hauteur d'un étage ; le socle, le mur et la corniche sont en marbre de couleur ; dans le mur sont ouvertes à la file de nombreuses niches, d'où s'avancent, le cou tendu, des têtes d'animaux de toute sorte en marbre blanc : chevaux, lions, chameaux, éléphants, et l'on attendrait à peine derrière cette ménagerie circulaire une fontaine, où l'on monte de quatre côtés, dans les intervalles vides, par des degrés de marbre, pour puiser une eau largement répandue.

Il en est à peu près de même des églises, où l'on voit encore dépassé le luxe des jésuites, mais ce n'est pas avec dessein et par principe, c'est accidentellement, et selon que l'ouvrier, sculpteur, ciseleur, doreur, vernisseur et marbrier, a voulu mettre en œuvre, sans goût et sans direction, dans certaines parties, ce qu'il savait faire. Au reste on observe chez eux un certain talent pour imiter la nature, comme, par exemple, dans les têtes d'animaux, qui sont assez bien exécutées. Cela excite l'admiration de la foule, dont toute la jouissance dans les arts consiste à trouver l'imitation comparable au modèle.

Vers le soir, j'ai fait une joyeuse connaissance. J'étais entré chez un petit marchand de la Grande-Rue pour acheter différentes bagatelles. Comme j'étais devant la boutique, pour examiner les marchandises, il se leva un léger coup de vent, qui, tourbillonnant le long de la rue, distribua soudain dans toutes les boutiques et les fenêtres une poussière infinie. « Par tous les saints, m'écriai-je, dites-moi d'où vient la malpropreté de votre ville ? N'y a-t-il donc pas de remède ? Cette rue le dispute en longueur et en beauté au Corso de Rome. De part et d'autre des trottoirs dallés, que chaque marchand, chaque artisan, tiennent propres en les balayant sans cesse et poussant tout à bas dans le milieu, qui en devient toujours plus sale, et vous renvoie, à chaque bouffée de vent, les immondices que vous avez jetées dans la rue principale. A Naples, des ânes sont occupés chaque jour à porter les balayures dans les jardins et les champs. Ne pourrait-on faire chez vous quelque chose de pareil? — Les choses sont chez nous comme elles sont, répliqua l'homme. Ce que nous jetons hors de la maison pourrit l'un sur l'autre devant la porte. Vous voyez là des lits de paille et de roseaux, d'épluchures et de toutes sortes d'immondices : cela sèche tout ensemble et nous revient en poussière, contre laquelle nous nous défendons tout le jour. Mais, voyez, nos jolis balais, proprets, agiles, finissent par s'user et ne font plus qu'augmenter l'ordure devant nos maisons. » Et il me disait vrai en badinant. On a ici de petits balais mignons de palmier nain, dont on ferait, avec peu de changements, des éventails. Ils s'usent aisément et les vieux jonchent la rue par milliers.

A ma question répétée, si l'on ne pourrait prendre aucune mesure, il répondit qu'on disait dans le peuple que ceux qui devraient veiller à la propreté ne pourraient, à cause de leur grande influence, être forcés à faire des deniers publics l'emploi légitime, et qu'il s'y joignait la singulière circonstance qu'on craignait, en enlevant cette couche de fumier, de laisser voir dessous combien le pavé est mauvais, ce qui mettrait au jour la déloyale administration d'une autre caisse. « Mais tout cela, ajouta-t-il avec une expression bouffonne, ne sont que des suppositions malveillantes. » Pour lui, il était de l'avis de ceux qui affirment que la noblesse garde pour ses carrosses cette couche molle, afin de pouvoir faire commodément sa promenade du soir sur un sol élastique. Ce bon homme, une fois en train, tourna en raillerie d'autres abus de la police, et me donna la preuve consolante que l'homme a toujours assez de gaieté pour se divertir des maux inévitables.

Palerme, vendredi 6 avril 1787.

Sainte Rosalie, patronne de Palerme, est généralement connue par la description que Brydone a donnée de sa fête, et mes amis trouveront agréable de lire quelques détails sur le lieu où elle est particulièrement honorée. Le mont Pellegrino, grande masse de rochers, plus large que haute, se trouve à l'extrémité nord-ouest du golfe de Palerme. Sa belle forme est au-dessus de toute description. On en trouve une image imparfaite dans le *Voyage pittoresque de la Sicile*[1]. C'est un calcaire gris de la première époque. Les rochers sont entièrement nus ; ils ne portent aucun arbre, aucun buisson ; les endroits plats sont à peine couverts d'un peu de mousse et de gazon. Au commencement du siècle passé, on découvrit les os de la sainte dans une caverne de cette montagne, et on les apporta à Palerme. Sa présence délivra la ville de la peste, et dès ce moment Rosalie fut la patronne du peuple ; on lui bâtit des chapelles, et on ordonna des fêtes splendides en son honneur. Les dévots montaient avec ardeur en pèlerinage à la montagne, et l'on construisit à grands frais un chemin, qui repose comme un aqueduc sur des arches et des piliers, et s'élève en zigzag entre deux rochers.

Le lieu consacré est mieux assorti avec l'humilité de la sainte qui y chercha un refuge, que les fêtes somptueuses célébrées en l'honneur de son complet renoncement au monde. Et peut-être la chrétienté tout entière, qui, depuis dix-huit siècles, fonde son empire, sa pompe, ses divertissements solennels, sur la misère de ses premiers fondateurs et de ses plus ardents confesseurs, ne saurait-elle montrer aucun lieu saint qui soit décoré et honoré d'une manière plus ingénue et plus touchante. Quand on a gravi la montagne, on trouve un angle de rocher, et l'on se voit en face d'une paroi escarpée, contre laquelle l'église et le couvent sont comme incrustés.

L'extérieur de l'église n'a rien qui invite et qui promette. On ouvre la porte sans s'attendre à rien, et l'on est merveilleusement surpris dès l'entrée. On se trouve dans un vestibule qui s'étend dans le sens de la largeur de l'église, et qui est ouvert du côté de la nef. On y voit les vases ordinaires avec l'eau bénite et quelques confessionnaux. La nef est une cour ouverte, formée à droite par des rochers sauvages, à gauche par une continuation du vestibule. Elle est pavée de dalles un peu inclinées pour faciliter l'écoulement de la pluie. Une petite fontaine coule à peu près au milieu. La grotte elle-même a été transformée en chœur

---

1. Voyage pittoresque ou description des royaumes de Naples et de Sicile par Richard de Saint Non. Plusieurs savants l'ont aidé. La description de la Sicile est presque entièrement l'ouvrage de Denon.

sans qu'on ait rien ôté du caractère sauvage de sa forme naturelle. Quelques degrés y conduisent : en face est le grand lutrin avec l'antiphonaire; des deux côtés, les stalles du chœur. Tout est éclairé par la lumière du jour, qui vient de la cour, c'est-à-dire de la nef. Au milieu du fond, dans l'obscurité de la grotte, s'élève le maître autel. Ainsi que je l'ai dit, on n'a rien changé à la grotte; mais, comme les rochers laissent toujours suinter l'eau, il était nécessaire de tenir le lieu sec; on y est parvenu au moyen de rigoles de plomb, qu'on a établies sur les côtés des rochers, et reliées entre elles de diverses manières. Comme elles sont larges par en haut et finissent en pointe, et qu'elles sont enduites d'une couleur verdâtre, il semble que la grotte soit tapissée intérieurement de cactus d'une grande espèce. L'eau est conduite en partie sur les côtés, en partie derrière, dans un réservoir limpide, où puisent les croyants, pour en user contre toute sorte de maux.

Comme j'observais ces choses attentivement, un religieux s'approcha de moi, et me demanda si j'étais peut-être un Génois, et si je voulais faire dire quelques messes. Je lui répondis que j'étais venu à Palerme avec un Génois, qui monterait demain pour la fête; qu'un de nous devant toujours rester à la maison, j'étais monté aujourd'hui pour satisfaire ma curiosité. Il me dit que je devais en user avec une entière liberté, bien observer tout et faire mes dévotions. Il me signala un autel, qui se trouvait à gauche dans la grotte, comme un sanctuaire tout particulier, et il me quitta.

Je vis, par les ouvertures d'un grand feuillage de laiton travaillé en bosse, des lampes briller sous l'autel; je m'agenouillai tout près, et je regardai par les ouvertures. Il y avait encore dans l'intérieur un grillage de menu fil de laiton, en sorte qu'on ne pouvait distinguer que comme à travers un crêpe l'objet qui se trouvait derrière. Je vis, à la clarté de quelques lampes tranquilles, une belle femme, couchée comme en extase, les yeux demi-clos, la tête négligemment appuyée sur sa main droite, qui était ornée de nombreux anneaux. Je ne pouvais assez contempler cette figure; elle me semblait avoir un charme tout particulier. Le vêtement de tôle dorée imite fort bien une étoffe richement tissée d'or. La tête et les mains sont de marbre blanc, je ne dirai pas d'un grand style, mais d'un travail si naturel et si charmant, qu'on croit qu'elle va respirer et se mouvoir. Un petit ange est debout près d'elle et semble l'évetner avec une tige de lis.

Cependant les religieux étaient entrés dans la grotte; ils s'étaient placés sur leurs siéges et ils chantaient vêpres. Je m'assis sur un banc vis-à-vis de l'autel et les écoutai quelque temps. Ensuite je retournai à l'autel, je me mis à genoux et je cherchai à voir plus distinctement la belle image de la sainte. Je m'abandonnai entièrement à l'illusion ravissante de la figure et du lieu. Le chant des prêtres cessa de retentir dans la grotte; l'eau ruisselait dans le réservoir juste à côté de l'autel; les rochers surplombants de l'avant-cour, de la véritable nef de l'église, fermaient encore plus la scène. Il régnait un grand silence dans ce lieu désert, rendu, semblait-il, à la mort; une grande propreté, dans une caverne sauvage; le clinquant du culte catholique, particulièrement du culte sicilien, dans toute sa simplicité naturelle; l'illusion que produisait la belle dormeuse, ravissante encore, même pour un œil exercé : tout me retenait, et j'eus beaucoup de peine à m'arracher de ce lieu ; la nuit était avancée quand je rentrai à Palerme.

Palerme, samedi 7 avril 1787.

J'ai passé en silence les heures les plus agréables dans le jardin public, tout auprès de la rade. C'est l'endroit le plus merveilleux du monde. Le jardin est sur un plan régulier et semble pourtant l'ouvrage des fées. Planté depuis peu de temps, il nous transporte dans l'antiquité. Des bordures vertes encadrent des plantes étrangères ; des citronniers en espaliers se courbent en gracieux berceaux ; de hautes parois de lauriers-roses, parés de mille fleurs rouges en œillets, séduisent le regard ; des arbres tout à fait étrangers, nouveaux pour moi, encore sans feuillage, et apparemment de pays plus chauds, déploient des rameaux étranges. Un banc élevé, derrière l'espace plan, permet d'embrasser d'un coup d'œil une végétation si étrangement entrelacée, et conduit enfin le regard sur de grands bassins, dans lesquels des poissons dorés et argentés se meuvent avec grâce, se cachent sous des roseaux moussus, ou se rassemblent en troupes, attirés par un morceau de pain. Les plantes ont une verdure à laquelle nous ne sommes pas accoutumés, tantôt plus jaunâtre, tantôt plus bleuâtre que chez nous. Mais, ce qui donnait à l'ensemble une grâce singulière, c'était une forte vapeur, qui se répandait sur tout uniformément, avec un effet si remarquable, que les objets, à la distance de quelques pas seulement en arrière les uns des autres, se distinguaient par un ton bleu clair plus prononcé, en sorte que leur couleur propre finissait par se perdre, ou que du moins ils s'offraient à l'œil fortement azurés. Le singulier aspect que cette vapeur donne aux objets plus éloignés, aux vaisseaux, aux promontoires, est pour l'œil de l'artiste un effet assez remarquable, en ce qu'il peut distinguer nettement et même mesurer les distances. Aussi une promenade sur les hauteurs en devient-elle ravissante. On ne voit plus la nature, on ne voit que des objets peints, comme l'artiste le plus habile les aurait détachés les uns des autres par des tons azurés.

Mais l'impression de ce merveilleux jardin s'était gravée en moi trop profondément; les flots noirâtres à l'horizon boréal, leur lutte contre les courbures des anses, l'odeur particulière de la mer vaporeuse, tout rappelait à mes sens et à ma mémoire l'île des heureux Phéaciens. Je courus acheter un Homère, pour lire ce chant avec une grande jouissance, et en improviser une traduction à Kniep, qui, après un travail opiniâtre, méritait bien de se reposer en buvant quelques rasades de bon vin.

Palerme, 8 avril 1787, dimanche de Pâques.

L'heureuse résurrection du Seigneur a provoqué dès le point du jour l'explosion d'une joie bruyante; les pétards, les serpenteaux et les feux d'artifice de toute sorte détonaient devant les églises, tandis que les fidèles se pressaient vers les portes ouvertes à deux battants. Le son des cloches et des orgues, les chants des processions et les chœurs des prêtres qui venaient au-devant d'elles pouvaient réellement étourdir les oreilles de gens qui ne sont pas accoutumés à une manière si bruyante d'adorer Dieu. La première messe était à peine terminée, que deux élégants coureurs du vice-roi se sont présentés à l'auberge, d'abord pour faire à tous les étrangers leurs compliments de fête et recevoir en échange un pourboire, puis pour m'inviter à dîner, ce qui devait augmenter un peu ma largesse.

Après avoir passé la matinée à visiter les différentes églises, à observer les figures et les tournures, je me suis rendu au palais du vice-roi, à l'extrémité supérieure de la ville. Comme j'étais arrivé un peu trop tôt, j'ai trouvé les grandes salles encore vides. Je vis seulement venir à moi un joyeux petit homme, que je reconnus aussitôt pour un Maltais. Quand il sut que j'étais Allemand, il me demanda si je pouvais lui donner des nouvelles d'Erfourt. Il y avait fait un séjour très-agréable. A ses questions sur la famille Dacheroede, sur le coadjuteur de Dalberg, je pus répondre de manière à le satisfaire. Il en fut très-joyeux et me demanda des informations sur le reste de la Thuringe. Puis, avec une respectueuse sympathie, il me questionna sur Weimar. « Comment se porte, me dit-il, l'homme alors jeune et vif, qui y faisait la pluie et le beau temps? J'ai oublié son nom : mais bref! c'est l'auteur de *Werther* que je veux dire. » Après avoir fait une petite pause, comme pour rappeler mes souvenirs, je lui répondis : « La personne de qui vous demandez des nouvelles, c'est moi-même. » Il recula, en donnant les marques les plus visibles d'étonnement, et s'écria : « Alors il doit avoir bien changé! — Oh! oui, lui répondis-je, de Weimar à Palerme il s'est fait en moi bien du changement. »

A ce moment, le vice-roi entra avec sa suite, et se comporta avec une décente familiarité, comme il convient à un homme de ce rang. Cependant il ne put s'empêcher de sourire, quand le Maltais exprima de nouveau son étonnement de me voir là. Pendant le dîner, le vice-roi, qui me fit asseoir à côté de lui, m'entretint sur le but de mon voyage, et m'assura qu'il donnerait des ordres pour qu'on me fît tout voir à Palerme, et pour faciliter mon voyage à travers la Sicile.

Palerme, lundi 9 avril 1787.

Les folies du prince Pallagonia nous ont occupés tout le jour. Et ces folies se sont trouvées tout autres que les récits et la lecture ne nous les avaient représentées. Car, avec le plus grand amour de la vérité, celui qui doit rendre compte de l'absurde est toujours embarrassé. Il veut en donner une idée, et par là il lui donne quelque valeur, tandis qu'à vrai dire, c'est un rien qui veut être compté pour quelque chose. Je dois ajouter d'abord une autre réflexion générale, c'est que ni l'œuvre du plus mauvais goût, ni la plus excellente, ne proviennent immédiatement d'un seul homme, d'une seule époque, et qu'avec quelque attention on peut assigner à l'une et à l'autre une généalogie. La fameuse fontaine de Palerme doit être rangée parmi les ancêtres de la démence pallagonienne. Seulement la fontaine est ici sur son propre terrain, et se produit dans la plus grande liberté. Je veux chercher à développer cette filiation.

Si, dans ces contrées, un château de plaisance est situé plus ou moins au milieu du domaine et que, pour arriver à la demeure seigneuriale, il faille passer à travers des terres labourées, des jardins potagers et d'autres établissements utiles d'exploitation rurale, en cela, les méridionaux se montrent meilleurs ménagers que les gens du Nord, qui sacrifient souvent à l'établissement d'un parc une grande étendue de sol fertile, pour flatter la vue avec de stériles buissons. Dans le Midi, au contraire, on élève deux murs, entre lesquels on arrive au château sans apercevoir ce qui se trouve à droite et à gauche. Cette avenue commence d'ordinaire par un grand portail ou même par un passage voûté, et finit dans la cour du château. Or, afin que l'œil trouve entre les murs de quoi se satisfaire, ils sont courbés en dehors, ornés de volutes et de piédestaux, sur lesquels çà et là peut se dresser un vase; les faces sont ravalées, divisées en compartiments et peinturées. La cour du château forme un rond de maisons d'un étage, où demeurent les valets et les ouvriers; le château élève sur le tout son imposante masse carrée. Telle est la disposition traditionnelle, comme elle a existé probablement jusqu'au temps où le père du prince bâtit le château dans un goût qui, s'il n'était pas des meilleurs, était du moins supportable. Mais le possesseur actuel, sans renoncer à ces traits généraux, permet la plus libre carrière à son goût et à sa passion pour les formes laides, monstrueuses, et on lui fait beaucoup trop d'honneur en lui accordant seulement une étincelle d'imagination.

Nous entrons donc dans la grande salle, qui commence à la limite du domaine, et nous trouvons un octogone très-haut pour sa largeur. Quatre géants énormes, en guêtres modernes, boutonnées, soutiennent la corniche, sur laquelle, vis-à-vis de l'entrée, plane la sainte Trinité. L'avenue qui mène au château est plus large que d'ordinaire, le mur est changé en un socle élevé et continu sur lequel des bases remarquables supportent des groupes étranges, et, dans l'intervalle de l'un à l'autre, s'élèvent des vases nombreux. Ces monstruosités, fabriquées à la hâte par les plus vulgaires tailleurs de pierre, sont d'autant plus choquantes qu'elles sont faites du tuf coquillier le plus tendre. Toutefois une meilleure matière ne rendrait que plus frappante l'indignité de la forme. J'ai parlé de groupes : c'était me servir d'une expression fausse et impropre, car ces juxtapositions ne sont nées ni d'aucune sorte de réflexion ni même du caprice, elles sont plutôt entassées au hasard. Trois groupes forment chaque fois la décoration d'un de ces piédestaux carrés, leurs bases étant disposées de telle sorte que toutes ensemble, dans des positions diverses, remplissent l'espace quadrangulaire. Le groupe principal consiste ordinairement en deux figures, et sa base occupe la plus grande partie de la face antérieure du piédestal. Ce sont le plus souvent des monstres à figure d'hommes ou d'animaux. Pour remplir l'espace postérieur du piédestal, il faut encore deux groupes : celui de grandeur moyenne représente ordinairement un berger ou une bergère, un cavalier ou une dame, un singe ou un chien dansant. Mais il reste encore un vide sur le piédestal : il est rempli le plus souvent par un nain, car cette race joue partout un grand rôle dans les plaisanteries insipides.

Mais, pour donner au complet les éléments de l'extravagance du prince Pallagonia, nous en dresserons le catalogue. CRÉATURES HUMAINES: mendiants, mendiantes, Espagnols, Espagnoles, Maures, Turcs, bossus, gens contrefaits de toute sorte, nains, musiciens, polichinelles, soldats costumés à l'antique, dieux, déesses, gens habillés à l'ancienne mode française, soldats en guêtres, portant gibernes, mythologie avec des additions burlesques, Achille et Chiron avec Polichinelle. ANIMAUX: figures incomplètes, cheval avec des mains, tête de cheval sur un corps humain, singes défigurés, dragons et serpents en nombre; toute espèce de pattes à des figures de tout genre, doublements, permutations de têtes. Vases : toute sorte de monstres et d'ornements qui se terminent par en bas en ventres de vases et en socles.

Qu'on se représente ces figures exécutées par centaines, dépourvues de sens et d'esprit, rassemblées sans choix et sans dessein ; qu'on se figure ces socles, ces piédestaux et ces monstres alignés à perte de vue, on partagera l'impression pénible dont chacun doit être saisi, lorsqu'il est poussé à travers ces verges de la folie.

Nous approchons du château, et une avant-cour demi-circulaire nous ouvre ses bras ; le mur principal, en face, dans lequel est pratiquée la porte d'entrée, est construit comme une forteresse. Nous y voyons une figure égyptienne enchâssée dans le mur, un jet d'eau sans eau, un monument, des vases dispersés alentour, des statues qu'on a couchées sur le nez. Nous entrons dans la cour du château, et nous trouvons le rond traditionnel, entouré de petits bâtiments, et formant dans son contour des demi-cercles plus petits, afin que la diversité ne manque pas. Le sol est en grande partie gazonné. Il s'y trouve, comme dans un cimetière dégradé, des vases de marbre bizarrement contournés, qui proviennent du père ; des nains et d'autres monstruosités d'une époque plus récente, jetés pêle mêle sans avoir pu jusqu'à ce jour trouver une place. On passe même devant un berceau tout rempli d'anciens vases et d'autres pierres contournées. Mais l'absurdité de ce mauvais goût se montre au plus haut degré en ce que les corniches des petits bâtiments sont inclinées d'un côté ou de l'autre, en sorte que le sentiment du niveau et de la ligne verticale, qui est une loi de l'intelligence humaine et la base de toute eurhythmie, est blessé et froissé en nous. Et toutes ces toitures sont bordées à la file d'hydres et de petits bustes de singes musiciens et de folies pareilles. Les dragons alternent avec les dieux ; un Atlas, au lieu de la voûte du ciel, porte sur le dos une futaille.

Si l'on croit échapper à tout cela dans le château, bâti par le père, et qui offre un aspect relativement raisonnable, on trouve, un peu en avant de la porte, une tête d'empereur romain, couronnée de lauriers, posée sur un corps de nain, qui est assis sur un dauphin. Dans le château même, dont l'extérieur fait attendre un intérieur passable, la fièvre du prince recommence à extravaguer. Les pieds des chaises sont sciés inégalement, en sorte que personne ne peut s'asseoir, et le concierge invite les visiteurs à se défier des siéges solides, parce que sous leurs coussins de velours ils cachent des épines. Dans les angles sont des candélabres en porcelaine de Chine, qui, observés de plus près, sont composés de tasses, de coupes, de soucoupes et autres pièces cimentées ensemble. Pas un coin où ne se montre quelque caprice. Et même la vue admirable de la mer, par-dessus les promontoires, est gâtée par des vitraux coloriés qui, par un ton faux, refroidissent ou embrasent la contrée. Je dois citer encore un cabinet lambrissé de vieux cadres dorés, taillés pour être ajustés ensemble. Là toutes les mille formes de ciselure, toutes les différentes dégradations de dorures vieilles ou nouvelles, plus ou moins poudreuses et endommagées, se pressent les unes contre les autres, couvrent toutes les murailles, et donnent l'idée d'une boutique de bric-à-brac.

Il faudrait un volume pour décrire la chapelle seulement. On y trouve la clef de toute cette extravagance, qui ne pouvait pulluler à ce point que dans un esprit bigot. Je laisse à penser toutes les grossières images d'une dévotion déréglée qui peuvent se trouver là, mais je ne passerai pas le meilleur sous silence. On voit fixé au plafond un crucifix sculpté assez grand, ayant les couleurs de la nature, verni, avec de la dorure entremêlée. Dans le nombril du crucifix est vissé un crochet ; à ce crochet est suspendue une chaîne fixée à la tête d'un adorateur agenouillé, qui flotte dans l'air, et qui, peinturé et verni, comme toutes les autres images de l'église, doit présenter un emblème de l'incessante dévotion du seigneur châtelain. Au reste le palais n'est pas terminé : une grande salle, établie par le père, et dont la décoration riche, variée, n'est pas d'un effet désagréable, est inachevée ; car la vaste folie du maître ne peut venir à bout de ses extravagances.

Kniep, dont le sens artiste était révolté dans cette maison d'aliénés, s'est montré impatient pour la première fois : il m'a entraîné comme je cherchais à me représenter et à noter en détail les éléments de cette absurde création. Toutefois il a bien voulu à la fin dessiner un des groupes, le seul qui offrît du moins une sorte de tableau. Il représente une femme à tête de cheval, assise sur une chaise et jouant aux cartes avec un cavalier dont le corps est vêtu à la vieille mode, et dont la tête de griffon est parée d'une grande perruque surmontée d'une couronne. Cela rappelle les armes de la maison Pallagonia, qui sont encore bien étranges après toutes ces folies : un satyre présente le miroir à une femme à tête de cheval.

Palerme, mardi 10 avril 1787.

Nous sommes montés aujourd'hui à Montréal. Une route magnifique, que l'abbé de ce couvent a établie dans un temps de grande opulence, large, à pente douce, plantée d'arbres çà et là, et surtout pourvue en abondance de fontaines et de jets d'eau, ornés et contournés d'une manière peu s'en faut pallagonienne, mais qui néanmoins rafraîchissent les animaux et les hommes. Le couvent de Saint-Martin, situé sur la hauteur, est un respectable établissement. Un célibataire tout seul, comme, par exemple, le prince Pallagonia, a rarement produit quelque chose de raisonnable, et, au contraire, plusieurs ensemble ont exécuté les plus grands ouvrages, comme l'attestent les couvents et les églises. Mais, si l'on doit tant de créations aux communautés ecclésiastiques, c'est qu'elles étaient encore plus assurées que tous les pères de famille d'une innombrable postérité. Les moines nous ont fait voir leurs collections. Ils ont de belles choses en fait d'antiquités et d'histoire naturelle. Nous avons surtout remarqué une médaille offrant une jeune déesse d'une beauté ravissante. Ces bons religieux nous en auraient donné volontiers une empreinte, mais nous n'avions pas sous la main la matière nécessaire. Après nous avoir montré toutes ces choses, non sans faire une triste comparaison du temps présent et du temps passé, ils nous ont conduits dans un agréable petit salon qui offrait du balcon une vue charmante : le couvert y était mis pour nous deux, et nous avons fait un fort bon dîner. Quand le dessert fut servi, l'abbé entra, accompagné de ses moines les plus âgés ; il prit place auprès de nous et resta bien une demi-heure, pendant laquelle nous eûmes à répondre à maintes questions. Nous nous quittâmes de la manière la plus amicale. Les jeunes frères nous accompagnèrent encore dans les salles de la collection et enfin à notre voiture. Nous sommes retournés chez nous avec de tout autres sentiments que la veille. Aujourd'hui nous avions à déplorer le sort d'une grande institution, qui tombe en décadence, dans le temps même où une absurde entreprise reçoit un rapide accroissement.

La montée de Saint-Martin est tracée dans le vieux calcaire. On brise les rochers et on en fabrique une chaux qui devient très-blanche. Pour la cuire, on se sert d'une herbe longue et forte, séchée en bottes. Le couvent est au milieu de la montagne calcaire, où les eaux sont très-abondantes et les terres bien cultivées.

Palerme, mercredi 11 avril 1787.

Après avoir visité les deux points principaux hors de la ville, nous nous sommes rendus au palais, où le diligent coureur nous a montré les appartements et tout ce qu'ils renferment. A notre grand effroi, la salle des antiques se trouvait dans le plus grand désordre, parce qu'on était occupé à lui donner une nouvelle décoration architecturale. Les statues étaient hors de leurs places, couvertes de voiles, masquées par les échafaudages, et, malgré toute la bonne volonté de notre guide et quelques secours des ouvriers, nous n'avons pu nous en faire qu'une idée très-incomplète. Je désirais surtout voir les béliers de bronze qui, même dans ces circonstances défavorables, ont vivement excité notre admiration. Ils sont couchés, une patte en avant, et, comme placés en regard, ils tournent la tête de côtés opposés. Ce sont de puissantes figures de la famille mythologique et dignes de porter Phryxus et Hellé. La laine n'est pas courte et frisée, mais elle tombe longue et flottante; l'ouvrage est plein de vérité et d'élégance, du meilleur temps de l'art grec. Ils ornaient, dit-on, le port de Syracuse.

Le coureur nous a menés ensuite hors de la ville aux catacombes, qui, disposées avec un goût architectural, ne sont nullement exploitées comme carrières. Dans une paroi verticale, d'un tuf assez dur, sont creusées des ouvertures en voûtes, et, dans l'intérieur, se trouvent des cercueils, étagés les uns sur les autres, taillés dans la masse sans le secours d'aucune maçonnerie. Les cercueils supérieurs sont plus petits, et, dans les espaces au-dessus des piliers, sont des sépultures pour les enfants.

Palerme, jeudi 12 avril 1787.

On nous a fait voir le cabinet des médailles du prince Torremuzza. J'y suis allé en quelque sorte à regret. Je connais trop peu ces choses, et un voyageur, simple curieux, est odieux aux vrais connaisseurs et aux amateurs. Mais, comme il faut commencer une fois, je me suis résigné, et j'en ai retiré beaucoup de plaisir et de profit. Quel avantage de reconnaître, seulement par un premier coup d'œil, combien le monde antique était parsemé de villes dont la plus petite nous a laissé, dans de précieuses monnaies, sinon toute une suite de l'histoire de l'art, du moins quelques époques! De ces tiroirs nous sourient, comme une immense moisson, les fleurs et les fruits de l'art, d'une industrie au noble caractère, enfin, que sais-je encore? La splendeur des villes de Sicile, maintenant obscurcie, brille d'un nouvel éclat dans ces métaux façonnés.

Malheureusement, nous n'avons possédé nous autres dans notre enfance que les monnaies de famille, qui ne disent rien, et les monnaies impériales, qui répètent à satiété le même profil, l'image de souverains qui ne peuvent pas être précisément considérés comme les modèles de l'humanité. Qu'on a tristement borné nos jeunes années à la Palestine, dénuée de formes, et à Rome, où les formes sont confondues! Aujourd'hui la Sicile et la Grande-Grèce me font espérer une vie nouvelle. Je me livre sur ce sujet à des réflexions générales, et c'est une preuve que j'y suis encore peu avancé; mais cela viendra peu à peu avec le reste.

Ce soir un de mes désirs a encore été rempli, et d'une façon toute particulière. J'étais sur le trottoir de la grand'rue, en conversation badine avec mon marchand de l'autre jour. Tout à coup je vois s'approcher un coureur, grand et bien vêtu, qui me présente vivement un plat d'argent, sur lequel étaient beaucoup de pièces de cuivre et quelques pièces d'argent. Ne sachant ce que cela voulait dire, je haussai les épaules, en baissant la tête, signe ordinaire pour se débarrasser des offres ou des questions que l'on ne comprend pas, ou qu'on ne veut pas comprendre. Le coureur s'éloigna aussi vite qu'il était venu, et je remarquai en même temps son camarade, qui faisait, de l'autre côté de la rue, la même chose que lui.

« Que signifie cela? » demandai-je au marchand, et il me signala du geste, avec précaution, un long et maigre seigneur, en habit de cour, qui s'avançait d'un pas majestueux et tranquille sur le fumier par le milieu de la rue, frisé et poudré, le chapeau sous le bras, en habit de soie, l'épée au côté, élégamment chaussé de souliers à boucles ornées de pierreries.

Ainsi passa le vieillard d'un air grave et posé. Tous les yeux étaient dirigés sur lui. « C'est le prince Pallagonia, me dit le marchand, qui de temps en temps parcourt la ville, et quête pour la rançon des captifs, esclaves en Barbarie. La collecte ne produit jamais beaucoup, mais l'objet en reste dans la mémoire, et souvent ceux qui se sont abstenus pendant leur vie lèguent de belles sommes pour cet objet. Le prince est depuis bien des années président de cette institution et il a fait infiniment de bien. — Il aurait dû, me suis-je écrié, consacrer à cette œuvre les grandes sommes qu'il a dépensées pour les folies de son château ! Il n'y a pas un prince au monde qui eût pu faire autant de bien que lui. » Le marchand m'a répondu : « Nous sommes tous ainsi, nous payons de grand cœur nos folies, mais nous voulons que les autres payent pour nos vertus. »

Palerme, vendredi 13 avril 1787.

On ne peut se faire aucune idée de l'Italie sans la Sicile. C'est ici que se trouve la clef de tout.

On ne peut donner assez d'éloges au climat. Nous sommes dans la saison des pluies, mais elles sont toujours interrompues. Aujourd'hui il fait des éclairs et des tonnerres, et tout se couvre d'une vigoureuse verdure. Le lin est en partie noué, en partie fleuri. On croit voir dans les fonds de petits étangs : ce sont les champs de lin, qui déploient leur belle verdure bleuâtre. Les objets enchanteurs sont sans nombre. Et mon compagnon de voyage est un excellent homme, un véritable *Hoffegut* (qui a bon espoir), comme je continue à jouer le *Treufreund*[1] (l'ami fidèle). Il a fait déjà de très-belles esquisses, et il continuera de recueillir le plus intéressant. Quelle perspective, d'arriver un jour chez nous heureusement avec mes trésors !

---

1. Personnages d'une petite pièce que Goethe avait composée pour l'amusement de Weimar.

Je n'ai encore rien dit de la nourriture, et pourtant ce n'est pas un article de petite importance. Les plantes potagères sont excellentes, particulièrement la laitue, qui a vraiment la délicatesse et la saveur du lait. On comprend pourquoi les anciens ont pu la nommer *lactuca*. L'huile, le vin, sont très-bons, et ils pourraient être meilleurs encore, si on les préparait avec plus de soin. Poissons délicats, exquis. Nous avons eu, ces temps-ci, de très-bon bœuf, quoique en général on ne le vante guère.

Nous quittons le dîner pour courir à la fenêtre, à la rue! Un criminel a été gracié : ce qui arrive toujours pour faire honneur à la salutaire semaine de Pâques. Une confrérie mène l'homme jusque sous un gibet, élevé pour la forme. Là il doit faire ses dévotions devant l'échelle, la baiser, et puis on le ramène. C'était un joli garçon, de moyenne taille, frisé, en habit blanc, en chapeau blanc, tout blanc. Il tenait son chapeau à la main. Il aurait suffi de lui coudre çà et là quelques rubans bariolés, pour qu'il pût se présenter comme un berger dans une redoute.

Palerme, dimanche 15 avril 1787.

Hier au soir je retournai à mon marchand, et je lui demandai comment se passerait la fête du lendemain, où une grande procession devait parcourir la ville, et le vice-roi lui-même accompagner à pied le saint sacrement. Le moindre coup de vent envelopperait Dieu et les hommes d'un épais nuage de poussière. Mon joyeux marchand repartit qu'à Palerme on se reposait volontiers sur un miracle. Déjà plusieurs fois, en cas pareil, il était tombé une violente averse, qui avait lavé, du moins en partie, la rue, généralement inclinée, et avait ouvert à la procession un libre passage. Cette fois encore, on nourrissait la même espérance, et ce n'était pas sans fondement, car le ciel se couvrait et promettait de la pluie pour la nuit. C'est ce qui est arrivé. Nous avons eu cette nuit un véritable déluge. Dès le matin, je me suis hâté de descendre à la rue pour être témoin du miracle. Le spectacle était en effet assez étrange. Le torrent de pluie, resserré entre les deux trottoirs, avait entraîné les parties les plus légères des immondices soit à la mer soit dans les égouts, pour autant qu'ils n'étaient pas bouchés. Quant aux parties plus grossières, il les avait du moins poussées d'une place à l'autre, et avait ainsi dessiné sur le pavé des méandres propres et nets. Maintenant, des centaines de personnes, armées de pelles, de balais et de fourches, étaient occupées à élargir ces places nettes, à les relier ensemble, en amoncelant à droite et à gauche les ordures qui restaient encore. Il en résulta que la procession, quand elle commença, trouva réellement un chemin propre, qui serpentait à travers le bourbier, et que le clergé, avec ses longs vêtements, la noblesse, élégamment chaussée, ayant le vice-roi à sa tête, purent passer sans obstacle et sans souillure. Il me semblait voir les enfants d'Israël, à qui la main de l'ange ouvrait un passage à pied sec à travers les marécages; et j'ennoblis pour moi par cette comparaison l'aspect insupportable de tout ce monde élégant et dévot, qui récitait ses prières et se pavanait en parcourant une avenue de fange amoncelée. On pouvait, comme auparavant, cheminer sur les trottoirs sans se salir; mais, dans l'intérieur de la ville, où nous attirait justement aujourd'hui le projet de voir des choses négligées jusqu'à présent, il était presque impossible de se frayer un passage, quoiqu'on n'eût pas non plus négligé dans ces rues de balayer et d'amonceler.

Cette solennité a été pour nous une occasion de visiter la cathédrale et d'en observer les curiosités; et, comme nous étions sur pied, nous avons vu encore d'autres édifices. Une maison mauresque, bien conservée jusqu'à ce jour, nous a vivement intéressés. Elle n'est pas grande, mais les salles en sont belles, spacieuses, bien proportionnées, et forment un heureux ensemble. Cette maison ne serait guère habitable dans nos climats du Nord; mais, dans le Midi, c'est une demeure très-agréable. Les architectes pourront nous en donner le plan et l'élévation. Nous avons vu aussi, dans un triste local, différents débris de statues antiques. Nous n'avons pas eu la patience de les déchiffrer.

Palerme, lundi 16 avril 1787.

Comme nous devons nous dire qu'il faut absolument partir bientôt de ce paradis, j'espérais trouver encore aujourd'hui dans le jardin public une vive jouissance à lire mon pensum dans l'*Odyssée*, à méditer encore le plan de *Nausicaa*, en me promenant dans la vallée au pied du mont de Rosalie, enfin à chercher dans ce sujet un côté dramatique. Je suis venu à bout de tout cela, sinon avec un grand succès, du moins avec beaucoup de satisfaction. J'ai tracé le plan et je n'ai pu résister à la tentation d'esquisser et d'écrire quelques scènes, qui avaient pour moi un attrait particulier.

Palerme, jeudi 17 avril 1787.

C'est un vrai malheur d'être pourchassé et tenté par des esprits de toute sorte ! J'allais ce matin au jardin public avec la résolution ferme et tranquille de poursuivre mes rêves poétiques, mais j'ai été saisi à l'improviste par un autre fantôme, qui s'attachait à moi depuis quelques jours. Les nombreuses plantes que j'étais accoutumé à voir en caisses et en pots, et même sous des châssis de verre pendant la plus grande partie de l'année, je les trouve ici en plein air, vigoureuses et belles, et, en accomplissant leur destination tout entière, elles nous deviennent plus intelligibles. En présence de tant de figures nouvelles et renouvelées, mon ancienne chimère s'est réveillée. Ne pourrai-je, dans cette multitude, découvrir la plante primitive ? Cette plante doit exister : autrement à quoi reconnaîtrais-je que telle ou telle figure est une plante, si elles n'étaient pas toutes formées sur un modèle ? Je me suis appliqué à chercher en quoi ces mille et mille figures diverses sont distinctes les unes des autres, et je les trouvais toujours plus semblables que différentes, et, si je voulais mettre en usage ma terminologie botanique, je le pouvais bien, mais c'était sans avantage : cela m'inquiétait sans m'être d'aucun secours. Mon beau projet poétique était troublé; le jardin d'Alcinoüs avait disparu; le jardin du monde s'était ouvert devant moi. Pourquoi sommes-nous si distraits, nous autres modernes? Pourquoi nous engager dans des entreprises qui dépassent notre portée et notre pouvoir ?

Avant mon départ, la fortune me réservait une étrange aventure, dont je vais vous faire un récit détaillé. Pendant tout le temps de mon séjour à Palerme, on avait tenu, à notre table d'hôte, bien des discours sur Cagliostro, sur son origine et ses destinées. Les Palermitains s'accordaient à dire qu'un certain Joseph Balsamo, né dans leur ville, avait encouru pour ses méfaits le décri et le bannissement. Mais ce personnage était-il le même que le comte Cagliostro? Là-dessus les opinions étaient partagées. Quelques-uns, qui l'avaient vu autrefois, prétendaient retrouver ses traits dans cette gravure, assez connue chez nous, et qui était aussi parvenue à Palerme.

Parmi ces discours un des convives parla de la peine qu'un jurisconsulte de Palerme s'était donnée pour éclaircir la chose. Il avait été chargé par le ministère français de rechercher la trace d'un homme qui avait eu, à la face de France et, l'on pouvait dire, du monde, l'audace de débiter les contes les plus ridicules dans un procès important et dangereux. Ce jurisconsulte avait, dit-on, établi la généalogie de Joseph Balsamo, et envoyé en France, accompagné de pièces authentiques, un mémoire explicatif, dont on ferait probablement dans ce pays un usage public. J'exprimai le désir de connaître ce jurisconsulte, dont on disait d'ailleurs beaucoup de bien, et le narrateur offrit de lui annoncer ma visite et de me conduire chez lui.

Nous y allâmes quelques jours après et nous le trouvâmes en affaires avec ses clients. Lorsqu'il les eut expédiés, nous déjeunâmes, après quoi il nous montra un manuscrit qui contenait l'arbre généalogique de Cagliostro, la copie des documents nécessaires pour l'établir et la minute d'un mémoire qu'il avait envoyé en France. Il me présenta l'arbre généalogique et me donna les explications nécessaires. Je me bornerai à rapporter ce qui est indispensable pour éclaircir mon récit.

Le bisaïeul maternel de Joseph Balsamo était Mathieu Martello. Le nom de famille de sa bisaïeule est inconnu. De ce mariage naquirent deux filles; l'une, nommée Marie, épousa Joseph Bracconeri et fut la grand'mère de Joseph Balsamo. L'autre, nommée Vincenza, épousa Joseph Cagliostro, originaire de la Noara, petite ville à huit milles de Messine. Je fais observer ici qu'il existe encore à Messine deux fondeurs de cloches de ce nom. La grand'tante fut dans la suite la marraine de Joseph Balsamo. Il reçut le nom de baptême de son mari et finit par prendre aussi de son grand-oncle le surnom de Cagliostro. Les époux Bracconeri eurent trois enfants : Félicité, Mathieu et Antonia. Félicité fut mariée à Pierre Balsamo, fils d'un rubanier de Palerme, Antonio Balsamo, qui était probablement de race juive. Pierre Balsamo, père du fameux Joseph, fit banqueroute et mourut à l'âge de quarante-cinq ans. Sa veuve, qui est encore vivante, lui avait donné, outre Joseph, une fille, Jeanne-Joséphine-Marie, qui épousa Jean-Baptiste Capitummino, dont elle resta veuve, après lui avoir donné trois enfants.

Le mémoire, que l'auteur voulut bien nous lire et me confier pendant quelques jours, s'appuyait sur des extraits baptistaires, des contrats de mariage et des documents, rassemblés avec soin. Il renfermait à peu près, comme je le vois par un extrait que j'en fis alors, les circonstances qui nous sont aujourd'hui connues par les actes du procès romain; savoir, que Joseph Balsamo, né à Palerme au commencement de juin 1743, avait eu pour marraine Vincenza Martello, femme Cagliostro, qu'il avait pris dans son jeune âge l'habit des frères de la Charité, ordre qui s'occupe surtout de soigner les malades; qu'il avait bientôt montré beaucoup d'intelligence et de dispositions pour la médecine, mais qu'il avait été renvoyé pour sa mauvaise conduite; qu'ensuite il avait fait à Palerme le métier de magicien et de chercheur de trésors. Il ne laissa pas sans emploi, ajoute le mémoire, le rare talent qu'il avait d'imiter toutes les écritures. Il faussa, ou plutôt il fabriqua un vieux document, qui rendit litigieuse la propriété de quelques biens. Mis en jugement et emprisonné, il s'enfuit et fut cité par ordonnance. Il traversa la Calabre et gagna Rome, où il épousa la fille d'un teinturier. De Rome, il retourna à Naples sous le nom de marquis Pellegrini. Il hasarda de revenir à Palerme, fut reconnu, arrêté, et enfin délivré d'une manière qui mérite d'être rapportée en détail. — Un des premiers et des plus riches princes siciliens, qui remplissait de hautes fonctions à la cour de Naples, avait un fils qui unissait à une grande force corporelle et à un caractère indomptable tout l'orgueil auquel se croient autorisés les riches et les grands sans éducation. Donna Lorenza sut le gagner, et le faux marquis Pellegrini fonda sur lui sa sûreté. Le prince fit voir publiquement qu'il protégeait ce couple étranger. Mais quelle ne fut pas sa fureur, quand Joseph Balsamo fut jeté de nouveau en prison à la requête de l'adversaire que sa fraude avait lésé! Il fit diverses tentatives pour le délivrer, et, comme elles furent inutiles, il osa, dans l'antichambre du président, menacer des plus mauvais traitements l'avocat de la partie adverse, s'il ne faisait pas relâcher Balsamo sur-le-champ. L'avocat s'y refusant, il le saisit, le frappa, le jeta par terre, le foula aux pieds, et l'on avait beaucoup de peine à l'empêcher de pousser plus loin ses violences, quand le président accourut lui-même au bruit et ordonna la paix. Ce magistrat, homme faible et dépendant, n'osa pas punir l'offenseur ; la partie adverse et son avocat perdirent courage, et Balsamo fut mis en liberté, sans qu'il se trouve dans les actes aucune mention de son élargissement, ni de la personne qui l'a ordonné, ni de la manière dont il s'est accompli. Bientôt après il s'éloigna de Palerme, et fit différents voyages, sur lesquels l'auteur du mémoire n'a pu donner que des renseignements incomplets. Le mémoire se termine par une démonstration ingénieuse que Cagliostro et Balsamo sont une seule et même personne, thèse alors plus difficile à soutenir qu'elle ne l'est aujourd'hui, que nous connaissons parfaitement toute la suite de l'histoire.

Si je n'avais pas dû présumer qu'on ferait en France un usage public de ce mémoire, que je le trouverais peut-être déjà imprimé à mon retour, j'aurais profité de la permission que j'avais d'en prendre copie, et j'aurais instruit plus tôt mes amis et le public de plusieurs circonstances intéressantes. Cependant nous avons appris presque tout, et plus de choses que ce mémoire n'en pouvait contenir, par une source d'où il ne se répandait d'ordinaire que des erreurs. Qui aurait cru que Rome contribuerait tant une fois à éclairer le monde, à démasquer un imposteur, au point que nous avons vu par la publication d'un extrait des actes du procès! Cet écrit pourrait et devrait être beaucoup plus intéressant ; néanmoins il sera toujours un beau document dans les mains de tout homme sage, qui devait voir avec chagrin des personnes ou tout à fait ou à demi trompées et des trompeurs honorer pendant des années cet homme et ses jongleries, se sentir, par leur liaison avec lui, élevés au-dessus des autres, et, du haut de leur vanité crédule, plaindre ou même mépriser la saine raison. Qui ne gardait alors volontiers le silence? C'est aujourd'hui seulement que, l'affaire étant complétement terminée et mise hors de contestation, je puis me résoudre à communiquer ce qui m'est connu pour compléter les documents.

Quand je vis dans l'arbre généalogique tant de personnes, et particulièrement la mère et la sœur, données comme encore vivantes, je montrai à l'auteur du mémoire mon désir de les voir et de connaître les parents d'un homme si singulier. Il répondit que la chose serait difficile, parce que ces personnes, pauvres mais honorables, vivaient très-retirées, n'étaient accoutumées à voir aucun étranger, et que le caractère soupçonneux de la nation leur ferait tirer de cette apparition mille conjectures. Cependant il m'enverrait son secrétaire, qui avait accès dans la famille, et par l'entremise duquel il avait eu les renseignements et les pièces qui lui avaient servi à établir l'arbre généalogique. Le secrétaire parut le lendemain et témoigna quelques scrupules. « J'ai évité jusqu'à présent, me dit-il, de reparaître aux yeux de ces gens, parce que, pour avoir en mes mains leurs contrats de mariage, leurs extraits baptistaires et d'autres papiers et pouvoir en faire des copies légalisées, j'ai dû me servir d'une ruse particulière. J'ai parlé d'une bourse de famille, qui était vacante quelque part, et je leur ai présenté comme vraisemblable que le jeune Capitummino était qualifié pour l'obtenir; qu'il fallait avant tout dresser un arbre généalogique, pour voir à quel point le jeune homme y pouvait prétendre. Il faudrait ensuite en venir à des négociations, et j'offris de m'en charger, si l'on me promettait pour ma peine une part équitable de la somme à recevoir. Ces bonnes gens consentirent à tout avec joie, je reçus les papiers nécessaires, des copies en furent prises, l'arbre fut établi, et depuis lors j'évite de paraître devant eux. Il y a quelques semaines, je fus encore arrêté par la vieille Capitummino, et je ne sus que m'excuser sur la lenteur avec laquelle ces sortes d'affaires avancent chez nous. » Ainsi parla le secrétaire ; mais, comme je ne renonçais pas à mon projet, nous convînmes, après quelques réflexions, que je me donnerais pour un Anglais, chargé d'apporter à la famille des nouvelles de Cagliostro, qui venait de passer à Londres après être sorti de la Bastille.

A l'heure fixée, vers trois heures après midi, nous nous sommes mis en chemin. La maison était à l'angle d'une petite rue nommée *il Cassaro* et peu éloignée de la grande. Nous montâmes un misérable escalier et nous entrâmes d'abord dans la cuisine. Une femme de taille moyenne, forte sans être grasse, était occupée à laver la vaisselle. Elle était proprement vêtue, et, quand elle nous vit paraître, elle releva un bout de son tablier pour nous cacher le côté sale. Elle regarda d'un air joyeux mon guide et lui dit : « Eh bien, monsieur Giovanni, nous apportez-vous de bonnes nouvelles? Avez-vous fait quelque chose? » Il répondit : « Je n'ai pas encore réussi dans notre affaire, mais voici un étranger qui vous apporte les salutations de votre frère et qui peut vous conter comment il se trouve à présent. » Les salutations que je devais apporter n'étaient pas tout à fait dans notre convention, mais c'était chose faite, j'étais introduit. « Vous connaissez mon frère? me dit-elle. — Toute l'Europe le connaît, répliquai-je, et je crois qu'il vous sera agréable d'apprendre qu'il est en sûreté et se trouve bien, car jusqu'à présent vous avez été sans doute inquiète de son sort? — Entrez, me dit-elle, je vous suis à l'instant. » J'entrai dans la chambre avec le secrétaire. Elle était haute et grande et aurait passé chez nous pour une salle. Mais elle semblait être tout l'appartement de la famille. Une seule fenêtre éclairait les grandes murailles, qui avaient été peintes autrefois; de noires images de saints y étaient suspendues dans des cadres d'or. Deux grands lits sans rideaux étaient appuyés contre un des murs; une petite armoire brune, qui avait la forme d'un secrétaire, était contre l'autre. De vieilles chaises en jonc tressé, dont les dossiers furent dorés autrefois, étaient rangées auprès; et les briques du carrelage étaient fort usées en beaucoup d'endroits. Au reste, la propreté régnait partout. Nous nous approchâmes de la famille, qui était à l'autre bout de la chambre, auprès de l'unique fenêtre.

Pendant que mon guide expliquait à la vieille Balsamo, qui était assise dans le coin, le motif de notre visite, et répétait plusieurs fois ses paroles à haute voix, à cause de la surdité de la bonne femme, j'eus le temps d'observer la chambre et les autres personnes. Une jeune fille d'environ seize ans, bien faite, mais dont les traits avaient été altérés par la petite vérole, était auprès de la fenêtre; à côté d'elle, un jeune homme, dont la figure désagréable, aussi gâtée par la petite vérole, me fit également une impression pénible. Dans un fauteuil, vis-à-vis de la fenêtre, était assise, ou plutôt couchée, une personne malade, très-défigurée, qui paraissait prise d'une sorte de somnolence.

Quand mon introducteur se fut fait comprendre, on nous obligea de nous asseoir. La vieille m'adressa quelques questions; mais je dus me les faire traduire avant de pouvoir y répondre, car le dialecte sicilien ne m'était pas familier. J'observais cependant cette bonne mère avec plaisir. Elle était de moyenne taille, mais bien faite; sur sa figure régulière, que l'âge n'avait point altérée, était répandue cette paix dont jouissent d'ordinaire les personnes privées de l'ouïe; le ton de sa voix était agréable et doux. Je répondis à ses questions et il fallut aussi lui interpréter mes réponses. La lenteur de notre conversation me permit de mesurer mes paroles. Je lui racontai que son fils avait été acquitté en France, et qu'il se trouvait actuellement en Angleterre, où on l'avait bien reçu. La joie qu'elle témoigna de ces nouvelles était accompagnée des expressions d'une piété sincère, et, comme elle se mit à parler plus haut et plus lentement, je pus la comprendre avec moins de peine.

Cependant sa fille était entrée et s'était placée auprès de mon introducteur, qui lui répéta fidèlement ce que j'avais raconté. Elle avait mis un tablier propre et avait arrangé ses cheveux sous le filet. Plus je la regardais et la comparais avec sa mère, plus j'étais frappé de la différence. Une vive et saine sensualité brillait dans toute la personne de la fille; elle pouvait avoir quarante ans. Ses yeux bleus, éveillés, promenaient autour d'elle un regard intelligent, sans qu'il me fût possible d'y découvrir une trace de soupçon. Assise, elle promettait une stature plus haute qu'elle ne l'avait en effet; sa pose avait quelque chose de déterminé; étant assise, elle penchait le corps en avant et posait ses mains sur ses genoux. Au reste, ses traits, plutôt émoussés que saillants, me rappelaient la gravure connue qui représente son frère. Elle me fit diverses questions sur mon voyage, sur mon projet de voir la Sicile; elle était persuadée que je reviendrais, et que je célébrerais avec eux la fête de sainte Rosalie.

La grand'mère m'ayant adressé quelques nouvelles questions, tandis que j'étais occupé à lui répondre, sa fille s'entretint à demi-voix avec mon compagnon, mais de telle sorte que je pus en prendre occasion de demander de quoi il s'agissait. Mme Capitummino lui contait, me dit-il, que son frère lui devait encore quatorze onces d'or; à son prompt départ de Palerme, elle avait retiré des effets engagés pour lui; mais depuis lors elle n'avait eu de lui aucune nouvelle, n'en avait reçu ni argent ni aucun secours, quoiqu'il possédât, disait-on, de grandes richesses, et qu'il fît une dépense de prince. Ne voudrais-je point prendre sur moi, après mon retour, de lui rappeler doucement sa dette, et faire obtenir à la sœur quelque secours; ne voudrais-je point me charger d'une lettre ou du moins la lui faire parvenir? Elle me demanda où je logeais, où elle devrait m'envoyer la lettre. J'évitai de dire ma demeure, et j'offris de revenir chercher moi-même la lettre le lendemain vers le soir. Là-dessus, elle m'exposa sa position difficile: elle était restée veuve, avec trois enfants; de ses deux filles, l'une était élevée au couvent, l'autre vivait avec elle, ainsi que son fils, qui était dans ce moment à l'école. Outre ces trois enfants, elle avait auprès d'elle sa mère, à l'entretien de laquelle elle devait subvenir. De plus, elle avait retiré chez elle, par charité chrétienne, cette pauvre malade, qui augmentait encore ses charges. Toute son activité suffisait à peine à procurer à elle-même et aux siens les choses les plus nécessaires. Elle savait que Dieu ne laisse pas ces bonnes œuvres sans récompense, cependant elle soupirait sous le fardeau qu'elle portait depuis longtemps.

Les jeunes gens se mêlèrent aussi à la conversation, qui devint plus vive. Tandis que je m'entretenais avec les autres, j'entendis que la grand'mère demandait à sa fille si j'étais donc aussi de leur sainte religion, et je pus remarquer que la fille cherchait prudemment à esquiver la réponse, faisant entendre à sa mère, autant que je pus le deviner, que l'étranger paraissait bien disposé pour elles, et qu'il ne convenait pas de questionner d'abord quelqu'un sur ce point. Lorsqu'elles apprirent que je me proposais de quitter bientôt Palerme, elles devinrent plus pressantes et me prièrent de revenir; elles me vantèrent surtout les jours divins de la fête de Rosalie, qui devaient, à leur avis, être sans pareils dans le monde entier. Mon compagnon, qui depuis longtemps désirait s'éloigner, interrompit enfin la conversation par ses gestes, et je promis de revenir le lendemain vers le soir chercher la lettre. Mon introducteur était charmé que tout eût si bien réussi, et nous nous séparâmes satisfaits les uns des autres.

On peut juger quelle impression avait faite sur moi cette famille pauvre, honnête et pieuse. Ma curiosité était satisfaite, mais la bonne et naturelle conduite de ces femmes avait excité en moi une sympathie qui s'augmente encore par la réflexion. Toutefois j'entrai aussitôt en souci pour le lendemain. Il était naturel que cette apparition, qui les avait surprises au premier moment, éveillât chez elles après mon départ plus d'une réflexion. L'arbre généalogique m'avait appris que plusieurs membres de la famille vivaient encore; il était naturel que ces femmes assemblassent leurs amis, pour se faire répéter en leur présence ce qu'elles avaient entendu de moi la veille avec étonnement. J'avais atteint mon but, et il ne me restait plus qu'à terminer convenablement cette aventure. Je retournai donc seul chez elles le lendemain tout de suite après dîner[1]. Elles furent surprises de me voir arriver. La lettre n'était pas prête encore, me dirent-elles, et quelques-uns de leurs parents désiraient aussi faire ma connaissance; ils se trouveraient ce soir chez elles. Je répondis que je devais partir le lendemain de bonne heure; que j'avais encore des visites à rendre, mes paquets à faire, et que j'avais préféré venir avant l'heure plutôt que de ne pas venir du tout.

A ce moment, parut le fils, que je n'avais pas vu la veille. Il ressemblait à sa sœur pour la taille et la figure. Il apportait la lettre dont on voulait me charger, et qu'il avait fait écrire, selon l'usage du pays, hors de la maison par un écrivain public. Le jeune homme avait l'air triste, silencieux et modeste. Il me questionna sur son oncle, sur sa richesse et sa dépense, et il ajouta tristement : « Pourquoi a-t-il donc oublié totalement sa famille ? Ce serait notre plus grand bonheur de le voir revenir

---

[1] Le dîner, au milieu du jour.

et s'intéresser à nous. Mais, poursuivit-il, comment vous a-t-il découvert qu'il a encore des parents à Palerme? On dit qu'il nous renie partout, et qu'il se donne pour un homme de grande naissance. » Je répondis, de manière à sauver la vraisemblance, à cette question, provoquée par l'imprévoyance de mon introducteur dans notre première visite, que, si son oncle avait des raisons pour cacher au public son origine, il n'en faisait pas un secret à ses connaissances et à ses amis.

La sœur, qui était survenue pendant cet entretien, encouragée par la présence de son frère et probablement aussi par l'absence de l'ami de la veille, se mit à causer avec beaucoup de gentillesse et de vivacité. Ils me prièrent beaucoup de les recommander à leur oncle, si je lui écrivais, et ils me pressèrent aussi vivement, quand j'aurais parcouru le royaume, de revenir pour célébrer avec eux la fête de sainte Rosalie. La mère se joignit à ces instances. « Monsieur, dit-elle, il ne convient guère, puisque j'ai une fille déjà grande, qu'on voie des étrangers dans ma maison, et l'on a sujet de se tenir en garde contre le danger et la médisance; néanmoins vous serez toujours chez nous le bienvenu, quand vous reviendrez dans cette ville. — Oh! oui, ajoutèrent les enfants, nous promènerons monsieur le jour de la fête, nous lui ferons tout voir, nous prendrons place sur les échafaudages aux endroits où nous pourrons le mieux voir la solennité. Combien le grand char et surtout l'illumination magnifique lui feront plaisir! »

La grand'mère avait lu et relu la lettre. Quand elle sut que je venais prendre congé, elle se leva et me remit le papier plié. « Dites à mon fils, dit-elle avec une noble vivacité, avec une sorte d'inspiration, dites à mon fils combien je suis heureuse des nouvelles que vous m'avez apportées de lui. Dites-lui que je le presse comme cela sur mon cœur (elle ouvrit les bras et puis les serra contre sa poitrine); que tous les jours je prie pour lui Dieu et notre sainte Vierge; que je donne à lui et à sa femme ma bénédiction; et que tout mon désir est de le revoir avant ma mort, de le revoir encore une fois de ces yeux qui ont versé tant de larmes sur lui. » La grâce particulière de la langue italienne favorisait le choix et le noble agencement de ces paroles, qui étaient d'ailleurs accompagnées de gestes animés, avec lesquels cette nation a coutume de répandre sur ses discours un charme étonnant.

Je ne quittai pas cette famille sans émotion. Ils me tendirent tous la main. Les enfants m'accompagnèrent dehors, et, tandis que je descendais l'escalier, ils s'élancèrent au balcon de la fenêtre, qui donnait de la cuisine sur la rue, me rappelèrent, me saluèrent du geste et me répétèrent qu'il ne fallait pas oublier de revenir. Je les vis encore au balcon quand je tournai l'angle de la rue.

L'intérêt que m'inspira cette famille éveilla chez moi, je n'ai pas besoin de le dire, le vif désir de lui être utile et de subvenir à ses besoins. Par moi, elle se trouvait de nouveau trompée, et ses espérances d'un secours attendu allaient être déçues une seconde fois, grâce à la curiosité de passage d'un voyageur du Nord. Mon premier dessein avait été de lui remettre avant mon départ les quatorze onces d'or que leur devait le fugitif, et de déguiser mon cadeau en leur faisant supposer que j'espérais être remboursé par lui de cette somme ; mais, quand je fis mon compte à la maison, que j'eus visité ma caisse et mes papiers, je vis bien que, dans un pays où le manque de communications augmente en quelque sorte les distances à l'infini, je me mettrais moi-même dans l'embarras, si je prétendais réparer l'injustice d'un méchant homme par une généreuse bienveillance.

Rapportons ici sans tarder la fin de cette aventure. Je partis de Palerme sans retourner chez ces bonnes gens, et, malgré les grandes distractions de mon voyage en Sicile et en Italie, cette simple impression ne s'effaça pas de mon cœur.

Je revins dans ma patrie, et, quand je retrouvai enfin cette lettre parmi d'autres papiers, expédiés de Naples par mer, j'eus l'occasion d'en parler comme d'autres aventures. Voici la traduction de la lettre, où je laisse avec intention transparaître le caractère particulier de l'original :

Très-cher fils !

Le 16 avril 1787, j'ai eu des nouvelles de toi par M. Wilton, et je ne puis t'exprimer combien j'en ai reçu de consolation, car, depuis que tu étais sorti de France, je n'avais rien pu savoir de toi. Cher fils, je te prie de ne pas m'oublier, car je suis très-pauvre et abandonnée de tous mes parents, excepté de ma fille Marianne, ta sœur, chez qui je vis. Elle ne peut suffire à mon entretien, mais elle fait ce qu'elle peut ; elle est veuve avec trois enfants ; une de ses filles est au couvent de Sainte-Catherine, les deux autres sont chez elle. Je te répète ma prière, cher fils, envoie seulement de quoi m'aider quelque peu, car je n'ai pas même les habits nécessaires pour remplir les devoirs d'une chrétienne catholique ; mon manteau et mon pardessus sont tout déchirés. Si tu m'envoies quelque chose ou seulement si tu m'écris une lettre, ne l'expédie pas par la poste, mais par mer, parce que Don Matthieu (Bracconeri), mon frère, est commissaire des postes. Cher fils, je te prie de m'assigner par jour un *tari*[1], pour diminuer un peu le fardeau qui pèse sur ta sœur et pour que je ne meure pas d'indigence. Souviens-toi du commandement divin ; aide une pauvre mère qui est réduite à l'extrémité ! Je te donne ma bénédiction, et je t'embrasse de cœur ainsi que donna Lorenza, ta femme. Ta sœur t'embrasse de cœur, et ses enfants te baisent les mains. Ta mère, qui t'aime tendrement et qui te presse sur son cœur.

  Félicie Balsamo.

Palerme, 17 avril 1787.

Des personnes honorables, auxquelles j'ai fait lire cette lettre et raconté mon aventure, ont partagé mes sentiments et m'ont mis en état de payer ma dette à cette malheureuse famille et de lui faire passer une somme qu'elle a reçue vers la fin de l'année 1788.

La lettre suivante est un témoignage de l'effet qu'elle a produit :

Palerme, le 25 septembre 1788

Très-cher fils !
Cher, fidèle frère !

Nous ne pouvons exprimer avec la plume la joie que nous avons éprouvée d'apprendre que vous vivez et que vous vous portez bien. Vous avez comblé de joie par le secours que vous leur avez envoyé une mère et une sœur qui sont abandonnées de tous les hommes et qui ont deux filles et un fils à élever. Car, après que M. Jacques Joff, négociant anglais, se fut donné beaucoup de peine pour découvrir la femme Joseph-Marie Capitummino, née Balsamo, parce qu'on m'appelle ordinairement Marianne Capitummino, il nous a enfin trouvées dans une petite maison, où nous vivons avec la bienséance convenable. Il nous a annoncé que vous nous envoyiez une somme d'argent, et avec elle une quittance que je devais signer, moi, votre sœur, et c'est ce que j'ai fait. Car il a déjà remis l'argent dans nos mains, et le cours favorable du change nous a même fait gagner quelque chose. Jugez avec quel plaisir nous avons reçu une pa-

---

[1]. Ou *tarino*, monnaie de Palerme : environ 43 centimes.

reille somme dans un moment où nous étions sur le point de passer la fête de Noël sans espérance d'aucun secours. Notre bon Jésus a déterminé votre cœur à nous envoyer cet argent, qui a servi non-seulement à apaiser notre faim, mais aussi à nous couvrir, parce que, en vérité, tout nous manquait. Nous éprouverions la plus grande joie, si vous contentiez notre désir, et si nous pouvions vous voir encore, moi surtout, votre mère, qui ne cesse pas de pleurer le malheur que j'ai d'être toujours éloignée d'un fils unique, que je voudrais bien voir encore une fois avant de mourir. Si votre position rend la chose impossible, ne négligez pas toutefois de secourir mon indigence, surtout puisque vous avez trouvé un canal excellent et un négociant si exact et si honnête, qui, sans que nous fussions informées de la chose et tenant tout dans sa main, nous a cherchées loyalement et nous a livré fidèlement la somme expédiée. Ce n'est rien pour vous que cela, mais, à nous, toute assistance nous semble un trésor. Votre sœur a deux grandes filles, et son fils a aussi besoin de secours. Vous savez qu'ils ne possèdent rien, et quelle bonne œuvre vous feriez, si vous lui envoyiez ce qui est nécessaire pour établir convenablement ses enfants!

Dieu veuille vous conserver en bonne santé! Nous l'invoquons avec reconnaissance, et nous le prions de vous conserver le bonheur dont vous jouissez et de porter votre cœur à se souvenir de nous. Je vous bénis en son nom, vous et votre femme, comme une tendre mère; je vous embrasse, moi, votre sœur; ainsi fait aussi le cousin Joseph (Bracconeri) qui a écrit cette lettre. Nous vous demandons votre bénédiction, comme le font aussi les deux sœurs Antonia et Thérèse. Nous vous embrassons et nous nous disons

<table>
<tr><td>Votre sœur,
qui vous aime,
Joseph-Marie
CAPPITUMMINO
ET BALSAMO.</td><td>Votre mère, qui vous
aime et vous bénit,
qui bénit toutes vos heures,
FÉLICIE BALSAMO
ET BRACCONERI.</td></tr>
</table>

Les signatures de cette lettre sont autographes.

J'avais fait parvenir la somme sans lettre et sans avertir d'où elle provenait; l'erreur de ces femmes n'en était donc que plus naturelle, et leurs espérances plus fondées pour l'avenir. Maintenant qu'elles sont informées de la condamnation et de l'emprisonnement de leur fils et frère, il me reste à faire quelque chose pour les mettre au fait et pour les consoler. J'ai encore pour elles dans les mains une somme que je veux leur envoyer, en même temps que je leur ferai connaître la vérité. Si quelques-uns de mes amis, quelques-uns de mes nobles et riches compatriotes, voulaient me faire le plaisir d'augmenter par leurs contributions cette petite somme, dont je suis encore dépositaire, je les prie de me les envoyer avant la Saint-Michel, et de prendre leur part de la reconnaissance et de la joie d'une bonne famille, du sein de laquelle est sorti un des plus étranges prodiges qui aient paru dans notre siècle. Je ne manquerai pas de publier la suite de cette histoire et l'état dans lequel mon prochain envoi aura trouvé cette famille. Peut-être ajouterai-je alors quelques observations que cette occasion m'a suggérées, mais que je m'abstiens de présenter actuellement, pour ne pas devancer le jugement de mes lecteurs.

Alcamo, mercredi 17 avril 1787.

Nous sommes partis de Palerme à cheval de bon matin. Kniep et le voiturin avaient fait nos paquets avec une merveilleuse diligence. Nous montions lentement la route magnifique qui nous était déjà connue par notre visite à Saint-Martin, et nous admirions sur nouveaux frais une des fontaines ornementales qui bordent le chemin, quand nous eûmes un avant-goût des habitudes tempérantes de ce pays. Notre palefrenier portait, suspendu à une courroie, comme font nos vivandières, un petit tonnelet, qui semblait contenir assez de vin pour quelques jours. Nous fûmes donc fort surpris de le voir courir à une des nombreuses fontaines, ôter le bouchon, et faire entrer l'eau. Nous lui demandâmes, avec une surprise tout allemande, ce qu'il prétendait faire, et si le tonnelet n'était pas plein de vin. Il répondit fort tranquillement qu'il avait laissé un tiers de vide ; et, comme personne ne buvait de vin qui ne fût trempé, le mieux était de tremper d'abord le tout : comme cela les liquides s'unissaient mieux, d'ailleurs on n'était pas sûr de trouver partout de l'eau. En attendant, le tonnelet était plein, et il fallut nous accommoder de cet usage nuptial du vieil Orient.

Arrivés sur les hauteurs derrière Montréal, nous vîmes des contrées merveilleusement belles, mais dans le style de l'histoire plutôt que de l'économie rurale. A main droite, la vue s'étendait jusqu'à la mer, qui traçait sa ligne droite horizontale entre des caps admirables, par-dessus des côtes boisées ou nues, et formait par son calme profond un contraste magnifique avec les sauvages rochers calcaires. Kniep a cédé au plaisir d'en dessiner plusieurs en petit format. Nous voici maintenant à Alcamo, petite ville propre et tranquille, dont l'auberge bien tenue doit être recommandée comme un bel établissement, d'où l'on peut commodément visiter le temple de Ségeste, dont la situation est écartée et solitaire.

Alcamo, jeudi 19 avril 1787.

Cette paisible petite ville de montagne nous charme et nous attire, et nous avons résolu d'y passer tout le jour. C'est le cas de parler avant tout des événements de la veille. J'avais déjà contesté au prince Pallagonia l'originalité. Il a eu des devanciers, et il a trouvé des modèles. Sur la route de Montréal on voit deux monstres auprès d'une fontaine, et, sur la balustrade, quelques vases, tels absolument que si le prince les avait érigés lui-même.

Derrière Montréal, quand on quitte la belle chaussée et qu'on arrive aux montagnes pierreuses, on trouve sur la croupe, le long du chemin, des pierres, qu'à leur pesanteur et leur efflorescence, j'ai prises pour de la mine de fer. Toutes les plaines sont cultivées et produisent plus ou moins. Le calcaire se montrait rouge, la terre efflorie l'est aussi dans ces endroits. Cette terre rouge, calcaire argileux, est répandue au loin; le sol est fort, point sablonneux; il produit d'excellent blé. Nous avons trouvé de vieux oliviers très-forts, mais mutilés.

Sous l'avant-toit d'une salle aérée, bâtie sur le devant d'une méchante auberge, nous faisions une légère collation. Des chiens mangeaient avidement les débris de nos saucissons; un jeune mendiant les a chassés et mangeait de bon appétit les pelures de nos pommes; celui-ci à son tour a été chassé par un vieux. On trouve partout la jalousie de métier. Sous sa toge déguenillée, le vieux mendiant allait et venait, faisant les fonctions de valet et de sommelier. J'avais déjà remarqué auparavant que, si l'on demande à un hôte quelque chose qui ne se trouve pas au logis, il l'envoie querir dans une boutique par un mendiant. Mais nous sommes ordinairement préservés d'un service si désagréable, car notre voiturier est, par excellence, palefrenier, cicérone, garde, pourvoyeur, cuisinier, enfin tout.

Sur les plus hautes montagnes, se trouve toujours l'olivier, le caroubier, le frêne. La culture est aussi trisannuelle : légumes, blé et jachère ; sur quoi ils disent : « Le fumier fait plus de miracles que les saints. » On tient la vigne très-basse.

La position d'Alcamo est admirable, sur la hauteur, à quelque distance du golfe. La grandeur du paysage nous attirait : de hauts rochers, de profondes vallées, mais de l'espace et de la diversité. Derrière Montréal, on pénètre dans une belle et double vallée, au milieu de laquelle s'avance encore une arête rocheuse. Les champs fertiles déploient leur calme verdure, tandis qu'au bord du large chemin, les touffes d'arbustes et de buissons sauvages brillent de fleurs luxuriantes ; le baguenaudier est tout jaune de fleurs papillonnées ; pas une feuille verte ne se montre ; les buissons d'aubépine se touchent l'un l'autre ; les aloès lèvent la tête et annoncent la floraison ; de riches tapis de trèfle amarante, l'ophrys-mouche, la rose des Alpes, la jacinthe aux cloches fermées, la bourrache, l'ail, l'asphodèle. L'eau qui descend de Ségeste apporte avec les cailloux calcaires beaucoup de pierre cornée en galets. Ils sont très-compactes, bleu foncé, rouges, jaunes, bruns, des nuances les plus diverses.

Ségeste, vendredi 20 avril 1787.

Le temple de Ségeste n'a jamais été achevé, et l'on n'a jamais égalisé la place qui l'entoure ; on s'est borné à aplanir le contour où les colonnes devaient être érigées, car, aujourd'hui encore, les degrés sont en quelques endroits enfoncés de neuf ou dix pieds en terre, et il n'y a point de colline aux environs, d'où les pierres et la terre auraient pu descendre. D'ailleurs les pierres sont couchées dans leur position la plus naturelle, et l'on ne trouve aucunes ruines.

Les colonnes sont toutes debout. Deux, qui étaient tombées, ont été relevées récemment. Les colonnes devaient-elles avoir des socles ? C'est là une chose difficile à décider et qui ne peut être rendue claire sans dessin. Tantôt il semble que la colonne repose sur la quatrième marche, mais il faut alors redescendre d'une marche pour entrer dans le temple ; tantôt la marche supérieure est coupée, et il semble alors que les colonnes aient une base ; tantôt ces intervalles sont remplis, et nous rentrons dans le premier cas. C'est aux architectes à déterminer la chose plus exactement.

Les faces latérales ont douze colonnes sans celles des angles ; les faces antérieure et postérieure, six avec les colonnes angulaires. Les saillies au moyen desquelles on transporte les pierres ne sont pas coupées aux marches du temple : preuve que le temple n'a pas été achevé. Mais le sol en présente la plus forte preuve : sur les côtés il est couvert de dalles en quelques endroits, tandis que, dans le milieu, la roche calcaire brute est plus haute que le niveau de la partie dallée ; il ne peut donc jamais avoir été revêtu de dalles. On ne voit non plus aucune trace de salle intérieure. Il est plus manifeste encore que le temple n'a jamais été enduit de stuc, et l'on peut supposer que c'était l'intention de l'architecte. Les trapèzes des chapiteaux offrent des saillies auxquelles le stuc devait peut-être s'appliquer. Le tout est bâti d'une pierre calcaire analogue au travertin, et maintenant très-rongé. La restauration de 1781 a fait beaucoup de bien à l'édifice. La coupe qui unit les parties est simple, mais belle. Je n'ai pu trouver les grandes pierres dont parle Riedesel : on les a peut-être employées pour la restauration des colonnes.

La position du temple est remarquable : à l'extrémité supérieure d'une longue et large vallée, sur une colline isolée et pourtant entourée de rochers, il domine au loin de vastes campagnes, mais il n'a qu'une échappée sur la mer. La contrée offre l'image immobile d'une triste fertilité ; tout est cultivé, et l'on ne voit d'habitation presque nulle part. D'innombrables papillons voltigeaient sur des chardons fleuris. Du fenouil sauvage, haut de huit ou neuf pieds, et desséché, restait encore de l'année précédente en grande abondance et dans un ordre apparent, en sorte qu'on aurait pu le prendre pour les alignements d'une pépinière. Le vent murmurait dans les colonnes comme dans un bois, et les oiseaux de proie planaient sur l'entablement en poussant des cris.

La fatigue que nous avons essuyée à parcourir les ruines non apparentes d'un théâtre nous a ôté l'envie de visiter celles de la ville. Au pied du temple se trouvent de grands fragments de pierre cornée, et le chemin d'Alcamo est mêlé d'une infinité de ces galets. Une partie se réduit en terre siliceuse, qui rend ce sol plus léger. J'ai observé sur le fenouil vert la différence des feuilles inférieures et supérieures, et pourtant c'est toujours le même organe, qui passe de la simplicité à la diversité. On se livre ici au sarclage avec assiduité; les cultivateurs parcourent toute la campagne comme dans une battue. On voit aussi des insectes. A Palerme, je n'avais observé que des vers luisants. Les sangsues, les limaces, les lézards, n'ont pas de plus belles couleurs que les nôtres; ils ne sont même que grisâtres.

Castel-Vetrano, samedi 21 avril 1787.

D'Albano à Castel-Vetrano on côtoie des montagnes calcaires, en suivant des collines siliceuses. Entre les montagnes calcaires, escarpées, stériles, sont de grandes vallées onduleuses, toutes cultivées, mais presque sans arbres. Les collines siliceuses sont pleines de grands cailloux, qui annoncent d'anciens courants de mer. Le sol est heureusement mélangé, plus léger qu'auparavant, à cause de la présence du sable. Nous avons laissé Salemi à une lieue sur la droite. Nous traversions des roches de gypse qui recouvrent la chaux. Le terrain est toujours plus heureusement mélangé. On voit dans le lointain la mer à l'occident. Au premier plan, le sol est partout montueux. Nous avons trouvé les figuiers reverdis. Mais ce qui excitait notre admiration, c'étaient les masses infinies de fleurs qui s'étaient établies sur la route, d'une largeur excessive, et qui se distinguaient et se succédaient en grandes surfaces émaillées, contiguës les unes aux autres : les plus beaux liserons, les hibiscus et les mauves, toute sorte de trèfles, régnaient tour à tour, et, dans les intervalles, l'ail et les touffes de galéga. On chevauchait à travers ce brillant tapis en suivant les étroits sentiers qui se croisaient en nombre infini. Dans ces prairies paissent de belles vaches rouge brun : elles ne sont pas de grande taille, mais très-bien faites; elles ont surtout de très-jolies petites cornes.

Les montagnes au nord-est forment une chaîne; un seul sommet, le Couniglione, se dégage du milieu. Les collines siliceuses sont pauvres en eau; les pluies y doivent d'ailleurs être rares; on ne trouve point de ravines ni d'alluvions.

Il m'est arrivé cette nuit une singulière aventure. Très-fatigués, nous nous étions jetés sur nos lits dans un gîte, il faut le dire, assez peu élégant. Je m'éveille à minuit, et je vois sur ma tête la plus agréable apparition : une étoile si belle, que je croyais ne l'avoir jamais vue. Je me délectais à contempler cet objet aimable et de bon augure : mais bientôt ma douce lumière disparaît et me laisse seul dans les ténèbres. Enfin, au point du jour, j'ai découvert la cause de ce prodige. Le toit était percé, et une des plus belles étoiles du ciel avait passé à ce moment par mon méridien. Cependant les voyageurs expliquèrent avec confiance cet événement en leur faveur.

Sciacca, dimanche 22 avril 1787.

La route, jusqu'ici sans intérêt pour le minéralogiste, se poursuit toujours sur des collines de silex. On arrive au bord de la mer. Là se dressent de distance en distance des rochers calcaires. Toute la plaine est d'une immense fertilité; l'orge et l'avoine sont de la plus belle venue; on cultive la soude kali; les aloès ont déjà poussé leurs pédoncules plus haut qu'hier et avant-hier. Les trèfles de toute espèce ne nous ont pas quittés. Nous avons fini par arriver à un petit bois touffu. Les plus grands arbres étaient pourtant isolés. Enfin voilà aussi des lièges !

Agrigente, lundi 23 avril 1787.

De Sciacca jusqu'ici, une forte journée de route. D'abord avant Sciacca, nous avons visité les bains. Une source chaude jaillit du rocher, avec une très-forte odeur de soufre. L'eau a une saveur très-saline, mais non putride. L'exhalaison sulfureuse ne se développerait-elle pas au moment de la sortie ? Un peu plus haut est une source froide sans odeur. Au sommet se trouve le couvent, où sont les étuves : une épaisse vapeur s'en élève dans l'air pur.

Agrigente, 24 avril.

Le printemps ne s'est pas offert à nos yeux, de toute notre vie, aussi admirable qu'aujourd'hui au lever du soleil. Le moderne Girgenti est bâti sur la hauteur où s'élevait l'antique forteresse, dans une enceinte assez grande pour contenir une population. Nous voyons de nos fenêtres la vaste pente, doucement inclinée, de l'ancienne cité, toute couverte de jardins et de vignes, sous la verdure desquelles on soupçonnerait à peine une trace d'anciens quartiers d'une ville jadis grande et populeuse. On voit seulement s'élever, vers l'extrémité méridionale de cette plaine verte et fleurie, le temple de la Concorde ; à l'est, quelques ruines du temple de Junon ; les ruines d'autres édifices sacrés, qui sont en ligne droite avec les précédentes, ne sont pas remarquées d'en haut, et l'œil se hâte de chercher au delà, vers le sud, la plage unie, qui occupe encore une demi-lieue, jusqu'à la mer. Il nous a été interdit de descendre aujourd'hui sous les ombrages, dans ces espaces où brillent tant de verdure et de fleurs et qui promettent tant de fruits, car notre guide, bon petit ecclésiastique, nous a demandé avant tout de consacrer ce jour à la ville.

Il nous a fait d'abord admirer les rues très-bien bâties, puis il nous a menés sur des points élevés, où la vue, plus étendue encore, en devient plus magnifique ; après cela, dans la cathédrale, où nous attendait une grande jouissance d'artiste. Cette église renferme un sarcophage d'une bonne conservation, qu'on a sauvé en le transformant en autel. Hippolyte, avec ses compagnons de chasse et ses chevaux, est arrêté par la nourrice de Phèdre, qui veut lui remettre des tablettes. L'objet principal était de représenter de beaux jeunes hommes : aussi la vieille, tout à fait petite et naine, est-elle placée parmi les autres figures comme un accessoire qui ne doit rien troubler. Je n'ai rien vu, ce me semble, de plus beau en demi-relief. Et l'ouvrage est parfaitement conservé. Je le regarde provisoirement comme un modèle de la plus gracieuse époque de l'art grec. Nous avons été ramenés à des temps plus anciens en observant un vase précieux de grande dimension et parfaitement conservé. Bien des restes de l'architecture antique se sont en outre glissés çà et là dans l'église moderne.

Comme il n'y a point d'auberge ici, une obligeante famille nous a ouvert sa demeure et nous a cédé une haute alcôve, attenante à une grande chambre. Un rideau vert sépare nos personnes et nos bagages des membres de la famille, qui fabriquent dans la chambre des vermicelles de l'espèce la plus blanche, la plus délicate, et qui se vendent le plus cher, lorsqu'après avoir reçu la forme de tuyaux allongés, ils sont roulés sur eux-mêmes sous les doigts effilés des jeunes filles et reçoivent la forme de limaçons. Nous avons pris place auprès de ces aimables enfants, et nous nous sommes fait expliquer le procédé. Nous avons appris que ces pâtes sont fabriquées avec le froment le meilleur et le plus pesant, qu'on nomme *grano forte*. Il y faut plus de travail de la main que de machines et de formes. On nous apprêta aussi d'excellents macaronis, en témoignant le regret de n'avoir pas dans ce moment à la maison, même pour un plat, de la qualité la plus parfaite, qui ne peut être fabriquée hors d'Agrigente, ou même hors de leur maison. Ceux qu'on nous servit semblaient sans pareils pour la blancheur et la délicatesse.

Pendant toute la soirée, notre guide a su calmer encore l'impatience qui nous poussait du côté d'en bas, en nous ramenant sur la hauteur pour nous faire jouir des plus magnifiques points de vue, et nous développer la situation de toutes les choses remarquables que nous verrons demain.

Agrigente, mercredi 25 avril 1787.

Au lever du soleil, nous sommes descendus des hauteurs, et, à chaque pas, nous nous sommes vus entourés de scènes plus pittoresques. Avec le sentiment qu'il nous rendait le meilleur service, le petit homme nous a fait passer, sans nous arrêter, à travers la plus riche végétation, devant mille détails, dont chacun offrait la scène d'une idylle. Ces effets résultent en grande partie de l'inégalité du sol, qui se déroule à plis onduleux sur des ruines cachées.

Ces ruines pouvaient se couvrir assez promptement de terres fertiles, les anciens édifices étant construits d'un léger tuf coquillier. Nous sommes arrivés de la sorte à l'extrémité orientale de la ville, où les ruines du temple de Junon se dégradent chaque année davantage, parce que l'air et le mauvais temps rongent la pierre poreuse. Nous ne voulions aujourd'hui que voir les choses à la course, mais Kniep a déjà choisi ses points de vue pour demain.

Le temple s'élève sur un rocher qui tombe en efflorescence. De là, les murs de la ville s'étendaient à l'orient sur un lit calcaire, taillé à pic au-dessus de la plage unie, qu'à une époque plus ou moins reculée, la mer avait abandonnée, après avoir formé des roches dont elle baignait le pied. Les murs étaient en partie taillés dans le roc, en partie construits de matériaux qu'on en avait tirés ; derrière les murs s'élevaient les temples rangés à la file. Il ne faut donc pas s'étonner que, vues de la mer, la ville basse, la partie qui s'élevait par degrés et celle qui était la plus haute, présentassent un aspect imposant.

Le temple de la Concorde a résisté à l'effet des siècles. Son architecture svelte le rapproche déjà de notre mesure de l'agréable et du beau. Il est aux temples de Pæstum ce qu'est la figure des dieux à celle des géants. Je ne veux pas me plaindre de ce qu'on a exécuté sans goût le projet louable de restaurer ces édifices, en remplissant les brèches avec du plâtre d'une blancheur éblouissante. Par là on peut dire que le monument se présente encore à l'œil comme une ruine. Qu'il eût été facile de donner au plâtre la couleur de la pierre effleurie ! Quand on voit avec quelle facilité se détache le calcaire coquillier des colonnes et des murs, on s'étonne qu'il ait duré si longtemps.

Mais les constructeurs, espérant une postérité pareille à eux-mêmes, avaient trouvé un préservatif : on voit encore sur les colonnes les restes d'une fine crépissure, qui flattait l'œil et qui devait garantir la durée.

Nous avons fait notre deuxième station devant les ruines du temple de Jupiter. Elles s'étendent au loin, comme les ossements d'un colossal squelette, au dedans et au dehors de plusieurs petites possessions, coupées de haies, couvertes de plantes hautes et basses. Toute forme a disparu de ces décombres, excepté un triglyphe énorme et un fragment d'une colonne de même proportion. J'ai mesuré le triglyphe avec mes bras étendus et je n'ai pu l'embrasser. Pour la cannelure de la colonne, voici ce qui peut en donner une idée : en m'y tenant debout, je la remplissais comme une petite niche, touchant les deux côtés avec mes épaules. Vingt-deux hommes placés en rond les uns à côté des autres formeraient à peu près la circonférence d'une pareille colonne. Nous nous sommes éloignés avec le sentiment désagréable qu'il n'y avait là rien à faire pour le dessinateur.

Le temple d'Hercule, au contraire, laisse apercevoir encore des traces de son ancienne symétrie. Les deux rangées de colonnes qui accompagnaient le temple de part et d'autre, étaient gisantes dans le même alignement, comme couchées ensemble tout d'un coup, du nord au sud, inclinées les unes vers le haut, les autres vers le bas d'une éminence. Celle-ci a pu se former par la chute du temple. Vraisemblablement, les colonnes, tenues ensemble par l'entablement, s'écroulèrent tout d'un coup, renversées peut-être par un ouragan; elles sont encore couchées régulièrement, et montrent dans leurs brisures les fragments dont elles étaient composées. Pour dessiner exactement cet objet remarquable, Kniep taillait déjà en idée ses crayons. Le temple d'Esculape, ombragé du plus beau caroubier et presque emmuré dans une petite maison champêtre, offre un gracieux tableau.

De là, nous sommes descendus au tombeau de Théron, et ce monument, que nous avions vu si souvent reproduit par le dessin, nous a offert un spectacle d'autant plus agréable, qu'il servait de premier plan à une merveilleuse perspective, car la vue portait de l'occident à l'orient, jusqu'au lit de rochers sur lequel paraissaient les ruines des murs de la ville, et à travers et par-dessus les restes des temples. Cette vue est devenue sous la main savante de Hackert un charmant tableau. Kniep ne manquera pas non plus d'en prendre une esquisse.

Agrigente, jeudi 26 avril 1787.

A mon réveil, Kniep était déjà prêt à faire son voyage de dessinateur avec un jeune garçon qui devait lui montrer le chemin et porter son album. J'ai joui, à la fenêtre, d'une magnifique matinée, ayant à côté de moi mon ami secret, silencieux, mais non pas muet. Une crainte pieuse m'a empêché jusqu'à présent de nommer le mentor que j'observe de temps en temps de l'œil et de l'oreille : c'est l'excellent de Riedesel, dont je porte le petit livre sur mon cœur comme un bréviaire ou un talisman. Je me suis toujours miré très-volontiers dans les natures qui possèdent ce qui me manque, et c'est ici le cas : résolution tranquille, sûreté du but, moyens, connaissances et préparatifs nettement conçus et convenables; relations intimes avec un maître excellent, avec Winckelmann : tout cela me manque, avec tout ce qui en découle. Et pourtant je ne puis me faire un crime de chercher à m'emparer par surprise, par force et par adresse, de ce qui m'a été refusé pendant ma vie par la voie ordinaire. Puisse cet homme excellent apprendre en ce moment, dans le tumulte du monde, comment un successeur reconnaissant célèbre ses mérites, seul dans le lieu solitaire qui avait aussi pour lui tant d'attraits, qu'il désirait même y passer ses jours, oublié des siens et les oubliant.

J'ai parcouru ensuite nos chemins d'hier avec mon petit ecclésiastique, observant les objets de divers côtés, et visitant çà et là mon laborieux ami. Mon guide m'a rendu attentif à une belle institution de l'ancienne cité. Dans les rochers et les murailles massives qui lui servaient de boulevards, se trouvent des sépultures, vraisemblablement destinées aux bons et aux braves. Où pouvaient-ils être mieux placés pour leur propre gloire et pour entretenir une émulation éternelle?

Dans le grand espace qui sépare les murs de la mer, se trouvent les restes d'un petit temple, conservé comme chapelle chrétienne. Là encore, les demi-colonnes sont admirablement liées avec les pierres de taille des murs et agencées avec elles. L'œil est charmé. On croit sentir exactement le point où l'ordre dorique est arrivé à sa parfaite mesure. Nous avons observé d'ailleurs nombre de monuments antiques sans apparence ; puis, avec plus d'attention, la manière actuelle de conserver le blé sous terre dans de grandes voûtes murées. Le bon vieillard m'a conté bien des choses sur l'état civil et ecclésiastique : à l'entendre, rien ne faisait des progrès sensibles. Cette conversation s'accordait fort bien avec ces ruines, qui tombent sans cesse en poussière.

Les couches de calcaire coquillier inclinent toutes vers la mer : bancs de rochers singulièrement rongés par derrière et par en bas, et dont les parties antérieures et supérieures sont à demi conservées, ce qui leur donne l'apparence de franges pendantes.

Haine des Français, parce qu'ils sont en paix avec les Barbaresques, et qu'on les accuse de trahir les chrétiens pour les infidèles.

Il y avait de la mer à la ville une porte antique, taillée dans le roc. Les murs, encore subsistants, sont fondés par degrés sur les rochers.

Notre cicérone se nomme Don Michel Vella, antiquaire, demeurant chez maître Gerio, près de Sainte-Marie.

Voici comment on s'y prend pour planter les fèves de marais. On fait des trous en terre à une distance convenable les uns des autres; on y jette une poignée de fumier, on attend la pluie, et puis on sème les fèves. On brûle les tiges, et, avec la cendre qui en provient, on lave le linge. On n'y emploie point de savon. On brûle aussi le brou des amandes, et l'on s'en sert au lieu de soude. On lave d'abord le linge dans l'eau et ensuite avec cette lessive.

Voici la succession de leurs cultures : fèves, froment, *tumenia*. La quatrième année on laisse la terre en jachère. Quand je parle de fèves, ce sont les fèves de marais que j'entends. Leur blé est d'une extrême beauté. La *tumenia*, dont le nom paraît dériver de *bimenia* ou *trimenia*, est un don précieux de Cérès. C'est une espèce de blé d'été, qui est mûr en trois mois. On le sème du premier janvier jusqu'au mois de juin, et il est toujours mûr au bout de ce terme. Il n'a pas besoin de beaucoup de pluie, mais d'une forte chaleur. Sa feuille est d'abord très-délicate, mais elle atteint le froment et finit par devenir très-forte. On sème le blé en octobre et novembre; il est mûr en juin. L'orge semée au mois de novembre est mûre au commencement de juin, plus tôt vers la côte, plus tard dans la montagne. Le lin est déjà mûr. L'acanthe a déployé ses feuilles superbes. La *salsola fruticosa* a une végétation luxuriante. Sur les collines incultes croît une riche esparcette. Elle est affermée par lots, et portée en bottes à la ville. C'est aussi en bottes qu'on vend l'avoine; on la sépare du blé par le sarclage. Si l'on veut planter des choux, on fait dans le terrain de jolis sillons avec de petits bords pour la facilité de l'arrosage. Les figuiers étaient tous feuillés et les fruits avaient noué : ils sont mûrs à la Saint-Jean. L'arbre fructifie alors une seconde fois. Les amandiers étaient chargés de fruits. Un caroubier émondé portait une infinité de cosses. Les raisins qu'on mange sont cultivés en treilles soutenues par de hauts piliers. On plante en mars les melons, qui sont mûrs en juin. Ils croissent gaiement dans les ruines du temple de Jupiter sans aucune trace d'humidité. Le voiturin mangeait de grand appétit des artichauts et des choux-raves crus, mais il faut convenir qu'ils sont beaucoup plus délicats et plus savoureux que les nôtres. Quand on traverse les champs, les paysans permettent de manger autant qu'on veut des jeunes fèves de marais.

Comme je remarquais des pierres noires et compactes, qui ressemblaient à une lave, l'antiquaire me dit qu'elles venaient de l'Etna, qu'il s'en trouvait de pareilles au port ou plutôt au mouillage.

Il n'y a pas beaucoup d'oiseaux dans ce pays. On voit des cailles. Les oiseaux de passage sont les rossignols, les alouettes et les hirondelles. Les *rinnine*, petits oiseaux noirs qui viennent du Levant, s'apparient en Sicile et vont plus loin ou s'en retournent; les ridennes viennent d'Afrique en décembre et janvier, s'abattent sur l'Acragas et, de là, se retirent dans les montagnes.

Encore un mot sur le vase de la cathédrale. On y voit un héros équipé complétement; on dirait un étranger devant un vieillard assis, qui est caractérisé comme roi par le sceptre et la couronne. Derrière lui est une femme, la tête baissée, la main gauche sous le menton, dans l'attitude de la réflexion attentive. Vis-à-vis, derrière le héros, un vieillard, aussi couronné. Il parle à un homme qui porte une lance, et qui peut être de la garde du corps. Le vieillard semble avoir introduit le héros, et dire au garde : « Laissez-le parler au roi. C'est un brave homme. » Le rouge semble être le fond de ce vase, et le noir un enduit. Ce n'est qu'au vêtement de la femme que le rouge semble mis sur le noir.

Agrigente, vendredi 27 avril 1787.

Si Kniep veut exécuter tous ses projets, il faut qu'il dessine sans relâche, tandis que je me promène avec mon vieux petit guide.

Nous sommes allés du côté de la mer, d'où Agrigente, comme les anciens nous l'assurent, se présentait fort bien. Mon regard fut attiré sur l'étendue des flots, et mon guide me fit observer une longue traînée de nuages, qui, semblables à une chaîne de montagnes, paraissaient reposer au midi sur la ligne de l'horizon : ils indiquaient, me dit-il, la rive d'Afrique. J'observai cependant avec surprise un autre phénomène. C'était un arc étroit, formé d'un léger nuage, qui, appuyant une de ses extrémités sur la Sicile, se courbait dans le ciel bleu, d'ailleurs tout à fait pur, et semblait poser son autre bout sur la mer au midi. Brillamment coloré par le soleil, et paraissant d'ailleurs peu mobile, il offrait à l'œil un spectacle aussi singulier que charmant. On m'a assuré que cet arc était exactement dans la direction de Malte, et qu'il appuyait probablement sur cette île son autre pied; que ce phénomène se reproduisait quelquefois. Il serait assez étrange que la force d'attraction mutuelle des deux îles se manifestât de la sorte dans l'atmosphère.

Cette conversation a été pour moi une occasion de me demander encore si je devais renoncer à mon projet de visiter l'île de Malte. Mais j'y vois toujours les mêmes difficultés et les mêmes dangers, et nous avons résolu de garder notre voiturin jusqu'à Messine. Au reste, c'est encore un caprice qui a réglé notre conduite : jusqu'à ce jour j'avais peu vu en Sicile de contrées fertiles en blé; ensuite l'horizon était partout borné par des montagnes lointaines ou rapprochées, en sorte que l'île paraissait manquer tout à fait de plaines, et nous ne comprenions pas comment Cérès avait pu favoriser si particulièrement ce pays. Aux informations que je pris là-dessus, on répondit que pour m'expliquer la chose, au lieu de gagner Syracuse, je devais prendre à travers le pays, où je rencontrerais des champs de blé en abondance. Nous avons obéi à cette invitation de laisser Syracuse, n'ignorant pas qu'il ne restait guère de cette grande cité que son illustre nom. D'ailleurs nous pouvions aisément la visiter de Catane.

Caltanisetta, samedi 28 avril 1787.

Aujourd'hui nous pouvons dire enfin que nous avons vu de nos yeux comment la Sicile a pu mériter l'honorable surnom de grenier de l'Italie. A quelque distance d'Agrigente, ont commencé les terres fertiles. Ce ne sont pas de grandes plaines, mais des croupes de montagnes et de collines doucement inclinées les unes vers les autres, et entièrement couvertes de froment et d'orge, qui présentent à l'œil un immense tableau de fertilité. Le sol consacré à ces cultures est tellement utilisé et ménagé, qu'on ne voit nulle part un arbre, et même tous les petits villages, toutes les habitations, sont situés sur le haut des collines, où une suite de rochers calcaires rend d'ailleurs le sol infertile. C'est là que les femmes demeurent toute l'année, occupées à filer et tisser, tandis que les hommes, à l'époque des travaux champêtres, ne passent chez eux que le samedi et le dimanche. Les autres jours, ils demeurent en bas, et se retirent la nuit dans des huttes de roseaux. Notre désir était donc comblé jusqu'à satiété; nous aurions voulu avoir le char ailé de Triptolème pour échapper à cette uniformité.

Nous avons chevauché par un ardent soleil à travers ces déserts fertiles, et nous nous sommes félicités d'arriver enfin à Caltanisetta, ville bien située et bien bâtie, mais où nous avons de nouveau cherché inutilement une auberge tolérable. Nos mulets sont logés dans des écuries superbement voûtées; les valets dorment sur le trèfle qui est destiné aux bêtes : quant à l'étranger, il doit se pourvoir de tout lui-même.

Une chambre se trouve à notre disposition : il faut d'abord la faire nettoyer. Il n'y a point de chaises, point de bancs; on s'assied sur des chevalets de bois dur. Point de table non plus. Si l'on veut faire de ces chevalets la base d'un lit, on va chez le menuisier et on loue autant de planches qu'il est nécessaire. Le grand sac de cuir que nous a prêté Hackert nous vient très à propos cette fois, et nous commençons par le remplir de paille hachée. Avant tout, il a fallu pourvoir à notre nourriture, nous avions acheté une poule en chemin. Le voiturin était allé acheter du riz, du sel et des épices : mais, comme cet endroit était tout nouveau pour lui, on fut longtemps sans savoir où la poule serait cuite : à l'auberge même, on ne trouvait pas les facilités nécessaires. Enfin un bon vieux bourgeois se prêta à fournir pour un prix raisonnable le foyer et le bois, les ustensiles de cuisine et de table, et, en attendant que le dîner fût prêt, il nous promena dans la ville, puis enfin sur la place, autour de laquelle les plus notables habitants étaient assis à la manière antique, et s'entretenaient et voulurent s'entretenir avec nous. Nous avons dû leur parler de Frédéric II, et l'intérêt qu'ils prenaient à ce grand roi était si vif que nous leur avons caché sa mort, pour ne pas encourir par cette mauvaise nouvelle la haine de nos hôtes.

A gauche, dans le lointain, on remarquait la haute montagne voisine de Camerata, et un autre sommet semblable à une quille écourtée. Pas un arbre à voir pendant la grande moitié du chemin. Les blés étaient superbes, quoique moins hauts qu'à Agrigente et au bord de la mer, mais aussi nets qu'il est possible. Dans des champs immenses, aucune mauvaise herbe. D'abord nous n'avons vu que des champs verdoyants, puis des champs labourés, et, dans les lieux humides, quelques prairies. On rencontre aussi des peupliers. En sortant d'Agrigente, nous avons vu des pommes et des poires, puis quelques figues sur les hauteurs et aux alentours des rares villages.

Ces trente milles, avec tout ce que j'ai pu reconnaître à droite et à gauche, se composent de calcaire ancien et nouveau, entremêlé de gypse. C'est à l'efflorescence et à l'action réciproque de ces trois éléments que le sol doit sa fertilité. Il contient, je crois, peu de sable, et crie à peine sous les dents. Une supposition relative à la rivière d'Achates se vérifiera demain. Les vallées ont une belle forme, et, quoiqu'elles soient assez inclinées, les averses n'y laissent aucunes traces visibles : seulement de petits ruisseaux courent, à peine aperçus, car tout s'écoule directement à la mer. On voit peu de trèfle rouge. Le petit palmier disparaît aussi, tout comme les fleurs et les buissons du sud-est. On ne permet aux chardons d'envahir que les chemins; tout le reste appartient à Cérès. D'ailleurs le pays a beaucoup de rapport avec les contrées montueuses et fertiles de l'Allemagne, par exemple avec celles qui s'étendent entre Erfourt et Gotha, surtout si l'on regarde du côté des Gleichen[1]. Il fallait bien des circonstances réunies pour faire de la Sicile un des pays les plus fertiles du monde.

On voit peu de chevaux dans tout le trajet. On laboure avec les bœufs. Il y a une défense de tuer les vaches et les veaux. Nous avons rencontré beaucoup de chèvres, d'ânes et de mulets. Les chevaux sont la plupart gris pommelé avec la crinière et les pieds noirs. On trouve des écuries superbes, avec des compartiments en maçonnerie. Les terres sont fumées par les fèves et les lentilles. Les autres productions des champs croissent

1. Châteaux de Thuringe.

après cette récolte. On offre à vendre aux cavaliers qui passent des bottes d'orge encore verte et montée en épi, ainsi que du trèfle rouge.

Sur la montagne, au delà de Caltanisetta, j'ai trouvé le calcaire compacte avec des pétrifications; les grands coquillages étaient dessous, les petits dessus. Dans le pavé de la petite ville, nous avons vu le calcaire avec des pectinites. Après Caltanisetta les collines s'abaissent brusquement en diverses vallées, qui versent leurs eaux dans le Salso. Le sol est rougeâtre, très-argileux; une grande partie était sans culture. Dans les parties cultivées, les blés étaient assez beaux, mais encore inférieurs à ceux des cantons que nous venions de parcourir.

Castro Giovanni, dimanche 29 avril.

Nous avons traversé aujourd'hui des contrées encore plus fertiles et plus désertes. La pluie qui était tombée nous a fort incommodés, parce que nous avons dû franchir plusieurs ruisseaux très-enflés. Au bord du Salso, où l'on cherche inutilement un pont, nous avons trouvé les choses singulièrement disposées. Des hommes vigoureux étaient prêts, qui ont pris deux à deux par les flancs le mulet, chargé de son cavalier et du bagage, et l'ont mené ainsi à travers un bras profond de la rivière jusqu'à un grand banc de sable. Quand toute la société y fut parvenue, on passa de même le second bras, où les hommes, appuyant et poussant, ont soutenu l'animal dans le courant et dans le droit chemin. Le fleuve est bordé de quelques buissons, mais ils disparaissent bientôt dans l'intérieur des terres. Le Salso charrie du granit, transition du gneis, et du marbre brèche d'une seule couleur.

Nous vîmes alors devant nous la croupe isolée sur laquelle est situé Castro-Giovanni, et qui donne à la contrée un caractère sévère et singulier. On ne voit pas Castro-Giovanni avant d'avoir atteint le sommet de la montagne, car il est situé sur la pente rocheuse qui regarde le nord. L'étrange petite ville, le clocher, le village de Caltascibetta à gauche, à quelque distance, présentent en face l'un de l'autre un aspect tout à fait sérieux. On voyait dans la plaine les fèves en pleine fleur. Mais qui aurait pu jouir de ce spectacle? Les chemins étaient épouvantables, d'autant plus qu'ils avaient été pavés autrefois, et la pluie ne cessait pas. L'antique Enna nous a bien mal hébergés : une chambre carrelée, avec des contrevents sans fenêtres, en sorte qu'il nous fallait rester dans les ténèbres ou souffrir de nouveau la pluie fine à laquelle nous venions d'échapper. Nous avons mangé de grand appétit quelques restes de nos provisions et passé une triste nuit. Nous avons fait le vœu solennel de ne jamais prendre à l'avenir pour but de nos excursions un nom mythologique.

En chemin, lundi 30 avril 1787.

On descend de Castro-Giovanni par un chemin incommode et raboteux. Nous avons dû mener nos chevaux par la bride. Sous nos pieds, l'atmosphère était couverte de nuages, et un merveilleux phénomène s'est produit devant nous à une très-grande élévation. C'étaient des bandes blanches et grises, et l'on eût dit un corps solide; mais comment un corps solide s'élèverait-il dans le ciel? Notre guide nous apprit que l'objet de notre admiration était un côté de l'Etna, qui se montrait à travers les nuages déchirés; la neige et les rochers alternant formaient ces bandes; ce n'était pas le plus haut sommet.

La roche escarpée de l'antique Enna était maintenant derrière nous; nous suivions de longues, longues, et solitaires vallées; elles s'étendaient incultes, inhabitées, abandonnées au bétail paissant, que nous trouvâmes d'un beau brun, d'une taille peu élevée, avec de petites cornes, joli, svelte, éveillé comme les cerfs. Ces gentilles bêtes avaient sans doute assez de pâturages; cependant il leur était disputé, et peu à peu retranché par des masses énormes de chardons. Ils se multiplient à plaisir et couvrent un espace incroyable, qui suffirait aux pâturages de deux ou trois grands domaines. Ces plantes n'étant pas vivaces, il serait facile de les détruire dans cette saison, en les moissonnant avant la fleur.

Tandis que nous méditions gravement ces plans de guerre agronomiques contre les chardons, nous avons dû observer, à notre confusion, qu'ils ne sont pas tout à fait inutiles. Dans une auberge solitaire, où nous faisions manger nos chevaux, étaient arrivés deux nobles Siciliens, qui se rendaient à Palerme à travers champs pour un procès. Nous avons vu avec étonnement ces deux graves personnages debout devant une de ces touffes de chardons, armés de leurs couteaux tranchants, et couper le haut des tiges. Ils prenaient ensuite du bout des doigts leur butin épineux, ils pelaient la tige et mangeaient l'intérieur avec délices. Ils se livrèrent longtemps à cette occupation, tandis que nous nous réconfortions avec de bon pain et du vin, cette fois sans mélange. Le voiturin nous prépara de ces tiges, et nous assura que c'était une nourriture saine et rafraîchissante; mais elle fut aussi peu de notre goût que les choux-raves crus de Ségeste.

Arrivés dans la vallée où serpente le fleuve Saint-Paul, nous trouvâmes le sol d'un noir rougeâtre et un calcaire efflorescent, beaucoup de terres en friche, de vastes champs, une belle vallée, que le petit fleuve rend très-agréable. L'excellent sol argileux, mélangé, a parfois jusqu'à vingt pieds de profondeur et presque sans varier. Les aloès avaient poussé de fortes tiges; le blé était beau, mais quelquefois mêlé de mauvaise herbe, et bien inférieur aux champs du sud de l'île. Çà et là de petites habitations; point d'arbres, si ce n'est sous les murs de Castro-Giovanni. Au bord de la rivière, beaucoup de pâturages resserrés par des masses énormes de chardons. Dans les cailloux de la rivière, du quartz ou simple ou brèche.

Molimenti, petite ville neuve, très-convenablement placée au milieu de belles campagnes, au bord du Saint-Paul. Dans le voisinage, le blé était incomparable; on le moissonne dès le 20 mai. La contrée ne montre encore aucuns vestiges volcaniques. Le fleuve même ne charrie aucuns galets de ce genre. La terre, heureusement mélangée, plutôt forte que légère, est en général d'un brun violet. Toutes les montagnes à gauche, qui servent au fleuve de barrière, sont grès et calcaire : je n'ai pu observer le passage de l'un à l'autre. Ces montagnes, en s'effleurissant, ont préparé la grande fertilité, partout égale, de la vallée inférieure.

En chemin, mardi 1ᵉʳ mai 1787.

En descendant cette vallée si inégalement cultivée, quoique destinée tout entière par la nature à la fécondité, nous étions dans des dispositions assez mélancoliques, parce que, après tant de fatigue, il ne s'offrait rien qui répondît à nos vues pittoresques. Kniep avait esquissé un très-beau lointain, mais, le premier et le second plan étant affreux, il s'est permis, par un badinage plein de goût, d'y substituer un premier plan à la manière de Poussin, ce qui ne lui a rien coûté, et il a fait de son esquisse un charmant petit tableau. Que de voyages pittoresques renferment de pareilles demi-vérités!

Notre palefrenier, voulant dissiper notre mauvaise humeur, nous avait promis pour ce soir une bonne auberge, et il nous a conduits en effet dans une hôtellerie bâtie il y a peu d'années, et qui, établie sur cette route, à une distance convenable de Catane, devait être saluée avec joie par le voyageur. Au bout de douze jours, nous avons pris un peu nos aises dans ce gîte passable. Cependant nous remarquâmes quelques mots d'une belle écriture anglaise, tracés au crayon sur la muraille. Cela voulait dire : « Voyageurs, qui que vous soyez, gardez-vous à Catane de l'auberge du Lion-d'Or. Il vaudrait mieux pour vous tomber dans les griffes des Cyclopes, des Sirènes et de Scylla. » Tout en supposant que le bienveillant admoniteur avait grossi le danger d'une façon un peu mythologique, nous résolûmes d'éviter le Lion-d'Or, qui nous était annoncé comme un si terrible monstre. Aussi, quand notre muletier nous demanda où nous voulions loger à Catane, nous répliquâmes : « Partout, excepté au Lion. » Sur quoi il nous proposa de nous en tenir à l'auberge où il logeait ses bêtes; seulement, il nous faudrait pourvoir à notre subsistance comme nous avions fait jusqu'alors. Nous acceptâmes tout; notre unique désir était d'échapper à la gueule du Lion.

Aux environs d'Hybla-major s'annoncent les galets de lave, que l'eau charrie du nord. Au passage de la rivière, on trouve la roche calcaire, unie à des galets de toute sorte, pierre cornée, lave et chaux, puis de la cendre volcanique durcie, recouverte d'un tuf calcaire. Les collines siliceuses, mélangées, durent jusque vers Catane; jusque-là et plus loin encore, on trouve des courants de lave de l'Etna. A gauche, j'ai cru reconnaître un cratère. Sous Molimenti, les paysans drégeaient le lin. La nature aime la diversité et le fait voir ici, où elle se joue sur la lave, d'un gris bleu tirant sur le noir : elle la couvre d'une mousse jaune vif; un sédum d'un beau rouge développe dessus sa végétation luxuriante, avec d'autres belles fleurs violettes. Une soigneuse culture se montre dans les plantations de cactus et dans les vignes. Plus loin s'avancent d'énormes courants de lave. Motta est un rocher imposant et beau. Ici les fèves sont de très-hauts arbustes. Le sol des champs varie, tantôt très-argileux, tantôt mieux mélangé. Le voiturin, qui peut-être n'avait pas vu depuis longtemps cette végétation printanière de la côte sud-est, poussa de grandes exclamations sur la beauté des blés, et il nous demanda avec un orgueil patriotique s'il y en avait de pareils dans notre pays. Ici on sacrifie tout au blé; on voit peu ou plutôt on ne voit point d'arbres. Nous avons admiré une délicieuse jeune fille, à la taille riche, élancée, une ancienne connaissance de notre voiturin; elle suivait son mulet à la course, jasait, et cependant tournait son fuseau avec toute la grâce imaginable. Ici les fleurs jaunes commencent à dominer. Vers Misterbianco, les cactus reparaissent dans les haies; mais les haies entièrement composées de ces plantes aux formes étranges deviennent, dans le voisinage de Catane, toujours plus régulières et plus belles.

Catane, mercredi 2 mai 1787.

Nous nous trouvions en effet très-mal dans notre auberge. La cuisine que pouvait nous faire le muletier n'était pas des meilleures. Cependant une poule au riz, qu'on nous avait servie, n'aurait pas été à dédaigner, si une profusion de safran ne l'avait pas rendue aussi immangeable qu'elle était jaune. Nos lits détestables nous auraient presque obligés de recourir sur nouveaux frais au sac de Hackert: nous en avons parlé à notre bonhomme d'aubergiste. Il a témoigné ses regrets de ne pouvoir mieux nous traiter, et nous a signalé vis-à-vis une maison où les étrangers étaient bien reçus et avaient tout sujet d'être contents. Il nous indiquait à l'angle de la rue une grande maison qui, de notre côté, avait la meilleure apparence. Nous y avons couru sur-le-champ et nous avons trouvé un homme alerte, qui s'est donné comme domestique de louage, et, en l'absence de l'hôte, nous a ouvert une belle chambre à côté d'un salon, nous assurant en même temps que nous serions servis aux prix les plus modérés. Aussitôt nous avons demandé, suivant notre habitude, le prix du logement, de la table, du vin, du déjeuner et des autres détails. Tout était raisonnable, et nous avons fait bien vite transporter notre petit bagage, pour le caser dans les vastes commodes dorées. Kniep, qui trouvait pour la première fois l'occasion de déployer ses feuilles, a mis en ordre ses dessins, et moi, mes observations. Après quoi, charmés de notre bel appartement, nous avons passé au balcon du salon pour jouir de la vue. Après l'avoir assez admirée, nous nous retournons pour aller à nos affaires, et nous voyons sur nos têtes un grand lion d'or qui nous menace. Nous nous jetons l'un à l'autre un regard significatif, et de sourire et de rire!... Mais, dès ce moment, nous observons ce qui nous environne, pour voir s'il ne paraîtra point quelqu'un de ces monstres homériques.

Rien de pareil ne se montrait : en revanche, nous trouvons dans la salle une jeune et jolie femme qui se promène deçà delà avec un enfant de deux ans, mais elle est tout à coup vivement apostrophée par ce demi-maître si remuant. Il lui ordonne de sortir. Elle n'a rien à faire là. « C'est bien mal à toi de me chasser! dit-elle. On ne peut calmer l'enfant au logis, quand tu es loin. Ces messieurs me permettront sans doute de tranquilliser le petit en ta présence. » Le mari n'y voulait pas entendre et cherchait à mettre la femme dehors. L'enfant, mis à la porte, poussa des cris lamentables, et nous dûmes finir par demander sérieusement que la jolie petite dame restât dans la salle. Avertis par l'Anglais, nous avons vu aisément le fond de cette comédie. Nous avons joué les novices, les innocents. Pour lui, il remplissait parfaitement son rôle de tendre père. L'enfant était charmant avec lui. Probablement la mère supposée l'avait pincé derrière la porte. Elle resta donc tout innocemment, quand le mari sortit afin de porter au chapelain du prince Biscari une lettre de recommandation, et la femme continua de babiller jusqu'à ce qu'il revînt nous annoncer que l'abbé paraîtrait bientôt lui-même, pour nous renseigner plus exactement.

Catane, jeudi 3 mai 1787.

L'abbé, qui était déjà venu nous saluer hier au soir, nous a conduits ce matin au palais. Cet édifice se compose d'un seul étage sur un soubassement élevé. Nous avons d'abord visité le musée, où sont rassemblés des statues de marbre et d'airain, des vases et toute sorte d'antiquités pareilles. Nous avons eu une nouvelle occasion d'étendre nos connaissances. Nous nous sommes surtout arrêtés au torse d'un Jupiter dont j'avais déjà vu un plâtre dans les ateliers de Tischbein, et qui a de trop grands mérites pour que nous puissions les juger. Un commensal nous a donné les détails historiques les plus nécessaires, et de là nous avons passé dans une salle haute et spacieuse. Les siéges, rangés en grand nombre contre les murs, annonçaient qu'il s'y tient quelquefois de grandes assemblées. Nous nous sommes assis dans l'attente d'un accueil favorable. Deux dames sont entrées et se sont promenées dans la salle. Elles s'adressaient la parole de temps en temps. Quand elles nous aperçurent, l'abbé se leva et j'en fis autant. Nous saluâmes. Je demandai qui elles étaient, et j'appris que la plus jeune était la princesse, la plus âgée une noble dame de Catane. Nous avions repris nos places. Ces dames se promenaient de long en large, comme on ferait sur une place.

Nous fûmes introduits chez le prince, et, comme on nous l'avait annoncé, il nous montra sa collection de médailles, preuve de confiance particulière, car de pareilles exhibitions avaient causé à son père et à lui-même la perte de plusieurs objets, et son obligeance ordinaire en était un peu diminuée. Cette fois, j'ai pu me montrer un peu plus connaisseur, parce que je m'étais instruit en observant la collection du prince Torremuzza. J'ai fait de nouveaux progrès, et je me suis servi avec assez de succès de ce fil durable de Winckelmann, qui nous mène à travers les différentes époques de l'art. Le prince, parfaitement instruit de ces choses, et voyant devant lui, non des connaisseurs, mais des amateurs attentifs, a bien voulu nous donner tous les éclaircissements que nous lui avons demandés.

Après que nous eûmes consacré à cet examen un temps considérable, mais trop court encore, nous allions prendre congé, quand le prince nous a conduits à sa mère, chez laquelle étaient les autres œuvres d'art de plus petit volume. Nous avons trouvé une femme remarquable, à l'air naturel et distingué, qui nous a accueillis en nous disant : « Regardez autour de vous, messieurs; vous trouverez tout ici comme feu mon mari l'avait assemblé et mis en ordre. Je le dois à la piété de mon fils, qui a voulu que je fusse logée dans ses meilleurs appartements, et qui n'a pas souffert que rien y fût enlevé ni déplacé, de ce que son père avait recueilli et arrangé. J'y trouve le double avantage de vivre comme j'en ai eu l'habitude pendant de longues années et de voir et d'apprendre à connaître, comme auparavant, les étrangers de mérite, qui viennent de bien loin pour observer nos trésors. » Là-dessus, la princesse nous a ouvert elle-même l'armoire vitrée où étaient conservés les ouvrages d'ambre. L'ambre de la Sicile se distingue de celui du Nord en ce qu'il passe de la couleur de cire et de miel, transparente et opaque, par toutes les nuances d'un jaune foncé, jusqu'au plus beau rouge hyacinthe. On en avait taillé des urnes, des coupes et d'autres objets, qui faisaient supposer quelquefois des morceaux d'une grosseur merveilleuse. Ces objets, les coquilles taillées, que l'on travaille à Trapani, enfin d'excellents ouvrages d'ivoire, font surtout le plaisir de la noble dame, et lui ont fourni le sujet d'agréables récits. Le prince nous a rendus attentifs à des objets plus sérieux, et nous avons ainsi passé quelques heures agréables et instructives. La princesse ayant appris que nous étions Allemands, nous a demandé des nouvelles de MM. Riedesel, Bartel et Munter, qu'elle a tous connus, et dont elle a su discerner et apprécier fort bien le caractère et la conduite. Nous l'avons quittée à regret, et elle semblait, de son côté, fâchée de nous voir partir. Dans une île, la vie a toujours quelque chose de solitaire, et n'est vivifiée et soutenue que par un intérêt passager.

L'ecclésiastique nous a menés ensuite au couvent des Bénédictins, dans la cellule d'un frère de moyen âge, dont l'air triste et concentré promettait peu de communications agréables. C'était cependant l'homme ingénieux qui savait seul dompter l'orgue immense de cette église. Après avoir deviné plutôt que compris notre désir, il l'a satisfait en silence. Nous nous sommes rendus dans l'église, qui est très-vaste et qu'il a remplie tour à tour, jusque dans les dernières profondeurs, des suaves gémissements et des éclatants tonnerres de l'admirable instrument qu'il faisait parler. Qui n'aurait pas vu l'homme auparavant aurait dû croire que c'était un géant qui exerçait une pareille puissance; mais nous, qui avions vu le personnage, nous n'étions surpris que d'une chose, c'est qu'il n'eût pas depuis longtemps succombé dans cette lutte.

Catane, vendredi 4 mai 1787.

Comme nous sortions de table, l'abbé est venu nous chercher en voiture, parce qu'il devait nous montrer la partie la plus reculée de la ville. Quand il s'est agi de monter en voiture, nous avons eu un singulier débat d'étiquette. J'étais monté le premier et je m'étais assis à gauche; mais l'abbé, en montant, m'a demandé expressément de le laisser prendre ma place. Je le priai de ne pas s'arrêter à ces cérémonies. « Veuillez souffrir, dit-il, que les choses se passent ainsi; car, si je prenais place à votre droite, chacun croirait que je vais avec vous; mais, si je m'assieds à gauche, il est entendu que vous allez avec moi, qui vous montre la ville au nom du prince. » Il n'y avait rien à répliquer, et je changeai de place.

Nous avons monté les rues où la lave qui détruisit en 1669 une grande partie de la ville est encore visible maintenant. On a mis en œuvre comme une autre roche le courant de feu solidifié; on y a même tracé et commencé à bâtir des rues. J'ai cassé un morceau évidemment fondu, me rappelant qu'avant mon départ d'Allemagne la querelle sur la nature volcanique du basalte était déjà allumée. J'en ai fait autant en plusieurs endroits, afin d'obtenir plusieurs variétés. Mais, si les nationaux n'étaient pas eux-mêmes amis de leur pays, et ne s'étaient pas appliqués à rassembler, soit par intérêt soit par amour de la science, ce qu'il y a de remarquable dans leur contrée, le voyageur se donnerait longtemps une peine inutile. A Naples, le marchand de lave m'avait déjà rendu de très-bons services; ici j'en ai reçu de bien plus considérables du chevalier Gioeni. J'ai vu dans sa collection, riche et très-élégamment disposée, les laves de l'Etna, les basaltes qui se trouvent à son pied, avec leurs transformations plus ou moins faciles à reconnaître; tout m'a été produit de la manière la plus obligeante. J'ai surtout admiré les zéolithes, tirées des roches escarpées qui sont dans la mer sous Jaci.

Quand nous demandâmes au chevalier de quelle manière il fallait s'y prendre pour monter sur l'Etna, il ne voulut pas entendre parler d'une tentative pour monter au sommet, surtout dans cette saison. « En général, dit-il, en nous faisant ses excuses, les étrangers qui viennent ici jugent l'entreprise trop facile. Nous autres voisins de la montagne, nous sommes déjà satisfaits, si, en saisissant la meilleure occasion, nous montons au sommet une ou deux fois dans le cours de notre vie. Brydone, qui a, le premier, inspiré par sa description le désir d'arriver à ce sommet enflammé, n'y est point monté lui-même; le comte de Borch laisse le lecteur dans le doute, mais il ne s'est élevé non plus qu'à une certaine hauteur. Actuellement, la neige forme alentour une ceinture beaucoup trop large, et présente des obstacles insurmontables. Si vous voulez suivre mon conseil, montez demain de bonne heure à cheval jusqu'au pied du Monte-Rosso; gravissez cette hauteur : vous jouirez de là d'une vue magnifique, et vous observerez en même temps l'ancienne lave, qui fit éruption à cette place en 1669, et se précipita malheureusement sur la ville. La vue est superbe et distincte. Le reste, il vaut mieux se le faire conter. »

Catane, samedi 5 mai 1787.

Dociles à ce bon conseil, nous nous sommes mis de bonne heure en chemin; montés sur nos mulets, et regardant sans cesse en arrière, nous avons atteint la région des laves que le temps n'a pas encore domptées. Des blocs dentelés et des tables nous présentaient leurs masses immobiles, à travers lesquelles nos montures trouvaient un passage de hasard. Nous avons fait halte sur la première hauteur considérable. Kniep a dessiné avec une grande précision ce qui s'offrait devant nous du côté de la montagne : les masses de lave au premier plan; à gauche, le double sommet du Monte-Rosso; sur nos têtes, les forêts de Nicolosi, au-dessus lesquelles s'élevait le sommet neigeux, quelque peu fumant. Nous nous sommes approchés du Monte-Rosso : je l'ai gravi. Il se compose entièrement de rouges décombres volcaniques, de cendres et de pierres. J'aurais pu faire commodément le tour du cratère, si un vent d'est orageux n'avait rendu à chaque pas la marche incertaine. Si je voulais avancer un peu, j'étais obligé d'ôter mon manteau. A chaque instant mon chapeau courait le risque d'être emporté dans le cratère et moi-même après. Je m'assis pour me reprendre et pour contempler la contrée. Mais je ne me trouvais pas mieux dans cette position : l'orage venait justement de l'est, par-dessus le pays magnifique étendu sous mes pieds, auprès et au loin, jusqu'à la mer. La vaste plage de Messine à Syracuse, avec ses courbures et ses golfes, se déployait devant mes yeux, ou tout à fait découverte ou seulement un peu cachée par les rochers du rivage. Quand je fus redescendu, tout étourdi, je trouvai que Kniep avait bien employé son temps dans un lieu abrité, et fixé en traits délicats sur le papier ce que l'orage furieux m'avait à peine permis de voir, bien loin que je l'eusse gravé dans mon souvenir.

Revenus dans la gueule du Lion-d'Or, nous trouvâmes le domestique de louage, que nous avions eu de la peine à détourner de nous accompagner. Il nous approuva d'avoir renoncé à l'ascension de l'Etna, mais il nous proposa vivement pour le lendemain une promenade par mer aux rochers de Jaci. C'était la plus belle partie de plaisir qu'on pût faire de Catane. On emportait des vivres, avec les ustensiles nécessaires pour faire cuire quelque chose. Sa femme offrait de se charger de ce soin. Il se rappelait avec délices une de ces promenades, où des Anglais s'étaient même fait suivre d'une musique dans un bateau particulier. C'était un plaisir inimaginable. Les rochers de Jaci m'attiraient vivement ; j'avais un grand désir d'en détacher des zéolithes aussi belles que celles que j'avais vues chez le chevalier Gioeni. On pouvait arranger l'affaire et décliner la compagnie de la dame ; néanmoins le fantôme de l'Anglais et ses avertissements ont triomphé ; nous avons renoncé aux zéolithes, et nous nous savons fort bon gré de notre retenue.

Catane, dimanche 6 mai 1787.

Notre ecclésiastique ne s'est pas lassé. Il nous a menés voir les restes de constructions antiques : elles exigeraient de l'observateur un rare talent de restauration. On nous a montré les débris des bassins d'une naumachie et d'autres ruines encore ; mais la ville a été si souvent ravagée par les laves, les tremblements de terre et la guerre, qu'elles sont enfoncées et recouvertes, au point de n'offrir de l'intérêt et de l'instruction qu'aux plus habiles connaisseurs en architecture antique. Le père a refusé de faire une nouvelle visite au prince, et nous nous sommes séparés avec les expressions les plus vives de la gratitude et de la bienveillance.

Taormine, lundi 7 mai 1787.

Dieu merci, tout ce que nous avons vu aujourd'hui a été décrit suffisamment, mais ce qui vaut mieux encore, Kniep a résolu de passer demain toute la journée à dessiner là-haut. Après avoir gravi les parois de rochers qui se dressent non loin du rivage, on trouve deux sommets unis par un demi-cercle. Quelle que fût sa forme naturelle, l'art a prêté son concours, et en a formé un amphithéâtre demi-circulaire destiné aux spectateurs; des murailles et d'autres constructions supplémentaires en briques ont ajouté les corridors et les salles nécessaires. Au pied des gradins rangés en demi-cercle, on construisit la scène, qui relia les deux rochers et compléta le plus énorme ouvrage de la nature et de l'art.

Qu'on prenne place sur les gradins supérieurs, et l'on avouera que jamais peut-être un public, au théâtre, n'eut devant lui de pareils objets. A droite, sur de grands rochers, s'élèvent des forêts; plus loin et plus bas est la ville, et bien que ces constructions soient modernes, il y en avait jadis de pareilles à la même place. Puis la vue s'étend sur toute la longue chaîne des croupes de l'Etna; à gauche, le rivage jusqu'à Catane et même jusqu'à Syracuse. L'immense montagne fumante termine ce vaste tableau, mais non d'une manière effrayante, car l'atmosphère vaporeuse fait paraître l'objet plus éloigné et plus doux. Si l'on porte les yeux de ce spectacle sur les passages pratiqués derrière les spectateurs, on a à sa gauche toutes les parois de rochers entre lesquels et la mer serpente le chemin de Messine, des groupes et des masses de rochers dans la mer elle-même, les côtes de Calabre dans un lointain très-reculé, et qu'on ne distingue qu'avec beaucoup d'attention des nuages qui s'élèvent doucement.

Nous sommes descendus vers le théâtre, et nous nous sommes arrêtés parmi ses ruines : un architecte habile à restaurer devrait y essayer son talent, du moins sur le papier. Nous avons ensuite entrepris de nous frayer un chemin jusqu'à la ville à travers les jardins, et nous avons appris quel impénétrable boulevard c'était qu'une haie d'aloès. La vue pénètre à travers les feuilles entre-croisées, et l'on croit pouvoir aussi traverser, mais les fortes épines du bord des feuilles sont de sensibles obstacles. Si nous mettons le pied sur une de ces feuilles colossales, dans l'espérance qu'elle pourra nous porter, elle se casse, et au lieu de nous dégager et de passer, nous tombons dans les bras d'une plante voisine.

Nous sommes enfin parvenus à sortir de ce labyrinthe ; nous avons pris quelque nourriture à la ville, et nous n'avons pu quitter ce lieu avant le coucher du soleil. C'était un spectacle d'une beauté infinie, de voir cette contrée, remarquable dans tous ses détails, se plonger peu à peu dans la nuit.

Sous Taormino, au bord de la mer, mardi 8 mai 1787.

Je ne puis donner assez d'éloges à ce Kniep, que ma bonne fortune m'a envoyé, car il me soulage d'un fardeau qui me serait insupportable, et il me rend à ma propre nature. Il est monté là-haut pour dessiner en détail ce que nous avons observé à la volée. Il taillera souvent ses crayons, et je ne vois pas comment il viendra à bout de cet ouvrage. J'aurais pu revoir aussi tout cela, et d'abord j'ai voulu monter avec lui, puis je me suis senti l'envie de rester ici. J'ai cherché un étroit asile, comme l'oiseau qui voudrait bâtir son nid. Dans un mauvais jardin villageois, qu'on laisse à l'abandon, je me suis assis sur les branches d'un oranger, pour me plonger dans mes rêveries. Des branches d'oranger sur lesquelles s'assied le voyageur, cela sonne d'une manière un peu étrange ; mais on le trouve tout naturel, quand on sait que l'oranger, abandonné à lui-même, se divise peu au-dessus de la racine, en rameaux qui, avec le temps, deviennent de véritables branches. J'étais donc assis de la sorte, continuant à méditer le plan de *Nausicaa*, résumé dramatique de l'*Odyssée*. Je ne le crois pas impossible, mais il faudrait ne pas perdre de vue la différence fondamentale du drame et de l'épopée.

Kniep est redescendu, joyeux et satisfait, et a rapporté deux immenses feuilles, dessinées avec la plus grande netteté. Il les achèvera pour moi en souvenir permanent de ce jour magnifique. Il ne faut pas oublier que, sous le ciel le plus pur, nos regards se promenaient sur ce beau rivage du haut d'un petit balcon; les roses brillaient, les rossignols chantaient. On nous assure qu'ici ils chantent la moitié de l'année.

De Souvenir.

Comme la présence et l'activité d'un artiste habile et mes travaux particuliers, quoique sans suite et de moindre valeur, m'assuraient, en esquisses ou en tableaux terminés, des images durables et bien choisies des plus intéressantes contrées et de leurs diverses parties, je cédai plus facilement au désir qui s'éveillait toujours plus en moi, d'animer par de nobles figures poétiques la magnifique nature qui m'entourait, la mer, les îles et les ports, et de faire de ces beaux lieux le théâtre et le sujet d'une composition d'un ton et d'un caractère tout différents de mes autres ouvrages. La splendeur du ciel, le souffle de la mer, les vapeurs par lesquelles les montagnes étaient, pour ainsi dire, fondues avec le ciel et la mer en un seul élément, tout cela nourrissait mes projets, et, tandis que je me promenais dans ce beau jardin public de Palerme, entre les haies fleuries de lauriers-roses, les berceaux de citronniers et d'orangers chargés de fruits, et d'autres arbres et arbrisseaux qui m'étaient inconnus, je sentis de la manière la plus agréable l'influence étrangère.

Persuadé qu'il ne pouvait y avoir pour moi un meilleur commentaire de l'*Odyssée* que cette vivante nature qui m'environnait, je m'étais procuré un exemplaire du poëme, et je le lisais à ma manière avec un incroyable plaisir. Mais bientôt je fus excité à produire moi-même une œuvre qui, toute singulière qu'elle paraissait au premier moment, me devint toujours plus chère, et finit par m'occuper tout entier. Je conçus en effet l'idée de prendre le récit de Nausicaa pour sujet d'une tragédie.

Je ne puis juger moi-même ce que j'en aurais fait, mais j'eus bientôt arrêté le plan. L'idée principale était de représenter dans Nausicaa une vierge excellente, recherchée par de nombreux poursuivants, et qui, ne se sentant aucune inclination particulière, a repoussé jusqu'à ce jour tous les hommages. Enfin, touchée du mérite d'un admirable étranger, elle sort de son indifférence, et se compromet par une manifestation précipitée de son amour, ce qui rend la situation tragique au plus haut point. Cette simple fable deviendrait intéressante par la richesse des motifs subordonnés, par le caractère maritime et insulaire qui dominerait dans l'exécution et qui donnerait à l'ouvrage un ton particulier. Le premier acte s'ouvrait par la partie de balle; puis vient la rencontre inattendue; et le scrupule de Nausicaa, qui n'ose pas conduire elle-même l'étranger dans la ville, est déjà un signe précurseur de l'amour. Le second acte montrait la maison d'Alcinoüs, les caractères des poursuivants, et se terminait par l'entrée d'Ulysse. Le troisième était entièrement consacré à relever l'importance de l'aventurier, et j'espérais traiter avec un art agréable le récit dialogué de ses aventures, que devaient accueillir de manières très-diverses les divers auditeurs. Pendant le récit les passions s'exaltent, et le vif intérêt que l'étranger inspire à Nausicaa se manifeste enfin par l'action et la réaction. Dans le quatrième acte, Ulysse fait paraître sa valeur hors de la scène, tandis que les femmes y restent et donnent carrière à l'amour, à l'espérance, à tous les tendres sentiments. En présence des grands succès que remporte l'étranger, Nausicaa se possède encore moins, et se compromet sans retour auprès de ses compatriotes. Ulysse, à moitié coupable, à moitié innocent de tout, doit enfin déclarer son intention de partir, et, dans le cinquième acte, il ne reste plus à la bonne jeune fille d'autre refuge que la mort.

Il n'y avait rien dans cette composition que je n'eusse pu peindre d'après nature, en consultant ma propre expérience. Voyageur moi-même, et courant moi-même le risque d'éveiller de tendres inclinations, qui, sans avoir une fin tragique, peuvent causer assez de douleurs, de dangers et de maux; me trouvant moi-même dans le cas, à une si grande distance de la patrie, de peindre avec de vives couleurs des objets éloignés, des aventures de voyage, des événements de ma vie, pour l'amusement de la société, d'être tenu pour un demi-dieu par la jeunesse, pour un hâbleur par les personnes posées; d'obtenir plus d'une faveur imméritée, de rencontrer plus d'un obstacle inattendu : tout cela m'attachait si fort à ce plan, à ce projet, que j'y rêvai pendant tout mon séjour à Palerme et la plus grande partie de mon voyage en Sicile. Et si j'en ai peu ressenti les incommodités, c'est que sur ce sol éminemment classique, je me trouvais dans une disposition poétique, qui me permettait de recueillir tout ce que j'éprouvais, ce que je voyais, ce qui m'arrivait, et de le garder en moi avec un sentiment de joie. Selon ma coutume, bonne ou mauvaise, je n'en écrivis rien, ou presque rien, mais j'en travaillai la plus grande partie jusqu'au dernier détail, dans ma tête, où ce plan a sommeillé sous le flot des distractions qui suivirent, jusqu'à ce moment où je n'en rappelle qu'un fugitif souvenir.

Sur le chemin de Messine, mardi 8 mai 1787.

On côtoie à gauche des rochers calcaires. Ils deviennent plus colorés et forment de beaux golfes. Puis vient une sorte de pierre qu'on pourrait appeler un schiste argileux ou un quartz mêlé de schiste et de mica.

Dans les ruisseaux se trouvent déjà des galets de granit. Les pommes jaunes du solanum et les fleurs des lauriers-roses égayent le paysage.

Le fleuve Niso, de même que les ruisseaux qu'on trouve ensuite, charrient des schistes micacés.

Sur le chemin de Messine, mercredi 9 mai.

Assiégés par le vent d'est, nous avons chevauché tout le jour en lutte avec l'eau, ayant à droite la mer ondoyante et à gauche les parois des rochers que nous avions vus d'en haut avant-hier; nous avons traversé d'innombrables ruisseaux, parmi lesquels un plus grand, le Niso, est honoré du nom de fleuve. Toutefois ces eaux et les pierres qu'elles roulent étaient des obstacles moins difficiles que la mer violemment agitée, qui, en plusieurs endroits, brisait par-dessus le chemin jusqu'aux rochers et rejaillissait sur les voyageurs. Spectacle magnifique, dont la rareté nous a fait supporter ce qu'il avait d'incommode. Je ne pouvais manquer de faire en même temps quelques observations géologiques. Les masses de rochers calcaires s'effleurissent, s'écroulent, et les parties tendres, usées par le mouvement des flots, laissent subsister les parties dures, en sorte que toute la plage est couverte de pyrites bariolées de la nature de la pierre cornée, dont j'ai emporté plusieurs échantillons.

Messine, jeudi 10 mai 1787.

C'est ainsi que nous sommes arrivés à Messine, et, comme nous ne connaissions aucune auberge, nous nous sommes résignés à passer la première nuit dans l'endroit ou descendait le voiturin, afin de nous mettre le lendemain en quête d'un meilleur logis. Cette résolution nous donna dès l'entrée l'idée la plus effroyable d'une ville dévastée, car nous avons chevauché tout un quart d'heure à travers des ruines, et toujours des ruines, avant d'arriver à l'auberge qui, dans tout ce quartier, a été seule rebâtie, et ne présente, des fenêtres de l'étage supérieur, qu'un désert hérissé de ruines. Hors des limites de cette ferme, on n'apercevait ni gens ni bêtes. C'était un affreux silence de nuit. Les portes n'avaient ni verrous ni serrures. On était là aussi peu arrangé pour recevoir des voyageurs que dans les autres abris pour les chevaux. Cependant nous avons dormi tranquillement sur un matelas que le serviable voiturin avait tiré, à force de paroles, de dessous le corps de l'aubergiste.

Messine, vendredi 11 mai 1787.

Nous avons congédié aujourd'hui notre honnête guide. Un généreux pourboire a récompensé ses bons services. Avant de nous quitter, ce brave homme nous a encore procuré un domestique de louage, qui s'est chargé de nous conduire dans la meilleure auberge et de nous montrer toutes les curiosités de Messine. L'hôte, afin de voir bien vite rempli son désir d'être délivré de nous, a aidé à transporter nos malles et nos effets dans une auberge agréable, plus près de la partie animée de la ville, c'est-à-dire hors de la ville elle-même. Voici l'état des choses. Après l'affreux désastre de Messine et la mort de douze mille personnes, il ne restait aucun asile pour les autres habitants, au nombre de trente mille; la plupart des maisons étaient renversées; les autres, toutes lézardées, n'offraient aucune sûreté. On se hâta donc de construire au nord de Messine, dans une grande plaine, une ville de planches, dont on peut se faire d'abord une idée en parcourant, au temps des foires, le Rœmerberg de Francfort et la place de Leipzig, car toutes les boutiques et les ateliers sont ouverts sur la rue, et il se fait beaucoup de travaux en dehors. Aussi n'y a-t-il que peu de grands bâtiments qui soient fermés, et encore avec peu de soin, car les habitants passent beaucoup de temps en plein air.

C'est ainsi qu'ils sont logés depuis trois ans, et cette vie de baraques, de cabanes et même de tentes, a exercé sur le caractère des habitants une influence décisive. L'horreur de l'épouvantable catastrophe, la peur de la voir se renouveler, les portent à goûter les plaisirs du moment avec une joyeuse insouciance. On avait craint, le 21 avril, c'est-à-dire environ vingt jours auparavant, le retour d'une nouvelle calamité; une secousse remarquable avait encore ébranlé le sol. On nous a fait voir une petite église, où une foule de personnes rassemblées à ce moment avaient senti la secousse. Quelques-unes, qui s'y étaient trouvées, semblaient n'être pas encore remises de leur frayeur.

Un bienveillant consul, qui s'est donné spontanément beaucoup de peine pour nous, nous a servi de guide dans nos observations et nos recherches, avec un empressement plus digne de notre reconnaissance au milieu de ces ruines qu'en tout autre lieu. Ayant appris que nous désirions partir bientôt, il nous a mis en rapport avec un Français, capitaine d'un vaisseau marchand, qui allait faire voile pour Naples. Rien ne pouvait mieux nous convenir, puisque le drapeau blanc est respecté des corsaires.

Comme nous venions d'exprimer à notre aimable guide le désir de voir intérieurement une des grandes baraques, qui n'ont d'ailleurs qu'un seul étage, leur disposition et leur ménage improvisé, un homme d'humeur agréable se joignit à nous, et nous vîmes bientôt que c'était un professeur de langue française. La promenade finie, le consul lui communiqua notre désir de voir un de ces bâtiments, le pria de nous conduire chez lui et de nous présenter à sa famille. Nous entrâmes dans la cabane bâtie et couverte en planches. Elle nous fit une impression toute pareille à celle de ces baraques de foire où l'on montre pour de l'argent des bêtes sauvages et d'autres curiosités. La charpente était visible sur les côtés comme au toit; un rideau vert séparait la partie antérieure, qui n'était pas planchéiée, mais battue comme une aire. On voyait là, pour tous meubles, des chaises et des tables. Le jour venait d'en haut par les ouvertures accidentelles des planches. Nous causâmes quelque temps et j'observais le rideau vert et la charpente intérieure du toit, visible par-dessus; quand tout à coup, ici et là, derrière le rideau, deux têtes charmantes de jeunes filles, aux yeux noirs, aux cheveux noirs, nous guettèrent curieusement, mais disparurent comme l'éclair, dès qu'elles se virent observées. Toutefois, à la prière du consul, après avoir pris le temps nécessaire pour s'habiller, elles reparurent sur de jolis corps bien parés, et, avec leurs habits bariolés, elles ressortaient à merveille sur le tapis vert. A leurs questions, nous pûmes bien voir qu'elles nous prenaient pour des êtres fabuleux d'un autre monde, et nos réponses durent les confirmer encore dans cette aimable erreur. Le consul leur fit une joyeuse peinture de notre merveilleuse apparition; l'entretien fut très-agréable; il nous en coûta de nous séparer. Nous avions déjà passé la porte, quand nous vînmes à songer que nous n'avions point vu la salle intérieure, et que les habitantes nous avaient fait oublier l'habitation.

Messine, samedi 12 mai 1787.

Le consul nous avait dit, entre autres choses, que, s'il n'était pas absolument nécessaire, il était du moins convenable que nous fissions une visite au gouverneur, vieillard bizarre, qui, selon son caprice et son préjugé, pouvait aussi bien nuire que servir. Il savait bon gré au consul de lui présenter les étrangers de marque, et l'étranger ignorait toujours s'il n'aurait pas besoin de cet homme d'une manière ou d'une autre. Pour complaire à notre ami, je l'accompagnai. En entrant dans le vestibule, nous entendîmes au dedans un vacarme effroyable. Un coureur, avec des gestes de polichinelle, dit à l'oreille du consul: « Mauvaise journée! heure critique! » Nous entrâmes toutefois et nous trouvâmes le très-vieux gouverneur assis à une table, tout près de la fenêtre. Il nous tournait le dos. Devant lui était un grand monceau d'enveloppes de lettres jaunies, dont il coupait fort tranquillement les feuilles non écrites, nous donnant ainsi à connaître son humeur économe. Pendant qu'il était livré à cette occupation paisible, il querellait et maudissait horriblement un homme de bonne mine, qu'à son vêtement nous jugeâmes devoir être un Maltais, et qui se défendait avec beaucoup de calme et de précision, pendant les rares intervalles qui lui étaient laissés. Sans perdre contenance, l'homme injurié et maltraité cherchait à écarter un soupçon que le gouverneur avait, semblait-il, conçu contre lui, pour l'avoir vu arriver et partir souvent sans autorisation. L'homme alléguait ses passeports et les relations connues qu'il avait à Naples. Mais tout cela était inutile; le gouverneur découpait ses vieilles lettres, mettait à part le papier blanc et continuait de faire vacarme.

Outre le consul et moi, une douzaine de personnes debout, formant un grand cercle, étaient témoins de ce combat de bêtes, et nous enviaient sans doute la place que nous occupions près de la porte, comme une bonne position, pour le cas où le furieux s'aviserait de lever son bâton à crochet et de frapper à tort et à travers. Pendant cette scène, la figure du consul s'était visiblement allongée. J'étais tranquillisé par le voisinage du jovial coureur, qui, hors de la salle et devant le seuil de la porte, faisait derrière moi mille grimaces bouffonnes, pour me rassurer, si je regardais quelquefois en arrière, et pour me faire entendre que tout cela ne signifiait pas grand'chose. En effet, cette terrible affaire se termina fort doucement. Le gouverneur conclut en disant que rien ne l'empêchait à la vérité d'incarcérer le survenant, et de le laisser se débattre en prison, mais que la chose passerait pour cette fois. Le voyageur pouvait rester à Messine les deux jours qui lui étaient fixés, puis trousser bagage et ne jamais revenir. Avec une tranquillité parfaite, et sans changer de visage, l'homme tira sa révérence, salua poliment l'assemblée et nous particulièrement, car il lui fallut passer entre nous pour gagner la porte. Le gouverneur s'étant retourné en colère, pour lui jeter encore quelque invective, il nous aperçut, se calma sur-le-champ, fit un signe au consul, et nous approchâmes. Un homme d'un très-grand âge, la tête courbée, des sourcils gris, hérissés, sous lesquels brillaient des yeux noirs et profonds. Du reste, il était métamorphosé; il m'invita à m'asseoir, me fit, tout en continuant son travail, diverses questions, auxquelles je pus satisfaire, et il finit par me dire que, pour tout le temps que je passerais à Messine, j'étais invité à sa table.

Le consul, aussi content que moi, et plus encore, parce qu'il connaissait mieux le péril auquel nous avions échappé, dégringola l'escalier, et j'avais perdu toute envie de revenir jamais dans l'antre du lion.

Messine, dimanche 13 mai 1787.

Nous nous sommes réveillés par un soleil splendide dans un logis plus agréable, mais nous nous trouvions toujours dans l'infortunée Messine. Rien de plus triste que l'aspect de la Pallazzata, rangée demi-circulaire de véritables palais qui entourent et marquent la rade sur une longueur d'un quart de lieue. De tous ces édifices, bâtis en pierre et à quatre étages, plusieurs façades subsistent encore tout entières jusqu'à l'entablement, d'autres sont écroulées jusqu'au troisième, au deuxième, au premier étage, en sorte que cette rangée de palais, auparavant magnifique, se présente aujourd'hui affreusement ébréchée et même transpercée, car le ciel bleu se fait voir à travers presque toutes les fenêtres. Tout l'intérieur, c'est-à-dire ce qui formait les appartements est détruit. La cause de ce singulier phénomène, c'est que, se réglant sur le plan architectural des riches, les voisins, moins opulents, pour rivaliser avec eux en apparence, avaient caché derrière des façades neuves en pierres de taille leurs vieilles maisons, maçonnées en cailloux grands et petits, noyés dans la chaux. Cette construction, en soi mal sûre, désagrégée et rompue par l'horrible tremblement de terre, avait dû s'écrouler en masse. Entre plusieurs préservations merveilleuses, au milieu d'un si grand désastre, on rapporte le fait suivant. Un habitant de ces maisons, dans le moment de la catastrophe, avait couru droit à l'embrasure d'une fenêtre; la maison s'était écroulée derrière lui, et, resté sain et sauf dans ce lieu élevé, il avait attendu tranquillement qu'on vint le délivrer de cette prison aérienne.

Que cette mauvaise construction (qui tenait à ce qu'on n'avait pas de pierres de taille dans le voisinage) ait été la principale cause de la ruine totale de la ville, c'est ce que montre la persistance des bâtiments solides. Le collége et l'église des jésuites, construits de bonne pierre de taille, sont encore debout dans leur première solidité. Quoi qu'il en soit, l'aspect de Messine est extrêmement triste, et rappelle les temps antiques où les Sicanes et les Sicules abandonnèrent ce sol instable, et s'établirent sur la côte occidentale.

C'est ainsi que nous avions passé notre matinée, puis nous étions allés à l'auberge faire un frugal déjeuner; nous nous trouvions encore gaiement réunis, quand le domestique du consul accourut hors d'haleine, et m'annonça que le gouverneur me faisait chercher par toute la ville; il m'avait invité à sa table et je ne paraissais pas. Le consul me faisait prier instamment de m'y rendre sur-le-champ, que je fusse ou ne fusse pas à jeun, que j'eusse laissé passer l'heure à dessein ou par oubli. Alors enfin je sentis l'incroyable légèreté avec laquelle j'avais banni de ma pensée l'invitation du cyclope, satisfait de lui avoir échappé la première fois. Le valet ne me laissa pas balancer; ses ordres étaient sérieux et pressants; le despote, furieux, pouvait, dit-il, jouer un mauvais tour au consul et à tous ses compatriotes. Je pris courage, en arrangeant ma coiffure et mes habits, et je suivis mon guide avec sérénité, invoquant Ulysse, mon patron, et implorant son intervention auprès de la sage Minerve.

Arrivé dans l'antre du lion, je fus conduit par le plaisant coureur dans une grande salle à manger, où une quarantaine de personnes étaient assises à une table ovale, sans qu'on entendît le moindre bruit.

La place à la droite du gouverneur était vacante, et le coureur m'y conduisit. Après avoir salué d'une révérence le maître et les convives, je m'assis à côté de lui, et, pour excuser mon retard, j'alléguai l'étendue de la ville et l'erreur où la manière extraordinaire de compter les heures m'avait déjà fait tomber souvent. Il répliqua, le regard enflammé, qu'on doit s'informer en pays étranger des coutumes régnantes et se régler sur elles. Je répondis que c'était le but constant de mes efforts, mais j'avais éprouvé que, avec les meilleures résolutions, pendant les premiers jours, où un endroit est encore nouveau pour nous et les relations inconnues, nous tombons d'ordinaire dans certaines fautes, qui sembleraient impardonnables, si la fatigue du voyage, la distraction causée par les nouveaux objets, le souci de trouver un logement passable et de s'assurer les moyens de continuer sa route, ne pouvaient servir d'excuse. Là-dessus il me demanda combien de temps je me proposais de rester à Messine. Je répondis que je voudrais y rester longtemps, pour lui prouver, par une scrupuleuse obéissance à ses ordres et à ses commandements, ma reconnaissance de la faveur qu'il m'accordait. Après une pause, il me demanda ce que j'avais vu à Messine. Je contai en peu de mots l'emploi de ma matinée, en faisant quelques observations, et j'ajoutai que j'avais surtout admiré l'ordre et la propreté des rues de cette ville détruite. Et véritablement c'était admirable de voir comme toutes les rues étaient nettoyées de ruines : on avait rejeté les décombres en dedans des murs écroulés ; on avait rangé les pierres le long des maisons et, par là, dégagé le milieu des rues, ainsi rendues libres au commerce et à la circulation. Je pouvais donc, avec vérité, en faire ma cour au brave homme, et lui assurer que tous les habitants de Messine se déclaraient, avec reconnaissance, redevables de ce bienfait à sa sollicitude.

« Est-ce qu'ils le reconnaissent ? dit-il en grommelant. Ils ont cependant assez crié d'abord contre la dureté avec laquelle on les contraignait pour leur avantage. »

Je parlai des vues sages du gouvernement, des desseins élevés, qui ne pouvaient être compris et appréciés que plus tard, et autres réflexions pareilles. Il me demanda si j'avais vu l'église des jésuites, et comme je lui dis que non, il me promit de me la faire voir avec toutes ses dépendances.

Pendant cette conversation, interrompue par quelques pauses, je voyais le reste de la société dans le plus profond silence, et ne faisant que les mouvements nécessaires pour porter les morceaux à la bouche. Quand la table fut levée et qu'on eut servi le café, tous se tinrent, comme des poupées de cire, rangés contre les murs. J'allai droit au chapelain de la maison, qui devait me faire voir l'église, afin de le remercier de sa peine par avance : il esquiva mes remerciements, en assurant avec humilité qu'il n'avait devant les yeux que les ordres de Son Excellence. J'adressai la parole à un jeune étranger qui se trouvait auprès de lui et qui, tout Français qu'il était, ne semblait pas trop à son aise, car il était muet et pétrifié comme toute la compagnie, dans laquelle j'aperçus plusieurs visages qui avaient assisté timidement à la scène de la veille avec le chevalier de Malte.

Le gouverneur s'éloigna, et, au bout de quelque temps, l'ecclésiastique me dit que c'était le moment d'aller. Je le suivis. Le reste de la compagnie s'était écoulé sans bruit. Il me conduisit au porche de l'église des jésuites, qui, selon leur architecture connue, dresse en l'air sa masse magnifique et vraiment imposante. Un concierge vint sans tarder au-devant de nous et nous pria d'entrer. Mais l'ecclésiastique m'arrêta, en me faisant observer que nous devions auparavant attendre le gouverneur. Il arriva bientôt en voiture. Il fit arrêter dans la place non loin de l'église, et, sur un signe qu'il fit, nous nous approchâmes tous trois de la portière de son carrosse. Il ordonna au concierge de me montrer l'église dans toutes ses parties et même de me faire en détail l'histoire des autels et des autres fondations; il devait aussi ouvrir les sacristies, et attirer mon attention sur tout ce qu'elles offraient de remarquable. J'étais un homme qu'il voulait honorer, auquel il fallait donner tout sujet de parler glorieusement de Messine dans sa patrie. « Ne manquez pas, me dit-il ensuite, en souriant, pour autant que ses traits en étaient capables, ne manquez pas, aussi longtemps que vous serez ici, de venir dîner à l'heure précise. Vous serez toujours bien reçu. » J'avais à peine eu le temps de faire une réponse respectueuse, que la voiture était partie.

Dès ce moment, l'ecclésiastique parut aussi plus serein. Nous entrâmes dans l'église. Le châtelain, comme il faudrait le nommer dans ce palais magique, enlevé au service divin, se disposait à remplir l'office qui lui était sévèrement imposé, quand le consul et Kniep s'élancèrent dans le sanctuaire vide, et m'embrassèrent en témoignant la joie la plus vive de me revoir, moi qu'ils avaient déjà cru sous les verrous. Ils avaient été dans une affreuse angoisse jusqu'au moment où l'adroit coureur, sans doute bien payé par le consul, leur avait rapporté, en se livrant à mille bouffonneries, l'heureuse issue de l'aventure. Rendus à la joie, ils s'étaient mis à ma recherche, dès qu'ils avaient su que le gouverneur voulait bien me faire ouvrir l'église.

Cependant nous étions devant le maître autel, écoutant l'explication des vieilles curiosités. Des colonnes de lapis-lazuli, qui semblaient cannelées par des baguettes bronzées, dorées, des pilastres et des panneaux incrustés à la manière florentine, les magnifiques agates de Sicile en surabondance, le bronze et la dorure se rencontrant toujours et unissant tout. Mais c'était une drôle de fugue en contre-point, que les discours entrecoupés du consul, de Kniep et du démonstrateur : les premiers contant les embarras de l'aventure, l'autre m'expliquant ces raretés magnifiques encore bien conservées, et chacun pénétré de son sujet. J'avais ainsi le double plaisir de sentir la valeur de mon heureuse délivrance et de voir employés d'une manière architecturale les produits des montagnes de Sicile, pour lesquels je m'étais déjà donné tant de peine.

Le consul ne cessait pas de m'éclairer sur le sort dont j'avais été menacé. Le gouverneur, mécontent de lui-même, et fâché que j'eusse été dès l'entrée le témoin de sa conduite violente envers le quasi-Maltais, avait résolu de me faire des honneurs particuliers, et il s'était tracé en conséquence un plan dont l'exécution avait été d'abord contrariée par mon absence. Après une longue attente, le despote s'était enfin mis à table, sans pouvoir dissimuler son impatience et son mécontentement, et la compagnie avait redouté une scène soit à mon arrivée soit au sortir de table. Cependant le sacristain tâchait toujours de reprendre la parole ; il ouvrait les armoires secrètes, construites dans de belles proportions, ornées avec goût et même avec magnificence. Il y restait encore quelques meubles d'église, en rapport avec l'ensemble par la forme et les ornements ; mais je ne voyais aucun objet d'or ou d'argent, aucune véritable œuvre d'art ancienne ou nouvelle.

Au moment où finissait notre fugue italienne-allemande (car le père et le sacristain psalmodiaient dans une langue, Kniep et le consul dans l'autre), un officier, que j'avais vu à table, se joignit à nous. Il appartenait à la suite du gouverneur. Son arrivée pouvait encore éveiller quelque défiance, surtout quand il s'offrit de me mener au port, où il voulait me conduire en des endroits d'ordinaire inaccessibles aux étrangers. Mes amis se regardaient, mais je ne me laissai pas détourner d'aller seul avec lui. Après quelques discours indifférents, je lui parlai en confidence, et lui avouai que j'avais très-bien remarqué à table des signes bienveillants de plusieurs convives muets qui me donnaient à entendre que je n'étais pas isolé parmi des étrangers, que je me trouvais au contraire au milieu d'amis et même de frères. Je croyais de mon devoir de l'en remercier et je le priais d'exprimer à ses amis la même reconnaissance. Il me répondit qu'ils avaient voulu en effet me rassurer, d'autant qu'ils connaissaient le caractère de leur chef et n'avaient eu réellement pour moi aucune crainte. Une explosion comme celle qui avait éclaté contre le Maltais était rare, et, quand pareille chose arrivait, le digne vieillard s'en faisait lui-même des reproches; il s'observait longtemps, vivait quelque temps dans une tranquille insouciance de son office, jusqu'à ce qu'enfin, surpris par un incident inattendu, il se laissait entraîner à de nouvelles violences. L'honnête officier ajouta que tout son désir et celui de ses amis était de se lier avec moi plus intimement; il faudrait pour cela que j'eusse la complaisance de me faire connaître plus particulièrement, et la nuit prochaine en offrirait la meilleure occasion. J'esquivai poliment cette demande, et je le priai de me pardonner ma fantaisie. Je désirais que pendant mon voyage on ne vît en moi qu'un homme. Si je pouvais, comme tel, inspirer la confiance et obtenir la sympathie, cela m'était agréable et doux, mais divers motifs me défendaient d'entrer dans d'autres relations.

Je ne songeais pas à le convaincre, car je ne pouvais dire mon véritable motif. Cependant je trouvai assez remarquable l'innocente et belle association que les hommes bien pensants avaient formée sous un régime despotique, pour leur défense propre et pour celle des étrangers. Je ne lui cachai pas que je connaissais fort bien leurs rapports avec d'autres voyageurs allemands; je m'étendis sur le but louable auquel ils voulaient arriver, et je l'étonnai toujours plus par mon obstination secrète. Il fit tout son possible pour me tirer de mon incognito, mais il n'y réussit pas : échappé à un danger, je ne voulais pas, sans dessein, me jeter dans un autre ; d'ailleurs les idées de ces braves insulaires étaient, je le vis bien, si différentes des miennes que mon intimité n'aurait pu leur offrir ni joie ni satisfaction. En revanche, je passai, le soir, quelques heures encore avec le vigilant et officieux consul, qui m'expliqua aussi la scène avec le Maltais. Ce n'était pas proprement un aventurier, c'était un inquiet coureur de pays. Le gouverneur, qui appartenait à une grande famille, honoré pour sa gravité et son mérite, estimé pour ses services importants, avait pourtant la réputation d'une opiniâtreté sans bornes, d'une fougue sans frein et d'une volonté de fer. Soupçonneux, comme vieillard et despote, craignant sans trop de raison d'avoir des ennemis à la cour, il détestait ces figures qui allaient et venaient et les prenait toutes pour des espions. Cette fois, l'habit rouge s'était trouvé sur son chemin dans un moment où, après une assez longue pause, il avait eu besoin de se remettre une fois en colère pour se soulager le cœur.

Messine, et en mer, lundi 14 mai 1787.

A notre réveil, nous avons tous deux senti du regret de nous être décidés à partir avec le capitaine français, dans notre impatience de fuir le coup d'œil des ruines de Messine. Après l'heureuse issue de mon aventure avec le gouverneur, mes relations avec des hommes de mérite, auxquels je n'avais qu'à me faire mieux connaître, enfin une visite à mon banquier, qui demeurait à la campagne dans une délicieuse contrée, nous faisaient concevoir les plus belles espérances d'une prolongation de séjour à Messine. Kniep, doucement occupé d'une couple de jolies personnes, ne désirait rien plus que la durée du vent contraire, si souvent détesté. Cependant la situation était désagréable : nos malles étaient faites, et il fallait nous tenir prêts à partir à tout moment. Nous y fûmes appelés vers midi ; nous courûmes à bord, et nous trouvâmes dans la foule rassemblée sur le rivage notre bon consul, à qui nous témoignâmes notre reconnaissance en prenant congé de lui. Le coureur jaune y survint aussi afin d'attraper un pourboire. Il reçut de nous une gratification, et nous le chargeâmes d'annoncer à son maître notre départ, et d'excuser mon absence à table. « Qui fait voile est excusé! » s'écria-t-il, et puis, se retournant, il fit une cabriole et disparut.

Sur le vaisseau, les choses avaient une tout autre apparence que sur la corvette napolitaine; mais, en nous éloignant par degrés du rivage, nous fûmes occupés à contempler la vue magnifique du cercle de palais, de la citadelle et des montagnes qui s'élèvent derrière la ville, la Calabre, de l'autre côté, puis, au sud et au nord, la libre vue du détroit, qui se déploie, bordé de part et d'autre de magnifiques rivages. Après que nous eûmes admiré successivement toutes ces choses, on nous fit remarquer à gauche, à quelque distance, un peu d'agitation dans l'eau, et à droite, un peu plus près, un rocher qui faisait saillie sur le rivage : l'un était Charybde, l'autre Scylla. A l'occasion de ces deux objets remarquables, si éloignés l'un de l'autre dans la nature, si rapprochés par le poëte, on s'est plaint de l'humeur mensongère de ses pareils, sans réfléchir que, chez tous les hommes, l'imagination, quand elle veut se figurer des objets imposants, se les représente toujours plus hauts que larges, et, par là, donne à l'image plus de caractère, de gravité et de dignité. J'ai entendu mille fois des gens se plaindre qu'un objet connu par le récit ne satisfait plus dans la réalité. La cause en est toujours la même : l'imagination est à la réalité ce que la poésie est à la prose. L'une se représentera les objets puissants et ardus, l'autre s'étendra toujours en plaine. Les peintres de paysage du seizième siècle, comparés aux nôtres, en offrent un exemple frappant. Un dessin de Jodocus Mamper, à côté d'une esquisse de Kniep, rendrait visible tout ce contraste. Tels étaient les discours auxquels nous nous amusions, Kniep lui-même n'ayant pas trouvé assez attrayants les rivages qu'il s'était déjà disposé à dessiner.

Pour moi, je fus de nouveau en proie à la désagréable sensation du mal de mer, et, cette fois, mon état ne fut pas adouci, comme dans le premier trajet, par une séquestration commode. Toutefois la cabine se trouvait assez grande pour recevoir plusieurs personnes; on ne manquait pas non plus de bons matelas : je repris la position horizontale, et Kniep eut soin de me fournir de pain et de vin rouge. Dans cette position, tout notre voyage de Sicile m'apparut sous un jour assez triste. Nous n'avions proprement rien vu que les vains efforts des hommes pour se défendre contre les violences de la nature, contre la sournoise malice du temps et contre la fureur de leurs propres hostilités. Les Carthaginois, les Grecs et les Romains, et bien d'autres populations après eux, avaient bâti et ravagé; Sélinonte avait été méthodiquement saccagée; deux mille ans n'avaient pas suffi à renverser les temples d'Agrigente, mais quelques heures, ou même quelques moments, à détruire Catane et Messine. Ces réflexions, qui sentaient vraiment le mal de mer, sont bien dignes d'un homme ballotté sur le flot de la vie : je ne les ai pas laissées s'emparer de moi.

En mer, mardi 15 mai 1787.

C'est en vain que j'espérais arriver cette fois à Naples plus promptement, ou me voir plus tôt délivré du mal de mer. Encouragé par Kniep, j'ai essayé plusieurs fois de me promener sur le pont, mais la jouissance d'un spectacle si divers et si beau m'a été refusée. Quelques incidents m'ont fait seuls oublier mon vertige. Tout le ciel était enveloppé d'une vapeur blanchâtre, à travers laquelle le soleil, sans qu'on pût en distinguer l'image, éclairait la mer, colorée du plus bel azur. Une troupe de dauphins accompagnait le navire. Nageant et sautant, ils demeuraient toujours à la même distance. Je suppose que, de loin et du fond de la mer, ils avaient pris pour une proie l'édifice flottant, qui leur paraissait comme un point noir. Quoi qu'il en soit, les matelots ne les traitaient pas comme une escorte, mais comme des ennemis. Un d'eux a été atteint d'un coup de harpon, sans qu'on ait pu l'amener.

Le vent était toujours défavorable, et notre navire, courant des bordées, ne pouvait que ruser avec lui. L'impatience s'accrut, lorsque certains voyageurs expérimentés assurèrent que ni le capitaine ni le pilote ne savaient leur métier; l'un n'était qu'un marchand, l'autre qu'un matelot; ils n'étaient pas en état de répondre pour tant de vies et tant de biens. Je priai ces braves gens de tenir leurs inquiétudes secrètes. Les passagers étaient nombreux; il y avait des femmes et des enfants de tout âge; car on s'était entassé sur le navire français, ne considérant qu'une chose, c'est qu'on était à l'abri des pirates sous le pavillon blanc. Je représentai que la défiance et l'inquiétude mettraient tout le monde dans la plus pénible position, tandis que jusqu'à présent tous voyaient leur salut dans le tissu sans armes et sans couleurs. Et véritablement, ce bout de toile blanche, entre le ciel et la mer, est, comme talisman certain, un objet assez remarquable. De même que ceux qui partent et ceux qui restent se saluent encore avec des mouchoirs blancs qu'ils agitent, éveillant ainsi de part et d'autre un sentiment de tendresse et d'amitié qu'ils n'auraient sans cela jamais éprouvé, ainsi l'origine est consacrée dans ce simple étendard : c'est comme si quelqu'un attachait son mouchoir à une perche, pour annoncer au monde entier qu'un ami arrive de l'autre bord.

Réconforté de temps en temps avec du pain et du vin, en dépit du capitaine, qui demandait que je mangeasse ce que j'avais payé, j'ai pu enfin m'asseoir sur le pont et prendre part à maint divertissement. Kniep savait m'égayer, et ne cherchait pas, comme sur la corvette, à exciter mon envie en triomphant de la table excellente, au contraire, il m'estimait heureux cette fois de n'avoir point d'appétit.

Mercredi 16 mai 1787.

Nous avons passé de la sorte l'après-midi, sans avoir pénétré, selon nos désirs, dans le golfe de Naples. Nous avons été poussés toujours plus vers l'ouest; le vaisseau s'approchait de Capri et s'éloignait sans cesse davantage du cap Minerve. Tous les passagers étaient impatients et fâchés; mais nous deux, qui observions le monde avec l'œil du peintre, nous pouvions être fort satisfaits. Au soleil couchant, nous avons joui de l'aspect le plus admirable qui se soit offert à nous dans tout le voyage. Devant nos yeux s'allongeait le cap Minerve, brillamment coloré ainsi que les montagnes voisines, tandis que les rochers qui s'étendent au sud avaient déjà pris un ton bleuâtre. Depuis le cap, toute la côte s'illuminait jusqu'à Sorrente. On apercevait le Vésuve, surmonté d'une masse énorme de vapeurs, dont une longue traînée s'avançait vers l'est, et pouvait nous faire présumer une violente éruption. A gauche, Capri se dressait vers le ciel; nous pouvions distinguer parfaitement à travers la vapeur transparente et bleuâtre les formes de ses rochers. Sous un ciel parfaitement pur et sans nuages, brillait la mer à peine agitée, et qui, dans le silence absolu du vent, finit par se déployer devant nous comme un étang limpide. Nous étions enchantés. Kniep s'affligeait de ce que tout l'art du coloriste ne suffisait pas à reproduire cette harmonie, tout comme le plus fin crayon anglais n'était pas suffisant, dans la main la plus exercée, pour retracer ces lignes. Mais moi, persuadé qu'un souvenir bien moins fidèle que ne pourrait le reproduire cet habile artiste serait infiniment précieux dans l'avenir, je l'ai exhorté à faire un dernier effort de l'œil et de la main; il s'est laissé persuader, et il a exécuté un de ses dessins les plus exacts, qu'il a ensuite colorié, donnant la preuve que le pinceau du peintre pouvait l'impossible. Nous avons observé d'un œil aussi curieux le passage du jour à la nuit. Capri était maintenant devant nous, tout à fait ténébreuse, et, à notre grande surprise, le nuage du Vésuve, tout comme les nuages traînants, s'enflammait de plus en plus; nous vîmes enfin dans le fond de notre tableau une étendue considérable de l'atmosphère illuminée et même jetant des éclairs.

En présence d'une si belle scène, nous n'avions pas remarqué qu'un grand mal nous menaçait, mais le mouvement qui se fit parmi les passagers nous en instruisit bientôt. Plus au fait que nous des aventures de mer, ils faisaient au capitaine et à son pilote des reproches amers d'avoir, par leur inhabileté, manqué le détroit et mis en danger de périr les personnes et les biens qui leur étaient confiés. Nous demandâmes la cause de cette inquiétude, car nous ne pouvions comprendre que, par un calme parfait, on eût quelque malheur à craindre. Et c'était ce calme justement qui désespérait tout le monde. « Nous sommes déjà, disaient-ils, dans le courant qui tourne autour de l'île, et qui, par un singulier mouvement des flots, aussi lent qu'irrésistible, nous entraîne vers les rochers escarpés, où ne se trouve pas un pied de saillie, pas une anse pour nous sauver. » Attentifs à ces discours, nous considérâmes notre sort avec horreur. En effet, quoique la nuit ne permît pas de distinguer le péril croissant, nous observions que le navire, se berçant, et balançant, s'approchait des rochers, qui se dressaient toujours plus sombres devant nous, tandis qu'un léger crépuscule s'étendait encore sur la mer. On ne pouvait pas remarquer dans l'atmosphère le plus faible mouvement. Chacun déployait et levait en l'air des mouchoirs et de légers rubans, mais il ne se manifestait aucun signe d'un souffle désiré. La foule était toujours plus bruyante et plus tumultueuse. Les femmes n'étaient pas à genoux en prières sur le pont avec leurs enfants, l'espace étant trop étroit pour qu'il fût possible de s'y remuer, elles étaient couchées côte à côte. Plus encore que les hommes, qui étaient assez sages pour songer aux moyens de salut, les femmes invectivaient et maudissaient le capitaine. On lui jetait à la face toutes les critiques qu'on avait faites à part soi pendant tout le voyage, le prix fort cher qu'il faisait payer pour un étroit espace et une mauvaise nourriture, enfin sa conduite, non pas malhonnête, mais mystérieuse. Il n'avait rendu compte à personne de ses actions, et, même le dernier soir, il avait gardé un silence obstiné sur ses manœuvres. Ils n'étaient plus, lui et le pilote, que des marchands venus on ne sait d'où, qui, sans connaissance de la navigation, avaient su, par simple cupidité, se procurer un vaisseau, et qui, par leur incapacité et leur ineptie, causaient la perte de toutes les personnes qui s'étaient confiées en eux. Le capitaine se taisait et semblait toujours s'occuper de notre salut. Pour moi qui, dès mon jeune âge, avais trouvé l'anarchie plus odieuse que la mort, il me fut impossible de me taire plus longtemps. Je m'avançai et je parlai à ces gens à peu près avec le même calme qu'aux oiseaux de Malsesine. Je leur représentai que, dans ce moment, leur vacarme et leurs cris troublaient l'oreille et l'esprit de ceux sur qui reposait notre unique espérance de salut, en sorte qu'ils ne pouvaient ni réfléchir ni s'entendre l'un l'autre. « Pour ce qui vous regarde, m'écriai-je, rentrez en vous-mêmes et adressez votre fervente prière à la Mère de Dieu, qui seule peut, s'il lui plaît, intercéder auprès de son Fils, afin qu'il fasse pour vous ce qu'il fit autrefois pour ses apôtres sur le lac de Tibériade, quand les flots s'élançaient déjà dans la barque et que le Seigneur dormait; et cependant, quand les désespérés l'éveillèrent, il ordonna sur-le-champ au vent de s'apaiser, comme il peut maintenant lui commander de se mettre en mouvement, si d'ailleurs telle est sa sainte volonté. »

Ces paroles produisirent le meilleur effet. Une des femmes, avec laquelle je m'étais entretenu auparavant sur des sujets moraux et religieux, s'écria : *Ah! il Barlamè! benedetto il Barlamè!* En effet, déjà tombées à genoux, elles commencèrent à réciter leurs litanies avec une ferveur extraordinaire. Elles pouvaient le faire avec d'autant plus de tranquillité, que l'équipage essayait encore un moyen de salut, qui du moins frappait les yeux. On avait mis à la mer la chaloupe, qui ne pouvait contenir que six à huit hommes; on l'attacha par une longue corde au vaisseau, que les matelots tiraient à eux à force de rames. On crut un moment qu'ils le faisaient mouvoir dans le courant, et l'on espérait l'en voir bientôt dégagé. Mais, soit que ces efforts augmentassent la résistance du courant, soit par toute autre cause, la chaloupe et les hommes qui la montaient furent avec la longue corde rejetés circulairement vers le navire, comme la mèche d'un fouet, quand le cocher en a porté un coup. C'était encore une espérance évanouie!

La prière et les gémissements se succédaient tour à tour, et, pour rendre la situation plus affreuse, sur le haut des rochers, les chevriers, dont on avait vu les feux depuis longtemps, criaient d'une voix sourde qu'un navire échouait là-bas. Ils s'adressaient les uns aux autres bien des paroles intelligibles, et quelques passagers, qui connaissaient leur langage, croyaient comprendre qu'ils se réjouissaient du butin qu'ils espéraient pêcher le lendemain. On voulait douter encore que le vaisseau approchât réellement des rochers et fût dans une situation si menaçante, mais ce doute fut bientôt levé, quand l'équipage s'arma de longues perches pour écarter le navire des rochers, si l'on en venait à cette extrémité, jusqu'à ce que ces perches elles-mêmes fussent aussi brisées, et que tout fût perdu. Le vaisseau balançait toujours plus fort; le ressac paraissait augmenter; le mal de mer me reprit et me força de descendre dans la cabine. A moitié étourdi, je me couchai sur mon matelas, avec une sensation qui avait un certain charme, dérivé peut-être du lac de Tibériade : car j'en voyais flotter devant moi l'image, telle que nous la présente la Bible illustrée de

Mérian. Ainsi la force des impressions morales et sensibles à la fois ne se déploie jamais avec plus d'énergie que quand l'homme est entièrement refoulé sur lui-même. Je ne saurais dire combien de temps je passai dans ce demi-sommeil, mais je fus réveillé par un grand vacarme qui se faisait sur ma tête. Je pus entendre distinctement que c'étaient les cordages qu'on traînait sur le pont, et j'en conclus qu'on faisait usage des voiles. Au bout d'un moment, Kniep accourut et m'annonça que nous étions sauvés. Il s'était levé un léger souffle de vent; on était occupé dans ce moment à déployer les voiles; il n'avait pas manqué de mettre lui-même la main à l'œuvre. Déjà on s'éloignait du rocher sensiblement, et, quoiqu'on ne fût pas encore tout à fait hors du courant, on espérait pourtant de le surmonter. Sur le pont tout était tranquille. Bientôt plusieurs passagers survinrent; ils annoncèrent l'heureux événement et se couchèrent.

A mon réveil, le quatrième jour de notre traversée, je me trouvai sain et dispos comme je l'avais été après le même intervalle dans notre passage en Sicile, en sorte que, dans une plus longue navigation, j'aurais probablement payé mon tribut par un malaise de trois jours. Je voyais du pont avec plaisir l'île de Capri, que nous laissions de côté à une assez grande distance, et notre vaisseau dans une direction telle que nous pouvions espérer d'entrer dans le golfe, ce qui eut lieu en effet bientôt après. Alors nous eûmes le plaisir, après une nuit pénible, d'admirer sous un jour opposé les mêmes objets qui nous avaient ravis la veille. Bientôt nous laissâmes derrière nous cette île de rochers si dangereuse.

La veille, nous avions admiré le côté droit du golfe; maintenant les châteaux et la ville se présentaient en face de nous, puis, à gauche, le Pausilippe et les langues de terre qui s'étendent jusque vers Ischia et Procida. Tout le monde était sur le pont, et, au premier rang, était un prêtre grec, très-épris de son Orient : interrogé par les indigènes, qui saluaient avec ravissement leur admirable patrie, et pressé de dire ce qu'il pensait de Naples en comparaison de Constantinople, il répondit avec enthousiasme : « *Anche questa è una città!* C'est là aussi une ville! »

Nous avons abordé à la bonne heure, au milieu d'une foule bourdonnante. C'était le moment le plus animé de la journée. Nos malles et nos autres effets étaient à peine débarqués et déposés sur le rivage, que deux portefaix s'en sont emparés, et aussitôt que nous eûmes dit que nous logions chez Moriconi, ils se mirent à courir avec ce fardeau comme avec un butin, si bien que nous ne pouvions les suivre des yeux à travers les rues populeuses et la place fourmillante. Kniep avait le portefeuille sous le bras et nous aurions du moins sauvé les dessins, si ces portefaix, moins honnêtes que les pauvres diables napolitains, ne nous avaient pris ce que les écueils avaient épargné.

NAPLES.

A Herder.

Naples, 17 mai 1787.

Me voilà revenu en bonne santé, mes amis. J'ai fait à travers la Sicile un voyage facile et rapide. A mon retour, vous jugerez comment j'ai vu. En m'attachant jusqu'à ce jour et en m'arrêtant aux choses, j'ai acquis une incroyable facilité à tout jouer, pour ainsi dire, à livre ouvert, et je me trouve heureux de posséder si complète et si claire dans mon esprit la grande, belle et incomparable idée de la Sicile. Il n'y a plus dans le Midi aucun objet qui m'attire, car je suis revenu hier de Pæstum. La mer et les îles m'ont procuré des jouissances et des fatigues, et je m'en vais satisfait. Permettez-moi de réserver tous les détails pour mon retour. A Naples, on ne peut se recueillir. Je vous peindrai ce lieu maintenant mieux que mes premières lettres ne l'ont fait. Je partirai pour Rome le 1er juin, si aucune force majeure ne s'y oppose, et je pense quitter Rome au commencement de juillet. J'ai besoin de vous revoir aussitôt que possible. Ce seront d'heureux jours. J'ai amassé une immense cargaison, et j'ai besoin de repos pour tout élaborer.

Je te remercie mille fois pour ce que tu fais d'obligeant et de bon en faveur de mes ouvrages; je voudrais, de mon côté, faire toujours quelque chose de mieux pour te complaire. Tout ce qui me viendra de toi, où que cela m'arrive, sera bienvenu. Nos idées se rapprochent autant qu'il est possible sans être identiques, et elles se touchent surtout de près dans les points principaux. Si tu as tiré beaucoup de toi-même dans ces derniers temps, moi j'ai beaucoup acquis, et je puis espérer un bon échange. Mes idées sont, il est vrai, comme tu dis, très-attachées au présent, et, plus je vois le monde, moins j'espère que l'humanité devienne jamais une masse intelligente, heureuse et sage. Peut-être, parmi les millions de mondes, en est-il un qui peut se glorifier de cet avantage; j'espère aussi peu pour le nôtre, avec sa constitution, que pour la Sicile avec la sienne.

Dans la feuille ci-jointe, je dis quelque chose de ma course à Salerne et à Pæstum. C'est le dernier et, je pourrais dire, le plus admirable tableau que j'emporte entier dans le Nord. Le temple du milieu est, selon moi, préférable à tout ce que l'on voit encore en Sicile.

Au sujet d'Homère, il semble qu'un bandeau soit tombé de dessus mes yeux. Les descriptions, les comparaisons, nous paraissent poétiques et sont néanmoins plus naturelles qu'on ne peut dire, mais tracées avec une pureté et une intimité qui effrayent. Les fables mêmes les plus étranges ont un air naturel que je n'ai jamais senti comme dans le voisinage des objets décrits. Permets-moi d'exprimer ma pensée en deux mots: les anciens représentent l'existence, et nous, d'ordinaire, l'effet; ils décrivent l'horrible, et nous, horriblement; l'agréable, et nous, agréablement. De là vient tout le forcé, le maniéré, les grâces affectées, l'enflure; car, si l'on travaille l'effet et pour l'effet, on ne croit jamais pouvoir le rendre assez sensible. Si ce que je dis n'est pas nouveau, du moins une nouvelle occasion me l'a fait très-vivement sentir. Et maintenant rivages et promontoires, golfes et baies, îles et langues de terre, rochers et côtes sablonneuses, collines buissonneuses, douces prairies, champs fertiles, jardins ornés, arbres cultivés, vignes pendantes, montagnes nuageuses et plaines toujours riantes, écueils et récifs, mer, qui environne tout, avec mille variations et mille changements, tout cela est présent à mon esprit, et l'*Odyssée* est enfin pour moi une parole vivante.

Je dois maintenant te dire en confidence que je suis tout près de trouver le secret de la génération et de l'organisation des plantes, et que c'est la chose la plus simple qui se puisse imaginer. On peut sous ce ciel faire les plus belles observations. J'ai trouvé avec une parfaite clarté et sans aucun doute le point essentiel où le germe est logé; je vois aussi tout le reste en gros; quelques points seulement devront être mieux déterminés. La plante primitive devient la chose la plus étrange du monde et que la nature elle-même m'enviera. Avec ce modèle et sa clef, on pourra inventer des plantes à l'infini, qui seront conséquentes, c'est-à-dire qui, sans exister véritablement, pourraient cependant exister, et ce ne seront pas des ombres et des apparences pittoresques ou poétiques, mais elles auront une vérité et une nécessité intérieures. La même loi s'appliquera à tous les êtres vivants.

Naples, 18 mai 1787.

Tischbein, qui est retourné à Rome, s'est tellement employé ici pour nous dans l'intervalle, comme nous pouvons le remarquer, qu'il a voulu, semble-t-il, nous empêcher de sentir son absence. Il nous a si bien gagné la confiance de ses amis de Naples, qu'ils se montrent tous ouverts, bienveillants et empressés à notre égard, et cela m'était bien nécessaire dans ma situation présente, parce qu'il ne se passe pas un jour où je n'aie à réclamer de quelqu'un un service et une complaisance. Je suis justement occupé à dresser une note des objets que je désire voir encore. Le peu de temps qui me reste décidera d'une manière absolue et fixera mon choix.

Naples, 22 mai 1787.

Il m'est arrivé aujourd'hui une aventure agréable, de nature à me faire un peu réfléchir, et qui mérite d'être rapportée. Une dame, qui a été pleine de prévenances pour moi dans mon premier séjour, m'a demandé de me rencontrer ce soir chez elle à cinq heures précises. Un Anglais désirait me parler; il avait quelque chose à me dire au sujet de *Werther*. Il y a six mois, quand j'aurais eu pour cette dame deux fois plus d'estime, elle eût essuyé un refus; mais mon voyage de Sicile a exercé sur moi, je le sens bien, une heureuse influence, et j'ai promis de venir. Par malheur, la ville est grande et les sujets de distraction sont nombreux, en sorte que je montais l'escalier un quart d'heure trop tard; j'étais sur la natte de jonc, devant la porte fermée, et j'allais sonner quand la porte s'est ouverte, et j'ai vu sortir un bel homme de moyen âge, que j'ai reconnu sur-le-champ pour mon Anglais. Il m'eut à peine envisagé qu'il me dit : « Vous êtes l'auteur de *Werther!* » Je dis qu'il devinait juste, et je m'excusai de n'être pas arrivé plus tôt. « Je ne pouvais attendre un moment de plus, reprit-il, mais ce que j'ai à vous dire est fort court et peut se dire tout aussi bien sur la natte de jonc. Je ne veux pas répéter ce que mille personnes vous ont fait entendre; j'ajouterai que l'ouvrage n'a pas agi sur moi aussi violemment que sur d'autres; mais chaque fois que je pense à ce qu'il fallait de talent pour l'écrire, je me sens saisi d'une nouvelle admiration. »

Je voulais articuler quelques mots de remercîments, lorsqu'il me coupa la parole et s'écria: « Je ne puis tarder un moment. Mon désir est comblé, d'avoir pu vous dire cela à vous-même. Adieu, vivez heureux! » Et là-dessus il dégringola l'escalier. Je réfléchis un moment sur ce texte honorable, et enfin je sonnai. La dame apprit avec plaisir notre rencontre, et me rapporta plusieurs choses à l'avantage de cet homme singulier.

Naples, 25 mai 1787.

Je ne reverrai pas, je crois, ma folle petite princesse. Elle s'est rendue en effet à Sorrente, et, avant son départ, elle m'a honoré de ses injures, parce que j'avais pu lui préférer l'aride et déserte Sicile. Quelques amis m'ont expliqué ce singulier phénomène. Sortie d'une famille noble mais pauvre, élevée au couvent, elle s'était résolue à épouser un prince vieux et riche, et on l'avait décidée facilement, parce que la nature l'avait faite d'un bon caractère, mais absolument incapable d'amour. Dans cette situation opulente, se voyant fort gênée par les relations de famille, elle cherchait dans son esprit une ressource, et, se trouvant contrainte dans ses actions, elle donnait du moins libre cours à sa langue. On m'a assuré que sa conduite est sans aucun reproche, mais qu'elle semble avoir fermement résolu de rompre en visière à toutes les relations sociales par ses discours sans frein. On remarquait plaisamment qu'aucune censure ne laisserait passer ses discours, s'ils étaient mis par écrit, parce qu'elle n'avance absolument rien qui ne blesse la religion, l'État ou les mœurs. On racontait d'elle les plus singulières et les plus jolies histoires. En voici une, que nous citerons, quoiqu'elle ne soit pas des plus décentes.

Peu de temps avant le tremblement de terre qui a dévasté la Calabre, elle s'y était retirée dans les terres de son mari. On avait construit dans le voisinage du château une baraque d'un seul étage, posée immédiatement sur le sol, et, du reste, tapissée, meublée et convenablement arrangée. Aux premiers signes du tremblement de terre, elle s'y réfugia. Elle était assise sur le sofa, occupée à faire des nœuds, devant elle une petite table à ouvrage, et, vis-à-vis, un abbé, son vieux chapelain. Tout à coup le sol ondoie, la baraque s'enfonce du côté de la dame, tandis que l'autre s'élève, en sorte que l'abbé et la petite table sont aussi soulevés. « Fi! s'écria-t-elle, la tête appuyée contre la paroi qui enfonce, cela sied-il à un homme respectable? On dirait, à vos façons, que vous voulez tomber sur moi. Cela choque toutes les bienséances. » Cependant la baraque s'était assise de nouveau, et la dame ne pouvait assez rire de la figure folle et convoiteuse que le bon vieillard avait dû faire, et cette plaisanterie parut lui faire oublier complétement toutes les calamités et même les grandes pertes qu'avaient essuyées sa famille et tant de milliers d'hommes. Heureux et bizarre caractère, qui sait trouver le mot pour rire au moment où la terre menace de l'engloutir.

Naples, 26 mai 1787.

Tout bien considéré, c'est une bonne chose qu'il y ait tant de saints : chaque croyant peut choisir le sien, et s'adresser avec une pleine confiance à celui qui lui plaît le mieux. C'était aujourd'hui la fête du mien, et je l'ai célébrée avec une joyeuse ferveur, selon son caractère et sa doctrine. Philippe Néri a laissé une grande renommée et en même temps un joyeux souvenir. On est édifié et réjoui, lorsqu'on entend parler de lui et de sa haute piété. Mais on entend aussi raconter beaucoup de choses sur sa bonne humeur. Dès sa première jeunesse, il sentit la plus ardente ferveur, et dans le cours de sa vie se développèrent en lui les dons les plus sublimes de l'enthousiasme religieux : le don de la prière involontaire, de l'adoration muette, profonde, le don des larmes, de l'extase, et même enfin le don de s'élever et de planer au-dessus du sol, ce qui est envisagé comme la grâce suprême.

A tant de facultés mystérieuses, étranges, se joignait le bon sens le plus net, l'estimation ou plutôt la mésestime la plus franche des choses terrestres, la charité la plus active, vouée aux souffrances corporelles et spirituelles de ses semblables. Il observait rigoureusement tous les devoirs imposés à un ecclésiastique pour ce qui regarde les fêtes, la fréquentation des églises, la prière et le jeûne. Il s'occupait aussi de l'éducation de la jeunesse, la formait à la musique et à l'éloquence, lui proposant des sujets religieux et même aussi ingénieux, et provoquant des conversations et des disputes propres à exciter l'esprit. Ce qu'il y a peut-être de plus singulier, c'est qu'il faisait tout cela de son propre mouvement, qu'il poursuivit constamment son chemin pendant nombre d'années, sans appartenir à aucun ordre, à aucune congrégation, même sans avoir été ordonné prêtre. Mais il doit sembler encore plus étrange que cela se passât au temps même de Luther, et qu'au milieu de Rome, un homme actif, habile, pieux, énergique, eût également la pensée d'unir l'ecclésiastique et même le sacré avec le séculier, d'introduire les choses divines dans le siècle, et par là de préparer aussi une réformation. Car c'est là seulement que se trouve la clef qui doit ouvrir les prisons du papisme et rendre au monde libre son Dieu.

Cependant la cour de Rome, qui avait dans son voisinage, dans l'enceinte de la ville, sous sa surveillance, un homme si remarquable, ne se donna point de relâche jusqu'à ce que cet homme, qui menait d'ailleurs la vie d'un religieux, qui déjà résidait dans le couvent, où il enseignait, où il exhortait, qui même était sur le point de fonder, sinon un ordre, du moins une association libre, se fût laissé persuader de prendre les ordres et de s'assurer en même temps tous les avantages qui lui avaient manqué jusqu'alors dans sa carrière.

Si l'on veut, comme de raison, mettre en doute sa merveilleuse faculté corporelle de planer au-dessus du sol, du moins son esprit était fort élevé au-dessus de ce monde : aussi rien ne le choquait plus que la vanité, les fausses apparences, les prétentions, qu'il regardait comme les plus grands obstacles à la véritable piété, et qu'il combattait avec énergie, mais toujours avec bonne humeur, ainsi que plusieurs anecdotes nous l'apprennent. Il se trouve, par exemple, auprès du pape, lorsqu'on vient annoncer que, dans le voisinage de Rome, une religieuse se signale par toutes sortes de dons spirituels, merveilleux. Néri est chargé de vérifier l'exactitude de ces récits. Il prend sur-le-champ un mulet, et bientôt il arrive au couvent par un temps et des chemins détestables. On l'introduit, il s'entretient avec l'abbesse, qui lui fait, avec une entière persuasion, le détail exact de tous ces signes de grâce. On appelle la nonne, elle paraît, et lui, sans la saluer, il lui présente sa botte fangeuse, en l'invitant à la lui ôter. La vierge sainte, délicate, recule en arrière et exprime en termes violents son indignation de cet ordre. Néri se lève tranquillement, monte sur son mulet et se représente devant le pape, bien surpris d'un si prompt retour, car on prescrit, avec la plus grande exactitude, aux confesseurs catholiques des précautions sévères pour examiner ces dons spirituels, l'Église admettant la possibilité de ces faveurs célestes, mais n'en reconnaissant la réalité qu'après l'examen le plus attentif. Néri fit connaître en peu de mots le résultat au pape surpris. « Ce n'est pas une sainte, s'écria le religieux, elle ne fait point de miracles, car elle n'a pas la qualité essentielle, l'humilité. »

On peut regarder cette maxime comme le principe qui a dirigé toute sa vie : car, pour en citer encore un seul trait, lorsqu'il eut fondé la congrégation des pères de l'Oratoire, qui jouit bientôt d'une grande considération, et fit naître chez beaucoup de gens le désir d'en devenir membres, un jeune prince romain vint solliciter sa réception et obtint en effet de prendre la qualité ainsi que l'habillement de novice. Mais, quelque temps après, comme il demandait son admission effective, on lui dit qu'il y avait encore quelques épreuves à subir auparavant. Il se déclara prêt à les soutenir. Là-dessus, Néri lui présenta une longue queue de renard et l'invita à souffrir qu'on l'attachât derrière son long vêtement et à parcourir ensuite gravement toutes les rues de Rome. Le jeune homme fut révolté comme la religieuse ; ce n'était pas une ignominie, c'était un honneur qu'il avait demandé. Alors le P. Néri lui dit que ce n'était pas là ce qu'il devait attendre de leur congrégation, où le renoncement était la première loi ; et là-dessus le jeune homme prit son congé.

Néri avait renfermé sa doctrine principale dans un court proverbe : *Spernere mundum, spernere te ipsum, spernere te sperni.* Et en effet, cela disait tout. Un esprit hypocondre se figure bien quelquefois qu'il pourra satisfaire aux deux premiers points, mais, pour s'accommoder au troisième, il faudrait être sur la voie de la sainteté.

Naples, 27 mai 1787.

Vos chères lettres de la fin du dernier mois me sont arrivées hier de Rome toutes à la fois par le comte Friess, et je me suis délecté à les lire et les relire. La petite boîte, impatiemment attendue, les accompagnait, et je vous remercie mille fois de tout cela ! Mais il est bientôt temps que je m'échappe d'ici : car, tandis que pour bien finir, je voudrais graver dans ma mémoire l'image de Naples et de ses environs, renouveler mes impressions et régler quelques affaires, le torrent du jour m'entraîne, et cependant je suis recherché par des personnes distinguées, anciennes et nouvelles connaissances, que je ne puis écarter tout uniment. J'ai trouvé une aimable dame, avec laquelle j'avais passé, l'été dernier, à Carlshad les jours les plus agréables. Combien d'heures écoulées dans l'oubli du présent, à nous raconter de charmants souvenirs ! Tout ce que nous aimons a été passé en revue, et, avant tout, la bonne humeur de notre cher prince. Cette dame avait encore les vers dont les jeunes filles d'Engelhaus lui firent la surprise à son départ. Cela nous remit en mémoire les joyeuses scènes, les spirituelles agaceries et les mystifications, les ingénieuses tentatives faites pour exercer les uns sur les autres le droit de représailles. Nous nous sentîmes d'abord sur terre allemande, dans la meilleure société allemande, resserrés entre des parois de rochers, rassemblés dans un asile étrange, mais réunis plus encore par le respect, l'affection, l'amitié. Cependant, aussitôt que nous approchions de la fenêtre, le torrent napolitain passait devant nous en mugissant, au point que ces paisibles souvenirs nous échappaient malgré nous.

Hamilton et sa belle Anglaise m'ont continué leurs prévenances. J'ai dîné chez eux, et, vers le soir, miss Harte a produit ses talents de musicienne et de cantatrice. A l'instigation de notre ami Hackert, qui me témoigne toujours plus de bienveillance, et qui voudrait me faire connaître tout ce qu'il y a de remarquable, Hamilton nous a conduits dans son caveau secret d'œuvres d'art et de vieilleries. C'est une confusion complète; les productions de toutes les époques sont mêlées au hasard, bustes, torses, vases, bronzes, toute sorte d'ameublements, même une petite chapelle en agate de Sicile, des ciselures, des peintures et tout ce qu'il a pu acheter au hasard. Dans une longue caisse, couchée à terre, et dont j'écartai par curiosité le couvercle rompu, se trouvaient deux magnifiques candélabres de bronze. Je fis un signe à Hackert, et lui demandai tout bas s'ils n'étaient pas tout à fait pareils à ceux de Portici. A son tour il me fit signe de me taire. Ils pouvaient en effet s'être égarés là des caveaux de Pompeï. A cause de ces heureuses acquisitions et d'autres pareilles, le chevalier n'aime à faire voir ces trésors cachés qu'à ses plus intimes amis.

Je remarquais avec surprise une caisse debout, ouverte par devant, noircie à l'intérieur, entourée d'un somptueux cadre d'or ; ce cadre était assez grand pour recevoir une personne debout, et voici quelle en est la destination. Cet amateur des arts et des jeunes filles, non content de voir comme statue mobile la belle image, a voulu en jouir aussi comme d'un tableau changeant, inimitable ; aussi, vêtue de diverses couleurs sur ce fond noir, avait-elle imité quelquefois dans ce cadre d'or les tableaux antiques de Pompeï, et même des chefs-d'œuvre modernes. Cet amusement paraissait abandonné ; d'ailleurs il était difficile de transporter l'appareil et de le placer dans un bon jour, aussi n'avons-nous pu jouir de ce spectacle.

Voici le moment de donner l'idée d'un autre amusement favori des Napolitains : ce sont les crèches, *presepe*, qu'on voit à Noël dans toutes les églises, et qui représentent proprement l'adoration des bergers, des anges et des rois, plus ou moins au complet, et formant un groupe riche et somptueux. Sous le beau ciel de Naples, ce spectacle s'est élevé jusque sur les terrasses des maisons. Là on dresse un léger échafaudage en forme de cabane, décorée d'arbres et d'arbustes toujours verts; on pare magnifiquement la Mère de Dieu, l'Enfant et toutes les personnes qui se tiennent debout ou qui planent alentour. La famille consacre à ces costumes de grandes sommes. Mais, ce qui relève toute la scène d'une manière inimitable, c'est le fond, où s'encadre le Vésuve avec ses alentours.

On aura peut-être mêlé quelquefois parmi les poupées des figures vivantes, et peu à peu les nobles et riches familles ont fait un de leurs principaux amusements de représenter aussi, le soir, dans leurs palais des tableaux mondains, empruntés à l'histoire ou à la poésie.

Si j'ose me permettre une observation que peut-être un hôte bien accueilli ne devrait pas hasarder, j'avouerai que notre amusante beauté me semble, à vrai dire, un être sans âme, qui n'a pour mérite que sa figure, et dont la voix et le langage sont dépourvus de sentiment. Son chant même manque d'ampleur et de charme. Et voilà en définitive ce qu'il en est de ces froides images. Il y a partout de belles personnes : celles qui sentent profondément et qui sont douées d'un organe favorable sont beaucoup plus rares, mais bien plus rares encore celles qui réunissent tout cela avec une figure attrayante.

J'apprends avec joie que la troisième partie de Herder a paru. Mettez-la en réserve pour moi jusqu'à ce que je puisse vous dire où elle devra m'être adressée. Notre ami aura sans doute développé à merveille le beau et chimérique désir de l'humanité d'arriver un jour à un état plus heureux. Je crois bien aussi moi-même que l'humanité finira par triompher, mais je crains qu'en même temps le monde ne devienne un grand hôpital, dans lequel les uns seront les charitables garde-malades des autres.

Naples, 28 mai 1787.

Le bon et utile Volkmann m'oblige de temps en temps à m'écarter de son opinion. Il dit, par exemple, qu'on peut trouver à Naples trente ou quarante mille oisifs. Et qui ne l'a pas répété après lui! Dès que j'eus fait un peu connaissance avec la civilisation du Midi, je soupçonnai que ce pouvait être là une manière de voir septentrionale, de ces pays où l'on tient pour oisif quiconque ne se fatigue pas péniblement tout le jour; je donnai donc au peuple une attention particulière, qu'il fût en mouvement ou qu'il se tînt en repos, et je pus voir, il est vrai, beaucoup de gens mal vêtus, mais je n'en vis point d'inoccupés.

J'interrogeai donc quelques amis sur ces innombrables oisifs que je voudrais bien connaître à mon tour : ces amis furent tout aussi incapables de me les faire voir; et, comme je pouvais parfaitement me livrer à cette recherche en même temps qu'observer la ville, j'allai moi-même à la chasse.

Dans cet immense fouillis, je commençai par me familiariser avec les différentes figures, les juger et les classer d'après leur air, leur habillement, leur conduite, leurs occupations. Je trouvai ici cette opération plus facile que partout ailleurs, parce qu'ici l'homme est plus laissé à lui-même, et qu'il conforme ses allures à son état.

Je commençai mes observations de bon matin. Tous les hommes que je voyais çà et là arrêtés ou en repos étaient des gens dont le métier le voulait ainsi dans ce moment : c'étaient les portefaix, qui ont leurs stations privilégiées dans diverses places et qui attendent que quelqu'un veuille les employer; les *calessari*, leurs domestiques et leurs garçons, qui stationnent sur les grandes places avec leurs calèches attelées d'un cheval, pansent leurs chevaux et sont au service de quiconque les demande; les marins, qui fument leur pipe sur le môle; les pêcheurs, couchés au soleil, parce qu'il souffle peut-être un vent contraire, qui ne leur permet pas de prendre la mer. Je voyais encore bien des gens aller et venir, mais la plupart portaient un signe de leur activité. Je ne voyais d'autres mendiants que des gens tout à fait vieux, infirmes, estropiés. Plus je regardais autour de moi, et plus j'observais attentivement, moins je pouvais trouver de véritables oisifs, jeunes ou vieux, hommes ou femmes, soit dans la classe inférieure, soit dans la classe moyenne, soit le matin, soit dans la plus grande partie du jour.

J'entre dans le détail, afin de rendre plus croyable et plus évident ce que j'avance. Les plus petits enfants sont occupés de diverses manières. Un grand nombre portent des poissons à vendre de Sainte-Lucie à la ville; on en voit d'autres fort souvent dans le quartier de l'arsenal, soit dans les lieux où les charpentiers ont travaillé et où se trouvent des copeaux, ou bien sur le rivage où la mer a rejeté des rameaux et du menu bois, que les enfants ramassent jusqu'aux moindres morceaux dans de petites corbeilles. Des enfants tout jeunes, qui ne savaient que se traîner par terre, réunis à leurs aînés, qui pouvaient avoir cinq ou six ans, étaient occupés à ce petit métier. Ils s'avancent ensuite dans la ville avec leur panier, et se placent comme au marché avec leurs bûchettes. L'artisan, le petit bourgeois, s'en accommodent, les réduisent en braise sur leur trépied pour se chauffer, ou les emploient dans leur modeste cuisine. D'autres enfants colportent l'eau des sources sulfureuses, qu'on boit en abondance, surtout au printemps. D'autres cherchent un petit bénéfice à acheter et revendre aux autres enfants du fruit, du miel coulé, des gâteaux et des sucreries, tout au moins pour en avoir leur part gratis. C'est vraiment joli de voir un de ces enfants, dont toute la boutique et les ustensiles consistent en une planche et un couteau, colporter un melon d'eau ou un potiron à moitié cuit, une troupe d'enfants se rassembler alentour, et lui, posant sa planche par terre, se mettre à partager le fruit en petits morceaux. Les acheteurs mesurent très-sérieusement s'ils reçoivent assez pour leur piécette de cuivre, et le petit marchand emploie avec ses chalands avides les mêmes précautions, pour n'être pas trompé d'une parcelle. Je suis persuadé qu'un plus long séjour permettrait de recueillir bien d'autres exemples de cette industrie enfantine.

Un très-grand nombre de personnes, jeunes garçons ou adultes, la plupart fort mal vêtus, chargent sur des ânes et emportent les balayures de la ville. Les champs voisins ne sont que jardins potagers, et c'est un plaisir de voir quelle incroyable quantité de légumes est apportée en ville tous les jours de marché, avec quelle industrie les hommes reportent aussitôt dans les champs, pour accélérer la végétation, les débris superflus, rejetés par la cuisinière. La consommation des légumes étant énorme, les tiges et les feuilles de choux-fleurs, de brocolis, d'artichauts, de choux, d'aulx et de laitues composent une grande partie des balayures de Naples : aussi s'empresse-t-on de les recueillir. Deux grands paniers pliants sont suspendus sur le dos d'un âne, et l'on ne se contente pas de les remplir, on empile dessus les débris avec un art particulier. Point de jardin qui n'ait son âne. Un valet, un enfant, quelquefois le maître lui-même, se rendent le jour autant de fois qu'ils peuvent à la ville, qui est pour eux à toute heure une riche mine à exploiter. On peut juger combien ces balayeurs sont empressés à recueillir la fiente des chevaux et des mulets. Ils quittent les routes à regret quand vient la nuit, et les riches, que leurs voitures ramènent après minuit de l'opéra, ne songent guère qu'avant le point du jour des gens assidus cherchent soigneusement les traces de leurs chevaux.

On m'a assuré que deux de ces gens, qui s'associent, achètent un âne et afferment d'un plus grand possesseur une petite parcelle de jardin, peuvent bientôt, par un travail assidu, donner à leur industrie une extension considérable dans cet heureux climat, où la végétation n'est jamais interrompue.

Je m'écarterais trop de mon chemin, si je voulais parler ici de tous les petits commerces qu'on remarque avec plaisir dans Naples, comme dans toutes les grandes villes. Cependant je dois dire quelques mots des colporteurs, parce qu'ils appartiennent à la dernière classe du peuple. Quelques-uns circulent avec un tonnelet d'eau à la glace et des citrons, afin de pouvoir en un instant faire partout de la limonade, boisson dont les plus pauvres mêmes ne peuvent se passer; d'autres se tiennent en place avec des plateaux, sur lesquels sont posées des bouteilles de diverses liqueurs et des verres à pattes, retenus dans des anneaux de bois; d'autres portent des corbeilles de pâtisseries, de friandises, de citrons et d'autres fruits, et l'on dirait que chacun veut prendre part et contribuer à la grande fête de la jouissance, qui se célèbre à Naples tous les jours.

Il est encore une foule de petits marchands, aussi occupés que ces colporteurs, et qui circulent de même, offrant sans beaucoup d'apprêts, sur une planche, sur un couvercle de boîte, leurs brimborions, ou étalant leurs marchandises par terre dans les places. Il ne s'agit pas là d'une seule sorte d'objets, qu'on pourrait trouver aussi dans les grandes boutiques : c'est une véritable friperie. Pas un petit morceau de fer, de cuir, de drap, de toile, de feutre, qui ne reparaisse chez le fripier et qui ne soit racheté par l'un ou par l'autre. Beaucoup de gens de la dernière classe sont encore occupés auprès des marchands et des artisans comme manœuvres et commissionnaires.

Il est vrai qu'on rencontre presque à chaque pas des gens très-mal vêtus et même déguenillés, mais ce ne sont pas pour cela des paresseux, des fainéants. Je ne craindrais pas d'avancer ce paradoxe que, proportion gardée, on trouvera plus d'industrie à Naples qu'ailleurs dans toute la classe inférieure. Sans doute, nous ne devons pas comparer cette industrie avec celle du Nord, obligée de s'inquiéter non-seulement pour le jour et l'heure, mais aussi, dans les beaux jours, pour les mauvais et, en été, pour l'hiver. L'homme du Nord étant contraint par la nature à la prévoyance, aux approvisionnements; la mère de famille devant saler et fumer la viande, afin de fournir la cuisine toute l'année; l'homme ne devant pas négliger de faire provision de bois, de blé, de fourrage pour le bétail, il en résulte que les plus belles heures et les plus beaux jours sont dérobés à la jouissance et voués au travail. Pendant plusieurs mois, on se trouve bien d'éviter le grand air, on cherche dans les maisons un abri contre l'orage, la pluie, la neige et le froid; les saisons se succèdent sans cesse, et quiconque ne veut pas périr doit devenir ménager. Car il ne s'agit pas là de savoir si on veut se passer des choses, on ne doit pas le vouloir, on ne saurait le vouloir, parce qu'on ne peut s'en passer. La nature force à l'action, aux précautions. Assurément les influences naturelles, qui restent les mêmes pendant des milliers d'années, ont déterminé le caractère, à tant d'égards respectable, des peuples du Nord. En revanche, nous jugeons, à notre point de vue, trop sévèrement les peuples du Sud, pour qui le ciel s'est montré si clément. Ce que M. de Pauw ose avancer, dans ses *Recherches sur les Grecs*, à l'occasion des philosophes cyniques s'applique entièrement ici. A son avis, on ne se fait pas une très-juste idée de l'état misérable de ces hommes. Leur maxime « se passer de tout » est, dit-il, très-favorisée par un climat qui donne tout. Un pauvre homme, qui nous paraît misérable, peut satisfaire dans ces contrées à ses besoins les plus pressants et les plus nécessaires et même jouir du monde admirablement. Et, pareillement, un prétendu mendiant napolitain pourrait bien dédaigner la place de vice-roi de Norvége, et refuser l'honneur que la czarine de Russie lui ferait de le nommer gouverneur de Sibérie.

Certes, dans nos climats, un philosophe cynique mènerait une vie fort dure, tandis que, dans les pays du Sud, la nature semble le convier. Ici, un homme déguenillé n'est pas un homme nu; celui qui n'a pas de maison à lui ni d'habitation louée, mais qui, en été, passe la nuit sous les avant-toits, sur le seuil des palais et des églises, dans les bâtiments publics, et, en cas de mauvais temps, se gîte quelque part pour un chétif salaire, n'est pas pour cela rejeté et misérable; un homme n'est pas pauvre parce qu'il n'a pas songé au lendemain. Si l'on considère quelle masse d'aliments offre la mer poissonneuse, des produits de laquelle ces gens doivent, selon la règle, se nourrir un certain nombre de jours par semaine; avec quelle abondance on peut se procurer, en chaque saison, toute espèce de fruits et de plantes potagères; que la contrée où Naples se trouve a mérité son nom de *Terra di Lavore* (ce qui ne veut pas dire *Terre de labeur*, mais *Terre de labour*); qu'enfin toute la province porte depuis des siècles le nom honorable de *Campagna felice*, on comprendra bientôt comment il peut être facile d'y vivre.

En somme, le paradoxe que j'ai hasardé donnerait lieu à maintes réflexions, si quelqu'un voulait entreprendre un tableau détaillé de Naples, ce qui exigerait assurément un talent peu commun et bien des années d'observation. Alors peut-être on remarquerait que le lazzarone n'est pas à tout prendre plus inactif que l'homme des autres classes, et l'on reconnaîtrait aussi que chacun, dans son genre, ne travaille pas pour vivre seulement, mais pour jouir; et que, même dans le travail de la vie, chacun veut s'égayer. Voilà comment il se fait que les artisans sont généralement inférieurs à ceux du Nord; que les fabriques n'y existent pas; que, sauf chez les avocats et les médecins, eu égard à la masse de la population, on trouve peu de science, si considérables que soient les travaux particuliers des hommes de mérite; qu'aucun peintre de l'école napolitaine n'a jamais été profond et n'est jamais devenu grand; que les ecclésiastiques s'accommodent à merveille du loisir, et que les grands ne se plaisent guère à jouir de leurs biens que dans les voluptés, le luxe et la dissipation. Je sais bien que tout cela est dit d'une manière beaucoup trop générale, et que les traits caractéristiques de chaque classe ne peuvent être nettement tracés qu'après une connaissance et une observation plus exactes, mais, en somme, c'est, je crois, à ces résultats qu'on arriverait.

Je reviens au petit peuple de Naples. On remarque chez eux, comme chez les enfants d'humeur enjouée auxquels on commande quelque chose, qu'ils remplissent, il est vrai, leur tâche, mais qu'en même temps ils s'en font un badinage. Toute cette classe a l'esprit très-vif, un libre et juste coup d'œil; son langage doit être figuré, ses saillies très-vives et mordantes. L'ancienne Atella était située dans le territoire de Naples. Polichinelle, son favori, continue ces jeux, et toute la classe populaire s'intéresse encore à ses boutades.

Dans le cinquième chapitre du troisième livre de son *Histoire naturelle* Pline juge la Campanie[1] seule digne d'une description détaillée. « Cette contrée est si heureuse, dit-il, si charmante, si fortunée, qu'on y reconnaît manifestement l'œuvre favorite de la nature. Car cet air vital, ce ciel, d'une douceur toujours salutaire, ces champs si fertiles, ces collines si radieuses, ces forêts si innocentes, ces bocages si touffus, ces arbres, d'une si riche variété, tant de montagnes aérées, de champs, de vignes, d'oliviers fertiles, de troupeaux aux riches toisons, de taureaux bien nourris, tant de lacs, une si grande richesse de rivières et de fontaines, qui l'arrosent tout entière; tant de mers, tant de ports; cette terre qui, de toutes parts, ouvre son sein au commerce, et, comme pour favoriser les mortels, s'avance elle-même à plaisir dans la mer! Je ne mentionne pas le génie et les mœurs de ses peuples, les nations que sa langue et ses mains ont domptées. Les Grecs, qui parlent si magnifiquement d'eux-mêmes, ont porté sur ce pays le jugement le plus hono-

---

1. Dans ce passage Pline a en vue non pas la Campanie seule, mais l'Italie tout entière. (*Note du traducteur.*)

rable, quand ils ont donné à une de ses parties le nom de Grande-Grèce. »

Naples, 29 mai 1787.

On observe partout, avec la plus vive sympathie, une gaieté extraordinaires. Les fleurs et les fruits de toutes couleurs dont la nature se décore, semblent convier les hommes à parer leurs personnes et tout ce qui leur appartient des couleurs les plus vives. Les mouchoirs, les rubans de soie, les fleurs sur le chapeau, sont la parure de quiconque peut s'accorder cette fantaisie. Les siéges et les commodes, dans les plus pauvres maisons, sont ornés de fleurs bigarrées sur un fond doré; les calèches à un cheval sont elles-mêmes peintes en rouge éclatant; les ciselures en sont dorées, les chevaux parés de fleurs artificielles, de houppes d'un rouge vif et de clinquant. Plusieurs ont des bouquets de plumes sur la tête, d'autres ont même de petits drapeaux, qui, dans la course, tournent à chaque mouvement. Nous avons coutume de déclarer barbare et de mauvais goût la préférence pour les couleurs bigarrées; elle peut, en effet, l'être et le devenir d'une certaine façon, mais, sous l'azur d'un ciel brillant, rien n'est proprement bigarré. En effet rien ne peut surpasser la splendeur du soleil et son reflet dans la mer. La couleur la plus vive est éteinte par cette puissante lumière, et, parce que toutes les couleurs, toute la verdure des arbres et des plantes, le jaune, le brun, le rouge du sol, agissent sur l'œil avec une pleine vigueur, les fleurs et les vêtements colorés entrent par là dans l'harmonie générale. Les corsages et les jupes écarlates des femmes de Nettuno, ornées de larges galons d'or et d'argent, les autres costumes nationaux colorés, les vaisseaux peints, tout semble s'efforcer de se rendre un peu visible sous la splendeur du ciel et de la mer.

Et comme ils vivent, ils enterrent aussi les morts. Point de lente et noire procession qui trouble l'harmonie de ce monde joyeux. J'ai vu les funérailles d'un enfant. Un grand tapis de velours rouge, à large broderie d'or, couvrait une large civière; dessus était posé un coffret ciselé, chargé de dorure et d'argenture, dans lequel le mort, vêtu de blanc, était couché tout couvert de rubans roses. Aux quatre coins du coffret étaient quatre anges, hauts de deux pieds environ, qui tenaient sur l'enfant endormi des touffes de fleurs, et, comme ils n'étaient portés que sur des fils d'archal, cédant aux mouvements du brancard, ils balançaient et semblaient, avec le parfum de fleurs, répandre doucement la vie. Les anges balançaient d'autant plus vivement que le cortège parcourait les rues d'un pas rapide, et que les prêtres et les porte-cierges couraient plutôt qu'ils ne marchaient.

Il n'y a point de saison où l'on ne se voie entouré de comestibles. Le Napolitain aime à voir cette abondance, et, de plus, il veut que la marchandise en vente soit agréablement parée. A Sainte-Lucie, les poissons, rangés par espèces, sont étalés dans de propres et jolies corbeilles; les écrevisses, les huîtres, les couteliers, les moules, entassés chacun à part et posés sur des feuilles vertes. Les boutiques de fruits secs et de légumes forment la décoration la plus bigarrée. Les oranges et les citrons de toute sorte, étalés et entremêlés de feuillage vert, offrent à l'œil un charmant spectacle. Mais il n'est rien que l'on pare avec plus de soin que les viandes, sur lesquelles les yeux du peuple se portent avec plus de convoitise, parce que l'appétit est aiguisé par une privation périodique. Sur l'étal du boucher, les quartiers de bœuf, de veau, de mouton, ne sont jamais exposés en vente sans que, à côté de la graisse, le flanc ou le cuissot ne soit couvert d'une large dorure. Il y a plusieurs jours de l'année, surtout aux fêtes de Noël, qui sont renommés comme jours de festins. Tout Naples devient alors un pays de Cocagne, et cinq cent mille hommes semblent s'être donné le mot pour ces réjouissances. La rue de Tolède et plusieurs places et rues du voisinage sont décorées de la manière la plus appétissante. Les boutiques où l'on vend les herbes, où l'on étale les raisins secs, les melons et les figues, réjouissent les yeux. Les comestibles sont suspendus en guirlandes à travers les rues; ce sont de grands chapelets de saucisses dorées, nouées de rubans rouges; des coqs d'Inde, qui portent tous un drapeau rouge sous le croupion.

On assurait qu'il s'en était vendu trente mille, sans compter ceux qu'on engraisse chez soi. De plus, une foule d'ânes, chargés d'herbages, de chapons, de jeunes agneaux, parcourent la ville et le marché, et les monceaux d'œufs qu'on voit çà et là forment une masse qu'on n'aurait pas imaginée. Et ce n'est pas assez que tout cela soit dévoré : chaque année un officier de police parcourt la ville à cheval, accompagné d'un trompette, et annonce dans toutes les places et les carrefours combien de milliers de bœufs, de veaux, d'agneaux, de porcs, les Napolitains ont consommés. Le peuple prête une oreille attentive, et se réjouit immodérément de ces grands nombres; chacun se rappelle avec satisfaction la part qu'il a prise à ces réjouissances.

Quant à ces mets que nos cuisinières savent préparer sous tant de formes avec le lait et la farine, ils sont remplacés de deux manières chez ce peuple, qui n'aime pas dans ces choses les longs apprêts et qui n'a point de cuisine bien établie. Les macaronis de toute sorte, pâte de fine farine, délicate, fort travaillée, cuite et réduite en certaines formes, se trouvent partout à vil prix. On se contente le plus souvent de les cuire à l'eau, et le fromage râpé sert à la fois de graisse et d'assaisonnement. Au coin des grandes rues stationnent, avec leurs poêles, pleines d'huile bouillante, des fricasseurs, occupés, surtout les jours de fête, à cuire sur-le-champ pour chacun, selon son désir, des poissons ou des beignets. Ces gens ont un débit incroyable, et des milliers de chalands emportent de là leur repas de midi et du soir sur une petite feuille de papier.

Naples, 30 mai 1787.

Cette nuit, en me promenant par la ville, je suis arrivé au Môle. Là j'ai vu d'un coup d'œil la lune, sa clarté sur les franges des nuages, son reflet, doucement agité dans la mer, plus brillant et plus vif sur la cime des vagues les plus proches, puis les étoiles du ciel, les lampes du fanal, le feu du Vésuve, son reflet dans la mer et beaucoup de lumières isolées, éparses sur les vaisseaux. J'aurais voulu voir un thème si varié exécuté par van der Neer.

Naples, 31 mai 1787.

J'avais tellement fixé ma pensée sur la Fête-Dieu à Rome, et principalement sur les tapisseries d'après Raphaël, que, sans me laisser séduire par tous ces magnifiques tableaux de la nature, bien qu'ils ne puissent avoir leurs pareils dans le monde, je continuais obstinément mes préparatifs de départ. J'avais un passe-port, un voiturin m'avait donné des arrhes, car on fait ici, pour la sûreté des voyageurs, justement le contraire de chez nous. Kniep était occupé à s'établir dans un nouveau logement, bien mieux situé et plus spacieux. Avant d'en venir à ce changement, le bon Kniep m'avait fait entendre quelquefois qu'il était désagréable et, en quelque sorte, inconvenant d'entrer dans un logement et de n'y rien apporter. Un bois de lit, tout au moins, imprimerait aux gens de la maison quelque respect. Comme nous traversions aujourd'hui les immenses friperies de la place du Château, j'ai vu une paire de lits en fer bronzé que j'ai achetés aussitôt, et offerts à mon ami comme base future d'une couche solide et paisible. Un de ces portefaix qu'on a toujours sous la main les a portés avec les planches nécessaires dans le nouveau logement, et ces apprêts ont fait un si grand plaisir à Kniep, qu'il s'est décidé sur-le-champ à s'installer dans son nouveau domicile, et s'est d'abord procuré des planches à dessiner, du papier et toutes les choses nécessaires. Je lui ai cédé, selon notre convention, une partie des esquisses qu'il a faites dans les Deux-Siciles.

Naples, 1er juin 1787.

L'arrivée du marquis Lucchesini m'a fait différer mon départ de quelques jours. J'ai eu beaucoup de plaisir à faire sa connaissance. Il me semble un de ces hommes d'un heureux appétit moral, toujours prêts à s'asseoir au grand banquet du monde, tandis que nous autres, nous ressemblons à l'animal ruminant, qui se remplit par moments outre mesure, après quoi il ne peut rien prendre de plus avant d'avoir remâché et digéré sa nourriture. La marquise me plaît aussi beaucoup. C'est une véritable et digne Allemande.

Maintenant, je quitte Naples volontiers; il faut même que je parte. Ces derniers jours, je me suis abandonné au plaisir de voir la société. J'ai fait la connaissance de plusieurs personnes intéressantes, et les heures que je leur ai consacrées me laissent une grande satisfaction. Mais quinze jours encore, et je me serais de plus en plus écarté de mon but. Et puis on devient ici toujours plus inactif.

Depuis mon retour de Pæstum, j'ai vu peu de chose, excepté les trésors de Portici, et il me reste plusieurs objets à voir, pour lesquels je ne sais pas me remuer. Mais aussi ce musée est l'alpha et l'oméga de toutes les collections d'antiquités. C'est là qu'on peut voir combien les anciens étaient plus avancés que nous pour le joyeux sentiment des arts, tout arriérés qu'ils étaient pour la sévère industrie.

Naples, 1 juin 1787.

Le domestique qui m'a rendu mon passe-port en règle m'a appris en même temps, en regrettant mon départ, qu'une forte lave avait jailli du Vésuve, et prenait son chemin vers la mer; elle avait déjà franchi les pentes les plus abruptes, et atteindrait la mer dans quelques jours. Je me suis trouvé dans une vive anxiété. J'ai consacré cette journée aux visites d'adieux, que je devais à tant de personnes obligeantes. Je vois déjà ce qui m'arrivera demain. On ne peut, sur son chemin, se dérober tout à fait aux hommes, mais, quelques services qu'ils nous rendent, quelques jouissances qu'ils nous procurent, ils finissent par nous détourner de nos desseins sérieux, sans que nous puissions avancer les leurs. Je sens un extrême déplaisir.

Le soir.

Mes visites de remerciement n'ont pas laissé elles-mêmes de m'intéresser et de m'instruire. On m'a montré obligeamment plusieurs choses différées ou négligées jusqu'à ce jour. Le cavalier Venuti m'a produit encore des trésors cachés. J'ai considéré de nouveau avec une grande vénération son Ulysse, inestimable, quoique mutilé. Pour dernière politesse, il m'a conduit dans la fabrique de porcelaine, où j'ai gravé de mon mieux Hercule dans ma mémoire, et rassasié encore une fois mes yeux des vases de Campanie. Véritablement ému, et me faisant des adieux pleins d'amitié, il a fini par me dire en confidence où le soulier le blesse, et il désirait vivement que je pusse demeurer quelque temps encore avec lui. Mon banquier, que j'ai trouvé à table, ne voulait pas me laisser partir. Tout cela eût été fort bien, si la lave n'avait pas fixé sur elle mon imagination. Pendant que j'étais occupé de diverses choses, que je réglais mes comptes et que je faisais mes paquets, la nuit est arrivée, et j'ai couru au Môle. Là j'ai vu tous les feux et toutes les lumières, et leurs reflets plus vacillants encore, la mer étant agitée, la pleine lune dans toute sa magnificence à côté du Vésuve enflammé, et la lave enfin, qui manquait avant-hier, poursuivant sa sinistre marche enflammée. J'aurais voulu passer jusque-là, mais les préparatifs étaient trop longs, je ne serais arrivé que le matin. Je n'ai pas voulu me gâter par l'impatience le spectacle dont je jouissais. Je suis resté sur le Môle, jusqu'à ce qu'enfin, malgré le va-et-vient de la foule, ses explications, ses récits, ses comparaisons, ses débats sur la direction que prendrait le torrent de lave, et mille bavardages pareils, j'ai senti mes yeux prêts à se fermer de sommeil.

Naples, 2 juin 1787.

J'aurais encore passé gaiement et utilement ce beau jour avec des personnes excellentes, et cependant contre mes vues et le cœur oppressé; je contemplais avec regret la vapeur qui descendait lentement de la montagne vers la mer et marquait la route que la lave prenait d'heure en heure; ma soirée non plus n'était pas libre : j'avais promis de rendre visite à la duchesse de Giovane, qui demeurait au château, où l'on me fit monter force escaliers et parcourir maints corridors, dont les plus élevés étaient encombrés de caisses, d'armoires et de tout le déplaisant bagage d'une garde-robe de cour. J'ai trouvé, dans une haute et grande chambre de peu d'apparence, une dame jeune et bien faite, dont la conversation est pleine de grâce et de délicatesse. Comme elle est née Allemande, elle n'ignorait pas que notre littérature s'est animée d'un esprit plus libéral, plus humain, qui embrasse un vaste horizon; elle apprécie singulièrement les travaux de Herder et ce qui en approche; elle se sent une inclination secrète pour la pure intelligence de Garve[1]. Elle voudrait marcher l'égale de nos femmes auteurs, et l'on voit bien que son désir serait d'avoir le talent et la réputation de bien écrire. Tel était l'objet de ses discours, et ils trahissaient en même temps son dessein d'exercer de l'influence sur les jeunes filles de condition. Une pareille conversation n'a point

---

[1]. Philosophe moraliste, successeur de Gellert à l'université de Leipzig.

de limites. Le crépuscule avait commencé et nous étions encore sans lumières. Nous nous promenions dans la chambre; la duchesse, s'approchant d'une embrasure fermée par des volets, en ouvrit un, et je vis ce qu'on ne voit qu'une fois dans sa vie. Si elle le fit à dessein de me surprendre, elle atteignit parfaitement son but. Nous étions à une fenêtre de l'étage supérieur, le Vésuve en face de nous : la lave coulante, dont on voyait déjà la flamme rougir (le soleil était couché depuis longtemps), cette flamme commençant à dorer la fumée qui l'accompagnait, la montagne tonnante, surmontée d'une vapeur épaisse, immobile, les différentes masses de cette vapeur séparées comme par des éclairs, illuminées en relief, à chaque nouvelle éruption ; de là jusqu'à la mer une traînée de flammes et de vapeurs enflammées ; du reste la mer et la terre, les rochers et les campagnes, visibles à la lueur du soir, dans une paisible clarté, dans un magique repos : tout cela, vu d'un coup d'œil en même temps que la lune se levait derrière les croupes de montagnes, pour compléter ce merveilleux tableau ! quelle scène ! quel digne sujet d'étonnement!

L'œil embrassait tout d'un regard, et, s'il ne pouvait passer en revue chaque détail, du moins il ne perdait jamais l'impression de ce grand ensemble. Si notre conversation avait été interrompue par ce spectacle, elle n'en devint ensuite que plus intime. Nous avions devant nous un texte que des milliers d'années ne suffiront pas à commenter. Plus la nuit s'avançait, plus la contrée semblait s'illuminer. La nuit brillait comme un autre soleil; les colonnes de fumée, avec leurs traînées et leurs masses lumineuses, étaient distinctes jusque dans leurs détails ; on croyait même, avec une lunette peu forte, distinguer sur le fond noir de la montagne conique les roches brûlantes vomies par le cratère. Mon hôtesse (je me plais à lui donner ce titre, car il eût été difficile de me servir un plus excellent souper) fit porter les bougies à l'autre bout de la chambre, et cette belle femme, éclairée par la lune et servant de premier plan à ce merveilleux tableau, me semblait toujours plus belle; je lui trouvais même d'autant plus de charme, que j'aimais à entendre dans ce paradis méridional un dialecte allemand des plus agréables. J'oubliai qu'il se faisait tard, si bien qu'elle dut enfin m'en faire souvenir. Elle était, dit-elle, contrainte à regret de me laisser partir; l'heure approchait où ses galeries seraient fermées comme un cloître. Je quittai donc avec lenteur ce qui était loin et ce qui était près de moi, bénissant le sort qui m'avait si bien dédommagé le soir des fâcheuses politesses du jour. Quand je fus sous le ciel ouvert, je me dis que, dans le voisinage de cette lave plus considérable, j'aurais observé uniquement la répétition de la plus petite, et que cette vue générale, que cet adieu à Naples, étaient tout ce que j'avais pu désirer. Au lieu de me rendre chez moi, je dirigeais mes pas vers le Môle, pour contempler ce grand spectacle avec un autre premier plan; mais la fatigue que j'éprouvais après une journée si pleine, ou peut-être le sentiment qu'on ne doit pas effacer une dernière et belle impression, me ramena chez Moriconi, où je trouvai Kniep qui venait de son nouveau logement me faire une visite du soir. En buvant ensemble une bouteille de vin, nous nous entretînmes de nos relations futures. Je lui promis qu'aussitôt que je pourrais produire quelques-uns de ses travaux en Allemagne, je ne manquerais pas de le recommander à l'excellent duc Ernest de Gotha, et qu'il en recevrait des commandes. Nous nous quittâmes ainsi le cœur joyeux, avec la perspective assurée d'une mutuelle activité.

Naples, 3 juin 1787. Fête de la Trinité.

Je cheminais donc dans un demi-étourdissement à travers l'immense tourbillon de cette ville incomparable, que je ne devais probablement jamais revoir, éprouvant toutefois le sentiment agréable de ne laisser derrière moi ni douleur ni repentir. Je pensais au bon Kniep, et, même éloigné de lui, je m'occupais avec zèle de ses intérêts. A la dernière barrière du faubourg, je fus distrait un moment par un garçon de café, qui me regarda au visage d'un air amical et s'éloigna en courant. Les douaniers n'en avaient pas encore fini avec le voiturin, quand je vis Kniep sortir du café, en portant sur un plateau une grande tasse de porcelaine de Chine pleine de café noir. Il s'approcha lentement de la portière avec une gravité qui partait du cœur et qui lui seyait fort bien. Je fus étonné et attendri : une pareille attention reconnaissante n'a pas son égale. « Vous m'avez donné, a-t-il dit, tant de marques de bienveillance et de bonté, vous avez exercé une telle action sur toute ma vie, que je vous prie d'accepter ici un symbole de ce que je vous dois. »

Comme je ne trouve point de paroles dans ces occasions, je lui ai répondu en peu de mots que par son activité il avait déjà fait de moi son débiteur, et qu'en mettant à profit et en retravaillant nos trésors communs, il m'obligerait encore davantage. Là-dessus, nous nous sommes quittés comme il arrive rarement à des personnes que le hasard a rapprochées pour peu de temps. Peut-être la vie nous offrirait-elle beaucoup plus de satisfaction et d'avantages, si l'on se déclarait mutuellement avec franchise ce qu'on attend l'un de l'autre. Les obligations sont-elles remplies, on est satisfait des deux côtés, et l'affection, qui est, en tout, le commencement et la fin, se produit comme par surcroît.

Sur la route, du 4 au 6 juin.

Comme je voyage seul cette fois, j'ai tout le temps de revenir sur les impressions des derniers mois, et je le fais avec beaucoup de plaisir. Cependant je reconnais bien souvent des lacunes dans mes observations. Si le voyage semble à celui qui l'a fait, passer d'un même cours, et se présente à l'imagination comme une suite continue, on sent toutefois qu'il est impossible d'en donner une juste idée. Le narrateur doit tout présenter isolément : comment cela formerait-il un ensemble dans l'esprit de ceux qui l'écoutent ? Aussi ai-je appris avec infiniment de plaisir par vos dernières lettres que vous vous occupez assidûment de l'Italie et de la Sicile; que vous lisez des récits de voyages et que vous étudiez des gravures : l'assurance que mes lettres y gagnent m'est un grand soulagement. Si vous l'aviez fait ou si vous me l'aviez dit plus tôt, j'aurais montré encore plus de zèle. En réfléchissant que j'ai été devancé par des hommes distingués, comme Bartels, Münter, des architectes de divers pays, lesquels assurément poursuivaient des desseins extérieurs avec plus de soin que moi, qui n'avais en vue que les plus intimes, je me suis souvent tranquillisé, quand j'étais forcé de reconnaître l'insuffisance de mes efforts.

Si, en général, un homme ne doit être considéré que comme un supplément de tous les autres, et, s'il ne paraît jamais plus utile et plus aimable que lorsqu'il se donne pour tel, cela est surtout vrai des récits de voyages et des voyageurs. L'individualité, les vues, les temps, les circonstances favorables et défavorables, tout se présente diversement pour chacun. Si je connais les devanciers d'un voyageur, je le goûterai à son tour, je profiterai de lui, j'attendrai son successeur, auquel je ferai aussi un bon accueil, lors même que, dans l'intervalle, j'aurai eu le bonheur de visiter moi-même le pays.

SECOND SÉJOUR A ROME.

Longa sit huic ætas dominæque potentia terræ,
Sitque sub hac oriens occiduusque dies.

Rome, 8 juin 1787.

J'étais de retour ici avant-hier après un heureux voyage, et, dès le lendemain, la Fête-Dieu m'a réinstallé dans la cité romaine. J'avouerai que j'étais parti de Naples avec quelque chagrin : ce n'était pas seulement l'admirable contrée que je laissais derrière moi, c'était une lave puissante, qui, du sommet de la montagne, s'acheminait vers la mer, et que j'aurais voulu observer de près, étudier par moi-même dans sa marche, dont j'avais lu et ouï dire tant de choses. Aujourd'hui cependant mes regrets de cette grande scène de la nature sont apaisés ; et ce n'est pas la pieuse cohue de la fête, car, avec un ensemble imposant, elle offre çà et là des détails qui blessent le goût, c'est la vue des tapis brodés d'après les cartons de Raphaël qui m'a ramené dans la sphère des hautes méditations. Les plus excellents, dont l'authenticité est la plus certaine, sont étalés ensemble ; les autres, qui sont probablement des élèves de Raphaël, ou de ses contemporains et de ses émules, ne figurent pas indignement auprès des premiers et couvrent des espaces immenses.

Rome, 16 juin 1787.

Laissez-moi vous dire encore, mes chers amis, que je me sens très-bien, que je me retrouve toujours davantage et que j'apprends à distinguer ce qui m'est propre et ce qui m'est étranger. Je travaille assidûment, je recueille de tous côtés, et mon développement s'avance. J'ai été ces jours derniers à Tivoli, et j'ai vu un des plus beaux spectacles de la nature. Les Cascatelles, avec les ruines et tout l'ensemble du paysage, sont de ces choses dont la connaissance féconde nos plus intimes sentiments. J'ai négligé d'écrire par le dernier courrier. Je m'étais beaucoup fatigué à Tivoli, à me promener et à dessiner par une chaleur ardente. J'ai fait cette excursion avec M. Hackert, qui possède un incroyable talent pour copier la nature et pour donner d'abord au dessin une tournure. Dans ce peu de jours, j'ai beaucoup appris de lui. Je n'en dirai pas davantage. C'est là encore une merveille de ce monde. La contrée, accidentée au plus haut point, présente des effets magnifiques.

Encore une observation. C'est à présent seulement que les arbres, les rochers et Rome elle-même commencent à me devenir chers. Jusqu'à ce jour, je les ai toujours sentis comme étrangers; en revanche, je prenais plaisir aux petits objets, qui avaient de la ressemblance avec ceux que j'ai vus dans mon premier âge. Maintenant il faut enfin que je m'acclimate ici, et pourtant je ne pourrai jamais être aussi familier qu'avec les premiers objets qui ont frappé ma vue. A cette occasion, il m'est venu diverses pensées, principalement sur l'art et l'imitation.

Pendant mon absence, Tischbein avait découvert dans le couvent voisin de la porte du Peuple un tableau par Daniel de Volterre. Les religieux en demandaient mille écus, que l'artiste ne pouvait fournir. Il en fit parler par Meyer à Angélique. Elle consentit à payer la somme, retira le tableau chez elle, et plus tard Tischbein vendit pour un prix considérable la moitié qu'il s'était réservée. C'est un excellent tableau, qui représente la sépulture du Christ. Il y a beaucoup de figures. Meyer en a fait un dessin très-soigné.

Rome, 20 juin 1787.

J'ai vu de nouveau beaucoup d'œuvres d'art excellentes; mon jugement s'épure et s'affermit; mais il me faudrait passer ici encore une année au moins pour profiter de mon séjour à ma manière, et vous savez qu'autrement je ne puis rien. Si je pars maintenant, je saurai seulement quel sens ne s'est pas encore développé chez moi.

L'Hercule Farnèse est parti ; je l'ai vu encore sur ses véritables jambes, qu'on lui a rendues après un long intervalle. On ne comprend pas à présent qu'on ait pu si longtemps trouver bonnes celles de Porta. C'est aujourd'hui un des plus parfaits ouvrages de l'antiquité. Le roi de Naples fera bâtir un musée où l'on réunira tout ce qu'il possède d'objets d'art, le musée d'Herculanum, les tableaux de Pompeï, les tableaux de Capo di Monte, tout l'héritage Farnèse. C'est une grande et belle entreprise. Notre compatriote Hackert en est le promoteur. Le Toro Farnèse lui-même doit émigrer à Naples, où il sera érigé dans la promenade. S'ils pouvaient emporter du palais la galerie Carrache, ils l'emporteraient aussi.

Rome, 27 juin 1787.

J'ai visité avec Hackert la galerie Colonne, où sont réunis des ouvrages du Poussin, de Claude, de Salvator Rosa. Il m'a dit beaucoup de bonnes choses et profondément pensées sur ces tableaux. Il en a copié quelques-uns et a fait des autres une étude solide. Je me félicitais d'avoir eu, en général, les mêmes pensées dans mes premières visites. Ce qu'il m'a dit n'a pas changé mes idées, mais les a étendues et déterminées. Si l'on peut revoir aussitôt après la nature et retrouver et lire ce que ces artistes ont trouvé et plus ou moins imité, cela doit étendre l'esprit, l'épurer et lui donner enfin la plus sublime intuition de la nature et de l'art. Pour moi, je veux travailler sans relâche jusqu'à ce que rien ne soit plus pour moi parole vaine et tradition, mais idée vivante. Ce fut dès ma jeunesse ma tendance et mon tourment ; maintenant que l'âge s'avance, je veux du moins atteindre à ce qui est accessible et faire ce qui est faisable, après avoir si longtemps, à tort ou à droit, éprouvé le sort de Sisyphe et de Tantale.

Gardez-moi votre amour et votre foi. Je suis assez bien maintenant avec les hommes et sur le pied d'une heureuse franchise. Je suis bien et satisfait de la vie que je mène. Tischbein est un artiste de grand mérite, mais je crains qu'il ne soit jamais en état de pouvoir travailler avec joie et liberté. Je vous en dirai davantage de bouche sur cet homme admirable. Mon portrait réussit, il est fort ressemblant et l'idée en plaît à chacun. Angélique a voulu aussi me peindre, mais sans succès. Elle est très-fâchée que la ressemblance ne vienne pas. C'est toujours un joli compagnon, mais il n'y a pas trace de moi.

Rome, 30 juin 1787.

La grande fête de saint Pierre et saint Paul est enfin venue. Nous avons vu hier l'illumination de la coupole et le feu d'artifice du château. L'illumination est un spectacle fabuleux, étrange; on n'en croit pas ses yeux. Comme je vois désormais les choses et non, comme autrefois, avec les choses et à leur occasion, ce qui n'y est pas, il me faut de ces grands spectacles pour me réjouir. J'en ai compté dans mon voyage une demi-douzaine, et celui-là peut se ranger parmi les premiers. La belle forme de la colonnade, de l'église, et surtout de la coupole, présentant d'abord un cadre de feu, et, quand l'heure est passée, une masse enflammée, est unique et magnifique. Si l'on réfléchit que l'immense édifice ne sert dans ce moment que d'échafaudage, on comprendra aisément qu'il ne puisse exister rien de pareil dans le monde.

Le ciel était pur et serein, la lune brillait, et réduisait le feu des lampions à une agréable clarté; mais enfin, tout s'étant embrasé par la seconde illumination, la clarté de la lune en fut éteinte. Le feu d'artifice est beau à cause de l'emplacement, mais il ne peut se comparer à l'illumination. Ce soir, nous verrons encore une fois l'un et l'autre.

Nous l'avons vu; tout est fini. Le ciel était brillant et beau, la lune était pleine. La clarté de l'illumination en a été plus douce; elle avait quelque chose de magique. C'est un grand et ravissant spectacle de voir comme dans un cadre de feu la belle forme de l'église et de la coupole.

Rome, fin de juin 1787.

Je me suis rendu dans une trop grande école pour que je puisse en sortir de sitôt. Il faut ici que je cultive à fond, que je mûrisse mes connaissances dans les arts, mes faibles talents; autrement, je vous ramènerai un ami incomplet, et les désirs, les efforts, les démangeaisons, les langueurs, recommenceront sur nouveaux frais. Je n'aurais jamais fini, s'il me fallait vous raconter comme tout m'a encore réussi dans ce mois, comme on a mis à ma portée tout ce que j'avais désiré. Je suis bien logé et chez de bonnes gens. Tischbein se rend à Naples, et j'occupe son atelier, grande salle fraîche. Si vous pensez à moi, représentez-vous un homme heureux. J'écrirai souvent, et, comme cela, nous serons, nous resterons ensemble.

Il me vient assez de pensées et d'inspirations nouvelles. Je retrouve ma première jeunesse jusque dans les bagatelles, livré à moi-même comme je le suis, et puis la grandeur et la dignité des objets me portent aussi haut et aussi loin que ma dernière manière d'être peut atteindre.

Mon œil se forme étonnamment, et ma main ne restera pas tout à fait en arrière. Il n'y a qu'une Rome dans le monde, et je me trouve ici comme le poisson dans l'eau ; je surnage, comme on voit surnager dans le mercure un boulet, qui enfonce dans tout autre liquide. Rien ne trouble le cours de mes pensées, sauf que je ne puis partager mon bonheur avec mes amis. Le ciel est maintenant d'une admirable sérénité, et nous n'avons à Rome un peu de brouillard que le matin et le soir; mais, sur les hauteurs, Albano, Castello, Frascati, où j'ai passé trois jours la semaine dernière, l'air est toujours pur et serein. C'est là une nature à étudier !

Rome, 5 juillet 1787.

Ma vie actuelle ressemble tout à fait à un songe de jeunesse : nous verrons si ma destinée sera d'en jouir, ou s'il me faudra reconnaître que ceci, comme tant d'autres choses, n'est que vanité. Tischbein est parti ; son atelier est déblayé, épousseté, lavé, et je m'y trouve fort bien. Il est bien nécessaire dans cette saison d'avoir un asile agréable : la chaleur est violente. Je suis debout au lever du soleil, et je vais à *Acqua acetosa*, source minérale à une demi-lieue de la porte voisine; je bois de cette eau, qu'on pourrait dire un Schwalbach affaibli, mais qui, dans ce climat, est déjà fort agissante. Je suis de retour chez moi vers huit heures, et je travaille assidûment, autant que le permettent les dispositions où je me trouve. Je me porte fort bien. La chaleur dissipe toute humeur rhumatismale et pousse à la peau toutes les âcretés : or il vaut mieux qu'un mal démange que de ronger et traîner.

Je continue à dessiner pour exercer mon goût et ma main. J'ai commencé à m'occuper plus sérieusement d'architecture ; tout me devient d'une facilité étonnante ; je parle de la conception, car l'exécution demande une vie tout entière.

Ce qu'il y a eu de plus heureux, c'est que je n'avais aucune vanité et aucune prétention, je n'avais rien à demander, quand je vins ici. Et maintenant, je n'aspire qu'à une seule chose, c'est à ne me payer jamais de mots et d'apparences. Ce qu'on tient pour beau, admirable et grand, je veux le voir et le reconnaître de mes propres yeux. Cela est impossible sans imitation. Je vais me mettre à dessiner d'après la bosse. La bonne méthode m'est indiquée par des artistes.

Je me recueille le plus possible. Au commencement de la semaine, je n'ai pu refuser de dîner ici et là. Maintenant on veut m'avoir de côté et d'autre : je laisse passer la chose, et je demeure dans ma retraite. Moritz, quelques compatriotes qui habitent la maison, un Suisse, homme de mérite, voilà ma société habituelle. Je vais aussi chez Angélique et le conseiller Reiffestein ; partout avec mon air réfléchi, sans m'ouvrir à personne. Lucchesini est revenu ; il voit tout le monde et on le voit comme tout le monde. C'est un homme qui fait bien son métier, ou je me trompe fort. Je t'écrirai prochainement sur quelques personnes dont j'espère faire bientôt la connaissance.

Je travaille à *Egmont*, et j'espère qu'il réussira. Du moins, j'ai eu toujours, en poursuivant ce travail, des symptômes qui ne m'ont pas trompé. Il est singulier que j'aie été si souvent empêché de terminer cet ouvrage et que ce soit à Rome qu'il s'achève. J'ai mis la dernière main au premier acte. Il y a dans la pièce des scènes entières auxquelles je n'ai pas besoin de toucher.

J'ai tant d'occasions de réfléchir sur les arts de toute sorte, que mon *Wilhelm Meister* s'enfle notablement. Mais il faut que je me débarrasse d'abord des vieilles choses ; je me fais vieux, et, si je veux produire encore quelques ouvrages, il ne faut pas que je tarde. Comme tu peux l'imaginer aisément, j'ai cent choses nouvelles dans la tête, et le difficile n'est pas de penser, le difficile est de faire. C'est un étrange embarras que d'assigner aux objets leur place, en sorte qu'ils soient là désormais de telle façon et non autrement. J'aurais maintenant beaucoup à dire sur l'art, mais, si l'on n'a pas les ouvrages sous les yeux, que peut-on dire? J'espère m'élever au-dessus de maintes petitesses. C'est pourquoi, veuillez me laisser mon temps, que je passe ici d'une manière si merveilleuse et si singulière ; laissez-le-moi par l'approbation de votre amitié. Cette fois, je suis contraint de finir, et je vous envoie à regret une page blanche. La chaleur a été grande aujourd'hui, et vers le soir je me suis endormi.

Rome, 9 juillet 1787.

A l'avenir, je veux écrire quelque chose pendant la semaine, de peur que la chaleur du jour de la poste ou quelque autre accident ne m'empêche de vous adresser quelques paroles raisonnables. Hier j'ai beaucoup vu et revu. J'ai visité peut-être douze églises, où se trouvent les plus beaux tableaux de retable. Puis je suis allé avec Angélique chez l'Anglais Moore, peintre de paysage, dont les tableaux sont, en général, très-bien conçus. Il a peint entre autres un déluge, qui est quelque chose d'unique. Tandis que d'autres nous présentent une mer ouverte, ce qui ne donne toujours que l'idée d'eaux étendues et non de hautes eaux, il a présenté une haute vallée, une vallée fermée, dans laquelle les eaux, qui montent sans cesse, finissent par se précipiter aussi.

On voit, à la forme des rochers, que la hauteur de l'eau approche des sommets, et, comme la vallée est fermée par derrière, que tous les rochers sont à pic, cela produit un effet terrible. Le tableau est peint comme gris sur gris ; l'eau bourbeuse, bouillonnante, et la pluie continue se confondent ; l'eau se précipite et ruisselle des rochers, comme si ces masses énormes voulaient elles-mêmes se résoudre dans l'élément général ; le soleil perce à travers ce crêpe humide, comme une triste lune, sans éclairer, et pourtant il ne fait pas nuit. Au milieu du premier plan est une roche plate, isolée, sur laquelle quelques hommes en détresse se sauvent au moment où le flot s'élève et menace de les couvrir. Je ne dirai rien des autres tableaux, d'un matin magnifique, d'une nuit admirable.

Il y a eu trois jours de fête à Ara-Cœli pour la béatification de deux saints de l'ordre de saint François. La décoration de l'église, la musique, l'illumination et le feu d'artifice ont attiré une grande foule de peuple. Le Capitole, qui est voisin, était aussi illuminé, et l'on a tiré le feu d'artifice sur la place du Capitole. Le tout ensemble était fort beau, quoique ce ne fût autre chose qu'une imitation de Saint-Pierre.

A cette occasion, les Romaines, accompagnées de leurs maris ou de leurs amis, se montrent, la nuit, habillées de blanc avec une ceinture noire, et sont belles et charmantes. Maintenant le Corso est aussi plus fréquenté la nuit par les promeneurs à pied et en voiture, parce qu'on ne sort pas de chez soi pendant le jour. La chaleur est très-supportable, et, ces jours-ci, il a régné continuellement un petit vent frais. Je me tiens dans ma salle fraîche, où je suis tranquille et content. Je travaille assidûment; mon *Egmont* avance beaucoup. Il est singulier qu'on joue maintenant la scène à Bruxelles[1] telle que je l'ai écrite il y a douze ans. Bien des détails vont paraître séditieux.

Rome, 16 juillet 1787

La nuit est déjà très-avancée, et l'on ne s'en douterait pas : la rue est pleine de gens qui chantent, qui jouent de la guitare et du violon, alternant les uns avec les autres, allant et venant. Les nuits sont fraîches et vivifiantes, les jours ne sont pas d'une chaleur insupportable.

Hier j'allai avec Angélique à la Farnesina, où se trouve peinte la fable de Psyché. Que de fois, et dans combien de situations, n'ai-je pas vu avec vous dans mon appartement les copies bigarrées de ces tableaux! Ils m'ont vivement frappé, justement parce que je les sais presque par cœur, grâce à ces copies. Cette salle, ou plutôt cette galerie, est la plus belle décoration que je connaisse, quelque endommagée et restaurée qu'elle soit maintenant.

Il y avait aujourd'hui un combat de bêtes dans le tombeau d'Auguste. Ce grand édifice, vide à l'intérieur, ouvert par en haut, tout à fait rond, est devenu une arène pour les combats de taureaux, une sorte d'amphithéâtre. Il peut contenir de quatre à cinq mille personnes. Le spectacle ne m'a pas fait grand plaisir.

---

1. Allusion aux troubles du Brabant sous le règne de Joseph II.

Rome, mardi 17 juillet.

J'ai été, le soir, chez Albacini, le restaurateur de statues antiques, pour voir un torse, trouvé dans la collection Farnèse, qu'on envoie à Naples. C'est le torse d'un Apollon assis. Il est d'une beauté peut-être sans égale. On peut du moins le ranger parmi les plus précieux restes de l'antiquité.

J'ai dîné chez le comte Friess ; l'abbé Casti, qui voyage avec lui, nous a lu une de ses nouvelles, *l'Archevêque de Prague*, écrite en *ottave rime*. Elle n'est pas fort décente, mais extraordinairement jolie. J'estimais déjà l'abbé Casti comme auteur du *Re Teodoro in Venezia*. Il a écrit depuis un *Re Teodoro in Corsica*, dont j'ai lu le premier acte. C'est aussi un délicieux ouvrage.

Le comte Friess achète beaucoup. Il a entre autres fait emplette d'une madone d'André del Sarto pour six cents sequins. Au mois de mars dernier, Angélique en avait offert quatre cent cinquante, et elle aurait donné le surplus, si son mari, fort économe, n'avait eu quelques objections à faire. Maintenant ils ont des regrets tous les deux. Ce tableau est d'une beauté inimaginable. Voilà comme il se présente journellement quelque chose nouvelle, qui s'ajoute aux anciennes et durables, et procure un grand plaisir. Mon œil se forme : avec le temps, je pourrai devenir connaisseur.

Tischbein se plaint dans une lettre de l'effroyable chaleur de Naples. A Rome elle est aussi assez forte. Elle a été si violente mardi, que des étrangers assuraient n'en avoir pas senti de pareille en Espagne et en Portugal. *Egmont* est déjà heureusement arrivé au quatrième acte. J'espère qu'il vous fera plaisir. Je pense avoir fini dans trois semaines. Je l'enverrai à Herder aussitôt après. Je dessine et j'enlumine aussi assidûment. On ne peut sortir de chez soi, on ne peut faire la plus petite promenade, sans rencontrer des choses du plus grand caractère. Mon imagination, ma mémoire, s'enrichissent d'objets d'une beauté infinie.

Rome, 20 juillet 1787.

J'ai fort bien démêlé depuis quelque temps deux de mes défauts capitaux, qui m'ont poursuivi et tourmenté toute ma vie.

L'un est que je n'ai jamais voulu apprendre le métier d'une chose que je voulais ou devais pratiquer. De là vient qu'avec tant de dispositions naturelles, j'ai fait si peu de chose. Tantôt une production bien ou mal réussie, selon que le voulaient le hasard et la fortune, m'était arrachée par la force de l'esprit ; tantôt je m'appliquais à faire bien et avec réflexion, et j'étais timide, je ne pouvais achever. Mon autre défaut, qui a beaucoup d'affinité avec le premier, c'est que je n'ai jamais voulu consacrer à une affaire ou un travail tout le temps nécessaire. Ayant le bonheur de pouvoir penser et combiner beaucoup en peu de temps, une exécution qui marche pas à pas m'est ennuyeuse et insupportable. Or il me semble que le moment serait venu de me corriger. Je suis dans le pays des arts : je veux en approfondir l'étude, afin d'y trouver de la joie et du repos pour le reste de ma vie et de pouvoir passer à autre chose. Rome est pour cela un lieu admirable. On y trouve, non-seulement des objets, mais aussi des hommes de toute sorte, qui s'y intéressent, qui suivent la bonne voie, avec lesquels on peut faire aisément, par la conversation, des progrès rapides. Dieu merci, je commence à pouvoir apprendre et recevoir des autres hommes. Je me trouve donc ainsi, de corps et d'âme, mieux que jamais. Puissiez-vous le reconnaître à mes productions et apprécier mon absence. Ce que je fais, ce que je pense, m'enchaîne à vous ; du reste je suis vraiment très-seul, et il faut que je modifie mes conversations : mais cela est plus facile ici que partout ailleurs, parce qu'on a avec chacun quelque chose d'intéressant à dire.

Mengs dit quelque part de l'Apollon du Belvédère, qu'une statue qui, avec la même grandeur de style, aurait dans les chairs plus de vérité, serait tout ce que l'homme peut concevoir de plus grand. Et ce torse d'un Apollon ou d'un Bacchus, dont j'ai parlé, semble avoir accompli son vœu, sa prophétie. Je n'ai pas l'œil assez exercé pour décider dans une matière si délicate, mais j'incline à considérer ce reste comme la plus belle chose que j'aie jamais vue. Par malheur, ce n'est qu'un torse ; encore l'épiderme est-il emporté en plusieurs endroits. Ce débris doit avoir été sous un égout.

ROME.

Dimanche, 22 juillet.

J'ai dîné chez Angélique. Il est passé en coutume que je suis son hôte le dimanche. Avant dîner nous sommes allés au palais Barberini pour voir l'excellent Léonard de Vinci et la maîtresse de Raphaël peinte par lui-même. Il est fort agréable de voir les tableaux avec Angélique, parce que son œil est très-exercé et sa connaissance du métier très-grande. Avec cela, elle est très-sensible à tout ce qui est beau, vrai et tendre, et d'une incroyable modestie.

Après midi je suis allé chez le chevalier d'Agincourt, riche Français, qui emploie son temps et son argent à écrire une histoire de l'art depuis son déclin jusqu'à sa renaissance. Les collections qu'il a faites sont extrêmement intéressantes. On voit comme l'esprit humain n'a pas cessé d'être actif pendant les temps de ténèbres. Si l'ouvrage s'achève, il sera très-remarquable.

Rome, lundi 23 juillet.

Je suis monté ce soir sur la colonne Trajane pour jouir d'une vue inestimable. De là, au coucher du soleil, le Colisée produit un effet magnifique avec le Capitole, qui est tout près, le Palatin, derrière, et la ville, qui s'y rattache. Je ne suis rentré que tard et lentement en parcourant la ville. Un objet remarquable est la place du *Monte Cavallo* avec l'obélisque.

Rome, mardi 24 juillet 1787.

Je suis allé à la villa Patrizzi pour voir coucher le soleil, jouir de la fraîcheur, graver dans mon esprit l'image de la grande cité, étendre et simplifier mon horizon par les longues lignes du paysage, enfin l'enrichir par une multitude d'objets beaux et divers. Ce soir, j'ai vu la place de la colonne Antonine, le palais Chigi, éclairés par la lune, et la colonne, noire de vétusté, se détachant sur le fond plus clair du ciel nocturne, avec son blanc piédestal étincelant. Et quelle foule innombrable de belles choses ne rencontre-t-on pas encore dans une pareille promenade! Mais qu'il est difficile de s'approprier seulement une faible portion de tout cela! Il y faut une vie d'homme, et même la vie de beaucoup d'hommes, qui s'instruisent graduellement les uns par les autres.

Rome, mercredi 25 juillet 1787.

J'ai visité aujourd'hui avec le comte Friess la galerie du prince de Piombino.

Rome, vendredi 27 juillet 1787.

Au reste, tous les artistes, jeunes et vieux, viennent à mon aide pour former et développer mon petit talent. J'ai fait des progrès dans la perspective et l'architecture, ainsi que dans la composition du paysage. Quant aux êtres vivants, cela ne va pas encore; c'est un abîme : cependant, avec des efforts et de l'application, je pourrai y faire aussi des progrès.

Je ne sais pas si je vous ai dit un mot du concert que je donnai à la fin de la semaine dernière. J'avais invité les personnes qui m'ont procuré ici quelques plaisirs, et j'ai fait exécuter par les chanteurs de l'Opéra-Comique les meilleurs morceaux des derniers intermèdes. Chacun a paru content et satisfait. Maintenant ma salle est bien arrangée et nettoyée. On s'y trouve très-agréablement par la grande chaleur. Nous avons eu un jour nébuleux, un jour de pluie, un orage, puis quelques jours sereins pas très-chauds.

Dimanche, 29 juillet.

J'ai visité avec Angélique le palais Rondanini. Vous vous souvenez que je parlais, dans mes premières lettres de Rome, d'une Méduse qui était déjà fort de mon goût et qui me fait maintenant le plus grand plaisir. La seule idée qu'il existe dans le monde quelque chose de pareil, qu'une chose pareille a pu se faire, double déjà notre existence. J'en dirais volontiers quelque chose, si tout ce qu'on peut dire sur un tel ouvrage n'était pas un vain bruit. L'œuvre d'art est là pour qu'on la voie et non pour qu'on en parle, si ce n'est tout au plus en sa présence. Que j'ai honte de tout le bavardage esthétique auquel je m'associais autrefois! S'il est possible d'avoir un bon plâtre de cette Méduse, je l'emporterai, mais il en faudrait mouler un nouveau. Il y en a ici quelques-uns à vendre, dont je ne voudrais pas, car ils gâtent l'idée, plutôt qu'ils n'en donnent et n'en conservent quelques traits. Il y a surtout dans la bouche une dignité inexprimable, qu'on ne saurait imiter.

Lundi, 30 juillet.

Je suis resté tout le jour chez moi, et j'ai travaillé. *Egmont* touche à sa fin; le quatrième acte est comme achevé. Dès qu'il sera copié, je vous l'expédierai par la poste à cheval. Quelle joie pour moi, si j'apprends de vous que vous donnez à cette œuvre quelque approbation ! Je retrouve toute ma jeunesse en écrivant ce drame. Puisse-t-il faire aussi sur le lecteur une impression nouvelle !

Hier au soir, il y avait dans le jardin derrière la maison un petit bal auquel nous étions aussi invités. Quoique cette saison ne soit pas celle de la danse, on était tout à fait joyeux. Les minois italiens ont leurs particularités. Il y a dix ans, quelques-uns nous auraient semblé passables : aujourd'hui cette veine est tarie, et cette petite fête m'a paru à peine assez intéressante pour me retenir jusqu'à la fin.

Les clairs de lune sont d'une incroyable beauté. D'abord, avant que la lune se soit dégagée des vapeurs, tout est jaune et chaud *come il sole d'Inghilterra;* le reste de la nuit est calme et charmant. Un vent frais se lève et tout commence à vivre. Jusque vers le matin, il y a dans les rues des sociétés qui chantent et qui jouent. On entend quelquefois des *duetti* aussi beaux et plus beaux que dans un opéra ou un concert.

Mardi, 31 juillet.

J'ai jeté sur le papier quelques clairs de lune, puis je me suis livré à toutes sortes de bons exercices. Le soir, je me suis promené avec un compatriote, et nous avons disputé sur la prééminence de Michel-Ange et de Raphaël. Je tenais pour le premier et lui pour le second. Nous avons fini par célébrer tous deux les louanges de Léonard de Vinci. Combien je suis heureux que tous ces noms aient cessé d'être des noms pour moi ! Combien je me félicite d'acquérir peu à peu des idées vivantes et complètes du mérite de ces hommes éminents! Ce soir, j'ai été à l'Opéra-Comique. On joue un nouvel intermède *l'Impresario in angustie*, qui est excellent et qui nous divertira plus d'un soir, si forte que soit la chaleur de la salle. Dans un quintetto fort heureux, le poëte lit sa pièce, l'impresario et la prima donna l'approuvent, le compositeur et la seconda donna le critiquent, et il en résulte à la fin une dispute générale. Les castrats déguisés en femmes remplissent toujours mieux leurs rôles et plaisent toujours davantage. Véritablement, pour une troupe d'été, qui s'est rassemblée au hasard, elle est fort satisfaisante. Les acteurs jouent avec beaucoup de naturel et de bonne humeur. La chaleur fait souffrir cruellement ces pauvres diables.

Souvenirs du mois de juillet.

Après avoir vécu assez longtemps dans la retraite, loin du grand monde et de ses distractions, nous avons commis une faute qui a fixé sur nous l'attention de tout le quartier et des personnes qui sont à l'affût des événements nouveaux et singuliers. Voici ce qui est arrivé. Angélique n'allait jamais au spectacle. Nous ne lui en demandions pas la raison; mais comme, en amis passionnés du théâtre, nous ne pouvions assez vanter en sa présence la grâce et l'habileté des chanteurs, l'effet de la musique de notre Cimarosa, et que nous désirions ardemment associer notre amie à ces jouissances, peu à peu nos jeunes gens, et surtout Bury, qui est au mieux avec les chanteurs et les musiciens, amenèrent les choses au point que, dans un moment de gaieté, les artistes offrirent de faire un jour de la musique et de chanter dans notre salle devant nous, qui étions leurs amis passionnés et leurs zélés applaudisseurs. Ce projet, souvent débattu, proposé et différé, finit par être mis joyeusement à exécution, selon le désir des jeunes amateurs. Kranz, l'excellent violoniste, le directeur de musique au service des ducs de Weimar, qui a obtenu un congé pour se former en Italie, donna bientôt à la chose une conclusion par son arrivée imprévue. Son talent vint à l'appui du désir des amateurs de musique, et nous nous sommes vus dans le cas de pouvoir inviter à une fête de bon goût Mme Angélique, son mari, le conseiller Reiffenstein, MM. Jenkins, Volpato, et toutes les personnes à qui nous devions quelque politesse. Des juifs et des tapissiers avaient décoré la salle; le cafetier voisin s'était chargé des rafraîchissements, et, comme cela, nous avons pu donner, dans la plus belle nuit d'été, un brillant concert, qui a rassemblé une grande foule de gens sous les fenêtres ouvertes ; et de même que s'ils eussent été au théâtre, ils ont applaudi les chants comme il faut.

Mais ce qu'il y eut de plus étrange, c'est qu'une grande voiture, qui portait un orchestre d'amateurs, auquel il avait plu de faire pendant la nuit leur ronde joyeuse par la ville, s'arrêta sous nos fenêtres et, après qu'ils eurent applaudi vivement aux chants qui partaient d'en haut, une excellente basse-taille, accompagnée de tous les instruments, entonna un des airs les plus agréables de l'opéra dont notre société exécutait des morceaux détachés. Nous applaudîmes à notre tour de toutes nos forces, le public se joignit à nous, et chacun assura qu'il avait pris part à bien des fêtes nocturnes de ce genre, mais qu'il n'avait jamais goûté, par aventure, un plaisir aussi complet.

Dès lors notre demeure, de belle apparence, il est vrai, mais tranquille, située vis-à-vis du palais Rondanini, attira tout à coup sur elle l'attention du Corso. Un riche milord, disait-on, s'y était sans doute établi, mais personne ne sut le reconnaître et le démêler parmi les étrangers connus. Assurément, si une pareille fête avait dû être payée à beaux deniers comptants, ce que des artistes avaient fait ici pour l'amour d'autres artistes, et qui s'était accompli à peu de frais, aurait occasionné une dépense considérable. Nous reprîmes aussitôt après notre vie tranquille, mais nous ne pûmes empêcher les gens de nous croire des personnes d'une grande richesse et d'une noble naissance.

Cependant l'arrivée du comte Friess vint donner une nouvelle vie aux plaisirs de la société. Il était accompagné de l'abbé Casti, qui nous divertissait par la lecture de ses *Nouvelles galantes*, encore inédites. Son débit aisé et joyeux animait au plus haut point ces peintures ingénieuses où l'originalité abonde. On trouvait aussi chez le comte Friess quelques-uns de ces littérateurs qui se produisent ici dans les cercles en costume d'abbés. Il était impossible d'avoir avec eux une conversation agréable. A peine avait-on commencé à parler de poésie nationale et cherché à s'éclairer sur quelque point, qu'on nous demandait brusquement lequel nous estimions le plus grand poëte, du

Tasse ou de l'Arioste. Si vous répondiez qu'il fallait rendre grâce à Dieu et à la nature d'avoir accordé à une nation deux hommes si excellents, qui, selon les temps et les circonstances, selon les situations et la manière de sentir, nous font passer tour à tour les plus heureux moments, nous apaisent, nous ravissent, cette parole sage ne satisfaisait personne. On se mettait à relever de plus en plus celui pour lequel on s'était prononcé, et à rabaisser l'autre à proportion. La première fois, j'essayai de prendre sa défense et de faire valoir ses mérites, mais cela resta sans effet : on avait pris parti et l'on demeura dans son sentiment. Comme cela se répétait sans cesse, et que j'avais ces choses trop à cœur pour en faire un exercice de controverse, j'évitai ces entretiens, surtout quand j'eus remarqué que c'étaient là de pures phrases, qu'on avançait et qu'on soutenait sans prendre aux choses un véritable intérêt.

C'était bien pis encore quand il était question de Dante. Un jeune homme de qualité, qui avait de l'esprit et un goût réel pour cet homme extraordinaire, ne reçut pas trop bien mon suffrage et mon approbation, assurant sans détour que tout étranger devait renoncer à entendre un génie si extraordinaire, puisque les Italiens eux-mêmes ne pouvaient pas toujours le suivre. Après quelques répliques de part et d'autre, je finis par me sentir piqué, et je m'avouai disposé à lui donner raison, car je n'avais jamais pu comprendre qu'on s'occupât de ses poëmes. L'*Enfer* me paraissait abominable, le *Purgatoire* équivoque, le *Paradis* ennuyeux. Le jeune homme en fut charmé, parce qu'il en tira un argument pour sa thèse. Cela même prouvait, disait-il, que je n'avais pu comprendre la profondeur et la sublimité de ces poëmes. Nous nous quittâmes très-bons amis, et même il me promit de me montrer et de m'expliquer quelques endroits difficiles, sur lesquels il avait longtemps réfléchi et dont il avait enfin démêlé le sens.

La conversation des artistes et des amateurs n'était malheureusement pas plus instructive. Cependant on finissait par excuser chez les autres le défaut qu'on devait se trouver à soi-même. C'était tantôt à Raphaël, tantôt à Michel-Ange, qu'on donnait la préférence, d'où il fallait conclure que l'homme est un être si borné, qu'avec un esprit ouvert à ce qui est grand, il ne parvient jamais à apprécier et à reconnaître également les grandeurs d'espèces différentes.

Si nous regrettions la présence et l'influence de Tischbein, il nous dédommageait autant que possible par ses lettres pleines de vie, d'esprit et de vues originales. Il complétait ses réflexions par des esquisses d'un tableau dont il s'occupait. On voyait, en demi-figures, Oreste reconnu par Iphigénie à l'autel du sacrifice, et les Furies, qui l'ont poursuivi jusque-là, s'éloignant aussitôt. Iphigénie était le portrait fidèle de miss Harte, alors dans tout l'éclat de sa beauté et de sa renommée. Une des Furies était aussi ennoblie par sa ressemblance avec cette jeune femme, qui pouvait servir de type pour toutes les héroïnes, les muses et les déesses. Un artiste capable de pareilles choses était fort bien accueilli dans la noble société d'un chevalier Hamilton.

———

Rome, le 1ᵉʳ août.

Je suis resté tout le jour assidu à mon ouvrage, à cause de la chaleur. Ce qui me plaît surtout dans cette haute température, c'est l'idée où je suis que vous aurez aussi un bel été en Allemagne. C'est un grand plaisir ici de voir faire la récolte du foin, parce qu'il ne pleut jamais dans cette saison, et que ces travaux de l'agriculture peuvent se faire à volonté…. Si seulement ils avaient une agriculture! Le soir, j'ai été me baigner dans le Tibre, dans de petites maisons de bains, sûres et commodes. Ensuite je me suis promené à la Trinité-des-Monts, et j'ai joui de la fraîcheur au clair de la lune. Ici les clairs de lune sont comme on les imagine ou comme on les rêve.

Le quatrième acte d'*Egmont* est terminé. J'espère pouvoir t'annoncer dans ma prochaine lettre l'achèvement de la pièce.

Sans date.

A mon retour par la Suisse, je m'occuperai du magnétisme. La chose n'est ni pure vanité ni pure tromperie. Seulement, les hommes qui s'en sont occupés jusqu'à présent me sont suspects. Charlatans, grands seigneurs et prophètes, toutes gens qui aiment à faire beaucoup de peu, qui se plaisent à dominer, etc., etc. Nous avons dans l'histoire la fameuse époque des sorcières, dont je suis loin encore d'avoir trouvé une explication psychologique. Cette époque a fixé mon attention et m'a rendu suspect tout merveilleux.... Comment les sorcières me reviennent-elles à l'esprit à propos de magnétisme? C'est par une association d'idées tirée d'assez loin, que je ne puis développer dans cette feuille.

Hier, après le coucher du soleil (la chaleur ne permet pas de sortir auparavant), je me rendis à la villa Borghèse. Que je t'ai souhaité auprès de moi! J'ai trouvé d'abord quatre tableaux magnifiques, qu'il suffirait de copier, si l'on pouvait. Je veux à tout prix m'avancer dans le paysage et le dessin. Dans cette promenade, j'ai préparé l'achèvement d'*Egmont*. Quand je m'y mettrai, cela ira vite. Adieu! pense à moi!

Rome, 11 août 1787.

Je resterai jusqu'à Pâques en Italie. Je ne puis maintenant m'échapper de l'école. Si je reste, j'irai sans doute assez loin pour faire plaisir à mes amis et à moi. Je ne cesserai pas de vous écrire; mes ouvrages vous arriveront peu à peu : comme cela, je serai pour vous un absent vivant, tandis que vous vous êtes plaint souvent d'avoir en moi un présent mort. *Egmont* est achevé et pourra partir à la fin de ce mois. Après cela, j'attendrai avec angoisse votre jugement.

Pas un jour où je ne fasse des progrès dans la connaissance et la pratique de l'art. Comme une bouteille s'emplit aisément quand on la plonge ouverte dans l'eau, à Rome, il est facile de s'emplir, pourvu qu'on soit réceptif et préparé. L'élément artiste nous presse de toutes parts.

Je pouvais vous prédire ici le bel été que vous avez. Nous avons un ciel toujours le même, toujours pur, et, dans le milieu du jour, une chaleur effroyable, à laquelle j'échappe assez bien dans une salle fraîche. Je veux passer septembre et octobre à la campagne, et dessiner d'après nature. Peut-être retournerai-je à Naples, pour recevoir les leçons d'Hackert. J'ai plus profité en quinze jours passés avec lui à la campagne, que je n'aurais fait par moi-même pendant des années. Je ne t'envoie rien encore, et je tiens en réserve une douzaine de petites esquisses, afin de t'adresser d'un seul coup quelque chose de bon. Cette semaine s'est passée dans la retraite et le travail. J'ai appris surtout bien des choses dans la perspective. Berschaffeldt, fils du directeur du Musée de Mannheim, a bien approfondi cette partie et me communique ses secrets. J'ai mis sur la planche et ombré à l'encre de Chine quelques clairs de lune, avec d'autres idées, presque trop folles pour être communiquées.

J'ai écrit à la duchesse une longue lettre et lui ai conseillé de différer d'une année son voyage en Italie. Si elle part en octobre, elle arrivera justement dans ce beau pays au moment où la température change, et elle s'en trouvera mal. Si elle veut m'en croire sur ce point et sur d'autres, elle s'en félicitera, pourvu qu'elle ait bonne chance. Je lui souhaite de tout mon cœur ce voyage.

Je ne suis pas plus déshérité que les autres, et j'attendrai l'avenir avec confiance. Nul ne peut se réformer, et nul ne peut échapper à son sort. Par cette lettre même, tu connaîtras mon plan et tu l'approuveras, j'espère. Je m'abstiens ici de rien répéter.

Je vous écrirai souvent, et, durant l'hiver, je serai toujours parmi vous en esprit. Vous recevrez *le Tasse* après le nouvel an. *Faust*, prenant le vol avec son manteau, sera le courrier qui annoncera mon arrivée. Alors j'aurai parcouru et nettement achevé une époque essentielle de ma vie, et je pourrai me remettre au travail selon qu'il sera nécessaire. Je sens mon esprit allégé, et, depuis une année, je suis presque un autre homme. Je vis dans la richesse et l'abondance de tout ce qui m'est particulièrement cher et précieux, et, pendant ces deux mois, j'ai enfin su faire ici un bon usage de mon temps : tout se déploie maintenant, et l'art devient pour moi une seconde nature, qui s'élance de la tête des grands hommes, comme Minerve de la tête de Jupiter. Plus tard, je vous entretiendrai de ces choses pendant des jours entiers, des années entières. Je vous souhaite un beau mois de septembre. A la fin d'août où se rencontrent tous nos jours de naissance, je penserai bien à vous. La grande chaleur une fois passée, j'irai à la campagne pour dessiner. En attendant, je fais ce qu'on peut faire dans la chambre, et je dois chômer souvent ; le soir surtout, il faut craindre de se refroidir.

Rome, 18 août 1787.

Cette semaine, j'ai dû me relâcher un peu de mon activité septentrionale; les premiers jours, la chaleur a été excessive. J'ai donc fait moins d'ouvrage que je ne désirais. Nous avons depuis deux jours la plus belle tramontane et un ciel parfaitement pur. Septembre et octobre seront, je pense, deux mois divins. Hier, avant le lever du soleil, j'allai à Acqua Acetosa. Il y a de quoi perdre l'esprit de voir l'éclat, la variété, la vaporeuse transparence et les couleurs divines du paysage, surtout des lointains.

Moritz étudie à présent les antiquités. Pour les mettre à l'usage de la jeunesse et de tous les hommes qui pensent, il les humanisera, il les purifiera de la moisissure des bouquins et de la poussière des écoles. Il a une heureuse et juste manière de considérer les choses. J'espère qu'il prendra aussi le temps d'être solide. Nous nous promenons ensemble le soir, et il me conte quelle partie il a méditée pendant le jour, ce qu'il a lu dans les auteurs; ainsi se comble aussi cette lacune, que j'avais dû laisser à cause de mes autres occupations, et que je n'aurais pu remplir que tardivement et avec peine. Cependant j'observe les édifices, les rues, le paysage, les monuments, et, revenu le soir à la maison, je m'amuse à jeter sur le papier, tout en causant, une vue qui m'a particulièrement frappé. Tu trouveras ici incluse une esquisse de ce genre : elle est d'hier au soir. C'est à peu près la vue que présente le Capitole, quand on y monte par derrière.

J'allai voir dimanche, avec la bonne Angélique, les tableaux du prince Aldobrandini, et surtout un excellent ouvrage de Léonard de Vinci. Elle n'est pas heureuse comme elle mériterait de l'être, avec son grand talent et sa fortune qui s'accroît tous les jours. Elle est fatiguée de peindre pour la vente, mais son vieux mari trouve fort agréable de voir arriver de si lourdes sommes pour un travail souvent léger. Elle voudrait, elle pourrait maintenant travailler pour sa propre satisfaction, avec plus de loisir, d'étude et de soin. Ils n'ont point d'enfants, ils ne peuvent manger leurs revenus, et, avec un travail modéré, elle les augmente encore chaque jour. Mais cela n'est pas et ne sera pas. Elle me parle avec beaucoup de franchise. Je lui ai dit mon avis, je lui ai donné mon conseil, et je l'encourage, quand je suis près d'elle. Qu'on parle d'indigence et de malheur, quand ceux qui ont assez de biens ne peuvent en user et en jouir! Elle a un incroyable talent, et véritablement immense pour une femme. Il faut voir et apprécier ses mérites effectifs et non ce qu'elle laisse à désirer. Est-il beaucoup d'artistes dont les ouvrages résistent à la critique, si l'on veut compter ce qui manque?

C'est ainsi, mes bien-aimés, que Rome, le monde romain, l'art et les artistes, me sont toujours mieux connus; je vois à fond les rapports; ils me deviennent plus familiers par le commerce de la vie et le mouvement que je me donne. Une simple visite donne des idées fausses. On voudrait bien aussi, à Rome, me tirer de ma retraite, de mes occupations réglées, et m'entraîner dans le monde. Je me préserve le mieux que je puis; je promets, je diffère, j'esquive, je promets encore et je joue l'Italien avec les Italiens. Le cardinal secrétaire d'État Buoncompagni m'a fait les dernières instances, mais je me déroberai jusqu'au milieu de septembre, que j'irai à la campagne. J'ai peur de ces messieurs et de ces dames comme d'une maladie dangereuse; je me sens déjà malade, à les voir seulement passer en voiture.

Rome, 23 août 1787.

J'ai reçu avant-hier votre chère lettre, n° 24, au moment où je me rendais au Vatican, et je l'ai lue et relue en chemin et dans la chapelle Sixtine, chaque fois que je me reposais de voir et d'observer. Je ne puis vous dire combien je vous ai désirés auprès de moi, pour que vous eussiez du moins une idée de ce qu'un homme unique et complet peut faire et achever. Sans avoir vu la chapelle Sixtine, on ne saurait se faire une idée intuitive de ce qu'un homme peut accomplir. On nous rapporte et nous lisons beaucoup de choses de grands et dignes personnages, mais ici nous avons l'œuvre toute vivante sur la tête et devant les yeux. Je me suis beaucoup entretenu avec vous et je voudrais que tout cela fût sur le papier. Vous voulez savoir de mes nouvelles? Que de choses ne pourrais-je pas vous dire! Car je suis réellement un autre homme, renouvelé, complété. Je sens se grouper la somme de mes forces, et j'espère faire encore quelque chose. J'ai médité sérieusement, ces temps-ci, sur le paysage et l'architecture ; j'ai fait aussi quelques essais, et je vois maintenant où il en faut venir et jusqu'où il faudrait aller.

Enfin l'alpha et l'oméga de tout ce que nous connaissons, la figure humaine, s'est saisie de moi et moi d'elle, et je dis : « Seigneur, je ne vous laisserai point aller que vous ne m'ayez béni, quand je devrais lutter jusqu'à devenir perclus. » Le dessin ne va pas du tout ; j'ai pris le parti de modeler, et cela paraît vouloir réussir. Je suis du moins arrivé à une idée qui me facilite beaucoup de choses. Il serait trop long d'en faire le détail, et il vaut mieux agir que parler. Bref, tout revient à ceci, que mon étude opiniâtre de la nature, le soin avec lequel je me suis appliqué à l'anatomie comparée, me mettent en état d'embrasser d'un coup d'œil, dans la nature et dans les antiques, bien des choses que les artistes se fatiguent à rechercher en détail, et qu'une fois découvertes, ils sont réduits à posséder pour eux, sans pouvoir les communiquer à d'autres.

J'ai remis en usage tous mes petits secrets physiognomoniques, que j'avais jetés à l'écart par dépit contre le prophète[1], et je m'en trouve fort bien. J'ai commencé une tête d'Hercule : si elle réussit, nous irons plus avant.

Éloigné comme je le suis du monde et des choses mondaines, j'éprouve une sensation singulière quand je lis une gazette. La figure de ce monde passe : je voudrais ne m'occuper que des relations permanentes, et, de la sorte, selon la doctrine de ***, mettre enfin mon esprit en possession de l'éternité.

Je vis hier beaucoup de dessins chez M. Ch. de Worthley, qui a voyagé en Grèce, en Egypte, etc. Ce qui m'a le plus intéressé, ce sont les bas-reliefs de la frise du Parthénon, œuvre de Phidias. On ne peut rien imaginer de plus beau que ce petit nombre de simples figures. Le reste offrait peu d'intérêt : les paysages n'étaient pas heureux, l'architecture valait mieux.

Adieu pour aujourd'hui. On fait mon buste, et cela m'a pris trois matinées cette semaine.

---

1. Lavater.

Rome, 28 août.

J'ai eu, ces jours-ci, plusieurs bonnes aubaines, et, aujourd'hui, j'ai reçu pour ma fête le petit livre de Herder, plein de nobles pensées sur la Divinité. J'ai été consolé et édifié de lire dans cette Babel, mère de tant d'erreurs et de tromperies, des choses si pures et si belles, et de penser que nous sommes dans un temps où de tels sentiments, de telles opinions, peuvent et osent se répandre. Je lirai et je méditerai souvent encore ce petit livre dans ma solitude; j'y ferai aussi des remarques, qui pourront servir de thèmes à de futurs entretiens.

L'académie française a exposé ses travaux. Il s'y trouve des choses intéressantes. Pindare, qui prie les dieux de lui accorder une heureuse fin, tombe et meurt dans les bras d'un jeune garçon qu'il aime. Ce tableau est d'un grand mérite. Un architecte a exécuté une heureuse idée : il a dessiné Rome moderne d'un lieu où elle se présente bien avec toutes ses parties; puis il a représenté sur une autre feuille Rome antique, qu'il suppose vue du même point. On sait où s'élevaient les anciens monuments; on connaît aussi la forme de la plupart; les ruines d'un grand nombre subsistent encore : l'artiste a élagué tout le moderne et a reproduit l'antique, tel qu'il devait paraître vers le temps de Dioclétien; il a fait ce travail avec autant de goût que d'étude et l'a délicieusement colorié.

T'ai-je dit que Trippel fait mon buste? C'est le prince de Waldeck qui le lui a commandé. Il est presque achevé et fait un bon ensemble. Il est travaillé dans un style très-ferme. Quand le modèle sera terminé, Trippel le moulera en plâtre, et il commencera aussitôt après le marbre, qu'il désire finir d'après nature, car, ce qu'on peut faire avec le marbre, on ne peut y atteindre avec aucune autre matière.

Angélique travaille maintenant à un tableau qui réussira fort bien. La mère des Gracques, devant qui une amie étalait des bijoux, lui montre ses enfants comme les meilleurs trésors. C'est une composition naturelle et très-heureuse.

Qu'il est beau de semer afin de moissonner! Je n'ai dit ici à personne mon jour de naissance, et je me disais en m'éveillant : « Ne me viendra-t-il rien de chez nous pour ma fête? »

et voilà votre paquet qui m'arrive et me comble de joie. Je me suis mis bien vite à lire, et j'achève et je me hâte de vous exprimer ma vive reconnaissance.

Je t'apporterai sur l'histoire naturelle des choses auxquelles tu ne t'attends pas. Je crois toucher de fort près au *comment* de l'organisation. Tu contempleras avec joie ces manifestations, je ne dis pas ces « fulgurations » de notre Dieu, et tu me diras qui d'entre les anciens et les modernes a trouvé, a pensé la même chose, l'a considérée du même côté ou d'un point de vue peu différent.

Souvenirs du mois d'août.

C'est au commencement de ce mois que mûrit chez moi le projet de passer l'hiver suivant à Rome, et dès que j'en eus informé mes amis, une nouvelle époque commença pour moi. La chaleur toujours croissante modéra mon activité et lui donna une direction particulière. Elle nous faisait rechercher les grandes salles dans lesquelles on pouvait passer le temps d'une manière utile en goûtant le repos et la fraîcheur. La chapelle Sixtine nous en offrait la plus belle occasion. L'admiration pour Michel-Ange venait de se réveiller chez les artistes, et c'était la mode de disputer lequel, de lui ou de Raphaël, avait le plus de génie. La préférence pour l'illustre Florentin passa des artistes aux amateurs, et ce fut justement alors que Bury et Lips furent chargés de faire pour le comte Friess des copies à l'aquarelle dans la chapelle Sixtine. Le concierge fut bien payé; il nous laissait entrer par la porte de derrière à côté de l'autel, et nous restions là autant qu'il nous plaisait. Nous ne manquions pas d'apporter quelques vivres, et je me souviens qu'un jour, accablé par la chaleur, je fis la méridienne dans le fauteuil du pape. Les têtes et les figures intérieures du tableau d'autel auxquelles on pouvait atteindre avec une échelle furent soigneusement calquées, d'abord avec de la craie blanche sur crêpe noir, puis avec de la craie rouge sur de grandes feuilles de papier.

Comme l'attention s'était reportée sur les anciens maîtres, on glorifia également Léonard de Vinci, et j'allai voir avec Angélique dans la galerie Aldobrandini son célèbre tableau du Christ au milieu des Pharisiens.

L'exposition de l'académie française produisit, à la fin du mois, une grande sensation. Les Horaces de David avaient fait pencher la balance du côté des Français. Tischbein fut engagé par là à entreprendre son Hector, qui appelle Pâris au combat en présence d'Hélène. Drouais, Gagnereaux, des Mares, Saint-Ours, soutiennent la renommée des Français, et Boguet se fait une bonne réputation comme peintre de paysage dans le genre du Poussin.

Tandis que le sculpteur Trippel modelait mon buste, j'engageai avec lui dans son atelier des conversations fort agréables et instructives, qui répondaient directement à mes désirs et à mon but. Je ne pouvais guère parvenir autrement à l'étude de la figure humaine et à la connaissance de ses proportions, soit comme canon, soit comme caractère anomal. Ce moment fut doublement intéressant, parce que Trippel eut connaissance d'une tête d'Apollon, qui était restée jusqu'alors inaperçue dans le musée du palais Giustiniani. Il la tenait pour un des plus nobles ouvrages de l'art, et se flattait de pouvoir l'acheter, ce qui n'eut pourtant pas lieu. Cet antique est devenu célèbre depuis, et il a passé plus tard à Neufchâtel dans les mains de M. de Pourtalès.

Mais celui qui s'est une fois risqué sur la mer est déterminé par les vents et les flots à diriger sa course tantôt d'un côté tantôt de l'autre, et c'est aussi ce qui m'arriva. Berschaffeldt ouvrit un cours de perspective où l'on se rassemblait le soir ; une nombreuse société suivait ses leçons et les mettait aussitôt en pratique. C'était pour le mieux, parce qu'on apprenait le nécessaire et rien de trop.

On aurait bien voulu m'arracher à cette contemplation paisible, active, occupée; notre malheureux concert avait fait beaucoup causer dans cette Rome, ou les commérages du jour sont chose coutumière comme dans une petite ville. L'attention s'était portée sur ma personne et mes ouvrages. J'avais lu à quelques amis *Iphigénie* et d'autres choses encore. On en avait aussi parlé. Le cardinal Buoncompagni désirait me voir ; mais je persistais à me renfermer dans ma solitude bien connue, et cela m'était d'autant plus facile, que le comte Reiffenstein soutenait obstinément que, puisque je ne m'étais pas fait présenter par lui, aucun autre ne pouvait le faire. Cela m'arrangeait fort bien, et j'invoquais son autorité pour me tenir dans la retraite, comme je l'avais résolu et déclaré.

Rome, 1er septembre 1787.

Aujourd'hui je puis dire qu'*Egmont* est achevé. Jusqu'à présent j'y avais toujours travaillé çà et là. Je l'envoie par Zurich, parce que je désire que Kayser consente à composer des entr'actes et toute la musique qui peut être nécessaire.

J'avance dans l'étude des arts ; mon principe cadre partout et me donne la clef de tout. Tout ce que les artistes ne découvrent qu'avec peine et en détail se révèle à moi librement et d'un seul coup. Je vois maintenant combien de choses j'ignore, et la voie est ouverte de tout savoir et de tout comprendre.

La doctrine de Herder sur Dieu a fait à Moritz beaucoup de bien. Elle a fait, dit-il, époque dans sa vie. Elle a gagné son cœur. Mes conversations l'avaient préparé, et il s'est tout d'abord embrasé comme du bois sec.

Rome, 3 septembre 1787.

Il y a aujourd'hui une année que j'ai quitté Carlsbad. Quelle année ! Et quelle époque date pour moi de ce jour, anniversaire de la naissance du duc, et, pour moi, premier jour d'une vie nouvelle ! Je ne puis maintenant calculer ni pour moi ni pour les autres le parti que j'ai tiré de cette année. Le temps viendra, j'espère, elle viendra, l'heure favorable, où je pourrai faire avec vous la somme de tout cela.

Je suis revenu à l'Égypte. J'ai visité quelquefois, ces derniers jours, le grand obélisque, qui est encore gisant dans une cour, brisé, au milieu des décombres et de la boue. C'était l'obélisque de Sésostris, érigé à Rome en l'honneur d'Auguste ; il servait de style au grand cadran solaire tracé sur le sol du champ de Mars. Ce monument, plus ancien et plus admirable que beaucoup d'autres, est maintenant couché et mutilé, dégradé en quelques parties, vraisemblablement par le feu. Il est là cependant, et les parties saines sont aussi bien conservées que si elles étaient d'hier; elles sont, dans leur genre, du plus beau travail. Je fais mouler en plâtre un sphinx de la pointe et des figures de sphinx, d'hommes et d'oiseaux. Il faut posséder ces trésors inestimables, d'autant plus que le pape veut, dit-on, faire ériger l'obélisque, et que les hiéroglyphes se trouveront ainsi hors d'atteinte. J'en ferai autant des plus beaux ouvrages étrusques. Je modèle maintenant ces objets en argile, pour me les approprier parfaitement.

Rome, 5 septembre 1787.

Je ne passerai pas ce jour sans écrire, car c'est un jour de fête pour moi. *Egmont* est décidément achevé. J'ai écrit le titre et les personnages; j'ai comblé quelques lacunes que j'avais laissées. Je songe d'avance avec joie au moment où vous le recevrez et où vous le lirez. J'ajoute à mon envoi quelques dessins.

Rome, 6 septembre 1787.

J'avais résolu de vous écrire longuement et de vous dire mille choses dans ma dernière lettre, mais j'ai été interrompu et je vais demain à Frascati. Cette lettre partira samedi. Voici cependant quelques mots d'adieux. Vous jouissez probablement du beau temps que nous avons sous ce ciel plus pur. J'ai toujours de nouvelles pensées, et, comme les objets qui m'environnent sont d'une variété infinie, ils éveillent chez moi tantôt une idée, tantôt une autre. Tout converge par plusieurs voies vers le même point, et je puis dire que je vois désormais clairement où tendent mon esprit et mes facultés. Faut-il devenir si vieux pour avoir seulement une idée un peu claire de ce qu'on est? Ce n'est donc pas uniquement aux Souabes qu'il faut quarante ans pour devenir sages!

J'apprends que Herder n'est pas bien, et cela m'inquiète; j'espère recevoir bientôt de meilleures nouvelles. Pour moi, je suis toujours bien d'esprit et de corps, et je crois pouvoir me flatter d'une guérison radicale. Tout m'est facile, et je me sens quelquefois animé d'un souffle de jeunesse. *Egmont* part avec cette lettre, mais il arrivera plus tard, parce que je l'envoie par les messageries. Il me tarde beaucoup de savoir ce que vous en direz. Il serait bon peut-être de commencer bientôt l'impression. J'aimerais que cette pièce arrivât tout d'abord au public. Voyez comment vous pourrez arranger cela. Je ne ferai pas attendre le reste du volume.

Je verrai dans quelques jours les travaux d'un habile architecte qui a visité Palmyre, et qui a dessiné les objets avec beaucoup d'intelligence et de goût. Réjouissez-vous avec moi de ce que je suis heureux. Oui, je puis le dire, je ne le fus jamais à ce point. Pouvoir satisfaire avec le plus grand loisir et la plus grande liberté une passion native, oser se promettre d'un plaisir continuel une utilité durable, ce n'est pas peu de chose. Que ne puis-je seulement communiquer à ceux que j'aime une partie de mes impressions et de mes jouissances !

J'espère que les nuages de l'horizon politique se dissiperont. Nos guerres modernes font beaucoup de malheureux tandis qu'elles durent, et ne rendent personne heureux quand elles sont finies.

Rome, 12 septembre 1787.

C'est une chose entendue, mes chers amis, que je suis un homme qui vit du travail. Ces derniers jours, j'ai plus travaillé que joui. Voici la fin de la semaine, et je vous dois une lettre.

C'est dommage que l'aloès du Belvédère ait choisi pour fleurir l'année de mon absence. En Sicile, je suis arrivé trop tôt ; ici, il n'y en a qu'un pied qui fleurisse cette année, et il n'est pas grand ; il est d'ailleurs placé si haut qu'on ne peut y arriver. Décidément, c'est une plante des Indes, qui se trouve dépaysée même dans ces climats.

Les descriptions du voyageur anglais me font peu de plaisir. Les ecclésiastiques doivent être fort sur leurs gardes en Angleterre, et ils s'en dédommagent en faisant la chasse au reste du public. Le libre Anglais doit s'observer de près dans les écrits qui touchent aux mœurs.

Les hommes à queue ne m'étonnent point. D'après la description, c'est quelque chose de fort naturel. Il s'offre chaque jour à nos yeux des choses bien plus merveilleuses, auxquelles nous ne prenons pas garde, parce qu'elles nous touchent de moins près.

Que B., comme beaucoup de gens qui n'ont eu pendant leur vie aucun sentiment de véritable piété, soit devenu, à ce qu'on dit, dévot dans sa vieillesse, c'est aussi très-bien, pourvu que ces messieurs ne prétendent pas nous édifier.

J'ai passé quelques jours à Frascati avec le conseiller Reiffenstein. Angélique vint nous rejoindre dimanche. C'est un paradis.

Erwin et Elmire est à moitié refondu. Je me suis efforcé de donner à cette petite pièce plus d'intérêt et de vie, et j'ai rejeté entièrement le dialogue, qui était d'une extrême platitude, un travail d'écolier ou plutôt un barbouillage. Les jolis chants, sur lesquels tout roule, sont, naturellement, tous conservés. Je continue de m'appliquer aux arts, c'est une fureur, une fièvre. Mon buste est très-bien réussi; chacun en est satisfait. Assurément, il est travaillé dans un beau et noble style, et je ne suis point fâché que le monde garde l'idée que j'avais cet air-là. Si l'objet était moins pesant, je vous enverrais sans délai un plâtre; une fois, peut-être, par un navire de transport; car j'aurai enfin quelques caisses à expédier.

Kranz, que j'avais chargé d'une boîte pour les enfants, n'est-il donc pas arrivé?

On joue maintenant au théâtre *in Valle*, un très-gracieux opéra, après deux autres qui sont tombés misérablement. Les acteurs jouent avec beaucoup d'entrain, et tout se trouve en harmonie.

Nous irons bientôt à la campagne. Il a plu quelquefois; le temps est rafraîchi, et les champs reverdissent.

Les gazettes vous auront parlé ou vous parleront de la grande éruption de l'Etna.

Rome, 15 septembre 1787.

J'ai lu à mon tour la *Vie de Trenck*. Elle est assez intéressante et provoque bien des réflexions.

Ci-joint une feuille que j'ai copiée, et que je vous prie de communiquer à nos amis. Ce qui contribue à rendre le séjour de Rome si intéressant, c'est que cette ville est un centre auquel mille choses aboutissent. Les dessins de Cassas[1] sont d'une beauté extraordinaire. Je lui ai dérobé par la pensée bien des choses, dont je vous ferai part.

Je suis toujours plein d'ardeur; j'ai dessiné une tête d'après la bosse, pour voir si mon principe est toujours applicable. Je trouve qu'il l'est parfaitement et qu'il facilite étonnamment le

---

1. L'architecte français dont il est parlé pages 412 et 416.

faire. On ne voulait pas croire que j'eusse fait ce dessin, et pourtant ce n'est rien encore. Je vois très-bien maintenant jusqu'où l'application peut s'étendre.

Lundi on retourne à Frascati, puis je pousserai peut-être jusqu'à Albano. Nous dessinerons assidûment d'après nature.

Rome, 22 septembre 1787.

Hier a eu lieu une procession dans laquelle on promenait le sang de saint François. J'observais les têtes et les visages tandis que les religieux de l'ordre défilaient.

J'ai acheté une collection de deux cents empreintes des meilleures gemmes antiques. C'est ce qu'il y a de plus beau dans ce genre ; et j'en ai choisi plusieurs à cause de leurs jolies pensées. On ne peut rien emporter d'ici de plus précieux, d'autant plus que les empreintes sont d'une netteté et d'une beauté extraordinaires. Que de trésors je rapporterai dans ma nacelle ! Mais, avant tout, un cœur joyeux, plus capable de goûter le bonheur que me réservent l'amour et l'amitié. Seulement je n'entreprendrai plus rien de ce qui dépasse le cercle de ma capacité, et où je m'épuise de travail sans aucun succès.

Je me hâte, mes chers amis, de vous envoyer encore une feuille par cette poste. La journée a été bien remarquable pour moi. Des lettres de la duchesse mère et de plusieurs amis, la nouvelle qu'on a fêté mon jour de naissance et enfin mes ouvrages ! J'éprouve une singulière impression à voir ces tendres volumes, résultat de la moitié de ma vie, me rejoindre à Rome. Je puis dire qu'il ne s'y trouve pas une lettre qui n'ait vécu, senti, joui, souffert, pensé : ils ne m'en parlent que plus vivement. Puissent les quatre volumes suivants ne pas rester inférieurs à ceux-ci ! C'est mon souci et mon espérance. Je vous rends grâces pour tout ce que vous avez fait en faveur de ces feuilles, et je désire pouvoir vous obliger à mon tour. Que votre fidèle amitié veuille aussi prendre soin des volumes suivants !

Vous me taquinez au sujet des *provinces*, et j'avoue que l'expression est très-impropre ; mais on peut voir par là comme on prend à Rome l'habitude de tout concevoir en grand. Véritablement, il semble que je me nationalise, car on accuse les Romains de n'avoir l'idée et de ne savoir parler que de *cose grosse*.

Je suis frappé de cette idée que, dans une grande ville, dans un vaste cercle, le plus pauvre, le plus chétif, se sent, et que, dans un petit endroit, le meilleur, le plus riche, ne se sent pas, ne peut respirer.

Frascati, 28 septembre 1787.

Je suis ici très-heureux : tout le jour, et jusqu'à la nuit, on dessine, on peint, on colle, on exerce *ex professo* l'art et le métier. Le conseiller Reiffenstein, mon hôte, me tient compagnie, et nous sommes gais et joyeux. Le soir, nous visitons les villas au clair de lune, et, même dans l'obscurité, nous dessinons les effets les plus frappants. Nous en avons découvert quelques-uns que je voudrais seulement exécuter un jour. J'espère que le temps de l'achèvement viendra aussi. Mais l'achèvement est éloigné lorsqu'on voit loin.

J'aurai probablement le plaisir de voir Kayser à Rome, et la musique viendra me joindre encore, pour compléter le cercle que les arts forment autour de moi, comme s'ils voulaient m'empêcher de tourner les yeux vers mes amis. Et cependant j'ose à peine toucher à ce chapitre, vous dire combien de fois je me sens très-isolé et quelle impatience me prend d'être auprès de vous. Au fond, je vis dans une véritable ivresse : je ne veux ni ne puis porter plus loin mes pensées.

Je passe avec Moritz de belles heures. J'ai entrepris de lui expliquer mon système des plantes, et j'écris chaque fois en sa présence jusqu'où nous sommes arrivés. C'est seulement ainsi que je pouvais rédiger une part de mes pensées. A quel point devient saisissable l'idée la plus abstraite, quand elle est présentée avec la bonne méthode et qu'elle trouve une intelligence préparée, c'est ce que je vois dans mon nouvel écolier. Il prend à la chose un grand plaisir, et il anticipe toujours lui-même sur les conclusions. Néanmoins cela est difficile à écrire, et il est impossible de le comprendre sur une simple lecture, si précise et si nette que fût l'exposition. Je me trouve donc heureux parce que « je suis dans ce qui est de mon Père. » Saluez de ma part tous ceux qui se réjouissent de mon bonheur, et qui, directement ou indirectement, m'aident, m'encouragent et me soutiennent.

Souvenirs du mois de septembre.

Le 3 septembre a été, cette année, à plus d'un titre un jour mémorable pour moi. C'était le jour natal de mon prince, qui a su répondre par tant de faveurs diverses à mon dévouement fidèle; c'était aussi l'anniversaire de mon hégire de Carlsbad....

J'ai pu voir à loisir les beaux dessins à la plume et les aquarelles que M. Cassas, l'architecte français, a rapportés de son voyage en Orient. Le soir, nous allâmes dans les jardins du Mont-Palatin, qui ont rendu fertiles et agréables les espaces entre les ruines du palais des Césars. Là, sous des arbres magnifiques, dans une salle de verdure, autour de laquelle on avait disposé des fragments de chapiteaux ornés, de colonnes lisses et cannelées, des bas-reliefs brisés et d'autres objets pareils, qui formaient un vaste cercle, comme ces tables, ces chaises, ces bancs, qu'on a coutume de placer en plein air pour une joyeuse réunion, nous jouîmes à plaisir d'une soirée ravissante; et en contemplant, au coucher du soleil, avec des yeux bien préparés, une vue si variée, nous dûmes avouer que ce tableau était encore bon à voir, après tous ceux qu'on nous avait montrés ce jour-là. Dessiné et peint dans le goût de Cassas, il aurait excité l'admiration de tout le monde. C'est ainsi que les travaux de l'artiste disposent peu à peu notre œil, de sorte que la nature nous trouve toujours plus sensibles à ses beautés.

Mais, le lendemain, ce fut pour nous un sujet de plaisanteries de nous voir appelés dans un recoin vulgaire, indigne, par ce que nous avions vu si grand, si vaste, dans les dessins de l'artiste. Les magnifiques monuments de l'Égypte nous rappelèrent le puissant obélisque érigé dans le champ de Mars par Auguste, et qui, brisé maintenant, entouré d'une paroi de planches, attendait dans un sale recoin l'audacieux architecte qui lui commanderait de ressusciter (*N. B.* Il est maintenant relevé sur la place du *Monte Citorio*, et il est redevenu le style d'un cadran solaire). Cet obélisque est du plus pur granit égyptien, semé partout d'élégantes et naïves figures, mais dans le style connu. En observant de près la pointe, autrefois dressée dans l'air, nous fûmes frappés de voir sur les biseaux sphinx sur sphinx, sculptés avec la dernière élégance, jadis hors de la portée de l'œil humain et accessibles seulement aux rayons du soleil. C'est que l'art religieux ne calcule pas l'effet qu'il produit sur le regard de l'homme. Nous nous disposâmes à prendre l'empreinte de ces images sacrées, afin de voir commodément devant nos yeux ce qui était tourné jadis vers la région des nuages.

Dans le lieu repoussant où nous nous trouvions avec le plus vénérable ouvrage, nous ne pûmes nous empêcher de considérer Rome comme un *quodlibet*, mais unique en son genre; car, dans ce sens même, ce lieu imposant a les plus grands avantages. Le hasard n'y a rien produit; il n'a fait que détruire. Toute ruine est vénérable ; si elle est informe, elle atteste une antique régularité, qui s'est reproduite dans les grandes formes modernes des églises et des palais.

Les quatre premiers volumes de mes ouvrages, édités chez Gœschen, arrivèrent, et je portai d'abord l'exemplaire de luxe chez Angélique, qui crut y trouver un sujet de vanter sur nouveaux frais sa langue maternelle.

Le 21 septembre, on célébra la mémoire de saint François, et son sang fut promené par la ville dans une longue procession de moines et de fidèles. J'observai attentivement, à leur passage, tous ces moines, dont le costume simple concentrait mon regard et mon attention sur les têtes. Je fus frappé de voir qu'il faut tenir compte des cheveux et de la barbe, si l'on veut se faire une idée de l'individu du sexe mâle. Je passai en revue, d'abord avec attention, puis avec étonnement, la troupe qui défilait devant moi, et j'étais vraiment charmé de voir qu'un visage encadré par les cheveux et la barbe se présentait tout autrement que la foule sans barbe, et je pus reconnaître que de pareils visages, représentés dans les tableaux, doivent exercer sur le spectateur un charme inexprimable.

Le conseiller Reiffenstein, qui avait étudié à fond son emploi de guide et d'amuseur des étrangers, put bientôt s'apercevoir, dans l'exercice de ses fonctions, que les personnes qui n'apportent guère à Rome que le désir de voir et de se distraire éprouvent parfois le plus cruel ennui, parce que les moyens ordinaires de remplir les heures oisives leur manquent absolument en pays étranger. Avec sa connaissance pratique du cœur humain, il savait parfaitement combien la simple contemplation fatigue, et combien il lui était nécessaire d'amuser et de tranquilliser ses amis en leur donnant de quoi s'occuper eux-mêmes. Il avait choisi pour cela deux objets sur lesquels il avait coutume de diriger leur activité, la peinture à l'encaustique et la fabrication des pierres artificielles. Il m'avait initié avec obligeance et avec zèle à ces exercices, mais il vit bientôt qu'une occupation continuelle du genre de celle-là ne me plaisait pas; que mon véritable penchant me portait à exercer le plus possible mon œil et ma main en copiant la nature et les objets d'art. Aussi, la grande chaleur était à peine passée, qu'il me conduisit, en compagnie de quelques artistes, à Frascati, où l'on trouvait dans une maison particulière, bien établie, le logement et les choses les plus nécessaires; on passait tout le jour en plein air, et l'on se réunissait avec plaisir, le soir, autour d'une grande table d'érable. Georges Schutz de Francfort, artiste habile, mais non d'un talent éminent, et plutôt, avec de bonnes manières, homme de plaisir que travailleur assidu, d'où venait que les Romains l'appelaient aussi *il barone*, m'accompagnait dans mes promenades et me rendit de nombreux services. Si l'on réfléchit qu'à Rome les siècles ont accumulé les plus nobles ouvrages d'architecture; que les pensées d'artistes excellents s'élevèrent, s'offrirent aux regards sur les puissantes substructions qui restent encore, on comprendra combien l'âme et les sens doivent être enchantés, lorsque, sous quelque jour que ce soit, ces lignes horizontales, si diverses, et ces mille lignes verticales, interrompues et décorées, se déploient devant nos yeux comme une musique muette, et comment tout ce qu'il y a chez nous de petit et de borné se voit, non sans douleur, heurté et rejeté. La richesse des effets de clair de lune est surtout inimaginable, alors que tous les détails qui amusent, il faudrait dire peut-être qui distraient, s'effacent entièrement, et que les grandes masses de lumière et d'ombre offrent à l'œil des corps gigantesques d'une grâce infinie, d'une harmonie symétrique.

Une vue magnifique, mais non pas inattendue, s'offrit à nous des fenêtres de la villa du prince Aldobrandini, qui, se trouvant alors à la campagne, nous invita obligeamment, et nous fit les honneurs de sa table excellente, en compagnie de ses commensaux ecclésiastiques et laïques. On peut juger que le château a été placé de manière à ce qu'on puisse embrasser d'un coup d'œil ces collines et ces plaines admirables. On parle beaucoup de maisons de plaisance : il faudrait promener d'ici ses regards de tous côtés pour se convaincre qu'une maison ne peut guère être dans une situation qui plaise davantage.

Ici je me sens pressé de faire une réflexion sérieuse, que j'ose vous recommander. Les esprits progressifs ne se contentent pas de jouir : ils veulent connaître. Cela les pousse à agir par eux-mêmes, et quel qu'en soit le succès, on finit par sentir qu'on n'est capable de bien juger que ce qu'on peut soi-même produire. Mais l'homme ne se fait pas aisément là-dessus des idées claires, et il en résulte d'aveugles efforts, d'autant plus anxieux que notre intention est plus loyale et plus pure. Je commençai dans ce temps-là à concevoir des doutes et des incertitudes, qui m'inquiétèrent au milieu de cette agréable situation, car je dus bientôt sentir que mon véritable désir et l'objet de mon séjour à Rome serait difficilement satisfait.

Frascati, 2 octobre 1787.

Il faut que je me hâte de commencer une petite lettre, afin que vous puissiez la recevoir à temps. A proprement parler, j'ai beaucoup et j'ai peu de choses à dire. Je dessine sans cesse en rêvant à mes amis. J'ai recommencé à sentir vivement, ces derniers jours, le mal du pays, et peut-être précisément parce que je me trouve fort bien et que je sens néanmoins l'absence de ce qui m'est le plus cher.

Vous n'imaginez pas combien il m'a été avantageux et pénible en même temps de passer toute cette année absolument au milieu de personnes étrangères, d'autant plus que Tischbein, soit dit entre nous, n'a pas répondu à mes espérances. C'est vraiment un excellent homme, mais pas aussi net, aussi naturel, aussi ouvert que ses lettres. Je me bornerai à vous décrire son caractère de vive voix, pour ne pas lui faire tort. Et que signifient les descriptions? Le caractère d'un homme, c'est sa vie. J'ai maintenant l'espérance de posséder Kayser. Ce sera pour moi une grande joie. Fasse le ciel que rien ne vienne à la traverse!

Vous demandez, mes amis, que je vous parle de moi : vous voyez que je n'y manque pas. Quand nous serons réunis, j'aurai bien des choses à vous dire. J'ai eu l'occasion de réfléchir beaucoup sur moi et sur les autres, sur le monde et sur l'histoire, et je vous présenterai, à ma manière, sinon des choses nouvelles, du moins de bonnes choses. Tout cela se trouvera compris et renfermé dans *Wilhelm Meister*.

Moritz a été jusqu'à présent ma société la plus chère, et pourtant j'ai craint et je crains même encore qu'il ne devienne avec moi plus habile seulement, sans devenir plus sage, meilleur et plus heureux. Cette crainte me détourne toujours de m'ouvrir à lui tout à fait.

En général, je me trouve fort bien de vivre avec beaucoup de gens. J'observe le caractère et la conduite de chacun. L'un joue son jeu et non pas l'autre; l'un fera son chemin, l'autre aura de la peine à le faire; l'un recueille, l'autre disperse; à l'un tout suffit, à l'autre rien; l'un a du talent et ne l'exerce pas, l'autre n'en a point et travaille sans relâche. Je vois tout cela, et moi au milieu; cela m'amuse, et, comme tout ce monde m'est étranger, que je ne lui dois compte de rien, je n'éprouve jamais de mauvaise humeur. C'est seulement, mes chers amis, quand chacun agit à sa manière, en exigeant encore que l'on forme un ensemble, qu'on le maintienne, et surtout en voulant l'exiger de moi, c'est alors qu'il ne reste plus qu'à fuir ou à devenir fou.

Castel-Gandolfo, le 8 octobre.

Ou plutôt le 12, car la semaine s'est écoulée sans que j'aie pu me mettre à écrire. Nous vivons ici comme aux eaux; seulement je me tiens à l'écart le matin pour dessiner, puis il faut être tout le reste du jour à la société, ce qui me convient tout à fait pour ce peu de jours. Je vois du monde, et beaucoup à la fois, sans grande perte de temps. Angélique est aussi des nôtres, et demeure dans le voisinage. Puis nous avons quelques vives jeunes filles, quelques dames; la société est joyeuse, et il se trouve toujours quelque sujet de rire.

Le soir, on va au spectacle, où Polichinelle est le principal personnage, et l'on vit tout un jour des bons mots de la veille. *Tout comme chez nous*, seulement c'est sous un ciel d'une admirable sérénité. Aujourd'hui il s'est levé un vent qui me retient à la maison. Si l'on pouvait me sortir de moi, ces jours l'auraient fait, mais je retombe toujours sur moi-même, et les arts sont mes uniques amours. Chaque jour s'ouvre pour moi une nouvelle lumière, et il semble que j'apprendrai du moins à voir.

Rome, 27 octobre 1787.

Je suis revenu dans ce cercle magique, et je me trouve de nouveau comme enchanté, content, poursuivant mon travail en silence, oubliant tout ce qui est extérieur, et les images de mes amis me font de paisibles et douces visites. J'ai consacré ces premiers jours à écrire des lettres; j'ai un peu passé en revue les dessins que j'ai faits à la campagne. La semaine prochaine, je m'occuperai d'un nouveau travail. Les espérances qu'Angélique m'a données, sous certaines conditions, sur mes dessins de paysage, sont trop flatteuses pour que j'ose répéter ce qu'elle m'a dit. Je veux poursuivre du moins, afin de m'approcher du point auquel je n'atteindrai jamais. J'attends avec impatience la nouvelle de l'arrivée d'*Egmont* et de la réception que vous lui avez faite. J'ai achevé de lire les *Idées* de Herder. Ce livre m'a fait un plaisir extraordinaire. La conclusion est admirable, vraie et consolante; avec le temps, elle fera, comme l'ouvrage même, et peut-être sous des noms étrangers, du bien aux hommes. Plus cette conception prévaudra, plus l'homme méditatif sera heureux. Moi aussi, j'ai vécu cette année parmi des étrangers, et j'ai observé, j'ai trouvé, que tous les hommes vraiment sages en viennent à reconnaître plus ou moins, par un sentiment délicat ou grossier, que le moment est tout, et que le privilège d'un homme raisonnable consiste à savoir se conduire de telle sorte que sa vie, pour autant que la chose dépend de lui, comprenne la plus grande somme possible de moments sages et heureux. Il me faudrait écrire un livre entier pour dire ce que j'ai pensé à l'occasion de tel et tel livre.

Souvenirs du mois d'octobre.

Au commencement de ce mois, par un temps doux, serein, admirable, nous avons goûté en forme les plaisirs de la villégiature à Castel-Gandolfo, et nous nous sommes vus comme impatronisés au milieu de cette incomparable contrée. Un Anglais, M. Jenkins, riche marchand d'ouvrages d'art, y habitait une fort belle maison, ancienne résidence du général des jésuites, où ne manquaient, pour un certain nombre d'amis, ni logements commodes, ni salles de réunion, ni galeries pour d'agréables promenades. Cette résidence d'automne ne se peut mieux comparer qu'à un séjour aux eaux. Des personnes qui n'avaient pas entre elles les moindres rapports sont mises en contact momentanément par l'effet du hasard. Le déjeuner et le dîner, les promenades et les parties de plaisir, les conversations sérieuses et badines, produisent bientôt la familiarité. Car ce serait merveille si, dans un tel séjour, où l'on n'a pas même la diversion d'une maladie et d'un traitement, au sein d'une complète oisiveté, on ne voyait pas se produire les affinités électives les plus prononcées.

Au bout de quelque temps, je vis arriver avec sa mère une très-jolie Romaine, qui ne demeurait pas loin de chez nous au Corso. Depuis que j'étais passé milord, elles avaient répondu à mes saluts avec plus de grâce qu'auparavant, cependant je ne leur avais pas adressé la parole, quoique j'eusse passé souvent près d'elles quand elles étaient assises, le soir, devant leur porte; car j'étais demeuré parfaitement fidèle à mon vœu de ne pas me laisser distraire de mon but principal par de semblables liaisons. Mais, cette fois, nous nous trouvâmes tout à coup comme de vieilles connaissances. Le fameux concert fournit assez de matière à la première conversation, et rien de plus charmant qu'une Romaine comme celle-là, qui se livre gaiement à une conversation naturelle, et qui exprime rapidement, mais avec netteté, dans son idiome sonore, ses observations dirigées sur la réalité pure, et sa sympathie, avec un retour agréable sur elle-même, et cela, dans un noble langage, qui élève au-dessus d'elle-même la classe moyenne, et donne une certaine distinction à ce qui est tout naturel et même commun. Ces qualités et ces particularités m'étaient connues, mais je ne les avais pas encore observées dans un enchaînement si flatteur.

Ces dames me présentèrent en même temps à une jeune Milanaise qu'elles avaient amenée avec elles. C'était la sœur d'un commis de M. Jenkins. Ces dames paraissaient intimement liées et bonnes amies. Les deux belles (c'est leur rendre justice de les qualifier ainsi) offraient un contraste non pas dur mais décidé. La Romaine avait les cheveux noirs, la Milanaise, brun clair; la première avait le teint et les yeux bruns, la seconde avait la peau blanche et délicate, les yeux presque bleus; la Romaine était, on pouvait dire, sérieuse, réservée; la Milanaise était franche, témoignant ou plutôt demandant la sympathie. J'étais assis entre elles pendant une sorte de jeu de loto, et je m'étais associé avec la Romaine; dans le cours du jeu, il m'arriva de tenter aussi la fortune avec la Milanaise par une gageure ou autrement. Bref, il en résulta aussi de ce côté une espèce d'association, et, dans mon innocence, je ne remarquai pas que cet intérêt partagé ne plaisait pas; enfin, après que la partie fut terminée, la mère, me trouvant à l'écart, fit entendre poliment, mais avec toute la gravité d'une matrone, à l'honorable étranger, qu'ayant formé d'abord avec sa fille une association, il n'était pas convenable qu'il s'engageât avec une autre dans une liaison du même genre, l'usage voulant que, dans une villégiature, les personnes qui se sont liées jusqu'à un certain point, persistent dans ces relations, et continuent de faire un agréable échange de politesses. Je m'excusai de mon mieux, en alléguant qu'il n'était pas possible à un étranger de connaître des règles pareilles, attendu que, dans mon pays, la coutume était de se montrer courtois et poli envers toutes les dames de la société, envers l'une comme envers l'autre, soit en même temps, soit tour à tour. La chose m'avait paru ici d'autant plus convenable, qu'il s'agissait de deux amies si étroitement liées.

Mais, hélas! tandis que je cherchais ainsi à m'excuser, je sentis de la manière la plus étrange, que déjà mon cœur s'était décidé pour la Milanaise aussi vite que l'éclair, et d'une manière assez pénétrante, comme il arrive à un cœur oisif, qui, dans une situation agréable et paisible, n'appréhende rien, ne souhaite rien, et se trouve tout à coup en présence du trésor le plus digne d'envie. Dans un pareil moment, nous n'apercevons pas le danger qui nous menace sous ces traits séduisants.

Le lendemain, nous nous trouvâmes seuls nous trois, et la balance pencha toujours plus du côté de la Milanaise. Elle avait sur son amie ce grand avantage, qu'on remarquait dans ses discours une certaine ardeur inquiète. Elle se plaignait qu'on l'eût élevée non pas avec trop peu de soin, mais avec trop de défiance. « On ne nous apprend pas à écrire, disait-elle, de peur que nous n'employions notre plume à écrire des lettres d'amour; on ne nous laisserait pas lire, si nous ne devions pas nous servir de livres de prières; quant à nous apprendre les langues étrangères, personne n'y songera jamais. Je donnerais tout pour savoir l'anglais. J'entends souvent, avec un sentiment qui ressemble à l'envie, M. Jenkins et mon frère, Mme Angélique, M. Zucchi, MM. Volpato et Cammocini, s'entretenir en anglais; et les journaux, longs d'une aune, sont là devant moi sur la table; il s'y trouve des nouvelles de toute la terre, à ce que je vois, et je ne sais ce qu'elles disent. — Cela est d'autant plus fâcheux, lui répondis-je, que l'anglais est facile à apprendre. Vous parviendriez en peu de temps à le saisir et à le comprendre. Faisons sur-le-champ une tentative, poursuivis-je, en prenant une de ces immenses feuilles anglaises, qui se trouvaient en grand nombre autour de nous. »

Je la parcourus et j'y trouvai un article qui rapportait l'accident d'une demoiselle tombée dans l'eau, mais qu'on avait heureusement sauvée et rendue à sa famille. Il y avait dans l'événement des circonstances qui le rendaient complexe et intéressant. Il restait douteux si la jeune fille s'était précipitée dans l'eau pour chercher la mort, et lequel de ses adorateurs, le favorisé ou le dédaigné, s'était exposé pour la sauver. Je montrai l'endroit à la belle Milanaise et je la priai d'y arrêter ses regards attentivement. Je commençai par lui traduire tous les substantifs, et je l'interrogeai pour m'assurer qu'elle en avait bien retenu la signification. Elle observa bientôt la position de ces mots principaux et se familiarisa avec la place qu'ils avaient prise dans la période. Je passai ensuite aux mots qui formaient le tissu de la phrase, qui lui donnaient la forme et le mouvement, et lui fis remarquer, à sa grande joie, comme ces mots animaient le tout; enfin je la catéchisai si bien qu'elle finit par lire d'elle-même tout le passage, comme s'il eût été écrit en italien, ce qu'elle ne put faire sans éprouver une émotion charmante. Je n'ai guère vu de joie intellectuelle aussi sincère que celle qu'elle exprima, en me remerciant avec une grâce infinie pour le coup d'œil que je lui avais fait jeter dans ce nouveau champ. Elle se possédait à peine, en reconnaissant la possibilité d'atteindre au but de son désir le plus ardent, et d'y toucher déjà par forme d'essai.

La société était devenue plus nombreuse; Angélique était aussi arrivée; on m'avait placé à sa droite, à une grande table servie; mon écolière était debout du côté opposé, et, tandis que les autres personnes faisaient des façons pour se placer à table, elle n'hésita pas un moment à en faire le tour et à s'asseoir à côté de moi. Ma sérieuse voisine parut le remarquer avec quelque étonnement, et le coup d'œil d'une femme clairvoyante n'était pas nécessaire pour reconnaître qu'il s'était passé là quelque chose, et qu'un ami qui avait montré jusqu'alors pour les femmes un éloignement poussé jusqu'à une sèche impolitesse, **s'était vu** enfin lui-même pris à l'improviste et apprivoisé.

Je fis encore assez bonne contenance; toutefois mon émotion se trahit bientôt par un certain embarras avec lequel je partageais ma conversation entre mes voisines, cherchant à entretenir avec chaleur l'amie d'âge mûr, délicate, et, cette fois, silencieuse, et à calmer, en lui témoignant une sympathie amicale mais calme et presque évasive, la jeune fille, qui semblait toujours se complaire dans la langue étrangère, et se trouvait dans la situation **d'une** personne qui, éblouie tout à coup par l'apparition de la lumière désirée, ne sait pas se reconnaître d'abord dans les objets qui l'entourent.

La situation était vive, mais bientôt les choses changèrent de face étrangement. Vers le soir, comme je cherchais les jeunes demoiselles, je trouvai les femmes âgées dans un pavillon d'où l'on jouissait d'une vue magnifique ; je promenai mon regard à la ronde, mais autre chose que le paysage pittoresque passait devant mes yeux. Il s'était répandu sur la contrée une teinte qui ne pouvait s'attribuer ni au coucher du soleil ni aux brises du soir. La splendeur des étoiles, les ombres fraîches, azurées, des profondeurs paraissaient plus admirables que jamais l'huile ou l'aquarelle ne les représentèrent ; je ne pouvais assez contempler ; cependant, je sentis que j'avais envie de quitter la place pour saluer dans un petit cercle d'amis le dernier adieu du soleil.

Mais je n'avais pu refuser l'invitation des mères et des voisines de m'asseoir auprès d'elles, d'autant qu'elles m'avaient fait place à la fenêtre d'où l'on avait la plus belle vue. Quand je prêtai l'oreille à leurs discours, je pus entendre qu'il s'agissait d'un trousseau, sujet qui revenait sans cesse et qu'on ne pouvait épuiser. On passait en revue les objets nécessaires de tout genre. Le nombre et la nature des divers cadeaux, les dons principaux de la famille, les diverses offrandes des amis et des amies, dont une partie était encore un secret, enfin toute une minutieuse énumération, pendant laquelle s'écoulaient les belles heures, je dus tout écouter patiemment, parce que les dames m'avaient retenu pour une promenade du soir.

On finit par s'entretenir des mérites du fiancé ; on le peignit d'une manière assez favorable, mais sans vouloir dissimuler ses défauts, tout en exprimant la ferme espérance que la grâce, la sagesse, l'amabilité de sa fiancée, suffiraient à les diminuer et les corriger. A la fin, dans mon impatience, au moment où le soleil se plongeait dans la mer lointaine, et jetait un regard inexprimable à travers les ombres allongées et les échappées de lumière, obscurcies mais puissantes encore, je demandai, avec toute la discrétion possible, quelle était donc cette fiancée. On me répondit avec étonnement : « Ignorez-vous ce que tout le monde sait ? » Alors seulement on vint à réfléchir que je n'étais pas un commensal mais un étranger. Il n'est pas nécessaire que j'exprime l'horreur dont je fus saisi, quand j'appris que c'était justement l'écolière qui venait de m'inspirer un intérêt si tendre. Le soleil se coucha, et je sus trouver une excuse pour me dérober à la société, qui, sans le savoir, m'avait instruit si cruellement.

Qu'après avoir cédé quelque temps à son penchant avec imprévoyance, on finisse par se réveiller de son rêve, et se trouver dans la situation la plus douloureuse, cela est ordinaire et connu; mais on trouvera peut-être ce cas intéressant par ce qu'il a d'étrange : une affection vive, mutuelle, est détruite en son germe, et, avec elle, le pressentiment de tout le bonheur dont une pareille inclination se fait une image sans bornes, dans son développement futur. Je revins tard à la maison, et, le lendemain matin, je fis une plus longue promenade, mon portefeuille sous le bras, après m'être excusé de ne pas paraître à table. J'avais assez d'âge et d'expérience pour me remettre sur-le-champ, quoique avec douleur. « Ce serait assez étrange, m'écriai-je, qu'un sort à la Werther te vînt chercher dans Rome pour te gâter une position si intéressante et jusqu'à ce jour bien gardée! »

Je me hâtai de revenir à la nature champêtre, que j'avais négligée dans l'intervalle, et je cherchai à la copier aussi fidèlement que possible. Je réussis du moins à la mieux voir et je ne pus en vouloir à la douleur qui savait aiguiser à ce point chez moi le sens intérieur et extérieur.

Abrégeons. La foule des visites remplit la maison et celles du voisinage; on pouvait s'éviter sans affectation, et une politesse bien sentie, à laquelle nous dispose une pareille inclination, est partout bien reçue dans la société. Ma conduite plut, et je n'eus aucun désagrément, aucun démêlé, sauf une fois avec notre hôte, M. Jenkins. J'avais rapporté d'une grande promenade dans les bois et les montagnes des champignons fort appétissants, et je les avais remis au cuisinier, qui, charmé de trouver un mets rare mais renommé dans le pays, les apprêta d'une manière exquise et nous les servit. Chacun les trouva excellents; mais quand il se découvrit, à mon honneur, que je les avais rapportés d'un lieu sauvage, notre hôte témoigna, en secret toutefois, sa mauvaise humeur de ce qu'un étranger avait fourni pour le repas un mets dont le maître de la maison ne savait rien et qu'il n'avait pas commandé. Il n'était pas convenable de surprendre quelqu'un à sa propre table, de servir des aliments dont il ne pouvait rendre compte. Le conseiller Reiffenstein dut me faire après dîner ces communications diplomatiques, et moi, qui souffrais au fond du cœur d'un tout autre mal que celui que peuvent nous causer des champignons, je fis une réponse modeste : j'avais supposé que le cuisinier dirait la chose à son maître, et j'assurai que si, dans mes promenades, de pareils comestibles me tombaient encore sous la main, je les présenterais à notre digne hôte pour les examiner et les approuver.

Il me fut aisé de persister dans la résolution que j'avais prise. Je cherchai d'abord à éviter les leçons d'anglais, en m'éloignant le matin, et en prenant soin de ne m'approcher jamais de mon écolière, secrètement aimée, qu'en présence de plusieurs personnes. Bientôt, occupé comme je l'étais, je revins à des sentiments raisonnables, et ce fut d'une manière charmante. Quand je considérai la belle Milanaise comme une fiancée, comme une future épouse, elle s'éleva à mes yeux au-dessus de la condition vulgaire de jeune fille, et, en lui témoignant la même affection, mais avec un caractère plus élevé et désintéressé, je me trouvai, moi qui d'ailleurs n'avais plus l'air d'un jeune évaporé, dans la familiarité la plus amicale avec elle. Mes services, si l'on peut donner ce nom à des attentions sans suite, se montraient sans importunité et en passant, avec une sorte de respect. Elle, de son côté, qui savait que je connaissais sa position, put être parfaitement contente de ma conduite. Comme je m'entretenais avec chacun, le reste de la société ne remarqua rien ou ne vit aucun mal à la chose, et les jours et les heures suivirent de la sorte un paisible cours.

Il y aurait beaucoup à dire sur nos conversations, qui étaient des plus variées. Nous eûmes aussi un théâtre, où Polichinelle, que nous avions tant de fois applaudi dans le carnaval, et qui, le reste de l'année, faisait son métier de cordonnier, qui d'ailleurs se présentait ici comme un honnête petit bourgeois, savait nous divertir au mieux avec ses absurdités laconiques, mimiques et pantomimiques, et nous entretenir dans le plus agréable désœuvrement.

Cependant des lettres de chez nous m'avaient fait observer que mon voyage en Italie, si longtemps projeté, toujours différé, et enfin entrepris si brusquement, avait provoqué chez les amis que j'avais laissés quelque inquiétude et quelque impatience, et même le désir de me suivre pour jouir du même bonheur dont mes lettres enjouées et aussi instructives donnaient l'idée la plus favorable. Il faut dire que, dans la société spirituelle et savante de notre duchesse Amélie, on avait toujours considéré l'Italie comme la nouvelle Jérusalem des personnes vraiment cultivées; une vive aspiration vers ce pays, telle que Mignon pouvait seule l'exprimer, subsistait toujours dans les esprits et dans les cœurs. La digue était enfin rompue, et peu à peu il paraissait clairement que, d'une part, la duchesse Amélie avec son entourage, d'une autre part, Herder et le cadet des Dalberg, se disposaient sérieusement à passer les Alpes. Je leur conseillai d'attendre la fin de l'hiver, de pousser jusqu'à Rome dans la moyenne saison, et ce conseil loyal, fondé sur l'expérience, tourna aussi à mon propre avantage. J'avais passé dans un monde tout à fait étranger des jours qui faisaient époque dans ma vie : je résolus de ne pas attendre en Italie l'arrivée de mes amis. Je savais parfaitement que ma manière de voir les choses ne serait pas d'abord la leur, car j'avais travaillé moi-même depuis une année à me défaire des opinions et des idées chimériques du Nord, et je m'étais accoutumé à contempler et à respirer plus librement sous l'azur d'un beau ciel. Les voyageurs allemands survenus dans l'intervalle m'avaient toujours été extrêmement à charge; ils cherchaient ce qu'ils devaient oublier; et quand ce qu'ils avaient longtemps désiré était devant leurs yeux, ils ne pouvaient le reconnaître. Moi-même j'avais assez de peine à me maintenir par la méditation et la pratique dans la voie que j'étais parvenu à reconnaître pour la véritable. Je pouvais éviter des Allemands étrangers : des personnes si intimes, si chères et si respectées m'auraient troublé et gêné par leurs propres erreurs, par leur demi-intelligence des choses, et même en entrant dans mes idées.

En attendant, je me hâtai de mettre avec soin le temps à profit; les méditations indépendantes, les conversations instructives, l'observation du travail des artistes, se succédaient sans relâche ou plutôt s'entremêlaient.

Rome, 3 novembre 1787.

Kayser est arrivé et je n'ai rien écrit de toute la semaine. Il commence par accorder son clavecin, et l'opéra avancera peu à peu. Avec son arrivée commence pour moi une époque toute nouvelle. Je vois qu'on n'a qu'à suivre son chemin : les jours amènent le bien comme le mal.

L'accueil que vous avez fait à *Egmont* me réjouit. J'espère qu'il ne perdra pas à une seconde lecture, car je sais ce que j'y ai mis, et que cela n'est pas de nature à être saisi du premier coup. Ce que vous en approuvez, j'ai voulu le faire : si vous dites que cela est fait, j'ai atteint mon but. C'était une tâche d'une incroyable difficulté, dont je ne serais jamais venu à bout sans une liberté absolue de vie et d'esprit. Qu'on réfléchisse à ce que c'est de reprendre un ouvrage écrit depuis douze ans, de l'achever, sans le refondre. Les circonstances m'ont rendu ce travail plus facile et plus difficile. Maintenant je vois encore deux pierres sur mon chemin, *Faust* et *le Tasse*. Puisque les dieux, dans leur miséricorde, paraissent m'avoir remis, pour l'avenir, la peine de Sisyphe, j'espère amener aussi ces roches sur le haut de la montagne. Quand j'y serai parvenu, je commencerai une carrière nouvelle et je ferai tout mon possible pour mériter votre approbation; car, votre tendresse, vous me l'accordez et me la conservez sans que je la mérite.

Je ne comprends pas tout à fait ce que tu me dis de la petite Claire[1] et j'attendrai ta prochaine lettre. Je vois bien qu'à ton avis il y manque une nuance entre la fillette et la divinité : mais, comme j'ai donné à ses relations avec Egmont un caractère exclusif; que j'ai fait reposer sa passion sur la perfection de son amant, et son ravissement sur l'inconcevable bonheur qu'un tel homme lui appartienne plutôt que sur la sensualité; comme j'ai fait de Claire une héroïne; que, dans l'intime sentiment de l'éternité de son amour, elle accompagne son bien-aimé, et lui apparaît enfin radieuse et glorifiée dans un songe : je ne sais où je dois placer cette nuance intermédiaire, et j'avoue cependant qu'à cause des exigences matérielles de la scène, les

---

[1]. Personnage d'*Egmont*.

nuances que je viens d'énumérer sont peut-être trop accusées et détachées, ou plutôt sont unies par des indications trop légères. Peut-être seras-tu plus satisfait à une seconde lecture; peut-être ta prochaine lettre me dira-t-elle quelque chose de plus précis.

Angélique a dessiné un frontispice pour *Egmont*, Lips l'a gravé : voilà du moins un dessin, voilà une gravure, que nous n'aurions pas eus en Allemagne.

Rome, 10 novembre 1787.

Kayser est donc arrivé et ma vie est triplée par le concours de la musique. C'est un excellent homme, et qui nous va fort bien, à nous qui menons véritablement une vie naturelle, autant qu'il est possible ici-bas. Tischbein revient de Naples, et il faut que tout change pour nous deux, le logement et le reste; mais, avec nos bonnes natures, tout sera remis en ordre dans huit jours.

J'ai proposé à la duchesse mère de m'autoriser à dépenser peu à peu pour elle la somme de deux cents sequins en divers petits objets d'art. Appuie cette proposition telle que tu la trouveras dans ma lettre. Je n'ai pas besoin d'avoir l'argent tout de suite ni tout à la fois. C'est là une affaire importante, dont tu sentiras, sans grand développement, toute l'étendue. Tu reconnaîtrais encore plus l'utilité et la nécessité de mon conseil et de mes offres, si tu savais comment les choses se passent ici et ce que je vois sous mes yeux. Avec ces petites acquisitions, je prépare à la duchesse un grand plaisir. Quand elle trouvera ici les choses que je fais préparer peu à peu, je calmerai chez elle le désir de posséder, qui s'empare de tous les arrivants, et qu'elle n'étoufferait qu'avec une douloureuse résignation, ou qu'elle ne satisferait qu'à grands frais. On remplirait de ce sujet des feuilles entières.

Rome, 24 novembre 1787.

Tu me questionnes dans ta dernière lettre sur la couleur du paysage romain. Je puis te dire que, dans les jours sereins, particulièrement en automne, le paysage est si coloré que, dans toute imitation, il doit paraître bigarré. J'espère t'envoyer bientôt quelques dessins, ouvrage d'un Allemand qui est maintenant à Naples. Les couleurs de l'aquarelle sont bien loin d'atteindre à l'éclat de la nature, et pourtant vous croirez la chose impossible. Ce qu'il y a de plus beau, c'est que les couleurs vives, dans le moindre éloignement, sont adoucies par le ton de l'air, en sorte que l'opposition des tons froids et des tons chauds est tout à fait visible. Les ombres claires, azurées, contrastent délicieusement avec le vert, le jaune, le rougeâtre, le bleuâtre, éclairés, et se marient avec le lointain bleuâtre et vaporeux. C'est un éclat et, en même temps, une harmonie, une dégradation dans l'ensemble, dont on n'a dans le Nord aucune idée. Chez vous tout est dur ou nébuleux, bariolé ou monotone. Du moins, je n'ai vu, autant qu'il m'en souvienne, que rarement des effets isolés qui me donnassent un avant-goût de ce qui se présente ici à moi tous les jours et à toute heure. Peut-être, aujourd'hui que mon œil est plus exercé, trouverai-je aussi dans le Nord plus de beautés.

Souvenirs du mois de novembre.

Comme je songeais en silence à me détacher peu à peu, je me vis retenu par un nouveau lien, grâce à l'arrivée d'un excellent et ancien ami, Christophe Kayser, de Francfort. Doué par la nature d'un talent musical particulier, il avait entrepris longtemps auparavant de mettre en musique *Badinage, Ruse et Vengeance*[1], et d'adapter aussi une musique convenable à *Egmont*. Je lui avais mandé de Rome que la pièce était partie et qu'une copie en était restée dans mes mains. Au lieu d'entamer là-dessus une longue correspondance, nous trouvâmes plus à propos qu'il vînt sur-le-champ. Comme il traversa aussitôt l'Italie au vol avec le courrier, il ne tarda pas à nous rejoindre, et il se vit accueilli amicalement dans le cercle d'artistes qui avait fixé son quartier général au Corso, vis-à-vis du palais Rondanini.

Mais bientôt, au lieu du recueillement et de la concentration si nécessaires, survinrent des distractions et une dissipation nouvelles. D'abord il s'écoula plusieurs jours avant qu'on se fût

---

1. Petite pièce de Goethe.

procuré, qu'on eût essayé et accordé un clavecin, et qu'il fût arrangé selon la fantaisie du capricieux artiste, qui y trouvait toujours quelque chose à dire et à désirer. Cependant nous fûmes bientôt dédommagés de toutes ces peines et ces retardements par les productions d'un artiste plein de souplesse, parfaitement à la hauteur de son époque, et qui exécutait aisément la musique la plus difficile de ce temps-là. Et pour que le dilettante sache tout de suite de quoi il est question, je ferai observer que Schoubart passait alors pour incomparable, et que la pierre de touche du pianiste exercé était l'exécution de variations, dans lesquelles un thème simple, modulé artistement, reparaissait enfin dans sa forme naturelle, et permettait à l'auditeur de reprendre haleine. Kayser avait aussi apporté la symphonie d'*Egmont*, et cela m'excita toujours davantage à m'occuper du théâtre lyrique, vers lequel me portaient alors plus que jamais mon goût et la nécessité.

La présence de notre Kayser éleva et étendit notre amour de la musique, qui s'était borné jusque-là aux œuvres théâtrales. Kayser s'enquérait soigneusement des fêtes d'église, et nous fûmes ainsi conduits à écouter les musiques solennelles qu'on exécutait ces jours-là. Nous les trouvions assurément très-mondaines, avec orchestre au grand complet, quoique le chant dominât toujours. Je me souviens d'avoir entendu pour la première fois, à la fête de Sainte-Cécile, un air de bravoure soutenu par un chœur. Il produisit sur moi un effet extraordinaire, comme en éprouve le public, quand des airs de ce genre se rencontrent dans les opéras.

Kayser avait encore un autre mérite : comme il s'occupait beaucoup d'ancienne musique, il devait faire de sérieuses recherches sur l'histoire de cet art; il consultait les bibliothèques, et son application soutenue lui avait fait trouver un bon accueil et des encouragements surtout dans la Minerva. Ses recherches de bibliophile eurent pour effet de nous rendre attentifs aux vieilles gravures du seizième siècle; et, par exemple, il ne manquait pas de nous rappeler le *Speculum Romanæ magnificentiæ*, les *Architectures* de Lomazzo, ainsi que les *Admiranda Romæ* et autres ouvrages semblables. Ces collections de livres et de gravures, qui recevaient aussi nos pieuses visites, ont surtout une grande valeur quand on les passe en revue dans de bonnes impressions. Elles font revivre ce vieux temps où l'antiquité était considérée avec respect et crainte, et ses débris imprimés en beaux caractères. C'est ainsi, par exemple, qu'on s'approchait des Colosses, qui se trouvaient encore à leur ancienne place dans le jardin Colonne; le Septizone, à demi ruiné, de Sévère donnait encore à peu près l'idée de cet édifice disparu; l'église de Saint-Pierre, sans façade, le grand centre, sans coupole, le vieux Vatican, dans la cour duquel on pouvait encore donner des tournois : tout ramenait à ce vieux âge, et faisait en même temps observer de la manière la plus claire ce que les deux siècles suivants avaient amené de changements, et à quel point, malgré de puissants obstacles, ils s'étaient efforcés de rétablir les choses détruites, de réparer les choses négligées.

Henri Meyer, de Zurich, que j'avais eu souvent sujet de mentionner, malgré sa vie très-retirée et sa grande application, ne manquait guère l'occasion de voir, d'observer, d'apprendre quelque chose d'intéressant. On le recherchait et on le désirait, parce qu'il se montrait dans la société aussi modeste que savant. Il suivait paisiblement la route sûre ouverte par Winckelmann et Mengs, et, comme il excellait à reproduire avec la sépia, à la manière de Seidelmann, les bustes antiques, personne plus que lui n'avait occasion d'apprendre à juger et à connaître les nuances délicates de l'art à ses diverses époques. Or, tous les étrangers, artistes, connaisseurs et profanes, se disposant, selon le vœu général, à visiter aux flambeaux le musée du Vatican et celui du Capitole, Meyer se joignit à nous, et je trouve encore dans mes papiers un de ses mémoires, qui donne à ces délicieuses promenades à travers les restes les plus magnifiques de l'art, songe ravissant qui d'ordinaire s'efface peu à peu, une importance durable par ses heureux effets sur l'instruction et l'intelligence.

« L'usage de visiter les grands musées de Rome à la clarté des torches était, nous dit-il, encore assez nouveau vers la fin du siècle passé. Il offre l'avantage de présenter isolément les œuvres d'art, de faire ressortir vivement toutes les nuances délicates du travail et de répandre un jour suffisant sur les ouvrages qui sont mal éclairés par la lumière naturelle. Mais l'éclairage aux flambeaux dégénère quelquefois en abus. Pour qu'il soit d'un heureux effet, il faut qu'on le ménage avec intelligence. Il est, en général, peu favorable aux ouvrages de l'ancien style, dont les auteurs, ne sachant rien d'ombres et de lumières, n'avaient compté pour leurs ouvrages ni sur la lumière ni sur l'ombre. »

Dans une occasion si solennelle, il est juste aussi que je fasse mention de M. Hirt, qui fut, de plus d'une manière, utile à notre cercle. Né dans le Furstenberg, en 1759, il se sentit, après avoir lu les anciens, entraîné à Rome par une pente irrésistible. Il y était arrivé quelques années avant moi ; il y avait fait une étude sérieuse des ouvrages anciens et modernes d'architecture et de sculpture, et s'était fait le guide des étrangers désireux de s'instruire. Il me montra la même complaisance, avec un affectueux dévouement.

Son étude principale était l'architecture. Ses vues théoriques sur l'art donnaient lieu souvent à de vives discussions dans cette Rome livrée aux disputes et aux partis. La diversité des vues amène, surtout dans ce lieu, où l'on parle des arts partout et sans cesse, mille contestations, rendues plus vives et favorisées par le voisinage d'objets si remarquables. Mais, comme l'art consiste dans l'action et non dans la parole, que cependant on parlera toujours plus qu'on n'agira, il est facile de comprendre que ces entretiens étaient alors interminables comme ils le sont encore aujourd'hui.

Si les dissentiments des artistes amenaient parfois des désagréments et même les éloignaient les uns des autres, ils provoquaient aussi de temps en temps des scènes plaisantes. Quelques artistes avaient passé ensemble l'après-midi au Vatican, et, comme il se faisait tard, afin de gagner leur logis par un chemin plus court, ils se retirèrent par la porte voisine de la colonnade et le long des vignes jusqu'au Tibre. Ils avaient disputé en chemin, ils arrivèrent disputant au bord du fleuve, et continuèrent vivement la conversation pendant la traversée. En débarquant à la Ripetta ils auraient dû se séparer, et les arguments qu'on avait encore à présenter de part et d'autre se trouvaient étouffés à leur naissance : les artistes convinrent de rester ensemble, de repasser le fleuve et de donner cours à leur dialectique sur la barque flottante. Mais une fois ne leur suffit pas : ils étaient en train, et ils demandèrent au passeur plus d'une répétition. Il y consentit volontiers, chaque passage lui valant un baïoque par personne, profit considérable qu'il n'attendait plus à une heure si tardive. Il satisfit leur désir en silence, et son jeune fils lui ayant demandé avec étonnement ce que ces gens se voulaient : « Je ne sais pas, répondit-il fort tranquillement, mais ils sont fous. »

Vers ce temps je reçus de chez nous, dans un paquet la lettre suivante[1] :

« Monsieur, je ne suis pas étonné que vous ayez de mauvais lecteurs : tant de gens aiment mieux parler que sentir! mais il faut les plaindre et se féliciter de ne pas leur ressembler.

« Oui, Monsieur, je vous dois la meilleure action de ma vie, par conséquent la racine de plusieurs autres, et, pour moi, votre livre est bon. Si j'avais le bonheur d'habiter le même pays que vous, j'irais vous embrasser et vous dire mon secret, mais malheureusement j'en habite un où personne ne croirait au motif qui vient de me déterminer à cette démarche. Soyez satisfait, Monsieur, d'avoir pu, à trois cents lieues de votre demeure, ramener le cœur d'un jeune homme à l'honnêteté et à la vertu. Toute une famille va être tranquille, et mon cœur jouit d'une bonne action. Si j'avais des talents, des lumières ou un rang qui me fît influer sur le sort des hommes, je vous dirais mon nom, mais je ne suis rien et je sais ce que je ne voudrais être. Je souhaite, Monsieur, que vous soyez jeune, que vous ayez le goût d'écrire, que vous soyez l'époux d'une Charlotte qui n'avait point vu de Werther, et vous serez le plus heureux des hommes, car je crois que vous aimez la vertu. »

Rome, 15 décembre 1787.

Je t'écris tard et seulement pour écrire quelque chose. J'ai passé très-heureusement cette semaine. La semaine précédente, rien ne voulait aller, ni un travail ni un autre; voyant donc un si beau temps le lundi, et la connaissance que j'ai du ciel me

---

1. Cette lettre est en français dans l'original.

faisant espérer de beaux jours, je me mis en course avec Kayser et mon deuxième Frédéric[1], et, depuis mardi jusqu'à hier au soir, j'ai parcouru les lieux que je connaissais déjà et différents côtés que je ne connaissais pas encore.

Mardi soir, nous atteignîmes Frascati; mercredi, nous visitâmes les plus belles villas, et surtout l'admirable Antinoüs sur le Monte-Dragone; jeudi, nous montâmes de Frascati au Monte-Caro, en franchissant Rocca di Papa, dont tu dois avoir les dessins, car les mots et les descriptions ne sont rien; puis nous descendîmes à Albano. Vendredi, Kayser nous quitta; il ne se trouvait pas fort bien, et je me rendis avec Frédéric second à Aricie, à Genzano, au lac de Némi, puis nous revînmes à Albano. Aujourd'hui, nous avons été à Castel-Gandolfo, à Marino, et, de là, nous sommes revenus à Rome. Le temps nous a favorisés d'une manière incroyable. Nous avons eu, je crois, les plus beaux jours de l'année. Outre les arbres toujours verts, quelques chênes ont encore leur feuillage, les jeunes châtaigniers l'ont aussi encore, mais il est jaune. Le paysage offre des teintes de la plus grande beauté. Et, dans l'ombre de la nuit, que les grandes formes sont belles! J'ai eu un grand plaisir, et je t'en fais part de loin.

Rome, 21 décembre 1787.

Dessiner, étudier les arts, favorise les dispositions poétiques, au lieu de leur nuire, car il faut écrire peu et dessiner beaucoup. Je désire seulement pouvoir te communiquer l'idée que j'ai maintenant de l'art plastique. Si subordonnée qu'elle soit encore, elle satisfait, parce qu'elle est vraie et d'une portée toujours plus étendue. La raison et la logique des grands maîtres est incroyable. Si, à mon arrivée en Italie, j'étais comme né de nouveau, maintenant commence pour moi une éducation nouvelle.

Ce que j'ai envoyé jusqu'à présent ne sont que de faibles essais. Je t'adresse par Thuneisen un rouleau, où le meilleur sont des ouvrages étrangers qui te feront plaisir.

---

1. Le conseiller Frédéric Reiffenstein?

Rome, 25 décembre 1787.

Cette fois, le Christ est né au milieu des tonnerres et des éclairs : nous avons eu juste à minuit un violent orage.

L'éclat des plus grands chefs-d'œuvre ne m'éblouit plus; je vis maintenant dans la contemplation, dans la connaissance vraie et distincte. Je ne puis dire tout ce que je dois, à cet égard, au Suisse Meyer. Cet homme studieux, solitaire, tranquille, m'a ouvert le premier les yeux sur les détails, sur les qualités des formes considérées isolément; il m'a initié au véritable faire. Il est content de peu et modeste. Il jouit des œuvres d'art plus que les grands qui les possèdent sans les comprendre, plus que les autres artistes qui sont trop tourmentés du désir d'imiter l'inimitable. Son esprit est d'une clarté divine, son cœur d'une angélique bonté. Il ne me parle jamais que je ne sois tenté d'écrire tout ce qu'il dit, tant ses paroles sont précises, justes, exprimant la seule ligne véritable. Son enseignement me donne ce que personne ne pourrait me donner, et son éloignement sera pour moi une perte irréparable. Avec lui, j'espère encore arriver dans le dessin, au bout de quelque temps, à un point que j'ose à peine me figurer.

Les étrangers sont revenus. Je visite quelquefois avec eux une galerie. Ils me font l'effet des guêpes que je vois dans ma chambre s'élancer contre les fenêtres, prendre les vitres pour l'air, rebondir et bourdonner contre les murs.

Je ne souhaiterais pas à un ennemi d'être réduit à se taire et à s'effacer, et il me sied moins que jamais de passer comme autrefois pour *malade* et *borné*. Ainsi donc, cher ami, fais de ton mieux en ma faveur, et soutiens ma vie, car, autrement, je péris sans être utile à personne. Oui, je dois le dire, j'ai été cette année, moralement parlant, un véritable enfant gâté. J'ai passé quelque temps séparé du monde et dans une complète solitude, et puis il s'est formé autour de moi un petit cercle d'amis qui sont tous bons, tous sur le droit chemin, et plus leurs méditations, leur activité, les tiennent dans cette direction, plus ils sont contents de moi, et trouvent de plaisir dans ma société. Car je suis impatient, impitoyable pour tous ceux qui perdent leur temps ou qui s'égarent, et qui veulent cependant qu'on les tienne pour messagers et voyageurs. Je les poursuis de mes railleries jusqu'à ce qu'ils changent de vie ou qu'ils s'éloignent de moi. On m'entend bien, il n'est ici question que des hommes bons et droits : tous les gens médiocres, tous les esprits mal faits, sont mis à la porte sans cérémonie. Deux hommes et même trois me doivent leur changement de vie et de sentiments, et ils m'en sauront gré jusqu'à la mort. C'est là, c'est sur le point de l'activité de mon être, que je sens la vigueur et l'étendue de ma nature; mes pieds ne sont douloureux que dans des souliers étroits, et je ne vois rien quand on me place devant un mur.

Souvenirs du mois de décembre.

Le mois de décembre avait commencé avec une température sereine assez égale, et cela nous suggéra une idée qui devait procurer des jours bien agréables à une joyeuse société. Supposons, avons-nous dit, que nous venons d'arriver à Rome et que nous sommes des voyageurs pressés, qui doivent voir à la hâte les objets les plus remarquables. Commençons une revue dans cette idée, afin que les choses déjà connues fassent sur notre esprit et sur nos sens une impression nouvelle. Cette idée fut mise aussitôt à exécution et suivie avec assez de persévérance. En voici quelques souvenirs.

Au-dessous de Rome et à quelque distance du Tibre, s'élève une église de moyenne grandeur dans le lieu dit Aux trois Fontaines. Quand saint Paul fut décapité, ces fontaines jaillirent, dit-on, de son sang et elles coulent encore aujourd'hui. L'église se trouve d'ailleurs dans un endroit bas, et les tuyaux qui jettent l'eau dans l'intérieur augmentent l'humidité. Elle est peu ornée et presque délaissée; on se borne à la tenir propre, malgré la moisissure, pour le service divin, qu'on y célèbre rarement. Mais son grand ornement est un Christ avec ses Apôtres, peints de grandeur naturelle, d'après les dessins de Raphaël, à la suite les uns des autres, sur les piliers de la nef. Ce génie extraordinaire, qui avait déjà présenté où il le fallait ces saints hommes groupés ensemble et vêtus de même sorte, ici, où chacun figure séparément, a produit aussi chacun avec une physionomie particulière, non comme s'il se trouvait à la suite du Seigneur, mais comme si, laissé à lui-même après l'ascension, il avait à traverser la vie, travaillant et souffrant selon son caractère particulier.

De cette modeste petite église, il n'y a pas loin jusqu'au monument, plus considérable, consacré au grand apôtre, l'église de Saint-Paul hors des murs, construite, avec art et avec grandeur, de superbes pierres antiques. Dès l'entrée, elle fait une impression sublime ; des rangées de colonnes imposantes portent les hautes murailles peintes, qui, fermées par la charpente entrelacée, offrent, il est vrai, à notre œil désaccoutumé l'aspect d'une grange, quoique l'ensemble dût produire un effet incroyable si, dans les jours de fête, la charpente était décorée de tapisseries. On trouve ici, conservés avec goût dans les chapiteaux, des restes merveilleux d'une architecture colossale et richement ornée, empruntés et sauvés des ruines du palais de Caracalla, autrefois situé dans le voisinage et maintenant presque entièrement détruit.

Après cela, le cirque, qui porte toujours le nom de cet empereur, nous donne encore, quoiqu'il soit en grande partie écroulé, une idée de ces espaces immenses. Si le dessinateur se place à la gauche des combattants qui entraient en course, il aura, sur la hauteur à droite, par-dessus les siéges en ruine des spectateurs, le tombeau de Cécilia Métella avec les constructions modernes qui l'environnent. De ce point, la ligne des gradins s'étend à l'infini, et des villas considérables, des maisons de plaisance, se font voir dans le lointain. Si vous ramenez vos regards sur les objets voisins, vous avez devant vous les ruines de la *Spina*, qu'on peut encore très-bien suivre, et celui à qui est donnée l'imagination architecturale, peut en quelque sorte se représenter la pompe de ces jours antiques.

Pour cette fois, nous saluâmes du regard la pyramide de Cestius et les ruines des bains d'Antonin ou de Caracalla. Sur la place de Saint-Pierre in Montorio, nous admirâmes le bouillonnement de l'Aqua Paola, qui se précipite en cinq torrents, par les portes d'un arc de triomphe, dans un grand bassin digne d'elle, et qu'elle remplit jusqu'au bord. Un aqueduc restauré par Paul V amène jusque-là cette rivière de derrière le lac Bracciano, en décrivant, dans l'espace de vingt-cinq milles, un zigzag étrange, commandé par des collines alternantes; l'eau pourvoit aux besoins de divers moulins et fabriques, pour se répandre en même temps dans le Trastévère.

Les amis de l'architecture approuvèrent l'heureuse pensée d'avoir ouvert à ces eaux une entrée publique et triomphale. Les colonnes et les arcs, les entablements et les attiques, rappellent ces portes somptueuses par lesquelles autrefois les généraux victorieux avaient coutume de faire leur entrée. Ici le plus paisible des bienfaiteurs entre avec la même force et la même puissance, et reçoit d'abord, pour la fatigue de sa longue course, le tribut de l'admiration et de la reconnaissance. Les inscriptions nous disent aussi que la sollicitude et la bienfaisance d'un pape de la maison Borghèse font ici comme une entrée solennelle, éternelle et continue. Un voyageur du Nord, arrivé depuis peu de temps, trouvait cependant qu'on aurait mieux fait d'entasser là des rochers sauvages pour ouvrir à ces flots une issue plus naturelle. On lui répondit que ce n'était point là une eau naturelle, mais artificielle, et qu'en décorant l'entrée avec les ressources de l'art, on n'avait rien fait que de légitime.

Mais on s'accorda là-dessus tout aussi peu que sur le magnifique tableau de la Transfiguration, que nous eûmes aussitôt après l'occasion d'admirer dans le cloître voisin. On débita beaucoup de paroles. Les plus calmes se fâchèrent toutefois d'entendre répéter l'ancienne critique de la double action. Mais on voit sans cesse dans le monde une monnaie sans valeur avoir un certain cours à côté d'une autre qui a une valeur intrinsèque, surtout quand il s'agit de sortir d'affaire promptement et d'égaliser certaines différences, sans beaucoup de lenteur et de réflexions. Cependant il y a toujours lieu de s'étonner qu'on ait jamais osé élever des critiques contre la grande unité d'une conception pareille. En l'absence du Seigneur, des parents inconsolables présentent à ses disciples un jeune garçon possédé du démon; peut-être ont-ils déjà fait des tentatives pour chasser le malin esprit; on a même ouvert un livre pour y chercher quelque formule efficace contre ce mal, mais inutilement. Dans ce moment, apparaît l'unique libérateur, et il apparaît glorifié, reconnu par son grand prédécesseur; on se hâte de signaler là-haut cette vision, comme la seule source du salut. Comment veut-on séparer ce qui est en haut et ce qui est en bas? Les deux ne font qu'un. En bas, la souffrance, le besoin; en haut, la force, le secours, l'un se rapportant à l'autre, l'un agissant sur l'autre. Pour exprimer ma pensée d'une autre manière : une relation idéale avec le réel peut-elle se séparer de celui-ci?

Une résolution comme celle que nous avions prise, de faire en bonne compagnie une rapide revue de Rome, ne put s'effectuer selon notre plan avec une parfaite indépendance : tantôt l'un tantôt l'autre nous manquait, retenu peut-être accidentellement; d'autres personnes se joignaient à nous pour observer sur leur passage tel ou tel objet remarquable; mais le noyau se maintint; il sut tantôt accueillir les nouveaux venus, tantôt les écarter, et tour à tour demeurer en arrière ou prendre les devants. Il va sans dire que nous dûmes quelquefois entendre exprimer de singuliers jugements.

Pour moi, j'eus dans cette promenade le sentiment, l'idée, l'intuition, de ce qu'on pouvait appeler, dans le sens le plus élevé, la présence du sol classique; j'entends par là cette conviction produite dans l'esprit par les sens, que là fut jadis la grandeur, qu'elle y est encore, qu'elle y sera. Les choses les plus grandes et les plus magnifiques doivent périr; cela est dans la nature du temps et des éléments moraux et physiques, qui agissent sans obstacle les uns sur les autres; aussi, dans cette revue générale, ne pouvions-nous passer tristement devant les monuments détruits : au contraire, nous avions lieu de nous réjouir de voir tant de choses conservées, et tant d'autres reconstruites, plus magnifiques et plus colossales qu'elles ne l'avaient jamais été. L'église de Saint-Pierre est certes grandement conçue, et plus grandement, plus hardiment, qu'un des anciens temples; et nous n'avions pas seulement devant nos yeux ce que deux mille ans ont dû détruire, mais aussi ce qu'une culture plus avancée a pu produire de nouveau. Même les fluctuations du goût dans les arts, les efforts pour arriver à la grandeur simple, le retour aux petites formes compliquées, tout annonçait la vie et le mouvement; l'histoire de l'art et celle de l'humanité s'offraient à nous sous forme synchronistique.

Si nous ne pouvons méconnaître que la grandeur est passagère, cela ne doit pas nous décourager; au contraire, quand nous trouvons que le passé a été grand, cela doit nous animer nous-mêmes à faire quelque chose de considérable, qui, fût-il même tombé en ruine, porte nos successeurs à une noble activité; et c'est à quoi nos devanciers n'ont jamais manqué.

Cette contemplation instructive et sublime, à laquelle je me livrais, fut, je ne dirai pas troublée et interrompue, mais entremêlée d'un sentiment douloureux, qui m'accompagnait partout. J'avais appris que le fiancé de la charmante Milanaise avait, je ne sais sous quel prétexte, retiré sa parole et manqué à sa promesse. Or, si, d'un côté, je m'estimais heureux de ne m'être pas livré à mon inclination, et de m'être éloigné très-promptement de l'aimable jeune fille (après une exacte information, je sus que, parmi les prétextes allégués, il n'avait pas été fait la plus petite mention de notre villégiature), cependant ce me fut une chose très-sensible, de me représenter désormais triste et défigurée la charmante image qui m'avait accompagné jusqu'alors gracieuse et riante. Car j'appris aussitôt qu'à la suite de cet événement, la chère enfant, saisie de frayeur et de désespoir, avait été prise d'une fièvre violente qui faisait craindre pour sa vie. Et, comme je faisais demander chaque jour de ses nouvelles, et même deux fois par jour dans les premiers temps, je souffrais cruellement à me figurer quelque chose d'impossible, à me représenter ce visage serein, fait pour briller à la riante lumière du jour, cette expression d'une vie ingénue et doucement épanouie, désormais obscurcie par les larmes, défigurée par la maladie; et cette fleur de jeunesse, sitôt languissante et flétrie par les souffrances de l'âme et du corps.

Dans cette disposition d'esprit, je ne pouvais rien désirer de mieux qu'une diversion puissante, qui m'offrait une suite d'objets du plus grand caractère, dont les uns occupaient assez les yeux par leur présence, les autres l'imagination par leur impérissable dignité, et rien n'était plus naturel que de les contempler avec une intime tristesse.

Si les monuments antiques se trouvaient, après tant de siècles, réduits la plupart à des masses informes, à la vue des pompeux édifices modernes, encore debout, il fallait également déplorer tant de familles qu'on avait vues depuis tomber en décadence. Même, ce qui subsistait encore plein de vie semblait atteint d'un ver rongeur; en effet, comment une chose terrestre se maintiendrait-elle de nos jours, sans véritable force physique, par les seuls appuis moraux et religieux? Et tout comme une pensée sereine réussit à ranimer même la ruine, ainsi qu'une végétation fraîche, immortelle, à revêtir de vie des murs écroulés et des blocs épars, une pensée triste dépouille l'être vivant de sa plus belle parure, et voudrait nous le présenter comme un affreux squelette.

Nous pensâmes aussi à faire avant l'hiver, en joyeuse société, une course de montagnes, mais je ne pus m'y résoudre avant de m'être assuré que la malade se portait mieux, et que je pourrais, par les arrangements que je pris, recevoir la nouvelle de sa guérison aux lieux mêmes où j'avais appris à la connaître, dans les plus beaux jours d'automne, pleine de grâce et d'enjouement.

Les premières lettres que je reçus de Weimar après l'envoi d'*Egmont* renfermaient déjà quelques réflexions critiques. Cela me conduisit à faire de nouveau l'ancienne observation, que l'amateur dépourvu du sens poétique, et qui se complaît dans sa tranquillité bourgeoise, rencontre une pierre d'achoppement là où le poëte a tâché de résoudre, de colorer ou de dissimuler un problème. Il faut, pour satisfaire le lecteur indolent, que tout suive une marche naturelle; mais l'extraordinaire peut aussi être naturel : seulement il ne le paraît pas à celui qui persiste obstinément dans ses vues particulières. J'avais reçu une de ces lettres, je la pris et je me rendis à la villa Borghèse. Là, je dus lire que quelques scènes seraient jugées trop longues. J'y réfléchis; mais alors même je n'aurais su comment les abréger, ayant à développer des idées si importantes. Ce qui paraissait le plus condamnable à mes amis, c'était le legs laconique par lequel Egmont recommande à

Ferdinand sa petite Claire. Un extrait de la réponse que je fis alors fera mieux connaître quels étaient mes sentiments et ma situation.

« Combien je souhaiterais de satisfaire à votre désir et de pouvoir apporter au legs d'Egmont quelque modification! Je courus, par une admirable matinée, avec votre lettre à la villa Borghèse; je rêvai deux heures à la marche de la pièce, aux caractères, aux situations, et je ne pus rien trouver à abréger. Que j'aimerais à vous écrire toutes mes réflexions, le pour et le contre! Cela remplirait un cahier, et ce serait une dissertation sur l'économie de ma pièce. Dimanche, j'allai voir Angélique et je lui soumis la question. Elle a étudié la pièce et elle en possède une copie. Que n'étais-tu là pour entendre avec quelle délicatesse de femme elle expliquait tout! Et voici sa conclusion : Ce qu'il vous semble que le héros devrait dire encore est renfermé implicitement dans l'apparition. Comme l'apparition n'exprime, dit-elle, que ce qui se passe dans l'âme du héros endormi, aucunes paroles ne pourraient dire avec plus de force combien il aime et il estime la jeune fille, que ne le fait ce songe, qui n'élève pas l'aimable créature jusqu'à lui, mais au-dessus de lui. Angélique trouve fort bien que cet homme, qui, en quelque sorte, songea en veillant durant toute sa vie, qui estimait au plus haut prix l'amour et la vie, ou plutôt qui ne les estimait que par la jouissance, finisse en quelque sorte par veiller en songeant, et qu'on nous dise sans langage combien est profond son amour pour cette jeune fille, et quelle place choisie, éminente, elle occupe dans son cœur. Elle ajouta diverses réflexions : que, dans la scène avec Ferdinand, il ne pouvait être question de Claire que d'une manière subordonnée, pour ne pas amoindrir l'intérêt des adieux du jeune ami, qui était d'ailleurs, dans ce moment, hors d'état de rien entendre. »

————

Rome, 5 janvier 1788.

Excusez-moi si ma lettre est brève aujourd'hui. J'ai commencé cette année par l'étude et le travail, et j'ai à peine le loisir de me reconnaître.

Après une interruption de quelques semaines, pendant lesquelles j'ai vécu dans un état de passivité, j'ai eu, je puis le dire, les révélations les plus belles. Il m'est permis de porter mes regards dans la nature des choses et dans leurs rapports, qui m'ouvrent un abîme de richesse. Ces effets se développent dans mon esprit, parce que j'apprends toujours et que j'apprends des autres. Quand on s'instruit soi-même, la force qui travaille et celle qui met en œuvre est la même, et les progrès doivent être plus petits et plus lents.

L'étude du corps humain me possède tout entier ; devant elle tout le reste s'efface. A cet égard, j'ai éprouvé toute ma vie et j'éprouve encore un sort étrange. N'en parlons pas : le temps nous apprendra ce que j'aurai pu faire encore.

Les opéras ne m'amusent point ; ce qui est profondément et éternellement vrai peut seul me plaire aujourd'hui.

J'arriverai vers Pâques à une époque culminante, je le sens. Que sera-t-elle ? je l'ignore.

Rome 10 janvier 1788.

Tu recevras *Erwin et Elmire* avec cette lettre. Puisse cette petite pièce te faire aussi plaisir ! Mais une opérette, si elle est bonne, ne peut jamais satisfaire à la lecture : il y faut la musique, pour exprimer toute l'idée du poëte. *Claudine* suivra bientôt. Ces deux pièces sont plus travaillées qu'il ne semble d'abord, parce que je suis enfin arrivé à bien étudier avec Kayser la forme de l'opéra.

Je continue à dessiner assidûment le corps humain, et j'ai, le soir, la leçon de perspective. Je me prépare au délogement, afin de m'y résigner avec courage, si les immortels l'ont ainsi résolu pour Pâques. Advienne ce qui est bon !

L'intérêt que je prends à la figure humaine efface tout le reste. Je le sentais bien et je m'en détournais toujours, comme on se détourne de l'éblouissante lumière du soleil. D'ailleurs toutes les études qu'on peut faire hors de Rome sur ce sujet sont inutiles. Sans un fil qu'on n'apprend à filer qu'ici, on ne peut se démêler de ce labyrinthe. Par malheur, mon fil n'est pas assez long, mais il me guidera du moins à travers les premiers détours.

Si l'achèvement de mes ouvrages se poursuit sous des astres toujours également favorables, il faut que, dans le cours de cette année, je devienne amoureux d'une princesse pour être en état d'écrire *le Tasse*, et il faut que je me donne au diable pour écrire *Faust*, quoique je me sente peu disposé à l'un et à l'autre. Jusqu'ici, c'est comme cela que les choses se sont passées. Pour me rendre à moi-même mon *Egmont* intéressant, le Kaiser[1] romain s'est pris de querelle avec les Brabançons, et, pour donner à mes opéras une certaine perfection, le Kayser zuricois est venu à Rome. C'est là vivre en noble Romain, comme dit Herder, et je trouve fort plaisant de devenir la cause finale des actions et des événements dont je ne suis nullement l'objet. On peut nommer cela du bonheur. Ainsi donc, je vais attendre avec patience le diable et la princesse.

Mes idées titaniques n'étaient que des fantômes qui présageaient une époque plus sérieuse. Je suis plongé maintenant dans l'étude de la figure humaine, qui est le *non plus ultra* du savoir et de l'activité de l'homme. L'étude préparatoire que j'ai faite de la nature entière, surtout l'ostéologie, m'aide à faire de grands pas. C'est maintenant que je vois, que je goûte, ce qui nous est resté de plus sublime de l'antiquité, je veux dire les statues. Oui, je reconnais bien qu'on peut étudier toute sa vie, et qu'on serait tenté de s'écrier à la fin : « Ce n'est qu'à présent que je vois, à présent que je jouis. »

Je ramasse tout ce que je puis, pour clore vers Pâques une époque déterminée, à laquelle mon œil atteint maintenant, et ne pas quitter Rome avec une répugnance décidée. J'espère pouvoir continuer à mon aise et approfondir en Allemagne quelques études, quoique assez lentement. Ici, le courant nous entraîne, aussitôt que nous avons mis le pied sur la nacelle.

Souvenirs du mois de janvier.

Cupidon, méchant, capricieux enfant, tu m'avais prié de te loger pour quelques heures : combien de jours et de nuits es-tu resté ? Et tu es devenu seigneur et maître du logis !

Je suis chassé de ma large couche; maintenant, assis par terre, je

---

[1]. L'empereur. C'est de Joseph II qu'il s'agit.

passe les nuits dans les tourments ; ta malice attise à mon foyer flammes sur flammes, consume la provision d'hiver et m'embrase, pauvre malheureux que je suis.

« Tu as dérangé et bouleversé mes meubles ; je les cherche et suis devenu comme aveugle et égaré ; tu fais un affreux vacarme : je crains que ma petite âme ne s'enfuie pour te fuir et ne vide la cabane.

Si l'on veut ne pas prendre à la lettre cette petite chanson, se figurer, non pas ce démon qu'on appelle d'ordinaire Amour, mais une troupe d'esprits vigilants, qui appellent, sollicitent, entraînent çà et là le cœur de l'homme, et le troublent par un intérêt partagé, on s'intéressera d'une manière symbolique à la situation dans laquelle je me trouvais, et que les extraits de mes lettres et mes récits précédents font assez connaître. On avouera que j'ai dû faire d'assez grands efforts pour me maintenir contre tant d'attaques, ne pas me lasser de mon activité, ne pas devenir paresseux à recueillir.

Réception dans l'Académie des Arcades.

Dès la fin de l'année dernière, j'ai été assiégé d'une proposition que je considérai aussi comme une suite de notre malheureux concert, par lequel nous nous étions dépouillés étourdiment de notre incognito. Ce fut peut-être aussi par d'autres raisons, qu'on tenta de plusieurs côtés de me décider à me faire recevoir berger d'Arcadie. Je résistai longtemps, mais je dus enfin céder à mes amis, qui paraissaient attacher à l'affaire une importance particulière. On sait, en général, ce qu'il faut entendre sous le nom d'Académie des Arcades, mais on ne sera pas fâché d'avoir là-dessus quelques détails. Pendant le cours du dix-septième siècle, la poésie italienne avait déchu à plusieurs égards ; vers la fin de cette période, des hommes sages et instruits lui reprochaient d'avoir complétement négligé le fond, ce qu'on appelait alors la beauté intérieure ; sous le rapport de la forme, de la beauté extérieure, elle leur semblait aussi absolument condamnable : car, avec ses expressions barbares, sa versification d'une insupportable dureté, avec ses figures et ses tropes vicieux, surtout avec ses hyperboles, ses métonymies et ses métaphores sans trêve et sans mesure, elle avait sacrifié absolument l'agréable et le doux, qu'on aime à trouver dans la forme d'un ouvrage.

Ces écrivains, convaincus d'erreur, insultèrent cependant, suivant l'usage, le vrai et l'excellent, afin de rendre à l'avenir leurs abus inviolables; les hommes sages et cultivés ne purent souffrir la chose plus longtemps, si bien qu'en 1690, un certain nombre d'hommes énergiques et prudents se réunirent et convinrent d'entrer dans une autre voie. Mais, pour que leurs assemblées ne fissent pas sensation et n'occasionnassent pas une réaction, ils se réunirent en plein air dans les jardins dont Rome elle-même renferme en ses murs un assez grand nombre. Ils y gagnèrent en même temps de se rapprocher de la nature, et de respirer dans l'air vivifiant le souffle primitif de la poésie. Là, dans des places agréables, ils se couchaient sur le gazon, ils s'asseyaient sur des débris d'architecture et des blocs de pierre, et les cardinaux présents y trouvaient pour toute distinction un siége plus moelleux. Ces hommes s'entretenaient de leurs convictions, de leurs maximes, de leurs projets; on lisait des vers et l'on s'efforçait de faire revivre l'esprit de l'antiquité et celui de la noble école toscane. Tout à coup quelqu'un s'écria, dans son ravissement : « C'est ici notre Arcadie! » De là le nom de la société, comme le caractère idyllique de son institution. On ne voulut point la placer sous la protection d'un grand et puissant personnage; point de chef, point de président : un custode était chargé d'ouvrir et de fermer les domaines de l'Arcadie, et, dans les cas les plus nécessaires, on nommait un conseil d'anciens pour l'assister.

Il faut citer ici avec honneur le nom de Crescimbeni, qui peut être considéré comme un des fondateurs, et qui remplit le premier fidèlement pendant nombre d'années les fonctions de custode, sachant faire régner un goût meilleur et plus pur et repousser de plus en plus la barbarie. Ses dialogues sur la *Poesia volgare*, par où il ne faut pas entendre la poésie populaire, mais la poésie qui convient à un peuple, quand elle est cultivée par des talents vrais, décidés, et n'est pas défigurée par les caprices et les bizarreries de quelques rêveurs, ses dialogues, où il expose la meilleure doctrine, sont évidemment un fruit des conversations arcadiennes, et d'une grande importance en regard de nos récents travaux esthétiques. Dans ce sens, les poésies arcadiennes qu'il a publiées méritent aussi toute notre attention. Nous nous permettrons seulement la réflexion suivante.

A la vérité, ces estimables bergers, en s'établissant en plein air sur le vert gazon, avaient voulu se rapprocher de la nature, ce qui ouvre d'ordinaire à l'amour et à la passion l'entrée du cœur humain; or la société se composait d'ecclésiastiques et d'autres personnes respectables, qui ne pouvaient se livrer à l'amour des triumvirs romains[1] et qui l'écartèrent expressément. Mais, l'amour étant indispensable au poëte, il ne restait plus qu'à se tourner vers les désirs spirituels, et en quelque sorte platoniques, à s'engager dans l'allégorie, ce qui fit prendre à leur poésie un caractère tout à fait honnête et particulier, et les mit d'ailleurs sur la trace de leurs illustres devanciers, Dante et Pétrarque.

Quand j'arrivai à Rome, cette société comptait justement cent années d'existence, et, tout en changeant quelquefois de résidence et de sentiments, elle s'était toujours conservée, quant à sa forme extérieure, avec décence, sinon avec une grande considération : on ne laissait guère séjourner dans Rome les étrangers un peu marquants sans les engager à se faire recevoir, d'autant plus que le gardien de ces terres poétiques ne pouvait, avec ses modiques ressources, s'entretenir autrement.

Voici comment se passa la cérémonie. Je fus présenté dans les avant-salles d'un décent édifice à un dignitaire ecclésiastique, et on me le fit connaître comme celui qui devait m'introduire et me servir de caution ou de parrain. Nous entrâmes dans une grande salle, déjà assez animée, et nous nous plaçâmes au premier rang des sièges, droit en face de la chaire, élevée au milieu. Les auditeurs arrivaient, toujours plus nombreux. A ma droite, restée vide, vint se placer un beau vieillard, qu'à son habit et au respect qu'on lui témoigna, je dus prendre pour un cardinal. Le custode prononça du haut de sa chaire un dis-

---

[1]. Catulle, Tibulle et Properce?

cours d'introduction générale; il appela plusieurs personnes, qui lurent, les unes des vers, les autres de la prose. Après que cela eut duré assez longtemps, le custode commença un discours, que je passe sous silence, parce qu'il disait en général les mêmes choses que le diplôme qui me fut remis et dont je donnerai ici le texte ; là-dessus je fus formellement déclaré membre de la société, et reçu et reconnu avec de grands battements de mains.

Mon parrain et moi nous nous étions levés et nous avions remercié avec force révérences. Il fit un discours bien pensé, pas trop long, très-adroit, qui fut de nouveau suivi d'applaudissements unanimes. Le silence s'étant rétabli, je pris ce moment pour remercier chacun à part et faire mes civilités. Voici le diplôme, que je reçus le lendemain. Je cite l'original : en toute autre langue, il perdrait son caractère particulier. Cependant je cherchai à rendre le custode aussi content que possible de son nouvel aide-berger.

C. U. C.

NIVILDO AMARINZIO, CUSTODE GENERALE D'ARCADIA.

Trovandosi per avventura a beare le sponde del Jebbro uno di quei Genj di prim' Ordine che oggi floriscono nella Germania, qual' è l'Inclito ed Erudito Signor DE GOETHE, Consigliere attuale di Stato di sua Altezza Serenissima il Duca di Sassonia Weimar, ed avendo celato fra noi' con filosofica moderazione la chiarezza della sua Nascita, de' suoi Ministerj et della virtù sua, non ha potuto ascondere la luce che hanno sparsa le sue dottissime produzioni tanto in Prosa che in Poesia, per cui si è reso celebre a tutto il Mondo Letterario. Quindi essendosi compiaciuto il sudetto rinomato Signor DE GOETHE d'intervenire in una delle pubbliche nostre Academie, appena Egli comparve, come un nuovo astro di Cielo straniero tra le nostre selve ed in una delle nostre Geniali Adunanze, che gli Arcadi in gran numero convocati eo' segni del più sincero giubilo ed applauso vollero distinguerlo come Autore di' tante celebrate opere, con annoverarlo a viva voce tra i più illustri membri della loro

Pastoral Società sotto il nome di Megalio, et vollero assegnare al Medesimo il possesso delle Campagne Melpomenie sacre alla Tragica Musa, dichiarandolo con ciò Pastore Arcade di Numero. Nel tempo stesso il Ceto Uuniversale commise al Custode Generale di registrare l'Atto publico et solenne di sì applaudita annoverazione tra i fasti d'Arcadia, e di presentare al Chiarissimo Novello Compastore Megalio Melpomenio il presente Diploma in segno dell'altissima stima, che fa la nostra Pastorale Letteraria Repubblica de' chiari e nobili ingegni a perpetua memoria. Dato dalla Capanna del Serbatajo dentro il Bosco Parnasio alla Neomenia di Posideone Olimpiade DCXLI. Anno II dalla Ristorazione d'Arcadia Olimpiade XXIV. Anno IV, Giorno lieto per General Chiamata.

      Nivildo Amarinzio Custode Generale.

Le sceau présente une couronne moitié laurier, moitié pin : dans le milieu une flûte de Pan; dessous : GLI ARCADI.	Corimbo Melicronio Florimonte Egireo	Sotto Custodi.

          Rome, 1 février 1788.

Que je serai content mardi soir, quand les fous seront réduits au silence ! C'est un horrible supplice de voir les autres extravaguer, quand on n'est pas soi-même atteint de la contagion.

J'ai poursuivi mes études autant que j'ai pu. *Claudine* aussi avance. Si tous les génies ne me refusent pas leur secours, j'enverrai à Herder dans huit jours le troisième acte, et je serai ainsi venu à bout du cinquième volume. Mais voici un nouvel embarras, où je ne puis attendre ni conseil ni secours de personne. Il faut refondre *le Tasse*; ce qui existe ne m'est d'aucun usage. Je ne puis ni finir de la sorte ni tout rejeter. Voilà donc les labeurs que Dieu nous impose !

Le sixième volume renfermera probablement *le Tasse*, *Lila*, *Jéry et Baetely*, mais tout refondu et retravaillé de telle sorte qu'on ne le reconnaîtra plus. J'ai revu aussi mes petites poésies, et songé au huitième volume, que je donnerai peut-être avant le septième. C'est une chose étrange de faire ainsi la *summa summarum* de sa vie. Qu'il reste donc peu de traces d'une existence !

On me fatigue ici avec les traductions de mon *Werther* ; on me les communique et l'on me demande laquelle est la meilleure, et si tout cela est vrai. C'est un fléau qui me poursuivrait jusqu'aux Indes.

Rome, 9 février 1788.

Les fous ont fait encore lundi et mardi un beau tapage, mardi soir surtout, où la fureur des *moccoli* était au comble. Mercredi on a remercié Dieu et l'Église pour le carême. Je ne suis allé à aucun *festin* (c'est ainsi qu'ils nomment les redoutes). Je travaille autant que ma tête y peut suffire. Le cinquième volume étant achevé, je vais passer au sixième aussitôt que j'aurai terminé quelques travaux sur les arts. J'ai lu ces jours-ci l'ouvrage de Léonard de Vinci sur la peinture, et je comprends maintenant pourquoi je n'ai jamais pu y comprendre un mot.

Oh ! que je trouve heureux les spectateurs ! Ils se croient habiles, ils sont contents d'eux ; il en est de même des amateurs, des connaisseurs. Tu ne saurais croire combien ce peuple est insoucieux, tandis que le bon artiste demeure toujours découragé. J'entendais l'autre jour, avec un dégoût que je ne puis exprimer, un monsieur qui ne travaille pas lui-même formuler ses jugements. Un pareil discours me met sur-le-champ mal à mon aise comme la fumée du tabac.

Angélique s'est donné le plaisir d'acheter deux tableaux, l'un du Titien, l'autre de Paris Bourdon, tous les deux fort cher. Comme elle est riche et ne dépense pas ses revenus, qu'elle les augmente chaque année par son travail, elle fait bien de se procurer ces jouissances, faites pour stimuler son zèle d'artiste. Dès qu'elle a eu ces tableaux chez elle, elle a commencé à peindre dans une nouvelle manière, pour essayer comment on pourrait s'approprier certaines qualités de ces maîtres. Elle est infatigable, non-seulement à travailler, mais aussi à étudier. C'est un grand plaisir que de voir avec elle les œuvres d'art.

Kayser aussi travaille en digne artiste. La musique d'*Egmont* avance beaucoup. Tout ce que j'ai entendu me semble bien convenir au but final. Il mettra aussi en musique « Cupidon, méchant, capricieux enfant. »

Je te l'enverrai d'abord, afin que vous le chantiez souvent en souvenir de moi. C'est ma chanson favorite.

J'ai la tête embrouillée d'écrire, d'agir et de penser. Je ne deviens pas plus sage : j'exige trop de moi, et je m'impose un trop lourd fardeau.

Rome, 16 février 1788.

J'ai reçu, il y a quelque temps, par le courrier de Prusse une lettre de notre duc, la plus amicale, la meilleure, la plus agréable du monde. Comme il pouvait écrire sans réserve, il m'a développé toute la situation politique, la sienne et bien d'autres choses. Il s'est exprimé sur mon compte de la manière la plus affectueuse.

Rome, 22 février 1788.

Il est arrivé cette semaine un événement qui a jeté dans l'affliction tout le monde artiste. Un Français, nommé Drouais, jeune homme de vingt-six ans, fils unique d'une tendre mère, riche et bien élevé, celui de tous les élèves qui donnait les plus belles espérances, est mort de la petite vérole. Le deuil est général. J'ai vu dans son atelier désert un Philoctète de grandeur naturelle, qui, pour calmer sa douleur, évente sa blessure avec l'aile d'un oiseau de proie qu'il a tué. Le tableau est bien conçu, l'exécution digne d'éloges, mais il n'est pas achevé.

Je suis appliqué et satisfait, et j'attends l'avenir. Je vois tous les jours plus clairement que je suis né pour la poésie, et que je devrais cultiver ce talent dans les dix années d'activité qui me restent tout au plus, et produire encore quelque chose de bon, puisque, sans beaucoup d'études, le feu de la jeunesse m'a fait réussir quelquefois.

En prolongeant mon séjour à Rome, j'y aurai gagné de renoncer à l'exercice des arts plastiques.

Angélique m'a fait le compliment qu'elle connaît peu de gens à Rome qui « voient » mieux dans les arts que moi. Je sais très-bien où je ne vois pas et ce que je ne vois pas, et je sens bien que je fais toujours des progrès et ce qu'il y aurait à faire pour voir toujours plus loin. Enfin, j'ai atteint mon but dans une chose que je désirais passionnément : c'était de ne plus tâtonner en aveugle.

Je t'enverrai au premier jour une poésie, l'*Amour peintre de paysage*[1], et je lui souhaite un bon succès. J'ai cherché à mettre dans un certain ordre mes petites poésies. Elles me font un effet singulier. Les pièces consacrées à Hans Sachs et à la mort de Mieding terminent le huitième volume et mes écrits pour cette fois. Si l'on me porte à mon repos auprès de la Pyramide[2], ces deux poëmes pourront me servir d'oraison funèbre.

Demain nous avons la chapelle papale et le début de ces fameuses musiques anciennes, qui s'élèvent dans la semaine sainte au plus haut degré d'intérêt. Je m'y rendrai chaque dimanche matin pour apprendre à connaître ce style. Kayser, qui fait de ces choses une étude spéciale, m'en donnera l'intelligence. A chaque courrier, nous attendons de Zurich, où Kayser l'a laissé, un exemplaire de la musique du jeudi saint. Il la jouera d'abord sur le clavecin, et puis nous l'entendrons à la chapelle.

Souvenirs du mois de février.

Si l'on est une fois né artiste, et que la contemplation esthétique trouve à se satisfaire sur de nombreux objets, elle me servit aussi fort bien dans le tourbillon des folies et des absurdités du carnaval. C'était la seconde fois que je le voyais, et je dus bientôt reconnaître que cette fête populaire avait, comme tout autre événement périodique, son cours déterminé. J'en fus réconcilié avec ce tumulte, et je le regardai comme un autre phénomène naturel et un événement national considérable ; je m'y intéressai dans ce sens ; j'observai exactement la marche des folies, et comme tout cela se passait dans une certaine forme et avec une certaine convenance. Là-dessus, je notai de suite les incidents particuliers, et je me servis plus tard de ce travail préparatoire pour rédiger la notice, plus étendue, que je donnerai plus bas. Je priai en même temps notre voisin

---

1. Tome I, page 253.
2. La Pyramide de Cestius, près de laquelle est le cimetière protestant.

Georges Schutz de dessiner et de colorier à la hâte les différents masques, ce qu'il exécuta avec son obligeance accoutumée. Plus tard, ces dessins furent gravés in-quarto par Georges Melchior Kraus de Francfort, directeur de l'institut libre de dessin à Weimar, et enluminés d'après les originaux pour la première édition, qui parut chez Unger et qui devient rare.

Pour arriver à ces résultats, il fallut se pousser plus qu'on ne l'aurait fait sans cela dans la foule des masques, qui, en dépit de toute vue esthétique, produisait souvent une impression désagréable et choquante. L'esprit, accoutumé aux objets nobles dont on s'occupait à Rome toute l'année, paraissait toujours sentir qu'il n'était pas à sa place. Mais une délicieuse surprise était réservée à mes sentiments les plus doux. Sur la place de Venise, où de nombreuses voitures, avant de se joindre aux files en mouvement, ont coutume de s'observer au passage, je vis la voiture de Mme Angélique, et je m'approchai de la portière pour la saluer. A peine se fut-elle penchée vers moi amicalement, qu'elle se retira en arrière pour me laisser voir la belle Milanaise, assise à côté d'elle. Elle était guérie, et je ne la trouvai point changée. Une saine jeunesse ne devait-elle pas en effet se voir promptement rétablie ? Même elle parut me regarder d'un œil plus vif et plus brillant, avec une joie qui me pénétra jusqu'au fond du cœur. Nous restâmes ainsi un moment sans rien dire ; enfin Mme Angélique prit la parole et me dit, tandis que la jeune fille se penchait en avant : « Il faut que je fasse l'office d'interprète, car je vois que ma jeune amie ne peut parvenir à exprimer ce qu'elle a si longtemps désiré, ce qu'elle s'est proposé et qu'elle m'a souvent répété, combien elle vous est obligée pour l'intérêt que vous avez pris à sa maladie, à son sort. Sa première consolation en revenant à la vie, ce qui a exercé sur elle l'influence la plus salutaire, c'est la sympathie de ses amis, et particulièrement la vôtre ; c'est de se retrouver, en sortant d'une profonde solitude, parmi tant de personnes excellentes et dans la plus aimable société. — Tout cela est vrai, » dit la jeune fille, en me tendant par devant son amie une main, que je pus presser dans la mienne, mais non toucher de mes lèvres.

Je m'éloignai avec une satisfaction secrète, et je me rejetai dans la presse des fous, avec le plus tendre sentiment de reconnaissance envers Angélique, qui s'était intéressée à la bonne jeune fille aussitôt après son malheur, l'avait consolée, et, ce qui est à Rome une chose rare, avait reçu dans sa noble société une demoiselle jusqu'alors étrangère. J'en fus d'autant plus touché, que j'osai me flatter d'y avoir été pour quelque chose par l'intérêt que m'inspirait cette aimable enfant.

Le sénateur de Rome, prince Rezzonico, était déjà venu me rendre visite à son retour d'Allemagne. Il s'était lié d'une intime amitié avec M. et Mme de Diède, et je ne pus éviter de paraître dans ce cercle. Madame, qui était renommée pour son talent sur le clavecin, était disposée à se faire entendre dans un concert chez le sénateur, en son palais du Capitole, et l'on avait invité avec courtoisie notre ami Kayser à y prendre part. La vue incomparable qu'on a au coucher du soleil, des appartements du sénateur, sur le Colisée avec tout ce qui s'y appuie des autres côtés, offrait à nos regards d'artistes le plus magnifique spectacle, mais nous n'osions pas nous y abandonner, de peur de manquer envers la société de respect et de politesse. Mme de Diède se fit entendre, et développa de grands avantages, puis on offrit la place à notre ami, qui recueillit beaucoup de louanges. Il exécuta ensuite sur un thème charmant des variations étonnantes.

Tout avait été pour le mieux : mais le sénateur, qui m'avait dit dans une conversation particulière mille choses aimables, m'avoua que les variations étaient peu de son goût; les adagio de sa dame avaient au contraire pour lui un charme toujours nouveau. Pour moi, je préfère la musique stimulante, et je trouve que nos propres sentiments, nos réflexions sur les pertes et les revers que nous avons éprouvés ne menacent que trop souvent de nous abattre et de nous surmonter, mais je ne pus blâmer notre sénateur; je lui accordai même poliment qu'il devait prêter volontiers l'oreille à des accents si doux, témoignage certain qu'il hébergeait dans la plus magnifique résidence du monde une si chère et si estimable amie.

Pour nous autres auditeurs, et surtout pour les Allemands, ce fut un moment délicieux que celui où nous pûmes entendre une dame excellente, honorée et dès longtemps connue, qui tirait du clavecin des sons enchanteurs, contempler en même temps, des fenêtres, un paysage unique au monde, et, au coucher du soleil, en tournant un peu la tête, promener nos regards sur le grand tableau qui s'étendait à gauche de l'Arc de Septime Sévère, le long du Campo Vaccino jusqu'au Temple de Minerve et de la Paix, pour laisser voir en arrière le Colisée, à la suite duquel les yeux, se portant vers la droite, glissaient sur l'Arc de Titus, et se perdaient, s'arrêtaient, dans le labyrinthe des ruines du Palatin et de leurs solitudes, parées de jardins cultivés et d'une végétation sauvage.

Le carnaval de Rome.

Au moment d'entreprendre une description du carnaval de Rome, nous devons craindre d'encourir un reproche. On nous dira qu'une telle fête ne peut se décrire; une si grande masse vivante d'objets sensibles devrait se mouvoir sous nos yeux pour être observée et saisie par chacun à sa manière.

Cette objection prend plus de force encore, si nous devons avouer nous-mêmes que l'étranger qui voit ce carnaval pour la première fois, qui veut et qui doit se borner à voir, n'en reçoit pas une impression complète et agréable, qui charme ses yeux et qui satisfasse son sentiment. La longue et étroite rue dans laquelle tournoie une foule innombrable ne peut se voir d'un coup d'œil dans toute son étendue; à peine distingue-t-on quelque chose dans le théâtre du tumulte que l'œil peut saisir. Le mouvement est uniforme, le vacarme étourdissant, la fin du jour ne satisfait pas. Mais ces difficultés seront bientôt levées si nous nous expliquons mieux, et il s'agira surtout de savoir si la description même nous justifie.

Le carnaval de Rome n'est pas proprement une fête qu'on donne au peuple, mais que le peuple se donne à lui-même.

L'État fait peu de préparatifs, peu de dépense; le cercle des plaisirs se meut de lui-même, et la police le dirige d'une main légère.

Ce n'est pas une fête qui, à la manière de celles que célèbre en grand nombre l'Église à Rome, éblouisse les yeux des spectateurs ; ici, point de feu d'artifice qui offre du château Saint-Ange un spectacle unique et surprenant ; point d'illumination de Saint-Pierre et de sa coupole, qui attire tant d'étrangers de tous pays et qui les satisfait ; point de procession brillante, à l'approche de laquelle le peuple doive prier et s'étonner : ici l'on se borne à donner un signal qui annonce que chacun peut se montrer aussi fou, aussi extravagant qu'il voudra, et qu'à l'exception des coups et du poignard, presque tout est permis.

La différence entre les grands et les petits semble un moment suspendue ; tout le monde s'approche ; chacun prend légèrement ce qui lui arrive ; la liberté et l'indépendance mutuelles sont tenues en équilibre par une bonne humeur universelle.

Pendant ces jours, le Romain s'applaudit de ce qu'en notre âge moderne la naissance de Christ a bien pu reculer les saturnales de quelques semaines, mais non les abolir.

Nous tâcherons de présenter à l'imagination de nos lecteurs les plaisirs et l'ivresse de ces jours. Nous nous flattons aussi d'être utiles aux personnes qui ont assisté elles-mêmes une fois au carnaval de Rome, et qui peuvent trouver quelque charme dans un vif souvenir de ces moments ; aux personnes aussi qui sont destinées à faire ce voyage et auxquelles cette courte notice peut offrir la vue générale et la jouissance d'un plaisir tumultueux, qui passe à grand bruit.

Le carnaval de Rome se concentre dans le Corso. Cette rue limite et détermine les réjouissances publiques. A une autre place ce serait une autre fête, et nous devons avant tout décrire le Corso.

Comme plusieurs longues rues des villes italiennes, il tire ce nom des courses de chevaux qui terminent, à Rome, chaque journée du carnaval, et, en d'autres villes, d'autres solennités, comme la fête patronale ou l'inauguration d'une église. La rue s'étend de la place du Peuple en droite ligne jusqu'au palais de Venise ; elle a environ trois mille cinq cents pas de long, et elle est bordée de hauts édifices, la plupart magnifiques. Sa largeur n'est pas proportionnée à sa longueur et à la hauteur des maisons. Des trottoirs dallés, destinés aux piétons, enlèvent de part et d'autre six à huit pieds. Il ne reste presque partout dans le milieu que douze ou quatorze pas pour les voitures; on voit que trois voitures au plus peuvent circuler dans cet espace les unes à côté des autres. L'obélisque de la place du Peuple est, dans le carnaval, la limite inférieure de cette rue, et le palais de Venise, la limite supérieure.

Le Corso de Rome est déjà animé tous les dimanches et les jours de fête. Les nobles et les riches Romains s'y promènent une heure ou une heure et demie avant la nuit dans leurs équipages, qui forment une file nombreuse; les voitures descendent du palais de Venise par la gauche et, si le temps est beau, passant devant l'obélisque, sortent de la ville et parcourent la voie Flaminienne, quelquefois jusqu'au Ponte-Molle. Ceux qui reviennent, tôt ou tard, prennent la droite, et les deux files de voitures passent l'une auprès de l'autre dans le meilleur ordre. Les ambassadeurs ont le droit de monter et de descendre entre les deux files. Le prétendant, qui séjournait à Rome sous le nom de duc d'Albanie, avait obtenu la même distinction.

Aussitôt qu'on a sonné vêpres, cet ordre est interrompu; chacun se dirige où il lui plaît et cherche le plus court, non sans gêner souvent beaucoup d'autres équipages, qui en sont arrêtés et retenus dans l'étroit espace.

Cette promenade du soir, qui est brillante dans toutes les grandes villes d'Italie, et qui est imitée dans les petites, ne fût-ce qu'avec quelques voitures, attire dans le Corso beaucoup de piétons; chacun vient pour voir ou pour être vu.

Le carnaval, comme nous pourrons l'observer bientôt, n'est proprement que la continuation ou plutôt le point culminant de ces plaisirs, ordinaires les dimanches et les jours de fête. Ce n'est point une chose nouvelle, étrange, unique: il se lie tout naturellement à la vie romaine.

Nous trouverons tout aussi peu étrange de voir bientôt une foule de masques en plein air, accoutumés que nous sommes à voir ainsi, toute l'année, bien des scènes de la vie, sous le ciel pur et serein. A chaque fête, les tapisseries étalées, le sol jonché de fleurs, les voiles tendus, transforment, pour ainsi dire, les rues en grandes salles et en galeries. Un mort n'est jamais porté à la sépulture sans être accompagné par une confrérie déguisée. Les nombreux habillements de moines accoutument l'œil aux formes étranges et singulières ; le carnaval semble durer toute l'année, et les abbés en habit noir semblent représenter parmi les autres masques ecclésiastiques les nobles *tabarri*.

Dès le nouvel an, les théâtres sont ouverts et le carnaval a commencé. On voit çà et là dans les loges une belle travestie en officier, et montrant avec complaisance au peuple ses épaulettes. Les voitures des promeneurs sont plus nombreuses au Corso ; cependant l'attente générale est dirigée sur les derniers huit jours.

Divers préparatifs annoncent au public ces heures fortunées. Le Corso, qui est du petit nombre des rues de Rome qu'on tient propres toute l'année, est balayé et nettoyé plus soigneusement ; on est occupé à déterrer, dans les endroits où il semble un peu inégal, le beau pavé, formé de petits morceaux de basalte taillés en cubes assez pareils, et on les remet en place.

Outre cela on voit paraître de vivants avant-coureurs. Chaque soir de carnaval se termine, comme nous l'avons dit, par une course de chevaux. Ceux qu'on entretient dans ce but sont petits la plupart, et l'origine étrangère des meilleurs les a fait nommer *barberi*. Le cheval est couvert d'un caparaçon de toile blanche, qui colle exactement à la tête, au cou et au corps, et qui est garni aux coutures de rubans bariolés. On l'amène devant l'obélisque, à la place d'où il doit plus tard prendre sa course. On l'accoutume à tourner la tête vers le Corso, à rester quelque temps immobile ; ensuite on le promène doucement le long de la rue, et on lui donne devant le palais de Venise un peu d'avoine pour l'exciter à parcourir plus promptement sa carrière.

Comme on répète cet exercice avec la plupart des chevaux, qui sont souvent au nombre de quinze ou seize, et que cette promenade est toujours accompagnée d'un certain nombre d'enfants qui poussent des cris de joie, cela donne déjà un avant-goût du vacarme plus grand qui suivra bientôt.

Autrefois les premières familles de Rome nourrissaient de ces chevaux dans leurs écuries. On tenait à honneur qu'un de ces élèves remportât le prix. Il s'ouvrait des paris, et la victoire était célébrée par un banquet. Dans les derniers temps, ce goût a beaucoup passé; le désir d'obtenir de la gloire par ses chevaux est descendu dans la classe moyenne, et même dans la dernière classe du peuple.

C'est peut-être de ces derniers temps que date la coutume que la troupe des cavaliers, accompagnés de trompettes, promène pendant ces jours les prix dans Rome entière, entre dans les cours des grands seigneurs, et, après avoir sonné un air de trompette, reçoit un pourboire.

Le prix consiste en un morceau de drap d'or ou d'argent long de deux aunes et demie et large à peine d'une aune, qui, fixé comme une bannière à une hampe bariolée, flotte dans l'air, et porte, brochée en travers, à son extrémité inférieure, l'image de quelques chevaux courants. Ce prix est nommé le *palio*, et, autant de jours que dure le carnaval, autant de ces manières d'étendards sont promenés dans les rues de Rome par le cortége.

Cependant le Corso commence à changer d'aspect; l'obélisque est désormais la limite de la rue. Un échafaudage à plusieurs rangs de siéges et de gradins est dressé devant, tourné en face du Corso. Devant les gradins sont dressées les barrières entre lesquelles on amènera les chevaux pour le départ. Des deux côtés sont élevés encore de grands échafaudages qui se rattachent aux premières maisons du Corso, et qui prolongent ainsi la rue dans la place. Des deux côtés des barrières sont de petites tribunes couvertes, pour les personnes qui doivent régler le départ des chevaux.

Le long du Corso on voit de même devant plusieurs maisons des échafaudages dressés. Les places de Saint-Charles et de la colonne Antonine sont séparées de la rue par des barrières, et tout marque suffisamment que la fête doit se renfermer et sera renfermée tout entière dans la longue et étroite rue du Corso.

Enfin le milieu de la rue est semé de pouzzolane, afin que les chevaux coureurs ne glissent pas aussi facilement sur le pavé poli.

L'attente se trouve donc ainsi entretenue et occupée chaque

jour, jusqu'à ce qu'enfin une cloche du Capitole donne, aussitôt après midi, le signal annonçant qu'il est permis d'être fou à la face du ciel.

A ce moment, le grave Romain, qui se garde soigneusement de tout faux pas durant l'année entière, dépose tout à coup ses scrupules et sa gravité.

Les paveurs, qui ont battu la pierre jusqu'au dernier moment, se chargent de leur outil, et finissent leur travail en folâtrant. Tous les balcons, toutes les fenêtres, sont peu à peu décorés de tapisseries; sur le haut du pavé, des deux côtés de la rue, on place des siéges; les petites gens, les enfants, sont dans la rue, qui cesse d'être une rue; elle ressemble plutôt à une grande salle de fête, à une immense galerie décorée. Car, de même que toutes les fenêtres sont parées de tentures, les échafaudages sont couverts de vieux tapis, les siéges nombreux donnent toujours plus l'idée d'une salle, et le ciel favorable fait rarement souvenir qu'on est sans toit. Peu à peu la rue semble donc toujours plus habitable. En sortant de chez soi on ne croit pas se trouver en plein air et parmi des étrangers, mais dans une salle parmi des connaissances.

Tandis que le Corso s'anime de plus en plus, et que, parmi les nombreux promeneurs qui portent leurs habits ordinaires, se montre çà et là un polichinelle, la garde s'est rassemblée devant la porte du Peuple; conduite par le général à cheval, elle remonte le Corso en bon ordre, équipée de neuf, musique en tête. Elle occupe aussitôt tous les abords, établit une couple de corps de garde dans les places principales, et se charge de maintenir l'ordre pendant toute la fête.

Les loueurs de chaises et d'échafaudages ont soin de crier aux passants : *Luoghi! luoghi! padroni, luoghi!*

Les masques deviennent plus nombreux. De jeunes hommes, portant la parure de fête des femmes de la classe inférieure, se montrent d'abord en grand nombre, le sein découvert, avec l'air de coquettes hardies. Ils caressent les hommes qu'ils rencontrent, se montrent sans gêne et familiers avec les femmes, comme avec leurs pareilles, et se permettent tout ce que le caprice, l'esprit ou la grossièreté leur inspire.

Je me souviens entre autres d'un jeune homme qui jouait à

merveille le rôle d'une femme passionnée, querelleuse, que rien ne pouvait apaiser, et qui se prenait ainsi de querelle tout le long du Corso, adressait à chacun quelque apostrophe, tandis que sa compagnie semblait se donner toute la peine du monde pour la calmer.

Voici courant un polichinelle, qui se permet de représenter effrontément dans Rome la sainte ce que Rome païenne avait de plus impudique, et son espièglerie provoque plus de gaieté que de mécontentement. En voici un autre de même sorte, qui, plus modeste et plus satisfait, mène avec lui sa belle moitié.

Les femmes n'ayant pas moins de plaisir à se produire en hommes que les hommes à se montrer en femmes, elles n'ont pas manqué de s'accommoder le costume si populaire de polichinelle, et il faut avouer que souvent elles sont ravissantes sous cette figure équivoque.

Marchant d'un pas rapide et déclamant comme devant le tribunal, un avocat se pousse à travers la foule ; il crie aux fenêtres, il attaque les promeneurs, masqués ou non, menace chacun d'un procès, fait tantôt à l'un une longue histoire de crimes ridicules qu'il doit avoir commis, tantôt à l'autre un détail exact de ses dettes. Il reproche aux dames leurs sigisbées, aux jeunes filles leurs amants ; il cite à l'appui un livre qu'il porte sur lui, produit des documents et, tout cela, d'une voix perçante et avec une grande volubilité. Il cherche à embarrasser chacun, et à vous rendre confus. On croit qu'il a fini, et il recommence de plus belle ; on croit qu'il s'en va, et il revient ; il va droit à celui-ci, et ne lui adresse pas la parole ; il en attaque un autre qui est déjà passé ; mais c'est quand il rencontre un confrère que la folie arrive à son paroxysme.

Cependant ces masques ne peuvent attirer longtemps sur eux l'attention du public ; l'impression la plus folle est d'abord effacée par la multitude et la diversité.

Les *quacqueri* font moins de bruit que les avocats, mais ils n'attirent pas moins l'attention. Ce masque semble être devenu si commun par la facilité qu'on a de trouver chez le fripier des habits français à la vieille mode. Ce qu'on demande surtout pour ce déguisement, ce sont des habits français à l'antique, mais bien conservés et d'une étoffe de prix. Il est rare qu'on les voie autrement qu'en velours ou en soie; ils portent des vestes de brocart ou brodées. Le quacquero doit être obèse, joufflu, avec de petits yeux; sa perruque est pourvue de bizarres petites queues; son chapeau est petit et le plus souvent bordé.

On voit que cette figure se rapproche beaucoup du *Buffo caricato* de l'opéra-comique, et, comme il représente d'ordinaire un sot, un niais, amoureux et trompé, les quacqueri figurent d'absurdes petits-maîtres. Ils sautillent çà et là, avec une grande légèreté, sur la pointe du pied, et portent de grands anneaux noirs, sans verre, en guise de lorgnon, avec lesquels ils regardent dans toutes les voitures, à toutes les fenêtres. Ils font d'habitude une roide et profonde révérence, et, lorsqu'ils se rencontrent les uns les autres, ils manifestent leur joie en sautant plusieurs fois droit en l'air à pieds joints, et poussent un cri perçant, inarticulé, qui sonne à peu près comme brrr.

On voit bientôt que, dans une rue étroite, avec tant de masques qui se ressemblent (quelques centaines de polichinelles et près de cent quacqueri ne cessent pas de courir en tout sens dans le Corso), un bien petit nombre peuvent avoir le projet de faire sensation et d'être remarqués. Aussi ces masques doivent-ils se hâter de paraître dans le Corso. En sortant de chez soi, chacun se propose plutôt de se divertir, de donner l'essor à sa folie et de mettre à profit, le mieux possible, la liberté de ces jours. Ce sont surtout les jeunes filles et les femmes qui cherchent et savent trouver dans ce temps le plaisir à leur manière. Toute leur affaire est de sortir de chez elles sous un déguisement quelconque, et, comme bien peu sont en position d'y consacrer beaucoup d'argent, elles sont assez ingénieuses à trouver de mille manières le moyen de se déguiser plus que de se parer.

Les costumes de mendiants et de mendiantes sont très-faciles à composer. On demande surtout de beaux cheveux, un masque tout blanc, un petit pot de terre suspendu à un ruban de couleur, un bâton et le chapeau à la main. Ils passent avec une humble contenance sous les fenêtres et devant chaque promeneur, et reçoivent pour aumônes des bonbons, des noix ou toute autre bagatelle.

D'autres femmes se mettent encore plus à leur aise : elles s'enveloppent d'une pelisse ou paraissent en négligé galant, sans autre déguisement que le masque. Elles vont le plus souvent sans hommes, et portent pour arme offensive et défensive un petit balai fait de la fleur d'un roseau, avec lequel elles écartent les importuns, ou qu'elles promènent assez malignement sur le visage des gens, connus ou inconnus, qu'elles rencontrent sans masque.

Si un homme dont elles veulent se jouer tombe entre quatre ou cinq de ces espiègles, il ne sait comment s'en délivrer. La presse l'empêche de fuir ; partout où il se trouve, il sent le petit balai sous son nez. Se défendre sérieusement contre ces agaceries et autres pareilles serait très-dangereux, parce que les masques sont inviolables et que la garde a l'ordre de les secourir.

Les habits ordinaires de tous les états servent aussi de masques. Les palefreniers, avec leurs grandes brosses, viennent brosser le dos de qui il leur plaît ; les voiturins offrent leurs services avec leur importunité accoutumée. On trouve plus gracieux les costumes de villageoises, de femmes de Frascati, de pêcheurs, de Grecs, de matelots, de sbires napolitains.

Parfois on imite un masque de théâtre. Quelques-uns se contentent de s'envelopper d'un tapis ou d'un linceul, qu'ils attachent par-dessus leur tête. La blanche figure se présente sur votre chemin, saute devant vous et croit représenter un spectre. Quelques-uns se distinguent par des combinaisons singulières, mais le tabarro est toujours considéré comme le masque le plus noble, parce qu'il n'a rien qui le distingue.

Les masques spirituels et satiriques sont très-rares, parce qu'ils ont par eux-mêmes un but et veulent être remarqués. Cependant j'ai vu un polichinelle portant sur le front deux cornes mobiles, qu'il pouvait allonger ou retirer comme le colimaçon. S'il passait sous les fenêtres de nouveaux mariés, et laissait seulement apercevoir un bout de corne, ou si, devant la demeure d'un autre couple, il allongeait ses deux cornes et faisait sonner vivement les sonnettes attachées au bout, il attirait pour quelques moments la joyeuse attention du public et quelquefois provoquait de grands éclats de rire.

Un magicien se mêle parmi la foule, montre au peuple un livre couvert de chiffres et lui rappelle ainsi sa passion pour le loto.

Celui-ci se plante dans la presse avec deux visages; on ne sait quel est le devant, quel est le derrière, s'il vient ou s'il va.

L'étranger aussi doit se résoudre pendant ces jours à être moqué. Les longs habits des hommes du Nord, les grandes perruques, les bizarres chapeaux ronds, étonnent les Romains, et l'étranger devient pour eux un masque.

Comme les peintres étrangers, surtout ceux qui étudient le paysage et les édifices, s'assoient partout en public à Rome et dessinent, on les représente assidus au travail au milieu de la foule du carnaval; on les voit très-occupés, avec de grands portefeuilles, de longs surtouts et des portecrayons de taille colossale.

A Rome, on voit souvent ivres les mitrons allemands, et on les montre aussi dans leur costume ordinaire, parfois un peu embelli, ivres et tenant une bouteille à la main.

Nous n'avons conservé le souvenir que d'un seul masque frondeur. On devait ériger un obélisque devant l'église de la Trinité-des-Monts; le public n'en était pas fort content, soit parce que la place est resserrée, soit parce que, l'obélisque étant petit, il fallait, pour le porter à une certaine élévation, le placer sur un très-haut piédestal : cela suggéra l'idée à quelqu'un de porter, comme bonnet, un grand piédestal blanc, sur lequel était assujetti un tout petit obélisque rougeâtre; sur le piédestal étaient fixées de grandes lettres, dont le sens n'était peut-être deviné que par le petit nombre.

Tandis que les masques deviennent plus nombreux, les voitures arrivent peu à peu dans le Corso, en suivant l'ordre que nous avons dit : seulement, les voitures, qui viennent du palais de Venise par la gauche, tournent au bout de la rue du Corso et remontent aussitôt par la droite.

Nous avons déjà fait observer que la rue, si l'on retranche les trottoirs, n'a presque partout que la largeur de trois voitures. Tous les trottoirs sont couverts d'échafaudages, de chaises, et beaucoup de spectateurs ont déjà pris leurs places. Une file de voitures descend tout auprès des siéges et des échafaudages et remonte par l'autre côté. Les piétons sont enfermés dans un espace de huit pieds de large tout au plus entre les deux files. Chacun se fraye un passage comme il peut, et, de toutes les fenêtres et de tous les balcons, une foule pressée regarde la presse.

Dans les premiers jours on ne voit guère que les équipages ordinaires, car chacun réserve pour les jours suivants ce qu'il veut produire d'élégant et de magnifique. Vers la fin du carna-

une monstrueuse caricature; et, tout comme nos belles dames pouvaient entendre leur éloge, il doit souffrir qu'on vienne lui crier sous le nez : *O fratello mio, che brutta putana sei!*

D'ordinaire, le cocher rend le service à une ou deux de ses amies de les prendre sur le siége, quand il les rencontre dans la presse. Assises à son côté, et, le plus souvent, habillées en hommes, elles brandillent sur la tête des passants leurs jolies petites jambes de polichinelle aux pieds mignons et leurs chaussures à hauts talons. Les laquais en font autant, et ils prennent leurs amis et leurs amies derrière la voiture. Il n'y manque plus que de les voir se jucher sur l'impériale, comme dans les messageries anglaises. Les maîtres eux-mêmes semblent voir avec plaisir leur voiture bien remplie. Dans ces jours, tout est permis, tout passe.

Qu'on jette maintenant un regard sur l'étroite et longue rue, où, de tous les balcons et de toutes les fenêtres, par-dessus les tapisseries bariolées, pendantes à longs plis, des spectateurs pressés regardent en bas les échafaudages remplis de spectateurs et les longues files de siéges occupés aux deux côtés de la rue : deux files de voitures se meuvent lentement dans l'intervalle, et la place que pourrait prendre à la rigueur une troisième voiture, est toute remplie de gens qu'on voit non pas aller et venir, mais se pousser dans un sens et dans l'autre. Comme les voitures, aussi longtemps que la chose est possible, gardent toujours entre elles quelque distance, pour ne pas se jeter les unes sur les autres à chaque halte, beaucoup de piétons, pour respirer un peu plus à l'aise, quittent la presse du milieu et se hasardent entre les roues de la voiture qui précède, le timon et les chevaux de celle qui suit; et plus le péril et la gêne des piétons augmentent, plus s'accroissent leur caprice et leur audace.

Comme la plupart des piétons qui circulent entre les deux files de voitures évitent soigneusement les roues et les essieux, pour ménager leurs membres et leurs habits, ils laissent d'ordinaire entre eux et les équipages plus de place qu'il n'est nécessaire: celui qui ne peut se résoudre plus longtemps à cheminer avec la masse lente, et qui a le courage de se glisser entre les roues et les piétons, entre le péril et ceux qui le craignent, peut parcourir un grand espace en peu de temps, jusqu'à ce qu'il se voie arrêté par un nouvel obstacle.

Notre récit semble déjà passer les bornes du croyable, et nous oserions à peine le poursuivre, si tant de personnes qui ont assisté au carnaval de Rome ne pouvaient témoigner que nous nous en sommes tenu à l'exacte vérité, et si ce n'était pas une fête qui se répète tous les ans, et que plus d'un lecteur pourra observer à l'avenir, mon livre à la main. Que diront-ils en effet, si nous leur déclarons que tout le récit qui précède n'est en quelque sorte que le premier degré de la cohue, du tumulte, du vacarme et de la licence?

Tandis que les voitures avancent doucement, et font halte s'il survient un obstacle, les piétons sont tourmentés de diverses manières. La garde du pape passe et repasse à cheval à travers la presse, pour veiller au maintien de l'ordre et à la circulation des voitures, et, au moment où vous évitez la tête d'un cheval de carrosse, vous sentez à votre dos la tête d'un cheval de selle. Mais voici un plus grave inconvénient. Le gouverneur, dans un grand carrosse de parade, avec une nombreuse suite de voitures, passe entre les deux files des autres équipages. La garde du pape et les coureurs avertissent et écartent la foule, et ce cortége prend pour un moment tout l'espace laissé aux piétons. Ils se serrent comme ils peuvent entre les autres voitures, et, d'une manière ou d'une autre, ils se tirent de côté. Et comme, au passage d'un navire, l'eau ne se divise qu'un moment et se précipite pour se rejoindre derrière le gouvernail, la masse des masques et des autres piétons reforme aussitôt son courant derrière le cortége. Mais bientôt un nouveau mouvement trouble la multitude pressée : le sénateur s'avance dans un pareil équipage; sa grande voiture de parade et les voitures de sa suite nagent comme sur les têtes de la foule écrasée, et, si tous les nationaux et les étrangers sont captivés et charmés par l'amabilité du sénateur actuel, le prince Rezzonico, c'est ici peut-être la seule occasion où une masse de gens se trouvent heureux quand il s'éloigne.

Ces deux cortéges des chefs de la magistrature et de la police romaine s'étaient contentés de parcourir le Corso le premier jour, pour ouvrir le carnaval d'une manière solennelle, mais le duc d'Albanie parcourait chaque jour le même chemin, à la grande gêne de toute la foule, et, dans ce temps de mascarade universelle, il rappelait à l'antique souveraine des rois la farce carnavalesque de ses royales prétentions.

Les ambassadeurs, qui ont le même droit, s'en servent modérément et avec une discrétion tout humaine.

Mais ces cortéges ne sont pas seuls à interrompre et à gêner la circulation du Corso : au palais Ruspoli et dans le voisinage, où la rue n'est pas plus large, les trottoirs sont plus élevés. C'est là que le beau monde prend place, et tous les siéges sont bientôt occupés ou retenus. Les plus belles dames de la classe moyenne, déguisées avec un goût ravissant, entourées de leurs amis, se montrent là aux regards avides des passants. Quiconque survient s'arrête pour contempler cette charmante assemblée ; chacun est curieux de démêler parmi toutes les figures d'hommes qui semblent siéger là les figures de femmes, et de découvrir peut-être dans un joli officier l'objet de son ardeur. C'est à cette place que le mouvement commence à s'arrêter, parce que les voitures s'attardent aussi longtemps que possible dans ce lieu, et, s'il faut faire halte, on préfère que ce soit dans cette agréable société.

Si jusqu'à présent notre description n'a donné l'idée que d'une situation gênée et presque douloureuse, elle produira une impression bien plus singulière, quand nous aurons raconté comment cette joyeuse cohue est mise en mouvement par une sorte de petite guerre, le plus souvent badine, mais qui n'est parfois que trop sérieuse.

Il est probable qu'un jour une belle s'avisa de jeter des dragées à son amant, qui passait, pour s'en faire remarquer parmi la foule et sous le masque, car il est tout naturel que celui qui est atteint se retourne et découvre la malicieuse amie : c'est maintenant un usage général, et l'on voit souvent après une de ces attaques deux visages se sourire. Mais on est trop économe pour prodiguer de véritables sucreries, ou bien l'abus qu'on en fait a rendu nécessaires des provisions plus grandes et moins chères. C'est maintenant une industrie particulière de porter dans de grandes corbeilles et d'offrir en vente parmi la foule des pastilles de plâtre, fabriquées à l'entonnoir, qui ont l'apparence de dragées.

Personne n'est à l'abri d'une attaque; chacun se trouve dans l'état de défense : de là naissent, par malice ou par nécessité, tantôt ici, tantôt là, un duel, une escarmouche ou une bataille. Piétons, cochers, spectateurs aux fenêtres, sur les échafaudages ou les siéges, s'attaquent et se défendent à l'envi les uns les autres.

Les dames ont de petites corbeilles dorées et argentées pleines de ces munitions, et les cavaliers doivent défendre leurs belles vaillamment. Les personnes en voiture attendent l'attaque les glaces baissées. On joue avec ses amis, et l'on se défend opiniâtrément contre les inconnus.

Mais ce combat n'est nulle part plus sérieux et plus général que dans le voisinage du palais Ruspoli. Tous les masques qui s'y sont placés sont pourvus de petites corbeilles, de sachets, de mouchoirs noués. Ils attaquent plus souvent qu'ils ne sont attaqués; aucune voiture ne passe impunément et sans être du moins en butte aux provocations de quelques masques. Nul piéton n'est à l'abri de leurs attaques; et surtout, si un abbé en habit noir vient à paraître, on l'assaille de toutes parts, et, comme le gypse et la craie blanchissent la place où ils touchent, l'abbé se voit bientôt tout moucheté de blanc et de gris. Mais souvent l'affaire devient sérieuse et générale, et l'on voit avec étonnement comme la jalousie et la haine personnelle se donnent libre carrière.

Une figure masquée s'approche furtivement et jette si rudement une poignée de confetti à une des premières beautés que son masque retentit et que ses belles épaules sont blessées. Ses chevaliers de part et d'autre sont violemment irrités; ils puisent dans leurs sacs et leurs corbeilles et font pleuvoir sur l'assaillant une grêle de projectiles; mais il est trop bien déguisé, trop fortement cuirassé, pour sentir leurs assauts répétés. Plus il est garanti, plus il continue violemment son attaque; les défenseurs couvrent la dame de leurs tabarri, et comme, dans la chaleur du combat, l'assaillant touche aussi les voisins, que d'ailleurs sa grossièreté et sa violence choquent tout le monde, les alentours prennent part au combat, n'épargnent pas les boulettes de plâtre, et tiennent le plus souvent en réserve pour ces occasions des munitions un peu plus grosses, à peu près comme les pralines. A la fin l'agresseur en est tellement couvert et si vivement assailli de tous côtés, qu'il ne lui reste plus que la retraite, surtout s'il a épuisé toutes ses munitions.

D'ordinaire celui qui se lance dans une pareille aventure est accompagné d'un second qui lui passe des munitions, tandis que les vendeurs de confetti promènent leurs corbeilles pendant la bataille et se hâtent de peser pour chacun autant de livres qu'il en demande.

Nous avons vu nous-mêmes de près une de ces luttes, où les combattants, manquant de munitions, finirent par se jeter à la tête leurs corbeilles dorées, sans écouter les avertissements des gardes qui recevaient eux-mêmes leur bonne part des coups.

Certainement ces affaires se termineraient quelquefois par des coups de couteau, si les cordes pendantes aux coins des rues, instruments de supplice bien connus, à l'usage de la police italienne, ne rappelaient à chacun, au milieu des divertissements, qu'il est très-dangereux en ces moments de se servir d'armes funestes.

Ces luttes sont innombrables, et la plupart sont plus gaies que sérieuses. Voici, par exemple, une calèche pleine de polichinelles devant le palais Ruspoli. Ils se proposent, en passant devant les spectateurs, de les attaquer tous les uns après les autres. Par malheur la presse est trop grande et la voiture est arrêtée au milieu. Tous les spectateurs s'entendent soudain et de partout les confetti tombent sur la voiture comme la grêle. Les polichinelles épuisent leurs munitions et restent assez longtemps exposés aux feux croisés de toutes parts, si bien que la voiture, couverte enfin comme de neige et de grêlons, s'éloigne lentement au milieu des insultes et des éclats de rires universels.

Tandis que ces jeux vifs et violents occupent au milieu du Corso une grande partie du beau monde, une autre partie du public trouve à l'extrémité supérieure une autre espèce de divertissement. Non loin de l'Académie française, le capitaine du théâtre italien, en costume espagnol, avec le chapeau à plumes, l'épée et les gants, s'avance à l'improviste du milieu des masques qui regardent de dessus les gradins, et il commence à conter avec emphase ses grands exploits sur terre et sur mer. Bientôt un polichinelle vient lui faire tête; il élève des doutes et des objections et, en paraissant lui accorder tout, il tourne en ridicule, par des jeux de mots et des platitudes jetés à la traverse, ce héros fanfaron. Les passants s'arrêtent et prêtent l'oreille à leurs vives répliques.

Une nouvelle scène augmente souvent la presse. Une douzaine de polichinelles se réunissent, élisent un roi, le couronnent, lui mettent un sceptre à la main, l'accompagnent au son de la musique, et le mènent à grands cris au haut du Corso sur un petit char décoré. Tous les polichinelles accourent en sautant, à mesure que le cortége s'avance, ils augmentent l'escorte et se font place en poussant des cris et agitant leurs chapeaux. C'est alors qu'on peut remarquer comme chacun cherche à varier ce masque général. L'un porte une perruque, l'autre une coiffe de femme sur son noir visage; un troisième s'affuble, en guise de bonnet, d'une cage, dans laquelle une couple d'oiseaux, habillés l'un en abbé, l'autre en belle dame, sautillent sur les bâtons.

La presse effroyable dont nous avons tâché d'offrir l'image à nos lecteurs force naturellement une foule de masques à passer du Corso dans les rues voisines. Les couples d'amants y sont plus à eux-mêmes et plus tranquilles; de joyeux compagnons y trouvent de la place pour représenter toute sorte d'extravagances.

Une société d'hommes en habits du dimanche de la classe populaire, en pourpoint court et veste bordée d'or, les cheveux retenus dans un long filet pendant par derrière, se promènent avec des jeunes gens déguisés en femmes; une des femmes paraît être dans un état de grossesse avancée; nos gens passent et repassent tranquillement; tout à coup deux hommes se querellent; une vive dispute s'engage; les femmes s'en mêlent; l'affaire devient toujours plus mauvaise, enfin les adversaires tirent de grands couteaux de carton argenté et s'attaquent les uns les autres. Les femmes les séparent en poussant des cris affreux; on entraîne l'un ici, l'autre là. Les assistants prennent part à l'affaire, comme si elle était sérieuse; on cherche à calmer les deux partis.

Cependant la femme grosse se trouve mal de frayeur; on apporte un siège; les autres femmes l'assistent; elle fait des gestes lamentables; et tout à coup, à la grande joie des assistants, elle met au monde quelque monstre. La farce est jouée et la troupe passe plus loin, pour donner la même pièce ou quelque autre pareille dans une autre place.

C'est ainsi que le Romain, qui a toujours les histoires de meurtre présentes à la pensée, joue volontiers en toute occasion avec les idées d'assassinat. Les enfants ont même un jeu qu'ils nomment « l'église, » et dans lequel ils représentent proprement un meurtrier qui s'est réfugié sur les marches d'une église; les autres jouent les sbires et cherchent par tous les moyens à le prendre, sans se permettre toutefois de mettre le pied dans l'asile.

Voilà les scènes joyeuses qui se passent dans les rues latérales, particulièrement dans la rue Babouina et sur la place d'Espagne.

Les quacqueri y viennent aussi par troupes pour se livrer plus librement à leurs galanteries. Ils ont une manœuvre qui fait rire tout le monde. Ils s'avancent par douze en droite ligne, sur la pointe du pied, à petits pas pressés; ils présentent un front bien droit; tout à coup, quand ils arrivent dans une place, ils forment, par la droite ou la gauche, une colonne, et piétinent à la file; le front se reforme par le flanc droit, et l'on entre dans une rue; puis, avant qu'on s'en doute, les voilà qui répètent la manœuvre par la gauche. La colonne, comme enfilée à une broche, se glisse dans une maison, et les fous ont disparu.

Le soir approche et la foule se presse toujours plus dans le Corso. Le mouvement des voitures est gêné depuis longtemps, et il peut arriver que, deux heures avant la nuit, aucun équipage ne puisse plus bouger de la place. La garde du pape et les gardes à pied sont occupés à écarter autant que possible toutes les voitures du milieu de la rue et à les ranger sur une ligne droite. Cela occasionne, à cause de la foule, bien du désordre et du malaise; on recule, on pousse, on déplace, et, quand l'un recule, tous ceux qui le suivent doivent aussi reculer, jusqu'à ce qu'enfin un équipage se trouve tellement à la gêne, qu'il doit faire avancer ses chevaux dans le milieu. Alors la garde à cheval et la garde à pied l'injurient et le menacent. Vainement le malheureux cocher fait-il voir l'impossibilité manifeste; les insultes et les menaces continuent, et il faut qu'il rentre dans la ligne, ou, s'il est près d'une ruelle latérale, il est forcé, sans qu'il y ait de sa faute, à sortir de la file. D'ordinaire les rues latérales sont aussi garnies de voitures arrêtées, qui sont arrivées trop tard et qui n'ont pu pénétrer, parce que la circulation des voitures était déjà interrompue.

Le moment de la course des chevaux approche toujours davantage, et tous ces milliers de spectateurs attendent ce moment avec la plus vive impatience. Les loueurs de chaises, les entrepreneurs des échafaudages, redoublent leurs cris et leurs offres:

Luoghi! Luoghi avanti! Luoghi, nobili! Luoghi, padroni!

Leur affaire est que, du moins dans ces derniers moments, toutes les places soient occupées, fût-ce à vil prix. Et heureusement on peut encore trouver çà et là une place, car le général va descendre le Corso à cheval, avec une partie de la garde, entre les deux rangées de voitures, et il repousse les piétons du seul espace qui leur reste. Chacun cherche alors une chaise, une place sur les gradins, sur une voiture, entre les équipages ou chez des connaissances, à une de ces fenêtres qui toutes regorgent maintenant de spectateurs.

Cependant la place devant l'obélisque est toute nettoyée de peuple, et offre peut-être un des plus beaux spectacles qu'on puisse voir de nos jours. Les trois faces tapissées des échafaudages décrits plus haut enferment la place. Mille et mille têtes regardent les unes par-dessus les autres, et présentent l'aspect d'un cirque ou d'un amphithéâtre antique. Au-dessus de l'échafaudage central, l'obélisque s'élève de toute sa hauteur, car les gradins ne couvrent que le piédestal, et c'est alors qu'on remarque combien cette hauteur est immense, parce qu'il sert d'échelle de comparaison à une si grande masse d'hommes. L'œil se repose avec plaisir sur la place libre, et l'on observe avec une vive attente les barrières vides et la corde tendue devant. C'est alors que le général descend le Corso, en signe qu'il est évacué et, derrière lui, la garde ne souffre pas que personne dépasse la ligne des voitures. Le général prend place dans une des loges.

Des palefreniers en habits de fête amènent derrière la corde, dans les barrières, suivant l'ordre fixé par le sort, les chevaux sans bride et sans caparaçons. On leur attache çà et là avec des cordons des boules hérissées de pointes, et jusqu'au dernier moment, on couvre avec du cuir la place où les boules doivent les éperonner; on leur attache aussi de grandes feuilles de clinquant. Ils sont déjà la plupart farouches et impatients quand on les amène dans les barrières, et les piqueurs font tous leurs efforts, emploient toute leur adresse, pour les contenir. Le désir de commencer la course les rend indomptables; la vue de tant de monde les effarouche. Ils sautent souvent par-dessus la barrière voisine, souvent par-dessus la corde, et ce mouvement, ce désordre, rendent à chaque moment l'attente plus vive.

Les palefreniers sont sur leurs gardes et attentifs au plus haut point, parce qu'au moment du départ, l'adresse de celui qui lâche l'animal, tout comme les circonstances accidentelles, peut décider à l'avantage de l'un ou de l'autre cheval.

Enfin la corde tombe et les chevaux partent. Sur la place libre ils cherchent encore à se devancer les uns les autres, mais une fois qu'ils sont arrivés dans l'étroit espace entre les deux files de voitures, toute rivalité devient le plus souvent inutile. Une couple sont d'ordinaire en avant, qui courent de toutes leurs forces. Malgré la pouzzolane répandue, le pavé étincelle, les crinières volent, le clinquant résonne; à peine les a-t-on vus qu'ils sont passés. Le reste de la troupe se presse, se pousse et se gêne; quelquefois un retardataire arrive encore au galop; les morceaux de clinquant déchirés voltigent sur leur trace. Bientôt les chevaux échappent au regard qui les suit; le peuple se rapproche en foule et remplit de nouveau la carrière.

D'autres palefreniers attendent au palais de Venise l'arrivée des chevaux. On sait les prendre adroitement et les retenir dans un lieu fermé. Le prix est décerné au vainqueur.

C'est ainsi que se terminent ces réjouissances par une impression violente, soudaine, instantanée, que des milliers d'hommes attendaient depuis longtemps avec impatience, et bien peu sauraient s'expliquer pourquoi ils attendaient ce moment et pourquoi ils s'en faisaient une fête.

On voit aisément par notre description que cet amusement peut devenir dangereux pour les animaux et pour les hommes. Bornons-nous à citer quelques cas.

L'espace qui sépare les voitures étant fort étroit, il suffit qu'une roue de derrière fasse un peu saillie, et que, par hasard, derrière cette voiture, la place se trouve un peu plus large : un cheval qui accourt, serré avec les autres, cherche à profiter de l'espace agrandi, s'élance, et rencontre justement la roue saillante. Nous avons vu nous-même un cheval abattu par un semblable choc ; trois chevaux tombèrent ensuite par-dessus le premier, et les derniers sautèrent heureusement par-dessus les chevaux tombés, et poursuivirent leur course. Souvent un de ces chevaux tombe mort sur la place, et plus d'une fois, dans ces circonstances, les spectateurs ont joué leur vie.

Il peut arriver aussi de graves accidents quand les chevaux retournent en arrière. On a vu des hommes méchants ou jaloux donner de leur manteau dans les yeux d'un cheval qui avait une grande avance, et le contraindre à se retourner et à se jeter de côté. C'est pis encore quand on ne réussit pas à prendre les chevaux sur la place de Venise : ils retournent alors en arrière sans que rien les arrête, et, comme la carrière s'est de nouveau remplie de monde, ils causent bien des accidents qu'on ignore ou qu'on oublie.

D'ordinaire les chevaux courent à la nuit tombante. Aussitôt qu'ils sont arrivés au palais de Venise, on décharge de petits mortiers ; ce signal se répète au milieu du Corso, et puis enfin dans le voisinage de l'obélisque. A ce moment, la garde quitte ses postes ; on cesse de maintenir l'ordre dans la file des voitures, et c'est assurément, même pour le spectateur qui est tranquille à sa fenêtre, un moment de souffrance et d'angoisse. Il vaut la peine de faire là-dessus quelques observations.

Nous avons déjà vu plus haut que la tombée de la nuit, qui détermine tant de choses en Italie, interrompt aussi les promenades en voiture des dimanches et des jours de fête. Là, point de police, point de gardes ; c'est une vieille coutume, une convention générale, qu'on monte et qu'on descend dans un ordre convenable ; mais, aussitôt qu'on sonne l'*Ave Maria*, personne ne renonce à son droit de s'en retourner au moment et de la manière qu'il veut. Or, la promenade du carnaval ayant lieu dans la même rue et selon les mêmes règles, quoique la foule et d'autres circonstances apportent ici une grande différence, chacun maintient son droit de sortir de l'ordre à la nuit tombante.

Si nous considérons l'énorme presse du Corso, et si nous voyons de nouveau inondée de promeneurs la carrière qui n'a été évacuée qu'un moment, la raison et l'équité semblent prescrire que chaque équipage se borne à tâcher d'atteindre, sans quitter son rang, la ruelle la plus proche qui lui convient, et de regagner ainsi le logis : cependant, aussitôt que les détonations ont donné le signal, quelques voitures prennent le milieu, portent le trouble parmi les piétons qu'elles arrêtent, et, un équipage voulant remonter, un autre descendre dans l'étroit espace intermédiaire, ils ne peuvent bouger de place, et arrêtent souvent la marche des voitures qui sont restées sagement dans la file. Si un cheval qui revient de la course rencontre un pareil nœud, le danger, la souffrance et l'embarras augmentent de toutes parts.

Et pourtant tout cet embarras se démêle enfin, un peu tard, mais d'ordinaire heureusement. La nuit est arrivée, et tout le monde se félicite de pouvoir prendre un peu de repos.

Chacun ôte son masque dès ce moment, et une grande partie du public court au théâtre. On voit encore dans les loges des tabarri et des dames déguisées, mais sans masque; tout le parterre se montre de nouveau en habits bourgeois.

Les théâtres Aliberti et Argentina donnent des opéras sérieux mêlés de ballets; à la Valle et à la Capranica, on joue des comédies et des tragédies avec des opéras-comiques pour intermèdes; la Pace les imite, mais imparfaitement; enfin, en descendant jusqu'à Polichinelle et aux danseurs de corde, il se trouve encore plusieurs spectacles subordonnés. Le grand théâtre de Tordenone, qui fut un jour consumé par le feu, et qui, à peine rebâti, s'écroula tout à coup, n'amuse plus le peuple avec ses pièces à grand fracas et ses autres merveilleuses exhibitions.

Les Romains aiment passionnément le théâtre, et autrefois

cette passion était plus vive encore dans le temps du carnaval, parce qu'elle ne pouvait se satisfaire qu'à cette époque. Actuellement, un théâtre au moins reste ouvert en été et en automne, et le public a de quoi se contenter un peu la plus grande partie de l'année.

Ce serait trop nous écarter de notre but que de nous engager ici dans une description détaillée des théâtres et des particularités que ceux de Rome peuvent offrir. Nos lecteurs se souviennent que ce sujet nous a occupé plus d'une fois.

Nous aurons également peu de chose à dire des *Festini*, grands bals masqués, qui sont donnés quelquefois dans le théâtre Aliberti, magnifiquement éclairé. Là aussi le tabarro est regardé par les hommes et les dames comme le déguisement le plus convenable, et la salle est remplie de figures noires; un petit nombre de masques à caractères y mêlent leur bigarrure. La curiosité n'en est que plus vive, quand on voit paraître quelques nobles figures, qui choisissent, mais plus rarement, leur costume dans les diverses époques de l'art, et imitent en maîtres différentes statues qui se trouvent à Rome, comme, par exemple, des divinités égyptiennes, des prêtresses, Bacchus et Ariane, la Muse de la tragédie, la Muse de l'histoire, une ville, des vestales, un consul, plus ou moins bien reproduits et selon le costume.

Dans ces fêtes, les danses s'exécutent d'ordinaire en longues files à la mode anglaise, avec cette différence que, dans leurs tours, qui reviennent rarement, la plupart des danseurs expriment par leurs gestes quelque scène caractéristique, par exemple, deux amants qui se brouillent et se réconcilient, se séparent et se retrouvent.

Les Romains sont accoutumés par leurs ballets-pantomimes à une gesticulation très-marquée; ils aiment aussi dans leurs danses de société une expression qui nous semblerait exagérée et affectée. Nul ne se permet de danser avec aisance, comme s'il avait appris les règles de l'art; le menuet est surtout considéré comme un spectacle, et quelques couples seulement en donnent, pour ainsi dire, une représentation. Alors on fait cercle autour du couple dansant, on l'admire et, à la fin, on l'applaudit.

Tandis que le beau monde s'amuse ainsi jusqu'au matin, dès le point du jour des gens sont occupés à balayer le Corso et à le mettre en ordre. On veille surtout à ce que la pouzzolane soit répandue également et proprement dans le milieu de la rue. Bientôt les palefreniers amènent devant l'obélisque le cheval coureur qui s'est le plus mal montré la veille. On le fait monter par un petit garçon, et un autre cavalier le chasse devant lui à coups de fouet, en sorte que l'animal fait les plus grands efforts pour parcourir sa carrière au plus vite.

Vers deux heures après midi, au signal donné par le son de la cloche, recommence, chaque jour, le cercle des plaisirs de la veille. Les promeneurs arrivent, la garde monte, les balcons, les fenêtres, les échafaudages, sont garnis de tentures, les masques sont toujours plus nombreux et se livrent à leurs folies, les voitures montent, descendent, et la rue est plus ou moins remplie, selon que le temps ou d'autres circonstances sont plus ou moins favorables. Vers la fin du carnaval, augmentent naturellement les spectateurs, les masques, les voitures, les toilettes et le vacarme. Mais rien n'est comparable à la presse, aux extravagances du dernier jour et du dernier soir.

Le dernier jour, les files de voitures sont arrêtées le plus souvent deux heures avant la nuit; aucun équipage ne peut plus bouger de la place, aucun, déboucher dans les rues latérales; les échafaudages et les siéges sont occupés plus tôt, quoique les places soient plus chères; chacun tâche de se caser le plus promptement possible, et l'on attend le départ des chevaux avec plus d'impatience que jamais. Enfin ce moment passe à grand bruit; les signaux annoncent que la fête est finie, mais ni voitures, ni masques, ni spectateurs, ne peuvent quitter la place. Tout est tranquille, tout est silencieux, tandis que l'obscurité augmente doucement.

A peine fait-il sombre dans les rues étroites et profondes, qu'on voit çà et là paraître des lumières aux fenêtres; elles se meuvent sur les échafaudages, et en peu de temps la circulation du feu s'étend de telle sorte que toute la rue est illuminée de cierges brûlants. Les balcons sont ornés de lanternes de papier transparent; chacun tient son cierge hors de la fenêtre; tous les gradins sont éclairés, et l'intérieur des voitures présente un aspect charmant, l'impériale étant munie de petits candélabres de cristal qui éclairent la société, tandis que, dans une autre voiture, les dames, portant à la main des cierges de diverses couleurs, semblent vous inviter à contempler leurs charmes.

Les laquais fixent des bougies au bord de l'impériale des carrosses; des voitures ouvertes se montrent avec des lanternes de papier bigarré; quelques promeneurs portent sur la tête de hautes pyramides de bougies; d'autres ont fixé leurs cierges sur des roseaux liés ensemble et qui atteignent la hauteur de deux ou trois étages.

C'est un devoir pour chacun de porter à la main un petit cierge allumé, et l'imprécation favorite des Romains *sia ammazzato!* retentit de toutes parts. *Sia ammazzato chi non porta muccolo!* « mort à celui qui ne porte pas une chandelle! » se crie-t-on les uns aux autres, en cherchant à souffler les lumières. L'action d'allumer et d'éteindre, et l'exclamation *sia ammazzato!* répandent bientôt la vie et le mouvement et un plaisir mutuel dans cette foule immense. Qu'on ait devant soi des personnes connues ou inconnues, on cherche uniquement à souffler la lumière la plus proche ou à rallumer la sienne, en saisissant cette occasion pour éteindre celle qui allume la nôtre. Plus ce cri furieux *sia ammazzato!* résonne de tous côtés, plus il perd de son affreuse signification, et plus on oublie qu'on est à Rome, où, pour une bagatelle, cette imprécation peut être accomplie en un moment sur tel ou tel.

Cette signification finit par se perdre entièrement, et de même qu'en d'autres langues on emploie souvent des imprécations et des mots indécents pour exprimer l'admiration et la joie, *sia ammazzato* devient ce soir-là le mot de ralliement, le cri de joie, le refrain de toutes les plaisanteries, les moqueries et les compliments. Nous entendons crier avec raillerie : *Sia ammazzato il signor abbate che fa l'amore!* ou apostropher un ami qui passe, *sia ammazzato il signor Filippo!* Il s'y joint parfois une flatterie, un compliment : *Sia ammazzata la bella principessa! Sia ammazzata la signora Angelica, la prima pittrice del secolo!*

Toutes ces exclamations sont débitées d'un ton véhément et rapide, en appuyant sur la pénultième ou sur l'antépénultième syllabe. Au milieu de ces cris incessants on continue de souffler et d'allumer les bougies. Rencontrez-vous quelqu'un dans la maison, sur l'escalier, une société est-elle réunie dans une chambre, d'une fenêtre à une fenêtre voisine, partout on cherche à prendre l'avantage sur les autres et à souffler leur lumière. Toutes les conditions, tous les âges, sont en guerre ; on monte sur les marchepieds des voitures; aucun lustre n'est en sûreté; à peine les lanternes le sont-elles ; le petit garçon éteint la bougie de son père, et ne cesse pas de crier : *Sia ammazzato il signor padre !* C'est en vain que le père le réprimande de cette malhonnêteté : l'enfant maintient la liberté de cette soirée, et ses malédictions n'en sont que plus vives. La cohue se dissipe bientôt aux deux bouts du Corso, mais c'est pour se jeter au milieu avec une nouvelle furie; la presse qui s'y forme passe toute idée ; l'imagination la plus vive ne peut même se la représenter.

On ne peut plus bouger de la place où l'on est assis ou debout; la chaleur de tant de personnes, de tant de lumières, la fumée de tant de bougies qu'on souffle sans cesse, les cris de tous ces gens, qui mugissent d'autant plus fort qu'ils peuvent moins remuer un membre, tout finit par donner le vertige aux plus robustes. Il semble impossible qu'il n'arrive pas bien des accidents, que les chevaux des voitures ne s'effarouchent pas, que mainte personne ne soit pas écrasée, foulée ou blessée de quelque façon.

Cependant, comme chacun finit par désirer plus ou moins de s'échapper, on se glisse dans une ruelle, à laquelle on peut parvenir, on va respirer et se remettre dans la place voisine, et la masse finit par se dissiper, par se fondre des extrémités au centre, et cette fête de liberté et d'affranchissement universel, ces modernes saturnales, finissent au milieu de l'étourdissement commun. Le peuple court à une table bien servie, pour se régaler jusqu'à minuit de viandes qui seront bientôt défendues ; le monde élégant court au spectacle, pour prendre congé des pièces de théâtre, qu'on a beaucoup abrégées, et minuit, qui s'approche, met aussi un terme à ces plaisirs.

Une fête extravagante est donc passée comme un songe, comme un conte, et il en reste moins peut-être dans l'esprit des assistants, qu'à nos lecteurs, devant qui nous avons développé ce tableau dans son ensemble. Si, pendant le cours de ces folies, le grossier Polichinelle nous rappelle incongrument les plaisirs de l'amour, auxquels nous devons l'existence; si une vieille sorcière profane sur la place publique les mystères de l'enfantement; si tant de cierges allumés, la nuit, nous rappellent la solennité suprême : au milieu des extravagances, nous sommes rendus attentifs aux scènes les plus importantes de notre existence. La rue étroite, longue, remplie par une foule pressée, nous rappelle encore plus le chemin de la vie, où chaque acteur et chaque spectateur, à visage découvert ou sous le masque, d'un balcon ou d'un échafaudage, n'aperçoit devant lui et à ses côtés que peu d'espace; qu'il soit en voiture ou à pied, n'avance que pas à pas, est poussé plutôt qu'il ne marche, est arrêté plutôt que volontairement tranquille, s'efforce avec d'autant plus d'ardeur de parvenir à une situation plus riante et meilleure, s'y trouve de nouveau à la gêne, et finit par en être débusqué.

S'il nous est permis de continuer sur un ton plus sérieux que l'objet ne semble le permettre, nous ferons observer que les plus vifs et les plus grands plaisirs ne nous apparaissent qu'un moment, comme ces chevaux qui passent d'un vol rapide, nous émeuvent et laissent à peine une trace dans notre souvenir; qu'on ne peut jouir de la liberté et de l'égalité que dans l'ivresse de la folie, et que le plus grand plaisir n'a tous ses charmes pour nous que lorsqu'il touche au péril, et qu'il fait éprouver dans son voisinage une douce et voluptueuse angoisse.

Et voilà comme, sans y penser, nous aurons aussi terminé notre carnaval par une réflexion de mercredi des cendres, qui, nous l'espérons, n'attristera aucun de nos lecteurs. Et, puisque, en somme, la vie est comme le carnaval romain, qu'on ne peut l'embrasser du regard ni en jouir, qu'elle est même pleine de périls, nous souhaitons plutôt que cette insouciante société masquée rappelle à chacun l'importance de toute jouissance momentanée, qui souvent paraît de petite valeur.

Rome, 1 mars 1788.

Nous allâmes dimanche à la chapelle Sixtine, où le pape assistait à la messe avec les cardinaux. Ceux-ci n'étant pas habillés de rouge, mais de violet, à cause du carême, c'était un spectacle nouveau. Quelques jours auparavant, j'avais vu les tableaux d'Albert Durer, et j'étais charmé de voir cette scène vivante. L'ensemble était d'une grandeur unique et pourtant simple, et je ne m'étonne pas que les étrangers qui arrivent dans la semaine sainte, où tout se rencontre, en soient comme extasiés. Je connais très-bien la chapelle, j'y ai déjeuné l'été dernier, et j'ai fait la méridienne dans le fauteuil du pape ; je connais les tableaux presque par cœur, et pourtant, quand tout ce qui appartient à la fondation est réuni, c'est bien autre chose et l'on a peine à se reconnaître.

On chantait un ancien motet de l'Espagnol Moralès, et nous eûmes l'avant-goût de ce qui va suivre. Kayser est aussi d'avis que c'est là seulement qu'on peut et qu'on devrait entendre cette musique, soit parce que nulle part ailleurs on ne pourrait exercer des chanteurs à ce chant sans orgue et sans instruments, soit parce qu'il s'accorde uniquement avec l'antique inventaire de la chapelle du pape, avec l'ensemble des œuvres de Michel-Ange, le jugement dernier, les prophètes et l'histoire biblique. Kayser rendra un jour un compte exact de tout cela. C'est un grand admirateur de l'ancienne musique, et il étudie très-assidûment tout ce qui s'y rapporte. Nous possédons, par exemple, une remarquable collection de psaumes en vers italiens, mis en musique, au commencement de ce siècle, par un noble de Venise, Benedetto Marcello. Il a pris, dans un grand nombre, comme motif l'intonation des juifs espagnols ou allemands; dans d'autres, il a pris pour base d'anciennes mélodies grecques, et les a traitées avec beaucoup d'intelligence, de science musicale et de ménagement. Ce sont des solos, des duos, des chœurs, d'une incroyable originalité, mais il faut d'abord s'y accoutumer. Kayser les estime beaucoup, et il en copiera quelques-uns. Peut-être découvrirons-nous une fois tout l'ouvrage, qui a paru à Venise en 1724, et qui renferme les cinquante premiers psaumes.

J'ai eu le courage de m'occuper à la fois de mes trois derniers volumes, et je sais désormais exactement ce que je veux faire. Que le ciel m'accorde maintenant la force et le bonheur de l'accomplir! La semaine a été bien remplie, et me semble avoir duré un mois. D'abord j'ai tracé le plan de *Faust*, et j'espère que cette opération m'a réussi. On comprend bien que c'est autre chose d'achever la pièce à présent ou de l'avoir achevée il y a quinze ans; je pense qu'elle n'y perdra rien, d'autant que je crois maintenant avoir retrouvé le fil. Je suis tranquille aussi pour ce qui concerne le ton de l'ensemble. J'ai déjà écrit une nouvelle scène, et, si j'enfumais le papier, je ne crois pas que personne pût la démêler parmi les anciennes. Le long repos et la retraite m'ayant ramené au niveau de mon existence propre, c'est une chose remarquable de voir combien je me ressemble à moi-même, et combien peu mon état intérieur a souffert par les années et les événements. Le vieux manuscrit me donne quelquefois à penser, quand je l'ai sous les yeux. C'est toujours le manuscrit primitif, écrit même sans brouillon dans les scènes principales; il est si jauni par le temps, si disloqué (les cahiers n'avaient jamais été cousus), si mûr, si usé aux marges, qu'on dirait le fragment d'un vieux *Codex*, et, tout comme je me reportais autrefois par la pensée et l'imagination dans un monde plus ancien, je dois me reporter maintenant dans un passé que j'ai vécu moi-même.

Le plan du *Tasse* est aussi arrêté, et j'ai mis au net la plupart des poésies diverses qui formeront le dernier volume.

Je suis allé un matin à la galerie Borghèse, que je n'avais pas visitée depuis un an, et j'ai reconnu avec joie que je la voyais avec des yeux beaucoup plus intelligents. Le prince possède des **trésors inestimables.**

Rome, 7 mars 1788.

La semaine qui vient de s'écouler a été bonne, riche et tranquille. Nous ne sommes pas allés dimanche à la chapelle du pape, mais j'ai vu avec Angélique un superbe tableau qu'on attribue au Corrége. J'ai vu la collection de l'Académie de Saint-Luc, où se trouve le crâne de Raphaël. Cette relique ne me paraît pas douteuse. C'est une structure osseuse admirable, dans laquelle une belle âme pouvait se promener commodément. Le duc en désire un plâtre, et je pourrai probablement le lui procurer. Le portrait de Raphaël, qu'on voit dans la même salle, est digne de lui.

J'ai aussi revu le Capitole, et j'ai vu quelques autres choses que j'avais laissées en arrière, entre autres la maison de Cavaceppi, que j'avais toujours négligé de voir. Parmi beaucoup de choses précieuses, j'ai surtout admiré les têtes moulées des deux statues colossales qu'on voit sur le Monte-Cavallo. Chez Cavaceppi, on peut les voir de près dans toute leur grandeur et leur beauté. Par malheur, le temps et l'injure de l'air ont fait perdre à la meilleure de ces têtes l'épaisseur d'une paille de la surface polie du visage, et, de près, elle semble comme gravée de la petite vérole.

On a célébré aujourd'hui dans l'église de Saint-Charles les funérailles du cardinal Visconti. Comme la chapelle du pape devait chanter à la grand' messe, nous y sommes allés afin de préparer nos oreilles pour demain. C'était un requiem chanté par deux soprani, la chose la plus singulière qu'on puisse entendre. Il n'y avait non plus ni orgue ni aucune autre musique.

J'ai senti vivement hier au soir dans le chœur de Saint-Pierre combien l'orgue est un déplorable instrument. Il accompagnait le chant à vêpres. Il ne se marie nullement avec la voix humaine, et il est si violent! Quel charme, au contraire, dans la chapelle Sixtine, où les voix ne sont pas accompagnées!

Depuis quelques jours, le temps est nébuleux et doux. L'amandier est en grande partie défleuri et il verdit maintenant; on ne voit plus que quelques fleurs au sommet. Le pêcher lui succède, et il pare les jardins de sa belle couleur. Le *Viburnum Tinus* fleurit sur toutes les ruines; les touffes d'hièble sont toutes développées dans les haies, avec d'autres plantes que je ne connais pas. Les murs et les toits verdissent; sur quelques-uns se montrent des fleurs. Du nouveau cabinet où je me suis retiré, parce que nous attendons de Naples Tischbein, j'ai une vue variée sur d'innombrables petits jardins, et sur les galeries de derrière de nombreuses maisons. Cela est charmant.

J'ai commencé à modeler un peu. Pour ce qui regarde l'intelligence de la chose, j'avance d'une manière correcte et sûre, mais ma pratique est encore un peu confuse. Il en va pour moi comme pour tous mes frères.

Rome, 14 mars 1788.

Il sera impossible de penser à rien et de rien faire ici la semaine prochaine ; il faut suivre le torrent des fêtes. Après Pâques, je verrai encore quelques objets laissés en arrière, je déviderai mon fil, je réglerai mes comptes, je ferai mes malles et je partirai avec Kayser. Si tout va selon mes désirs et mes projets, je serai vers la fin d'avril à Florence. En attendant, vous aurez encore de mes nouvelles.

Il est fort singulier qu'une cause étrangère m'ait obligé de prendre diverses mesures qui m'ont placé dans de nouvelles relations, par lesquelles mon séjour à Rome est devenu toujours plus beau, plus profitable et plus heureux. Je puis même dire que j'ai goûté dans ces huit dernières semaines les plus hautes jouissances de ma vie, et que du moins je connais désormais un point extrême, d'après lequel je pourrai mesurer à l'avenir le thermomètre de mon existence.

Cette semaine s'est bien passée, en dépit du mauvais temps. Dimanche, nous avons entendu dans la chapelle Sixtine un motet de Palestrina ; mardi, le bonheur voulut qu'on chantât dans un salon, en l'honneur d'une dame étrangère, divers morceaux de la musique de la semaine sainte. Nous l'entendîmes donc avec la plus grande commodité, et, comme nous l'avions déjà exécutée souvent sur le clavecin, nous pûmes nous en faire une première idée. C'est une œuvre d'une grandeur et d'une simplicité incroyables, dont la reproduction, sans cesse renouvelée, ne pouvait se maintenir nulle part que dans ce lieu et dans ces circonstances. Une observation plus attentive fait sans doute mettre de côté diverses traditions vulgaires, qui rendent cette œuvre étrange et inouïe ; néanmoins c'est toujours quelque chose d'extraordinaire et une idée toute nouvelle. Kayser pourra en rendre compte un jour. Il aura le privilége d'assister à une répétition dans la chapelle, où d'ordinaire personne n'est admis.

De plus, cette semaine, j'ai modelé un pied, après une étude préalable des os et des muscles, et j'ai reçu les éloges de mon maître. Celui qui aurait ainsi travaillé tout le corps serait bien plus habile, mais c'est à Rome que j'entends, avec tous les secours et les divers conseils des experts. J'ai un pied de squelette, une belle anatomie moulée sur nature, une demi-douzaine des plus beaux pieds antiques, quelques mauvais, ceux-là pour l'imitation, ceux-ci comme exemples à fuir, et je puis aussi consulter la nature : dans chaque villa où je me rends, je trouve l'occasion de voir ces organes; les tableaux me montrent ce que les peintres ont conçu et exécuté. Trois ou quatre artistes viennent journellement chez moi, et je profite de leurs observations et de leurs conseils, mais ceux de Henri Meyer me sont plus utiles que les autres. Avec un vent pareil et sur un pareil élément, un vaisseau qui ne bougerait pas de la place devrait être sans voiles ou son pilote insensé. Après m'être formé sur l'art des vues générales, il était bien nécessaire que je portasse mon attention et mes études sur chaque partie. Il est agréable d'avancer même dans une carrière infinie.

Je continue à me promener de tous côtés et à voir les choses que j'avais négligées. C'est ainsi, par exemple, que j'ai visité hier pour la première fois la villa de Raphaël, dans laquelle, auprès de sa bien-aimée, il préférait à l'art, à la gloire, la jouissance de la vie. C'est un monument sacré. Le prince Doria l'a acheté, et paraît vouloir le traiter comme il le mérite. Raphaël a reproduit vingt-huit fois sur les murs le portrait de sa maîtresse, en toutes sortes de vêtements et de costumes; on en trouve la ressemblance même dans les femmes de ses tableaux historiques. La situation de la maison est très-belle. Mais c'est un sujet sur lequel il est plus agréable de causer que d'écrire. Il faut remarquer tous les détails. De là je me suis rendu à la villa Albani, et j'en ai fait une revue générale. C'était une journée magnifique.

Cette nuit, il a beaucoup plu : maintenant le soleil recommence à briller, et, devant ma fenêtre, c'est un vrai paradis. L'amandier est tout vert; déjà les pêchers commencent à défleurir et les fleurs du citronnier s'épanouissent au sommet de l'arbre.

Mon départ d'ici afflige profondément trois personnes. Elles ne retrouveront jamais ce qu'elles ont eu en moi; je les quitte avec douleur. C'est à Rome que, pour la première fois, je me suis trouvé moi-même, j'ai été d'accord avec moi-même, heureux et sage, et c'est ainsi que m'ont connu et possédé, en différents sens et à divers degrés, ces trois personnes.

Rome, 22 mars 1788.

Aujourd'hui je ne vais pas à Saint-Pierre, et je veux remplir une petite feuille. La semaine sainte est passée à son tour avec ses merveilles et ses fatigues; demain nous recevrons encore une bénédiction, et puis nos pensées se tourneront vers une tout autre vie. Grâce à la faveur et aux démarches de bons amis, j'ai tout vu et entendu. Le lavement des pieds et la nourriture des pèlerins doivent surtout s'acheter par beaucoup de presse et de fatigue.

La musique de la chapelle est d'une beauté qui passe l'imagination, surtout le *Miserere* d'Allegri et les *improperi* ou reproches que le Dieu crucifié fait à son peuple. On les chante le matin du vendredi saint. Le moment où le pape, dépouillé de toute sa pompe, descend du trône pour adorer la croix, tandis que toute l'assistance reste à sa place, et demeure immobile, et où le chœur entonne : *Populus meus, quid tibi feci?* est une des plus belles de ces remarquables cérémonies. Mais ce sont des choses qu'il faut réserver à la conversation. Quant à la musique, tout ce qui peut se recueillir, Kayser le recueillera. J'ai joui selon mon désir de toutes ces cérémonies autant que la chose était possible, et j'ai fait à part moi mes réflexions sur le reste.

Ce qu'on a coutume de nommer effet n'a produit sur moi aucune impression; rien ne m'a imposé, mais j'ai admiré tout, car il faut convenir qu'ils ont mis en œuvre parfaitement les traditions chrétiennes. Dans l'office du pape, surtout à la chapelle Sixtine, tout ce qui est d'ordinaire déplaisant dans le culte catholique s'accomplit avec un goût remarquable et une parfaite dignité. Mais cela ne peut être que dans un lieu où depuis des siècles les arts sont au service de la religion.

Il serait impossible maintenant de tout raconter en détail. Si les circonstances ne m'avaient pas fait demeurer en repos, et si je n'avais pas cru rester plus longtemps, je pourrais partir la semaine prochaine. Mais cela tourne encore à mon avantage. J'ai de nouveau beaucoup étudié pendant ce temps, et l'époque sur laquelle je comptais s'est achevée et accomplie. Assurément c'est toujours une singulière sensation de quitter tout à coup une carrière dans laquelle on avançait à grands pas; cependant il faut s'y résigner et ne pas faire tant de façons. Il y a dans toute grande séparation un germe de folie : on doit se garder de le couver et de l'entretenir avec réflexion.

J'ai reçu de Naples de beaux dessins de Kniep. Ce sont d'aimables fruits de notre voyage en Sicile, et, pour vous, ce seront les plus agréables, car ce qu'on nous donne de plus certain, c'est ce qu'on peut mettre sous nos yeux. Quelques-uns de ces dessins sont admirablement réussis pour le ton de la couleur, et vous croirez à peine que ce monde soit si beau.

Tout ce que je puis dire, c'est que j'ai été toujours plus heureux à Rome, que mon bonheur augmente chaque jour, et, s'il pouvait sembler triste que je doive partir au moment où j'étais le plus digne de rester, c'est pourtant une grande consolation d'avoir pu rester assez longtemps pour arriver au point où j'en suis.

Voilà le seigneur Jésus qui vient de ressusciter au milieu d'un vacarme épouvantable. Le canon tonne au château, toutes les cloches sonnent, et, à tous les coins de rue, on entend des pétards et des serpenteaux. Onze heures du matin.

Souvenirs du mois de mars.

On se rappelle comment Philippe Néri s'était fait souvent un devoir de visiter les sept églises principales de Rome, pour donner une preuve manifeste de sa fervente dévotion. Il faut remarquer maintenant qu'on exige de tout pèlerin qui arrive pour le jubilé un pèlerinage à ces églises, et, véritablement, ces stations sont tellement éloignées les unes des autres, que cette marche, qui doit se faire en un jour, peut être envisagée comme un autre voyage, et un voyage fort pénible. Les sept églises sont Saint-Pierre, Sainte-Marie-Majeure, Saint-Laurent-hors-des-murs, Saint-Sébastien, Saint-Jean-de-Latran, Sainte-Croix-de-Jérusalem, Saint-Paul-hors-des-murs.

Cette promenade, de pieux habitants de Rome la font aussi pendant la semaine sainte, surtout le vendredi saint, et, comme aux grâces spirituelles dont les âmes s'assurent et jouissent par l'indulgence attachée à ce pèlerinage il s'ajoute un plaisir matériel, le but et l'objet en sont d'autant plus attrayants. En effet, quiconque, après avoir accompli le pèlerinage, arrive enfin avec des témoins suffisants à la porte de Saint-Paul, y reçoit un billet qui lui donne le droit de prendre part, un certain jour, à une pieuse fête populaire dans la villa Mattei. Là, on offre aux personnes admises une collation de pain, de vin, un peu de fromage ou des œufs ; les invités prennent place de côté et d'autre dans le jardin, principalement dans le petit amphithéâtre qui s'y trouve. Vis-à-vis, dans le casino de la villa, se rassemble un monde plus relevé, cardinaux, prélats, princes et seigneurs, pour jouir du coup d'œil et prendre aussi leur part de la distribution fondée par la famille Mattei.

Nous vîmes approcher une procession de jeunes garçons de dix à douze ans, non pas en vêtements ecclésiastiques, mais habillés comme pourraient l'être des apprentis un jour de fête, marchant deux à deux, en habit de même coupe et de même couleur. Ils pouvaient être quarante. Ils chantaient et récitaient dévotement leurs litanies, avec une démarche tranquille et modeste. Un homme âgé, robuste, et qui avait l'air d'un artisan, marchait à leur côté, paraissant régler et diriger tout. On était surpris de voir la file, bien vêtue, se terminer par une douzaine de petits déguenillés qui allaient nu-pieds, et avaient l'air de mendiants. On nous apprit que cet homme, cordonnier de profession et sans enfants, s'était d'abord senti disposé à recueillir et à prendre en apprentissage un enfant pauvre, à l'habiller, à en avoir soin, avec l'assistance de personnes charitables. En donnant cet exemple, il avait réussi à décider d'autres maîtres à recevoir de même des enfants, qu'il avait ensuite pris comme les autres sous sa tutelle. De la sorte s'était formée une petite troupe qu'il tenait sans cesse pieusement occupée, pour la préserver, les dimanches et les jours de fête, d'une funeste oisiveté, exigeant même qu'ils visitassent en un seul jour les églises principales, si éloignées les unes des autres. Cette pieuse institution s'était toujours accrue; le chef poursuivait ses méritoires pèlerinages, et, comme il se présentait toujours, pour profiter d'une institution si évidemment utile, plus d'enfants qu'on ne pouvait en recevoir, notre cordonnier, pour stimuler la bienfaisance du public, avait eu l'idée de joindre à sa troupe des enfants à vêtir, et, chaque fois, il réussissait à obtenir des aumônes suffisantes pour en habiller un ou deux. Pendant qu'on nous entretenait de ces choses, un des aînés, parmi les enfants habillés, s'approcha de nous, nous présenta une assiette, et nous demanda, en termes modestes et bien énoncés, une charité pour les enfants sans habits et sans chaussures. Il obtint une large contribution non-seulement de nous, étrangers émus, mais aussi des Romains et des Romaines, d'ailleurs parcimonieux, et qui ne manquèrent pas de donner à leur offrande modique une pieuse valeur, en débitant beaucoup de paroles de bénédiction en faveur d'une œuvre si utile.

On prétendait que ce pieux père de l'enfance veut que ses pupilles prennent part chaque fois à la distribution de ce jour, après qu'ils se sont d'abord édifiés par le pèlerinage, et cela ne peut manquer de produire pour son objet une assez bonne recette.

Rome, 10 avril 1788.

Mon corps est toujours à Rome, mon âme n'y est plus. Aussitôt que j'eus pris la ferme résolution de partir, plus rien ne m'intéressa, et je voudrais être parti depuis quinze jours. C'est proprement pour Kayser et pour Bury que je reste encore. Kayser termine quelques études qu'il ne peut faire qu'à Rome; il recueille encore quelques œuvres musicales; Bury veut achever l'esquisse d'un tableau de mon invention, pour lequel il a besoin de mes conseils. Cependant j'ai fixé mon départ au 21 ou 22 avril.

Rome, 11 avril 1788.

Les jours passent et je ne puis plus rien faire; à peine suis-je capable de voir encore quelque chose; mon digne Meyer continue de m'assister, et je profite pour la dernière fois de sa conversation instructive. Si je n'avais pas Kayser, j'aurais emmené Meyer. Si seulement nous l'avions eu une année plus tôt, nous serions allés assez loin. Je me suis rendu ce matin avec ce bon ami à l'Académie française, où sont rassemblés les plâtres des meilleures statues de l'antiquité.

Comment pourrais-je exprimer ce que je sentis en leur faisant mes adieux? Dans une pareille société on est élevé au-dessus de soi-même; on sent que le plus digne objet dont il faudrait s'occuper, c'est la figure humaine, qui se montre là dans toute sa diversité et sa noblesse. Mais, en présence d'un tel spectacle, qui ne sent pas d'abord son insuffisance? Fût-on même préparé, on reste comme anéanti. J'avais pourtant cherché à m'expliquer assez clairement les proportions, l'anatomie, la régularité des mouvements, mais je fus alors frappé de cette idée qu'en définitive la forme comprend tout, la convenance des membres, les rapports, le caractère et la beauté.

Rome, 14 avril 1788.

Mon trouble ne saurait guère être plus grand. Tandis que je continuais sans cesse à modeler ce pied, je suis venu à songer que je devrais sans délai entreprendre *le Tasse*, vers lequel se tournaient d'ailleurs mes pensées.... Compagnon bienvenu pour mon prochain voyage. Cependant je plie bagage. C'est dans ces moments qu'on voit tout ce qu'on a amassé et traîné après soi.

Souvenirs du mois d'avril.

Ma correspondance des dernières semaines offre peu de choses remarquables : ma situation était trop perplexe entre l'art et l'amitié, entre la possession et le désir, entre des habitudes prises et un avenir auquel il fallait me raccoutumer. Dans ces circonstances mes lettres pouvaient dire peu de chose. La joie de revoir mes anciens et fidèles amis était trop faiblement exprimée, la douleur de la séparation était au contraire à peine dissimulée. Je me bornerai donc à recueillir dans cette note ce que d'autres papiers et d'autres documents m'ont conservé sur cette époque et ce que me fournissent mes souvenirs.

Tischbein s'attardait encore à Naples, quoiqu'il nous eût annoncé plusieurs fois son retour pour le printemps. Il faisait bon vivre avec lui, mais il devenait à la longue incommode par sa mauvaise habitude de laisser comme en suspens tout ce qu'il avait à faire, par où, sans y mettre proprement de la mauvaise volonté, il vous causait du dommage et des ennuis. C'est aussi ce qui m'arriva. Dans la prévision de son retour, je dus, pour nous voir tous commodément logés, changer d'appartement, et l'étage supérieur de notre maison s'étant trouvé vacant, je n'hésitai pas à le louer et à m'y établir, afin qu'à son arrivée, Tischbein trouvât tout prêt à l'étage inférieur.

L'appartement d'en haut était pareil à l'autre, mais le derrière avait l'avantage d'une vue charmante sur le jardin de la maison et sur ceux du voisinage, qui s'étendaient de tous côtés, parce que notre maison formait le coin. On voyait donc des jardins, d'une extrême variété, séparés régulièrement par des murs, tenus et plantés avec une diversité infinie; pour décorer ce paradis de verdure et de fleurs, partout se produisait une noble et simple architecture, salles de jardins, balcons, terrasses, et même, sur les plus hautes maisonnettes de derrière, une loge ouverte, et, parmi ces constructions, tous les arbres, toutes les plantes du pays.

Dans le jardin de notre maison, un vieil ecclésiastique soignait un certain nombre de citronniers bien entretenus, de grandeur moyenne, dans des vases élégants de terre cuite; l'été, ils étaient tenus en plein air, mais, en hiver, on les rentrait dans la salle du jardin. Les fruits, lorsqu'on s'était assuré de leur parfaite maturité, étaient cueillis soigneusement, enveloppés chacun à part de papier blanc et expédiés. Ces citrons sont aimés dans le commerce, parce qu'ils ont des qualités particulières. Une pareille orangerie est considérée dans les familles bourgeoises comme un petit capital, dont on retire tous les ans un certain intérêt.

Ces mêmes fenêtres, d'où l'on observait, à la faveur du jour le plus clair, tant d'objets gracieux, donnaient aussi une excellente lumière pour contempler les ouvrages de peinture. Kniep venait de m'envoyer, selon notre convention, diverses aquarelles, exécutées d'après les esquisses qu'il avait soigneusement recueillies dans notre voyage de Sicile : placées dans le jour le plus favorable, elles faisaient maintenant la joie et l'admiration de tous nos amis. L'œil était véritablement enchanté. On croyait revoir et sentir encore l'humidité de la mer, les ombres bleues des rochers, les tons jaune rougeâtre des montagnes, la fuite des lointains dans le ciel éclatant de lumière. Mais ces feuilles n'étaient pas seules à produire un effet si favorable : chaque tableau posé à la même place, sur le même chevalet, paraissait plus vigoureux et plus surprenant. Je me souviens que parfois, en entrant dans la chambre, un de ces tableaux produisait sur moi comme un effet magique.

Le secret d'un jour favorable ou défavorable, direct ou indirect, qui n'était pas encore découvert, était parfaitement senti et admiré, mais considéré comme accidentel et inexplicable.

Ce nouveau logement nous conduisit à placer dans un ordre gracieux et dans un bon jour un certain nombre de plâtres, qui s'étaient rassemblés peu à peu autour de nous, et c'est alors seulement que nous jouîmes de ces précieux trésors.

Si l'on se trouve, comme c'est le cas à Rome, continuellement en présence des œuvres plastiques de l'antiquité, on se sent, comme en présence de la nature, devant l'infini, l'insondable. L'impression du beau, du sublime, si bienfaisante qu'elle puisse être, nous inquiète ; nous désirons exprimer en paroles nos sentiments, notre contemplation, mais pour cela il faudrait d'abord connaître, approfondir, comprendre : nous commençons par diviser, distinguer, classer, et, cela même, nous le trouvons, sinon impossible, du moins extrêmement difficile, et nous revenons enfin à la jouissance, à une admiration contemplative.

Mais, en général, c'est l'effet le plus marqué de toutes les œuvres d'art, qu'elles nous transportent dans les circonstances du temps et des hommes qui les ont produites. Entouré de statues antiques, on se sent dans une vie naturelle animée ; on apprend à connaître la diversité de la figure humaine, et l'on est ramené absolument à l'homme, dans sa condition la plus pure, ce qui rend le contemplateur lui-même vivant et purement humain. Même le costume, assorti à la nature, et qui contribue encore à relever la forme, produit, dans un sens général, un bon effet. Si l'on peut à Rome jouir habituellement de cet entourage, on vient en même temps à en convoiter la possession ; on veut s'entourer de ces images, et de bons plâtres en offrent, comme véritable fac-simile, la meilleure occasion. En ouvrant les yeux le matin, on se sent ému par ce qu'il y a de plus excellent ; toutes nos pensées, tous nos sentiments, sont accompagnés de ces figures, et nous ne pouvons plus retomber dans la barbarie.

Chez nous, la première place appartenait à la Junon Ludovisi, d'autant plus estimée et honorée qu'on ne pouvait voir l'original que rarement et d'une manière accidentelle, et l'on devait se féliciter de l'avoir sans cesse devant les yeux, car aucun de nos contemporains n'oserait soutenir qu'il ait saisi du premier coup d'œil tout son mérite. Quelques Junons plus petites étaient à ses côtés, pour offrir des points de comparaison, puis des bustes de Jupiter, la Méduse Rondanini, un Hercule Anax, un charmant Mercure, des bas-reliefs, les plâtres de quelques beaux ouvrages en terre cuite.... Je parle de ces trésors, qui ne furent exposés dans le nouveau logement que quelques semaines, comme un homme, qui pense à faire son testament, regardera avec fermeté, mais avec émotion, les biens qui l'entourent. L'embarras, la fatigue, les frais et une certaine maladresse dans ces sortes de choses, me détournèrent d'expédier tout de suite en Allemagne les objets les plus précieux. La Junon Ludovisi fut destinée à la noble Angélique, quelques objets aux artistes qui m'entouraient ; bien des choses appartenaient encore à Tischbein, d'autres devaient demeurer à leur place, pour que Bury, qui occupa ce logement après moi, s'en servît à son gré.

Tandis que j'écris ces lignes, mes pensées se reportent à ma première jeunesse, et je me rappelle les occasions qui me firent connaître d'abord ces objets, qui éveillèrent mon goût, provoquèrent chez le jeune homme inexpérimenté un enthousiasme sans bornes, et eurent pour effet l'immense désir qui m'attirait vers l'Italie. Aussi ma douleur fut grande, lorsqu'à mon départ de Rome, je dus renoncer à la possession de ce que j'avais enfin obtenu, après l'avoir ardemment souhaité.

Cependant la botanique m'avait toujours occupé, et je m'étais entouré de quelques plantes rares, sur lesquelles j'avais continué mes études. J'observais aussi, en leur donnant mes soins, celles que j'avais obtenues de semences. A mon départ, de nombreux amis se disputèrent surtout celles-ci. Je plantai chez Angélique, dans le jardin de la maison, le jeune pin, déjà assez fort, humble présage d'un arbre futur; là, il atteignit, avec les années, une assez grande hauteur, et des voyageurs sympathiques m'en contèrent beaucoup de choses à notre satisfaction mutuelle, comme aussi de mon souvenir attaché à ce lieu. Malheureusement, quand cette inestimable amie eut cessé de vivre, le nouveau possesseur jugea des pins déplacés dans ses plates-bandes. Plus tard des voyageurs bienveillants, qui en demandèrent des nouvelles, trouvèrent la place vide, et, là du moins, effacée la trace d'une aimable existence.

Quelques dattiers, que j'avais obtenus de graines, furent plus heureux. Je sacrifiais de temps en temps quelques sujets, pour en observer le remarquable développement : ceux qui restèrent, jeunes plants d'une crue rapide, je les donnai à un ami romain, qui les planta dans un jardin de la rue Sixtine, où ils sont encore vivants, et se sont élevés à la hauteur de la stature humaine, comme un auguste voyageur a daigné me l'assurer. Puissent-ils ne pas devenir incommodes aux possesseurs, et continuer de verdir, de croître et de prospérer en mémoire de moi !

Sur la note des objets que j'avais encore à voir avant de quitter Rome, il s'en trouvait deux très-disparates la *Cloaca maxima* et les Catacombes, près de Saint-Sébastien. Le premier éleva encore l'idée colossale à laquelle Piranesi nous avait préparés; la visite aux Catacombes ne tourna pas pour le mieux : les premiers pas que je fis dans ces lieux funèbres me causèrent un tel malaise, que je remontai sur-le-champ à la lumière du jour, et que j'attendis en plein air, dans un quartier de Rome d'ailleurs inconnu et écarté, le retour de mes compagnons, qui, plus résolus que moi, contemplèrent hardiment tout ce que renferment ces souterrains. J'appris longtemps après avec détail dans le grand ouvrage d'Antonio Rosio Romano (*la Roma sotterranea*) tout ce que j'aurais vu, ou même n'aurais pas vu, dans les Catacombes, et je me crus suffisamment dédommagé.

A l'Académie de Saint-Luc, où je fis aussi un pèlerinage, je vis le crâne de Raphaël, qu'on y garde comme une relique, depuis qu'on l'a tiré de son tombeau, ouvert à l'occasion d'une bâtisse[1]. Grâce au crédit de notre ami Reiffenstein, nous en possédons en Allemagne un plâtre, dont la vue m'a souvent inspiré les réflexions les plus diverses.

Un délicieux tableau de ce maître représente la Mère de Dieu apparaissant à saint Luc, afin qu'il puisse la peindre fidèlement et naturellement dans toute sa majesté divine. Raphaël, jeune encore, est debout à quelque distance et observe l'évangéliste pendant son travail. On ne peut exprimer et avouer avec plus de grâce une vocation à laquelle on se sent entraîné d'une manière décisive. Pierre de Cortone, qui était possesseur de ce tableau, l'a légué à l'Académie. L'ouvrage est endommagé et restauré en plusieurs endroits, mais il est toujours d'une valeur considérable.

Pendant ces jours je fus éprouvé par une tentation particulière, qui faillit mettre obstacle à mon voyage et m'enchaîner de nouveau à Rome. M. Antonio Rega, artiste et marchand d'objets d'art, était arrivé de Naples. Il vint chez l'ami Meyer, et lui annonça en confidence qu'il était venu sur un bâtiment amarré maintenant à Ripa-Grande. Il l'invitait à s'y transporter, parce qu'il y tenait en ses mains une remarquable statue antique, cette danseuse ou muse qu'on avait vue à Naples, depuis un temps immémorial, dans une niche de la cour du palais Caraffa Colombrano, et qu'on tenait pour un excellent ouvrage. Il désirait la vendre, mais en secret, et il voulait savoir si M. Meyer lui-même ou quelqu'un de ses amis particuliers ne serait pas disposé à faire cette emplette. Il offrait ce noble ouvrage pour le prix, extrêmement modéré, de trois cents sequins, prétention qui pourrait s'élever sans doute, si l'on n'avait pas sujet de procéder avec prudence, en considération des vendeurs et de l'acheteur.

L'affaire me fut aussitôt communiquée, et nous nous rendîmes tous trois au port, assez éloigné de notre demeure. Rega enleva une planche du couvercle encore posé sur la caisse,

---

1. Voyez page 486.

et nous vîmes une délicieuse petite tête, qui n'avait pas encore été séparée du tronc, nous regarder par-dessous ses cheveux épars, et, peu à peu découverte, une figure gracieusement animée, vêtue avec une décence remarquable, du reste peu endommagée, et une des mains parfaitement conservée.

Aussitôt nous nous rappelâmes fort bien de l'avoir vue à sa première place, sans prévoir qu'elle pourrait se trouver un jour si près de nous. Assurément, si quelqu'un, après avoir fouillé à grands frais toute une année, avait enfin rencontré un pareil trésor, il se serait trouvé fort heureux. Nous ne pouvions nous lasser de la contempler : cependant nous finîmes par nous retirer en promettant une prompte réponse. Nous consultâmes Angélique, nous consultâmes M. Zucchi et sa bienveillante compagne.

Leurs représentations nous firent comprendre combien une pareille entreprise était difficile et délicate. Des hommes paisibles, voués jusqu'alors à l'étude des arts et de l'antiquité, s'engageaient tout à coup dans le commerce des objets d'art, et éveillaient la jalousie des gens du métier. Les difficultés de la restauration étaient diverses ; nous pouvions être déloyalement servis ; à supposer que l'expédition se fît avec tout l'ordre possible, il pouvait encore s'élever à la fin des obstacles à la sortie d'une œuvre d'art si remarquable ; la traversée, le débarquement, le transport et l'arrivée étaient sujets à bien des chances fâcheuses. Ces représentations me firent peu à peu renoncer à mon dessein, mais ce ne fut pas sans regret, d'autant que cette statue arriva enfin à de grands honneurs : elle se trouve aujourd'hui dans un cabinet réservé du Musée Pie-Clémentin.

Visconti a décrit ce monument dans son troisième volume, consacré à ce musée, il l'a expliqué à sa manière, et l'a figuré dans la trentième planche. Tout ami des arts doit regretter avec moi que nous n'ayons pas réussi à faire parvenir cet ouvrage en Allemagne, pour l'ajouter à quelqu'une de nos collections nationales.

On trouvera naturel que, dans mes visites d'adieux, je n'aie pas oublié la charmante Milanaise. J'avais appris depuis quelque temps sur son compte bien des choses agréables ; que sa liaison avec Angélique était toujours plus intime, et qu'elle savait fort bien se conduire dans la haute société où elle avait eu accès par elle. Je pus même concevoir le soupçon et l'espérance qu'un jeune homme riche, qui était dans les meilleurs rapports avec Zucchi, n'était ni insensible aux charmes de la jeune fille, ni éloigné de mettre à exécution des desseins plus sérieux.

Je la trouvai en jolie toilette du matin, comme je l'avais vue pour la première fois à Castel-Gandolfo. Elle me reçut avec une grâce naïve, et m'exprima de nouveau avec une gentillesse naturelle, avec une parfaite amabilité, sa reconnaissance de l'intérêt que je lui avais témoigné. « Jamais je n'oublierai, dit-elle, que dans le temps où je me remettais de mon trouble, parmi les noms honorés et chéris des personnes qui s'étaient informées de ma santé, j'entendis aussi prononcer le vôtre. Je demandai plusieurs fois si c'était donc bien vrai. Vous continuâtes vos informations pendant plusieurs semaines, jusqu'à ce qu'enfin mon frère alla vous faire visite et vous remercier pour nous deux. Je ne sais pas s'il l'a fait comme je l'en avais chargé. Je l'aurais accompagné volontiers, si les convenances l'avaient permis. » Elle me questionna sur la route que j'allais prendre, et, quand je lui eus tracé mon plan de voyage, elle ajouta : « Vous êtes heureux d'être assez riche pour ne devoir pas vous refuser ce plaisir. Nous autres, il nous faut rester à la place que Dieu et les saints nous ont assignée. Dès longtemps je vois devant ma fenêtre les navires arriver et partir, déposer et prendre leur cargaison ; cela est amusant, et je me demande quelquefois d'où viennent, où vont tous ces bâtiments. » Les fenêtres donnaient sur l'escalier de la Ripetta, et le mouvement était justement très-vif à cette heure.

Elle parla de son frère avec tendresse ; elle était heureuse de tenir en ordre son ménage, en sorte qu'il pouvait, quoique son traitement fût modique, placer quelques économies dans un commerce avantageux ; en un mot, elle me parla de sa position avec une entière confiance ; j'étais charmé de son babil, car, à proprement parler, je faisais une singulière figure, ne pouvant m'empêcher de passer en revue tous les incidents de notre tendre liaison, depuis le premier moment jusqu'au dernier. Le frère entra, et nos adieux se firent en amicale et sage prose. Quand je fus devant la porte, je trouvai ma voiture sans cocher. Un petit garçon courut à sa recherche. La jeune fille s'était mise à la fenêtre de l'entre-sol, qu'ils occupaient dans une maison de belle apparence. La fenêtre était si peu élevée qu'il semblait qu'on aurait pu se toucher la main. « Vous le voyez, m'écriai-je, on ne veut pas m'emmener loin de vous ; on sait apparemment que je vous quitte à regret. » Ce qu'elle répondit, ce que je répliquai, tout le cours du plus délicieux entretien, qui, libre de toute contrainte, dévoila les sentiments intimes de deux amants qui se rendaient à peine compte de leur situation, je ne veux pas le profaner en le répétant : ce fut l'aveu final, laconique, étrange, amené par un hasard, arraché par une émotion intime, de l'affection mutuelle la plus innocente et la plus tendre, et qui, par là même, n'est jamais sortie de ma pensée et de mon cœur.

Cependant mon départ de Rome devait être préparé d'une manière particulièrement solennelle : trois nuits auparavant, la pleine lune brilla dans le ciel le plus clair, et le charme magique qu'elle répandait sur la vaste cité, éprouvé si souvent, me fit alors l'impression la plus profonde. Les grandes masses illuminées comme par un jour doux, avec leurs oppositions d'ombres profondes, éclairées quelquefois par reflet, pour faire deviner les détails, semblent nous transporter dans un autre monde, plus simple et plus grand.

Après des jours passés au milieu de distractions quelquefois pénibles, je me promenai accompagné seulement de quelques amis.

Lorsque j'eus parcouru, sans doute pour la dernière fois, la longue rue du Corso, je montai au Capitole, qui se dressait là dans le désert comme un palais de fées. La statue de Marc Aurèle me rappela le commandeur dans *Don Juan*, et fit entendre au voyageur qu'il entreprenait quelque chose d'extraordinaire : néanmoins je descendis l'escalier de derrière. L'Arc de triomphe de Septime Sévère, entièrement ténébreux, jetant des ombres ténébreuses, s'élevait devant moi ; dans la solitude de la Voie Sacrée, les objets que je connaissais si bien me parurent étranges et fantastiques. Mais, quand je m'approchai des restes sublimes du Colisée, et que je jetai les yeux dans l'intérieur, à travers la grille qui le fermait, je ne dois pas dissimuler que je fus saisi d'un frisson et me hâtai de revenir.

Les masses produisent toujours une impression particulière, parce qu'elle sont à la fois sublimes et saisissables, et, dans ces promenades, je faisais, en quelque manière, l'incalculable *summa summarum* de tout mon séjour à Rome.

A mon départ, je sentis une douleur toute particulière. En quittant sans espoir de retour cette capitale du monde, dont on fut quelque temps citoyen, on éprouve un sentiment qu'on ne peut ni exprimer ni communiquer. Je ne cessais de me redire en ce moment l'élégie d'Ovide, qu'il composa, quand le souvenir d'un sort pareil le poursuivit jusqu'au bout de la terre habitée. Ces distiques me revenaient toujours au milieu de mes impressions.

> Quand cette nuit funèbre occupe ma pensée,
> Cette dernière nuit qu'à Rome j'ai passée,
> Qui m'a vu délaisser tant d'amis précieux,
> Je sens les pleurs encor s'échapper de mes yeux....
> Hommes et chiens déjà reposaient taciturnes;
> La Lune ouvrait l'espace à ses coursiers nocturnes;
> Mes regards passaient d'elle aux murs capitolins,
> De mes dieux familiers inutiles voisins....

Mais je ne pus longtemps répéter cette expression étrangère de mes propres sentiments, sans être obligé d'en faire à ma personne, à ma situation, l'application la plus particulière. Ces douleurs s'étaient identifiées avec les miennes, et, dans mon voyage, cette activité intérieure m'occupa bien des jours et des nuits. Toutefois je me gardai d'écrire une seule ligne, de peur que ce souffle délicat de douleur intime ne vînt à s'exhaler. Je ne regardais presque rien pour ne pas me laisser distraire de cette douce souffrance. Mais bientôt il me fallut reconnaître combien le monde paraît beau, quand nous l'observons avec des sens émus. Je m'élevai courageusement à une plus libre activité poétique; la pensée du *Tasse* vint se lier à ces impressions, et je travaillai avec un plaisir particulier les endroits qui me touchaient de plus près dans ce moment. Je passai la plus grande partie de mon temps à Florence dans les jardins de plaisance et de luxe. C'est là que j'écrivis les passages qui me rappellent encore aujourd'hui ce temps et ces sentiments.

C'est aux dispositions où je me trouvais alors qu'il faut attribuer l'abondance avec laquelle j'ai traité la plus grande partie de la pièce, ce qui l'a rendue presque impossible au théâtre. Comme les lieux me rapprochaient d'Ovide, mon sort me rapprochait du Tasse. Le douloureux sentiment d'une âme passionnée, qui est entraînée irrésistiblement vers un exil irrévocable, règne dans toute la pièce. Cette disposition ne me quitta point pendant le voyage, en dépit de toutes les distractions, de toutes les diversions, et, chose assez singulière, comme si un entourage harmonique avait dû toujours me favoriser, je terminai la pièce, après mon retour, dans un séjour accidentel que je fis au Belvédère[1], où planaient autour de moi mille souvenirs de moments heureux.

1. Dans le parc de Weimar.

FIN DU VOYAGE EN ITALIE.

TABLE DES MATIÈRES.

	Pages.
VOYAGES EN SUISSE..	1
Première partie...	3
Deuxième partie..	14
VOYAGE EN ITALIE...	69
De Carlsbad au Brenner...	71
Du Brenner à Vérone...	84
De Vérone à Venise...	100
De Ferrare jusqu'à Rome..	154
Rome...	177
Naples..	227
Sicile..	271
Naples..	360
Second séjour à Rome..	385

FIN DE LA TABLE DES MATIÈRES.

www.ingramcontent.com/pod-product-compliance
Lightning Source LLC
Chambersburg PA
CBHW071611230426
43669CB00012B/1907